Patrick Ulrich

Corporate Governance in mittelständischen Familienunternehmen

GABLER RESEARCH

Unternehmensführung & Controlling

Herausgegeben von
Universitätsprofessor Dr. Dr. habil. Wolfgang Becker,
Otto-Friedrich-Universität Bamberg
und Universitätsprofessor Dr. Dr. h.c. Jürgen Weber,
WHU – Otto Beisheim School of Management, Vallendar

Die Schriftenreihe präsentiert Ergebnisse der betriebswirtschaftlichen Forschung im Themenfeld Unternehmensführung und Controlling. Die Reihe dient der Weiterentwicklung eines ganzheitlich geprägten Management-Denkens, in dem das Controlling als übergreifende Koordinationsfunktion einen für die Theorie und Praxis der Führung zentralen Stellenwert einnimmt.

Patrick Ulrich

Corporate Governance in mittelständischen Familienunternehmen

Theorien, Feldstudien, Umsetzung

Mit Geleitworten von
Univ.-Prof. Dr. Dr. habil. Wolfgang Becker,
Jürgen Reker/Dr. Claus Buhleier und Stefan Heidbreder

RESEARCH

Bibliografische Information der Deutschen Nationalbibliothek
Die Deutsche Nationalbibliothek verzeichnet diese Publikation in der Deutschen Nationalbibliografie; detaillierte bibliografische Daten sind im Internet über <http://dnb.d-nb.de> abrufbar.

Dissertation Otto-Friedrich-Universität Bamberg, 2010

1. Auflage 2011

Lektorat: Stefanie Brich | Stefanie Loyal

Gabler Verlag ist eine Marke von Springer Fachmedien.
Springer Fachmedien ist Teil der Fachverlagsgruppe Springer Science+Business Media.
www.gabler.de

Umschlaggestaltung: KünkelLopka Medienentwicklung, Heidelberg
Gedruckt auf säurefreiem und chlorfrei gebleichtem Papier
Printed in the Netherlands

ISBN 978-3-8349-2385-1

Geleitwort

Die vorliegende Dissertationsschrift beschäftigt sich mit Fragen der Corporate Governance in mittelständischen Familienunternehmen. Zwar ist die Betrachtung dieses Themenfelds in der betriebswirtschaftlichen Diskussion kein neues Phänomen. Es sind jedoch mehrere Forschungslücken erkennbar, die Corporate Governance in mittelständischen Familienunternehmen zu einem wissenschaftlich wie praktisch wichtigen Themenbereich machen. Zum einen ist festzustellen, dass die Debatte um Corporate Governance bisher weitestgehend ohne Berücksichtigung des Controlling-Gedankenguts sowie unter Ausschluss moderner, wert(schöpfungs)orientierter Aspekte der Unternehmensführung stattgefunden hat. Zum anderen konzentrieren sich sowohl Theorie als auch Praxis der Corporate Governance noch immer weitgehend auf Probleme kapitalmarktorientierter Großunternehmen. Mittelständische Unternehmen, vor allem jene, die den in Deutschland anzutreffenden gehobenen Mittelstand vertreten, kümmern sich jedoch vermehrt um die Überarbeitung ihrer Corporate Governance.

Vor diesem Hintergrund nimmt sich mein Schüler Patrick Ulrich der Aufgabe der Gestaltung einer ganzheitlich und kybernetisch geprägten Sichtweise auf die Corporate Governance mittelständischer Familienunternehmen an. In diesem Kontext geht er von der in der Literatur nicht häufig zu findenden Überlegung aus, dass auch an Corporate Governance Wirtschaftlichkeitsanforderungen im Sinne von Effizienz- und Effektivitätsüberlegungen angelegt werden müssen. Dies stellt ein in der Betriebswirtschaftslehre in dieser Form noch nicht bearbeitetes Themengebiet dar und leistet einen wichtigen Beitrag zur Weiterentwicklung ganzheitlicher Theorien und Modelle der Unternehmensführung. Die Modellbildung, die Patrick Ulrich in der vorliegenden Arbeit durchführt, basiert aus methodologischer Perspektive auf einen Gegenstromverfahren, das eine Synthese von empirischen Daten (Induktion) und betriebswirtschaftlichen Theorien (Deduktion) anstrebt. Das Modell von Ulrich beinhaltet zudem zahlreiche theoretische und praktische Konkretisierungen und kann so den Anforderungen einer modernen Realwissenschaft in hohem Maße genügen. Die Untersuchungsergebnisse bereichern die betriebswirtschaftliche Theorie, speziell die Lehre der Unternehmensführung, um einen ganzheitlich geprägten Ansatz der Corporate Governance mittelständischer Familienunternehmen, der sich auf eine themenfeldbezogen als vollständig zu charakterisierende Literaturbasis bezieht.

Nach einer Einführung in das Problemfeld diskutiert der Autor die erforderlichen theoretischen Grundlagen seiner Untersuchung. Hier ordnet er in einem ersten Schritt die zu untersuchenden Unternehmen definitorisch ein. Neben der Charakterisierung des Themenbereichs Unternehmensführung und Controlling, die auf der Lehrmeinung des Erstgutachters basiert, kennzeichnet Patrick Ulrich sowohl aus theoretischer als auch aus empirischer Perspektive die

Besonderheiten von Unternehmensführung und Controlling in mittelständischen Familienunternehmen. Eine detaillierte Analyse der Corporate Governance wird vor dem Hintergrund der aktuellen Literatur durchgeführt.

Sowohl aus theoretischer als auch empirischer Perspektive leitet Patrick Ulrich zunächst Anforderungen an eine integrierte Corporate Governance-Konzeption ab und charakterisiert in einem weiteren Schritt die Ausprägungen einzelner Corporate Governance-Mechanismen mittelständischer Familienunternehmen. Hier ergänzt er dic Analyse sinnvoll um Teilbereiche der Family Governance. Besonders zu erwähnen ist die Erweiterung der Betrachtungsperspektive der Corporate Governance um Controllingaspekte . Auf diesen Aspekten aufbauend modelliert Patrick Ulrich in einer situativ geprägten Vorgehensweise den Zusammenhang von Komplexität und Corporate Governance in mittelständischen Familienunternehmen. Im Sinne einer Dynamisierung des Verständnisses wird die Anpassung von Situation und Corporate Governance treffend als kybernetischer Koordinationsmechanismus interpretiert. Im empirischen Teil der Arbeit stellt Patrick Ulrich den Status Quo der Corporate Governance mittelständischer Familienunternehmen auf Basis von aus 16 Fallstudien gewonnenen Erkenntnissen umfassend dar. Der Leser erhält in diesem Zusammenhang einen bemerkenswert detaillierten Einblick in den Status Quo der Corporate Governance mittelständischer Familienunternehmen.

Die vorliegende Monographie von Patrick Ulrich liefert ein sowohl theoretisch als auch empirisch fundiertes Managementmodell, das den Besonderheiten des Betriebstyps „mittelständisches Familienunternehmen" adäquat Rechnung trägt. und die dringend gebotene Neuorientierung der Corporate Governance in mittelständischen Familienunternehmen unterstützt. Durch den starken Praxisbezug, der sich unter anderem in der Befragung von 16 Experten sowie der Analyse von 16 mittelständischen Familienunternehmen zeigt, wird der notwendigen Perspektive der Umsetzbarkeit der Erkenntnisse in die Unternehmenspraxis stets Rechnung getragen.

Ich wünsche diesem Buch daher eine möglichst weite Verbreitung, eine positive Rezeption in akademischen Kreisen sowie eine Beachtung und konsequente Umsetzung der Erkenntnisse in der unternehmerischen Praxis.

Univ.-Professor Dr. Dr. habil. Wolfgang Becker

Geleitwort

Nicht zuletzt vor dem Hintergrund der aktuellen Finanz- und Wirtschaftskrise wird in der deutschen Öffentlichkeit vermehrt über mögliche Wettbewerbsvorteile von mittelständischen Familienunternehmen diskutiert. Mittelständische Unternehmen bilden einen bedeutenden Teil der deutschen Wirtschaft und sind einem weniger regulierten Umfeld als kapitalmarktorientierte Großunternehmen unterworfen, was für sie neben einer größeren unternehmerischen Freiheit jedoch gleichzeitig den Nachteil fehlender Benchmarks im Bereich der Unternehmensführung birgt. Unter dem Begriff der „Corporate Governance" werden vor allem für Großunternehmen, vermehrt jedoch auch für den Mittelstand Standards einer verantwortungsvollen Unternehmensführung diskutiert.

Herr Ulrich nimmt sich vor diesem Hintergrund der wichtigen Frage der Gestaltung einer situativ adäquaten Corporate Governance für mittelständische Familienunternehmen an. Der Autor geht von der Überzeugung aus, dass sich für die in der Praxis sehr heterogene Gruppe des Mittelstands die Anwendung eines einheitlichen Corporate Governance Kodex nicht eignet. Vielmehr schlägt er ein zweistufiges Vorgehen vor. Neben der Etablierung allgemeiner Corporate Governance-Grundsätze wie Transparenz und der Regelung von Verantwortlichkeiten entwirft Herr Ulrich ein Bewertungsmodell, dass es mittelständischen Familienunternehmen ermöglicht, alleine oder unter Anleitung externer Berater die individuelle Corporate Governance auf die Situation des Unternehmens anzupassen. In seiner Analyse widmet sich der Autor sowohl der internen als auch der externen Unternehmensumwelt. Vor allem der Situation der Unternehmerfamilie wird eine hohe Bedeutung beigemessen. Die Ausgestaltung der Corporate Governance untersucht Herr Ulrich in den Bereichen Exekutivgremium (Vorstand/Geschäftsführung), Aufsichtsgremium (Aufsichtsrat/Beirat), Unternehmensführung & Controlling, Anteilseigner- und Gläubigerstruktur, Rechnungslegung, Transparenz und Publizität, Finanzierung, Unternehmenskultur, Corporate Behavior und Anreizmechanismen. Für die Unternehmenspraxis besonders wertvoll ist die Einbeziehung von 16 Unternehmen und 16 Experten aus Wissenschaft und Praxis, die einen hohen Nutzen stiften und zeigen, wie individuelle Good Governance in der Praxis mittelständischer Unternehmen umgesetzt werden kann. Herr Ulrich leitet aus den theoretischen und empirischen Erkenntnissen einen Code of Best Practice der Corporate Governance für mittelständische Familienunternehmen ab, der als generalisiertes Managementmodell für diese Unternehmen eingesetzt werden kann. So leistet der Autor einen wichtigen Beitrag zur Erweiterung der Wissensbasis zur Corporate Governance mittelständischer Familienunternehmen.

Die von der Deloitte & Touche GmbH finanziell unterstützte Arbeit unterstreicht die volkswirtschaftliche und betriebswirtschaftliche Bedeutung des Mittelstands, als dessen Partner wir uns verstehen. Die Dissertation fokussiert dabei auf die besonders im nachhaltig und international denkenden Mittelstand wichtigen Fragen der „Corporate Governance“ und „Family Governance“, welche im praktischen Tätigkeitsfeld des Deloitte Center für Corporate Governance (www.corpgov.deloitte.de) liegen. Die Analyse von Herrn Ulrich überzeugt aus wissenschaftlicher und auch praktischer Perspektive insgesamt. Insofern wünschen wir der Arbeit einer hohe Resonanz und weite Verbreitung.

WP/StB Jürgen Reker
Leiter Deloitte Mittelstandsprogramm

WP/StB/CPA Dr. Claus Buhleier
Koordinator Deloitte Center für Corporate Governance

Geleitwort

Vor dem Hintergrund der Finanz- und Wirtschaftskrise wurden Familienunternehmen als Lokomotive der Wirtschaft und wichtige Arbeitgeber vermehrt wertgeschätzt. Sie erlebten in der öffentlichen Wahrnehmung eine Renaissance – vor allem in den Medien wurden sie als Kontrapunkt zu den kapitalmarktorientierten Großunternehmen stilisiert, die speziell in der jüngsten Zeit für schlechte Schlagzeilen sorgten.

Aber auch einige Familienunternehmen mussten schmerzliche Skandale hinnehmen. In der Folge wurde der Ruf nach einem einheitlichen Regelwerk zur guten Unternehmensführung laut.

Unter dem Oberbegriff der „Corporate Governance" werden seit längerer Zeit auch für Familienunternehmen Standards diskutiert, die an die Unternehmensführung und -kontrolle aus Sicht der Öffentlichkeit und relevanter Stakeholder zu richten sind. In der Wissenschaft wurde Familienunternehmen bisher meist eine eher unterentwickelte Corporate Governance attestiert.

Im Fokus der vorliegenden Arbeit von Herrn Ulrich steht der Unternehmenstypus des Familienunternehmens, das von den spezifischen Vor- und Nachteilen des Familienbezuges profitiert.

Der Autor reflektiert die Frage nach der Sinnhaftigkeit eines einheitlichen Corporate Governance Codex für Familienunternehmen und zeigt auf, dass dieser eine unnötige und ungerechtfertigte Beschränkung der unternehmerischen Freiheit darstellte. Herr Ulrich stellt statt dessen ein Lösungsmodell vor, das sich in zwei Stufen aufbaut:

Er spricht sich für die Etablierung allgemeiner Corporate Governance-Grundsätze aus. Die individuelle Ausarbeitung von Corporate Governance-Instrumenten in den Bereichen Vorstand/Geschäftsführung, Aufsichtsrat/Beirat, Unternehmensführung und Controlling, Anteilseigner- und Gläubigerstruktur, Rechnungslegung, Transparenz und Publizität, Finanzierung, Unternehmenskultur, Corporate Behavior und Anreizmechanismen sowie – besonders bedeutsam – Family Governance sollte jedoch für jedes Unternehmen individuell erfolgen.

Für die Praxis besonders wertvoll sind die Interviews mit Unternehmern und Experten aus der Wissenschaft, die eindrucksvoll zeigen, dass Familienunternehmen gerade wegen der Verbindung von Familie und Unternehmen gegenüber Nicht-Familienunternehmen deutliche Wettbewerbsvorteile erreichen können. So ist ein Ergebnis dieser Arbeit ein Empfehlungskatalog im Sinne eines „Code of Best Practice der Corporate Governance" für Familienunternehmen.

Die von der Stiftung Familienunternehmen geförderte Arbeit leistet einen weiteren Beitrag zur Erweiterung der wissenschaftlichen Grundlagenforschung zum Thema Corporate Governance mit Fokus auf mittelständische Familienunternehmen und bietet gleichzeitig einen hohen unternehmenspraktischen Nutzen.

Stefan Heidbreder
Geschäftsführer der Stiftung Familienunternehmen

Vorwort

Die vorliegende Arbeit entstand während meiner Tätigkeit als wissenschaftlicher Mitarbeiter am Lehrstuhl für Betriebswirtschaftslehre, insbes. Unternehmensführung und Controlling an der Otto-Friedrich-Universität Bamberg. Zahlreiche Personen haben zum Gelingen der Dissertation beigetragen, denen ich an dieser Stelle meinen herzlichen Dank ausspreche.

An erster Stelle ist dies mein Doktorvater Univ.-Professor Dr. Dr. habil. Wolfgang Becker, der mich während der gesamten Dissertationszeit inhaltlich und menschlich unterstützt und gefördert hat. Seine wertvollen Anregungen, seine Offenheit für neue Ideen, ein ausgewogenes Verhältnis von fördern und fordern sowie der mir gewährte Freiraum haben mich nicht nur für die weitere wissenschaftliche Arbeit, sondern auch für meinen weiteren Lebensweg tiefgreifend geprägt.

Univ.-Professor Dr. Johann Engelhard danke ich für die trotz seiner Vielzahl an Verpflichtungen äußerst schnelle und keineswegs selbstverständliche Erstellung des Zweitgutachtens sowie seine wertvollen Anmerkungen und Anregungen zur Arbeit. Univ.-Professor Dr. Brigitte Eierle danke ich für die Bereitschaft, als dritte Prüferin der Dissertation zu fungieren und im Bereich der externen Rechnungslegung wichtige aktuelle Themen zu diskutieren.

Weiter danke ich sämtlichen Interviewpartnern aus den Familienunternehmen, die mir trotz ihres engen Zeitkalenders spannende und persönlich anregende Gespräche zu einem interessanten, aber nicht unbedingt konfliktfreien Themenbereich ermöglichten, und mir zusätzlich eine Chance gaben, Einsicht in sensible Dokumente zu nehmen und so ein Gefühl für die Unternehmenspraxis zu entwicklen. Des Weiteren danke ich den interviewten Experten aus Wissenschaft und Praxis, von deren umfangreichem Erfahrungsschatz ich profitieren durfte.

Für vielfältige Unterstützungen im Rahmen des Dissertationsvorhabens und nicht zuletzt die finanzielle Unterstützung der Drucklegung danke ich zunächst der Deloitte & Touche GmbH in Person von Herbert Reiß. Er hat mir in den letzten Jahren immer wieder die Möglichkeiten der Verbindung von Wissenschaft und Praxis aufgezeigt. Weiter gilt mein Dank Jürgen Reker, Dr. Claus Buhleier und Professor Dr. Klaus Edenhofer.

Professor Dr. Dr. h.c. Brun-Hagen Hennerkes, Stefan Heidbreder und Maria Krenek von der Stiftung Familienunternehmen danke ich für die Bereitschaft, die vorliegende Arbeit in ideeller Hinsicht zu fördern.

Ebenfalls danken für Ihre Unterstützung im Rahmen der Dissertation möchte ich Dr. Wolf-Rüdiger Knocke, Johann Reißer, Karin Berndt und Mira Schönherr von der NÜRNBERGER Versicherungsgruppe. Mein tief empfundener persönlicher Dank gilt Bernhard Maatz von SYMBIO CONSULT für seine Hilfeleistungen. Mit seinem Vorbild ist er wahrscheinlich mit dafür verantwortlich, dass ich den Weg in die Wirtschaftswissenschaften eingeschlagen habe. Weiterer Dank gilt Hans-Bernd Wohlberg und Peter Drahtschmidt von der WGZ Bank für die Vermittlung von Kontakten.

Einen äußerst wichtigen inhaltlichen, aber auch emotionalen Anteil an meiner Arbeit haben meine Freunde und Kollegen. In dieser Hinsicht danke ich zunächst Anika Maatz und Alexander Scholz für die mentale Unterstützung und die abwechslungsreichen Stunden in der schwierigen Promotionszeit. Alex danke ich zudem für inhaltliche Anmerkungen und finale Korrekturen meiner Arbeit. Björn Baltzer und Susanne Wendt danke ich in gleicher Weise für Korrekturen und Anregungen zur Dissertation. Jutta Eichhorn danke ich für die stets positive Zusammenarbeit und ihre herzliche Art. Allen Kollegen und Freunden am Lehrstuhl Unternehmensführung und Controlling danke ich für die freundschaftliche Zusammenarbeit, die sich in den Räumen der Feldkirchenstraße, aber auch in Kino und Bamberger Lokalen zeigte.

Besonders danken möchte ich Katharina Schreiweis, ohne deren Unterstützung als studentische Hilfskraft im Rahmen der Auswertung der geführten Interviews sowohl inhaltlicher Anspruch als auch Zeitplan der Untersuchung nicht zu halten gewesen wären. Ebenfalls danken möchte ich Almuth Lange für Hilfen im Rahmen der Endformatierung des Manuskripts.

Stefanie Brich und Stefanie Loyal vom Gabler Verlag danke ich für die vertrauensvolle und unkomplizierte gemeinsame Arbeit am Buchprojekt.

Zuletzt möchte ich jedoch zwei Personengruppen hervorheben, denen ich den größten Dank schulde. Zunächst sind dies meine Eltern Robert und Silvia Ulrich. Sie haben mich auch in den zahlreichen schwierigen Phasen stets unterstützt. Meiner Freundin Miriam danke ich für ihre Liebe, ihr Verständnis und die aufgebrachte Geduld. Ihnen ist diese Arbeit gewidmet.

Patrick Ulrich

Inhaltsübersicht

Inhaltsverzeichnis

Abbildungsverzeichnis

Abkürzungsverzeichnis

ABS	Asset-Backed Securities
AktG	Aktiengesetz
AnSVG	Anlegerschutzverbesserungsgesetz
BetrVG	Betriebsverfassungsgesetz
BilKoG	Bilanzkontrollgesetz
BilMoG	Bilanzrechtsmodernisierungsgesetz
BilReG	Bilanzrechtsreformgesetz
BSC	Balanced Scorecard
BVMW	Bundesverband mittelständische Wirtschaft
CFO	Chief Financial Officer
CG	Corporate Governance
CGM	Corporate Governance-Mechanismus
CIS	Controlling-Informationssystem
COSO	Committee of Sponsoring Organizations of the Treadway Commission
DAX	Deutscher Aktienindex
DCGK	Deutscher Corporate Governance Kodex
ders.	derselbe
dies.	dieselbe
DMI	Deloitte Mittelstandsinstitut an der Universität Bamberg
D & O	Directors & officers
DRSC	Deutsches Rechnungslegungs Standards Committee e.V.
DVFA	Deutsche Vereinigung für Finanzanalysten und Asset-Management
eBAZ	Elektronischer Bundesanzeiger
et al.	et aliter
EHUG	Gesetz über das elektronische Handelsregister und Genossenschaftsregister sowie das Unternehmensregister
ERM	Enterprise Risk Management Framework

ET	Eigentum
EU	Europäische Union
EUK	Europäische Kommission
EUR	Euro
EURAM	European Academy of Management
EVA®	Economic Value Added
F	Familie
FG	Family Governance
FGM	Family Governance-Mechanismus
FK	Fremdkapital
FMW	Forschungsstelle Mittelständische Wirtschaft der Universität Marburg
F-PEC	Family-Power, Experience, Culture
G	Governance
GCCG	German Code of Corporate Governance
GEX	German Entrepreneurial Index
Gf.	Geschäftsführung
GIM	Corporate Governance-Index
GmbHG	GmbH-Gesetz
GRC	Governance, Risk Management and Compliance
HGB	Handelsgesetzbuch
HGB-E	HGB-Entwurf
IAS	International Accounting Standards
IDW	Institut der Wirtschaftsprüfer
IfM	Institut für Mittelstandsforschung, Bonn
IFRS	International Financial Reporting Standards
IKS	Internes Kontrollsystem
IPO	Initial Public Offering, erstmaliger Börsengang
IRRC	Investor Responsibility Research Center

ISO	International Organization for Standardization
ISS	Institutionale Shareholder Services
IT	Informationstechnologie
KapMuG	Gesetz zur Einführung von Kapitalanleger-Musterverfahren
KfW	Kreditanstalt für Wiederaufbau
KISS	Keep it short and simple
KontraG	Gesetz zur Kontrolle und Transparenz im Unternehmensbereich
MA	Mitarbeiter
MitbestG	Mitbestimmungsgesetz
m.w.N.	mit weiteren Nachweisen
NIÖ	Neue Institutionenökonomik
NPAEs	Non-publicly Accountable Entities
PAPI	Paper and pencil interview
PublG	Publizitätsgesetz
RA	Rechtsanwalt
ROCE	Return on Capital Employed
RoI	Return on Investment
S	Situation
SME	Small and Medium-sized Entities
SOX	Sarbanes-Oxley Act
StB	Steuerberater
TransPuG	Transparenz- und Publizitätsgesetz
UMAG	Gesetz zur Unternehmensintegrität und Modernisierung des Anfechtungsrechts
UN	Unternehmen
UW	Umwelt
VorstOG	Vorstandsvergütungsoffenlegungsgesetz
WP	Wirtschaftsprüfer

1 Einleitung

In den letzten Jahren wurden die Anforderungen an die Güte der Corporate Governance von Unternehmen stetig erhöht und gleichzeitig zunehmend kodifiziert. Gründe hierfür sind in steigenden Informations- und somit Sicherheitsbedürfnissen von Anlegern und der gesamten Öffentlichkeit zu sehen. Der Tatbestand der Corporate Governance ist nicht nur für kapitalmarktorientierte Großunternehmen, sondern auch für mittelständische Familienunternehmen vermehrt ein Thema und könnte noch wichtiger werden, da Corporate Governance als Erfolgsfaktor in Krisenzeiten gesehen wird, der insbesondere für den Mittelstand sowie Familienunternehmen eine präventive sowie krisenmildernde Wirkung haben kann.[1] Gleichzeitig wird jedoch von Experten auch vor der Gefahr einer Überregulierung der Corporate Governance gewarnt.[2] Das Spannungsfeld aus gesetzlicher Regulierung und individueller unternehmerischer Freiheit der Gestaltung der Corporate Governance in mittelständischen Familienunternehmen steht im Fokus der vorliegenden Arbeit.

1.1 Problemstellung der Arbeit

Eine grundsätzliche Debatte darüber, wie die Führungsorganisation[3] eines Unternehmens gestaltet werden soll sowie darüber, wie die Allokation von Ressourcen innerhalb eines Unternehmens stattzufinden hat, wird schon seit den Anfängen des modernen Industriezeitalters geführt.[4] Den ersten ganzheitlichen Ansatz liefern *Berle/Means* im Jahr 1932, indem sie die Konflikte innerhalb moderner Unternehmen thematisieren, die aufgrund der institutionalisierten Trennung von Eigentum und Leitung[5] entstehen können.[6] Eine zielgerichtete wissenschaftliche Auseinandersetzung mit Fragestellungen aus dem Themenbereich der Führung und Kontrolle von Unternehmen vor dem Hintergrund der Trennung von Eigentum und Leitung ist – ausgehend von den USA und Großbritannien – erst seit etwa 1980 zu verzeichnen.[7]

---

1 Vgl. Winkeljohann (2009), S. 245.

2 Vgl. Hopt (2009), S. 12.

3 Zum Begriff der Führungsorganisation vgl. Werder (2008), S. 1. Dort wird in einer ersten Annäherung zwischen der Spitzenorganisation (Organisation des Topmanagements und seiner Beziehungen zu anderen Unternehmensorganen) und der Leitungsorganisation (Beziehungen des Topmanagements zu nachgelagerten Hierarchieebenen) unterschieden.

4 Die Diskussion geht auf Smith (1776) und sein bahnbrechendes Werk ‚An Inquiry into the Nature and Causes of the Wealth of Nations' zurück.

5 Der Begriff der ‚Leitung' wird als Konkretisierung der Führung im engeren Sinne im Gegensatz zum weiteren Begriff der (Unternehmens-)Führung gesehen. Führung und Leitung werden nach diesem Verständnis in der vorliegenden Arbeit synonym verwendet.

6 Der Ansatz von Berle/Means dient dazu, die Besitz- und Leitungsstruktur der sogenannten ‚Modern Corporation' theoretisch zu erklären, bezieht sich dabei allerdings rein auf den amerikanischen Wirtschaftsraum. Vgl. Berle/Means (1932).

7 Einige Autoren, z.B. Audretsch/Weigand (2001), S. 85, gehen sogar davon aus, dass die Corporate Governance-Diskussion in den USA lange vor 1980 geführt wurde.

In den letzten fünf bis zehn Jahren ist die Problemstellung ‚guter' oder ‚richtiger' Unternehmensführung jedoch unter dem Oberthema der Corporate Governance nicht nur in den USA, sondern auch in Europa und somit auch in Deutschland zu einem wichtigen Diskussionsthema geworden.[8] Die heutige Relevanz von Corporate Governance zeigt auch folgendes Zitat des ehemaligen Weltbankpräsidenten *James Wolfenson*: „The Governance of the corporation is now as important in the world economy as the government of countries".[9] Während in der Anfangszeit der wissenschaftlichen Diskussion um Corporate Governance eher isolierte Einzelprobleme im Mittelpunkt standen, wird in den letzten Jahren verstärkt auf die Bildung eines holistischen Gesamtkonzepts abgestellt, das die Effizienz und Effektivität der Unternehmensführung als Ganzes in den Fokus der Betrachtung rückt.[10] Nichtsdestotrotz bleibt zu konstatieren, dass sich die deutschsprachige Diskussion zur Corporate Governance bisher recht einseitig mit den juristischen Vorschriften in Bezug auf Rechte und Pflichten von Vorstand, Aufsichtsrat und Hauptversammlung börsennotierter Gesellschaften befasst.[11]

Ausgehend von größeren Unternehmensskandalen in den USA[12], aber auch in Deutschland[13] und anderen europäischen Ländern sowie dem resultierenden Ruf nach verantwortungsvoller Unternehmensführung sah sich der deutsche Gesetzgeber gezwungen, zumindest die Corporate Governance börsennotierter Gesellschaften stärker als bisher zentral zu überwachen. Nach ersten Überlegungen der *Baums*-Kommission entstand im Jahr 2002 der Deutsche Corporate Governance Kodex (DCGK)[14], erarbeitet durch die Regierungskommission Deutscher Corporate Governance Kodex um den Vorsitzenden *Gerhard Cromme*. Der Kodex wurde mit dem Ziel installiert, das Vertrauen in die deutsche Form der Unternehmensführung und auch Unternehmensüberwachung zu stärken.[15] Des Weiteren besteht die Vermutung, dass mit der

---

8 Vgl. Drobetz/Schillhofer/Zimmermann (2004a), S. 268; Werder (2008), S. 1. Vgl. auch die Einleitung von Hommelhoff/Hopt/Werder: „Noch vor wenigen Jahren war der Begriff Corporate Governance in Deutschland nur einer kleinen Zahl Eingeweihter bekannt. Heute ist er in aller Munde". Hommelhoff/Hopt/ Werder (2003), S. V. Vgl. auch Daniel (2008), S. 1; Werder (2009), S. 23ff. Zur globalen Sicht vgl. Luo (2007).

9 Wolfenson (1999). Die Diskussion in diesem Zusammenhang geht von der These aus, dass der sogenannten Private oder Corporate Governance im Vergleich zur vorher wichtigeren Public Governance, d.h. der Art und Weise der Führung von Staaten und öffentlichen Institutionen, eine immer größere Bedeutung beigemessen wird. Für einen Überblick über die historische Analogie der Begriffsdefinition vgl. z.B. Freidank/Velte (2007), S. 25.

10 Vgl. Werder (2003), S. 5. Dabei stellt Werder insbesondere fest, dass sich die Diskussion über Corporate Governance keinesfalls auf rein wissenschaftliche Beiträge beschränkt, sondern auch in der Praxis große Resonanz erfährt.

11 Vgl. Freidank/Paetzmann (2004), S. 1.

12 Genannt seien hier als Beispiele die Fälle Enron, WorldCom oder Tyco, die letztendlich zur Einführung des Sarbanes-Oxley Acts (SOX) geführt haben. Vgl. hierzu Consenza (2007), S. 5ff. mit umfangreichen Hintergrundinformationen zu Ursachen und Folgen dieser Bilanzsskandale in den USA.

13 Als Beispiele dienen an dieser Stelle Unternehmen wie z.B. Flowtex oder Balsam, die über mehrere Jahre hinweg zu hohe Gewinne auswiesen und Scheingeschäfte buchten. Vgl. hierzu Wirl/Brändle (2004), S. 906 mit den dort angegebenen Quellen.

14 Vgl. Regierungskommission Deutscher Corporate Governance Kodex (2007).

15 Vgl. Regierungskommission Deutscher Corporate Governance Kodex (2007), S. 1.

Etablierung des DCGK die Vergleichbarkeit und Transparenz der deutschen Corporate Governance im internationalen Kontext steigt.[16]

In der deutschsprachigen Forschung haben sich vor dem geschilderten Hintergrund Arbeiten zum Thema Corporate Governance im Allgemeinen mittlerweile etabliert. In diesem Zusammenhang sind zwei große Themenkomplexe zu erkennen: Das Aufgreifen der internationalen Corporate Governance-Diskussion sowie die Erörterung des deutschen Systems im internationalen Vergleich.[17] Die folgende Abb. 1-1 soll einen ausgewählten (aber nicht vollständigen) Überblick der Forschung[18] zum deutschen Corporate Governance-System verdeutlichen.

Autoren	Jahr	Titel
Theisen	1993	Überwachung der Geschäftsführung
Baums	1995	Der Aufsichtsrat
Hopt	1996	Corporate Governance und deutsche Universalbanken
Schmidt et al.	1997	Corporate Governance in Germany
Beyer	1998	Managerherrschaft in Deutschland
Baums	1999	Corporate Governance in Germany
Adams	1999	Cross holdings in Germany?
Boehmer	1999	Corporate Governance in Germany?
Früh	1999	Die Rolle der Banken in der Corporate Governance
Edwards/Nibler	2000	Corporate Governance in Germany
Wolfram	2000	Corporate Governance in Deutschland
Berrar	2001	Die Entwicklungen der Corporate Governance in Deutschland
Jürgens/Rupp	2001	The German system of Corporate Governance
Albers	2002	Corporate Governance in Aktiengesellschaften
Baums	2003	Corporate Governance
Gerig	2003	Börsengänge aus Sicht der Corporate Governance
Dutzi	2005	Der Aufsichtsrat als Instrument der Corporate Governance
Grothe	2006	Unternehmensüberwachung durch den Aufsichtsrat
Gerum	2007	Das deutsche Corporate-Governance-System
Theisen	2008	Der Wirtschaftsprüfer als Element der Corporate Governance

Abbildung 1-1: Überblick über die deutschsprachige Corporate Governance-Forschung

16 Vgl. Cromme (2002), S. 502ff.

17 Vgl. hierzu die Darstellung bei Hausch (2004), S. 2 m.w.N.. Einen umfassenden Überblick gibt auch der Sammelband von Freidank (Hrsg., 2004b).

18 Vgl. Theisen (1993); Baums (1995); Hopt (1996); Schmidt et al. (1997); Baums (1999); Beyer (1998); Adams (1999); Boehmer (1999); Früh (1999); Edwards/Nibler (2000); Wolfram (2000); Berrar (2001); Jürgens/Rupp (2001); Albers (2002); Baums (2003); Gerig (2003); Dutzi (2005); Grothe (2006); Gerum (2007); Theisen (2008).

Wie an den Titeln der Werke erkennbar ist, widmen sich seit ca. 1993 Arbeiten dem deutschen Corporate Governance-System im Allgemeinen sowie einzelnen Systemelementen. Im Rahmen der wissenschaftlichen Diskussion[19] um Corporate Governance im deutschsprachigen Raum sind jedoch bisher insbesondere zwei bedeutsame Lücken auffällig.

Zunächst ist hier die bereits erwähnte Konzentration der Betrachtungen auf Aspekte kapitalmarktorientierter Großunternehmen zu nennen.[20] Die deutsche Forschung stellt diesbezüglich im internationalen Kontext insofern eine Ausnahme dar, als die Einbeziehung der Corporate Governance mittelständischer Unternehmen[21] und Familienunternehmen international weit verbreitet ist.[22] Gerade aufgrund der großen Bedeutung des Mittelstands für die deutsche Volkswirtschaft ist diese Vernachlässigung wenig nachvollziehbar und sehr zu kritisieren.[23] Die wenigen deutschen Forschungsarbeiten zur mittelständischen Corporate Governance lassen zudem die Diskussion konzeptioneller und theoretischer Grundlagen vermissen. Bisher wurden und werden oft isolierte Teilbereiche, die zwar einen Bezug zur Corporate Governance aufweisen, letztlich aber nur einen Ausschnitt der Perspektive darstellen, in detaillierter Art und Weise untersucht. Beispielhaft sind Beiträge zu Personalmanagement[24], Finanzierung[25], Unternehmensnachfolge[26], Unternehmensführung[27], Controlling[28], Rechnungslegung[29], Inter-

19 Vgl. für einen einführenden Überblick Schmidt et al. (1997).

20 Vgl. hierzu beispielhaft den kritischen Beitrag von Steger (2005). Vgl. auch Hilb/Knorr/Steger (2008), S. 61.

21 Hier ist jedoch zu berücksichtigen, dass international keine eindeutige Definition des Begriffs Mittelstand existiert. Vgl. Mugler (2008), S. 24. Dies ist noch nicht einmal innerhalb Deutschlands der Fall, was im Folgenden weiter thematisiert wird, besonders in Abschnitt 2.1 der Arbeit. Es kann jedoch festgestellt werden, dass sich in vielen Ländern Corporate Governance-Forscher mit Themen kleinerer und mittlerer Unternehmen (KMU) befassen, die zumindest in der quantitativen Dimension mit dem gängigen deutschen Mittelstandsbegriff in etwa deckungsgleich sind.

22 Vgl. z.B. Huse (2000); Zahra/Neubaum/Huse (2000); Steier (2001); Chrisman/Chua/Sharma (2003); Müller (2003a); Müller (2003b); Berghen/Carchon (2003); Steier/Chrisman/Chua (2004); Lubatkin et al. (2005); Colarossi et al. (2008).

23 Zur Bedeutung des Mittelstands in Deutschland vgl. z.B. Gantzel (1962); Kayser (2006), S. 33ff.; Kayser (1999), S. 39f.; Günterberg/Kayser (2004); Hausch (2004), S. 3ff.; Wallau (2005); Wallau (2006); Bundesministerium für Wirtschaft und Technologie (2007); Hamer (2006).

24 Vgl. z.B. Backes-Gellner et al. (2003); Backes-Gellner/Kay (2002); Hamel (2006); Becker et al. (2007a); Becker et al. (2007b); Becker et al. (2008a); Deloitte (Hrsg., 2008b) ; Stuhldreier (2002).

25 Vgl. u.a. Rudolph (1984), S. 275ff.; Gerke/Bank (1999); Ortseifen/Hilgert (2007); Wallau (2002); Börner (2006); Wossidlo (1997); Audretsch/Elston (1997); Schöning (Hrsg., 2004).

26 Vgl. z.B. Becker/Stephan (2001); Stephan (2002); Hennerkes (2004); Redlefsen (2004); Redlefsen/Witt (2006); Klein (2004); Wimmer et al. (2005), S. 260ff.; Wieselhuber (2008), S. 48f. Für praxisorientierte Lösungen vgl. Kempert (2008); Hacker/Schönherr (2007); Schlömer/Kay (2008); Baumgartner (2009).

27 Vgl. z.B. Schauf (Hrsg., 2006); Becker et al. (2008b); Pleitner (2005); Pfohl (2006b).

28 Vgl. z.B. Becker (1984); Jahns (1997); Kosmider (1994); Legenhausen (1998); Lingnau (Hrsg., 2006); Manegold/Steinle/Krummaker (2007); Schumacher (2005); Zimmermann (2001); Rautenstrauch/Müller (2005); ders. (2006); ders. (2007); Pössl (1991); Gleich/Hofmann (2006); Seitz/Dittrich (2005); Völker/Grünert/Kriegbaum-Kling (2007); Wittenberg (2006); Künzle (2005); Maser (2005); Klett/Pivernetz (2004); Lanz (1992); Flacke (2007); Gleich/Hofmann/Shaffu (2008).

29 Vgl. Weißenberger (2007); Pottgießer (2006); Schleyer (2008); Ull (2006); Oehler (2005); Weichert (2004); Baetge/Klaholz (2006).

nationalisierung[30] und Unternehmensbewertung[31] zu nennen.

Eine ganzheitliche Erfassung und Definition spezifisch mittelständischer bzw. familienunternehmensbezogener Corporate Governance ist in den letzten Jahren zwar von Autoren wie z.B. *Hausch*[32], *Strenger*[33], *Winkeljohann/Kellersmann*[34] oder *Wesel*[35] angestrebt worden. Es gelang indes nicht, dem Phänomen Corporate Governance für Mittelstand und / oder Familienunternehmen einen eindeutigen konzeptionellen Rahmen zu geben.[36] Dieses Ziel wurde von den Autoren meist auch gar nicht angestrebt oder zu Gunsten einer deskriptiven Beschreibung des Status Quo und Veränderungen der Corporate Governance verworfen.[37] Allerdings genügt es nicht, die Beschreibung einer spezifischen Ausprägung der Corporate Governance rein deskriptiv durch Einzelfallbeschreibung zu erfassen.[38] Ein konzeptionell-theoretisches Framework ist für das Verständnis der Wirkungsweise von Corporate Governance in mittelständischen Familienunternehmen unerlässlich. Nur so lassen sich anforderungsgerechte Instrumente ableiten, welche in der mittelständischen Praxis erfolgreich eingesetzt werden können.[39]

Eine zweite, auf dem Gebiet der Corporate Governance-Forschung zu erwähnende Forschungslücke ist die Betrachtung der Rolle des Controlling[40] im Rahmen der Corporate Governance.[41] Zu diesem Problemfeld konstatiert *Freidank*: „Zu beobachten ist aber, dass in jüngerer Zeit bedeutende Reformeinflüsse von den weltweiten Bestrebungen zur Verbesserung der Corporate Governance ausgehen. Allerdings ignoriert die in diesem Zusammenhang weitgehend juristisch geprägte Diskussion den Begriff Controlling, obwohl betriebswirtschaftliche Aspekte, die die Aufgaben, das System und die Instrumente des Controlling sowie seine Abgrenzung zu anderen Bereichen betreffen, zunehmend Eingang in gesetzliche Nor-

---

30 Vgl. Habedank (2006); Gutmann/Kabst (2000); Behr/Semlinger (Hrsg., 2004); Zimmermann (2001); Fischer (2006); Bamberger/Wrona (2006); Wallau (2007); KPMG (Hrsg., 2007).

31 Der Autor weist darauf hin, dass das Thema der Unternehmensbewertung nur im weitesten Sinne der Corporate Governance zugerechnet werden kann, wenn man Wertorientierung und Corporate Governance in einem gemeinsamen Handlungskontext einordnet. Vgl. z.B. Behringer (2004); Kraut (2002); Bellenberg (2008).

32 Vgl. Hausch (2004).

33 Vgl. Strenger (2003a); ders. (2003b).

34 Vgl. Winkeljohann/Kellersmann (2006).

35 Vgl. Wesel (2010).

36 Dies liegt unter anderem daran, dass die einzelnen Autoren ungleiche Begrifflichkeiten verwenden.

37 Diese Feststellung ist nicht wertend zu verstehen. Die gewählte Vorgehensweise der genannten Autoren ist verständlich, da zunächst eine Analyse des Status Quo notwendig ist, um konzeptionelle Grundlagen zu erarbeiten und davon ausgehend Veränderungen zu analysieren.

38 So argumentieren Reinemann und Böschen in einer Deloitte-Studie zur Corporate Governance im Mittelstand: „Einen einheitlichen Corporate Governance-Kodex für mittelständische Unternehmen zu entwerfen, ist aufgrund der großen Heterogenität dieser Unternehmen nicht sinnvoll". Deloitte (Hrsg., 2008a), S. 2. Eine weitere Begründung, warum diese Heterogenität gerade im Mittelstand und nicht auch bei Großunternehmen von Bedeutung ist, bleibt jedoch an diese Stelle zunächst aus.

39 Insofern wird die Größe Erfolg als Bewertungskriterium für Corporate Governance verwendet.

40 Zur Begriffsdefinition des Controlling sowie weiteren Diskussion vgl. Abschnitt 2.3.

41 Vgl. einführend die Beiträge von Albrecht (2007), S. 326ff.; Wall (2008b), S. 228ff.

mierungen zur Novellierung von Führungs- und Überwachungsgrundsätzen finden".[42] Und dies greift noch deutlich zu kurz, da es nicht nur um den Begriff des Controlling, sondern auch die Einbettung des Controlling in den Kontext der Corporate Governance gehen muss.

Zwar wird in der Literatur darauf verwiesen, dass dem Controlling im Rahmen der Corporate Governance eine zentrale Rolle zukomme.[43] Begründet wird diese Behauptung jedoch nicht unter Rückgriff auf theoretische Überlegungen, sondern auf Basis bestehender rechtlicher Kompetenzzuweisungen zu einzelnen Aufgabenträgern innerhalb einer Unternehmung.[44] Insbesondere die typischen Controlling-Aufgaben bzw. -Instrumente Kosten- und Leistungsrechnung sowie Risikomanagement werden von Autoren wie z.B. *Ballwieser*[45], *Freidank/Paetzmann*[46] sowie *Diederichs/Kißler*[47] als Beiträge des Controlling zur Corporate Governance genannt. Die Funktionsweise des Controlling als integriertem Bestandteil der Unternehmensführung wird jedoch nur am Rande thematisiert.

In der vorliegenden Arbeit soll der Fokus vom Schwerpunkt bisheriger Untersuchungen, der Beeinflussung des Controlling durch Veränderungen der Corporate Governance[48], hin zu einer neuen Perspektive, der Verbesserung der Corporate Governance unter expliziter Einbeziehung des Controlling als eigenständigem Teilbereich der Corporate Governance, gelenkt werden.[49] Das Controlling steht somit – so eine im Rahmen dieser Arbeit zu belegende These – den Zielen und Funktionen der Corporate Governance inhaltlich nahe.[50] In diesem Zusammenhang soll in einem ersten Schritt der Begriff des wertschöpfungsorientierten Controlling nach *Becker*[51] mit dem Konstrukt Corporate Governance in Einklang gebracht werden, wobei letztere hier – ohne nähere Konkretisierung – zunächst als Leitrahmen für verantwortliche, auf

42 Freidank (2004a), Vorwort. Wagenhofer (Hrsg., 2009) befasst sich in einem aktuellen Herausgeberband mit dem Themenbereich der Schnittstellen zwischen Corporate Governance und Controlling, was auf die unverminderte Aktualität des Themenfeldes hinweist.

43 Vgl. z.B. Wall (2008b), S. 228ff.

44 Vgl. Ballwieser (2003), S. 429f. Ballwieser misst dem Controlling und dem Controller als Person ledigliche eine dienende, untergeordnete Funktion im Rahmen der Unternehmensführung bei. Die betriebswirtschaftliche Bedeutung des Controlling für die Steigerung der Wertschöpfung wird indes vernachlässigt.

45 Vgl. Ballwieser (2003), S. 429ff.

46 Vgl. Freidank/Paetzmann (2004), S. 10ff. Vgl. auch den Beitrag von Freidank (2006).

47 Vgl. Diederichs/Kißler (2007).

48 Vgl. z.B. Freidank/Velte (2007).

49 Ansätze dieser neuen Denkweise finden sich z.B. bei Hirsch/Sorg (2006), welche die Rolle des Controllers im Rahmen der Corporate Governance von Aktiengesellschaften untersuchen. Im englischsprachigen Bereich ist Seal (2006), S. 389ff. zu nennen, der sich mit der Verbindung von Management Accounting und Corporate Governance befasst.

50 Vgl. Freidank/Velte (2007), S. 23.

51 Der Begriff des wertschöpfungsorientierten Controlling entspricht der Controlling-Konzeption von Becker, nach dem das Controlling als integrierte Aufgabe der Unternehmensführung die Ausrichtung des unternehmerischen Handelns auf das Oberziel der Wertschöpfung übernehmen muss. Vgl. Becker (1999), S. 3.

langfristige Wertschöpfung ausgerichtete Unternehmensführung interpretiert wird.[52]

Die Notwendigkeit der Professionalisierung der Unternehmensführung – interpretiert als verstärkte Anwendung betriebswirtschaftlicher Erkenntnisse – mittelständischer Familienunternehmen wird mittlerweile in der Literatur in verschiedenen Beiträgen thematisiert, die sich insbesondere mit betriebswirtschaftlichen Instrumentarien und Führungskonzepten wie z.B. dem Controlling oder dem Wertmanagement befassen.[53] Auch aus Sicht verschiedener Experten aus Wissenschaft und Praxis ist eine Professionalisierung dieses Betriebstyps anzustreben.[54] Während jedoch in der Literatur zum Teil die Auffassung vertreten wird, dass mittelständische Familienunternehmen aufgrund der beschränkten finanziellen Ressourcen und der eingeschränkten, auf das eigene Unternehmen zentrierten Sichtweise kaum in der Lage seien, auf sich allein gestellt die Professionalisierung der Unternehmensführung vorzubereiten, soll in der vorliegenden Arbeit eine modifizierte Sichtweise vertreten werden.[55] Die Grundannahme der Untersuchung stützt sich auf den postulierten gemeinsamen Handlungskontext von Corporate Governance und Controlling in mittelständischen Familienunternehmen. Durch die Ausrichtung auf verantwortliche, auf langfristige Wertschöpfung ausgerichtete Unternehmensführung mit Hilfe der Umstrukturierung interner Corporate Governance-Strukturen kann das Controlling zur Verbesserung der Corporate Governance und damit zur Erhöhung der Effizienz und Effektivität mittelständischer Familienunternehmen beitragen.

Zusammenfassend liegt die Problemstellung der vorliegenden Arbeit darin begründet, dass die aktuelle Diskussion um Corporate Governance aus funktionaler Sicht insbesondere die Schnittstelle zum Controlling sowie aus Sicht des Objektfeldes das Untersuchungsobjekt mittelständischer Familienunternehmen ausblendet. Eine Integration dieser Themenfelder erscheint zugleich notwendig, praxisrelevant und in dieser Kombination bisher kaum erforscht.

1.2 Zielsetzung der Arbeit

Vor dem dargestellten Hintergrund widmet sich die vorliegende Arbeit zwei grundsätzlichen Überlegungen. Erstens wird auf das Verständnis des Controlling als einem Funktionsbereich

---

52 Vgl. Schneider/Strenger (2000), S. 106; o.V. (2008). Einen Überblick über mögliche Definitionsansätze geben Küting/Busch (2009), S. 1363f. Eine ähnliche Definition gibt Weißmann: „Unter Corporate Governance ist die verantwortungsvolle, auf langfristige Wertschöpfung und Steigerung ausgerichtete Leitung und Kontrolle von Unternehmen zu verstehen." Weißmann (2005), S. 111.

53 Vgl. Becker et al. (2008b); Pössl (1991); Langenbach (2000); Kosmider (1994); Sorg (2007); Frank (2000); Reitmeyer (1999); Schumacher (2005); Zimmermann (2001); Kraut (2002); Geltinger (2007); Khadjavi (2005); Weber/Reitmeyer/Frank (2000); Jaskiewicz/Schiereck (2008).

54 Vgl. persönliches Gespräch mit Prof. Dr. Egbert Kahle am 04.03.2009 in Lüneburg; persönliches Gespräch mit WP/StB Philipp Karmann am 20.02.2009 in Dresden.

55 Man vergleiche die Arbeiten aus der Schule von Jürgen Weber. Dort wird Professionalisierung der Unternehmensführung im Sinne des von Weber vertretenenen Rationalitätssicherungsansatzes interpretiert. Vgl. auch die grundlegenden Ausführungen von Weber (2003), S. 187f.; Sorg (2007), S. 3.

abgestellt, welcher deutliche Wechselwirkungen mit der Corporate Governance aufweist. Das Controlling ist in der Operationalisierung der vorliegenden Arbeit folglich als Bestandteil der spezifischen Corporate Governance mittelständischer Familienunternehmen zu charakterisieren, der die Effizienz und Effektivität des Unternehmens verbessern kann. Das Controlling wird im Gegensatz zu der hier vertretenen Auffassung in der Praxis häufig auf die wesentlich restriktiveren Funktionen und Kompetenzen des Controllership[56] begrenzt. Die zeitgemäße Interpretation[57] des Controlling im Sinne einer Lokomotionsfunktion – der Ausrichtung des unternehmerischen Handelns auf den Wertschöpfungszweck – wird kaum wahrgenommen.[58]

Auf der ersten Überlegung aufbauend wird die zweite These aufgestellt, dass die integrierte Betrachtung von Corporate Governance, Unternehmensführung und Controlling in mittelständischen Familienunternehmen zu einer gesteigerten Effizienz und Effektivität des unternehmerischen Handelns führen kann.[59] Letztendlich soll also ein Zusammenhang zwischen der Corporate Governance eines Unternehmens und seinem Erfolg oder seiner Performance[60] – in einem ersten Schritt operationalisiert mit Hilfe der Konstrukte Effizienz und Effektivität, die im Laufe der Arbeit selbst ebenso wie die Begriffe Erfolg und Performance näher konkretisiert werden müssen – hergestellt werden. Zu diesem Zweck muss sowohl auf die Spezifika der Definition von Unternehmenserfolg als auch auf dessen Operationalisierung mit Hilfe von Subkriterien[61] und Indikatoren detailliert eingegangen werden. Ziel der Untersuchung ist es, ein umfassendes Bild der wertschöpfungsorientierten Unternehmensführung mittelständischer Familienunternehmen in Bezug auf Corporate Governance, Unternehmensführung und Controlling zu erstellen und im Rahmen einer explorative Untersuchung in deutschen mittelständischen Familienunternehmen empirisch zu veranschaulichen.

Der Hauptanspruch der vorliegenden Arbeit besteht in der Erstellung eines situativen Bewertungsmodells für die Corporate Governance mittelständischer Familienunternehmen unter expliziter Einbeziehung der Wechselwirkungen zwischen Corporate Governance und Controlling. Insofern geht der Ansatz über bestehende Modelle hinaus, welche sich vor allem der Ab-

56 Der Begriff des Controllership bezeichnet im Gegensatz zur betrieblichen Funktion, die Controlling genannt wird, das, was Controller in der Praxis wirklich tun. Diese beiden Aspekte können deckungsgleich sein, sind es aber zumeist nicht. Zum Begriff des Controllership vgl. Weber/Schäffer (2006), S. 1ff.

57 Hier steht besonders die nachhaltige Dimension von Unternehmensführung und Controlling im Sinne nachhaltiger und langfristiger Unternehmenswertsteigerung im Vordergrund. Vgl. Becker/Staffel/Ulrich (2009b), S. 257ff.

58 Vgl. Becker et al. (2008b), S. 7. Eine Studie von Becker/Staffel/Ulrich aus dem Jahr 2008 zeigt erste Tendenzen einer stärkeren Wahrnehmung der Lokomotionsfunktion in mittelständischen Unternehmen. Vgl. Becker/Staffel/Ulrich (2008b), S. 50.

59 Auch Horváth (2009), S. 269, ordnet das Steuerungssystem des Unternehmens, welches Teil von Unternehmensführung und Controlling ist, in den Kontext von Corporate Governance ein.

60 Eine Übersicht über mögliche Begriffsdefinitionen der Performance gibt Hilgers (2008), S. 32ff.

61 Bach (2008, S. 105) weist auf die Messbarkeitsproblematik der Effizienz im Sinne direkter Input-Output-Relationen hin.

leitung von Best-Practice-Empfehlungen ohne konkreten Situationsbezug widmeten.

Daraus lassen sich für die Kategorien Theorie und Praxis spezifische Forschungsziele ableiten (vgl. Abb. 1-2). Aus wissenschaftlicher Perspektive stehen die Erweiterung der Wissensbasis zur Einbeziehung des Controlling in die Corporate Governance sowie zur Corporate Governance in mittelständischen Familienunternehmen im Allgemeinen im Fokus. Für die Praxis wird eine unmittelbare Verbesserung der Führungsstrukturen und –prozesse dieses Betriebstyps durch Anwendung des situativen Bewertungsmodells angestrebt. Die Arbeit erhebt nicht den Anspruch, allgemeingültige Lösungen zu präsentieren. Jedoch ermöglicht das Modell der vorliegenden Untersuchung – was noch zu zeigen sein wird – einen Soll-Ist-Vergleich zwischen aktuellen und empfehlenswerten Führungsstrukturen und -prozessen.

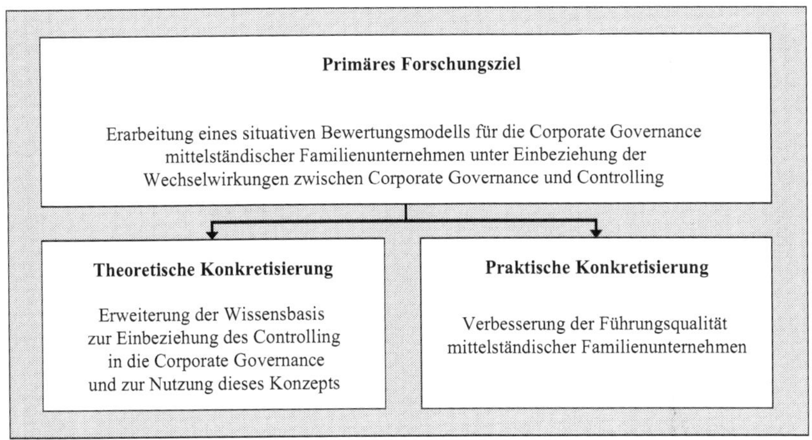

Abbildung 1-2: Forschungsziele der Arbeit

Die Professionalisierung der Unternehmensführung mittelständischer Familienunternehmen im Spannungsfeld von Corporate Governance, Unternehmensführung und Controlling erscheint als bedeutendes, in dieser Kombination bisher kaum erforschtes Phänomen. Im Rahmen dieser Arbeit wird versucht, die verschiedenen, bisher isolierten Ansätze der Literatur zu den Themen Controlling, Corporate Governance und Unternehmenserfolg zu einer integrativen Gesamtkonzeption zu vereinen. Als Konsequenz aus der bisher fehlenden Integration der genannten Themenfelder in Wissenschaft und Praxis besteht in vielen Unternehmen – so die Vermutung – ein großes Potential für die Verbesserung der Qualität der Unternehmensführung. In manchen mittelständischen Familienunternehmen birgt der Mangel an Unternehmensführung und Controlling sogar hohe Bestandsrisiken.[62]

Ähnlich zu anderen modellbasierten Arbeiten muss auch an dieser Stelle auf die Limitationen des gewählten Vorgehens hingewiesen werden. Die Zerlegung eines abstrakten Konstrukts wie dem der Corporate Governance in mittelständischen Familienunternehmen in einzelne Teilelemente ist in der Praxis regelmäßig schwer anwendbar und folglich nur für die theoretische Analyse der vorliegenden Arbeit von Bedeutung.[63] Das in dieser Arbeit zu entwerfende Modell soll jedoch zumindest die von *Brown*[64] gestellten Anforderungen in den Punkten Einfachheit, Klarheit und Konsequenz der formalen Struktur, Wirklichkeitsnähe sowie Eignung für relevante Voraussagen erfüllen. Falls diese Anforderungen erfüllt werden können, wird das Modell als gelungene Annäherung der Wirklichkeit interpretierbar sein.

Die Untersuchung orientiert sich an der Forschungskonzeption von *Becker*, in der deduktive Überlegungen aufgrund theoretischer Erkenntnisse mit induktiven Argumentationsschlüssen in Einklang gebracht werden, die sich aus primären und sekundären empirischen Quellen ableiten lassen.[65] Im Zentrum des induktiven Teils steht eine qualitativ-empirische Fall-/Feldstudienuntersuchung. Letztendlich wird mit der Arbeit das Prinzip der Forschung im Gegenstrom verfolgt, um sowohl theoretisch belastbare als auch praktisch nutzbare Ergebnisse zu erzielen. Dieses Konzept wird im folgenden Abschnitt näher erläutert.

1.3 Wissenschaftsmethodologische Fundierung der Arbeit

Die klassische Wissenschaftstheorie unterscheidet in Anlehnung an *Reichenbach* zwischen dem sogenannten Entdeckungs-, dem Begründungs- und dem Verwertungszusammenhang von Theorien.[66] Eine solche Abgrenzung wird auch von der heutzutage dominanten, eher deduktiv geprägten Richtung der Betriebswirtschaftslehre getroffen, welche das Haupterkenntnisinteresse auf die Ableitung und empirische Überprüfung gehaltvoller Hypothesen lenkt.[67] Dies ist jedoch nur möglich, falls in einem bestimmten Untersuchungsbereich ausreichend gesicherte Erkenntnisse vorliegen. Geht man von einem derart gestalteten deduktiven Paradigma aus, erweisen sich Bereiche wie die Forschung zu Familienunternehmen als nur schwer für

---

62 Nicht zuletzt kann auf eine Studie von EulerHermes hingewiesen werden, in der fehlendes Controlling und Managementfehler als Hauptinsolvenzursache identifiziert wurde. Vgl. Zeitzentrum für Insolvenz und Sanierung/Euler Hermes (Hrsg., 2006).

63 Vgl. Hilb (2007), S. 14.

64 Vgl. Brown (1965), S. 549.

65 Becker (1990), S. 296.

66 Vgl. Reichenbach (1938); ders. (1966).

67 Zur hypothetisch-deduktiv orientierten Betriebswirtschaftslehre vgl. z.B. Diefenbach (2003), S. 43ff.

quantitativ-deduktive Methoden zugänglich.[68] Ein neueres, qualitativ geprägtes Paradigma lehnt deshalb die Trennung der genannten Zusammenhänge von Theorien zugunsten eines integrativen Konzepts ab.[69] Die Frage nach der Verbindung von Theorie und Praxis in der Betriebswirtschaftslehre ist dabei beinahe so alt wie das Forschungsgebiet der Betriebswirtschaftslehre selbst.[70] Theorien sind axiomatisierte Aussagensysteme. Dies bedeutet, dass Axiome[71] an der Spitze der Theorien stehen und die beiden Voraussetzungen der Widerspruchsfreiheit und der Unabhängigkeit erfüllen müssen.[72] Im Rahmen der vorliegenden Arbeit soll keine grundsätzliche Entscheidung zwischen einem quantitativ-deduktiven oder einem qualitativ-induktiven Vorgehen getroffen werden. Bezüglich der Verbindung zwischen Theorie und Empirie in der Betriebswirtschaftslehre wird hier stattdessen eine gemäßigt-konventionalistische Grundposition in Anlehnung an *Popper* eingenommen.[73] Grundlage der Forschung stellt die Falsifizierung von Hypothesen mit Hilfe empirischer Beobachtungen dar. So müssen auch die dem theoretischen Grundgerüst zugrunde liegenden Theorien jederzeit einer kritischen Überprüfung gemäß dem kritischen Rationalismus[74] von *Popper* standhalten.

Ausgehend von diesem Standpunkt muss ein für die Beantwortung der gestellten Fragen geeigneter Forschungsansatz gefunden werden. Die Wahl des Forschungsansatzes richtet sich nach den Zielen einer Untersuchung und versucht, die spezifisch festgelegten Ziele mit Hilfe spezifischer Forschungsmethoden zu erfüllen.[75] Fragestellungen der Corporate Governance in mittelständischen Familienunternehmen stehen erst seit jüngster Zeit im Blickpunkt von Wissenschaft und Praxis.[76] Aus diesem Grund muss ein Forschungsansatz gewählt werden, der Offenheit und Flexibilität garantiert und zudem eine sehr detaillierte Auswertung ermöglicht. Dies führt dazu, dass in der vorliegenden Arbeit eine qualitativ-empirische Vorgehensweise

---

68 Dies liegt insbesondere darin begründet, dass die in Familienunternehmen auftretenden Probleme zusätzlich zur ökonomischen Dimension auch eine psychologische Dimension umfassen, welche sich nur schwer durch quantitative Untersuchungen abbilden lässt.

69 Vgl. Binder (2000), S. 8ff.

70 Vgl. z.B. Kirsch/Seidl/van Aaken (2007), S. 7ff., die vor allem die Beziehung zwischen einer Theorie und der durch diese Theorie zu erklärenden Realität thematisieren. Siehe auch Schneider (2001), S. 22f.; Albach (1991), S. 4ff. Zur Theorielage in der Betriebswirtschaftlehre vgl. die umfangreichen Ausführungen von Witt (1995), S. 3ff.

71 Das klassische Verständnis von Axiomen geht auf die griechischen Philosophen und Naturwissenschaftler Aristoteles und Euklid zurück, die ein Axiom als ein unmittelbar einleuchtendes Prinzip begreifen. Die neuere Forschung versteht unter einem Axiom einen nicht deduktiv abgeleiteten Grundsatz einer Theorie. Vgl. Bochenski (1993), S. 73ff.; Kirsch/Seidl/van Aaken (2007), S. 7.

72 Vgl. Kirsch/Seidl/van Aaken (2007), S. 7f. mit einem Rückgriff auf das grundlegende Verständnis von Popper. Zur Problematik von Aussagensystemen in der Betriebswirtschaftslehre vgl. Schreyögg (2007), S. 154f.

73 Vgl. Popper (1994), S. 69ff.

74 Zum kritischen Rationalismus nach Popper vgl. z.B. Spinner (1974), S. 43ff. mit weiteren Nachweisen.

75 Für den Begriff der Forschungsmethode vgl. z.B. Wild (1975), Sp. 2654-2655. Wild sieht Forschungsmethoden als intersubjektiv nachprüfbare Instrumente zur Erzielung eines Erkenntnisfortschritts.

76 Vgl. Winkeljohann/Kellersmann (2006), S. 8f. Die Unternehmensberatungs- und Wirtschaftsprüfungsgesellschaft Deloitte weist in einer aktuellen Studie darauf hin, dass Corporate Governance im mittelständischen Bereich ungefähr seit dem Jahr 2006 ein Thema ist. Vgl. Deloitte (Hrsg., 2008a), S. 5.

verfolgt wird.[77] Hier wird qualitativ-empirische Arbeit im Sinne von *Dul/Hak* als sogenannte ‚theory-building research' verstanden, die auf Fall- oder Feldstudien[78] basiert.[79] Theorien oder Konstrukte werden in einem solchen Ansatz aus Fallstudien induktiv[80] abgeleitet, um ein grundlegendes Verständnis über den Zusammenhang gewinnen zu können. Als generalisierbares Forschungsmodell hat diese Vorgehensweise den Vorteil, dass auf Grundlage verschiedenster Datenquellen, Theorieansätze und Methoden intersubjektiv nachprüfbare Aussagensysteme entstehen[81]. Nachteile von Fallstudienuntersuchungen sind die geringe mögliche Fallzahl im Vergleich zu großzahligen, fragebogengestützten Erhebungen sowie die daraus resultierende Gefahr, auf Basis geringer Fallzahlen allgemeine Modelle oder Theorien abzuleiten. Nomologische Aussagen sollten aus Fallstudien nicht abgeleitet werden. Zudem besteht Unklarheit darüber, ob einerseits die betrachteten Unternehmen wirklich ideale ‚Vorbilder' darstellen und andererseits der Forscher sich selbst in mehrstündigen Tiefeninterviews einen detaillierten Einblick in Unternehmen erarbeiten kann.[82] Letztlich lässt sich aber keine allgemeingültige Vorteilhaftigkeit quantitativer oder qualitativer Forschungsdesigns ableiten.

Sinnvolle Forschungserkenntnisse können nach Ansicht *Beckers* nur durch die Synthese von aus betriebswirtschaftlichen Theorien abgeleiteten (Deduktion) und aus empirischen Daten hergeleiteten Argumentationsschritten (Induktion) entstehen.[83] Die Forschung im Gegenstrom nach *Becker* findet in der vorliegenden Arbeit Anwendung, indem deduktiv aus Theorien und induktiv aus bestehenden empirischen Studien Anforderungen für Corporate Governance im Mittelstand abgeleitet werden. Eine eigene Fallstudienuntersuchung auf Basis von Interviews mit Entscheidungsträgern mittelständischer Familienunternehmen bildet die Basis für die Veranschaulichung des abgeleiteten Modells[84] (vgl. Abb. 1-3).

Die Ableitung der aus den Fallstudien gewonnenen Erkenntnisse erfolgt anhand weiterer Informationsmaterialien wie z.B. weitergehender Literatur, Unternehmensbroschüren und Zei-

77 Autoren wie z.B. Bortz und Bongers oder Brüsemeister weisen darauf hin, dass sich für die Erforschung einer bislang unerforschten Fragestellung vor allem eine explorative Vorgehensweise eignet. Vgl. Bortz/Bongers (1984), S. 26f., Brüsemeister (2000), S. 21ff. Weitere Ausführungen zur qualitativen Forschung finden sich auch bei Bortz/Döring (2006), S. 295ff.

78 Der Begriff der ‚Feldstudie' wird hier synonym zur ‚Fallstudie' verwendet. Eine genau Eingrenzung erfolg in Abschnitt 5.1 der vorliegenden Arbeit.

79 Vgl. Dul/Hak (2008), S. 175f.; Yin (2003a). Zum Begriff der Fallstudie bemerkt Yin (2003b), S. 13: „A case study is an empirical inquiry that (…) investigates a contemporary phenomenon within its real-life context, especially when (…) the boundaries between phenomenon and context are not clearly evident."

80 Zur qualitativen Vorgehensweise vgl. z.B. Mayring (2002), S. 24ff.

81 Der Forschungszweig der Fallstudienforschung geht dabei hauptsächlich auf Arbeiten von Eisenhardt zurück. Vgl. Eisenhardt (1989b).

82 Vgl. Wolf (2008), S. 205.

83 Vgl. Becker (1990), S. 296.

84 Zur qualitativen empirischen Forschung in der Ökonomie vgl. Bitsch (2001); Homburg (2007); Kutschker/Bäurle/Schmid (1997).

tungsartikeln.[85] An geeigneten Stellen wird die Argumentation auch durch zusätzliche quantitative Aspekte aus empirischen Erhebungen und amtlichen Statistiken ergänzt.[86]

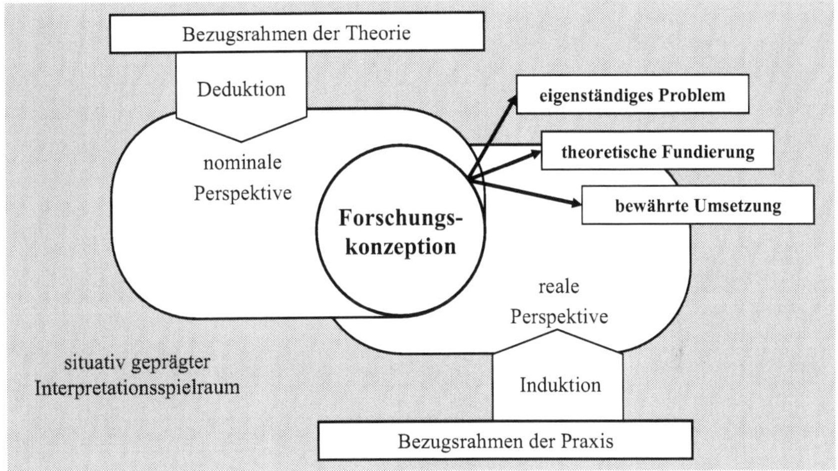

Abbildung 1-3: Forschung im Gegenstrom nach *Becker*[87]

Die aus induktiven und deduktiven Argumentationsschritten gewonnenen Einblicke werden zunächst zu Thesen verdichtet und dann in Experteninterviews zur Disposition gestellt. Das Experteninterview ist als Forschungsmethode Gegenstand einer bemerkenswerten wissenschaftlichen Diskussion, die sich insbesondere mit der Frage der wissenschaftlichen Eigenständigkeit befasst.[88] Ein Experte charakterisiert sich in der engen Auffassung nach *Meuser/Nagel* durch:[89]

- Verantwortung für Entwurf, Implementierung oder Kontrolle einer Problemlösung,
- einen privilegierten Zugang zu Informationen über Personengruppen oder Entscheidungsprozessen verfügt.

Die weite Auffassung zum Experteninterviews wird von *Gläser/Laudel* angeführt: „Experten sind Menschen, die ein besonderes Wissen über soziale Sachverhalte besitzen, und Experten-

[85] Vgl. zu dieser Vorgehensweise auch Kunze (2008), S. 251.
[86] Zu Synergieeffekten bei der Kombination qualitativer und quantitativer Forschung vgl. Eisenhardt (1989b), S. 538f.
[87] In Anlehnung an: Becker (1990), S. 296; Becker et al. (2007b), S. 15; Becker (2007d), S. 8.
[88] Vgl. Gläser/Laudel (2006), S. 11, Fußnote 2. Für einen einführenden Überblick vgl. den Sammelband von Bogner/Littig/Menz (Hrsg., 2005).
[89] Vgl. Meuser/Nagel (2005), S. 73.

interviews sind eine Methode, dieses Wissen zu erschließen."[90] Sie sind folglich kein Untersuchungsobjekt im engeren Sinne, sondern Medien, die befragt werden, um Erkenntnisse zum eigentlichen Untersuchungsobjekt zu erlangen.

Für die vorliegende Arbeit wurde ein breiter Ansatz für Experteninterviews gewählt, mit dem Ziel, den Untersuchungsgegenstand aus möglichst vielen verschiedenen praktischen und theoretischen Blickwinkeln zu betrachten. Die wichtigsten Elemente der vorliegenden Arbeit sind somit Desk Research theoretischer und empirischer Erkenntnisse, Fall-/Feldstudien mittelständischer Familienunternehmen sowie Interviews mit insgesamt 16 Experten aus Wissenschaft und Unternehmenspraxis.[91] Eine derart große Anzahl von Experten wurde ausgewählt, um auch aus Sicht dieser Informationsquelle gewissermaßen eine 360-Grad-Sicht auf die Corporate Governance mittelständischer Familienunternehmen abzuleiten. Abb. 1-4 gibt eine Übersicht über die im Rahmen der Untersuchung befragten Experten.

Interviewpartner/-in	Organisation/Unternehmen	Datum/Ort
PD Dr. Thomas Steger	Universität Erfurt	17.02.09, Chemnitz
WP/StB Philipp Karmann	Deloitte & Touche GmbH, Dresden	20.02.09, Dresden
Prof. Dr. Alexander Bassen	Universität Hamburg	24.02.09, Hamburg
Dr. Christine Zöllner	Universität Hamburg	24.02.09, Hamburg
Prof. Dr. Egbert Kahle	Leuphana-Universität Lüneburg	04.03.09, Lüneburg
Prof. Dr. Uwe Götze	Technische Universität Chemnitz	10.03.09, Chemnitz
Dr. Sascha Haghani	Roland Berger Strategy Consultants	02.06.09, Frankfurt
Volker Böschen	Deloitte & Touche GmbH, Hannover	04.06.09, Hannover
Prof. Dr. Anja Tuschke	LMU München	08.06.09, München
Prof. Dr. Martin Hilb	Hochschule St. Gallen	29.08.09, telefonisch
Prof. Dr. Arist von Schlippe	Private Universität Witten-Herdecke	08.09.09, Witten
Prof. Dr. Norbert Wieselhuber	Dr. Wieselhuber & Partner GmbH	16.09.09, München
Prof. Dr. Brun-Hagen Hennerkes	Hennerkes, Kirchdörfer & Lorz	08.10.09, Stuttgart
Prof. Dr. Sabine B. Klein	European Business School (EBS)	28.10.09, telefonisch
WP/StB/RA Dr. Bernd Rödl	Kanzlei Rödl & Partner, Nürnberg	28.11.09, Nürnberg
WP/StB Herbert Reiß	Deloitte & Touche GmbH, Nürnberg	09.12.09, Nürnberg

Abbildung 1-4: Übersicht über die befragten Experten

Als Hilfsmittel zur Verbesserung der angestellten Analyse wurden Personen aus Wissenschaft und Unternehmenspraxis zu Rate gezogen, um die Tendenzen der vorliegenden Arbeit zu dis-

90 Gläser/Laudel (2006), S. 10.
91 Eine Übersicht der befragten Experten findet sich im Anhang der Arbeit.

kutieren und kritisch zu hinterfragen. Die Experten können jeweils auf große Kenntnisse in den Bereichen Mittelstand, Controlling und Corporate Governance aufweisen. Eine detaillierte Aufstellung der Kurzprofile der Gesprächspartner sowie der Interviewleitfäden findet sich im Anhang der vorliegenden Arbeit. Desk Research und die Expertenbefragungen wurden vor allem zur Erarbeitung eines theoretischen Frameworks[92] verwendet. Die Ableitung des situativen Modells wird durch die essenzielle Überprüfung, Ergänzung und Validierung des Modells in explorativen Fall- bzw. Feldstudien ergänzt. Die vorliegende Arbeit entspricht nicht den Anforderungen, die an eine statistisch repräsentative Erhebung gestellt werden.[93]

Desk Research (Theorie und Empirie) und Expertenbefragungen fungieren über die komplette Arbeit hinweg als rahmengebende Instanzen der Untersuchung (vgl. Abb. 1-5).

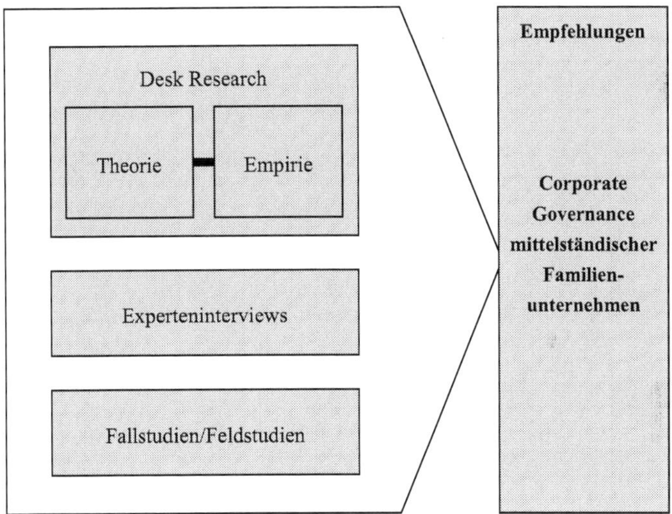

Abbildung 1-5: Bedeutung der Fallstudien im Rahmen der Forschungskonzeption[94]

Letztlich werden die Empfehlungen zur Corporate Governance mittelständischer Familienunternehmen aus Theorie, Empirie, Experteninterviews sowie der durchgeführten Fall- bzw. Feldstudienuntersuchung abgeleitet. Die von betriebswirtschaftlichen Theorien ausgehenden

---

92 Vgl. Kapitel zwei und drei der vorliegenden Arbeit.

93 Hier soll nicht näher auf die skizzierteie Problematik eingegangen werden. Zu einer repräsentativen Untersuchung bedürfte es unter anderem einer statistischen Zufallsauswahl der Stichprobe, die in bestimmten Verteilungs- und Lagemaßen mit der Grundgesamtheit übereinstimmt. Vgl. Strübing (2008), S. 82ff.

94 In Anlehnung an: Welter (2003), S. 17.

Deduktionsschritte basieren auf einer mehrdimensionalen Sicht der Unternehmung, wie sie u.a. von *Becker* vertreten wird.[95] Eine in diesem Sinne aufgefasste Theorie der Unternehmung, die nach *Küpper* auch als Wertschöpfungstheorie[96] bezeichnet werden kann, weist sowohl Sach- als auch Verhaltensaspekte auf und geht somit über die tradierte Betrachtungsperspektive der Betriebswirtschaftslehre hinaus.

Grundlage der Sachaspekte sind vor allem in der Produktions- und Kostentheorie[97], der betriebswirtschaftlichen Entscheidungslehre[98], der Kybernetik[99] und der Systemtheorie[100] zu suchen. Die verhaltenswissenschaftliche Orientierung ist vor allem aus Sicht ‚klassischer' Richtungen wie der Neuen Institutionenökonomik[101] (NIÖ) oder der Spieltheorie[102], aber auch aus Sicht der verhaltensorientierten Betriebswirtschaftslehre[103] (unter den Oberbegriffen psychologische Ökonomik[104], Behavioral Economics[105], Behavioral Accounting[106] oder Behavioral Controlling[107] etc.) zu untersuchen.

Das Forschungsverfahren im Gegenstrom führt dazu, dass der Forschungsprozess unter Berücksichtigung der betriebswirtschaftlichen Beschreibungs-, Erklärungs- und Prognose- sowie Gestaltungsziele einem festgelegten Aufbau folgen muss, der somit auch den Aufbau der vorliegenden Untersuchung bestimmt.[108] Das Ergebnis eines harmonisierten Forschungsansatzes ist eine umfassende Sicht auf das Betrachtungsobjekt der Corporate Governance in mittelständischen Familienunternehmen. Nachdem die Methodologie der Arbeit dargelegt wurde, erfolgt nun ein kurzer Überblick über den Aufbau der Arbeit und den Gang der Untersuchung.

---

95 Vgl. Becker (1996), S. 72-99, ders. (2007h), S. 38-75.

96 Zum Begriff der Wertschöpfungstheorie vgl. Küpper (2007), S. 1f. Einen Überblick über die Wertorientierung in der Betriebswirtschaftslehre gibt Ballwieser (2000); ders. (2002).

97 Vgl. die grundlegenden Arbeiten von Heinen (1970); Gutenberg (1983); Busse v. Colbe/Laßmann (1991), S. 71-329; Schweitzer/Küpper (1997); Fandel (2007); Kilger/Pampel/Vikas (2007). Eine neuere Interpretation der Produktionstheorie, die auch dispositive Optimierungsüberlegungen einbezieht, findet sich bei Dyckhoff (2003), S. 709.

98 Vgl. Heinen (1971); ders. (1976); Bamberg/Coenenberg (2006); Laux (2007); Bitz (1981); Eisenführ/Weber (2007); Stegmüller (2007).

99 Vgl. Malik (2006); Lehmann (1975); Beer (1963); Malik (2004).

100 Vgl. Bleicher (1970); Grochla (1970); Ulrich (1970); ders. (1971); Fuchs (1976); Schiemenz (1993); Simon (2007); Willke (2006).

101 Vgl. Coase (1937); Williamson (1975); ders. (1985); Milgrom/Roberts (1992); Jost (2007); Neus, (2005); Richter/Furubotn (2003); Furubotn/Richter (2005); Ebers/Gotsch (2006).

102 Vgl. Jost (2001b).

103 Vgl. Kirsch (1976); Schanz (1977); ders. (1993); Staehle (1999); Franken (2007); Kunz (2006).

104 Vgl. Osterloh (2007).

105 Vgl. Ebering (2005); Pelzmann (2006); Passardi-Allmendinger (2006); Diamond/Vartiainen (2007).

106 Vgl. Hirsch (2007); Süßmeier (2000); Riahi-Belkaoui (2001); Jonen/Lingnau (2007).

107 Vgl. Wielpütz (1996); Hirsch (2006); Ueberschär/Walther (2007); Sandner (2007).

108 Die verwendeten Termini wurden von Schweitzer geprägt und sind äquivalent mit den von Chmielewicz angeführten essentialistischen, theoretischen, pragmatischen und normativen Zielen der Betriebswirtschaftslehre. Vgl. Schweitzer (2004), S. 67; Chmielewicz (1994), S. 8-15.

1.4 Aufbau der Arbeit

Die vorliegende Arbeit ist in sieben Kapitel gegliedert (vgl. Abb. 1-6).

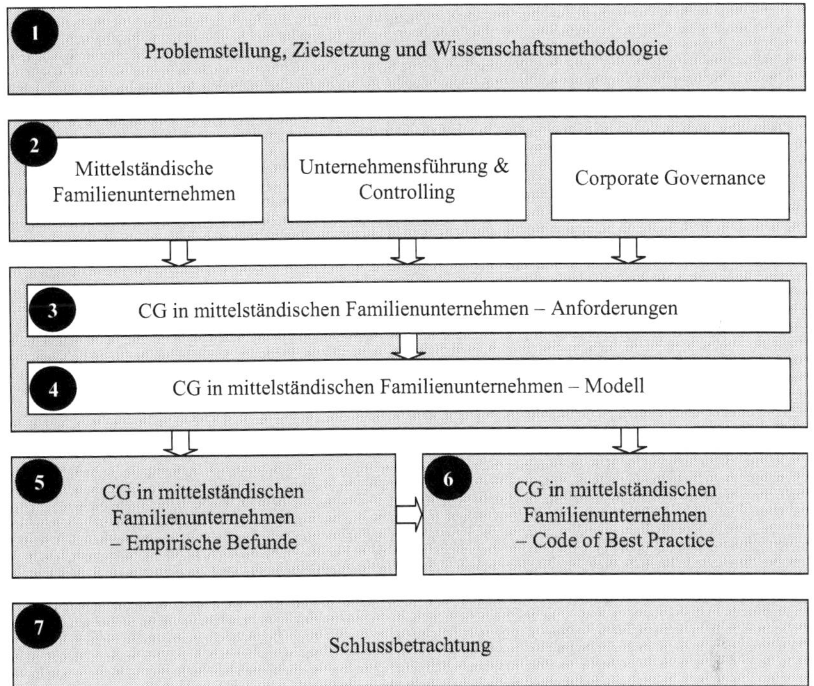

Abbildung 1-6: Aufbau der Arbeit

Nach den einleitenden Bemerkungen in diesem ersten Kapitel (**Kapitel 1**), das der Ausführung von Problemstellung, Zielsetzung, Forschungskonzeption und Aufbau der Arbeit dient, werden in **Kapitel 2** begriffliche und theoretische Grundlagen für den weiteren Ablauf der Arbeit gelegt. In diesem Zusammenhang müssen die Grundlagen der Untersuchungsobjekte mittelständische Familienunternehmen, Unternehmensführung und Controlling sowie Corporate Governance umfassend erläutert werden. In einem ersten Schritt wird der Begriff mittelständischer Familienunternehmen definiert sowie in einer für die vorliegende Untersuchung zweckdienlichen Operationalisierung dargestellt. In einem zweiten Schritt wird der Gesamtzusammenhang von Unternehmensführung und Controlling skizziert. Zusätzlich werden Mittelstandsspezifika herausgearbeitet. In einem dritten Schritt werden Grundlagen der Corporate

Governance aus funktionaler und institutioneller Sichtweise dargestellt. Die theoretischen Ausführungen haben dabei vorwiegend ihren Ursprung in Überlegungen, die der Prinzipal-Agent-Theorie und der Property-Rights-Theorie entnommen sind. Das zweite Kapitel schließt mit einem thesenartigen Überblick der theoretischen Grundlagen.

In **Kapitel 3** werden in einem ersten Teilschritt durch Theorie- und Literaturanalyse sowie anschließende deduktive Argumentation die theoretischen Beziehungen zwischen wertschöpfungsorientiertem Controlling, Corporate Governance und Unternehmenserfolg mittelständischer Familienunternehmen dargestellt. Die deduktiv abgeleiteten Anforderungen an Corporate Governance in diesen Unternehmen werden anhand empirischer Erkenntnisse validiert. Daraus abgeleitet wird in **Kapitel 4** die konzeptionelle Gestaltung einer erfolgssteigernden Corporate Governance-Bewertungsmodells für mittelständische Familienunternehmen im Rahmen einer situativen Analyse und Bewertung erläutert. Die Anwendung der Ergebnisse anhand einer eigenen empirischen Erhebung zum Zusammenhang der genannten Elemente wird in **Kapitel 5** dargestellt.

Die Gegenüberstellung der Ergebnisse aus den Kapitel 4 und 5 ermöglicht es, in **Kapitel 6** zusammenfassende Handlungsempfehlungen für die Professionalisierung der Führung mittelständischer Familienunternehmen im Sinne eines ‚Code of Best Practice' zu geben, der darstellt, welche internen ‚Stellhebel' mittelständische Familienunternehmen und deren Entscheidungsträger zur Verbesserung der Corporate Governance ihres Unternehmens anwenden können. Die Arbeit schließt in **Kapitel 7** mit einer Relativierung der Erkenntnisse sowie der Ableitung weitere Forschungsbedarfe.

2 Grundlagen

Im vorliegenden zweiten Kapitel werden die begrifflichen und theoretischen Grundlagen für die weitere Untersuchung gelegt. In Abschnitt 2.1 schließt die Analyse von Begriff und Merkmalen mittelständischer Familienunternehmen an. In Abschnitt 2.2 erfolgt die Darstellung bedeutender Aspekte von Unternehmensführung und Controlling sowie deren Besonderheiten in mittelständischen Familienunternehmen. In Abschnitt 2.3 werden theoretische Grundlagen zur Corporate Governance gelegt und auf die spezifische Untersuchung der vorliegenden Arbeit angepasst. Abschnitt 2.4 fasst die Konsequenzen in Thesenform zusammen.

2.1 Abgrenzung von KMU, Mittelstand und Familienunternehmen

Die Abgrenzung mittelständischer Unternehmen wurde bisher weder in der Theorie noch der Praxis trennscharf vollzogen.[109] Die Begriffe ‚mittelständisches Unternehmen', ‚Mittelstand', ‚Kleine und mittlere Unternehmen (KMU)' und ‚Familienunternehmen' werden weitestgehend synonym verwendet. Dies ist auch in vielen aktuelleren Untersuchungen zu beobachten.[110] In der vorliegenden Arbeit wird aus Praktikabilitätsgründen für die abzuleitenden Praxisempfehlungen eine eindeutige Begriffsabgrenzung zugrunde gelegt.[111]

Die parallele Verwendung verschiedener Begrifflichkeit ist insofern unscharf, als die unterschiedlichen Begrifflichkeiten auf unterschiedliche zugrunde liegende Konstrukte zurückgehen.[112] Während sich der Begriff der KMU eher an quantitativen Abgrenzungsmerkmalen gerade im Vergleich zu großen Unternehmen orientiert, stellen die Begriffe Mittelstand[113], mittelständisches Unternehmen und Familienunternehmen vornehmlich auf qualitative Abgrenzungskriterien ab. Folgt man den Ausführungen von *Pleitner*, so geht der Begriff Mittelstand

---

109 Vgl. z.B. Reis (1999), S. 12; Becker/Ulrich (2009b), S. 2ff. Vgl. kritisch zur Verwendung des Mittelstandsbegriffs Mugler (2008), S. 24f. Der Autor geht davon aus, dass der Begriff des mittelständischen Unternehmens derart ungenau definiert ist, dass er für wissenschaftliche Untersuchungen nicht verwendet werden sollte, und propagiert stattdessen den Begriff der ‚Klein- und Mittelbetriebe'. Vgl. Mugler (2008), S. 24ff. Eine ähnliche Auffassung vertritt Meyer. Vgl. Grass (2007), Beilage.

110 Vgl. z.B. Khadjavi (2005), S. 52; Günterberg/Kayser (2004); S. 1ff., Damken (2007), S. 57ff.; Manegold/Steinle/Krummaker (2007), S. 3 mit den jeweils dort angegebenen Quellen. Die Problematik erkannte Naujoks bereits im Jahr 1975, nach dem es „trotz einer fast unübersehbaren Fülle von Mittelstandsliteratur (...) bis heute nicht gelungen [ist], mittelständische Unternehmen von Unternehmen anderer Prägung theoretisch und statistisch befriedigend abzugrenzen." Naujoks (1975), S. 15.

111 Vgl. die kritische Anmerkung von Schuster. Dieser weist darauf hin, dass die synonyme Verwendung der Begriffe Mittelstand und KMU nicht nur nicht praktikabel, sondern falsch sei, da die unterschiedlichen Konnotationen der Konstrukte nicht mehr zum tragen kämen. Vgl. Schuster (1991), S. 3. In der vorliegenden Arbeit wird die gleiche Auffassung vertreten, welche im Folgenden noch näher erläutert wird. Vgl. einführend zu der Abgrenzung von Mittelstand, KMU und Familienunternehmen den Überblicksbeitrag von Becker/Ulrich (2009b), S. 2ff.; Jonen (2009), S. 197ff.

112 Vgl. Wolter/Hauser (2001), S. 30; Grunow/Figgener (2006), S. 28; Wieselhuber/Lohner/Thum (2007), S. 12ff.

113 Im Folgenden werden die Begriffe ‚Mittelstand' und ‚mittelständisches Unternehmen' synonym verwendet.

auf die soziologische Stellung einer Gruppe von Individuen ‚in der Mitte einer Gesellschaft' zurück.[114] *Damken* weist darauf hin, dass der Mittelstandsbegriff sowohl eine gesellschaftlich-psychologische als auch eine ökonomische Perspektive aufweise. Während bei ersterer die Personengruppe im Mittelpunkt der Betrachtung stehe, die sich ihrer gesellschaftlichen Verantwortung bewusst sei und ihr Unternehmen nach einer bestimmten Art und Weise führe, rücke bei der zweiten Perspektive die ökonomische Sichtweise bestimmte qualitative Charakteristika solcher Unternehmen in den Vordergrund.[115]

Die Schwierigkeit der Begriffsdefinition wurde bereits 1962 von *Gantzel* aufgegriffen, der etwa 190 verschiedene Mittelstandsdefinitionen in chronologischer Anordnung katalogisiert.[116] Die folgenden Ausführungen verfolgen das Ziel, eine für den gewählten Untersuchungsgegenstand der Corporate Governance in mittelständischen Familienunternehmen praktikable Definition abzuleiten.[117] Eine allgemeingültige Mittelstandsdefinition scheint in diesem Rahmen weder möglich noch nötig.[118] Zunächst werden quantitative Elemente der Begriffsdefinition aufgegriffen. In einem zweiten Schritt wird auf qualitative Merkmale abgestellt. Indem in Abschnitt 2.1.3 auf die ungenaue Abgrenzung des Begriffs der Familienunternehmen eingegangen wird, kann zu Abschnitt 2.1.4 hingeführt werden, in welchem die Ableitung einer Arbeitsdefinition des Begriffs ‚mittelständische Familienunternehmen' stattfindet.

2.1.1 Kleine und mittlere Unternehmen (KMU)

Der Begriff KMU stellt rein auf quantitative Aspekte[119] von Unternehmen ab, nach denen Unternehmen gruppiert werden. Folgt man der gängigen Definition von *Busse v. Colbe*, begrenzt die Betriebsgröße die statistische Gesamtheit aller Unternehmen, die eine bestimmte Betriebsgröße nicht übersteigen.[120] Fraglich ist jedoch der Betriebsgrößenbegriff.[121] Die wahrscheinlich am weitesten verbreitete Definition dieses Konstrukts gibt wiederum *Busse v. Col-*

114 Vgl. Pleitner (2005), S. 928. Vgl. auch die Ausführungen von Hamer (1990), S. 24f.

115 Vgl. Damken (2007), S. 58. Vgl. auch die Darstellung bei Hausch (2004), S. 12ff.

116 Vgl. Gantzel (1962), S. 293ff. Im gleichen Werk zitiert der Autor auch einen Ausspruch von Gothein: „Was man nicht definieren kann, das spricht mit Mittelstand man an." Gothein (1906), S. 7, zit. nach Gantzel (1962), S. 12. Hoch zählt im Jahr 1989 sogar über 200 verschiedene Mittelstandsdefinitionen. Vgl. Hoch (1989), S. 5.

117 Im Übrigen ist in der wissenschaftlichen Diskussion nicht geklärt, ob eine Definition überhaupt absolut richtig oder absolut falsch sein kann. Vgl. Heidegger (2005), S. 276ff. Zumindest sind aber stets Zweckmäßigkeitsaspekte zu gewährleisten. Insofern erscheint das Kriterium der Praktikabilität der Definition für eine vorab festgelegte Untersuchung angemessen.

118 Eine ausführliche Diskussion der Problematik des Mittelstandsbegriffs findet sich bei Wolter/Hauser (2001).

119 Im Folgenden wird davon ausgegangen, dass quantitative Merkmale von KMU und mittelständischen Unternehmen unter dem Label ‚KMU' geführt werden.

120 Vgl. Busse v. Colbe (1964), S. 31. Es wird darüber hinaus darauf hingewiesen, dass dies unabhängig von Branchenzugehörigkeit oder Rechtsform des Unternehmens zu sehen ist.

121 Vgl. Busse v. Colbe (1964), S. 29. Zum Begriff der Betriebsgröße vgl. auch Lücke (1967), S. 9; Pfohl (2006a), S. 4ff.

be, nach dem sich die Größe eines Betriebes als „das Ausmaß seiner effektiven und potentiellen wirtschaftlichen Tätigkeit"[122] umschreiben lässt. Die quantitativen Merkmale zur Bestimmung der Betriebsgröße lassen dabei sich in insgesamt fünf Kategorien einteilen, auf die an dieser Stelle nicht im Detail eingegangen wird.[123]

Quantitative Abgrenzungen können eindimensional oder mehrdimensional erfolgen.[124] Während eindimensionale Abgrenzungen einfach operationalisierbar sind, können mehrdimensionale Ansätze bei größerer Komplexität auch eine genauere Abgrenzung der Untersuchungsobjekte erreichen.[125] In der Untersuchungspraxis wird jedoch aus Operationalisierungs- und Praktikabilitätsgründen auf die Anwendung solch komplexer Kriterien verzichtet.[126] Überwiegend wird aus Vereinfachungsgründen auf zwei zentrale quantitative Aspekte abgezielt: Die Beschäftigtenzahl sowie die jährlichen Umsatzerlöse einer Unternehmung.[127] Eine dritte Variable, die gelegentlich in Kategorisierungsversuchen für mittelständische Unternehmen angebracht wird, ist die Bilanzsumme. Problematisch an einer solchen Vorgehensweise ist der autopoietische Charakter der Kategorisierung anhand von Beschäftigtenzahlen, Umsatzklassen und/oder Bilanzsumme.[128] Des Weiteren erscheint es im Hinblick auf Grenzfälle nicht unmittelbar verständlich, warum z.B. Unternehmen mit 499 Beschäftigten andere Charakteristika aufweisen sollten als solche mit 501 Beschäftigten.[129]

Anfangs lediglich zur einfacheren kategoriellen Erfassung von mittelständischen Unternehmen in empirischen Erhebungen angewendet, entsteht heutzutage zudem oft der falsche Eindruck, quantitative Größenklassen und nicht dahinter stehende qualitative Charakteristika seien hinreichend für das Vorliegen eines mittelständischen Unternehmens.[130] Da eine einheitliche Definition der quantitativen Mittelstandsdimension aufgrund der Heterogenität dieser Unternehmensgruppe z.B. in Bezug auf Branche, Organisationsstruktur, Rechtsform und Finanzierungspräferenzen schwierig erscheint, verwundert folglich auch die Vielzahl verschiedener

---

122 Busse v. Colbe (1974), Sp. 567.

123 Im Einzelnen sind dies Merkmale zur Messung von (1) Einsatzmengen, (2) Einsatzwerten, (3) Kapitaleinsatz, (4) Leistungsmengen sowie (5) Leistungswerten. Vgl. Busse v. Colbe (1974), Sp. 568ff.

124 Vgl. Hausch (2004), S. 20.

125 Vgl. Mugler (1998), S. 19.

126 Zur Problematik von Mittelstandsdefinitionen bei empirischen Erhebungen vgl. z.B. Wossidlo (1993), Sp. 2888ff.

127 Ähnliche Abgrenzungskriterien finden sich auch bei Kosmider (1994), S. 33f.; Legenhausen (1998), S. 20f.; Müller (2004), S. 9; Vogler (1990), S. 35; Wortmann (2001), S. 144f.; Kraut (2002), S. 5ff.; Schlüchtermann/Pointner (2004), S. 22f.; Frank (2000), S. 12f.; alle m.w.N.

128 Durch die Einordnung von Unternehmen in bestimmte quantitative Klassen wird die Generierung einer bestimmten Selbstwahrnehmung angeregt, die die betreffenden Unternehmen ohne Klassifizierung von außen wahrscheinlich nicht haben würden. So ist davon auszugehen, dass sich ein Unternehmen mit ca. 100 Mitarbeitern und ca. 25 Millionen Euro jährlichem Umsatz bei der Selbstwahrnehmung auch an von außen vorgegebenen Unternehmensklassifikationen orientiert.

129 Vgl. Welter (2003), S. 30.

130 Vgl. Wallau (2006), S. 15.

Kategorisierungsansätze nicht, zumal die genannten Dimensionen noch nicht alle relevanten Perspektiven abdecken.[131]

Im Folgenden werden vier geläufige quantitative Definitionsansätze für KMU und Mittelstand diskutiert, um eine untersuchungsrelevante Mittelstandsdefinition abzuleiten.

Die erste zu betrachtende Grundlage quantitativer Definitionen von mittelständischen Unternehmen ist die Sichtweise des HGB[132]. Gemäß § 267 HGB wird im HGB ein mehrdimensionaler Ansatz einer Definition vertreten. Es müssen zwei der drei Kriterien Beschäftigtenzahl, Jahresumsatz und Bilanzsumme erfüllt sein, damit ein Unternehmen einer bestimmten Größenklasse zugeordnet werden kann.[133] Die Fiktion des HGB, das börsennotierte Unternehmen stets als Großunternehmen charakterisiert, ist problematisch.[134] Auch börsennotierte Unternehmen können durchaus mittelständischen Charakter besitzen, falls die Anteile mehrheitlich von Gesellschafter oder einer bzw. mehreren Unternehmerfamilien gehalten werden.[135]

Die vielleicht gängigste Abgrenzung mittelständischer Unternehmen im deutschsprachigen Raum ist die des Instituts für Mittelstandsforschung Bonn (IfM)[136], die mittlere Unternehmen bis einschließlich 499 Mitarbeiter und 50 Millionen Euro Jahresumsatz interpretiert.

Man vergleiche im Folgenden die Klassifikation der Europäischen Kommission (EUK)[137]. Diese Abgrenzung ist deshalb interessant, da sie seit dem 01. Januar 2005 innerhalb des gesamten Europäischen Wirtschaftsraums Anwendung findet und die vorherige Empfehlung der EU aus dem Jahre 1996 ersetzt, die bis Ende 2004 gültig war. Im Gegensatz zu den bisher aufgeführten Abgrenzungen gemäß HGB und IfM Bonn ist im Zusammenhang mit der Definition gemäß EU anzumerken, dass neben dem Kriterium der Beschäftigtenzahl alternativ das Kriterium des Jahresumsatzes oder der Bilanzsumme angewendet werden kann.

Abbildung 2-1 hält die genannten drei KMU-Definitionen überblicksartig fest:

---

131 Vgl. die umfangreiche Darstellung bei Hausch (2004), S. 18ff.; Molitor (1980), S. 58.

132 Werte entnommen aus dem HGB in der Fassung vom 01. September 2007. Nach der Reformiertung durch das Bilanzrechtsmodernisierungsgesetz (BilMoG) wurden die Schwellenwerte nach oben angehoben. Klein sind Unternehmen nach § 267 HGB-E nun bis zu einer Bilanzsumme von 4,84 Millionen Euro oder 9,68 Millionen Euro Umsatzerlösen. Mittlere Unternehmen weisen bis zu 19,25 Millionen Euro Bilanzsumme oder 38,50 Millionen Euro Umsatzerlöse auf. Das BilMoG trat am 29. Mai 2009 in Kraft, so dass das HGB-E mit der letzten Änderung vom 31. Juli 2009 die neuen Schwellenwerte aufnahm.

133 Man beachte die gesetzliche Fiktion des HGB, nach der gemäß § 267 Abs. 3 HGB börsennotierte Unternehmen stets Großunternehmen sind.

134 Diese Fiktion beruht auf den höheren Anforderungen an Publizität, Transparenz und Rechnungslegung von Großunternehmen. Durch die Klassifizierung von börsennotierten Unternehmen als Großunternehmen wird dem Anteilseignerschutz dieser Gesellschaften Rechnung getragen.

135 Es ist davon auszugehen, dass nicht nur die Kapitalstruktur, sondern weitere Charakteristika wie z.B. das Geschäftsmodell, die Unternehmenskultur und der Familienbezug die Zugehörigkeit eines Unternehmens zur Gruppe der mittelständischen Unternehmen beeinflussen. Vgl. Becker/Staffel/ Ulrich (2008a), S. 15ff.

136 Vgl. http://www.ifm-bonn.org/index.php?id=89 vom 26. Juli 2009.

137 Vgl. Europäische Kommission (1996); ders. (2003).

Definitionsansatz	Beschäftigtenzahl	Jahresumsatz (in Mio. EUR)	Bilanzsumme (in Mio. EUR)
HGB (HGB-E)	bis 250	bis 32,12 (38,5)	bis 16,06 (19,25)
IfM Bonn	bis 499	bis 50	k.A.
Europäische Kommission	bis 249	bis 50	bis 43

Abbildung 2-1: Überblick über quantitative Abgrenzungen von KMU

In der letzten Zeit hat sich eine Definition herausgebildet, die sich durch erhöhte Praktikabilität für die anwendungsorientierte Mittelstandsforschung auszeichnet.[138] In der Sichtweise des Deloitte Mittelstandsinstituts an der Universität Bamberg (DMI) werden die Größenklassen des Mittelstands nach oben verschoben, da sich beobachten lässt, dass Unternehmen jenseits tradierter Obergrenzen mittelständischen Charakter besitzen können.[139]

Unternehmens-klassifikation	Beschäftigtenzahl	Jahresumsatz (in Mio. EUR)
Kleinstunternehmen	Bis ca. 30	Bis ca. 6 Mio. EUR
Kleinunternehmen	Bis ca. 300	Bis ca. 60 Mio. EUR
Mittlere Unternehmen	Bis ca. 3.000	Bis ca. 600 Mio. EUR
Große Unternehmen	Über 3.000	Über 600 Mio. EUR

Abbildung 2-2: Quantitative Abgrenzung mittelständischer Unternehmen nach DMI[140]

Mit dem Hinweis darauf, dass die quantitativen Größen als Näherungswerte zu interpretieren sind, weist das DMI darauf hin, dass den quantitativen Kriterien im Vergleich zu qualitativen

138 Vgl. Becker/Ulrich/Baltzer (2009b), S. 7.

139 Ebenso erscheint eine quantitative Abgrenzung nach unten sinnvoll. Nach Bass führt die Anwendung der quantitativen Kriterien des IfM Bonn dazu, dass 99,7 % aller deutschen Unternehmen als mittelständisch eingestuft werden und sich somit eine solche Betrachtung aufgrund der Nivellierung auch branchenspezifischer Unterschiede erübrigt. Vgl. Bass (2006), S. 9f.

140 In Anlehnung an: Becker/Ulrich (2009b), S. 3.

Kriterien lediglich eine untergeordnete Bedeutung zukommt.[141] Zu beachten ist jedoch auch bei der quantitativen Mittelstandsdefinition des DMI, dass keine Unterscheidung zwischen mittelständischen Unternehmen und rechtlich selbstständigen Tochtergesellschaften von Konzernen möglich ist. Auch wenn diese beiden Unternehmenstypen quantitativ ähnlichen Restriktionen unterliegen, sind von ihnen gänzlich andere Verhaltensweisen zu erwarten.[142] Insofern sind die für sie relevanten qualitativen Merkmale verhaltensdeterminierend.[143]

Die recht willkürliche Auswahl der quantitativen Untersuchungsgrenzen bei empirischen Untersuchungen[144] über mittelständische Unternehmen spricht dafür, qualitative Kriterien im Vergleich zu quantitativen in den Vordergrund zu stellen. Deshalb sollen im Folgenden qualitative Begriffsmerkmale mittelständischer Unternehmen diskutiert werden.

2.1.2 Mittelstand

Die Vielfältigkeit des Einsatzes von qualitativen Kriterien bei der Beschreibung mittelständischer Unternehmen macht bereits deutlich, wie schwierig eine Begriffsabgrenzung ist. Angesichts der Heterogenität der mittelständischen Unternehmenspraxis erscheint eine Aufstellung eines idealisierten Typus des mittelständischen Unternehmens mehr als fragwürdig.[145] Es sollte jedoch konstatiert werden, dass qualitativen Kriterien bei der Beschreibung mittelständischer Unternehmen eine hohe Bedeutung beigemessen werden muss.[146] Eine allgemeingültige Abgrenzungsmöglichkeit des Mittelstands existiert jedoch bisher nicht.[147] Eine sehr umfassende Aufstellung qualitativer Charakteristika mittelständischer Unternehmen findet sich bei *Pfohl*. Dieser stellt in verschiedenen Kategorien Klein- und Mittelbetriebe auf der einen Seite und Großbetriebe auf der anderen Seite gegenüber. *Pfohl* vergleicht die beiden genannten Betriebsformen anhand der Kriterien Unternehmensführung, Organisation, Beschaffung, Produktion, Absatz, Entsorgung, Forschung und Entwicklung, Finanzierung, Personal sowie Logistik.[148] Der Kriterienkatalog qualitativer Merkmale beruht auf der These, dass eine exakte

141 An dieser Stelle wird auf die Ähnlichkeit der Definition des DMI zur Definition von Großunternehmen nach dem Publizitätsgesetz (PublG) verwiesen. Nach § 1 PublG sind Unternehmen dann als groß zu klassifizieren, wenn sie zwei der drei Kriterien (1) Bilanzsumme mindestens 65 Millionen Euro, (2) Umsatzerlöse mindestens 130 Millionen Euro und (3) Mitarbeiterzahl mindestens 5.000 erfüllen.

142 Vgl. Krol (2009), S. 3.

143 Vgl. hierzu u.a. die Überlegungen von Wortmann (2001), S. 146f.

144 Vgl. die Darstellung bei Kraut (2002), S. 6ff. mit den dort angegebenen Quellen.

145 Vgl. Grunow/Figgener (2006), S. 28ff. Es bietet sich vielmehr eine typologisierende Vorgehensweise an. Dies wird auf S. 35ff. der vorliegenden Arbeit thematisiert.

146 Quantitative Merkmale werden zwar aufgrund der leichteren Erfassbarkeit meist als Grundlage vor allem empirischer Arbeiten zu mittelständischen Unternehmen herangezogen. Vgl. Janssen (2009), S. 11. Jedoch sind quantitative Kriterien lediglich ein Strukturmerkmal, welches aus qualitativen Merkmalen besteht. Vgl. Wortmann (2001), S. 17. Gantzel fasst diese Auffassung schon 1962 mit dem Hinweis zusammen, dass „Quantitäten keinen Typ" charakterisierten. Gantzel (1962), S. 279.

147 Vgl. die Darstellung bei Daschmann (1994), S. 51f.

148 Vgl. Pfohl (2006a), S. 19ff.

Abgrenzung zwischen mittelständischen Unternehmen und Großunternehmen nicht erforderlich ist und zugunsten einer Kontrastierung von Prototypen vernachlässigt werden kann.[149]

Diese Einschätzung ist allein schon deshalb abzulehnen, weil eine einzelfallbezogene Einordnung von Unternehmen in ein aus ca. 40 Einzelkriterien umfassendes Raster qualitativer Kriterien nur eine Näherungslösung sein kann, die der wissenschaftlichen Nachvollziehbarkeit entbehrt. Für einzelne empirische Untersuchungen oder Kontrastierungen anhand von typisierenden Fallstudien ist diese Art der Abgrenzung gut geeignet. Eine Annäherung zur allgemeinen Begriffsdefinition des mittelständischen Unternehmens wird durch eine solche Vorgehensweise jedoch nicht erreicht. Neben dem Merkmalskatalog von *Pfohl* existieren in der Literatur noch viele weitere Abgrenzungsversuche.[150] Hierbei lassen sich folgende Elemente auf Basis der etablierten wissenschaftlichen Literatur zu mittelständischen Unternehmen im Sinne eines kleinsten gemeinsamen Nenners festhalten:[151]

- Wirtschaftliche und rechtliche Selbstständigkeit des Unternehmens,
- Einheit von Eigentum, Kontrolle und Leitung,
- Personenbezogenheit der Unternehmensführung,
- begrenzte Größe des Unternehmens.

Das Kriterium der wirtschaftlichen Selbstständigkeit stellt darauf ab, dass sich ein mittelständisches Unternehmen nicht zu einem maßgeblichen Anteil in Besitz einer Konzernmuttergesellschaft befinden sollte.[152] Die rechtliche Selbstständigkeit hingegen bedeutet, dass Filialen oder Betriebsstätten von Großunternehmen ausgeschlossen werden sollen. Ein Minderheitenanteil von bis zu 24,9 Prozent wird meist als unschädlich akzeptiert.[153] Dieses Kriterium betont die Sichtweise mittelständischer Unternehmen als flexible, eigenständige Einheiten, welche aufgrund ihrer Konzernunabhängigkeit sowohl einige Vorteile (z.B. Flexibilität) als auch einige Nachteile (z.B. beschränkte Ressourcenbasis) aufweisen.[154]

Das Kriterium der Einheit von Eigentum, Kontrolle und Leitung eines Unternehmens zielt auf die zentrale Rolle des Eigentums – meist interpretiert als personale Größe ‚Eigentümer' – im

---

149 Vgl. Pfohl (2006a), S. 18.

150 Vgl. Stroeder (2008), S. 29.

151 Vgl. ähnliche Darstellungen bei Hausch (2004), S. 17 m.w.N.; Damken (2007), S. 58ff. m.w.N.; Prätsch/Schikorra/Ludwig (2007), S. 132f.; Stroeder (2008), S. 32ff. Eine ausführliche Darstellung von quantitativen und qualitativen Elementen verschiedener Abgrenzungsversuche findet sich bei Mugler (1998), S. 18ff.

152 Die Argumentation stellt auf die mögliche Quersubventionierung mit Kapitalmitteln im Falle einer Konzernbeteiligung ab. Unternehmen in einer solchen Situation sind qualitativ nicht mit Unternehmen vergleichbar, die eine vergleichbare Finanzierung nicht in Anspruch nehmen können.

153 Vgl. z.B. Stroeder (2008), S. 35.

154 Vgl. Becker/Staffel/Ulrich (2008a), S. 19.

Unternehmen ab. Von *Gantzel* wurde dies als ‚personales Wirtschaftsprinzip' bezeichnet.[155] Dieses lässt sich an folgenden Merkmalen erkennen:[156]

- Einheit von Kapital und Leitung,
- Wirtschaftliche Existenz von Inhaber und Unternehmen sind eng verbunden,
- das Unternehmen ist Lebensaufgabe des Unternehmers und die notwendige Voraussetzung für seine Berufsausübung.

Die Argumentation beruht auf Kritik am Beitrag von *Berle/Means*[157], nach deren Auffassung sich Großunternehmen durch die organisatorische Trennung von Eigentum und Leitung charakterisieren lassen. Dieser Anschauung werden als diametraler Gegensatz mittelständische Unternehmen gegenübergestellt, bei denen Eigentum und Leitung zusammenfallen.[158] Betrachtet man die Entwicklung mittelständischer Unternehmen in den letzten Jahren und Jahrzehnten, so ist das Kriterium der Einheit von Eigentum, Kontrolle und Leitung zu verwerfen. Gerade in mittelständischen Unternehmen ist mittlerweile eine Öffnung gegenüber familienfremdem Management denkbar und oftmals im Zuge der Professionalisierung der Unternehmensführung sogar erwünscht.[159]

Die Personenbezogenheit der Unternehmensführung wird oftmals mit dem Argument verbunden, der Unternehmer dominiere als Einzelperson alle Entscheidungen, welche im Unternehmen stattfinden.[160] Mit dieser Tatsache geht die Auffassung einer eher geringen Formalisierung von Entscheidungsprozessen der Unternehmensführung einher.[161] Diese vereinfachende Auffassung ist jedoch aus mehreren Gründen zu modifizieren. Zum einen werden längst nicht mehr alle mittelständischen Unternehmen von Eigentümern geführt.[162] Zum anderen sind Willensbildungsprozesse in Unternehmen oder generell in allen hierarchisch aufgebauten Organisationen zu komplex, als dass man sie auf eine einzelne Person beschränken könnte.[163]

Das Kriterium der begrenzten Größe wird von vielen Autoren im Sinne einer Restriktion der

---

155 Vgl. Gantzel (1962), S. 279. Weitere, von Gantzel einbezogene Charakteristika neben der Einheit von Kapital und Leitung sind die enge Verbindung der wirtschaftlichen Existenz von Inhaber und Unternehmen sowie die Eigenschaft des Unternehmens als Lebensinhalt des Unternehmers.

156 Vgl. Stroeder (2008), S. 32.

157 Vgl. Berle/Means (1932).

158 Vgl. z.B. Espel (2008), S. 18ff.

159 Vgl. den Beitrag von Winkeljohann/Kellersmann (2008), S. 253ff. Die Autoren diskutieren auf der Basis einer empirischen Erhebung unter Familienunternehmen die Vor- und Nachteile der Bestellung von Fremdmanagern. Die betrachteten Unternehmen stimmen nach qualitativen und quantitativen Kriterien weitgehend mit der in der vorliegenden Arbeit zugrunde gelegten Sichtweise überein.

160 Vgl. Goeke (2008), S. 12; Piontkowski (2009), S. 357.

161 Vgl. Hamer (1990), S. 92f.

162 Espel identifiziert bei mittelständischen Unternehmen mit unter 500 Mitarbeitern und unter 50 Millionen Euro Jahresumsatz einen Anteil der Eigentümerführung von ca. 70 Prozent. Vgl. Espel (2008), S. 29.

163 Zu den komplexen Willensbildungsprozessen in Unternehmen und insbesondere zum Unterschied von ‚Unternehmer-Unternehmen' und Kapitalgesellschaften vgl. Gutenberg (1983), S. 495ff.

Ressourcenbasis mittelständischer Unternehmen angeführt.[164] So begrenzt die Betriebsgröße die konkrete Ausübung der Geschäftstätigkeit und wirkt sich auf Themen wie z.B. die Innovationsfähigkeit aus.[165] Fraglich ist an dieser Stelle jedoch, ob die begrenzte Größe eines Unternehmens nicht eher ein derivativer qualitativer Aspekt ist, der sich aus den quantitativen Gegebenheiten (vgl. Unternehmensgröße) ableitet.

Ein weiteres, in der Literatur genanntes qualitatives Mittelstandscharakteristikum ist die Tatsache, dass mittelständische Unternehmen meist keinen organisierten Kapitalmarkt in Anspruch nehmen bzw. nicht börsennotiert sind.[166] Im Sinne von Artikel 4 der International Accounting Standards (IAS)-Verordnung sind diese Unternehmen folglich nicht-kapitalmarktorientiert. Dieses Kriterium wird auf den Handel von Eigen- und Fremdkapitaltiteln auf einem organisierten Markt bezogen. Das Kriterium der fehlenden Kapitalmarktorientierung kann jedoch als Ausschlusskriterium für fehlenden mittelständischen Charakter nicht überzeugen.[167]

In der vorliegenden Arbeit wird vielmehr die Ansicht vertreten, dass nicht die Orientierung am Kapitalmarkt, sondern die Verteilung der Anteile eines Unternehmens konstitutiv für den Mittelstand ist.[168] So wird davon ausgegangen, dass ein mittelständischer Charakter dann vorliegt, wenn die Mehrheit der Anteile eines Unternehmens in den Händen eines Unternehmers oder einer Familie liegt.[169] Da durch eine Häufung verschiedener qualitativer Merkmale keine einheitliche Mittelstandsdefinition abgeleitet werden kann,[170] werden meist integrierte Definitionen verwendet. Gängige integrierte Mittelstandsdefinitionen finden sich vor allem in Forschungsarbeiten des IfM Bonn. Das IfM Bonn sieht Familienunternehmen als Teilmenge[171] mittelständischer Unternehmen, bei denen „Eigentums- und Leitungsrechte bei der Person des Unternehmers vereint sind. Familienunternehmen im engeren Sinne sind demnach eigentümergeführte Unternehmen ohne jedwede Größenbeschränkung“[172].

Konstituierend für eine Eigentümerführung ist gemäß IfM Bonn die Situation, dass (1) bis zu zwei natürliche Personen oder ihre Familienangehörigen mindestens 50 % der Anteile eines Unternehmens halten und (2) diese natürlichen Personen der Geschäftsführung angehören.[173]

---

164 Vgl. Becker/Ulrich (2009b), S. 4ff.
165 Vgl. Mugler (1998), S. 47.
166 Vgl. Mandler (2004), S. 16; Meth (2007), S. 34.
167 Die fehlende Kapitalmarktorientierung spricht eher für die Charakterisierung als ‚private company'. Vgl. Stirtz (2007), S. 25.
168 Vgl. ähnlich Hausch (2004), S. 28.
169 Ob indes ein beherrschender Anteil bei mehr als 50 Prozent oder mehr als 75 Prozent der Anteile für Unternehmer oder Familie liegen muss, ist in der Literatur ein strittiger Punkt.
170 Vgl. Berens/Högemann/Segbers (2005), S. 10.
171 In Anlehnung an: Wolter/Hauser (2001), S. 31.
172 Vgl. http://www.ifm-bonn.org/index.php?id=68 vom 26. Juli 2009.
173 Vgl. http://www.ifm-bonn.org/index.php?id=68 vom 26. Juli 2009.

Das IfM Bonn definiert mittelständische Unternehmen folglich mehrdimensional. Einerseits werden kleine und mittlere Unternehmen über die bereits aufgeführte quantitative Definition erfasst, andererseits werden über qualitative Merkmale eigentümer- oder familiengeführte Unternehmen erfasst.

Einen weiteren Vorschlag der Einbeziehung qualitativer Merkmale in einer kombinierten Definition ist beim DMI zu finden. Demnach sind mittelständische Unternehmen:[174]

- Eigentümergeführte Unternehmen bzw. Familienunternehmen,
- Managementgeführte Unternehmen bis zu einer Mitarbeiterzahl von ca. 3.000 Mitarbeitern und/oder einer Umsatzgröße von ca. 600 Millionen Euro,
- Unternehmen, die beide Definitionsmerkmale aufweisen.

Die Operationalisierung der Begriffe ‚Eigentümergeführte Unternehmen' bzw. ‚Familienunternehmen' wird vom DMI in diesem ersten Schritt nicht vorgenommen. Als zentrales Element mittelständischer Unternehmen und somit auch mittelständischer Geschäftsmodelle[175] (vgl. Abb. 2-4) ist auch gemäß der Definition des DMI die Größe ‚Eigentum'[176] zu sehen. Ein Geschäftsmodell wird gemäß *Weissmann* folgendermaßen näher konkretisiert: „Ein Geschäftsmodell ist die ursächlich verknüpfte, bildhafte Darstellung der Erfolgsfaktoren eines Unternehmens."[177]

Das Eigentum ist sowohl als institutionelle als auch als personelle Größe zu interpretieren. Die prinzipiellen unternehmenspolitischen Determinanten der Unternehmensführung sind Kultur, Strategie und Struktur.[178] Eine Veranschaulichung des zugrundeliegenden Gedankens lässt sich in Anlehnung an *Becker* konkretisieren. Für mittelständische Unternehmen – und speziell für mittelständische Familienunternehmen – weisen diese drei unternehmenspolitischen Gestaltungselemente spezifische Ausprägungen auf, die sich jeweils an bestimmten Spannungsfeldern orientieren. Die Kultur mittelständischer Unternehmen ist im Spannungsfeld zwischen Führung und Kontrolle zu sehen und ist auf das zentrale Element des Eigen-

[174] Vgl. Becker et al. (2007a), S. 10.

[175] Der Begriff ‚Geschäftsmodell' ist in der betriebswirtschaftlichen Literatur nicht eindeutig geklärt. Vgl. Wirtz (2008), S. 74ff. In der vorliegenden Untersuchung wird ein Geschäftsmodell in Anlehnung an Stähler als Kombination der drei Größen Value Proposition, Architektur der Wertschöpfung und Ertragsmodell verstanden. In diesem Zusammenhang beschreibt die Value Proposition den Wert, den Kunden und Geschäftspartner durch ein Geschäftsmodell erhalten. Insofern definiert sich das Geschäftsmodell nicht über das Produkt an sich, sondern indirekt über die Bedürfnisbefriedigung für die genannten Anspruchsgruppen. Die Architektur der Wertschöpfung besteht wiederum aus den Größen Produkt-/Marktentwurf, interne Architektur und externe Architektur. Das Ertragsmodell beschreibt, durch welche Quellen und auf welche Weise ein Unternehmen Einkünfte erzielt. An dieser Stelle ist besonders die Margenstruktur des Unternehmens relevant. Vgl. Stähler (2002), S. 38ff.

[176] Klein beschreibt im Unternehmenskontext die Größe ‚Eigentum' als Beziehung zwischen Unternehmer(-familie) und Unternehmen. Vgl. Klein (2004), S. 104ff.

[177] Vgl. Weissmann (2006), S. 105.

[178] Vgl. Daniel (2008), S. 3.

tums ausgerichtet. Mittelständische Unternehmen befinden sich meist in einer spezifischen Wettbewerbssituation, die sie von kapitalmarktorientierten Großunternehmen unterscheidet.

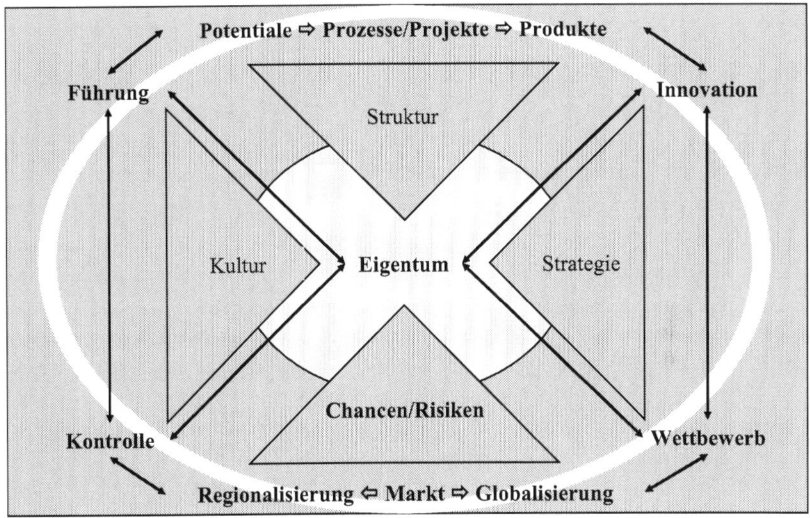

Abbildung 2-3: Besonderheiten mittelständischer Unternehmen nach *Becker*[179]

Die Strategie im Spannungsfeld von Innovation und Wettbewerb bedingt oftmals die Positionierung als Marktführer in Nischenmärkten. Die Struktur mittelständischer Unternehmen, operationalisierbar durch Potentiale, Prozesse, Projekte und Produkte im Rahmen eines Leistungsprogramms, weist eine ähnliche Zentrierung auf das Eigentum auf. In der Wechselwirkung der Kräfte Globalisierung und Regionalisierung ergeben sich für mittelständische Unternehmen besondere Chancen, aber auch besondere Risiken.

Aus den aufgeführten untersuchungsrelevanten Merkmalen mittelständischer Familienunternehmen resultieren weitere, für die vorliegende Untersuchung relevante Spezifika.[180] Diese beziehen sich beispielsweise auf Besonderheiten der Ausprägung von Unternehmensführung, Organisation, Finanzierung und Personal in mittelständischen Familienunternehmen.[181] Im

---

179 In Anlehnung an: Becker (2007f), S. 20.

180 Derartige Merkmale werden von Gantzel als Folge- oder Häufigkeitsmerkmale bezeichnet, da sie aus den konstituierenden quantitativen und qualitativen Merkmalen resultieren und in der Unternehmenspraxis regelmäßig wiederkehren. Vgl. Gantzel (1962), S. 280ff. Aus diesem Grund sind die in der vorliegenden Arbeit folgenden Erkenntnisse auch als Tendenzaussagen zu interpretieren.

181 Die Gliederung und Argumentation folgt der Vorgehensweise von Pfohl (2006a), S. 18f.

Bereich der Unternehmensführung weisen mittelständische Unternehmen demnach häufig eine Struktur auf, die durch patriarchalische Eigentümer geprägt ist, deren systematisch-methodische Unternehmensführungskenntnisse als eher mangelhaft einzustufen sind. Improvisation in der Entscheidungsfindung hat eine hohe, Planung eine eher geringe Bedeutung.[182]

Im Bereich Organisation ist ein auf den oder die Unternehmer ausgerichtetes Einliniensystem mit relativ seltener Abteilungsbildung zu verzeichnen, was meist mit einem geringen Formalisierungsgrad einher geht.[183] Für die Finanzierung ist festzustellen, dass sich mittelständische Unternehmen überwiegend in Familienbesitz befinden und eher selten Zugang zu anonymen Kapitalmärkten haben.[184] Im Bereich des Personals muss vor allem der häufig geringe Anteil an formal qualifizierten Mitarbeitern genannt werden.[185] Dieser Eindruck wurde in weiteren empirischen Untersuchungen bekräftigt.[186] Die Besonderheiten von Unternehmensführung und Controlling mittelständischer Unternehmen besitzen besondere Relevanz für die Erarbeitung einer Corporate Governance-Konzeption für mittelständische Familienunternehmen. Deshalb werden sie in Abschnitt 2.2.3 der Arbeit näher erläutert und in den Gesamtrahmen der Corporate Governance-Diskussion eingeordnet.

Die Besonderheiten des Mittelstands werden im Folgenden vom Begriff der Familienunternehmen abgegrenzt und schließlich mit einer Typologie mittelständischer Familienunternehmen verbunden, um eine eindeutige Klassifizierung dieses Betriebstyps zu ermöglichen.

2.1.3 Familienunternehmen

Wenn in Deutschland vom Mittelstand gesprochen wird, ist oft von mittelständischen Familienunternehmen die Rede.[187] Dies ist problematisch, da ein ‚Familienunternehmen' im deutschen Gesellschaftsrecht nicht festgelegt ist.[188] Zum Begriff der Familienunternehmen bietet die Literatur eine Vielzahl von Definitionsversuchen an.[189] Eine allgemein anerkannte Definition ist jedoch nicht zu erkennen.[190] Eine Gleichsetzung mit dem Begriff ‚Mittelstand' muss jedoch aufgrund der bereits erläuterten Charakteristika des Betriebstyps Mittelstand abgelehnt

182 Vgl. Pfohl (2006a), S. 18. Da die Unternehmensführung mittelständischer Unternehmen einen Kernbereich der vorliegenden Arbeit darstellt, wird an dieser Stelle nicht näher darauf eingegangen und auf die Darstellungen in Abschnitt 2.2.3 verwiesen.

183 Vgl. Pfohl (2006a), S. 18.

184 Vgl. Pfohl (2006a), S. 20.

185 Vgl. Pfohl (2006a), S. 20.

186 Vgl. Becker et al. (2008b), S. 108. Potentielle Führungskräfte nennen als Grund für ihr mangelndes Interesse an mittelständischen Arbeitgebern u.a. die mangelnde geographische Attraktivität eines Standorts ‚in der Provinz'. Vgl. hierzu auch den Beitrag von Kay (2007b), S. 241ff.

187 Vgl. Schützeichel/Brüsemeister (2004), S. 81.

188 Vgl. Henseler (2006), S. 33.

189 Vgl. Hausch (2004), S. 25.

190 Vgl. Westhead/Cowling (1998), S. 43; Peemöller (2008), S. 722.

werden, da nicht alle mittelständischen Unternehmen einen Familienbezug aufweisen.[191]

Nähert man sich dem Familienunternehmen zunächst pragmatisch, ist dieses nach *Wieselhuber/Lohner/Thum* folgendermaßen zu beschreiben: „Familienunternehmen sind wirtschaftlich bzw. rechtlich unabhängig und befinden sich in Familienbesitz. Ein bis zwei natürliche Personen sind geschäftsführend tätig und halten (zusammen oder als Familien) mindestens die Hälfte der Anteile. Bei börsennotierten Unternehmen hält die Familie mehrheitlich die Stimmrechte."[192] Ähnlich prägnant formuliert *Kormann*: „Wir stellen fest, dass ein Familienunternehmen dadurch charakterisiert ist, dass eine oder zwei (selten mehr) durch Blutsverwandtschaft miteinander verbundenen Personengruppen Träger des Unternehmens sind."[193] Von den beiden genannten Autoren(-gruppen) wird der Fokus eindeutig auf die Beteiligung handelnder Personen in Eigentum und Leitung eines Unternehmens gelegt. Als maßgeblich für das Vorliegen eines Familienunternehmens kann gemäß *Klein* der Einfluss in einer oder beiden Funktionen der (1) Eigentumsfunktion und der daraus abgeleiteten Kontrolle und/oder (2) Managementfunktion und der direkten Einflussnahme gelten.[194]

Im internationalen Kontext wird die Betriebswirtschaftslehre der Familienunternehmen in einem eigenen Forschungszweig zusammengefasst, welcher sich ‚family business research' nennt.[195] In dieser Gruppe sind zwei große Richtungen zu erkennen, nach deren Auffassung Familienunternehmen jeweils definiert werden.[196] Die erste Richtung richtet sich nach der Definition der renommierten Familienforscher *Chua/Chrisman/Sharma*. Sie definieren ein Familienunternehmen als „governed and/or managed with the intention to shape and pursue the vision of the business held by a dominant coalition controlled by members of the same family or a small number of families in manner that is potentially sustainable across generation of the family or families"[197] Folglich steht der faktische Einfluss der Familie auf Aspekte wie z.B. Vision und Strategien des Unternehmens im Vordergrund.

Eine zweite Strömung ergibt sich aus der Definition des Autorenkreises um *Astrachan/Klein/Smyrnios*. Diese haben die sogenannte F-PEC Skala entwickelt und empirisch validiert, um das Verständnis von Familienunternehmen zu ergänzen und zu erweitern.[198] Dieses Konzept basiert auf den drei möglichen Einflussformen Macht (Power, P), Erfahrung (Expe-

[191] Vgl. Abschnitt 2.1.1 der vorliegenden Arbeit.
[192] Wieselhuber/Lohner/Thum (2007), S. 13.
[193] Kormann (2009), S. 15.
[194] Vgl. Klein (2004), S. 3.
[195] Für eine Einführung zur family business research vgl. Ciuffo (2004), S. 6ff.; Poutziouris/Smyrnios/Klein (Hrsg., 2006).
[196] Vgl. Koeberle-Schmid (2008b), S. 150.
[197] Chua/Chrisman/Sharma (1999), S. 19ff.
[198] Vgl. Astrachan/Klein/Smyrnios (2002), S. 47; Astrachan/Klein/Smyrnios (2005), S. 321ff. Für eine kritische Analyse der F-PEC Skala vgl. Holt/Rutherford/Kuratko (2007).

rience, E) und Kultur (Culture, C). Ausschlaggebend für das Vorliegen eines Familienunternehmens ist die faktische oder zumindest mögliche Beeinflussung des unternehmerischen Geschehens, einerseits über die Beherrschung von Kapital- oder Stimmrechtsanteilen, andererseits auch durch die Entwicklung von Regeln, Ritualen und Werten.[199] Kritisch wird an Skala bemängelt, dass sie nicht den faktischen, sondern den potentiellen Familieneinfluss misst.[200]

Da die genannten Definitionen sehr abstrakt sind, wird für den Zweck der vorliegenden Untersuchung in Anlehnung an *Koeberle-Schmid* eine integrierte Definition des Familienunternehmens verwendet. Demnach zeichnet sich ein Familienunternehmen dadurch aus, dass mehr als 50 Prozent der Stimmrechte in Familienhand sind und dass mindestens ein Familieneigentümer im Top-Management-Team oder Aufsichtsgremium mitwirkt. Zudem nehmen die Eigentümer Einfluss auf Vision, Strategien, Ziele und Governance des Unternehmens.[201]

Diese trennscharfe Definition ermöglicht die Einordnung von Familienunternehmen. Die Schnittstellen von KMU, Mittelstand und Familienunternehmen bleiben jedoch bestehen.[202] Praxisbeispiele deutscher Familienunternehmen wie Henkel, BMW oder Metro bekräftigen die Vermutung, dass das Vorhandensein (und auch die regelmäßig einhergehende Einflussnahme) einer Unternehmerfamilie zwar für ein Familienunternehmen spricht. Der Familieneinfluss alleine ist jedoch nicht konstituierend für ein mittelständisches Unternehmen.[203]

2.1.4 Definition im Rahmen der Untersuchung

Die Einordnung mittelständischer Familienunternehmen alleine nach quantitativen und qualitativen Kriterien kann nicht überzeugen.[204]

Für die vorliegende Untersuchung bietet sich aufgrund des qualitativen Charakters eine typologisierende[205] Vorgehensweise an.[206] Typologisierungen eignen sich in besonderem Maße für qualitative Untersuchungen.[207] Eine praxisnahe Typologie liefern *Grunow/Figgener*, die Kleinunternehmen, Mittelstand, gehobenen Mittelstand und großen Mittelstand unter Zuhilfenahme quantitativer und qualitativer Kriterien (vgl. Abb. 2-5) unterscheiden:

199 Vgl. Peemöller (2008), S. 722.
200 Vgl. Koeberle-Schmid (2008b), S. 150.
201 Vgl. Koeberle-Schmid (2008b), S. 150.
202 Zur Abgrenzungsproblematik der Begriffe Mittelstand, KMU und Familienunternehmen vgl. Kunze (2008), S. 245ff.; Becker/Ulrich (2009b), S. 2ff.
203 Vgl. Becker/Ulrich (2009b), S. 4.
204 Vgl. auch Wallau (2005), S. 1-15.
205 Die Typologisierung als Instrument der qualitativen Forschung eignet sich vor allem zur Erkärung und Erläuterung komplexer Sachverhalte. Vgl. Hausch (2004), S. 82.
206 Vgl. Becker/Ulrich (2009b), S. 7.
207 Vgl. Lamnek (2005), S. 234.

***Kriterien /* Kategorien**	**Klein-Unternehmen**	**Mittelstand**	**Gehobener Mittelstand**	**Großer Mittelstand**
Jahresumsatz	< 5 Mio. €	5 – 50 Mio. €	50 – 500 Mio. €	> 500 Mio. €
Bilanzsumme	< 5 Mio. €	5 – 25 Mio. €	25 – 200 Mio. €	> 200 Mio. €
Führungsstil	Allein-eigentümer, Gesellschafter-geschäftsführer	Familien-unternehmen	Über-wiegender Familien-besitz	Häufig „Fremdes Manage-ment“, das heißt nicht durch Familien-angehörige

Abbildung 2-4: Typisierung des Mittelstands nach *Grunow/Figgener*[208]

Auf dieser Basis wird eine integrative Sicht von KMU, Mittelstand und Familienunternehmen präsentiert. In Abschnitt 2.1.2 wurden die beiden Dimensionen Eigentumsstruktur und Leitungsstruktur als konstituierend für mittelständische Unternehmen dargestellt. Insbesondere das IfM Bonn betont, dass sich der Einfluss von Eigentümer bzw. Familie vor allem in diesen beiden Dimensionen wahrnehmen lässt.[209] Wie bereits erläutert, ist die organisatorische Trennung von Unternehmensleitung und Eigentum der maßgebliche Grund für die Entstehung von Informationsasymmetrien zwischen Eigentümern und von diesen beauftragten Geschäftsführern[210]. Gemäß dieser Argumentation sollten in mittelständischen Unternehmen zunächst keine Informationsasymmetrien vorliegen, da bei dieser Unternehmensform vereinfachend von einer Einheit von Eigentum, Leitung und Kontrolle ausgegangen wird.[211] Führt man den Gedanken jedoch weiter, und verbindet ihn mit der Problematik der Informationsasymmetrien[212]

208 In Anlehnung an: Grunow/Figgener (2006), S. 30.

209 Das IfM Bonn verbindet die Feststellung mit quantitativen Größen, was an der vorliegenden Arbeit nicht vorgenommen werden soll. So sind nach IfM Bonn dann mittelständische Strukturen gegeben, wenn (1) bis zu zwei natürliche Personen oder deren Familienmitglieder mindestens 50 Prozent der Anteile am Unternehmen halten und (2) diese natürlichen Personen der Geschäftsleitung angehören. Vgl. Wolter/Hauser (2001), S. 33.

210 Im Rahmen dieser Arbeit sollen die Begriffe Fremdmanagement und Fremdgeschäftsführung synonym verwendet werden. Bei externen Managern handelt es sich um Personen, „die nicht aus der bzw. den Unternehmerfamilie/n stammen und die in die Geschäftsleitung des Familienunternehmens integriert sind“. Becker, F.G. (2007a), S. 209.

211 Vgl. z.B. Winkeljohann/Kellersmann (2006), S. 8ff.

212 Auf den Begriff und verschiedene Arten der Informationsasymmetrie wird im Zusammenhang mit der Erläuterung der Prinzipal-Agent-Theorie in Abschnitt 2.3.2 der Arbeit näher eingegangen.

infolge der steigenden Übernahme der Geschäftsführung in mittelständischen Unternehmen durch angestellte Manager[213], so ist durchaus davon auszugehen, dass auch in mittelständischen Unternehmen Konflikte zwischen Eigentümern und Managern auftreten können. Je weiter sich Unternehmer/Familie in operativer oder strategischer Dimension vom Unternehmen entfernen, desto geringer ist der Einfluss auf die Aktivitäten des Unternehmens.[214]

Da bereits bei geringfügigen Änderungen in der Eigentums- oder Leitungsstruktur mit nachhaltigen Veränderungen des Beziehungsgeflechts der Stakeholder mittelständischer Unternehmen zu rechnen ist, werden die beiden Dimensionen Besitz und Leitung als konstituierend für mittelständische Unternehmen angesehen. Aus diesem Grund sollen diese beiden Dimensionen als Grundlage einer Typologisierung mittelständischer Unternehmen dienen.[215] Ausgangspunkt der Überlegung ist eine traditionelle Klassifizierung mittelständischer Unternehmen in Form einer Matrix mit neun Feldern, welche auf *Litz* zurückgeht[216]. Insgesamt unterscheidet *Litz* neun verschiedene Situationen.[217] Die Erläuterung der einzelnen Konstellationen findet sich unter anderem bei *Hausch*[218] und *Becker et al.* [219] Letztere haben die Ursprungsmatrix weiterentwickelt (vgl. Abb. 2-6).

Typ 1 (Besitz und Leitung durch Einzelperson) wird als individueller Unternehmenstyp identifiziert und im Folgenden mit Typ A: Eigentümer-Unternehmen bezeichnet. Die Typen 2 (Besitz einer Einzelperson/Leitung durch Familie), 4 (Besitz einer Familie/Leitung durch Einzelperson) und 5 (Besitz einer Familie/Leitung durch Familie) weisen untereinander eine große Homogenität auf, weshalb sie zu einem einheitlichen Unternehmenstyp zusammengefasst werden und im Folgenden mit Typ B: Familienunternehmen bezeichnet werden. Die Typen 3

---

[213] Zur Bedeutung von Fremdmanagern in mittelständischen Unternehmen und Familienunternehmen vgl. Winkeljohann/Kellersmann (2008), S. 253ff.

[214] Vgl. Becker et al. (2008b), S. 23.

[215] Die Vorgehensweise ist angelehnt an ähnliche Darstellungen von Gutenberg (1962), S. 12f.; Hausch (2004), S. 85ff.; Becker et al. (2008b), S. 23ff. Exner/Hummer verwenden eine etwas andere Skalierung für die Kategorisierung von Familienunternehmen. Sie unterscheiden in Abhängigkeit von den Kategorien Eigentum, Kontrolle und Management folgende Unternehmenstypen: (1) Reine Familienunternehmen: Eigentum in Besitz einer/mehrerer Familien (> 50 Prozent), keine Kontrolle oder nur durch Familienmitglieder, Management nur durch Familienmitglieder; (2) Hybride Familienunternehmen: in Besitz einer/mehrerer Familien (> 50 Prozent); in Kontrolle und Management verschiedene Kombinationen von Familienmitgliedern und Familienfremden; (3) Managerdominierte Familienunternehmen: Eigentum in Besitz einer/mehrerer Familien (> 50 Prozent; Kontrolle nicht vorhanden oder nur durch Familienfremde; Management komplett durch Familienfremde; (4) Nicht-Familienunternehmen: Eigentum in Besitz einer/mehrerer Familien (< 50 Prozent). Vgl. Exner/Hummer (2005), S. 18.

[216] Vgl. Litz (1995), S. 73.

[217] Dies sind im Einzelnen: Typ 1 (Besitz und Leitung durch Einzelperson); Typ 2 (Besitz einer Einzelperson/Leitung durch Familie); Typ 3 (Besitz einer Einzelperson/Leitung durch Management); Typ 4 (Besitz einer Familie/Leitung durch Einzelperson); Typ 5 (Besitz einer Familie/Leitung durch Familie); Typ 6 (Besitz einer Familie/Leitung durch Management); Typ 7 (Fremdbesitz/Leitung durch Einzelperson); Typ 8 (Fremdbesitz/Leitung durch Familie) sowie Typ 9 (Fremdbesitz/Leitung durch Management).

[218] Vgl. Hausch (2004), S. 86ff.

[219] Vgl. Becker et al. (2008b), S. 26ff.

(Besitz einer Einzelperson/Leitung durch Management) und 6 (Besitz einer Familie/Leitung durch Management) zeichnen sich dadurch aus, dass der Eigentümer bzw. die Familie zwar Besitzer des Unternehmens sind, die Leitung des Unternehmens jedoch an familienfremde, professionelle Manager weitergegeben haben.

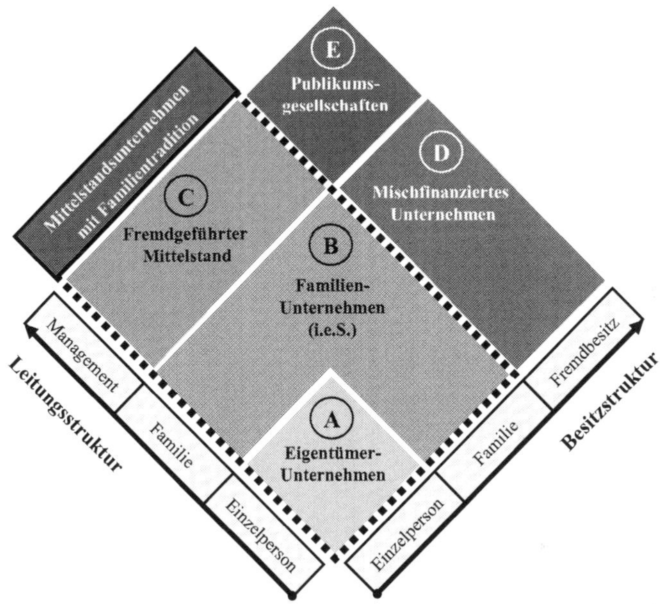

Abbildung 2-5: Typologie des Mittelstands in Anlehnung an *Becker et al.*[220]

Diese beiden Typen werden im Folgenden mit Typ C: Fremdgeführter Mittelstand bezeichnet. Die Typen 7 (Fremdbesitz/Leitung durch Einzelperson) und 8 (Fremdbesitz/Leitung durch Familie) sind als atypisch für den Mittelstand anzusehen und werden mit Typ D: Mischfinanzierter Mittelstand bezeichnet. Typ 9 (Fremdbesitz/Leitung durch Management) ist wieder als eigenständiger Typ zu erfassen und wird im Folgenden als Typ E: Publikumgesellschaft mit Fremdmanagement bezeichnet.

Im Fokus der Untersuchung wird auch nach Ansicht des DMI die Familientradition wahrgenommen, die sich, im Gegensatz zu früheren Ansätzen, nicht auf die Einheit von Besitz und Leitung beschränkt, sondern auch gegeben ist, wenn die Leitung durch Fremdmanager wahr-

220 In Anlehnung an: Becker et al. (2008b), S. 30. Ähnlich auch Hausch (2004), S. 90.

genommen wird. Die vorliegende Klassifizierung bildet den Ausgangspunkt der weiteren Untersuchung. Wichtig ist an dieser Stelle, dass die Typologie mittelständischer Unternehmen keine Definition im eigentlichen Sinne ist. Sie dient lediglich der Komplexitätsreduktion und der Anwendung im konkreten Fall im Rahmen der Auswahl von untersuchungsrelevanten Unternehmen. Ziel ist es, jedes zu untersuchende Unternehmen einem in der Typologie vorhandenen Unternehmenstyp zuzuordnen, um auf Basis dieser Einordnung die Unterschiede zwischen einzelnen Typen mittelständischer Unternehmen herauszuarbeiten. Eine Typologie zeichnet sich gemäß *Lamnek* dadurch aus, dass die unterschiedlichen Typen in sich möglichst homogen und untereinander möglichst heterogen sind.[221]

Im weiteren Verlauf der Arbeit sollen folgende Unternehmen im Fokus der Untersuchung stehen:

- Eigentümer- und Familienunternehmen mit Familientradition,
- Fremdgeführte Unternehmen mit Familientradition.

Der bereits erwähnte, bisher weitgehend atypische Charakter des Unternehmenstyps D führt dazu, dass dieser in der folgenden Untersuchung nicht betrachtet werden soll.[222] Gleichwohl ist die Betrachtung dieses teils mittelständischen Unternehmenstyps ein aus wissenschaftlicher und praktischer Perspektive interessantes Thema. Der Unternehmenstyp E soll ebenfalls aus der vorliegenden Untersuchung ausscheiden, da aufgrund der strukturellen Nähe zu großen Kapitalgesellschaften nicht mit Erkenntnisgewinnen in Bezug auf die spezifische Corporate Governance mittelständischer Familienunternehmen zu rechnen ist. Die Konzentration der Analyse auf zwei Extrema des Spektrums möglicher Besitz- und Leitungsstrukturen ermöglicht eine konsistente Analyse und somit die Ableitung anforderungsgerechter Handlungsempfehlungen für die Unternehmenspraxis.

Auf Basis der in den Abschnitten 2.1.2 und 2.1.3 abgeleiteten Charakteristika wird der spezifische Fokus der Untersuchung abgeleitet. Die vorliegende Arbeit orientiert sich an den quantitativen und qualitativen Elementen der Mittelstandsdefinition des DMI. In diesem Zusammenhang ist den qualitativen Elementen der Definition in Verbindung mit der in Kapitel 2.1.3 entwickelten Typologie eine höhere Bedeutung beizumessen als quantitativen Elementen, die lediglich aufgrund der Praktikabilität für empirische Untersuchungen aufgenommen werden. Dies bedeutet, dass in einem ersten Schritt der Auswahl die untersuchten Unternehmen sowohl mittelständischen Charakter (qualitativer Fokus) besitzen als auch der Unternehmens-

[221] Vgl. Lamnek (2005), S. 232f.
[222] Als Beispiel soll die Untersuchung von Hess dienen, der die Bedeutung von Private Equity für mittelständische Unternehmen untersucht. Vgl. Hess (2007).

gruppe der KMU (quantitativer Fokus) zuzurechnen sein können.[223]

Als Gründe für den Vorrang qualitativer Kriterien werden folgende Argumente genannt:

- Fragen der Corporate Governance, die strukturellen Charakter haben, treten erst ab einer bestimmten Betriebsgröße bzw. ab einem bestimmten Komplexitätsgrad des unternehmerischen Geschehens auf, ohne diesen Grad an dieser Stelle näher zu quantifizieren,[224]
- empirische Studien bekräftigen die Vermutung, dass innerhalb der Europäischen Union deutsche mittelständische Unternehmen größer sind als vergleichbare Unternehmen in anderen Ländern,[225]
- das Vorliegen eines mittelständischen Charakters[226] (Eigentum im Mittelpunkt des Geschäftsmodells) ist relativ unabhängig von der konkreten Größe einer Unternehmung zu sehen. Auch sehr viel größere Unternehmen als die von EUK und IfM Bonn propagierten 500 Beschäftigten-Grenze können eine enge Verflechtung von Unternehmens- und Eigentumsinteressen aufweisen.[227]

Demzufolge ergibt sich folgende, auf die konkrete Untersuchung von der Corporate Governance in mittelständischen Familienunternehmen anzuwendende Begriffsdefinition.

Der Rückgriff auf quantitative Merkmale ist mit dem problematischen Zugriff auf qualitative Merkmale bei der Recherche von für die Untersuchung interessanten Unternehmen zu begründen.[228] Der vorliegenden Untersuchung liegt bei der Auswahl der zu untersuchenden Unternehmen eine zweistufige Vorgehensweise zugrunde. In einem ersten Schritt werden unter Wahrung der quantitativen Untergrenze von sechs Mio. Euro Umsatz oder 30 Beschäftigten Unternehmensadressen recherchiert. In einem zweiten Schritt wird die Auswahl auf diejeni-

223 Ähnliche Mittelstandsdefinitionen finden sich auch bei Kramer (2000), S. 18.; Hausch (2004), S. 29f.

224 Es ist davon auszugehen, dass sich ein Einzelunternehmer noch nicht mit Fragen der Betriebsorganisation insbesondere auf Ebene der Unternehmensleitung auseinandersetzt. Vgl. z.B. Koeberle-Schmid (2008a), S. 4. Insofern wird in der vorliegenden Arbeit die Auffassung vertreten, dass Corporate Governance im Sinne von Berle/Means erst ab einer bestimmten Betriebsgröße zum Tragen kommt. Man denke auch an die von Albach propagierte sogenannte kritische Wachstumsschwelle, die bei Unternehmen bei einem Umsatz von 25 bis 50 Mio. EUR auftritt und als Grenze zwischen kleinen und mittelständischen Unternehmen interpretiert werden könnte. Vgl. Albach (1976), S. 691.

225 Vgl. Kayser (1999), S. 39ff. Vgl. auch die Darstellung bei Khadjavi (2005), S. 55f. Khadjavi weist darauf hin, dass z.B. in Großbritannien die quantitative Obergrenze mittelständischer Unternehmen bei 249 Mitarbeitern gesehen wird. Simon kommt bei einer Gegenüberstellung qualitativer und quantitativer Kriterien zu einer Obergrenze mittelständischen Charakters bei einer Schwelle von ca. 2.900 Arbeitnehmern. Vgl. Simon (1992), S. 116.

226 Vgl. Abschnitt 2.1.2 der vorliegenden Arbeit.

227 Vgl. z.B. die Ergebnisse der empirischen Untersuchung von Becker et al. (2008b). Vier der 45 interviewten mittelständischen Entscheidungsträger sind Vertreter von Unternehmen, die nach Mittelstandsdefinition des DMI aus quantitativer Sicht eindeutig als Großunternehmen zu charakterisieren sind. Dennoch schätzen sie sich explizit danach gefragt als mittelständische Unternehmen ein.

228 Vgl. z.B. Wossidlo (1993), Sp. 2891.

gen Unternehmen eingegrenzt, deren qualitative Merkmale sie eindeutig den Unternehmenstypen A bis C[229] zuordenbar machen. Es werden zwei Gruppen von Unternehmen eliminiert: Unternehmen, die wirtschaftliche oder rechtlich nicht selbstständig sind, und fremdgeführte Unternehmen mit mehr als 600 Mio. Euro jährlichem Umsatz oder mehr als 3.000 Beschäftigten im Jahresdurchschnitt. Insofern ist im vorliegenden Untersuchungsdesign eine eindeutige Unterscheidung zwischen mittelständischen Unternehmen (qualitativer Fokus) und KMU (quantitativer Fokus) möglich.[230]

Abb. 2-6 zeigt die für die Untersuchung gewählten quantitativen und qualitativen Charakteristika.

Qualitative Elemente	Quantitative Elemente
Rechtliche Selbstständigkeit	Mindestens 6 Mio. EUR Umsatz oder
Wirtschaftliche Selbstständigkeit	Mindestens 30 Beschäftigte
Unternehmen mit Familientradition (Typ A, Typ B, Typ C), die dem Eigentum verpflichtet sind	Typ C: Höchstens ca. 600 Mio. EUR Umsatz und ca. 3.000 Beschäftigte

Abbildung 2-6: Spezifische Definition der Untersuchung

Für die weitere Untersuchung kann die Definition mittelständischer Familienunternehmen folgendermaßen festgehalten werden:

Mittelständische Familienunternehmen zeichnen sich durch rechtliche und wirtschaftliche Selbstständigkeit aus. Als Gruppe der Unternehmen mit Familientradition, die dem Eigentum verpflichtet sind, beinhalten sie Eigentümer-Unternehmen, Familienunternehmen und den fremdgeführten Mittelstand. Quantitativ weisen mittelständische Unternehmen im Jahresdurchschnitt mindestens sechs Mio. EUR Umsatz oder 30 Beschäftigte auf. Für fremdgeführte Unternehmen gilt eine Obergrenze von ca. 600 Mio. EUR Umsatz und ca. 3.000 Beschäftigten.

229 A: Eigentümerunternehmen; B: Familienunternehmen; C: Fremdgeführter Mittelstand.

230 Damit ist implizit die Forschungsfrage verbunden, ob und wie sich die Begriffe Mittelstand, KMU und Familienunternehmen noch deutlicher voneinander abgrenzen lassen.

Wie die Ausführungen des vorliegenden Kapitels gezeigt haben, integriert die für diese Untersuchung gewählte Definition mehrere tradierte Sichten zu einem einheitlichen Konzept. Dies ist bisher in der Literatur zur Corporate Governance mittelständischer Familienunternehmen kaum geschehen und stellt somit im Vergleich zu Untersuchungen mit ähnlichem Fokus einen deutlichen Erkenntnisgewinn dar.[231] Nachdem die Grundlagen zum Untersuchungsobjekt ‚mittelständische Familienunternehmen' gelegt wurden, soll auf den zweiten relevanten Themenbereich Unternehmensführung und Controlling eingegangen werden.

2.2 Besonderheiten von Unternehmensführung und Controlling in mittelständischen Familienunternehmen

Im folgenden Abschnitt werden relevante Aspekte von Unternehmensführung und Controlling diskutiert. In Abschnitt 2.2.1 wird die ‚Wertschöpfung' als Maxime wirtschaftlichen Handelns erläutert Das Konzept von Unternehmensführung und Controlling wird in Abschnitt 2.2.2 geklärt. In Abschnitt 2.2.3 wird auf die Spezifika von Unternehmensführung und Controlling in mittelständischen Unternehmen eingegangen.

2.2.1 Wertschöpfung als Maxime wirtschaftlichen Handelns

In der Literatur herrscht seit langem eine Diskussion über die Daseinsberechtigung sowie Zwecksetzung von Unternehmen. Die Produktion von Gütern und Dienstleistungen ist dabei die eigentliche Aufgabe von Unternehmen.[232] Aus Sicht der Transaktionskostentheorie ist ein Unternehmen eine Verkörperung des Transaktionsprinzips ‚Hierarchie', das gegenüber dem Mechanismus ‚Markt' eine effizientere Produktion und Allokationaufweist.[233] Obwohl dies die Existenz von Unternehmen an sich erklärt, bleibt die Frage, ob Unternehmen bestimmte Zwecksetzungen erfüllen. Hier haben sich drei große Strömungen herauskristallisiert: Erstens die Meinung, ein Unternehmen sei dazu da, einen Nutzenvorteil für die Anteilseigner zu generieren.[234] Diese Sicht korrespondiert mit der als ‚Shareholder Value' titulierten Denkrichtung, die auf Ideen von *Rappaport* basiert.[235] Die Befriedigung der Anteilseigner wird über eine langfristige Steigerung des Unternehmenswerts realisiert.[236] Eine zweite Meinung sieht Unternehmenszweck darin, den Nutzen aller strategisch wichtigen Anspruchsgruppen in den

---

[231] In ähnlichen Untersuchungen wird auf eine Abgrenzung der Begriffe Mittelstand, mittelständisches Unternehmen, KMU und Familienunternehmen zugunsten einer Vereinfachung der Darstellung verzichtet. Vgl. z.B. Hausch (2004), S. 32; Khadjavi (2005), S. 52ff; Winkeljohann/Kellersmann (2006), S. 8ff.

[232] Vgl. Hax (2005), S. 75.

[233] Vgl. Wolf (2008), S. 341ff.

[234] Insbesondere muss das ins Unternehmen investierte Kapital eine höhere Rendite erbringen als Alternativanlagen. Vgl. z.B. Hahn/Hungenberg (2001), S. 154ff.; Nagl (2008), S. 215.

[235] Vgl. Rappaport (1994); Rappaport (1998); Rappaport (1999).

[236] Vgl. Hahn/Hungenberg (2001), S. 13ff.

Vordergrund zu stellen.[237] Dies entspricht der als ‚Stakeholder Value' titulierten Denkrichtung, die von *Freeman* begründet wurde.[238] Eine dritte prinzipielle Denkrichtung geht v.a. auf *Malik* zurück und sieht die Ausrichtung auf Wettbewerbsfähigkeit als wichtigste Prämisse des unternehmerischen Handelns.[239] *Malik* verwendet den Begriff des ‚Customer Value'.[240] In dieser Arbeit wird eine modifizierte Stakeholder-Sichtweise vertreten, die den Zweck der Unternehmensführung in der Erreichung von Wertschöpfung sieht.[241] Hierfür bedient sich die Unternehmensführung einer langfristigen Unternehmenswertsteigerung.[242]

Die langfristige Unternehmenswertsteigerung wird anhand des Kreislaufs aus operativen und strategischen Führungsgrößen nach *Gälweiler* erläutert.[243] Zentraler Begriff ist die Wertschöpfung: „Die Wertschöpfung eines Betriebes ist eine Maßgröße, die das Ergebnis des betrieblichen Prozesses kennzeichnet, der zur Schaffung eines betrieblichen Wertes führt. Mit der Wertschöpfung wird speziell der Mehrwert bestimmt, den ein Betrieb aufgrund seiner betrieblichen Leistungserstellung den Vorleistungswerten hinzugefügt hat und der sich auf die unterschiedlichen Anspruchsgruppen, wie bspw. Arbeitnehmer, Fiskus und Kapitalgeber verteilt.[244] Der Wert ist nicht eindeutig definiert und kann individuell in Funktion der jeweiligen Zielsetzung definiert werden."[245] Hier kann vom Economic Value (engere betriebswirtschaftliche Betrachtung) oder Public Value[246] (erweiterte gesellschaftliche Betrachtung) gesprochen werden. Dem Controlling kommt in der betrieblichen Leistungs- und Wertkette die originäre Funktion der dauerhaften Ausrichtung des unternehmerischen Handelns auf Wertschöpfung zu.[247] Dies gilt nach *Küpper* v.a. für Unternehmen, die dezentralisiert geführt werden und in denen Verhaltensinterdependenzen eine große Rolle spielen.[248] *Horváth* verweist zudem auf die hohe Bedeutung der Komplexitätsbewältigung durch das Controlling.[249] Als grundlegende Größe ist das Erfolgspotential anzusehen, das sich durch Kongruenz zwischen marktlichen Möglichkeiten und betrieblichen Fähigkeiten zur gezielten Nutzung von Wertdifferenzen auszeichnet. Erfolgspotentiale könnten z.B. das fachbezogene Know-how der Mitarbeiter oder

237 Vgl. Grant/Nippa (2006), S. 63ff.
238 Vgl. Freeman (1984). Die Grundidee der Einbeziehung von Anspruchsgruppen im Kontext der unternehmerischen Zielbildung stammt jedoch von Kosiol (1973), S. 301ff.
239 Vgl. Malik (2008a), S. 15f.
240 Vgl. zum customer value auch Wayland/Cole (1997), S. 157ff.
241 Zum Verständnis einer an langfristiger Unternehmenswertsteigerung und dauerhafter Existenzsicherung strebender Unternehmenspolitik vgl. Becker (1996), S. 60ff.
242 Vgl. Becker/Staffel/Ulrich (2009b), S. 267ff.
243 Vgl. Gälweiler (2005), S. 241ff.
244 Der Wertschöpfungszweck konkretisiert sich in den Subzielen der Bedarfsdeckung, Bedürfnisbefriedigung und Entgelterzielung. Vgl. Becker (1996), S. 30. Vgl. ähnlich Wegmann (2006), S. 79ff.
245 Becker (1999), S. 19.
246 Vgl. Meynhardt/Vaut (2007), S. 1ff.
247 Vgl. Becker (1999), S. 7.
248 Vgl. Küpper (2005), S. 65ff.
249 Vgl. Horváth (2009), S. 8ff.

die Kenntnisse um eine herausragende Anfangsinnovation sein.[250] Eine Verwertung des Erfolgspotentials resultiert in der Realisation von Erfolg und letztendlich der Aufrechterhaltung der Liquidität. Liquidität ermöglicht die Schaffung neuer Erfolgspotentiale.

Der Wertschöpfungskreislauf wurde von *Becker* zur Balanced Value Map weiterentwickelt.[251]

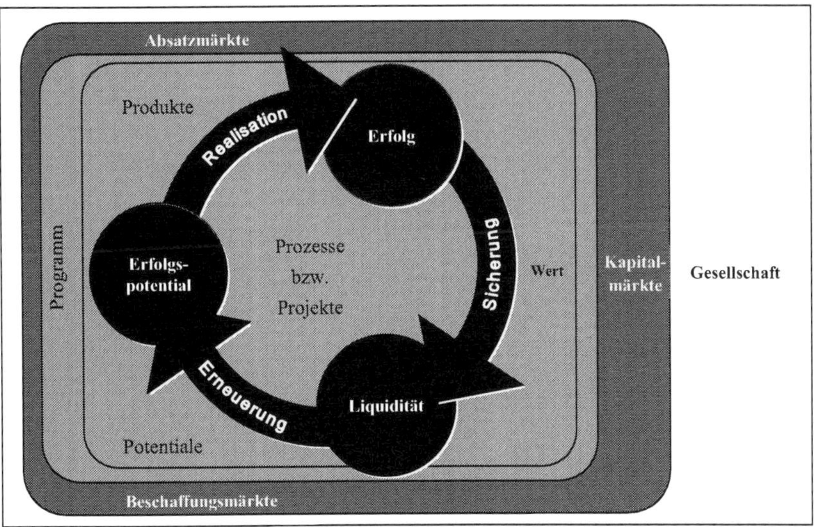

Abbildung 2-7: Balanced Value Map[252]

Ihr liegen die vier Handlungsebenen Potentiale, Prozesse/Projekte, Produkte sowie wertmäßige Konsequenzen zugrunde. Das unternehmerische Handeln zeichnet sich durch Wechselwirkungen zwischen Betrieben und Märkten, namentlich Beschaffungs-, Absatz- und Finanzmärkten aus. Der unternehmerische Gesamtzusammenhang ist kontextabhängig und somit eingebettet in die Gesellschaft. Die diesbezüglich typischen Wechselwirkungen zwischen Märkten und Betrieben lassen sich einerseits auf der Grundlage spezifischer Interaktionsstrukturen und andererseits auf Basis ebenfalls spezifischer Prozessgefüge analysieren.[253] Dies entspricht einem jeglichem Wirtschaften zugrunde liegenden Struktur-Prozess-Dualismus.

Nachdem die Wertschöpfung als Zweck des unternehmerischen Handelns erläutert wurde,

250 Vgl. Becker/Staffel/Ulrich (2009b), S. 261.
251 Vgl. Becker (2003).
252 Becker (2003).
253 Vgl. Becker (1996), S. 72ff.

werden im Folgenden Grundlagen von Unternehmensführung und Controlling beleuchtet.

2.2.2 Grundlagen von Unternehmensführung und Controlling

Für das Konstrukt der Unternehmensführung gibt es in der betriebswirtschaftlichen Theorie kein einheitliches Begriffsverständnis.[254] Obwohl vielfach eine Gleichsetzung der Begriffe ‚Management'[255] und ‚Unternehmensführung' zu verzeichnen ist, muss diese Sichtweise verworfen werden.[256] Grundlegend für die Abgrenzung der Unternehmensführung ist zunächst die Unterscheidung der beiden Begriffe Betrieb und Unternehmen, welche in der betriebswirtschaftlichen Literatur auf unterschiedliche Arten verwendet werden. Folgt man der Auffassung von *Gutenberg*, ist der Betrieb ein übergeordnetes Konzept, das den Unterbegriff des Unternehmens einschließt. Ein Unternehmen ist insofern als System produktiver Faktoren zu charakterisieren. Betriebe weisen drei systemunabhängige Merkmale auf:[257]

- Kombination von Produktionsfaktoren und Leistungen,
- Gültigkeit des Wirtschaftlichkeitsprinzips,
- Prinzip des finanziellen Gleichgewichts.

Unternehmen als Untereinheiten von Betrieben können nicht systemunabhängig definiert werden, weshalb sich folgende systemabhängige Merkmale festhalten lassen:

- Prinzip der Autonomie von staatlichen Einflüssen,
- Prinzip der Alleinbestimmung der Anteilseigner,
- Erwerbswirtschaftliches Prinzip.

Das von *Gutenberg* geprägte Begriffsverständnis ist in den letzten Jahren überdacht und durch eine neue Ordnung von Unternehmen und Betrieb weiterentwickelt worden. Hier wird das Unternehmen als Oberbegriff und der Betrieb als Untereinheit verstanden. Das Unternehmen ist als rechtlich-wirtschaftliche Einheit zu charakterisieren, die mehrere Betriebe im Sinne technisch-organisatorischer Einheiten (z.B. Produktionsstätten) besitzen kann.[258]

Ein Unternehmen lässt sich durch bestimmte, charakteristische Aspekte definieren, die in der Literatur ausgiebig diskutiert werden. Ein heutzutage umstrittenes, aber dennoch häufig zu findendes Merkmal ist gemäß *Grochla* das Verständnis des Unternehmens als von einem Un-

[254] Zudem werden häufig als Begriffsäquivalente Management, Unternehmenspolitik oder Administration verwendet. Einen einführenden Überblick über gängige Definitionsversuche geben Macharzina/Wolf (2005), S. 38.

[255] Zum Begriff ‚Management' vgl. Drucker (2008), S. 1ff.

[256] Vgl. z.B. Dillerup/Stoi (2008), S. 6ff.

[257] Vgl. Gutenberg (1983), S. 507ff.

[258] Vgl. Dillerup/Stoi (2008), S. 6.

ternehmer geführte Wirtschaftseinheit.[259] Weitere Charakteristika sind der Zweck der Fremdbedarfsdeckung, die wirtschaftliche Selbstständigkeit, die Freiheit der Zielbestimmung, das Vorliegen wirtschaftlichen Risikos, das Vorhandensein von Ressourcen sowie das Vorliegen von Strukturen.[260] Für die weitere Untersuchung werden Elemente und Merkmale von Unternehmen gemäß der gängigen Einteilung von *Kieser/Walgenbach* unterschieden:[261]

- Ziele: zielgerichtet, teilautonom,
- Mitglieder: hierarchisch, sozial,
- Aktivitäten: produktiv, offen.

Macharzina/Wolf beschreiben die klassische Trennung der Betrachtung der Unternehmensführung in funktionale, institutionale und prozessuale Aspekte.[262] Erstere beschreiben die Aufgaben und Tätigkeiten der Unternehmensführung. Institutionale Aspekte beziehen sich auf Organe, Personen oder Träger der Unternehmensführung. Prozessuale Aspekte definieren die Abfolge bestimmter Vorgänge, mit denen sich die Unternehmensführung als Ganzes befasst. In Anlehnung an *Heinen* stehen solche Aktivitäten im Mittelpunkt der Unternehmensführung, die festlegen, in welcher Weise die Tätigkeiten von handelnden Individuen in Unternehmen koordiniert und das Unternehmen als Ganzes weiterentwickelt werden sollen.[263]

Gemäß *Ulrich/Probst* sind Unternehmen bestimmte Merkmale wie z.B. Offenheit, Komplexität, Vernetztheit, Ganzheitlichkeit, Ordnung, Lenkfähigkeit und Entwicklungsfähigkeit zuzuweisen.[264] Die von *Becker* als oberste Zwecksetzung der Unternehmensführung angeführte Wertschöpfung stellt mit ihren Konkretisierungen der Bedürfnisbefriedigung, Bedarfsdeckung und Entgelterzielung[265] eine Weiterentwicklung des Konzepts von *Bleicher* dar. Die Ordnung des Systems ‚Unternehmung' kann über die spezifische Wertschöpfungsaufgabe durch die Harmonisation der Determinanten Strategie, Struktur und Kultur sichergestellt werden.[266] *Ulrich* weist der Unternehmensführung die prinzipiellen Funktionen der Gestaltung und Lenkung zu. Gestaltung ist in Anlehnung an *Ulrich* „das Entwerfen von Ordnung (…), das die potentiell sehr große Verhaltensvarietät eines auf vielen selbst komplexen Elementen bestehenden Systems auf zweckgerichtete Verhaltensweisen reduziert"[267]. Lenkung wird ebenfalls gemäß *Ulrich* als Funktion definiert, „welche auf die Erreichung eines zweck- und zielgerich-

259 Vgl. Grochla (1976), Sp. 543.
260 Vgl. Macharzina/Wolf (2005), S. 17f.
261 Vgl. Kieser/Walgenbach (2007), S. 6ff. Vgl. ähnlich Dillerup/Stoi (2008), S. 5.
262 Vgl. hierzu und im Folgenden Macharzina/Wolf (2005), S. 38ff.
263 Vgl. Heinen (1971), S. 429ff.
264 Vgl. Ulrich/Probst (1988), S. 233ff.
265 Vgl. Becker (2009), S. 41.
266 Vgl. Rüegg-Sturm (2004), S. 71. Strategie, Struktur und Kultur sind als prinzipielle Determinanten der Unternehmenspolitik zu verstehen. Vgl. Stephan (2002), S. 44; Malik (2008b), S. 337.
267 Ulrich/Probst (1988), S. 260.

teten Verhaltens des Gesamtsystems Unternehmung ausgerichtet“[268] ist. Sie schränkt somit das Verhaltensrepertoire noch stärker ein, indem sie sich der kybernetisch geprägten Mechanismen der Steuerung und Regelung bedient.[269]

Unter Berücksichtigung der bereits dargestellten Unternehmensmerkmale erscheint es zweckmäßig, die genannten Funktionen um zwei weitere Funktionen zu ergänzen. Zunächst ist die Leitungsfunktion der Unternehmensführung zu nennen, welche sich mit der Führung der Mitarbeiter im Unternehmen befasst.[270] Als zweite zu ergänzende Funktion ist die Lokomotion zu nennen. Diese muss die permanente wertschöpfungsorientierte Ausrichtung von Unternehmen sicherstellen.[271] In der vorliegenden Arbeit wird dem umfassenden Konzept der Unternehmensführung nach *Becker* gefolgt. Unternehmensführung beinhaltet nach *Becker* „die strukturbezogene Gestaltung, die prozessbezogene Steuerung und Regelung sowie die verhaltensbezogene Leitung des situativ geprägten Handelns von Unternehmen“[272]. Zu diesen eher klassischen Funktionen tritt die zuvor erläuterte Lokomotion, die eine nachhaltige Wertschöpfung sicherstellt. Den Gesamtkontext veranschaulicht Abb. 2-8.

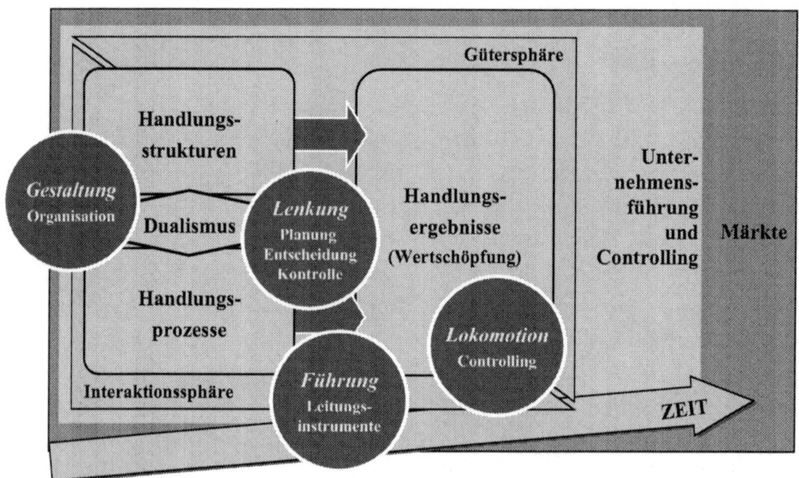

Abbildung 2-8: Allgemeines Modell des betrieblichen Handelns[273]

268 Ulrich (1990), S. 13.
269 Vgl. Ulrich (2001), S. 68ff.
270 Vgl. Macharzina/Wolf (2008), S. 37ff.
271 Vgl. Becker (1999), S. 3.
272 Becker (2007f), S. 32.
273 In Anlehnung an: Becker (2009), S. 50.

Die einzelnen Funktionen der Unternehmensführung werden durch Instrumente handhabbar gemacht. Während die Gestaltungsfunktion über das Instrument der Organisation erfüllt wird, kann die Lenkungsfunktion über das kybernetische Modell aus Planung, Entscheidung und Kontrolle konkretisiert werden.[274]

Die Führungsfunktion bedient sich spezifischer Leitungsinstrumente. Da dem Controlling insbesondere für die Lokomotionsfunktion wichtige Aufgaben zukommen, werden im Folgenden Grundlagen des Controlling diskutiert.

Dem Controlling ist in den letzten Jahren sowohl in der Wissenschaft als auch in der Unternehmenspraxis eine deutlich wahrnehmbare, gesteigerte Aufmerksamkeit widerfahren.[275] Gleichzeitig ist jedoch kaum ein betriebswirtschaftlicher Begriff so vielschichtig und umstritten wie der des Controlling.[276] Bisher konnte zumindest noch kein Konsens darüber erzielt werden, welche die konstituierenden – also die zwingend und ausschließlich dem Controlling zuzuweisenden – Eigenschaften sind.[277] In der vorliegenden Arbeit wird von der Diskussion um die grundsätzliche Daseinsberechtigung des Controlling abstrahiert, da sich das Controlling mittlerweile in Theorie und Praxis etabliert hat.[278] Als Grundlage der Diskussion um das Controlling ist die Controllingkonzeption[279] zu sehen. Eine Controllingkonzeption ist der „Rahmen für die unternehmensspezifische Ausgestaltung des Controlling“[280].

Gängige Controllingkonzeptionen[281] sind unter anderem koordinationsorientierter[282], informationsorientierter[283], wertschöpfungsorientierter[284] und rationalitätssicherungsorientierter[285] Ausprägung. Abb. 2-9 gibt einen Überblick über Controlling-Verständnisse in der Literatur.

---

274 Letztlich basiert diese Sicht auf dem Managementzyklus von Wild (1974), S. 37, der davon ausgeht, dass zwischen den einzelnen Elementen Planung, Entscheidung, Durchsetzung (Realisation) und Kontrolle Interdependenzen herrschen. Wild unterscheidet im Besonderen zwei Arten der Kontrolle, die Kontrolle durch Vorkopplung (ausgehend von der Planung) einerseits und die Kontrolle durch Rückkopplung (ausgehend von der Realisation) andererseits Zu Planungs-, Entscheidungs- und Kontroll-Systemen vgl. auch Hahn/Hungenberg (2001), S. 28ff.

275 Vgl. Becker (2007b), S. 3; ders. (1999), S. 1; Ahn (1999), S. 110. Man vergleiche als Ausgangspunkt die Thesen von Küpper/Weber/Zünd (1990).

276 Vgl. Weber/Schäffer (2006), S. VIII; kritisch hierzu Schneider (1991), S. 765; Lingnau (2008), S. 1ff.

277 Vgl. Lingnau (2008), S. 2. Einen Überblick über die Diskussion um den Wissensstand zur Controllingforschung gibt der Aufsatz von Wall (2008a), S. 463ff.

278 Vgl. Weber/Schäffer (2008), S. 1ff.

279 In der Literatur wird neben dem Begriff „Konzeption“ auch von einem „Konzept“ gesprochen, weshalb diese Begriffe im Folgenden synonym verwendet werden. Vgl. Becker/Lutz (2007), S. 46.

280 Becker/Lutz (2007), S. 46.

281 Zum Begriff der Controllingkonzeption vgl. Becker/Lutz (2007), S. 46f.

282 Vgl. Horváth (2006); Küpper (2005).

283 Vgl. Reichmann (2006).

284 Vgl. Becker (2009). Dieser Ansatz wurde von Becker erstmals im Jahr 1995 publiziert und im Jahr 1999 in einer überarbeiteten Version herausgegeben. Vgl. Becker (1999).

285 Vgl. Weber/Schäffer (2008).

Autor(en)	Fokus des Konzepts
Reichmann	Information
Horváth	Integration
Küpper	Koordination
Krüger	Managementprozesse
Weber/Schäffer	Rationalitätssicherung
Hahn	Gewinnziel
Zünd	Rollenverständnis
Welge	Handlungsorientierung
Becker	Wertschöpfung

Abbildung 2-9: Verschiedene gängige Controlling-Konzeptionen[286]

Dabei reicht die Bandbreite[287] der Deutung des Controlling von der Leugnung der Eigenständigkeit des Controlling als betriebswirtschaftlicher Disziplin[288] bis zur Auffassung von Controlling als integrierter Führungsfunktion.[289] Den meisten Ansätzen des Controlling ist aber die Identifizierung grundsätzlicher Themenfelder gemein, die dem Controlling als Betätigungsfeld zugewiesen werden. Gängige Aspekte sind die Mitarbeit oder Durchführung von Planung, Kontrolle, Koordination, Informationsversorgung und Rationalitätssicherung.[290]

Einer der Kernbereiche der vorliegenden Arbeit ist die Betrachtung möglicher Wechselwirkungen der Konstrukte Corporate Governance und Wertschöpfung. Aus diesem Grund wird

286 Die Lehrmeinungen der jeweiligen Autoren finden sich vor allem in folgenden Werken: Reichmann (2006); Horváth (2006); Krüger (1979); Weber/Schäffer (2008); Hahn (1996); Zünd, (1979); Welge (1988); Becker (2007b).

287 Vgl. Becker (2007b), S. 9.

288 Vgl. Schneider (1991), S. 771; Weber (2001), S. 1785ff.

289 Den weitesten Fokus hat sicherlich der Rationalitätssicherungsansatz von Weber/Schäffer. Auch wenn sich dieser Ansatz mittlerweile vermeintlich als der dominante durchgesetzt hat (dies ist innerhalb der Controllingwissenschaft strittig), gibt es aufgrund der fehlenden Abgrenzbarkeit zur Unternehmensführung im Allgemeinen und der inhaltlichen Überbetonung praktischer Belange viele Kritiker. Vgl. Horváth (2006), S. 138f. Die Ausweitung der Controlling-Funktionen auf die Koordination des gesamten Unternehmens und nicht nur auf die Koordination der Führungssphäre mache es nach Meinung der Kritiker unmöglich, Controllingfunktionen von originären Managementfunktionen zu unterscheiden. Vgl. auch den geflügelten Begriff Schneiders, der solch weite Controlling-Sichten als ‚Selbstbeweihräucherung zum Supermann' tituliert. Vgl. Schneider (1984), S. 325; Schneider (1991), S. 765.

290 Vgl. Lingnau (2008), S. 3.

der Controllingbegriff im Sinne der wertschöpfungsorientierten Controllingkonzeption von *Becker* operationalisiert, welche im Folgenden erläutert wird. Controlling ist nach *Becker* eine „Führungsfunktion, die im Dienste der Optimierung von Effektivität und Effizienz eine initialisierende Ausrichtung des Handelns von Betrieben auf deren Wertschöpfungszweck sicherzustellen hat“[291]. Das Controlling ist also als ein integrativer Bestandteil der Unternehmensführung und befasst sich mit der ganzheitlichen Harmonisation des Wertschöpfungsgefüges mit den jeweiligen situativen Bedingungskonstellationen.[292]

Hierzu stellt *Becker* fest: „Die Notwendigkeit, zusätzlich zu Planung, Organisation, Leitung und Kontrolle mit dem Funktionsbündel des Controlling eine weitere Aufgabe der Unternehmensführung etablieren zu müssen, ist vorrangig aus in der Wirtschaftspraxis allseits beklagten Schnittstellenproblemen zwischen Führung und Ausführung sowie aus Komplexitätsgründen abzuleiten“[293]. Das Controlling leistet folglich einen wichtigen Beitrag zur Kompensation der mit der Komplexität[294] unternehmerischen Handelns einhergehenden Risiken, indem es jenes auf seine Wertschöpfungszwecke ausrichtet. Controlling tritt als zusätzliche Führungsfunktion neben die gängigen Funktionen Planung, Organisation, Leitung und Kontrolle.[295]

Für die vorliegende Arbeit wird Controlling nach *Becker* folgendermaßen definiert: „Controlling stellt sich als eine integrierte Aufgabe der Unternehmensführung dar, die im Dienste der Optimierung von Effektivität und Effizienz das initialisierende Anstoßen sowie das wertschöpfungsorientierte Ausrichten des Handelns von Betrieben sicherstellen muss. Diese originäre Funktion des Controlling wird hier als Lokomotion bezeichnet. Die Wahrnehmung der originären Funktion der Lokomotion setzt insbesondere eine begleitende Erfüllung der derivativen Funktionen der wechselseitigen Abstimmung (Integration, Koordination und Adaption) von Führung und Ausführung sowie der dementsprechenden Schaffung von Informationskongruenz innerhalb der Führung voraus. Die Wahrnehmung dieser beiden derivativen Funktionen erfolgt vorrangig über wertorientierte Gestaltungs- und Lenkungsmechanismen.“[296]

Abb. 2-10 zeigt das kybernetische Zusammenwirken von Unternehmensführung & Controlling. Unter Rückgriff auf die in Abschnitt 2.2.5 dargelegte prozessuale Sichtweise der Unternehmensführung ist dies als ein dynamischer, kybernetischer Managementzyklus zu sehen.[297]

291 Becker/Lutz (2007), S. 46.
292 Vgl. Bleicher/Meyer (1976), S. 16ff.
293 Becker (2007b), S. 11.
294 Zur Komplexität von Unternehmen und der damit einher gehenden Problematik der Komplexitätskosten vgl. Becker (1992); Becker (2001b), S. 420ff.
295 Vgl. Becker (1990), S. 295.
296 Becker (2007b), S. 13.
297 Eine gelungene Darstellung des kybernetischen Regelkreises der Unternehmensführung findet sich bei Kirsch/Seidl/van Aaken (2009), S. 13ff. Dort wird die Führung als sogenannte Controlling Overlayer interpretiert, welche exisitierende soziale Zusammenhänge in asymmetrischer Weise prägt.

Dieser umfasst Planung, Entscheidung und Durchsetzung, Realisation und Kontrolle.[298]

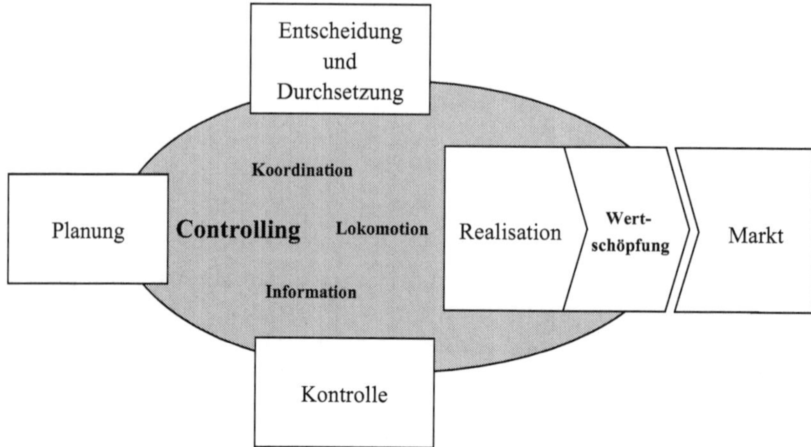

Abbildung 2-10: Konzept des wertschöpfungsorientierten Controlling[299]

Funktionen des wertschöpfungsorientierten Controlling

Dem Controlling sind drei hauptsächliche Funktionen zuzuordnen, die originäre Lokomotionsfunktion sowie die derivativen Informations- und Abstimmungsfunktionen. Die Lokomotionsfunktion bezieht sich auf die permanente Ausrichtung des in der Balanced Value Map dargestellten Kreislaufs auf die Wertschöpfungszwecke. Das Controlling muss dafür Sorge tragen, die Effizienz und Effektivität der Unternehmensführung sicherzustellen. Des Weiteren sind dem Controlling zwei derivative Funktionen zuzuordnen. Dies sind die durchgängige Abstimmung des unternehmerischen Handelns auf die Wertschöpfungszwecke sowie die Schaffung von Informationskongruenz innerhalb der Unternehmung.[300] Abb. 2-11 veranschaulicht die Funktionen des wertschöpfungsorientierten Controlling.

[298] Beckers Balanced Value Map geht auf den Regelkreis der Führungsgrößen Erfolgspotentiale, Erfolg und Liquidität von Gälweiler zurück. Vgl. Gälweiler (2005), S. 23ff.

[299] In Anlehnung an: Becker (2007b), S. 60.

[300] Vgl. Becker (2007b), S. 20ff.; Becker (1990), S. 309f.

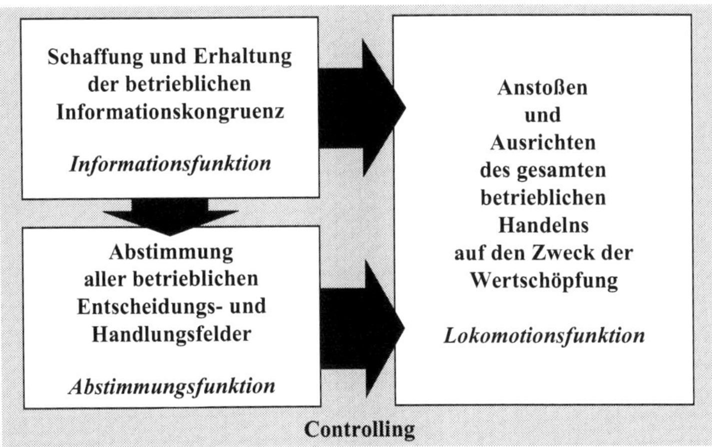

Abbildung 2-11: Funktionen des wertschöpfungsorientierten Controlling[301]

Im Rahmen der derivativen Informationsfunktion obliegt dem Controlling die Aufgabe, die informationswirtschaftlichen Größen Informationsbedarf, Informationsangebot und Informationsnachfrage miteinander in Einklang zu bringen und einen Zustand der Informationskongruenz herzustellen.[302] Der Bedarf an EDV-Lösungen zur Handhabung der Fülle an Informationen hat zur Entstehung eigenständiger Controlling-Informationssysteme (CIS) geführt.[303]

Die Abstimmungsfunktion des Controlling fokussiert sich vorrangig auf eine ganzheitliche Koordination der Führungsinstrumente Planung, Organisation, Leitung und Kontrolle. Das Erfordernis dieser Abstimmung ist in der zunehmenden Differenziertheit und Dynamik von Handlungssystemen und damit einhergehend der Gefahr uneinheitlichen Handelns begründet.[304] Dies gilt auch und in besonderem Maße für mittelständische Familienunternehmen.

Becker stellt in diesem Zusammenhang fest: „Das Controlling hat somit innerhalb der Hierarchie eines Unternehmens zur vertikalen und horizontalen Integration aller Führungsaktivitäten sowie zur Sach- und verhaltensbezogenen Aspekten vorzunehmenden Koordination und Adaption der Führungs- und Ausführungsaktivitäten beizutragen."[305] Dem Controlling kommt

---

301 In Anlehnung an: Becker (2007b), S. 91.

302 Vgl. Becker (2007b), S. 22f.; Becker (1990), S. 309ff.

303 Für eine umfangreiche Darstellung von Controlling-Informationssystemen vgl. Becker/Fuchs (2004). Ansätze einer solchen Steuerung in mittelständischen Unternehmen diskutiert Sinn. Vgl. Sinn (2001); ders. (2003). Siehe dazu auch Berens/Wüller (2007); Lachnit (1989).

304 Vgl. Becker (2007b), S. 20.

305 Vgl. Becker (2007b), S. 21.

im Rahmen der Abstimmungsfunktion vor allem die effiziente und effektive Einrichtung eines Planungs-, Entscheidungs- und Kontrollsystems zu.[306]

Aus den genannten Funktionen des Controlling lassen sich fünf prinzipielle Aufgabengebiete ableiten:[307]

- Berichts- und Beratungsaufgaben: Konzeption und Administration von Controlling-Informationssystemen zur Sicherstellung bedarfsgerechter Informationen sowie der betriebswirtschaftlichen Beratung von Führungskräften,
- Management-Rechnungsaufgaben: Aufbau, Abstimmung, Nutzung und Pflege des Finanz- und Rechnungswesens sowie dessen instrumentelle Weiterentwicklung,
- Gestaltungsaufgaben: Strukturierung und Standardisierung von Prozessen und Projekten im Sinne der Wertschöpfungszwecksetzung,
- Zielbildungs- und Planungsaufgaben: Anregung und Unterstützung von Zielbildungsprozessen sowie der resultierenden Planung zur Vorbereitung von Entscheidungen im Sinne einer systematisch-methodischen Lösung von Zukunftsproblemen,
- Steuerungs- und Kontrollaufgaben: Umsetzung von Planungs- in Handlungsgrößen bzw. deren Vorgabe sowie Aufbau, Abstimmung und Anwendung von Überwachungsmechanismen.

Die bereits in der Einleitung thematisierte Forderung nach Professionalisierungstendenzen in mittelständischen Familienunternehmen lässt sich besonders auf den Themenkomplex Unternehmensführung und Controlling anwenden. Um den Handlungsbedarf aufzuzeigen, werden im folgenden Abschnitt Spezifika dieses Betriebstyps gesondert hervorgehoben.

2.2.3 Besonderheiten mittelständischer Familienunternehmen

Im folgenden Abschnitt soll die Betrachtung einiger ausgewählter, weil in der Literatur besonders thematisierter Aspekte von Unternehmensführung und Controlling in mittelständischen Familienunternehmen erfolgen. Hier wird die in der Unternehmensführungslehre klassische Dreiteilung funktionaler, institutioneller sowie prozessualer Aspekte beibehalten.[308] Zusätzlich werden Controllingspezifika analysiert, ohne die Integriertheit von Unternehmensführung und Controlling aufheben zu wollen. Da die Person des Unternehmers im Mittelstand eine besondere Bedeutung hat, sind es insbesondere die Erkenntnisse der Entrepreneurship-Theorie[309], welche sich auf die Person des Unternehmers in mittelständischen und Familienunternehmen konzentriert, die wichtige Erkenntnisse zur Untersuchung der Unternehmens-

306 Vgl. Becker (2009), S. 76.
307 Vgl. Becker/Ulrich (2010a).
308 Vgl. Macharzina/Wolf (2005), S. 37f.; Becker (2009), S. 4.
309 Vgl. Flacke (2007), S. 28.

führung mittelständischer Familienunternehmen beitragen.

Institutionelle Besonderheiten

Die Institution der Unternehmensführung ist in mittelständischen Unternehmen – anders als in Großunternehmen – hauptsächlich durch die Einheit von Eigentum und Leitung gekennzeichnet.[310] Im Laufe der Untersuchung wird von Unternehmerführung gesprochen, wenn ein auf Kapitalseite wesentlich am Unternehmen beteiligter Entscheidungsträger in der Leitung des Unternehmens tätig ist.[311] Folglich können auch familienfremde Manager Unternehmer sein, wenn sie am Kapital des Unternehmens beteiligt sind. Von Managerführung oder Führung durch externe Manager soll gesprochen werden, wenn familienfremde Führungskräfte in der Leitung des Unternehmens tätig sind, die nicht oder in geringem Maße Kapitalbeteiligungen am betreffenden Unternehmen besitzen.[312] Zumindest in Eigentümer-Unternehmen und Familienunternehmen besitzt die Unternehmensführung somit direkte Legitimation. Bei *Jensen/Meckling* angesprochene Interessenkonflikte treten nicht oder nur begrenzt auf.[313]

Die wirtschaftliche Existenz des Unternehmers ist aufgrund der exponierten Risikostellung vom Unternehmenserfolg abhängig.[314] Ein solches Risiko ist nur durch persönliche Motivation denkbar.[315] Diese mündet im Wunsch nach Unabhängigkeit oder im eigenen Gestaltungswillen.[316] Im Gegensatz zu angestellten Managern verfolgen Unternehmer nicht nur ökonomische Ziele, sondern auch persönliche, meta-ökonomische Ziele.[317] Die Existenzsicherung des Unternehmens kann somit teilweise lediglich zu einer Nebenbedingung werden, wodurch sich Besonderheiten für die mittelständische Unternehmensführung ableiten lassen.[318] Die Hierarchien mittelständischer Unternehmen sind in der Regel recht flach, d.h. die Leitungstiefe ist geringer als in Großunternehmen.[319] Die Leitungsbreite auf Ebene der Gesamtunternehmensleitung ist eher gering, die Funktionsspanne hingegen recht groß.[320] Aufgrund dieser größeren

---

310 Zumindest war sie dies früher. Heutzutage kann aber zumindest von einer Nähe von Eigentum und Leitung ausgegangen werden. Vgl. Wolter/Hauser (2001), S. 32; Oehler/Kohlert/Linn (2009), S. 380.

311 In diesem Zusammenhang spielt es keine Rolle, ob einer oder mehrere Unternehmer der Leitung des Unternehmens angehören.

312 Auch an dieser Stelle ist keine überschneidungsfreie Abgrenzung möglich. Die Unterscheidung in eigentümergeführte und fremdgeführte Unternehmen scheint auf den ersten Blick sehr eindeutig zu sein. Jedoch kann auch ein eigentümergeführtes Unternehmen – insbesondere wenn es eine bestimmte Betriebsgröße überschreitet – zusätzliche Fremdmanager in das Leitungsorgan aufnehmen. Die Einordnung dieser Konstellation in die Kategorien eigentümergeführt oder managergeführt ist zumindest umstritten. Vgl. Wolter/Hauser (2001), S. 32.

313 Vgl. grundlegend Jensen/Meckling (1976).

314 Vgl. Fueglistaller (2004), S. 27.

315 Vgl. Gartner (1988), S. 13 ff.

316 Vgl. Bamberger/Pleitner (1988), S. 61.

317 Vgl. Behringer (2002), S. 12f.

318 Vgl. Flacke (2007), S. 32

319 Vgl. Krämer (2003), S. 92.

320 Vgl. die Untersuchung mittelständischer CFOs von Becker et al. (2009), S. 76ff.

Funktionsspanne sind auf Ebene der Unternehmensleitung häufiger Generalisten erforderlich und auch anzutreffen.[321] Die dargestellten Eigenschaften sind jedoch nicht für alle Unternehmen zutreffend. Vielmehr sind verschiedene Typen von Unternehmern anzutreffen, bei denen die angesprochenen Merkmale mehr oder weniger stark ausgeprägt sind.[322] In der Literatur existieren einige Systematisierungsversuche für Unternehmer.[323]

Funktionale Besonderheiten

Die Basisfunktionen der Unternehmensführung in mittelständischen Unternehmen unterscheiden sich prinzipiell nicht vom in Großunternehmen auffindbaren Spektrum.[324] Unterschiede lassen sich jedoch insbesondere im Rahmen der Aufgabenverteilung entdecken. Die Zielbildung in mittelständischen Unternehmen erfolgt oftmals durch das einheitliche Willenszentrum, den operativ tätigen Unternehmer. Koordinationsaufwendungen im Sinne eines Willensbildungsprozesses treten in diesem Zusammenhang nicht oder nur in begrenzter Art und Weise auf.[325] Die Anzahl der Führungsentscheidungen von wirtschaftlicher Bedeutung ist in mittelständischen Unternehmen tendenziell geringer als in Großunternehmen. Durch mangelnde Delegationsbereitschaft von Unternehmern kommt es häufig zum von *Grochla* geprägten ‚Teufelskreis' der mangelnden Delegation unternehmerischer Entscheidungen.[326]

Darüber hinaus werden diese Unternehmensziele weder schriftlich dokumentiert noch auf ihren Erreichungsgrad hin überprüft.[327] Die Koordination betrieblicher Teilbereiche wird wegen der geringen Komplexität in vielen mittelständischen Unternehmen durch die Unternehmensleitung übernommen.[328] Aufgrund der Risikoübernahme des Unternehmers werden auch solche Entscheidungen zu Führungsentscheidungen, die nicht von besonderer wirtschaftlicher Bedeutung für das Unternehmen sind.[329] Die Unternehmensführung ist folglich nicht nur auf strategische, sondern auch auf das Treffen einer Vielzahl operativer Entscheidungen ausgerichtet.[330] Entscheidungen werden nur unzureichend delegiert und echte Führungsentscheidungen vernachlässigt. In Folge dessen ist eine oftmals nur kurz- bis mittelfristige Unternehmensführung und Unternehmensplanung in mittelständischen Unternehmen beobachtbar.[331]

---

321 Vgl. Kosmider (1994), S. 40; Beyer/Geis (2009), S. 371ff.
322 Vgl. persönliches Gespräch mit Dr. Sascha Haghani am 02.06.2009 in Frankfurt/Main.
323 Vgl. z.B. Fueglistaller (2004), S. 29.
324 Vgl. Flacke (2007), S. 35.
325 Vgl. Kosmider (1994), S. 42.
326 Vgl. Grochla (1981), S. 9f.
327 Vgl. Behringer (2002), S. 17.
328 Vgl. Krämer (2003), S. 92.
329 Vgl. Merker (1997), S. 188ff.
330 Vgl. Grochla (1981), S. 5f.
331 Vgl. Hamer (1990), S. 91.

Prozessuale Besonderheiten

Die Einhaltung eines formalisierten Führungsprozesses aus Planung, Entscheidung und Kontrolle gemäß *Becker*[332] ist in mittelständischen Familienunternehmen kaum verbreitet.[333] Sofern eine Planung vorgenommen wird, ist diese in der Regel operativer Art. Eine strategische Planung – als Teilelement eines umfassenden strategischen Managements – liegt folglich in der Vielzahl mittelständischer Unternehmen nicht explizit vor.[334] Steuerung und Organisation bilden den Kern des mittelständischen Planungsprozesses. Im Rahmen dieses personenbezogenen Führungsprozesses liegt folglich eine wenig reflexive, sondern eine eher intuitiv geprägte Willensbildung vor.[335] Diese Art von Willensbildungsprozess führt zu Entscheidungen, die auf wenig systematischen und faktenbezogenen Entscheidungsgrundlagen basieren.[336] Die früher propagierte Feststellung, Ziele seien meist nicht schriftlich formuliert, lässt sich aus der Perspektive der aktuellen empirischen Forschung zumindest teilweise widerlegen.[337]

Controllingspezifische Besonderheiten

Die Untersuchung des Controlling in mittelständischen Unternehmen ist zwar ein vieldiskutiertes, jedoch weitgehend nicht ausreichend erforschtes Themengebiet.[338] Auch wenn das Controlling nicht im Mittelpunkt der vorliegenden Untersuchung steht, ist es aus einer wertschöpfungsorientierten Perspektive doch für die Analyse der Corporate Governance wichtig.

Flacke stellt fest, dass es bisher kaum Untersuchung mit spezifisch mittelständischem Charakter gebe. Zu unterschiedlich seien die angewandten Operationalisierungen von Begrifflichkeiten und die regionalen Charaktere der Untersuchungen.[339] Zum Stand der mittelstandsorientierten Controllingforschung wird auf andere Untersuchungen[340] verwiesen, eine erneute Darstellung erfolgt an dieser Stelle aufgrund des Themenschwerpunkts Corporate Governance nicht. Interessant erscheint das Controlling in mittelständischen Familienunternehmen, da fehlendes Controlling in der Unternehmenspraxis häufig als Hauptproblem mittelständischer Unternehmen gesehen wird. So zeigt eine Studie des *Mannheimer Zentrums für Insolvenz und Sanierung*, in der 129 Insolvenzverwalter befragt wurden, dass fehlendes Controlling von 79 Prozent der befragten Insolvenzverwalter als Ursache für den Zusammenbruch des jeweiligen

332 Vgl. Becker (2009), S. 60.
333 Vgl. Müller (2009), S. 364ff.
334 Vgl. Becker/Staffel/Ulrich (2008a), S. 55.
335 Vgl. Flacke (2007), S. 39.
336 Vgl. Hamer (1990), S. 92f.
337 In einer empirischen Untersuchung von 113 mittelständischen Unternehmen geben ca. 20 Prozent der Unternehmen an, Ziele nicht schriftlich zu fixieren. Vgl. Becker/Ulrich/Baltzer (2009b), S. 10.
338 Vgl. Becker et al. (2008b), S. 15; Feldbauer-Durstmüller/Wimmer/Duller (2008), S. 430; Hoffjan (2009), S. 353; Hoogen/Lingnau (2009), S. 112ff.; Kramer/Valentin (2009), S. 90f.
339 Vgl. Flacke (2007), S. 88ff.
340 Vgl. Flacke (2007), S. 90; Becker/Ulrich (2009d), S. 309; Keuper/Brösel/Albrecht (2009), S. 62ff.

Unternehmens identifiziert wurde.[341]

Mittelständische Familienunternehmen sind tendenziell in stärkerem Maße als Großunternehmen von externen Entwicklungen betroffen.[342] Eine Haupteinflussgröße dieses externen Umfelds stellt die wachsende Komplexität des unternehmerischen Geschehens dar, welche sich in den Dimensionen Differenziertheit und Dynamik äußert. Dies führt zu geringeren Handlungsspielräumen und zu kaum Toleranz gegenüber strategischen Fehlentscheidungen. Daraus folgt eine gestiegene Bedeutung einer zweckgerichteten Informationsversorgung sowie einer Abstimmung der einzelnen Handlungsfelder des Unternehmens.[343] Zudem sind gestiegene Anforderungen an das Controlling im Rahmen der Kreditvergabe an mittelständische Unternehmen zu nennen.[344] Immer häufiger wird ein großes Maß an Transparenz zur Voraussetzung für eine Beschaffung des notwendigen Kapitals.[345] Vor dem Hintergrund der in der aktuellen Wirtschaftskrise immer wieder angeführten Kreditklemme im Mittelstand kommt diesem Aspekt eine wachsende Bedeutung zu.[346] Nicht zuletzt sind der intuitive Führungsstil und die intensive Aufgabenbelastung von Führungskräften in mittelständischen Unternehmen als Begründung für die Notwendigkeit des Controlling heranzuziehen.[347]

Der Ausprägungsstand des Controlling in mittelständischen Familienunternehmen kann diesen Anforderungen nur selten genügen.[348] Das Controlling übernimmt dort eher eine Rechnungswesen- und Informationsorientierungsfunktion denn Führungsunterstützungsfunktionen. Die Controllingfunktion ist in Personalunion häufig beim Leiter Rechnungswesen oder Mitgliedern des Leitungsgremiums angesiedelt.[349] Das Know-how im Bereich Controlling ist mitunter beschränkt, die Unternehmensgröße kann als restriktiver Faktor für die Etablierung eines qualifizierten internen Controlling gesehen werden.[350] Bisher wurden vor allem deskriptiven Studien zum Implementierungsstand auch Untersuchungen zu Kontingenzfaktoren des Controlling durchgeführt.[351] Insbesondere Unternehmensgröße, Führungsstruktur sowie Umwelt wurden in diesem Zusammenhang als Einflussgrößen auf die Ausprägung des Control-

341 Vgl. Zeitzentrum für Insolvenz und Sanierung/Euler Hermes (Hrsg., 2006).

342 Vgl. Keuper/Brösel/Albrecht (2009), S. 56ff.

343 Vgl. persönliches Gespräch mit Prof. Dr. Anja Tuschke am 08.06.2009 in München; Holland-Letz (2009), S. 17.

344 Vgl. Oehler/Kohlert/Linn (2009), S. 382.

345 Vgl. Keuper/Brösel/Albrecht (2009), S. 57.

346 Vgl. Gencer/Elsner (2008), S. 149.

347 Vgl. Mäder/Hirsch (2009), S. 108ff.

348 Vgl. Ossadnik/Barklage/Lengerich (2003a); dies. (2003b); Hoffjan (2009), S. 353.

349 Vgl. Hoogen/Lingnau (2009), S. 377.

350 Vgl. Beyer/Geis (2009), S. 372.

351 Vgl. Pohl/Rehkugler (1986); Lanz (1990); Matthews/Scott (1992); Kosmider (1994); Legenhausen (1998); Reid/Smith (2000); Wijewardena/de Zoysa (2001); Gibson/Cassar (2002); Ossadnik/Barklage/Lengerich (2003a); dies. (2003b); Berens/Püthe/Siemes (2005); Rautenstrauch/Müller (2005); Flacke (2007); Harris/Ogbonna (2007). Feldbauer-Durstmüller/Wimmer/Duller (2008); Becker/Ulrich (2009d).

ling thematisiert.[352] Es besteht die Vermutung, dass die Notwendigkeit des Controlling sowie dessen Institutionalisierung mit steigender Unternehmensgröße zunehmen. *Littkemann/Derfuß* zeigen zudem, dass bei hoher Machtkonzentration von einer rudimentären Ausprägung des Controlling gesprochen werden kann.[353] Diese Machtkonzentration in Händen eines Familienmitglieds oder mehrerer Familienmitglieder ist in vielen mittelständischen Familienunternehmen gegeben.

Nach der grundlegenden Erläuterung von Unternehmensführung und Controlling sowie der Diskussion der Spezifika von Unternehmensführung und Controlling in mittelständischen Familienunternehmen wird im Folgenden der Begriff Corporate Governance skizziert.

2.3 Corporate Governance

Auch wenn die Diskussion in ihrer Sinnhaftigkeit nicht unumstritten[354] ist, rückte der englische Begriff[355] der Corporate Governance in den letzten Jahren sowohl in der Praxis als auch in der Wissenschaft immer mehr in den Mittelpunkt öffentlicher Diskussionen.[356] Als Ausgangspunkt für die Debatte um Corporate Governance können zahlreiche Unternehmensinsolvenzen der letzten zehn bis fünfzehn Jahre gesehen werden.[357] Der Begriff wird zudem nicht nur oft verwendet, dies erfolgt überwiegend ohne Klärung von Begriffsverständnis, Untersuchungsobjekt und -motiv.[358] Insofern überrascht es nicht, dass sich eine eindeutige Begriffsdefinition bisher nicht durchsetzen konnte.[359] In diesem Zusammenhang stellen *Keasey/Wright* fest: „There is considerable debate about what actually constitutes corporate governance but its key elements concern the enhancement of corporate performance via the supervision, or monitoring, of management performance and ensuring the accountability of management to shareholders and other stakeholders.“[360] Eine zielgerichtete wissenschaftliche

352 Vgl. Flacke (2007), S. 98ff.; Becker/Staffel/Ulrich (2009a), S. 1ff.

353 Vgl. Littkemann/Derfuß (2009b), S. 37ff.

354 Vgl. für eine kritische Wortmeldung z.B. Grunow/Figgener (2006), S. 50, die zu folgendem Urteil kommen: „Dem Begriff Corporate Governance kommt zunehmende Bedeutung zu, obwohl er trotz publikumswirksamer Vermarktung nebulös, wenig griffig und nach eingehender Prüfung wohl doch nur Worthülse ist.“ Eine extreme Persiflage ist das Werk von Hakelmacher aus dem Jahr 2006, der Corporate Governance volkstümlich als ‚Korpulente Gouvernante' tituliert. Vgl. Hakelmacher (2006).

355 Vgl. Feddersen/Hommelhoff/Schneider (1996), S. 1. Eine eindeutige deutsche Übersetzung wurde erst gar nicht angestrebt. Vgl. Malik (1997), S. 37; Berrar (2001), S. 24. Versuche einer paraphrasierenden Übersetzung ins Deutsche finden sich z.B. bei Witt (2003), S. 1. Die Vielfalt der verwendeten Begriffe in Übersetzungsversuchen – Unternehmensleitung, Unternehmensverwaltung, Unternehmenskontrolle, Unternehmensüberwachung, Unternehmensführung, Unternehmensverfassung – weist schon darauf hin, dass eine eindeutige Übersetzung wohl nicht möglich ist.

356 Vgl. Rocholl (2009), S. 114.

357 Die wahrscheinlich spektakulärsten Fälle sind Enron und Worldcom in den USA und Parmalat im europäischen Raum. Vgl. Solomon (2007), S. 31ff.

358 Vgl. Winkeljohann/Kellersmann (2006), S. 8ff.; Lo Bue (2008), S. 229ff.

359 Vgl. Just (2007), S. 3.

360 Keasey/Wright (1997), S. 2.

Diskussion ist jedoch nur auf Basis einer einheitlichen Begriffsabgrenzung möglich, weshalb diese im Mittelpunkt der folgenden Ausführungen steht.[361]

2.3.1 Begriffsdefinition

In der Literatur wird die Diskussion um Corporate Governance häufig in eine juristische und eine betriebswirtschaftliche Perspektive aufgespaltet.[362] Für die vorliegende Arbeit ist vor allem die betriebswirtschaftliche Perspektive relevant. Juristische Aspekte werden nur dann diskutiert, wenn sie eine ökonomische Relevanz besitzen.[363]

Für Corporate Governance bestehen aus der genannten betriebswirtschaftlichen Sicht sowohl sehr enge als auch äußerst weite Definitionsansätze.[364] Über alle Definitionsansätze hinweg lässt sich jedoch feststellen, dass das System der Leitung und Kontrolle von Unternehmen sowie der Akteure, die diese Funktionen ausüben, im Mittelpunkt der Betrachtung steht.[365] Trotz aller Unterschiede ist man sich ebenfalls einig, dass die Diskussion um Corporate Governance auf die erstmals von *Berle/Means* im Jahr 1932 beschriebene Problematik der Trennung von Eigentum und Leitung in Kapitalgesellschaften zurückgeht.[366] *Berle/Means* gehen von der Grundannahme aus, dass Unternehmer aufgrund der steigenden Komplexität des Unternehmensgeschehens externe, nicht mit den ursprünglichen Eigentümern verwandte Führungskräfte (‚Manager') anstellen müssen, um die Komplexität der Leitung von Unternehmen handhabbar zu machen.

Abgeleitet vom englischen Begriff ‚to govern'[367] und in Analogie zum Begriff der ‚Public Governance'[368], welche sich mit der Leitung und Kontrolle von öffentlichen Institutionen und Staaten befasst, wird Corporate Governance im engen Verständnis nach *Shleifer/Vishny* als

361 Auch Gerum argumentiert für eine klare Begriffsabgrenzung: „Diese Klärung des Schlüsselbegriffs [Corporate Governance] vermeidet also im Ergebnis eine vorschnelle Verkürzung der wissenschaftlichen Fragestellungen und politischen Diskussionen und eröffnet die Möglichkeit, nun im Folgenden die Begriffe ‚Corporate Governance', ‚Unternehmensverfassung' oder ‚Unternehmensordnung' missverständnisfrei synoynm zu verwenden". Gerum (2007), S. 8.

362 Vgl. Just (2007), S. 8f.

363 Für eine ähnliche Begründung vgl. Koeberle-Schmid (2008a), S. 4.

364 Für eine umfassende Darstellung vgl. Hausch (2004), S. 32ff. Eine Diskussion findet sich auch bei Ballwieser (2009b), S. 93ff.

365 Vgl. z.B. Raschig (2004), S. 1.

366 Vgl. Berle/Means (1932). Andere Autoren weisen darauf hin, dass schon Smith über Probleme der Trennung von Eigentum und Leitung in seinem Werk „An Inquiry into the Nature and Causes of the Wealth of Nations" berichtete. Vgl. Smith (1776), S. 500. Interessant ist, dass Aktionäre in Kapitalgesellschaften nicht im eigentlichen Sinne Eigentümer des Unternehmens sind. Die Vertragsbeziehung zwischen den Anteilseignern/Aktionären und dem Management kommt dadurch zustande, dass jene durch den Kauf von Anteilen der Satzung einer Kapitalgesellschaft zustimmen. Vgl. Meinhövel (1999), S. 32.

367 Dieser Begriff leitet sich vom lateinischen „gubernare" ab. In der Bedeutung ‚regieren', ‚lenken', ‚leiten' oder ‚herrschen'.Vgl. Pfriem (2008), S. 492. Auf den Begriffsursprung der Governance verweist auch Malik (2008b), S. 4.

368 Zur Geschichte der „Public Governance" vgl. Freidank/Velte (2006), S. 503ff.; Freidank/Velte (2008), S. 714f.

institutionalisierte Sicherstellung der Residualansprüche von Kapitalgebern in Kapitalgesellschaften verstanden: "Corporate Governance deals with the ways in which suppliers of finance to corporations assure themselves of getting a return on their investment. How do the suppliers of finance get managers to return some of their profits to them? How do they make sure that managers do not steal the capital they supply or invest it in bad projects? How do suppliers of finance control managers?"[369].

Diese Sicht wird in der Literatur als ‚enge Auffassung' von Corporate Governance bezeichnet, da sie sich allein auf die Wertsteigerung von Unternehmen und damit die propagierten Interessen von Anteilseignern in Aktiengesellschaften konzentriert.[370] *Wentges* weist jedoch darauf hin, dass diese Auffassung oft als engste Auffassung von Corporate Governance im Sinne der Konzentration auf Anteilseignerinteressen fehlinterpretiert wird, in Wirklichkeit jedoch eine Ausweitung der Shareholder-Perspektive auf sämtliche Kapitalgeber, also auch Fremdkapitalgeber, darstellt.[371] Die enge Sichtweise von Corporate Governance wird vor allem von Vertretern der Schule des Shareholder-Value-Gedankens[372] propagiert. Die allgemeine Gültigkeit dieser engen Sichtweise wird jedoch intensiv diskutiert.[373] Vor allem die Ausrichtung von Unternehmensinteressen einzig auf die Interessen der Shareholder hat viele Kritiker auf den Plan gerufen.[374]

Als Gegenentwurf zur engen Auffassung ist die ‚weite Auffassung' von Corporate Governance zu sehen, welche Interaktionen eines Unternehmens im Zusammenhang mit allen Stakeholdern betrachtet.[375] Oberstes dieser Auffassung ist in Analogie zum Shareholder Value-Gedanken die Generierung von Stakeholder Value[376]. Insofern sind auch jene unternehmenspolitischen Strukturen und Prozesse einzubeziehen, die für die wirtschaftliche Leistungsfä-

---

369 Shleifer/Vishny (1997), S. 737.

370 Begründet wird diese Auffassung mit dem dem Anspruch der Anteilseigner auf den Residualgewinn/-verlust der Gesellschaft ab. Andere Anspruchsgruppen wie Arbeitnehmer, Gläubiger usw. haben einen vor Eintritt in eine Geschäftsbeziehung mit der Gesellschaft vertraglich festgelegten Anspruch. Nur die Anteilseigner sind sowohl von positiven als auch negativen Entwicklungen direkt betroffen. Vgl. Deakin (2005), S. 12. Eine umfassende Darstellung der aktionärsorientierten Unternehmensführung gibt Pölert. Vgl. Pölert (2007).

371 Vgl. Wentges (2002), S. 73.

372 Verstanden als finanzielle Zielgröße des Unternehmens, gibt der Shareholder Value den Marktwert des im Unternehmen vorhandenen Eigenkapitals an. Vgl. Zantow (2007), S. 43.

373 Vgl. persönliches Gespräch mit Prof. Dr. Uwe Götze am 04.03.2009 in Chemnitz. Gerum weist zu Recht kritisch darauf hin, dass sich die neuesten Arbeiten zur Corporate Governance von der engen Sichtweise abwenden, um nicht durch vorherige inhaltliche Beschränkung die Betrachtung untersuchungsrelevanter Probleme ex ante auszuschließen. Vgl. Gerum (2007), S. 7f.

374 Vgl. stellvertretend Malik (2001) für den bereits erläuterten kundenorientierten Ansatz verfolgt.

375 Aus zeitlicher Sicht entwickelte sich vielmehr die enge, am Shareholder Value orientierte Auffassung von Corporate Governance als Reaktion auf vermeintliche Ineffizienzen der weiten Auffassung. Erst nach zahlreichen Insolvenzen von Großunternehmen in den letzten Jahren wird dieser stakeholder-orientierte Ansatz wieder verstärkt diskutiert. Ein Beispiel für eine weite Auffassung von Corporate Governance ist der konflikttheoretische Ansatz von Schewe, in dem ein Ausgleich zwischen allen Anspruchsgruppen von Unternehmen hergestellt wird. Vgl. Schewe (2005), S. 200ff.

376 Vgl. Müller-Stewens/Lechner (2002), S. 10ff.; Pfriem (2008), S. 493.

higkeit und die Legitimität des Unternehmens sorgen.[377] Als Idealtypus dieser weiten Sicht kann die Definition des *Cadbury Comittee* gesehen werden. Nach dieser Definition umfasst Corporate Governance das „system by which companies are directed and controlled".[378]

Diese weite Auffassung beinhaltet im formaljuristischen Sinne auch das, was im deutschsprachigen Raum als Unternehmensverfassung[379] bezeichnet wird. Wird der grundlegenden Auffassung von *Brose* gefolgt, ist jene eine Grundordnung, die die Zuständigkeiten und Wirkungsbereiche einzelner Wirtschaftssubjekte und deren Zusammenwirken regelt.[380] Welchen Umfang diese Regelungen haben oder haben sollen, ist in der wissenschaftlichen Diskussion nicht abschließend geklärt. Vertreter einer engen Sichtweise sind z.B. *Bühner* und *Gerum*.

Bühner sieht die Unternehmensverfassung als Oberbegriff für die rechtlichen Regelungen zur Bestimmung der Eigentums-, Leitungs- und Kontrollrechte in einem Unternehmen.[381] *Gerum* verbindet in seiner Sichtweise die herrschende Gesetzgebung mit unternehmensindividuellen vertraglichen Lösungen.[382] Somit befasst sich Corporate Governance im Innenverhältnis mit der optimalen Gestaltung und Lenkung sämtlicher Strukturen und Prozesse der Planung, Entscheidung und Kontrolle. Dies bezieht sich insbesondere auf das Einflusspotential wichtiger Organe wie Exekutivgremium, Aufsichtsgremium und Gesellschafterversammlung.[383]

Eine weite Sicht der Unternehmensverfassung wird z.B. von *Albach*[384], *Ballwieser/ Schmidt*[385], *Lutter*[386] und *Schmidt*[387] vertreten. *Brose* fasst die Aufgaben der Unternehmensverfassung zusammen als: (1) Unternehmensordnung; (2) Unternehmensfinanzierung; (3) Mitbestimmung; (4) Vermögensbeteiligung der Arbeitnehmer; (5) Rechnungslegung und Publizität (einschließlich der Sozialbilanz) sowie (6) Konzernrecht.[388]

Während die Unternehmensverfassung folglich den formaljuristischen Rahmen in den Vordergrund stellt, in dem sich Unternehmen bewegen, geht das Verständnis von Corporate Governance über diese Interpretation hinaus, indem es sich mit aktiven Prozessen und Strukturen

---

377 Vgl. Eisenmann-Mittenzwei (2006), S. 29.
378 Vgl. Cadbury Committe (1992), S. 15.
379 Vgl. einführend Witte (1978); Schewe (2005), S. 8ff.; Ballwieser (2009b), S. 93ff. Eine weiter gefasste Sichtweise ergibt sich bei Ulrich/Fluri (1995), S. 74. Für sie ist die Unternehmensverfassung ein „(...) demokratisch zustande gekommener Basiskonsens über die institutionelle Ordnung der Unternehmung und die unentziehbaren Persönlichkeits-, Teilnahme- und Organisationsrechte aller Betroffenen im unternehmungspolitischen Willensbildungsprozess".
380 Vgl. Brose (1984), S. 39.
381 Vgl. Bühner (1999), S. 371.
382 Vgl. Gerum (1995), S. 124.
383 Vgl. Steger/Amann (2008), S. 3ff.
384 Vgl. Albach (1981), S. 55ff.
385 Vgl. Ballwieser/Schmidt (1981), S. 645.
386 Vgl. Lutter (1975), S. 614.
387 Vgl. Schmidt (1969), S. 65ff.
388 Vgl. Brose (1984), S. 44f.

der Unternehmensleitung befasst.[389]

Im Außenverhältnis konkretisiert sich Corporate Governance im Verhältnis einer zu verschiedenen Stakeholdern (vgl. Abb. 2-12), dem Markt und der Gesellschaft.

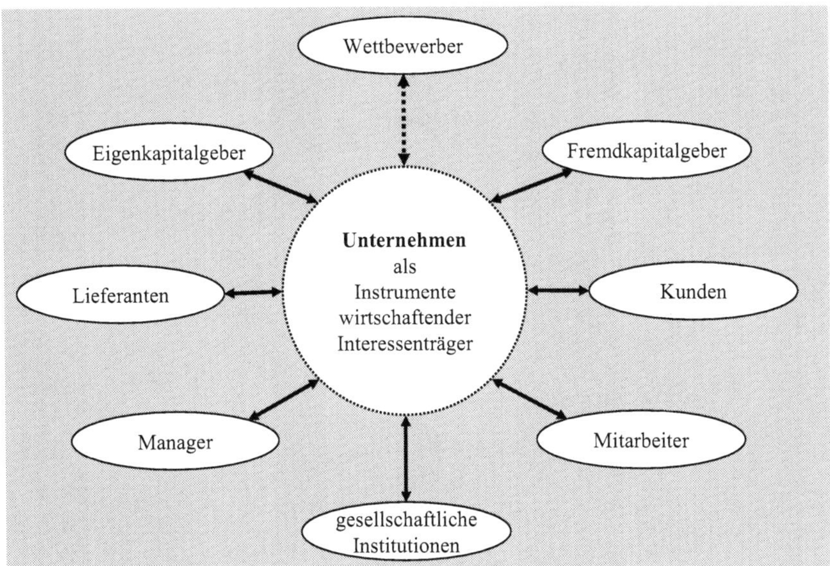

Abbildung 2-12: Unternehmen und Stakeholder[390]

Zusammenfassend lässt sich festhalten, dass Corporate Governance keinen einheitlichen definitorischen Rahmen besitzt. *Früh* bezeichnet Corporate Governance treffend als vagen Begriff ohne einheitliche Definition.[391] Zur Unterscheidung werden in einer bipolaren Gegenüberstellung originäre und derivative Corporate Governance verglichen (vgl. Abb. 2-13).[392]

Originäre Corporate Governance befasst sich mit der Frage, wie die Residualansprüche von Anteilseignern in Kapitalgesellschaften sichergestellt werden können. Eine davon abgeleitete, umfassendere und derivative Corporate Governance erweitert die Sichtweise um die Sicherstellung der Ansprüche aller Stakeholder von Unternehmen und dehnt somit die Betrach-

[389] Vgl. Berrar (2001), S. 24.
[390] In Anlehnung an: Becker (2007b), S. 41.
[391] Vgl. Früh (1999), S. 11.
[392] Zur Unterscheidung von originären und derivativer Corporate Governance vgl. auch Steinle (2005), S. 170ff.

tungsperspektive auf alle Unternehmen aus.[393]

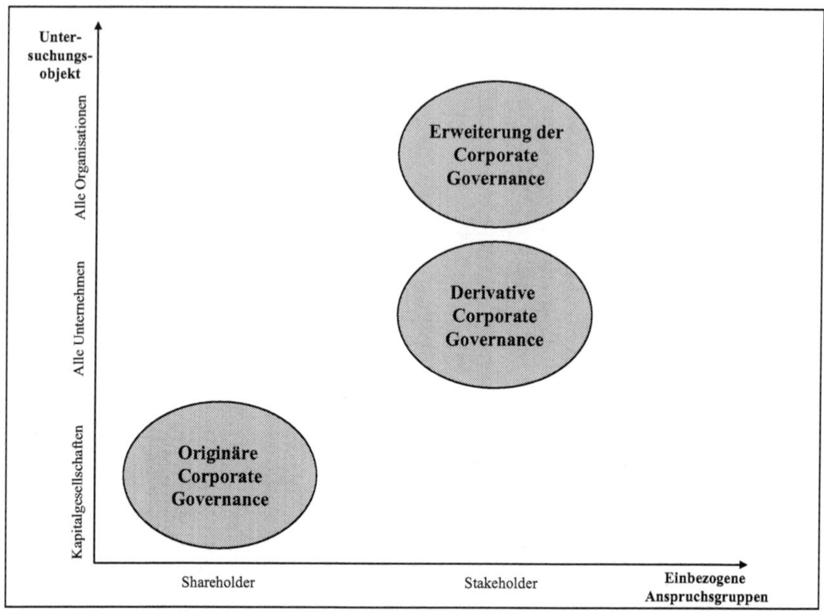

Abbildung 2-13: Verschiedene Reichweiten von Corporate Governance-Sichten

Die unternehmensspezifischen Regelungen der Corporate Governance sind jeweils im Licht der Bedingungen in Mikro- und Makroumwelt eines Unternehmens zu betrachten.[394] Dies hat letztendlich dazu geführt, dass in der Literatur eine Herausbildung von sogenannten Corporate Governance-Systemen in Abhängigkeit vom jeweiligen Standort eines Unternehmens vorgenommen wurde.[395] Einschränkend muss jedoch angeführt werden, dass sich die Betrachtung

393 Mitunter finden sich auch Ansätze, die Corporate Governance auf alle möglichen Organisationen ausdehnen. Dies ist ebenfalls in Abbildung 2-13 dargestellt. Als Beispiel für diese Meinung wird die Sicht von Steger/Amann (2008), S. 3 genannt. Die Autoren begründen, dass jede Organisation eine Corporate Governance habe, und geben folgende Argumente: (1) Die Daseinsberechtigung von Organisationen ist vor allem ökonomischer Natur. Dies bedeutet jedoch nicht, dass soziale und ethische Anforderungen vernachlässigt werden dürften; (2) Die zentrale Größe, nach der Organisationen im Hinblick auf ihren Erfolg bewertet werden können, ist Profit bzw. die erwirtschaftete Wertschöpfung; (3) Unternehmen sind hierarchische Organisationen, die sich zwar in ihrer individuellen Struktur und auch dem Ausmaß der identifizierbaren Hierarchien unterscheiden, aber stets eine klar identifizierbare Leitung aufweisen; (4) Das ‚Sagen' in Organisationen basiert auf Verfügungsrechten und nicht auf demokratischen Prinzipien der Machtverteilung.

394 Vgl. Becker/Ulrich (2008), S. 261ff.

395 Die in der Literatur am häufigsten diskutierten länderspezifischen Corporate Governance-Systeme sind die der USA bzw. Großbritanniens, die Deutschlands und die Japans. Vgl. Werder (2008), S. 9ff.

länderspezifischer gesetzlicher Regelungen vor allem mit Aspekten befasst, die für Großunternehmen von Bedeutung sind.

Gerade aus diesem Grund ist es für deutsche mittelständische Familienunternehmen abzulehnen, sie ohne detaillierte Analyse in das sogenannte deutsche Corporate Governance-System[396] einzuordnen.[397] Dennoch soll kurz auf die Unterschiede zwischen dem deutschen Corporate Governance-System als Prototyp des Stakeholder- oder Kontroll-Modells und dem amerikanischen Markt- oder Shareholder-Modell eingegangen werden.[398] Die Verknüpfung der Funktionen von Eigentümern und Geschäftsführern in den Händen einer Person bedingt traditionell das Primat des Unternehmenswerts als Führungsgröße aller unternehmerischen Entscheidungen.[399] Insbesondere *Rappaport* übertrug Ansätze der klassischen Kapitalmarkttheorie auf die Unternehmensführung.[400] Der so begründete Shareholder Value-Ansatz weist den Shareholdern aus der Gruppe aller Stakeholder eines Unternehmens eine besondere Bedeutung zu.[401]

Ebenfalls am Shareholder Value orientiert sind die Konzepte von *Stewart*[402], *Copeland/Koller/Murrin*[403] sowie *Lewis*[404]. Die grundlegende Anwendung des Shareholder Value-Gedankens beruht auf der Diskontierbarkeit von Zahlungsüberschüssen auf den jetzigen Zeitpunkt. In diesem Zusammenhang wird impliziert, dass Anteilseigner positiv auf zukünftige Steigerungen des Unternehmenswerts reagierten und dass sich aus dieser Steigerung ergebende höhere Dividenden alleiniges Bewertungskriterium des Unternehmenserfolgs aus Sicht der Anteilseigner seien. Die investitionstheoretischen Grundlagen beruhen auf *Fishers* Separationstheorem aus dem Jahr 1930.[405] Insbesondere in Deutschland wird eine am Shareholder Value orientierte Unternehmenspolitik abgelehnt, da sie andere Anspruchsgruppen wie z.B. Arbeitnehmer um ihren Anteil an der selbst mitgeschaffenen betrieblichen Wertschöpfung bringe.[406]

396 Vgl. Schmidt (2006); Gerum (2007); Bress (2008); Lütz/Eberle (2009).

397 Wolfram (2000), S. 17, konstatiert, dass ein Corporate Governance-System niemals für alle in einem Land ansässigen Unternehmen gelten kann.

398 Zur idealtypischen Unterscheidung von Shareholder- und Stakeholder-Modell vgl. Bleicher (1991), S. 97ff.; Skrzipek (2005); Wittmann (2008).

399 Vgl. Reichmann (2006), S. 740f.

400 Vgl. Rappaport (1994); Ballwieser (1994), S. 1377ff.; Ballwieser (2009b), S. 93ff.

401 Die Sonderstellung der Shareholder wird meist mit deren besonders isolierter Stellung innerhalb des unternehmerischen Beziehungsgeflechts begründet: als Eigentümer des Unternehmens haben Shareholder im Gegensatz zu anderen Anspruchsgruppen wie z.B. Mitarbeitern oder Gläubigern keine rechtlich gesicherten Ansprüche. Im Insolvenzfall haftet der Shareholder unbegrenzt mit dem eingesetzten Vermögen. Dies stellt schon Alchian fest. Vgl. Alchian (1974), S. 137.

402 Vgl. Stewart (1991).

403 Vgl. Copeland/Koller/Murrin (1994); dies. (1998).

404 Vgl. Lewis (1994).

405 Vgl. Fisher (1930).

406 Vgl. Ballwieser (2009b), S. 95.

Die Gegenposition, welche bereits von *Kosiol*[407] thematisiert und von *Freeman*[408] aufgegriffen wurde, identifiziert mehrere Anspruchsgruppen mit verschiedenen Interessen. Im Stakeholder Value-Konzept ist ein Unternehmen eine Koalition verschiedener Interessengruppen. Dies bedingt ein interessenpluralistisches Zielsystem der Unternehmung. Als übergeordnete Zielsetzung wird der Erhalt des Unternehmens angesehen. Der Stakeholder Value kann letztlich nicht mathematisch exakt bestimmt werden.[409]

Dies wirkt sich auf die ebenfalls nicht exakt bestimmbare Zielfunktion aus.[410] Zudem ist im Gegensatz zum Shareholder Value eine Maximierung des Stakeholder Value für einzelne Stakeholder – zumindest kurzfristig – nicht ohne vollständige Beseitigung von Zielkonflikten möglich, da die Interessen einer Anspruchsgruppe häufig nur auf Kosten einer anderen Anspruchsgruppe maximiert werden können.[411]

Aus diesem Grund wird zugunsten der Ermittlung von Wertgeneratoren auf die Berechnung einer konkreten Maßgröße verzichtet. Die Berücksichtigung einer Vielzahl von Anspruchsgruppen ohne Spezifizierung von Prioritäten erschweren eine zielgerichtete Unternehmensführung durch das Management und damit die Ausgestaltung eines ganzheitlichen Managementansatzes.[412] Die beiden Konzepte Shareholder Value und Stakeholder Value stehen in diametralem Gegensatz zueinander. Zur Bestimmung ökonomischer Effizienz wird inzwischen der Shareholder Ansatz als vorteilhaft angesehen.[413] Abb. 2-14 veranschaulicht die

407 Kosiol weist im Rahmen seiner Definition von Unternehmen insbesondere auf den charakteristischen Aspekt der Fremdbedarfsdeckung von Anspruchsgruppen hin. Vgl. Kosiol (1973), S. 301ff.

408 Freemann definiert Stakeholder wie folgt: "A Stakeholder of an organization is (by definition) any group or individual who can affect or is affected by the achievement of the organization's objectives". Freemann (1984), S. 46. Mögliche Differenzierungskriterien bei der Bestimmung relevante Stakeholder sind Macht, Legitimität sowie Dringlichkeit der Ansprüche. Vgl. Diederichs/Kißler (2008), S. 19f.

409 Vgl. Ballwieser (2009b), S. 95. Die prinzipielle Kritik am Shareholder Value ist auch in Weiterentwicklungen der Kapitalmarkttheorie eingeflossen.

410 Vgl. Khadjavi (2005), S. 16. Insbesondere ist in der Theorie nicht geklärt, wie bei potentiellen Zielkonflikten vorgegangen werden soll. Auch bei Weiterentwicklungen der Theorie ist dieses große theoretische Manko zu erkennen. Jensen (2001), S. 301 ff. argumentiert, dass Unternehmen, die sich am Stakeholder Value orientierten, langfristig scheitern müssen. Die weite Verbreitung der Theorie begründet der Autor mit Prinzipal-Agent-Überlegungen. Die der Stakeholder Theorie inhärente Uneindeutigkeit hilft Managern (Agenten), ihre persönlichen Ziele zu Lasten des Unternehmenserfolgs und somit auf Kosten anderer Anspruchsgruppen (Prinzipale) und letztlich der Wohlfahrtssteigerung zu verfolgen (Moral Hazard). Diese Ziele können moralischethisch kurzfristig durchaus von edler Gesinnung sein, zerstören aber in vielen Fällen Wert, teils sogar ganze Unternehmen. Persönliche Ziele dürfen nur mit persönlichen Mitteln, nicht auf Kosten anderer Anspruchsgruppen eines Unternehmens verfolgt werden. Insbesondere Politiker und Lobbygruppen versuchen unter dem Vorwand der Stakeholder Theorie, ihre persönlichen Interessen in Unternehmen durchzusetzen und gefährden häufig die Wertschöpfung von Unternehmen.

411 Als Beispiel wird auf die Wirkung einer Lohnerhöhung verwiesen, welche ceteris paribus die Konsumentenrente verringert. Vgl. Jensen (2001), S. 297ff.

412 Vgl. Khadjavi (2005), S. 15ff.

413 Wolff diskutiert anhand von drei konzeptionellen Unterschieden Shareholder Value und Stakeholder Value. Vgl. Wolff (2000), S. 34ff. Khadjavi (2005), S. 16f. argumentiert, dass der langfristig erfolgversprechende Ansatz darin besteht, zuerst eine Maximierung des Unternehmenswertes anzustreben und den geschaffenen

grundlegenden Unterschiede dieser Ansätze.

Attribute	**Shareholder-Modell**	**Stakeholder-Modell**
Ziele	Shareholder-Wert maximieren	Wert maximieren und auf Stakeholder verteilen
Führungsstruktur	Prinzipal-Agent-Modell	Team-Produktivitäts-Modell
Performance-Maß	Shareholder Value	Faire Verteilung des geschaffenen Wertes
Residualrisiko-Träger	Nur Shareholder	Alle Stakeholder
Stakeholder-Einfluss	Eigentümer mit Einfluss im Governance Prozess	Mehr als ein Stakeholder mit ausreichendem Einfluss

Abbildung 2-14: Charakteristika des Shareholder- und Stakeholder-Ansatzes[414]

Corporate Governance-Rahmenbedingungen werden vor allem durch das jeweilige Corporate Governance-System vorgegeben.[415] Das deutsche Corporate Governance-System wird als im internationalen Vergleich einzigartig empfunden.[416] Im Gegensatz zum angelsächsischen System, in dem Manager von Unternehmen überwiegend durch den Market for Corporate Control überwacht werden, übernehmen diese Rolle im deutschen System relevante Stakeholder wie z.B. Banken und wichtige Kunden.[417] Im deutschen Kontrollmodell sind Corporate Governance-Mechanismen auf die Sicherung der Beziehungen zu Stakeholdern und auf unternehmensinterne Kontrollmechanismen ausgerichtet.

Hilb als Vertreter einer Meinung der integrierten Corporate Governance betont die Notwen-

Wert danach zu verteilen. Rekurrierend auf die Größe Wertschöpfung ist diese zunächst zu maximieren (Maximierung des Kapitalwerts) und danach zu verteilen (Handling von Interessenkonflikten).

414 In Anlehnung an: Kochan/Rubinstein (2000), S. 369.

415 Die wissenschaftliche Diskussion, ob Corporate Governance ein in sich geschlossenes System darstellt, wird an dieser Stelle nicht näher thematisiert. Der Begriff ‚Corporate Governance-System' wird in der vorliegenden Arbeit immer dann verwendet, wenn es um die Gesamtheit von Corporate Governance-Mechanismen geht, die eingesetzt werden, um Informationsasymmetrien abzuschwächen.

416 Für das deutsche Corporate Governance-System hat sich aufgrund der engen Verflechtung verschiedener Unternehmen untereinander der Begriff der ‚Deutschland AG' herausgebildet. Vgl. Cromme (2005), S. 362.

417 Vgl. OECD (Hrsg., 1995), S. 85: "A stylized version of the German model is that it relies on continuous monitoring of managers by other stakeholders, who have a long-term relationship with the firm and engage permanently in important aspects of decision-making and, in case of dissatisfaction, take action to correct management decisions through internal channels."

digkeit der Integration von Shareholder- und Stakeholder-Perspektiven sowie einer gemeinsamen Betrachtung der Interessen von Kunden, Aktionären, Mitwelt und Personal.[418] Da insbesondere in mittelständischen Familienunternehmen nur gelegentlich eine Trennung von Eigentum und Leitung[419] vorliegt, und da mittelständischen Familienunternehmen – wie bereits erwähnt – eine andere Zielstruktur[420] als börsennotierten Kapitalgesellschaften unterstellt wird, soll in der vorliegenden Arbeit eine ‚glokale Sicht' in Anlehnung an *Hilb* vertreten werden. Das Konstrukt Corporate Governance wird in Wissenschaft und Praxis zum Teil in einem Zusammenhang mit den Begriffen Compliance, Risikomanagement, Rechtsabteilung und anderen Aufgaben und Funktionen verwendet, wobei große Verwirrung über die genaue sprachliche und begriffliche Abgrenzung herrscht.[421] In der Literatur werden (fälschlicherweise) die Begriffe Compliance und Corporate Governance zum Teil gleichgesetzt.[422] Compliance bezieht sich auf die Einhaltung gesetzlich kodifizierter und freiwilliger Regelungen.[423] Verschiedene Rechtsbereiche und Handlungsfelder wie z.B. Kapitalmarktrecht, Korruption und Wettbewerbsrecht sind Handlungsfelder des Compliance Management. Auch die Überprüfung der Einhaltung von Regelungen zur Corporate Governance kann Teil des Compliance Management sein. Es ist aber wiederum auch eine Aufgabe der Corporate Governance, eine angemessene Zusammenarbeit der übrigen unternehmensinternen Compliance-Funktionen auszugestalten und deren Wirkungsweise zu überwachen.[424]

Die Diskussion um Corporate Governance ist häufig von Rechtsnormen getrieben, die meist spektakulären Unternehmenskrisen oder -insolvenzen nachfolgen.[425] Für Deutschland können diesbezüglich insbesondere das Gesetz zur Kontrolle und Transparenz im Unternehmensbereich (KonTraG 1998), das Transparenz- und Publizitätsgesetzt (TransPuG 2002), das Bilanzrechtsreformgesetz (BilReG 2004), das Bilanzkontrollgesetz (BilKoG 2004), das Anlegerschutzverbesserungsgesetz (AnSVG 2004), das Vorstandsvergütungs-Offenlegungsgesetz (VorstOG 2005), das Gesetz zur Unternehmensintegrität und Modernisierung des Anfechtungsrechts (UMAG 2005), das Gesetz zur Einführung von Kapitalanleger-Musterverfahren (KapMuG 2005), das Transparenzrichtlinie-Umsetzungsgesetz sowie das Bilanzrechtsmodernisierungsgesetz (BilMoG), welches am 29. Mai 2009 in Kraft getreten ist,[426] genannt werden. Im Folgenden wird vor dem Hintergrund bestehender Begriffskomplikationen die theore-

418 Hilb spricht in diesem Zusammenhang von einem ‚glokalen Ansatz'. Vgl. Hilb (2009a), S. 21ff.
419 Vgl. Abschnitt 2.1.2 der vorliegenden Arbeit.
420 Vgl. Günther/Gonschorek (2006), S. 1ff.; Günther/Gonschorek (2008), S. 127ff.; Becker/Ulrich/Baltzer (2009b), S. 12ff.
421 Vgl. Küsters (2007), S. 137.
422 Vgl. z.B. Zimmermann (2000), S. 200ff.
423 Vgl. Wecker/Galla (2008), S. 44.
424 Vgl. Küsters (2007), S. 137.
425 Vgl. Wagenhofer (2009), S. 2.
426 Vgl. für Implikationen des BilMoG den Sammelband von Freidank (Hrsg., 2010).

tische Grundlage von Corporate Governance diskutiert und um innovative Aspekte erweitert.

2.3.2 Prinzipal-Agent-Theorie als theoretische Grundlage

Die wissenschaftliche Diskussion um Corporate Governance hat ihren Ursprung in der liberalen Theorie der kapitalistischen Unternehmensverfassung, die im 19. Jahrhundert entstanden ist und ihren Höhepunkt im bereits genannten Werk von *Berle/Means* aus dem Jahr 1932 erreichte.[427] In der Folge haben sich verschiedene Theoriegerüste rund um die Problematik der Trennung von Eigentum und Leitung in Organisationen entwickelt, von denen die Vertragstheorie[428] und die Organisationstheorie[429] die Diskussion bestimmen.

Corporate Governance ist nach herrschender Meinung vornehmlich im Grundgerüst der Neuen Institutionenökonomik (NIÖ) zu interpretieren.[430] Grundlage der Neuen Institutionenökonomik ist die Erkenntnis, dass Informationen ungleich auf im Markt tätige Akteure verteilt sind.[431] Dem Begriff der Informationsasymmetrie kommt also eine zentrale Bedeutung zu. Die Neue Institutionenökonomik entstand als Gegenentwurf zur klassischen Mikroökonomie und der Sichtweise von Unternehmen als Faktor- oder Minimalkostenkombination in einer Welt ohne Transaktionskosten. Sie beruht auf der expliziten Betrachtung von Transaktionskosten bei der Schließung von Verträgen zwischen Individuen in Institutionen.[432]

Als Begründer gilt *Coase*[433], der die Existenz von Unternehmen der Transaktionskostenreduktion im Vergleich zu einer Koordination über Marktmechanismen zuspricht.[434] Innerhalb der NIÖ gibt es verschiedene eigenständige Theorien[435], deren wichtigste die Prinzipal-Agent-

427 Vgl. Gerum (2007), S. 8f.; Berle/Means (1932).

428 Repräsentiert hauptsächlich durch die Neue Institutionenökonomik und die Theorie unvollständiger Verträge. Vgl. Gerum (2007), S. 10.

429 Wichtige Elemente sind die Koalitionstheorie, die Stakeholder-Theorie sowie die Ressorcentheorie. Vgl. Gerum (2007), S. 10. Auf die Stakeholder-Theorie wird in der vorliegenden Arbeit im Unterabschnitt der Corporate Governance-Rahmenbedingungen näher eingegangen.

430 Vgl. Ulrich (2009), S. 530.

431 Vgl. Richter (1991), S. 401.

432 Vgl. Schreyögg (1999), S. 72. Der Begriff der Institution wurde grundlegend von Ostrom definiert: „Institutions can be defined as the sets of working rules that are used to determine who is eligible to make decisions in some arena, what actions are allowed or constrained, what aggregation rules will be used, what procedures must be followed, what information must or must not be provided, and what payoffs will be assigned to individuals dependent on their actions (...) All the rules contain prescriptions that forbid, permit, or require some action or outcome. Working rules are those actually used, monitored, and enforced when individuals make choices about the actions they will take." Ostrom (1990), S. 51.

433 Vgl. Coase (1937).

434 Vgl. Coase (1937), S. 386-405.

435 Die wichtigsten unabhängigen Theorien der Neuen Institutionenökonomik sind die Transaktionskostentheorie, die Verfügungsrechtetheorie und die Prinzipal-Agent-Theorie. Für eine umfangreiche Einführung vgl. Furubotn/Richter (2005), S. 34ff.

Theorie[436] ist. Diese Theorie befasst sich mit im Rahmen einer Auftragsbeziehung[437] auftretenden Problemen zwischen einem Beauftragenden oder Prinzipal und einem Beauftragten oder Agenten.[438] Abb. 2-15 veranschaulicht das Grundmodell.

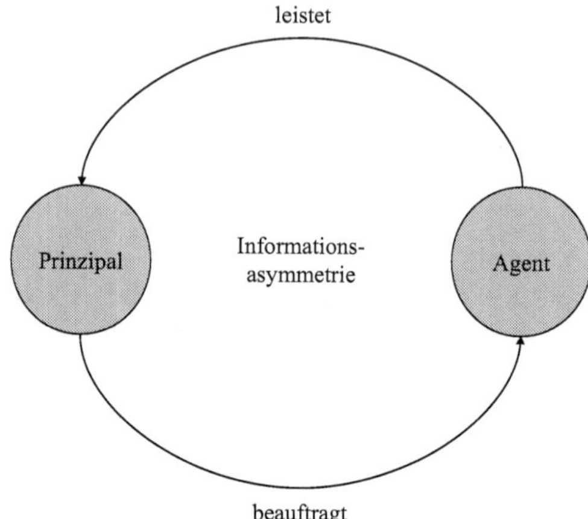

Abbildung 2-15: Prinzipal-Agent-Beziehung

Positive Transaktionskosten resultieren aus Informationsasymmetrien zwischen den Vertragspartnern. Diese führen dazu, dass zukünftige Entwicklungen nicht unter Sicherheit voraussagbar sind. Dies äußert sich darin, dass formale Regeln wie z.B. Gesetze und Verträge aus Gründen der Kapazitätsrestriktion nicht alle möglichen Eventualitäten ex ante regeln können. In diesem Sinne bleiben die geschlossenen Verträge unvollständig und müssen durch implizite Regelungen ergänzt werden.[439] Die Unfähigkeit, zukünftige Entwicklungen vorauszusehen, verführt Vertragspartner dazu, spezifische Informationsvorteile jeweils zu Ungunsten des Vertragspartners auszunutzen. Dieses Verhalten wird als opportunistisches Verhalten bezeichnet und ist gleichsam als die grundlegende Verhaltensannahme für Individuen der NIÖ.

436 Im Rahmen dieser Arbeit werden die Begriffe Prinzipal-Agent-Theorie und Agency-Theorie synonym verwendet. Zur Diskussion der Prinzipal-Agent-Theorie vgl. u.a. Eisenhardt (1989a); Blickle-Liebersbach (1990); Laux (1990); Richter (1990); Jost (2001), S. 11ff.

437 Die zugrunde gelegte Definition der Auftragsbeziehung findet sich bei Meinhövel: „Auftrag heißt die vertragliche Beziehung zwischen zwei Personen (einem Auftraggeber und einem Beauftragten), bei der der Beauftragte gegen einen Entlohnungsanspruch die Verpflichtung zur Erfüllung einer Dienstpflicht für den Auftraggeber eingeht." Meinhövel (1999), S. 7. Weitere Vertragsdefinitionen finden sich z.B. bei Jost (2001), S. 13f.

438 Vgl. z.B. Teichmann (2000), S. 646; Mansfield/Yohe (2000), S. 193f.; Ossadnik (2009), S. 26f.

439 Vgl. Richter/Furubotn (1996), S. 43; Welge/Al-Laham (2008), S. 50f.

Die Annahme opportunistischen Verhaltens ist ein Gegenentwurf zur Auffassung von *Fisher*[440], nach dessen Separationstheorem Manager einer Unternehmung die unterschiedlichen Präferenzen ihrer Agenten für Konsum und Sparen gerade nicht bedenken müssen.[441] *Schneider* hält fest: „Prinzipal-Agent-Beziehungen entstehen, wenn mindestens ein Auftraggeber und mindestens ein Beauftragter unter Unsicherheit und bei uneinheitlichem Wissensstand untereinander gemeinsam Ziele erreichen wollen, die nur teilweise gleichgerichtet sind und bei denen teilweise auch der Vorteil des einen zum Nachteil des anderen werden kann“[442].

Ohne externe Einflüsse ließe sich ohne Probleme eine für alle Beteiligten befriedigende first-best-solution finden. Dies ist in der Realität aufgrund der Transaktionskosten und Informationsasymmetrien jedoch nicht möglich. Vertreter der Finanztheorie wie z.B. *Cornell/Shapiro* ziehen aus dieser Tatsache den Schluss, dass Corporate Governance sich immer auch mit den Interessen von Stakeholdern auseinandersetzen muss.[443] Die Prinzipal-Agent-Theorie versucht, die für beide Vertragspartner optimale Gestaltung im Sinne von Nutzenmaximierung und Pareto-Effizienz zu finden. Dabei können Agenturprobleme auftreten, die sich in solche vor und nach Vertragsabschluss unterscheiden lassen.

Gemäß der Auffassung von *Wentges* entstehen den Aktionären einer Kapitalgesellschaft Vertretungskosten, da sie die im Rahmen der Aktionärsrolle zustehenden Informations- und Kontrollrechte nicht oder nur ungenügend ausüben können und die Manager der Kapitalgesellschaft nicht ausschließlich im Interesse der Aktionäre handeln.[444] Eine ähnliche Aussage treffen *Jensen/Meckling*: "The stockholders are principals, who certainly cannot observe in detail whether the management, their agent, is making appropriate decisions. The principal agent theory provides an instrument to discuss the rationale of the 'separation of ownership and control' problem which Adam Smith focused on and which Berle and Means (1932) popularized 157 years later.“[445] In Bezug auf die bei einer Prinzipal-Agent-Beziehung auftretenden Probleme muss man solche vor und nach Vertragsabschluss differenzieren.

Vor Vertragsabschluss mit dem Agenten kann der Prinzipal die Charaktereigenschaften potenzieller Agenten nicht genau einschätzen. Zur Beschreibung dieses Phänomens bedient man sich des Begriffes ‚Adverse Selektion‘[446] aus der Versicherungswirtschaft.[447] Nach Vertrags-

---

440 Vgl. Fisher (1930).
441 Vgl. Gerke (2006), S. 75f.
442 Schneider (1988), S. 1182.
443 Vgl. Cornell/Shapiro (1987), S. 5ff.
444 Vgl. Wentges (2002), S. 27f.
445 Jensen/Meckling (1976), S. 327.
446 Zuerst veranschaulicht wurde dies von Akerlof am Beispiel des Gebrauchtwagenmarkets. Vgl. Akerlof (1970), S. 488ff.
447 Vgl. als Grundlage der Diskussion Rothschild/Stiglitz (1976).

abschluss ist vor allem das Problem des ‚Moral Hazard'[448] von Bedeutung. Gemäß *Arrow* treten für den Prinzipal nach Vertragsabschluss die Probleme der ‚Hidden Action' und ‚Hidden Information' auf.[449]

‚Hidden Action' bezieht sich auf die potentiellen Handlungen des Agenten. Diese können vom Prinzipal nicht oder nur durch unverhältnismäßig große Anstrengungen überwacht werden. ‚Hidden Information' beschreibt die Tatsache, dass es bestimmte Informationen gibt, die lediglich den Agenten und nicht dem Prinzipal zugänglich sind. ‚Moral Hazard' bezeichnet wie erläutert den Zusammenhang, dass der Agent in einer Prinzipal-Agent-Beziehung seine eigenen Interessen verfolgt. Das moralische Risiko äußert sich folglich dadurch, dass der Agent einen Anreiz hat, die bestehenden Informationsasymmetrien zu seinen Gunsten auszunutzen und etwaiges, den Prinzipal schädigendes Verhalten durch Verweis auf unbeeinflussbare Umweltvariablen zu verheimlichen.[450]

Mögliche Konstellationen werden in Abb. 2-16 dargestellt.

	Hidden Action	**Hidden Information**	**Hidden Characteristics**
Ursprung des Informationsdefizits	Endogen	Exogen	Exogen
Zeitpunkt des In-Formationsdefizits	Ex post	Ex post	Ex ante
Vertragsproblem	Moralisches Risiko	Moralisches Risiko	Adverse Selektion

Abbildung 2-16: Asymmetrische Information und verschiedene Vertragsbeziehungen[451]

Corporate Governance ist als institutionalisierbare Problemlösung von Prinzipal-Agent-Konflikten zu verstehen und kann die Informationsasymmetrien zwischen Prinzipalen und Agenten verringern.[452] Diese Institutionalisierung ist bisher nicht immer gegeben. Im Rahmen der vorliegenden Arbeit wird Corporate Governance vornehmlich nach den Kriterien der so-

448 ‚Moralisches Risiko' und ‚Moral Hazard' werden in der vorliegenden Arbeit synonym verwendet

449 Vgl. Arrow (1985), S. 38.

450 Vgl. Kopel (2001), S. 363f.

451 In Anlehnung an: Jost (2001), S. 25.

452 Vgl. Witt (2001), S. 85ff.; ders. (2003), S. 3. Man vergleiche an dieser Stelle andere Ansätze wie z.B. den selbstorganisatorischen Ansatz von Malik. Vgl. Malik (2008b).

genannten ‚positiven Prinzipal-Agent-Theorie'[453] untersucht, die auf die Beiträge von *Alchian/Demsetz*[454], *Jensen/Meckling*[455], *Fama*[456] sowie *Fama/Jensen*[457] zurückgeht. Die Güte einer Vertragsbeziehung und somit der Corporate Governance wird von der positiven Prinzipal-Agent-Theorie mit Hilfe sogenannter Agenturkosten[458] operationalisiert, die sich im Allgemeinen nicht oder nur sehr schwer messen lassen.[459]

Diese sind durch drei Determinanten bestimmt[460]:

- Signalisierungskosten der Agenten (Bonding Costs). Diese sind durch Anstrengungen des Agenten zur Verringerung von Informationsasymmetrien verursacht und werden ihm durch Risikoprämien vergolten,
- Kontroll- oder Überwachungskosten der Prinzipale (Monitoring Costs). Dies sind Kosten, die den Prinzipalen durch die Überwachung der Agenten entstehen. Beispiele hierfür sind Kosten für ein unternehmenswertorientiertes Controlling oder ein internes Kontrollsystem[461,462],
- Residualverlust (Residual Loss). Dies ist eine Restgröße, die als durch den Agenten verursachte Minderung des Nutzens des Prinzipals zu interpretieren ist.[463]

Die Güte der Corporate Governance einer Unternehmung soll in der vorliegenden Arbeit im Minimum der Agenturkosten begründet werden.[464] Der Autor ist sich der Literaturkritik an dieser Vorgehensweise bewusst, letztlich kommt es jedoch nicht auf eine genaue mathemati-

---

453 Vgl. Jensen (1983), S. 334ff. Während sich die sogenannte normative Prinzipal-Agent-Theorie mit der individuellen mathematischen Lösung von Nutzenmaximierungsproblemen in Tradition der mikroökonomischen Theorie befasst, bemüht sich positive Prinzipal-Agent-Theorie um eine institutionell orientierte empirische Analyse.

454 Vgl. Alchian/Demsetz (1972).

455 Vgl. Jensen/Meckling (1976).

456 Vgl. Fama (1980).

457 Vgl. Fama/Jensen (1983).

458 Die Definition von Agenturkosten findet sich bei Jensen/Meckling: "The principal can limit divergences from his interest by establishing appropriate incentives for the agent and by incurring monitoring costs designed to limit the aberrant activities of the agent. In addition in some situations it will pay the agent to expend resources (bonding costs) to guarantee that he will not take certain actions which would harm the principal or insure that the principal will be compensated if he does take such actions (…) In most agency relationships the principal and the agent will incur positive monitoring and bonding costs (non-pecuniary as well as pecuniary). And in all there will be some divergence between the agent's decisions and those decisions which would maximize the welfare of the principal (Hervorh. Im Original)." Jensen/Meckling (1976), S. 308. Die Vorgehensweise wird in der Literatur stark kritisiert, da die Messung einer Abweichung von einem in der Realität nicht erreichbaren Idealzustand einer tautologischen Vorgehensweise entspricht. Vgl. Schneider (1987), S. 182f.; Schneider (1989), S. 481ff.

459 Versuche einer mathematisch exakten Bestimmung finden sich bei Mello/Parsons (1992), S. 1893-1904.

460 Vgl. Jensen/Meckling (1976), S. 308f.

461 Zum Begriff des ‚Internen Kontrollsystems' vgl. Wall (1999); Weber (1999); Pfaff/Ruud (2007), S. 445ff.

462 Vgl. Günther (2004), S. 37.

463 Vgl. Jensen/Meckling (1976), S. 307.

464 Auf die genaue Operationalisierung von Unternehmenserfolg im Sinne von Effizienz und Effektivität der Unternehmensführung wird in Kapitel 3 eingegangen.

sche Messung von Agenturkosten an, sondern auf eine Einschätzung der Agenturkosten im Kontext des konzeptionellen Gesamtrahmens.[465] Eine Messung wird folglich auf einem ordinalen Skalenniveau durchgeführt, indem die Agenturkosten in den Stufen ‚kleiner', ‚gleich' oder ‚größer' eingeschätzt werden. Basis der Einschätzung sind theoretisch und empirisch fundierte Plausibilitätsüberlegungen. Um zu zeigen, wie sich mögliche Konstellationen der Corporate Governance auswirken, werden Corporate Governance-Mechanismen diskutiert.

2.3.3 Wirkungsweise von Corporate Governance-Mechanismen

Im Sinne einer möglichst weitreichenden Begriffsdefinition sind als Corporate Governance-Mechanismen alle internen und externen Entscheidungs- und Kontrollstrukturen eines Unternehmens zu betrachten, welche Corporate Governance-Probleme verringern können.[466] In der Literatur existiert kein einheitliches Meinungsbild über Corporate Governance-Mechanismen.[467] Im Folgenden wird zunächst die Wirkungsweise von Corporate Governance-Problemen veranschaulicht, bevor kurz auf gängige Mechanismen eingegangen wird.

Informationsasymmetrien und daraus resultieren Corporate Governance-Probleme können im skizzierten Verständnis als Mängel im betrieblichen Wertschöpfungskreislauf identifiziert werden.[468] Diese schlagen sich letztendlich in einem Abschlag vom Unternehmenswert nieder.[469] Zusätzlich wird durch diese Probleme die Wirkungsweise des Kreislaufs aus Erfolgspotentialen, Erfolg und Liquidität beeinträchtigt, Effizienz und Effektivität des unternehmerischen Handelns sinken, und letztendlich kann die Erreichung des Ziels der langfristigen Überlebensfähigkeit ebenso wie die Erreichung anderer Unternehmensziele beeinträchtigt werden. Um die Corporate Governance zu verbessern und letztendlich die Effizienz und Effektivität des Handelns in Unternehmen mittelbar zu erhöhen, werden Corporate Governance-Mechanismen eingesetzt. In diesem Zusammenhang werden idealtypisch externe und interne Mechanismen unterschieden.[470]

Interne Corporate Governance-Mechanismen können durch das Unternehmen gestaltet wer-

465 Im Gesamtergebnis ist der Meinung von Zöllner (2007), S. 4 zuzustimmen: „ ‚Gut' - im Sinne von erfolgreich - sind Maßnahmen, welche ihre Ziele erreichen. Kennzeichen ‚guter' Corporate Governance sollte damit sein, dass divergierende Interessenansprüche von Management, Share- und anderen Stakeholdern des Unternehmens ausgeglichen und Informationsasymmetrien gesenkt, somit Agency-Kosten vermieden werden und der Unternehmenswert langfristig gesteigert wird."

466 Vgl. Hausch (2004), S. 43.

467 Zum Teil wird auch von Elementen, Maßnahmen oder Instrumenten gesprochen.

468 Dies könnte z.B. so interpretiert werden, dass ein hohes Maß an Informationsasymmetrien von potentiellen Investoren mit Abschlägen auf den Unternehmenswert bedacht wird. Vgl. Zipser (2008), S. 56.

469 Vgl. Beiner (2005), S. 45ff.; Bassen/Zöllner (2009), S. 46ff.

470 Vgl. Zöllner (2007), S. 15 ff.; Wagenhofer (2009), S. 7. Andere Autoren verwenden eine Dreiteilung in externe Corporate Governance, interne Corporate Governance und Transparenz als Hybridmechanismus. Vgl. Labbé/Schädlich (2008a), S. 310 ff.

den.[471] Neben der Eigentümer- und Kapitalstruktur kommt insbesondere der Etablierung und Gestaltung eines Aufsichtsgremiums sowie der geeigneten Ausgestaltung von Belohnungs- und Anreizsystemen besondere Bedeutung zu.[472] Im Rahmen der externen Governance können der Markt für Unternehmenskontrolle, der Produktmarkt und der Markt für Manager unterschieden werden.[473] Als Hybridmechanismus wird die Offenlegung bzw. Transparenz betrachtet, welche als Bindeglied zwischen externer und interner Corporate Governance betrachtet wird.[474] Die einzelnen, für die Untersuchung relevanten Mechanismen werden in Abschnitt 3.3.3 der vorliegenden Arbeit diskutiert, so dass an dieser Stelle keine intensive Diskussion über einzelne Mechanismen erfolgen soll.

Die zwischen Eigentümer und Managern entstehenden Informationsasymmetrien lassen sich nur durch Mechanismen, nicht durch Verträge regeln, da letztere stets unvollständig und somit unvorhersehbar sind.[475] *Wagenhofer* unterscheidet drei grundsätzliche Möglichkeiten zur Reduktion von Prinzipal-Agent-Problemen:[476]

- Begrenzung von Entscheidungsrechten,
- Reduktion von Interessenkonflikten,
- Informationsbereitstellung.

Zunächst könnte man die Rechte des Managements zugunsten der nicht im Unternehmen tätigen Eigentümer beschränken. Auch wenn hierdurch negative Entscheidungen eingeschränkt werden können, wird gleichzeitig auch der Handlungsspielraum des Managements in Bezug auf wichtige strategische Entscheidungen beschränkt. Die Reduktion von Interessenkonflikten als Kernbereich von Corporate Governance lässt sich auf mehrere Arten erreichen. Neben der Einrichtung von Sanktionen können insbesondere Vertrauen und ethisches Verhalten mögliche Interessenkonflikte zwischen Eigentümern und Management verringern. Die Informationsbereitstellung als weiterer Kernaspekt von Corporate Governance zielt auf die Verringerung der Informationsasymmetrie zwischen verschiedenen betrieblichen Akteuren.

Neben der Überwachung des Vorstands durch den Aufsichtsrat nach § 111 AktG sind insbesondere die betrieblichen Funktionsbereiche Controlling[477], Interne Revision[478] und Compli-

[471] Vgl. Zöllner (2007), S. 16.
[472] Vgl. Zöllner (2007), S. 16 ff.
[473] Vgl. Zöllner (2007), S. 20 ff.
[474] Vgl. Labbé/Schädlich (2008a), S. 313.
[475] Vgl. Jost (2001), S. 13ff.
[476] Vgl. Wagenhofer (2009), S. 8.
[477] Vgl. Günther (2004), S. 25 ff.; Diederichs/Kißler (2007), S. 83 ff.; Diederichs/Kißler (2008); Kajüter (2008), S. 252 f.; Labbé/Schädlich (2008b), S. 321 ff.; Wall (2008b), S. 228 ff.; Paetzmann (2008); Wagenhofer (2009), S. 1 ff.
[478] Vgl. Albrecht (2007), S. 326 ff.; Eberl/Hachmeister (2007), S. 317 ff; Lühn (2009), S. 231 ff.

ance[479] in diesen Kontext einzuordnen, da sie grundsätzlich Informationen zur Verfügung stellen können, welche zur Reduktion von Informationsasymmetrien prinzipiell geeignet sind. Wie *Wagenhofer* treffend bemerkt, entstehen durch die angeführten Instrumente der Corporate Governance selbst wiederum Kosten.[480] Diese konkretisieren sich in unterschiedlicher Art. Zusätzliche Kontrollen und Instrumente wie z.B. die Anwendung internationaler Rechnungslegungstandards verursachen zunächst Mehraufwand und somit Kosten. Auch durch Anreizverträge sowie die Durchsetzung von Rechten und Pflichten aus Verträgen entstehen Kosten.

Der optimale Einsatz von Corporate Governance-Instrumenten richtet sich nach deren potentieller Beeinflussung des Unternehmenswerts.[481] Abb. 2-17 präsentiert eine idealisierte Darstellung unter der Voraussetzung, dass Instrumente kontinuierlich wirken.

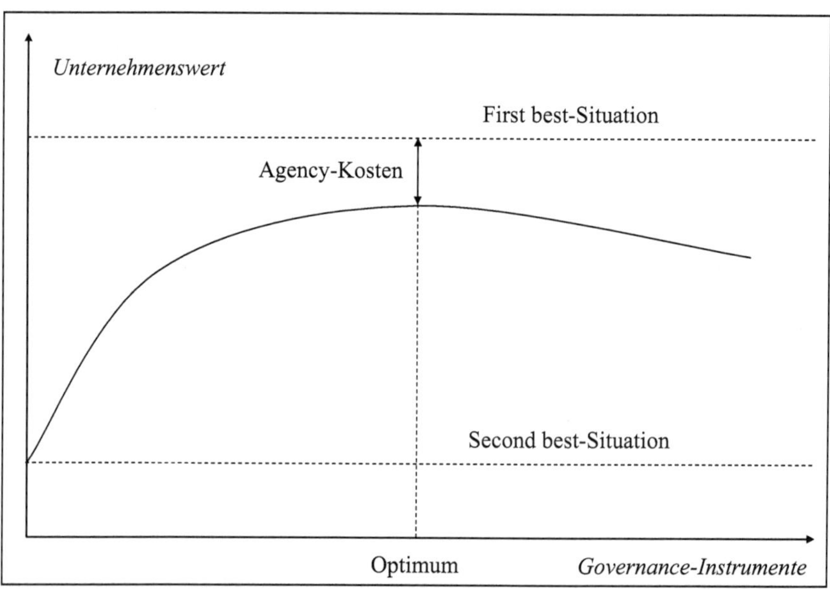

Abbildung 2-17: Optimaler Einsatz von Governance-Instrumenten[482]

Ohne Anwendung von Corporate Governance-Instrumenten befindet sich das Unternehmen in der ‚second best solution', da stets bestimmte Agency-Kosten als Residualkosten übrig blei-

479 Vgl. Wecker/Galla (2008), S. 43 ff.
480 Vgl. Wagenhofer (2009), S. 11.
481 Vgl. zu diesem Thema auch Beiner (2005), S. 45 ff.
482 In Anlehnung an: Wagenhofer (2009), S. 12.

ben.[483] Ausgehend vom Ursprung erhöhen die nach steigendem Nutzwert angeordneten Corporate Governance-Instrumente zunächst den Unternehmenswert.[484]

Der optimale Zustand ist erreicht, wenn sich Kosten und Nutzen eines zusätzlichen Instruments die Waage halten.[485] Da die meisten Richtlinien und Empfehlungen für die Anwendung von Corporate Governance eher genereller und typisierender Natur sind, ist eine individuelle Gegenüberstellung von Kosten und Nutzen nicht oder nur indirekt durch Verwendung subjektiver Indikatoren (z.B. Zufriedenheit mit der Wirkungsweise als Annäherung zum wahrgenommenen Nutzen) möglich. Auf Basis der dargestellten Wirkungsweise von Corporate Governance-Mechanismen wird im Folgenden eine Arbeitsdefinition abgeleitet.

2.3.4 Corporate Governance-Definition im Rahmen der Untersuchung

Im Rahmen der vorliegenden Untersuchung werden einige Modifikationen der bisher dargestellten Gedanken vorgenommen. Zunächst ist auf den Umfang der Corporate Governance-Definition abzustellen. Wie bereits erläutert, wird Corporate Governance häufig mit dem Begriffspaar ‚Unternehmensführung und -kontrolle' in Einklang gebracht.[486] Da in der vorliegenden Arbeit dem umfassenden Verständnis der Unternehmensführung nach *Becker* gefolgt wird, ist eine solche Trennung von Unternehmensführung und Unternehmenskontrolle unnötig. Gemäß *Becker* ist die Kontrolle eines der prinzipiellen Instrumente der Unternehmensführung, sie wird somit integrativ betrachtet.[487] Eine weitere Modifikation der vorliegenden Arbeit betrifft die theoretische Grundlage der Corporate Governance-Diskussion. Die Prinzipal-Agent-Theorie ist nicht als alleinige Grundlage von Corporate Governance-Analysen geeignet.[488] Diese Theorie wird in der letzten Zeit immer häufiger in Frage gestellt,[489] nicht zuletzt aufgrund des zugrunde gelegten pessimistischen Menschenbildes.[490] *Hilb* verweist auf weitere Mängel der Theorie, z.B. die alleinige Konzentration auf extrinsische Motivation der Akteure und die Tatsache, dass eine Manipulation von Einkommen und Börsenwert ex ante ausgeschlossen wird.[491] Aus diesem Grund wird für die vorliegende Untersuchung eine Erweite-

483 Die ‚first best solution' ware nur in einer Situation ohne Informationsasymmetrien und Agenturkosten möglich. Da dies in der Realität nicht möglich ist und stets Residualkosten übrig bleiben, ist es Aufgabe der Corporate Governance, den Abstand von erreichbarer Situation und ‚first best solution' zu minimieren. Vgl. Ulrich (2008), S. 14ff. Für eine mathematische Darstellung und Begründung vgl. Spremann (1989), S. 5ff.

484 Zur Verbindung von Corporate Governance und Unternehmenswert vgl. Bassen/Zöllner (2009), S. 43 ff.

485 Vgl. Wagenhofer (2009), S. 12.

486 Vgl. z.B. Witt (2001), S. 85; Dillerup/Stoi (2008), S. 98; Küting/Busch (2009), S. 1361ff.

487 Vgl. Becker (2009), S. 60.

488 Vgl. Hilb (2009a), S. 5f.; Ulrich (2009), S. 530ff.; telefonisches Gespräch mit Prof. Dr. Sabine B. Klein am 28.10.2009.

489 Lubatkin (2007, S. 64) stellt hierzu fest: „Indeed, I am puzzled why this 28+ year old model continues to receive so much positive attention from scholars from all over the world, and why alternative governance explanations have not also attained similar legitimacy in the academic press.“

490 Vgl. illustrativ Nippa/Grigoleit (2006); Hilb (2009a), S. 1ff.

491 Vgl. Hilb (2007), S. 5.

rung auf andere Theorien vorgenommen, die sich mit Problemen der Corporate Governance befassen. Diese sind die Stewardship-Theorie[492], die Systemtheorie[493], die Property-rights-Theorie[494], die Kontingenztheorie[495], die Stakeholder-Theorie[496] sowie die Resource-Dependence-Theorie[497].[498] Zu den genannten Theorien werden an dieser Stelle nur grundlegende Aspekte kurz dargestellt. Im Kontext der Ableitung der Modellvorstellung der Corporate Governance im vierten Kapitel werden die theoretischen Ansätze dann zu einem integrativen Rahmengerüst kombiniert und auf die Untersuchungstiefe angepasst.

Die Stewardship-Theorie geht von der Grundannahme aus, dass Manager auch altruistisch motiviert sein können.[499] Die Theorie beruht auf sozialwissenschaftlichen Forschungen, welche darauf hinweisen, dass das pessimistische Menschenbild der Prinzipal-Agent-Theorie in der Praxis nicht haltbar ist.[500] Eine Kontrolle von angestellten Managern durch Kapitaleigentümer ist somit obsolet, wenn nicht sogar schädlich, da sie intrinsisch motivierte Manager demotiviert.[501] Die Steigerung des Unternehmenswerts erbringt gleichzeitig eine Nutzenmaximierung für den dem Unternehmen wohlwollend gegenüberstehenden Steward oder Treuhänder.[502] Für Corporate Governance liefert die Stewardship-Theorie einen Mehrwert, da untersucht werden kann, welche Mechanismen zur Regelung der Zusammenarbeit zwischen Eigentümer und altruistisch motivierten ‚Stewards' geeignet sind.[503]

Die Gedanken der Systemtheorie sind stark kybernetisch geprägt, so dass von systemtheoretisch-kybernetischen Aussagensystemen gesprochen werden kann. Während die allgemeine Systemtheorie auf *Bertalanffy*[504] zurückgeht, ist *Ulrich* der Begründer der systemorientierten Betriebswirtschaftslehre.[505] Aus Sicht der Systemtheorie sind durch Analyse der kyberneti-

492 Vgl. Doucouliagos (1994); Davis/Schoorman/Donaldson (1997).

493 Vgl. grundlegend Ulrich (1970); Ulrich (1971); Johnson/Kast/Rosenzweig (1973).

494 Vgl. Coase (1960); Alchian/Demsetz (1972).

495 Vgl. Burns/Stalker (1961); Lawrence/Lorsch (1967); Pugh/Hickson (1976); Khandwalla (1977), S. 237ff.; Wollnik (1980), Sp. 589ff.; Frese (2000); S. 447ff.; Kieser (2002), S. 169ff.; Kieser/Walgenbach (2007), S. 43ff.

496 Die Stakeholder-Theorie geht auf Forschungsarbeiten von Cyert/March am Stanford Research Institute (SRI) zurück. Der sogenannte koalitionstheoretische Ansatz weist der Unternehmensführung die Aufgabe zu, alle relevanten Stakeholder zu identifizieren und einen Interessenausgleich durch Konsens zu suchen. Vgl. Cyert/March (1963). Diese Sichtweise wurde von Freeman als Grundlage seiner ‚Stakeholder Theory of the Firm' verwendet. Vgl. Freeman (1984).

497 Vgl. Pfeffer/Salancik (1978); Hillmann/Cannella/Paetzold (2000).

498 Auf eine umfassende Darstellung der Theorien soll an dieser Stelle aus Gründen von Umfang und Relevanz verzichtet werden, da diese im vierten Kapitel zur Operationalisierung der Corporate Governance innerhalb des Analysemodells dargestellt werden.

499 Vgl. Donaldson/Davis (1991), S. 51.

500 Vgl. Hirsch/Michaels/Friedman (1987), S. 317ff.

501 Vgl. Witt (2008), S. 21ff.

502 Vgl. Davis/Schoorman/Donaldson (1997), S. 26.

503 Vgl. Nötzli Breinlinger (2006), S. 39f.

504 Vgl. Bertalanffy (1968).

505 Vgl. Lattwein (2002), S. 58.

schen Wechselwirkungen zwischen verschiedenen Elementen des Corporate Governance-Systems Handlungsempfehlungen ableitbar.

Die Kontingenztheorie versucht, empirisch fundierte Aussagen über die Beziehungen von Situationsbedingungen, Organisationsstrukturen, dem Verhalten von Organisationsmitgliedern sowie dem individuellen Zielerreichungsgrad einer Organisation zu etablieren.[506] Die Existenz einer allgemeingültigen optimalen Corporate Governance wird mittlerweile bezweifelt.[507] Vielmehr wird von einer starken Wechselwirkung zwischen den Größen Situation, Corporate Governance und Unternehmenserfolg ausgegangen.[508]

Die Stakeholder-Theorie, welche auf den Arbeiten von *Freeman* beruht, geht Arbeiten des Stanford Research Institute zurück.[509] Die Theorie versucht insbesondere die Frage zu klären, wie die verschiedenen Anspruchsgruppen eines Unternehmens auf den Willensbildungsprozess einwirken und welche Interessen zu bevorzugen oder besonders schutzbedürftig sind. Wenn die Zielorientierung als wichtiges Element von Corporate Governance identifiziert wird, kann die Stakeholder-Theorie zur Klärung der Frage nach Wertschaffung und -verteilung auf die Anspruchsgruppen beitragen.[510]

Die Resource-Dependence-Theorie fußt auf Arbeiten von *Pfeffer/Salancik*.[511] Die Theorie befasst sich damit, wie Akteure innerhalb von Organisationen die Ressourcen des sozialen Systems zur Durchsetzung ihrer persönlichen Machtinteressen nutzen. Besonderes Interesse verdient die Theorie, da sowohl interne als auch externe Ressourcen in die Betrachtung einbezogen werden.[512] Der Fokus der Betrachtung liegt in der Verbindung eines Unternehmens mit externen Faktoren, welche Unsicherheiten und Abhängigkeiten hervorrufen können.[513] Vor allem die Zusammensetzung von Exekutiv[514]- und Aufsichtsgremium[515] ist in diesem Kontext wichtig, da beispielsweise besser ausgebildete und vernetzte Mitglieder der genannten Gremien für ein Unternehmen mehr Ressourcen und somit eine geringer Abhängigkeit von externen Faktoren bedeuten.

506 Vgl. Kreikebaum/Gilbert/Reinhardt (2002), S. 22.

507 Vgl. Gubitta/Gianeccini (2002); Hilb (2007).

508 Vgl. Nötzli Breinlinger (2006), S. 124; Steger/Amann (2008), S. 14f.

509 Dies wurde bereits in Abschnitt 2.3.1 der vorliegenden Arbeit diskutiert.

510 Vgl. Becker/Ulrich/Baltzer (2009b), S. 5ff. Ähnlich argumentiert auch Wall (2009), S. 345ff.

511 Vgl. Pfeffer/Salancik (1978). Falls man den Resource-Dependence-Ansatz noch weiter in Bezug auf strategische Fragestellungen fasst, könnte Penrose (1959) als Begründerin des Resource-Based View (RBV) als Begründerin ressourcenabhängiger Ansätze gesehen werden. Die Resource-Dependence-Theorie stellt jedoch eine Weiterentwicklung des RBV dar.

512 Vgl. Weigle (2007), S. 97ff.

513 Vgl. Nötzli Breinlinger (2006), S. 39.

514 Der Begriff ‚Exekutivgremium' wird in der vorliegenden Arbeit synonym für das jeweilige Geschäftsführungsorgan verwendet, welches je nach Rechtsform die Geschäftsführung oder der Vorstand sein kann.

515 Der Begriff ‚Aufsichtsgremium' wird in der vorliegenden Arbeit synonym für Gremien verwendet, welche dem Exekutivgremium beratend, kontrollierend oder leitend zur Seite stehen. Dies können fakultative oder obligatorische Beiräte oder Aufsichtsräte sein.

Corporate Governance ist nach gängigen aufgeführten Ansätzen auf den Zusammenhang zwischen effizienter Ressourcenallokation, Ausrichtung der Ziele eines Unternehmens auf die Ziele der jeweiligen Anspruchsgruppen (Shareholder oder Stakeholder), Maßnahmen der Unternehmensführung sowie, daraus abgeleitet, die Erreichung von Unternehmenserfolg oder Performance zu beziehen.[516] Die Unternehmensskandale der vergangenen Jahre sowie die im Jahr 2008 beginnende globale Finanz- und Wirtschaftskrise[517] haben gezeigt, dass das internationale System der Corporate Governance reformbedürftig ist.[518] Weder der Shareholder- noch der Stakeholder-Ansatz konnten Unternehmen bisher ein geeignetes Framework für das Erreichen organisationaler Ziele bieten. *Malik* kritisiert die gängige Theorie und Praxis der Corporate Governance in drei aus seiner Sicht in Theorie und Praxis bisher falsch verstandenen Aspekten:

(1) Inhalt der Corporate Governance-Funktion in Unternehmen,

(2) konkrete Aufgaben der jeweiligen Topmanagement-Organe,

(3) Ausgestaltung der Arbeitsweise der Topmanagement-Organe.

Dies zeigt die Notwendigkeit einer veränderten Sichtweise, welche sich in der vorliegenden Arbeit genutzten Verständnis niederschlägt. Corporate Governance weist insofern sowohl Sach- als auch Verhaltensaspekte auf und lässt sich aus struktureller und prozessualer Perspektive betrachten. Während sich die strukturelle Perspektive vor allem mit den Unternehmensstrukturen befasst, zielt die prozessuale Sichtweise auf die Wirkungsweise der in Unternehmen verankerten Mechanismen ab. Sach- und Verhaltensaspekte spielen deshalb eine Rolle, da Corporate Governance nicht nur von den beteiligten Institutionen bzw. unternehmensinternen Funktionsbereichen abhängt, sondern auch durch das individuelle Handeln von Einzelpersonen determiniert wird. Infolgedessen entstehen Informationsasymmetrien und Prinzipal-Agent-Konstellationen.

Für die vorliegende Untersuchung soll auf Basis der bisher dargestellten Erkenntnisse folgende Definition[519] von Corporate Governance verwendet werden:

516 Vgl. hierzu auch Malik (2008a), S. 131ff.

517 Vgl. die interessante Einführung von Harrison (2008).

518 Vgl. Fockenbrock (2009), S. 12.

519 An dieser Stelle wird auf die Einschätzung von Steger/Amann (2008), S. 4 verwiesen: „Definitions cannot be either right or wrong; they can only be useful for a specific purpose or not". Diese Auffassung wird ohne Einschränkung geteilt. Die Corporate Governance-Definition der vorliegenden Arbeit ist vom Ziel der Untersuchung geprägt, eine einheitliche und vor allem ganzheitliche Sichtweise auf die Corporate Governance mittelständischer Unternehmen zu entwickeln und somit Strukturen, Prozesse und Akteure dieser Unternehmen vergleichbar zu machen.

Corporate Governance ist ein Bezugsrahmen für verantwortliche, auf langfristige Wertschöpfung ausgerichtete Unternehmensführung. Sie weist eine strukturelle und eine prozessuale Perspektive auf, welche beide Sach- und Verhaltensaspekte beinhalten. Die strukturelle Sichtweise stellt die Beeinflussung der unternehmensexternen und -internen Strukturen sowie deren Ausrichtung auf langfristige Wertschöpfung in den Vordergrund. Die prozessuale Sichtweise fokussiert die Gestaltung und wertorientierte Lenkung der unternehmensinternen Führungs- und Ausführungsprozesse.

Nachdem die Grundlagen zu den Begriffen mittelständische Familienunternehmen, Unternehmensführung und Controlling sowie Corporate Governance gelegt wurden, erfolgt im folgenden Abschnitt 2.4 die Synthese der bisherigen Erkenntnisse in thesenartiger Form.

2.4 Zwischenergebnis: Thesen zur Analyse und Bewertung der Corporate Governance in mittelständischen Familienunternehmen

Die Ausführungen des vergangenen Abschnitts haben gezeigt, dass in mittelständischen Familienunternehmen Spezifika im Hinblick auf die Ausprägung von Unternehmensführung und Controlling wahrnehmbar sind. Es besteht die Vermutung, dass insbesondere durch die Einbeziehung des Controlling in die Debatte um Corporate Governance die Effizienz und Effektivität der Unternehmensführung mittelständischer Familienunternehmen erheblich verbessert werden können. Ein Paradigmenwechsel hin zur Orientierung an einer langfristigen Wertsteigerung von mittelständischen Unternehmen kann durch eine stärkere Betrachtung des Themas Corporate Governance insbesondere aus der Perspektive des wertschöpfungsorientierten Controlling eingeleitet werden. Im Folgenden werden die zentralen Erkenntnisse der ersten drei Abschnitte der vorliegenden Arbeit in Thesenform zusammengefasst. In Folge der bisher geschilderten Charakteristika mittelständischer Unternehmen ergeben sich spezifische Problemfelder für Corporate Governance in mittelständischen Familienunternehmen. Die bisherigen Erkenntnisse dienen als Grundlage der weiteren Untersuchung.

These 1: Die Unternehmenspraxis mittelständischer Familienunternehmen ist sehr heterogen. Folglich sind auch die Corporate Governance-Probleme unterschiedlich.

These 2: Die qualitativen Charakteristika mittelständischer Familienunternehmen wirken sich auf Unternehmensführung und Controlling aus.

These 3: Für die Analyse von Corporate Governance-Probleme ist nicht nur die Prinzipal-Agent-Theorie anzuwenden. Die theoretische Basis ist um Aspekte anderer Theorien zu erweitern und zu integrieren.

These 4: Handlungsempfehlungen im Sinne von Best Practices sind erforderlich, müssen unterschiedliche theoretische Grundlagen vereinen und dürfen nicht zu spezifisch formuliert sein.

Die oftmals intuitive Entscheidungsfindung ist für mittelständische Familienunternehmen zugleich eine große Stärke und eine große Schwäche. Corporate Governance bietet die Chance, Unternehmen nachhaltig auf den Oberzweck der Wertschöpfung auszurichten und gleichzeitig die Ansprüche aller Stakeholder in einem organisatorischen Rahmen festzuhalten. Zur Ausgestaltung einer anforderungsgerechten Corporate Governance ist zunächst eine Analyse des Ist-Zustands mittelständischer Familienunternehmen notwendig. Dieser **ersten Zielsetzung** wird durch die Erstellung wird durch die Analyse von theoretischen und praktischen Spezifika der Corporate Governance im folgenden dritten Kapitel Rechnung getragen.

Da die vorliegende Arbeit die Ableitung von Handlungsempfehlungen für die Unternehmenspraxis zum Ziel hat und auf einem Konzept der Forschung im Gegenstrom beruht, muss eine eigene empirische Studie durchgeführt werden, um der Heterogenität der Praxis gerecht zu werden und andererseits Ursache-Wirkungsbeziehungen in Bezug auf Governance-Fragen zu identifizieren. Die Veranschaulichung praktischer Problemstellungen ist als **zweite Zielsetzung** der vorliegenden Arbeit zu sehen. Dieser Zielsetzung wird durch die Fallstudienuntersuchung im fünften Kapitel begegnet.

Die Analyse der Corporate Governance in mittelständischen Familienunternehmen kann nicht allgemeingültig erfolgen, da dieser Betriebstyp nicht homogen ist. Die Erarbeitung eines situativen Analyse- und Bewertungsmodells ist als **dritte Zielsetzung** der Arbeit anzusehen. Dieser Anforderung wird durch Erarbeitung eines theoretisch und empirisch fundierten Modells, das Situationsanalyse und Governance-Analyse kombiniert, im vierten Kapitel aufgegriffen.

Die **vierte Zielsetzung** besteht in der Ableitung verallgemeinerbarer Handlungsempfehlungen in einem Code of Best Practice für mittelständische Familienunternehmen gegeben.

Die Ableitung von theoretischen und empirischen Anforderungen an Corporate Governance in mittelständischen Familienunternehmen findet im folgenden dritten Kapitel statt.

3 Anforderungen

Ziel des folgenden dritten Kapitels ist es, theoretische und empirische Anforderungen an eine integrierte Corporate Governance-Konzeption für mittelständische Familienunternehmen aufzuzeigen. Hierzu wird in Abschnitt 3.1 zunächst ein allgemeines theoretisches Framework zur normativen Grundlage der Corporate Governance abgeleitet, welches als Rahmen für die weitere Untersuchung herangezogen wird. In Abschnitt 3.2 wird dieses Framework auf das Betrachtungsobjekt mittelständische Familienunternehmen angepasst. In Abschnitt 3.3 werden Elemente der Systems der Corporate Governance mittelständischer Familienunternehmen diskutiert, welches sich aus Corporate Governance-Rahmenbedingungen, der Family Governance[520] sowie einzelnen Corporate Governance-Mechanismen zusammensetzt. In Abschnitt 3.4 wird in einem Zwischenfazit der Status Quo der Corporate Governance in mittelständischen Familienunternehmen festgehalten.

3.1 Theoretisches Framework zur Corporate Governance

Im Folgenden wird ein allgemeines konzeptionelles Framework zur Analyse von Corporate Governance, Unternehmensführung und Controlling erstellt. Zunächst wird in Abschnitt 3.1.1 auf die Operationalisierung der Größe ‚Erfolg' durch die beiden Konstrukte ‚Effizienz' und ‚Effektivität' eingegangen. In Abschnitt 3.1.2 wird der Zusammenhang von Corporate Governance und Erfolg thematisiert. In Abschnitt 3.1.3 stehen die Wechselwirkungen zwischen Corporate Governance und Controlling im Fokus der Betrachtung. Das Zwischenfazit in Abschnitt 3.1.4 resultiert in einem theoretischen Framework als Grundlage der weiteren Analyse.

3.1.1 Operationalisierung der Größe Erfolg durch Effizienz und Effektivität

In Abschnitt 1.1 der vorliegenden Arbeit wurde die These aufgestellt, dass eine integrierte Betrachtung von Corporate Governance, Unternehmensführung und Controlling den Erfolg eines Unternehmens erhöhen kann. Freilich könnte sich diese Verknüpfung auf theoretische Plausibilitätsüberlegungen beschränken. In einer stark situativ geprägten Sichtweise, welcher der vorliegenden Arbeit zugrunde liegt, kommt es jedoch bei einer argumentativen Verknüpfung der Größen Situation, Corporate Governance und Erfolg regelmäßig zu argumentativen Mehrdeutigkeiten.[521] Nicht zuletzt spielt das Äquifinalitätsprinzip an dieser Stelle eine wich-

[520] Die Family Governance beschreibt die Organisation und Leitung der Unternehmerfamilie. Vgl. einführend Koeberle-Schmid (2008a), S. 8ff.; Lange (2009), S. 141ff.

[521] Dies gilt gemäß Wolf (2008), S. 210ff. für alle situativen Untersuchungen mit Erfolgsanalysen.

tige Rolle.[522] Nur durch Integration einer Erfolgsanalyse kann dem Anspruch der vorliegenden Arbeit Genüge getan werden, eine Analyse und Bewertung der Corporate Governance mittelständischer Familienunternehmen zu analysieren.[523]

Um die eingangs aufgestellte These einer kritischen Prüfung zu unterziehen, wird zunächst die Größe Erfolg durch die beiden Konstrukte Effizienz und Effektivität operationalisiert.[524] Die Problematik der Erfolgsoperationalisierung kann als Grundlage der betriebswirtschaftlichen Erfolgsforschung angesehen werden.[525] Fragen der Effizienz und Effektivität werden in jüngster Vergangenheit häufig unter dem Oberbegriff des Organisationscontrolling diskutiert.[526] Dessen Hauptaufgabe ist die Erfolgs- oder Performancemessung, welche nach *Neely/Gregor/Platts* als Prozess der Quantifizierung von Effizienz und Effektivität einer Maßnahme definiert wird.[527]

Nur wenige Begriffe sind in der Betriebswirtschaftslehre so umstritten sind wie beiden Konstrukte Effizienz und Effektivität.[528] Neben einer Debatte um den konkreten Inhalt herrscht zudem weitestgehend Unklarheit darüber, ob Effizienz und Effektivität unterschiedliche Konstrukte oder Unterkategorien eines gemeinsamen Konstruktes darstellen.[529] So sprechen Autoren wie *Robalo* sowie *March/Sutton* von den Synonymen Effektivität und Erfolg.[530] *Schulte-Zurhausen* sieht eine deutliche Überordnung der Effektivität gegenüber der Effizienz, welche eine Unterkategorie der Effektivität darstelle.[531] *Becker/Benz* verzichten auf eine begriffliche Trennung von Effizienz und Effektivität, da sie die Effizienz im Vordergrund des betriebs-

[522] Dieses Prinzip beschreibt, dass es nicht ‚eine' eindeutige überlegene Organisationsstruktur für eine bestimmte Situation geben kann, da durch unterschiedliche Kombination einzelner Systemelemente in Bezug auf den Unternehmenserfolg gleichwertige Lösungen denkbar sind.

[523] An dieser Stelle wird darauf hingewiesen, dass Erfolgsanalysen in der Managementheorie durchaus problembehaftet sind. Neun gewichtige Punkte nennt Wolf (2008), S. 210ff.: (1) Unklarer Erfolgsbegriff, (2) Unzureichender Bezug der Erfolgsanalyse zu den Interessen einzelner Stakeholdergruppen, (3) Schwierigkeit der Ableitung geeigneter Erfolgskriterien und -indikatoren, (4) Problematische Erhebung erfolgsbezogener Informationen, (5) Multikausalität des Konstrukts Erfolg, (6) Fehlende Konkretisierung des Zeitbezugs, (7) Unklare Festlegung eines geeigneten Zeitfensters, (8) Unklarheit über das von der Unternehmensleitung anzustrebende Erfolgsniveau, (9) Fehlende Überprüfung der theoretischen Relevanz der angewandten Messkonzepte.

[524] Zum Zusammenhang der Größen Erfolg, Effizienz und Effektivität vgl. grundlegend Becker/Benz (1996), S. 22ff.; Sill (2009), S. 11ff. Daniel (2008), S. 1ff. bringt die Konstrukte Corporate Governance und Management bzw. Unternehmensführung in einen gemeinsamen Handlungskontext mit der Ausrichtung auf eine positive Unternehmensperformance. An dieser Stelle wird von Unternehmenserfolg gesprochen, da auf Corporate Governance, also die Governance von Unternehmen, abgestellt wird. Zur Analyse von öffentlichen Betrieben und Nicht-Regierungsorganisationen könnte der Begriff des Organisationserfolgs besser geeignet sein.

[525] Vgl. Sill (2009), S. 12.

[526] Vgl. grundlegend den Sammelband Werder/Stöber/Grundei (Hrsg., 2006) sowie den Beitrag von Krüger/Werder/Grundei (2008), S. 4ff.

[527] Vgl. Neely/Gregory/Platts (1995), S. 80.

[528] Vgl. Becker/Benz (1996), S. 22.

[529] Vgl. Zloch (2007), S. 61f.

[530] Vgl. Robalo (1992), S. 16; March/Sutton (1997), S. 705.

[531] Vgl. Schulte-Zurhausen (2002), S. 5.

wirtschaftlich-wirtschaftlichen Interesses sehen. In besonderem Maße gehen die Autoren von einer so genannten ‚zweckgerichteten Effizienz' aus. Falls eine Maßnahme nicht effektiv, d.h. zielführend, sei, erübrige sich die Bestimmung der Effizienz. *Becker/Benz* definieren die Größe Effizienz als „umfassendes Prädikat (..), mit dem Prozesse bzw. deren Ergebnisse im Sinne einer positiven Valenz in abstufbaren Merkmalen qualifiziert werden können“[532].

Zusammenfassend haben sämtliche Versuche, die Begriffe Effizienz und Effektivität trennscharf voneinander abzugrenzen, bisher zu keinem eindeutigen Ergebnis geführt.[533] Plausibel erscheint die Zuweisung der Umschreibung ‚doing the right things' an die Effektivität und ‚doing the things right' an die Effizienz.[534] Die Größe Effektivität wird folglich mit der prinzipiellen Ausrichtung auf die ‚richtigen' Ziele assoziiert, ohne diese Ziele jedoch in einem ersten Schritt näher zu spezifizieren.[535] Die Größe Effizienz umschreibt den Erreichungsgrad der vorab definierten Ziele unter expliziter Berücksichtigung einer Input-Output-Relation.[536] In der vorliegenden Arbeit wird dem im letzten Absatz dargestellten Verständnis gefolgt. Wie *Zloch* folgerichtig bemerkt, sind Effektivität und Effizienz zwei Größen, die auf unterschiedlichem Wege auf den Unternehmenserfolg einwirken.[537] Während die Effektivität über die Wirkungskette Erlöse – Erfolg – Liquidität wahrnehmbar ist, lassen sich Kostensenkungen und somit Effizienzsteigerungen vorrangig durch die Optimierung innerbetrieblicher Abläufe erreichen.[538] Effizienz und Effektivität werden als Subkategorien des übergeordneten Erfolgsbegriffs operationalisiert. Erfolg ist also im Verständnis der vorliegenden Arbeit eine zielgerichtete Ausprägung der Effizienz.

Erfolgsverständnis der vorliegenden Arbeit

Effizienz und Effektivität weisen eine Zielorientierung auf, die für die Betrachtung von Corporate Governance sehr wichtig ist.[539] Es wird darauf hingewiesen, dass die Erfolgsbetrachtung stets perspektivabhängig ist, d.h. aus der Sicht verschiedener Anspruchsgruppen sind un-

---

532 Becker/Benz (2006), S. 25.

533 Vgl. Becker/Benz (1996), S. 24. Eine aktuelle Übersicht über den Stand der Literatur gibt Sill (2009), S. 13ff. Da die Bestimmung von Effizienz und Effektivität der Corporate Governance für den argumentativen Teil der vorliegdenden Arbeit sehr wichtig ist, konkrete Messungen im Governance-Modell aber nicht vorgenommen werden, wird keien Aufarbeitung der vollständigen Literatur zu Effizienz und Effektivität vorgenommen, sondern auf existierende Übersichten verwiesen.

534 Vgl. Mellewigt/Decker (2006), S. 54ff.

535 Vgl. Schulte-Zurhausen (2002), S. 5. Ähnlich auch Amshoff (1993), S. 439; Niedermayer (1995), S. 332ff.

536 Dieses Verständnis ist in der Literatur auch als ‚allgemeines Effizienzverständnis' bekannt. Vgl. Häberle (Hrsg., 2008a), S. 326. Eine ähnliche Definition verwendet Sill, welche die Effizienz als Größe betrachtet, „die die Eignung einer Maßnahme zur Erreichung eines bestimmten Ziels mit dem erforderlichen Aufwand in Beziehung setzt“. Sill (2009), S. 15.

537 Vgl. Zloch (2007), S. 62.

538 Vgl. Zloch (2007), S. 63.

539 Vgl. Hausch (2004), S. 61ff.; Funk/Rossmanith (2007), S. 6.

terschiedliche Ziele für die Erfolgsbestimmung relevant.[540] Aus Zwecken der Operationalisierung muss jedoch stets eine modelltheoretische Vereinfachung Anwendung finden. Zudem wird von einer Gleichbedeutung von Effizienz und Effektivität ausgegangen, welche *Sill* als „doing the right things right"[541] zusammenfasst.

Die Corporate Governance eines Unternehmens ist effizient, wenn vorab definierten Ziele unter der Minimierung von Zeit und Kosten erreicht werden. Es gilt die einfache Mindestvoraussetzung, dass der Zuwachs im Zielerreichungsgrad größer sein muss als der monetär bewertbare Aufwand für zusätzliche Corporate Governance-Maßnahmen hinsichtlich der Veränderungen von Strukturen und Prozessen. Als geeignetes Maß für die Effizienz wird in Anlehnung an *Bassen et al.*[542] die Gesamtkapitalrentabilität verwendet. Eine höhere Gesamtkapitalrentabilität wird folglich mit höherer Effizienz gleichgesetzt.[543]

Die Corporate Governance eines Unternehmens ist effektiv, wenn langfristig die richtigen Ziele verfolgt werden. Dies bedeutet für mittelständische Familienunternehmen, dass sie eine Strategie der langfristigen Unternehmenswertsteigerung unter Berücksichtigung relevanter Stakeholderinteressen verfolgen.[544] Sie tun dies, um eine langfristige Überlebensfähigkeit des Unternehmens sicherzustellen. Die Effektivität der Corporate Governance muss messbar gemacht werden, um Veränderungen analysieren zu können.[545] Die Effektivität kann entweder als absolute oder relative Größe definiert werden. Letzteres impliziert die Messung des Erreichungsgrades der vorab definierten Ziele. Dies könnte problematisch sein, da nicht alle mittelständischen Familienunternehmen ihre Ziele explizit definieren.[546] Die Effektivität eines Unternehmens ist auf das Oberziel der langfristigen Überlebensfähigkeit ausgerichtet. Dieses Kriterium ist nur sehr schwer erfassbar. Denkbar wäre beispielsweise ein Vergleich des langfristigen Unternehmensbestands von Unternehmen mit vorbildlicher und weniger guter Corporate Governance.[547] Für eine modellhafte Untersuchung müssen jedoch Effektivitätsindikatoren etabliert werden.[548] Für die vorliegende Untersuchung werden Wachstumsgrößen als Effektivitätsindikatoren verwendet. Insbesondere Mitarbeiterwachstum und Umsatzwachstum

540 Vgl. Schenk (1998), S. 64.
541 Sill (2009), S. 16.
542 Vgl. Bassen et al. (2006), S. 380.
543 Littkemann/Derfuß (2009a), S. 67 weisen darauf hin, dass Corporate Governance durch die Vereinheitlichung von Verhaltensweisen und Entscheidungen zu Rationalisierungs- und Koordinationseffekten und somit indirekt einer größeren Effizienz eines Unternehmens führen.
544 Vgl. Becker/Staffel/Ulrich (2009b), S. 267ff.
545 Nur durch Messbarmachung wird eine Quer- und Längsschnittanalyse der Güte der Corporate Governance ermöglicht.
546 Vgl. Becker/Ulrich/Baltzer (2009b), S. 10.
547 Vgl. für ähnliche Überlegungen und eine Erweiterung zur Unterscheidung von ‚good governance' und ‚great governance' Weichsler (2009), S. 177f.
548 Vgl. persönliches Gespräch mit PD Dr. Thomas Steger am 17.02.2009 in Chemnitz. Eine Übersicht über mögliche Effektivitätsindikatoren von Untenehmen gibt Deuringer (2000), S. 140ff.

werden als charakteristisch für eine effektive Corporate Governance interpretiert.[549] Hiermit wird implizit unterstellt, dass die Erreichung von Wachstum ceteris paribus auch den Erfüllungsgrad der Ziele relevanter Stakeholder verbessert.

In jüngster Zeit werden auch indirekte Methoden der Operationalisierung von Effizienz und Effektivität diskutiert, z.B. indem in quantitativen Untersuchungen Konstrukte in mehrere Teilfragen zerlegt werden.[550] Eine solche Vorgehensweise bietet sich für die vorliegende, qualitativ-empirisch geprägte Untersuchung zwar nicht an, kann aber für eine Überprüfung der zu erstellenden Corporate Governance-Konzeption durchaus überzeugen.[551] Nachdem die Operationalisierung der Konstrukte Erfolg, Effizienz und Effektivität erläutert wurde, schließt sich eine Analyse des Zusammenhangs von Corporate Governance und Unternehmenserfolg an.

3.1.2 Zusammenhang von Corporate Governance und Unternehmenserfolg

Bisher wurde in der theoretischen Betrachtung der vorliegenden Arbeit die Verbindung von Corporate Governance und Unternehmenserfolg nicht oder nur am Rande betrachtet. Die Etablierung von Corporate Governance-Mechanismen soll aus theoretischer Perspektive zur Prävention von Krisen und letztendlich zur Steigerung von Effizienz und Effektivität der Unternehmensführung beitragen.[552] Dies erscheint plausibel, da gemäß Pareto-Effizienzüberlegungen ein Unternehmen nur so viel an Mehraufwand für Corporate Governance-Mechanismen einsetzen wird, dass der Nutzen, der durch diese Mechanismen entsteht, den Aufwand zumindest kompensiert, wenn nicht sogar übertrifft.[553]

3.1.2.1 Analyse der Wirkungsweise

Prinzipiell lässt sich die vermutete positive Wirkungsweise von Corporate Governance auf den Erfolg eines Unternehmens mit Hilfe der vier folgenden kardinalen Ansätze[554] theoretische Argumentation, externe Evaluation, Compliance und interne Evaluation erklären.[555]

Theoretische Argumentation

Da börsennotierte Großunternehmen im Fokus der Öffentlichkeit stehen, ist zumeist eine ar-

---

549 Vgl. für eine ähnliche Operationalisierung Harms (2004), S. 98f.

550 Littkemann/Derfuß (2009), S. 41ff. beschreiben eine solche Vorgehensweise in der Controllingforschung, in der in der jüngsten Vergangenheit mehrfach indirekte Operationalisierungen über Nutzen- (z.B. Zufriedenheit der relevanten Akteure mit den bereit gestellten Informationen) und Kostenaspekte (z.B. beanspruchte Zeit der Führungskräfte) verwendet wurden.

551 Vgl. Abschnitt 5.5 der vorliegenden Arbeit.

552 Vgl. Solomon (2007), S. 73; Wagenhofer (2009), S. 11ff.

553 Vgl. Klein (2009), S. 63ff.; Wagenhofer (2009), S. 12.

554 Für eine Übersicht über theoretische und empirische Ansätze zur Evaluation von Corporate Governance-Systemen vgl. Zöllner (2007), S. 51ff.

555 Diese von Zöllner aufgeführte Gliederung in vier Teilbereiche wird für die folgende Untersuchung übernommen.

gumentative Verknüpfung von guter Corporate Governance mit steigenden Börsenkursen zu vernehmen.[556] Diese Plausibilitätsüberlegung erfolgt mit Hilfe von Transaktions- und Agenturkosten. Gute Corporate Governance soll das Risiko opportunistischen Verhaltens durch externe Manager senken, somit das wahrgenommene Risiko tatsächlicher und potentieller Anteilseigner vermindern, deren Rendite erhöhen und letztendlich die Eigenkapitalkosten der Unternehmung senken.[557]

Modelltheoretisch wurden gute Corporate Governance und Unternehmenswert von *Beiner*[558] verbunden (vgl. Abb. 3-1).

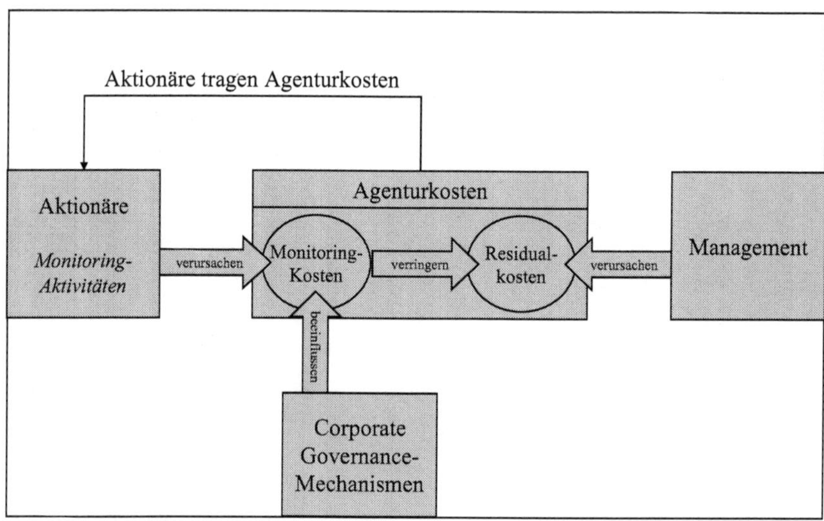

Abbildung 3-1: Wirkungsweise von Agenturkosten[559]

Der Autor verbindet – unter Zuhilfenahme der Größe Shareholder Value – den direkten Einfluss der Corporate Governance auf die Monitoringkosten, welche durch Corporate Governance-Mechanismen verursacht und von Prinzipalen getragen werden, mit dem indirekten Einfluss des Managements auf die Residualkosten, welche durch die Trennung von Eigentum und Leitung verursacht werden. Corporate Governance-Instrumente beeinflussen die Höhe der Monitoringkosten. Als Folge werden Prinzipale die Kontrollaktivitäten und somit Monito-

556 Vgl. z.B. La Porta et al. (2002).
557 Vgl. Black/Jang/Kim (2006), S. 375.
558 Vgl. Beiner (2005), S. 45ff.; Bassen/Zöllner (2009), S. 46ff.
559 In Anlehnung an: Zöllner (2007), S. 53.

ringkosten steigern, bis deren Grenzkosten der Abnahme der Residualkosten entsprechen. In diesem Punkt ergibt sich kostenseitig eine Governance-Effizienz.[560] Eine Verringerung der Residualkosten und somit eine Steigerung des Unternehmenswerts kann nur durch Verbesserung der Corporate Governance erreicht werden.[561] Das dargestellte Modell eignet sich jedoch nur beschränkt für die Analyse mittelständischer Familienunternehmen, da es auf einer Fiktion der Trennung von Eigentum und Leitung beruht, die in den betrachteten Unternehmen nur selten vorliegt.[562]

Externe Evaluation

Eine weitere Möglichkeit, die Güte der Corporate Governance zu bewerten, ist die Anwendung von Rankings oder Scoring-Modellen.[563] Im Rahmen solcher Methoden werden eigene Modelle aufgestellt, meist durch Aggregation verschiedener Merkmale zu einem gesamthaften Index. Eine Übersicht über solche externen Ratings gibt *Zöllner*.[564] Erwähnenswert erscheint eine der ersten Studien zu diesem Themenbereich, welche von *Gompers/Ishii/Metrick*[565] durchgeführt wurde. Die Autoren nutzen für ihre Analyse 24 der Corporate Governance-Elemente des Katalogs des Investor Responsibility Research Center (IRRC). Diese Informationen werden zu einem individuellen Index, dem Corporate Governance-Index (GIM) aggregiert. Auf dieser Basis evaluieren die Autoren die Corporate Governance von 1500 US-amerikanischen Unternehmen. Aus dieser Gesamtheit bilden *Gompers/Ishii/Metrick* zwei Portfolios, die jeweils Unternehmen mit guter respektive schlechterer Corporate Governance enthalten. Die Betrachtung der Unternehmensperformance bezieht sie sich auf die Jahre 1990 bis 1999. Die Untersuchung zeigt, dass das Portfolio der Unternehmen mit ‚guter' Corporate Governance signifikant bessere Erfolgskennzahlen aufweist. Als weiteres wichtiges Rating kann das des Institutional Shareholder Service (ISS) angesehen werden, welches aus 61 Items in sieben Kategorien besteht. Einige Untersuchungen, z.B. von *Brown/Caylor*[566], können einen positiven Zusammenhang zwischen Rating und Tobin's Q[567] nachweisen.

Compliance

Der Ansatz, die Güte von Corporate Governance über Compliance[568], also im eigentlichen

---

560 Vgl. Zöllner (2007), S. 54.
561 Vgl. Bassen/Zöllner (2009), S. 47.
562 Vgl. Abschnitt 2.1.4 der vorliegenden Arbeit.
563 Vgl. Bassen et al. (2006), S. 376ff.
564 Vgl. Zöllner (2007), S. 54ff. Eine Bewertung geben auch Jarrett/Stokes (2007), S. 10ff.
565 Vgl. Gompers/Ishii/Metrick (2003).
566 Vgl. Brown/Caylor (2005).
567 Tobin's Q setzt den Marktwert eines Vermögensgegenstands in Bezug zu den Wiederbeschaffungskosten. Vgl. Häberle (Hrsg., 2008b), S. 1234.
568 Der Begriff Compliance umschreibt „die Pflicht, die für das Unternehmen geltenden Gesetze einzuhalten". Vetter (2008), S. 29.

Sinne durch Entsprechen vorab definierter Regeln oder Leitlinien zu messen, wird vorrangig im europäischen Raum verwendet.[569] Als Grundlage dienen die im europäischen Raum erlassenes Kodizes wie z.B. der DCGK[570] in Deutschland, der Combined Code[571] in Großbritannien oder der Swiss Code of Best Practice[572] in der Schweiz. Das erste Land, welches sich explizit mit Regelungen der Corporate Governance beschäftigte, war Großbritannien. In kurzer Abfolge wurden verschiedene Berichte von Kommissionen, namentlich der ‚Cadbury Report'[573] (1992), der ‚Greenbury Report'[574] (1998) und der ‚Hampel Report'[575] (1998) vorgelegt, die in einem einheitlichen Regelwerk, dem Combined Code, zusammengefasst wurden. Dieser ist für an der Londoner Börse notierten Unternehmen verbindlich.[576] Erstmals wurden von der OECD im Jahr 1999 internationale Grundsätze der Corporate Governance vorgelegt[577] und unter dem Titel ‚OECD Principles of Corporate Governance' veröffentlicht.[578] Im April 2004 wurde eine Überarbeitung der Prinzipien durch die OECD präsentiert.[579]

Durch die im Jahr 2000 in Deutschland eingesetzte Regierungskommission Deutscher Corporate Governance Kodex wurden konkrete Empfehlungen erarbeitet, wie das deutsche System der Corporate Governance an die sich verändernden Außenbedingungen angepasst werden könne.[580] Der DCGK ist als letzter Schritt in einem seit ca. dem Jahr 2000 einsetzenden Entwicklungsprozess der Debatte um Corporate Governance in Deutschland zu sehen. Auf diesem Wege sind unter anderem der Code of Best Practice der ‚Grundsatzkommission Corporate Governance'[581] (2000), die Corporate Governance-Scorecard der Deutschen Vereinigung für Finanzanalysten und Asset Management (DVFA) (2000)[582], der Elf-Punkte-Katalog des ‚Berliner Initiativkreis' mit dem daraus entstandenen ‚German Code of Corporate Governance' (GCCG)[583] bis hin zur ersten Version des DCGK im Februar 2002 entstanden. Zudem ist der im Jahr 2004 erarbeitete ‚Corporate-Governance-Kodex für Familienunternehmen'[584] zu nennen, welcher die Notwendigkeit einer Family Governance und den Vorrang von Unter-

569 Vgl. z.B. Werder/Talaulicar/Kolat (2005); Pasalic (2007); Werder/Talaulicar (2008).
570 Vgl. einführend Talaulicar (2002); Regierungskommission Deutscher Corporate Governance Kodex (2007); Regierungskommission Deutscher Corporate Governance Kodex (2009).
571 Vgl. Financial Reporting Council (2006).
572 Vgl. SWX (2008).
573 Vgl. Cadbury Committe (1992).
574 Vgl. Greenbury Commission (1998).
575 Vgl. Committe on Corporate Governance (1998).
576 Vgl. Schneider (2001), S. 2416.
577 Vgl. Staud (2009), S. 32.
578 Vgl. OECD (1999).
579 Vgl. OECD (2004).
580 Vgl. Kreuzgrabe (2009), S. 14.
581 Vgl. Grundsatzkommission Corporate Governance (2000).
582 Vgl. DVFA (2000).
583 Vgl. Berliner Initiativkreis German Code of Corporate Governance (2001a); Berliner Initiativkreis German Code of Corporate Governance (2001b).
584 Vgl. Kommission Governance Kodex für Familienunternehmen (2006), S. 543ff.

nehmensinteressen gegenüber Familieninteressen betont.[585] Durch das TransPuG ist der DCGK in § 161 AktG nun auch gesetzlich verankert. Im Sinne eines comply-or-explain-Prinzips müssen alle börsennotierten Unternehmen zu den einzelnen Empfehlungen des DCGK eine Entsprechenserklärung abgeben. Abweichungen sind von Vorstand und Aufsichtsrat zu begründen.

Die Güte der Corporate Governance kann nun auf Basis der Entsprechenserklärung zu den genannten Kodizes überprüft werden. In diesem Zusammenhang wird folglich ein hoher prozentualer Entsprechensanteil mit einer guten Corporate Governance gleichgesetzt. Problematisch an einer solchen Vorgehensweise ist die Tatsache, dass nicht zwischen der Güte einer Regulierung und der Qualität der Corporate Governance differenziert werden kann.[586] *Malik* weist darauf hin, dass die in Kodizes vorherrschenden juristischen und finanzwirtschaftlichen Formalregeln, welche die heutige Diskussion um Corporate Governance dominieren, zu einer falschen Entwicklung der Wirtschaft führten. ‚Best Practice' und ‚Good Governance' könnten dolose Entwicklungen nicht verhindern und erfolgreiches Handeln nicht sicherstellen.[587] Diese Einschätzung erscheint zwar harsch, birgt aber dennoch wahre Fakten. Corporate Governance ist lediglich ein ‚Hygienefaktor' des unternehmerischen Handelns. Sie kann dolose Handlungen zwar vermeiden, ‚richtige' Handlungen hängen aber vom Handeln der Entscheidungsträger in Unternehmen ab.[588] Da für die in der vorliegenden Arbeit betrachtete Gruppe der mittelständischen Familienunternehmen überwiegend keine Anwendung von Kodizes verpflichtend ist, müssen noch weitere Evaluationsalternativen herangezogen werden.[589]

Interne Evaluation

Als interne Evaluation werden Ansätze zusammengefasst, die selbstständig entwickelte Maßstäbe für die Bewertung von Corporate Governance umfassen.[590] Ein Beispiel für eine solche Vorgehensweise ist im deutschsprachigen Raum die Studie von *Drobetz/Schillhofer/Zimmermann* aus dem Jahr 2004.[591] Die Autoren kombinieren Aspekte des DCGK mit der Scorecard der DVFA. Für Schweizer Unternehmen stellt *Beiner* einen Corporate Governance-Index aus 38 Aspekten wie z.B. die Größe und die Unabhängigkeit des Boards zusammen. Es kann eine signifikant positive Korrelation mit Tobin's Q nachgewiesen werden. Einen relativ neuen Ansatz liefert *Weichsler*[592]. Der Autor erstellt auf Basis einer empirischen Untersuchung zur

---

585 Vgl. Kellersmann/Winkeljohann (2007), S. 410f.
586 Bassen et al. (2006) zeigen, dass es einen Unterschied zwischen der Corporate Governance gemäß Entsprechenserklärung und der faktischen Corporate Governance geben kann.
587 Vgl. Malik (2008a), S. 18.
588 Vgl. persönliches Gespräch mit Prof. Dr. Anja Tuschke am 08.06.2009 in München.
589 Vgl. Becker/Ulrich (2008), S. 266f.
590 Vgl. Zöllner (2007), S. 60ff.
591 Vgl. Drobetz/Schillhofer/Zimmermann (2004a); Drobetz/Schillhofer/Zimmermann (2004b).
592 Vgl. Weichsler (2009).

Verbindung von Corporate Governance und Shareholder Value von Schweizer Unternehmen ein individuelles Ranking. Auf dieser Basis kann *Weichsler* einen positiven Zusammenhang zwischen guter Corporate Governance und Shareholder Value nachweisen.[593]

Letztlich erscheint für die Analyse der Corporate Governance mittelständischer Familienunternehmen eine gemischte Vorgehensweise sinnvoll. Zunächst ist aufgrund der Heterogenität dieses Betriebstyps ein allgemeingültiger Kodex abzulehnen.[594] Um jedoch eine willkürliche und vollkommen vergleichsfreie Evaluation der Corporate Governance mittelständischer Familienunternehmen zu vermeiden, wird in der vorliegenden Arbeit ein eigenständiger Kriterienkatalog entwickelt, welcher auf Best Practice-Empfehlungen und Kodizes beruht sowie um theoretische und empirische Aspekte angereichert wird. Im Folgenden wird eine kurze Übersicht über Befunde zur Erfolgswirkung der Corporate Governance gegeben.

3.1.2.2 Befunde zur Verbindung von Corporate Governance und Erfolg

Zur Verbindung der Größen Corporate Governance und Erfolg gibt es, wie bereits erwähnt, zahlreiche, voneinander größtenteils abweichende theoretische und empirische Befunde.[595] Obgleich es bisher nicht gelungen ist, einen eindeutigen empirischen Beleg dafür zu erbringen, dass gute Corporate Governance den Erfolg von Unternehmen steigert, gibt es bereits vielversprechende Operationalisierungsversuche.

Die erste umfassende Studie zum Zusammenhang zwischen Corporate Governance und Erfolgsmaßen bei deutschen Unternehmen wurde in der bereits erwähnten Studie von *Drobetz/Schillhofer/Zimmermann*[596] durchgeführt. Weitere Studien von *Zimmermann/Goncharov/Werner*[597] und *Nowak/Rott/Mahr*[598] kommen zu recht unterschiedlichen Ergebnissen. In einer aktuellen Studie gelingt es *Bassen et al.*[599], zumindest für den Teilbereich des Vorstands eine positive Korrelation zwischen guter Corporate Governance und Unternehmenserfolg festzustellen. Auch *Velte* kann in einer sehr aktuellen Studie nur mäßige Zusammenhänge von Corporate Governance und Performance nachweisen.[600] Während als Indikator für gute Corporate Governance die Compliance-Erklärungen der jeweiligen Aktiengesellschaften herangezogen werden, dienen als Maße für den Erfolg der Unternehmen die Gesamtkapitalrendite, Tobin's

[593] Vgl. Weichsler (2009), S. 138ff.
[594] Des Weiteren bestehen hier traditionell weniger Konflikte zwischen Gesellschaftern und Organen. Vgl. Hennerkes (2004), S. 260.
[595] Eine gelungene Übersicht gibt Zöllner (2007), S. 51ff. Vgl. auch Bassen/Zöllner (2009), S. 43ff.
[596] Vgl. Drobetz/Schillhofer/Zimmermann (2004a); Drobetz/Schillhofer/Zimmermann (2004b).
[597] Vgl. Zimmermann/Goncharov/Werner (2004).
[598] Vgl. Nowak/Rott/Mahr (2005).
[599] Vgl. Bassen et al. (2006).
[600] Vgl. Velte (2009), S. 702ff.

Q sowie die Aktienrendite.[601]

Die Frage nach der Ausgestaltung der Unternehmensführung im Hinblick auf eine positive Erfolgswirkung wird seit längerem auch unter dem Oberbegriff Corporate Governance geführt.[602] *Strenger* stellte hierzu bereits im Jahr 2002 fest: „Bei der Suche nach den ‚wahren Werten' kann auch Corporate Governance keine perfekte Orientierung bieten".[603] Folgt man der Auffassung von *Pölert*, ist Corporate Governance als interaktionsorientierter Ansatz der aktionärs- oder eigentümerorientierten Unternehmensführung zu sehen.[604] Diese ist wiederum in den größeren Kontext der wertorientierten Unternehmensführung zu stellen.[605] Der globale Wettbewerb von Unternehmen um knappe Ressourcen – Kunden, Mitarbeiter und Kapital – bedingt die Hinwendung zum Ziel der Wertsteigerung von Unternehmen.[606] Der primäre Zweck von Unternehmen – die Schaffung von Wert zur Sicherung der langfristigen Überlebensfähigkeit – ist unstrittig.[607] Nur durch langfristige Wertschöpfung kann die Existenz von Unternehmen nachhaltig gesichert werden.

Auch in der vorliegenden Untersuchung wird davon ausgegangen, dass ein modifiziertes Stakeholder-Konzept Grundlage der Corporate Governance mittelständischer Familienunternehmen sein sollte. Das Oberziel der Unternehmensführung besteht nach diesem bereits erläuterten Verständnis in der Sicherung der nachhaltigen, langfristigen Überlebensfähigkeit des Unternehmens.[608] Gleichzeitig müssen berechtigte Stakeholderinteressen berücksichtig und befriedigt werden. Eine weitere, nicht zu vernachlässigende Rolle spielt die effiziente und effektive Kapitalallokation[609]. Eine der Ziele der vorliegenden Untersuchung ist die argumentative Verknüpfung der Konstrukte Corporate Governance und Erfolg in mittelständischen Famili-

---

601 Vgl. Bassen et al. (2006), S. 375ff.

602 Vgl. Daniel (2008), S. 1.

603 Strenger (2002), S. 118.

604 Vgl. Pölert (2007), S. 1ff.

605 Neben dem Begriff der wertorientierten Unternehmensführung werden auch die Begriffe Wertmanagement und wertorientiertes Management synonym verwendet. Vgl. Stiefl/von Westerholt (2008), S. 1. Die synonyme Verwendung der Begriffe Wertmanagement und Shareholder Value ist jedoch abzulehnen, da der Shareholder Value-Ansatz das Ziel der Maximierung der Eigentümerrendite vorgibt, während die wertorientierte Unternehmensführung die Maximierung des gesamten Unternehmenswertes anstrebt. Vgl. hierzu grundlegend Rappaport (1999), S. 15f.

606 Ebenda. Die Hinwendung zur Wertorientierung wird von einigen als großer Schritt in der Entwicklung der Betriebswirtschaftslehre gesehen: „Die Hinwendung zum Wertmanagement (…) ist die wohl tiefgreifendste Veränderung im Wirtschaftsleben der letzten Dekade". Spremann/Pfeil/Weckbach (2001), S. 27. Im Allgemeinen werden hauptsächlich vier Entwicklungen als Grundlage der Enstehung einer wertorientierten Unternehmensführung angesehen: die aufkommende Prinzipal-Agent-Theorie, die steigende Bedeutung institutioneller Investoren, die große Anzahl von Unternehmensübernahmen, die auf einer Lücke zwischen strategischem und tatsächlichem Marktwert eines Unternehmens beruhten, sowie der Kritik an traditionellen Kennzahlen. Vgl. Stiefl/von Westerholt (2008), S. 11.

607 Vgl. z.B. Grant/Nippa (2006), S. 63ff.

608 Vgl. Abschnitt 2.2.1 der vorliegenden Untersuchung.

609 Vgl. persönliches Gespräch mit Prof. Dr. Alexander Bassen und Dr. Christine Zöllner am 24.02.2009 in Hamburg.

enunternehmen. Einen weiteren Aspekt im Kontext der Erstellung einer spezifischen Corporate Governance-Konzeption für mittelständische Familienunternehmen stellt die Betrachtung der Wechselwirkungen von Corporate Governance und Controlling dar.[610]

3.1.3 Wechselwirkungen zwischen Corporate Governance und Controlling

Die praktische Relevanz des Controlling ist mittlerweile unumstritten.[611] Kaum ein Unternehmen verzichtet heutzutage auf Controlling, das je nach Situation, Unternehmen und Verständnis als Informations-, Planungs-, Steuerungs- und/oder Kontrollinstrument operationalisiert wird. Betrachtet man die Debatte um Corporate Governance in Deutschland, verwundert es, welch geringe Rolle das Controlling an dieser Stelle spielt. Der DCGK kennt umfassende Controllingkonzeptionen offenbar gar nicht, erwähnt er doch das Controlling nur ein einziges Mal im Zusammenhang des Risikocontrolling[612]: „Der Vorstand sorgt für ein angemessenes Risikomanagement und Risikocontrolling im Unternehmen."[613]

Autoren aus Wissenschaft und Praxis sprechen sich seit längerem für eine stärkere Einbeziehung des Controlling in die Debatte um Corporate Governance aus, da sich Corporate Governance und Controlling in Zielen und Aufgaben nahe stehen.[614] Ob und inwiefern das Controlling im Rahmen von Corporate Governance allgemeine oder spezifische Funktionen übernimmt oder übernehmen sollte, konnte bisher jedoch nicht abschließend geklärt werden. Die Antwort auf diese Frage hängt insbesondere von der gewählten Operationalisierung der beiden Konstrukte ab.[615] Der folgende Abschnitt widmet sich den Fragen, welchen Einfluss Corporate Governance auf das Controlling besitzt und mit welchen Argumenten die unterstützende Funktion des Controlling für Corporate Governance erklärt werden kann.

3.1.3.1 Gemeinsamer Handlungskontext

In dieser Arbeit wurde in Abschnitt 3.1 die Wertschöpfung als Zwecksetzung wirtschaftlichen Handelns definiert, welcher sich in den Facetten Bedürfnisbefriedigung, Bedarfsdeckung und Entgelterzielung konkretisiert:[616] Setzt man das hier verfolgte wertschöpfungsorientierte Controllingverständnis voraus, so lässt sich ein gemeinsamer Handlungskontext von Corporate Governance und Controlling erkennen. Hauptaufgabe der Corporate Governance ist es, die Voraussetzungen für die Erreichung der übergeordneten Zielsetzung von Unternehmen, der langfristigen Überlebensfähigkeit, sicherzustellen. Unternehmen benötigen aus diesem Beg-

610 Die folgenden Ausführungen folgend der grundlegenden Struktur des Beitrags von Becker/Ulrich (2010a).
611 Vgl. Weißenberger (2002), S. 389 ff.
612 Vgl. kritisch zur Vernachlässigung des Controlling Günther (2004), S. 44.
613 Vgl. Regierungskommission Deutscher Corporate Governance Kodex (2007).
614 Vgl. Scheffler (2004), S. 98.
615 Vgl. für die vorliegende Arbeit die Abschnitte 2.2.3 und 2.3.
616 Vgl. Becker (2009), S. 41.

riffsverständnis heraus einen rechtlichen, organisatorischen und informatorischen Ordnungsrahmen.[617] Compliance ist als Teilbereich der Unternehmensverfassung zu sehen, welcher sich mit der Schaffung und Durchsetzung von Regelungen befasst, die der Sicherstellung dieses Ordnungsrahmens dienen. Risk Management wird als prozessintegrierte Ausprägung von Überwachung und Kontrolle interpretiert.

Die drei genannten Konstrukte sind jedes für sich auf die Erreichung des Oberzwecks der Wertschöpfung auszurichten. Wenn dem Controlling primär die Aufgabe des initialisierenden Anstoßens und Ausrichtens des unternehmerischen Handelns auf den Oberzweck der Wertschöpfung zukommt, ist damit zu rechnen, dass das Controlling auch für die jeweiligen Teilsysteme des Supersystems Unternehmen jeweils diesen Zweck übernehmen sollte. Folglich ist diese Aufgabe des Controlling auch auf die Bereiche der Corporate Governance übertragbar. In Abhängigkeit vom gewählten Abstraktionsniveau lassen sich mehrere Wechselwirkungen zwischen Corporate Governance und Controlling unterscheiden.[618]

Zum einen kann Corporate Governance als Objekt des Controlling interpretiert werden. Hier verrichtet das Controlling Informations-, Abstimmungs- und Lokomotionsfunktionen. Zum anderen kann das Controlling die Umsetzung und Wirkungsweise von Corporate Governance-Mechanismen in Unternehmen unterstützen. Dies umfasst Aspekte wie z.B. das Berichtswesen sowie die Mitgestaltung von Anreizsystemen durch das Controlling. In einer weiteren Interpretation der Schnittstellen von wertschöpfungsorientiertem Controlling und Corporate Governance ist die Mitwirkung des Controlling im Rahmen der Corporate Governance derart zu interpretieren, dass das Controlling durch effiziente und effektive Erfüllung seiner originären und derivativen Funktionen selbst zu einem Teilbereich[619] von ‚Good Governance' wird. Nicht zuletzt wirkt sich die Aufgabe des Controlling, die Unternehmensführung mit geeigneten Methoden, Instrumenten und Werkzeugen zu versorgen,[620] dahingehend aus, dass diese auch für die Zwecke von Corporate Governance nutzbar gemacht werden. Als Beispiele können Kennzahlensysteme angeführt werden, welche unter anderem als Basis für wertorientierte Anreizsysteme[621] genutzt werden können.

3.1.3.2 Ausgewählte Beispiele

Als Beispiele zu den Wechselwirkungen von Corporate Governance und Controlling werden die Aspekte Berichtswesen, Anreizsysteme und Risikocontrolling kurz diskutiert.

617 Vgl. Horváth (2009), S. 699.
618 Vgl. auch persönliches Gespräch mit Prof. Dr. Uwe Götze am 10.02.2009 in Chemnitz.
619 Ähnlich argumentiert auch Wall (2008b), S. 228ff.
620 Vgl. Becker/Baltzer (2009a), S. 22 ff.
621 Zur Notwendigkeit wertorientierter Anreizsysteme vgl. Hirsch (2006), S. 274 f.

Im Rahmen des Berichtswesens ist die Informationsversorgungsfunktion durch das Controlling hervorzuheben. Das Controlling untersteht hierarchisch dem Vorstand und versorgt diesen, aber auch andere Entscheidungsträger und Akteure mit Informationen (vgl. Abb. 3-2). Die Berichtsfunktion des Controlling für Akteure der obersten Unternehmensleitung kann wiederum in drei primäre Bereiche unterteilt werden:[622]

- Informationsbereitstellung für den Lagebericht,
- Informationsbereitstellung für die Abschlussprüfung,
- Berichterstellung für den Aufsichtsrat.

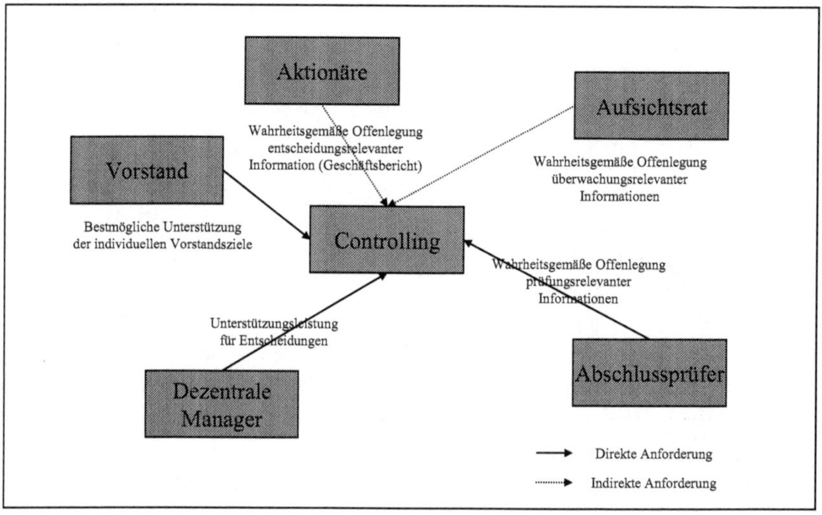

Abbildung 3-2: (Informations)Anforderungen an das Controlling[623]

Die Inhalte von Berichten des Vorstands an den Aufsichtsrat sind in § 90 Abs. 1 AktG gesetzlich geregelt. Die Berichterstellung erfolgt meist in standardisierter Form, z.B. in Form durch das Controlling vorbereiteter integrierter Kennzahlensysteme.[624] Die Informationsbereitstellung für den Lagebericht bezieht sich auf einen Großteil der dort enthaltenen Informationen, welche durch das Controlling zur Verfügung gestellt werden. Dies sind unter anderem die Investitionsplanung, Planungsprämissen für die operative und strategische Planung sowie die

622 Vgl. Wall (2008b), S. 231 f.

623 In Anlehnung an: Wall (2008b), S. 233.

624 Hier könnte als Beispiel die Balanced Scorecard angeführt werden, welche in ihrer einfachen Form als integriertes Kennzahlensystem verstanden werden kann. Vgl. Brühl (2004), S. 430.

Berichterstattung über verwendete Methoden des Risikomanagements.[625]

Die Gestaltung von Anreizsystemen dient der Harmonisierung der Interessen verschiedener Interessengruppen. Dies ist nicht nur, aber besonders für die Vergütung des Vorstands von Bedeutung. Während die Festlegung der Vorstandsvergütung weitgehend Aufgabe des Aufsichtsrats ist, fällt die Gestaltung von Anreizsystemen für nachgelagerte Hierarchieebenen dem Vorstand zu. Dort ist das Controlling tendenziell in starkem Maße eingebunden, da es die wertorientierten Bemessungsgrundlagen für derartige Systeme zur Verfügung stellt. Eine empirische Erhebung zeigt, dass für Anreizsysteme noch zu selten Wertbeitragskennzahlen verwendet werden.[626] Eine der Hauptaufgaben des Controlling im Rahmen von Corporate Governance muss es vor dem Hintergrund von Effizienz und Effektivität sein, die Wertorientierung bei der Gestaltung von Anreizsystemen weiter voranzutreiben.

Das Risikocontrolling ist vor dem Hintergrund von Committee of Sponsoring Organizations of the Treadway Commission (COSO) und KonTraG[627] eine wichtige Funktion des Controlling im Rahmen von Corporate Governance. Der Vorstand ist nach § 91 Abs. 2 AktG verpflichtet, geeignete Maßnahmen zu ergreifen, um bestandsgefährdende Entwicklungen rechtzeitig zu erkennen. Das Risikocontrolling ist Bestandteil eines meist umfassenderen Risk Management-Systems, das Informationen beschaffen soll, um Risiken identifizieren, analysieren, steuern, überwachen, dokumentieren und kommunizieren zu können. Auch wenn dies für das Controlling keine neue Aufgabe ist, wird es durch das KonTraG besonders hervorgehoben.[628]

Wall unterscheidet mehrere Funktionen des Risikocontrolling:[629]

- Bereitstellung von Methodenkompetenz,
- Informationsversorgung des Managements,
- Etablierung eines internen Risikoreporting.

Die Methodenkompetenz bezieht sich auf spezifische Komponenten, welche durch das Controlling bereitgestellt werden. Beispiele hierfür sind spezifische Modelle oder Kennzahlen (z.B. Value at Risk[630]). Das Management benötigt frühzeitig Informationen über Risiken, um geeignete Entscheidungen treffen zu können. In diesem Zusammenhang ist ein Risikofrüher-

---

625 Vgl. Wall (2008b), S. 231.

626 Vgl. Fischer/Rödl (2007), S. 11 ff.

627 Zum Risikomanagement nach KontraG vgl. Wolf/Runzheimer (2009).

628 Vgl. Wall (2008b), S. 230. Die Sicht von Wall basiert auf einem eher informationsorientierten Controllingverständnis. In der vorliegenden Arbeit wird die wertschöpfungsorientierte Sicht des Controlling nach Becker vertreten. Zur Reichweite gängiger Controlling-Konzeptionen vgl. Becker/Baltzer (2009a), S. 13ff.

629 Vgl. Wall (2008b), S. 230 f. Diese Aufzählung wird vom Autor der vorliegenden Arbeit als nicht erschöpfend betrachtet.

630 Zu Value-at-Risk-Ansätzen vgl. Fricke (2006), S. 69 ff.

kennungssystem[631] von besonderer Bedeutung. Ein Problem stellt das Ungleichgewicht zwischen Aufwand und Nutzen des Risikocontrolling dar. Während sich der Aufwand z.B. durch Versicherungsprämien relativ leicht bestimmen lässt, ist dies für die positive Wirkung des Risikocontrolling nicht ohne weiteres möglich. Die Etablierung eines internen Risikoreporting dient schließlich der umfassenden Information über geschäftsrelevante Risiken. Eine Integration des Risikoreporting in das bestehende Berichtswesen ist vorteilhaft und kann z.B. mit Hilfe integrierter Balanced Scorecard-Lösungen[632] bewerkstelligt werden.

Insbesondere aus einer konflikttheoretischen Sicht[633] wird dem Controlling zusätzlich zur skizzierten Führungsunterstützungsfunktion eine Mitwirkung im Rahmen der Gestaltung der Corporate Governance zugesprochen.[634] In Situationen, in denen es bei einer Trennung von Eigentum und Leitung zu Informationsasymmetrien z.B. zwischen Vorstand und Aufsichtsrat kommt, ist das Controlling in zweierlei Maß verpflichtet. Einerseits schuldet es dem Vorstand als Vertreter des Arbeitgebers direkte Loyalität.[635] Zweitens ist das Controlling in besonderem Maße am wirtschaftlichen Wohlergehen eines Unternehmens interessiert bzw. für die Überwachung dieses Zustandes zuständig.[636] Ob das Controlling, welches dem Vorstand gegenüber berichtspflichtig ist, an diesem vorbei den Aufsichtsrat mit Informationen versorgen darf, ist strittig und angesichts der hierarchischen Abhängigkeiten selbst in Fällen, in denen der Aufsichtsrat unterrichtet werden sollte, um seiner in § 111 Abs. 1 AktG kodifizierten Überwachungsfunktion nachkommen zu können, unwahrscheinlich.[637] Auch im Rahmen der internationalen Rechnungslegung kommen dem Controlling im Kontext von Corporate Governance z.B. Aufgaben der IFRS-Finanzberichterstattung zu.[638] Nachdem gezeigt werden konnte, dass das Controlling im Rahmen von Corporate Governance wichtige Funktionen übernehmen kann, wird im Folgenden eine integrierte Konzeption aus Corporate Governance, Risikomanagement und Compliance unter dem Oberbegriff ‚Governance, Risk Management and Compliance' (GRC) diskutiert.

3.1.3.3 Einordnung in Governance, Risk Management, Compliance (GRC)

Im Kontext von GRC werden seit einiger Zeit moderne, an US-amerikanischen Standards orientierte Konzepte der Unternehmensführung diskutiert,[639] die sich nach der Einführung des

631 Anforderungen an das Risikofrüherkennungssystem beschreibt Philipps (2009), S. 32 ff.
632 Vgl. z.B. Christians (2006), S. 355; Diederichs/Kißler (2007), S. 83 ff.
633 Zu Methoden des Erkennens und Regulierens von Konflikten vgl. Littkemann (2006), S. 87ff.
634 Vgl. Günther (2003), S. 346ff; Wall (2003), S. 400ff.; Wall (2004), S. 77ff.
635 Vgl. Wall (2008b), S. 231.
636 Vgl. Littkemann/Derfuß (2008a), S. 76.
637 Vgl. Berens/Schmitting (2003), S. 371ff.; Berens/Schmitting (2004), S. 51ff.
638 Vgl. Weißenberger (2006), S. 343ff.
639 Vgl. Grubb/Burke (2008), S. 17ff.

Sarbanes-Oxley-Acts (SOX) etabliert haben.[640]

Zu einem integrierten GRC-Management sind zunächst folgende Teilbereiche zu zählen:[641]

- Governance: Rahmenwerk von Regeln und Richtlinien, nach denen ein spezifisches Unternehmen geführt und kontrolliert werden soll,
- Risk Management: strukturierter Prozess des einheitlichen und antizipativen Umgangs mit Risiken und Chancen,
- Compliance: effektive und effiziente Erfüllung sämtlicher juristisch verbindlicher Richtlinien und Vorgaben.

Für diese Arbeit sind neben der Corporate Governance noch weitere, an der Schnittstelle von Corporate Governance, Unternehmensführung und Controlling auftretende Themen relevant, die im Folgenden operationalisiert werden. In der Literatur werden viele der im Überwachungskontext von Unternehmen genannten Begrifflichkeiten wie z.B. Corporate Governance, Überwachung, Compliance, Kontrolle, Prüfung und Revision synonym verwendet.[642] Traditionell steht im Rahmen der Überwachung der kybernetisch geprägte Vergleich von Soll-Zuständen mit Ist-Zuständen im Vordergrund:[643]

- Informationsfunktion:
  - Rechenschaftsfunktion,
  - Dokumentationsfunktion.
- Sicherung:
  - Präventionsfunktion,
  - Korrekturfunktion.

Zur Einordnung der verschiedenen, im Kontext von Corporate Governance, Unternehmensführung und Unternehmensüberwachung auftretenden Begriffe dient in Anlehnung an *Küting/Busch* ein Gesamtbezugsrahmen der unternehmerischen Überwachung[644] Das Risikomanagement ist nach diesem Verständnis ein Teilbereich der prozessintegrierten Kontrolle, welche selbst wieder ein Teil der Unternehmensüberwachung ist. Corporate Governance und Compliance sind beide Teilbereiche der Unternehmensverfassung und verarbeiten die aus der Unternehmensüberwachung resultierenden Informationen.[645] Das Risikomanagement ist somit ein Bereich, der je nach Definition ein Teilbereich von Corporate Governance ist oder

---

640 Vgl. Engelbrechtsmüller (2009), S. 161f.
641 Vgl. Goll/Haupt (2007), S. 150.
642 Vgl. Küting/Busch (2009), S. 1361ff.
643 Vgl. Paetzmann (2008), S. 104.
644 Zum Begriff der Überwachung vgl. Paetzmann (2008), S. 102 ff.
645 Vgl. Küting/Busch (2009), S. 1367.

Überschneidungen mit ihr aufweist.[646] Auch das Risikomanagement weist keine einheitliche Definition auf. Hier wird folgende Definition verwendet: „Unter Risikomanagement wird die Messung und Steuerung aller betriebswirtschaftlichen Risiken unternehmensweit verstanden“[647]. Ein solches unternehmensweites Risk Management ist im Einklang mit COSO ein Prozess, „ausgeführt durch die Überwachungs- und Leitungsorgane, Führungskräfte und Mitarbeiter einer Organisation, angewandt bei der Strategiefestlegung sowie innerhalb der Gesamtorganisation, gestaltet um die die Organisation beeinflussenden möglichen Ereignisse zu erkennen, und um hinreichende Sicherheit bezüglich des Erreichens der Ziele einer Organisation zu gewährleisten“[648]. Idealtypisch umfasst dieser Prozess die Phasen Risikoidentifikation, Risikobeurteilung, Risikosteuerung sowie Information und Kommunikation. Dieser Prozess setzt die systematische Identifikation und Nutzung betrieblicher Chancen stets voraus; Chancen- und Risiko-Management bilden mithin letztlich eine Einheit.

Der Compliance-Begriff wurde in der vorliegenden Arbeit schon mehrfach angesprochen. Er wird verwendet, um die Einhaltung juristischer Vorschriften, aber auch freiwilliger Kodizes in Unternehmen zu umschreiben.[649] Als Ziele der Compliance lassen sich unter anderem die Steigerung von Effizienz und Effektivität sowie die Risikominimierung anführen.[650] Gemäß einer gängigen Einteilung findet der Compliancebegriff in drei unterschiedlichen Abstraktionsebenen Anwendung.[651] Im engsten Verständnis und abgeleitet vom englischen ‚to comply with‘ bezieht sich Compliance auf die Beachtung der von einem Unternehmen im jeweiligen Kontext zu befolgenden Regelungen.[652] Auf einer höheren Abstraktionsebene kann Compliance auch eine Bezeichnung für eine Konzeption sein, welche alle Maßnahmen umfasst, die zur Einhaltung aller unternehmensindividuell anzuwendenden Regeln getroffen werden. Beispielhaft kann an dieser Stelle die Konzeption von *PricewaterhouseCoopers* angeführt werden, welche Compliance als „ein ganzheitliches Organisationsmodell mit Prozessen und Systemen, das die Einhaltung von gesetzlichen Bestimmungen, interner Standards sowie die Erfüllung wesentlicher Ansprüche der Stakeholder sicherstellt“[653] definiert. Auf der höchsten Abstraktionsstufe ist Compliance ein Synonym für eine unabhängige Organisationsstruktur. Die Hauptaufgabe dieser organisatorischen Einheit, welche häufig einem Compliance-

646 Der Begriff ‚risk management‘ wird im Folgenden synonym zum deutschen Begriff ‚Risikomanagement‘ verwendet.
647 Vgl. Wolke (2008), S. 1.
648 COSO (2004), S. 2.
649 Vgl. Börnecke (2009), S. 32ff.
650 Vgl. Wolf/Runzheimer (2009), S. 224 f. Ferner ist eine Trennung in eher juristisch geprägte Aspekte und eine ethisch geprägte Perspektive zu verzeichnen. Letzteres wird unter dem Oberbegriff ‚Integrity‘ diskutiert.
651 Vgl. hierzu und im Folgenden Küting/Busch (2009), S. 1364 f.
652 Vgl. Küsters (2007), S. 137.
653 PricewaterhouseCoopers (2005), S. 8.

Beauftragten oder ‚Compliance Officer' zugeordnet ist, besteht in der Umsetzung und Sicherstellung der Compliance-Konzeption. Zu dieses Aufgabe ist auch die Einrichtung einer zentralen Anlaufstelle für Mitarbeiter in Bezug auf relevante Compliance-Fragen zu zählen.

Der Begriff ‚Internes Kontrollsystem' (IKS) wird in der Literatur teilweise synonym zum Risikomanagementsystem verwendet.[654] Auch die synonyme Verwendung von Internem Kontrollsystem und Internem Überwachungssystem ist zu verzeichnen.[655] In der vorliegenden Arbeit wird der Sichtweise des Instituts der Wirtschaftsprüfer (IDW) gefolgt, welches das Interne Kontrollsystem wie folgt definiert: „Das interne Kontrollsystem besteht aus Regelungen zur Steuerung der Unternehmensaktivitäten (internes Steuerungssystem) und Regelungen zur Überwachung der Einhaltung dieser Regelungen (internes Überwachungssystem). Das interne Überwachungssystem beinhaltet prozessintegrierte (organisatorische) Sicherungsmaßnahmen, Kontrollen) und prozessunabhängige Überwachungsmaßnahmen, die vor allem von der Internen Revision durchgeführt werden"[656] Die Aufgaben des Internen Kontrollsystems umfassen unter anderem folgende Aspekte:[657]

- Sicherung der Wirksamkeit und Wirtschaftlichkeit der Geschäftstätigkeit, einschließlich Schutz des Vermögens sowie Verhinderung und Aufdeckung von Vermögensschädigungen (Operations),
- Ordnungsmäßigkeit und Verlässlichkeit der internen und externen Rechnungslegung (Financial Reporting),
- Einhaltung für das Unternehmen maßgeblicher rechtlicher Vorschriften (Compliance).

Diese Sicht knüpft an das COSO-Framework an. Im September 1992 wurde eine Studie des COSO unter dem Titel ‚Internal Control – Integrated Framework' veröffentlicht. Hauptthema des Berichts waren betrügerische Aspekte innerhalb der Finanzberichtserstattung.[658] 2004 wurde das COSO-Framework, welches sich insbesondere um eine einheitliche Definition für den Begriff ‚Internal Control' bemühte, zum Enterprise Risk Management Framework (COSO ERM) ausgebaut.[659] Das COSO-Framework, welches aus acht sich gegenseitig beeinflussenden Komponenten besteht, wird in der vorliegenden Arbeit als Grundlage der Analyse der Aufgaben der Internen Revision angesehen.[660]

Die externe Jahresabschlussprüfung und die Interne Revision werden gemäß *Küting/Böcking*

[654] Vgl. z.B. Freidank/Paetzmann (2004), S. 1ff.
[655] Vgl. Lück (1998), S. 405ff.
[656] Institut der Wirtschaftsprüfer e.V. (Hrsg., 2001), S. 2.
[657] Vgl. Berwanger/Kullmann (2007), S. 55.
[658] Vgl. Berwanger/Kullmann (2007), S. 56.
[659] Vgl. Paetzmann (2008), S. 96f.
[660] Da die Themen an der Schnittstelle von Corporate Governance und Controlling für die vorliegenden Arbeit wichtig, aber nicht zentral sind, wird auf eine umfangreiche Darstellung des COSO ERM verzichtet. Hierfür wird auf Paetzmann (2008), S. 96ff. verwiesen.

als Komponenten der Corporate Governance identifiziert.[661] Unter ‚Prüfung' wird die Prüfung des Jahresabschlusses einer Gesellschaft durch Wirtschaftsprüfer verstanden.[662] Prüfung und Durchsetzung der Rechnungslegung durch öffentliche oder private Gremien[663] sind beide Teil der Corporate Governance.[664] Die Interne Revision ist für die Prüfung der oben angeführten Elemente prozessintegrierter Überwachung zuständig. Sie erbringt gemäß der Definition des Deutschen Instituts für Interne Revision „unabhängige und objektive Prüfungs- bzw. ‚assurance'- und Beratungsdienstleistungen, welche darauf ausgerichtet sind, Mehrwerte zu schaffen und die Geschäftsprozesse zu verbessern. Sie unterstützt die Organisation bei der Erreichung ihrer Ziele, indem sie mit einem systematischen und zielgerichteten Ansatz die Effektivität des Risikomanagements, der Kontrollen und der Führungs- und Überwachungsprozesse bewertet und diese verbessern hilft."[665]

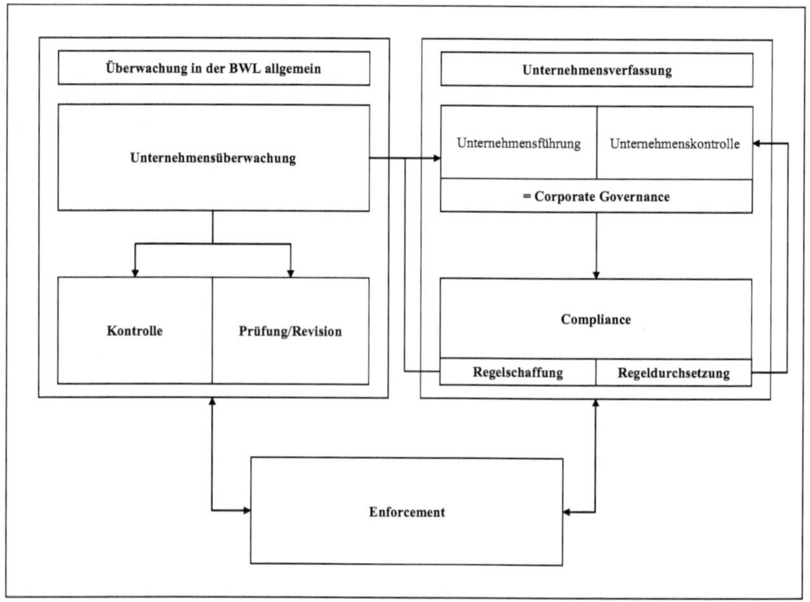

Abbildung 3-3: Unternehmerisches Überwachungssystem nach *Küting/Busch*[666]

[661] Vgl. Küting/Böcking (2008), S. 1581ff.
[662] Vgl. Ballwieser (2008), S. 1.
[663] Dies wird in der Literatur auch als ‚Enforcement' bezeichnet. Vgl. Küting/Busch (2009), S. 1361ff.
[664] Vgl. Wagenhofer/Ewert (2002), S. 391
[665] Deutsches Institut für Interne Revision (Hrsg., 2002). Vgl. auch Weber/Schäffer (2008), S. 408.
[666] In Anlehnung an: Küting/Busch (2009), S. 1367.

Abb. 3-3 zeigt den Gesamtkontext der Überwachung in der Operationalisierung von *Küting/Busch*[667]. Nach der Operationalisierung der für die Analyse der Corporate Governance in mittelständischen Familienunternehmen relevanten Begrifflichkeiten an der Schnittstelle von Corporate Governance, Unternehmensführung und Controlling relevanten Konstrukte wird im Folgenden das der Untersuchung zugrunde liegende theoretische Framework abgeleitet.

3.1.4 Zwischenergebnis: Entwurf eines konzeptionellen Frameworks

Anknüpfend an die bisherigen Ausführungen lassen sich die Funktionen von Corporate Governance, Unternehmensführung und Controlling zusammenführen. Dabei werden die Funktionen des Controlling – eines Instruments der Unternehmensführung – im Rahmen eines umfassenden Führungssystems[668] betrachtet, welches sich als komplexes Steuerungs- und Regelungsphänomen charakterisieren lässt.

Zunächst wird der Mehrwert eines theoretischen Frameworks für die vorliegende Untersuchung erläutert. Der Begriff ‚theoretisches Framework' bzw. ‚konzeptionelles Framework' ist nicht genau festgelegt.[669] *Polit/Beck* beschreiben es als „overall conceptual underpinning of a study"[670]. Die Anwendung theoretischer oder konzeptioneller Frameworks wird vor allem in deduktiven, stark theoriegeleiteten Untersuchungen empfohlen, da die in einem Framework postulierten Ursache-Wirkungszusammenhänge ex post in Hypothesen überführt und einer kritischen Überprüfung unterzogen werden können.[671] Ein Framework kann jedoch auch für eine eher qualitative geprägte Untersuchung sinnvoll sein, da sie die Gedanken über den noch nicht vollständig definierten und untersuchten Gegenstand der Untersuchung expliziert und somit ebenfalls einer kritischen Betrachtung gegenüber öffnet. Zur Ableitung eines Frameworks empfehlen *Waltz/Strickland/Letz* folgende Schritte: (1) Entwicklung einer Vorab-Definition, (2) Überprüfung der relevanten Literatur, (3) Entwicklung oder Identifikation relevanter Fälle, (4) Darlegung der Bedeutung des Konzepts, (5) Wiedergabe des Konzepts.[672] Auch die vorliegende Untersuchung wendet diese Schritte an.

Hier dient das Framework der Explizierung der Notwendigkeit von Corporate Governance in mittelständischen Familienunternehmen. Es wird darauf hingewiesen, dass die postulierten

667 An dieser Stelle wird explizit darauf hingewiesen, dass das Verständnis von Küting/Busch den Corporate Governance-Begriff enger fasst als dies vom Autor dieser Arbeit beabsichtigt wird. Insofern kann der Auffassung von Küting/Busch nur eingeschränkt gefolgt werden.

668 Vgl. Zloch (2007), S. 29.

669 Deegan (2009), S. 211.

670 Polit/Beck (2009), S. 198. Die Autorinnen unterscheiden zwischen ‚theoretical' und ‚conceptual' Frameworks. Wenn die jeweilige Untersuchung auf einer Theorie basiert, wird von einem ‚theoretical framework' gesprochen. Ist dies nicht der Fall und liegt nur ein grobes Konzept vor, ist von einem ‚conceptual framework' die Rede.

671 Vgl. Polit/Beck (2004), S. 118ff.

672 Vgl. Waltz/Strickland/Lenz (2001).

Zusammenhänge auf Plausibilitätsüberlegungen beruhen und ex post einer theoretischen und empirischen Überprüfung unterzogen werden müssen. Insofern stellen die dargestellten Zusammenhänge zwar gut begründete, aber noch nicht bewiesene Zusammenhänge dar.

Das Framework der vorliegenden Arbeit ist durch einen zieltheoretischen Ansatz geprägt.[673] Aus diesem Generalanspruch resultiert die Gestaltung einer unternehmensspezifischen Struktur von Corporate Governance, Unternehmensführung und Controlling, welche in Abb. 3-4 dargestellt ist.

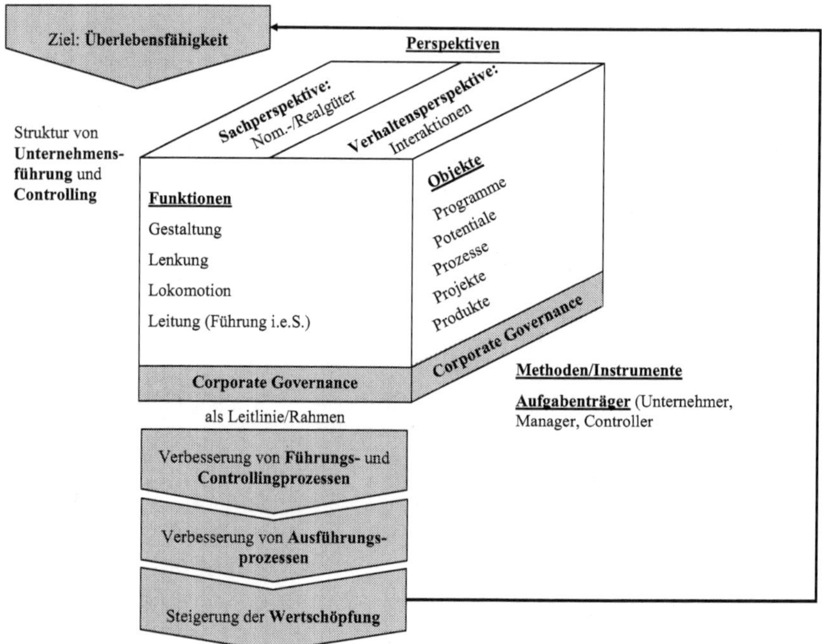

Abbildung 3-4: Theoretisches Framework der vorliegenden Arbeit

Für die Ableitung der Ziele des Unternehmens wird auf die in mittelständischen Familienunternehmen für den Willensbildungsprozess wichtigste Gruppe, die Eigentümer bzw. Familie abgestellt. Das Zweck und gleichzeitig das oberste Ziel der Eigentümer eines Unternehmens

673 In der englischsprachigen Literatur wird von ‚goal orientation' gesprochen. Vgl. zu solchen zieltheoretischen Ansätzen z.B. Regier (2007), S. 43 ff.; Sill (2009), S. 16.

ist die Sicherung der langfristigen Überlebensfähigkeit.[674]

Diese beinhaltet zwei prinzipielle Perspektiven:

- Die Sachperspektive unter Einbeziehung von Nominal- und Realgütern. Diese äußert sich durch die Orientierung an der Zielgröße Wertschöpfung,
- Die Verhaltensperspektive unter Einbeziehung der Interaktionen zwischen Individuen. Diese äußert sich vor allem in der Beherrschung von Prinzipal-Agent-Konflikten.

Die Funktionen der Unternehmensführung lassen sich gemäß *Becker* folgendermaßen in Gestaltung, Lenkung, Lokomotion und Leitung (Führung im engeren Sinne) konkretisieren.[675]

Objekte eines derart konfigurierten Systems aus Unternehmensführung und Controlling sind Programme, Potentiale, Prozesse, Projekte und Produkte.[676] Die aus den Funktionen abzuleitenden, an Objekten zu verrichtenden Aufgaben werden von spezifischen Aufgabenträgern – namentlich Unternehmern, Managern und Controllern – mit Hilfe von Methoden, Instrumenten und Werkzeugen verrichtet. Diese Sichtweise basiert auf einigen idealtypischen Annahmen, die kurz aufgeführt werden. Zunächst ist die idealtypische Annahme einer Trennbarkeit von Führung und Ausführung zu nennen.[677] Zudem ist in diesem Zusammenhang von einem modifizierten structure-conduct-performance-Paradigma[678] der Unternehmensführung in Anlehnung an *Child*[679] auszugehen, welches dem Unternehmen im Rahmen der Anpassung an

---

674 Auch Gälweiler ist dieser Auffassung: „Dieses oberste Ziel ist die nachhaltige, das heißt (sic!) auf eine möglichst lange Sicht angelegte Sicherung der Überlebensfähigkeit der Unternehmung.“ Gälweiler (1987), S. 35. Becker erweitert Gälweilers Sichtweise mit Rückgriff auf die im Sinne einer auf die langfristige Existenzsicherung eines Unternehmens ausgerichteten Stabilitätspolitik und betont die übergeordnete Bedeutung einer dauerhaften Sicherstellung des Kreislaufs der Führungsgrößen Erfolgspotential, Erfolg und Liquidität. Vgl. Becker (1996), S. 116; Becker (2001a), S. 7. Auch die im Rahmen der vorliegenden Untersuchung befragten Experten sind überwiegend mit der Operationaliserung des Frameworks einverstanden. Vgl. z.B. telefonisches Gespräch mit Prof. Dr. Martin Hilb am 27.08.2009; persönliches Gespräch mit Prof. Dr. Norbert Wieselhuber am 16.09.2009 in München.

675 Vgl. Becker (2009), S. 50.

676 Zur Einordnung der Begriffe Programm, Potential, Prozess, Projekt und Produkt in den Gesamtkontext von Unternehmensführung und Controlling vgl. Becker (2008), S. 118.

677 Dies ist eine in der Literatur gängige Vorgehensweise, welche auf der grundsätzlichen Trennung von objektbezogenen und dispositiven Tätigkeiten gemäß Gutenberg (1983), S. 6ff. sowie S. 131ff., basiert. Wird dieser Auffassung gefolgt, so zeichnet sich Führunghandeln dadurch aus, dass ihr gewünschtes Ergebnis in der Festlegung der Freiheitsgrade anderer Handlungen besteht. Ausführungshandeln charakterisiert sich demnach durch die passive Hinnahme vorher festgelegter oder sogar minimierter Freiheitsgrade für das Individuum.

678 Das ursprüngliche structure-conduct-performance-Paradigma geht im Besonderen auf die These von Chandler – ‚structure follows strategy' – zurück. Vgl. Chandler (1990), S. 14. Der Autor postuliert aus der Analyse vier großer US-amerikanischer Konglomerate ab den 1920er Jahren die These, dass die Struktur eines Unternehmens letztlich eine Funktion der gewählten Strategie ist und sich jeweils an diese anpasst.

679 Der ‚strategic choice'-Ansatz von Child wurde von diesem ursprünglich als Gegenentwurf zu den deterministischen Ansätzen der Organisationsforschung, insbesondere der Kontingenztheorie, entwickelt. Vgl. Child (1972a), S. 2. Im Gegensatz zu deterministischen Ansätzen ist Child der Auffassung, dass wichtige Akteure in Unternehmen diese unter Berücksichtigung ihrer eigenen persönlichen Präferenzen beeinflussen können. Vgl. weiterführend Bültel (2009), S. 59ff.

die Gegebenheiten der Unternehmensumwelt eine ‚strategic choice' zuschreibt.

Die in Abb. 3-4 dargestellte Systematik des theoretischen Frameworks wird im Folgenden näher erläutert. Grundsätzlich sind drei Ebenen der Unternehmensführung zu unterscheiden. Diese sind (1) funktionale Aspekte (Gestaltung, Lenkung, Lokomotion, Leitung), (2) objektbezogene Aspekte (Programme, Potentiale, Prozesse, Projekte, Produkte) sowie (3) Perspektiven (Sachperspektive und Verhaltensperspektive). Das langfristige Ziel der Unternehmensführung ist die Sicherung der langfristigen Überlebensfähigkeit.

Corporate Governance umgibt als Rahmengebilde die oben erläuterte, dreidimensionale Struktur von Unternehmensführung und Controlling.[680] bedingt die Verbesserung der Effizienz und Effektivität der Strukturen und Prozesse sowie letztlich der Ergebnisse (im Sinne der Performance) von Unternehmensführung und Controlling. In einem ersten Schritt werden durch diese Verbesserungen von Effizienz und Effektivität Führungs- und Controllingprozesse verbessert. Dies hat einen unmittelbaren Einfluss auf Ausführungsprozesse im Unternehmen, die ebenfalls verbessert werden können. Somit wird die Wertschöpfung des Unternehmens gesteigert. Dies resultiert letztlich in der Stärkung der nachhaltigen Überlebensfähigkeit des Unternehmens. Das theoretische Framework für Corporate Governance muss im Folgenden auf das Untersuchungsobjekt mittelständische Familienunternehmen angewendet werden.

3.2 Konsequenzen für mittelständische Familienunternehmen

Im Folgenden wird ein kurzer Überblick über den bisherigen Stand zur Corporate Governance mittelständischer Familienunternehmen gegeben.[681] Zunächst wird in Abschnitt 3.2.1 auf die Operationalisierung des im vorherigen Abschnitt abgeleiteten Frameworks für Corporate Governance gegeben. In 3.2.2 folgt die Analyse der historischen Entwicklungslinie in der deutschsprachigen Literatur.[682] In Abschnitt 3.2.3 werden Aspekte und einzelne Teilbereiche von bestehenden Corporate Governance-Bewertungsmodellen diskutiert, bevor in Abschnitt 3.2.4 ein zusammenfassender Überblick anschließt.

680 Die Plausibilitätsüberlegungen des theoretischen Frameworks wurden den Interviewpartnern der Expertengespräche zur Validierung vorgelegt. Hier wurde die Operationalisierung mehrheitlich für geeignet empfunden. Vgl. persönliches Gespräch mit Prof. Dr. Anja Tuschke am 08.06.2009 in München; persönliches Gespräch mit Prof. Dr. Arist v. Schlippe am 08.09.2009 in Witten/ Herdecke.

681 Die folgenden Überlegungen bauen auf dem Grundlagenartikel Becker/Ulrich (2008), S. 261ff. auf.

682 Die Beschränkung auf die Analyse des Stands der deutschsprachigen Literatur wird im korrespondierenden Abschnitt noch detaillierter begründet. An dieser Stelle wird darauf hingewiesen, dass die Analyse von Fragestellungen mittelständischer Familienunternehmen der hier gewählten Operationalisierung ein rein deutsches Phänomen ist, unter anderem deshalb, weil mittelständische Familienunternehmen in Deutschland sehr viel größer als im europäischen und sonstigen Ausland sind. Hinzu kommt die relativ geringe Bedeutung geregelter Kapitalmärkte in Deutschland. Auf diese Aspekte verweist, stellvertretend für viele, bereits Leibinger (1991), S. 201.

3.2.1 Operationalisierung des theoretischen Frameworks

Zunächst ist das im vorherigen Abschnitt allgemein erläuterte, theoretische Framework für Corporate Governance, Unternehmensführung und Controlling speziell auf mittelständische Familienunternehmen anzupassen. Im gewählten, zieltheoretischen Ansatz muss das oberste Ziel der langfristigen Sicherung der Überlebensfähigkeit für mittelständische Familienunternehmen erweitert werden. Erfolg wird in diesen Unternehmen dann als gegeben gesehen, wenn neben dem genannten Ziel zusätzlich weitere Nebenziele möglichst gut erfüllt werden.[683] Eine aktuelle empirische Befragung zeigt, dass Motiven wie dem ‚Erhalt als Familienunternehmen' und dem ‚Erhalt der Familientradition' ebenfalls eine hohe Bedeutung beigemessen wird.[684] Zudem kann in mittelständischen Familienunternehmen nur dann von einem hohen Zielerreichungsgrad ausgegangen werden, wenn der simultan gestiftete Nutzen für Kunden, Mitarbeiter, Umwelt und Eigentümer bzw. Familie hoch ist.[685] Letztlich darf sich der Forscher im Kontext von Erfolgsevaluation und -bewertung somit nicht nur auf rein finanzielle Indikatoren konzentrieren, sondern muss weitere Perspektiven einbeziehen.[686]

Der Indikator niedriger Agenturkosten bei Vorliegen guter Corporate Governance scheint – im Unterschied zu kapitalmarktorientierten Großunternehmen – für mittelständische Familienunternehmen, welche überwiegend nicht kapitalmarktorientiert sind, zwar weniger praktikabel, aber ebenfalls theoretisch anwendbar.[687] Die Corporate Governance des jeweiligen Unternehmens ist aus dieser Perspektive dann als gut einzuschätzen, wenn es möglichst wenige Konflikte zwischen verschiedenen Interessengruppen im Unternehmen gibt.[688] Insofern sind sowohl Konstellationen denkbar, in denen die Agenturkosten höher sind als in vergleichbaren anonymen Kapitalgesellschaften, als auch Situationen, in denen mittelständischen Familienunternehmen eindeutige Vorteile aufweisen.[689] Ersteres ist der Fall, wenn innerhalb der Fami-

683 Vgl. telefonisches Gespräch mit Prof. Dr. Martin Hilb am 27.08.2009.

684 Vgl. Fleschutz (2008), S. 407. In der Studie werden die beiden genannten Motive als Argumentationsgrundlage für die Gründung einer Stiftung aufgeführt.

685 Vgl. telefonisches Gespräch mit Prof. Dr. Martin Hilb am 27.08.2009. Auch Rabe v. Papenheim (2009), S. 59ff. nennt eine auf Kundenwert, Anteilseignerwert und Mitarbeiterwert basierende Erfolgsmessung als Bestandteil nachhaltiger Unternehmensführung. Vgl. die interessante explorative Studie von Giovannini (2009). Der Autor kommt auf Grundlage der Analyse von 56 Börsengängen (Inititial Public Offering, IPO) italienischer Familienunternehmen zwischen 1999 und 2005 zu dem Ergebnis, dass die Familienbeteiligung mit einer schlechteren finanziellen Performance der jeweiligen Unternehmen einhergehe. Aus der hier dargestellten Perspektive könnten diese Ergebnisse darin begründet sein, dass Giovannini rein finanzielle Indikatoren für die Operationalisierung des Unternehmenserfolgs verwendet.

686 Hier eignet sich in besonderem Maße ein – in Anlehnung an die Balanced Scorecard von Kaplan/Norton – balanciertes Vorgehen unter Zuhilfenahmen mehrerer quantitativer und qualitativer Kennzahlen verschiedener Perspektiven wie z.B. Ressourcen, Prozesse, Markt und Wert. Vgl. Kaplan/Norton (1996).

687 Vgl. die Überlegungen von Chrisman/Chua/Litz (2004), S. 335ff. als Grundlage der Diskussion. Eine agency-theoretische Analyse der ‚family firm' legen Chua/Chrisman/Bergiel (2009), S. 355ff. vor. Die Autoren kommen zu dem Ergebnis, dass

688 Vgl. z.B. Schwalbach/Schwerk (2008), S. 83.

689 Vgl. Reinemann (2008a), S. 705ff.

lie große Informationsasymmetrien oder Interessendivergenzen auftreten. Letztere Situation ergibt sich unter anderem dann, wenn alle am Unternehmen Beteiligten auch in der Leitung des Unternehmens vertreten sind oder sich, falls dies nicht der Fall ist, auf ein Familienmitglied einigen können, welches die Leitung des Unternehmens übernimmt.

Unternehmenswertschwankungen mittelständischer Familienunternehmen sind nur schwer objektiv quantifizierbar.[690] Versuche einer Operationalisierung wurden unter anderem von *Achleitner/Bassen*, *Khadjavi* und *Behringer* unternommen.[691] Eine Auseinandersetzung mit Corporate Governance in mittelständischen Familienunternehmen sollte sowohl theoretische als auch praxeologische Ansprüche erfüllen. In Abschnitt 2.3.3 wurden in sehr allgemeiner Form Gestaltungsmerkmale und Mechanismen der Corporate Governance diskutiert. In diesem Zusammenhang wurde die Zielorientierung, welche mit den Interessen der für die Unternehmensführung relevanten Stakeholder korrespondiert, als Leitmaxime für Corporate Governance herausgestellt. Während bei großen, börsennotierten Kapitalgesellschaften davon ausgegangen wird, dass die Steigerung des Unternehmenswerts den individuellen Ansprüchen der Anteilseigner nach Einkommensmaximierung entspricht, kann diese Annahme für mittelständische Familienunternehmen angezweifelt werden.[692]

Nicht nur von Experten[693], sondern vor allem durch mittelständische Familienunternehmen selbst werden langfristige, nachhaltige Ziele, die große Bedeutung sozialer Beziehungen zu Stakeholdern sowie, zumindest teilweise, die Inkaufnahme geringerer Eigenkapitalrenditen im Vergleich zu kapitalmarktorientierten Großunternehmen betont.[694] Ein bisher nicht hinlänglich erforschtes Gebiet ist die Willens- und Zielbildung in mittelständischen Familienunternehmen.[695] Sind Ziele wie die Mitarbeiterzufriedenheit oder die Standortsicherung Nebenziele, die dem langfristigen originären Ziel der Überlebensfähigkeit untergeordnet werden müssen, oder werden diese Ziele im Kontext der Ableitung von Strategien überhaupt nicht berücksichtigt? Auch der Zusammenhang von finanziellen und nicht-finanziellen Zielen spielt an dieser Stelle eine Rolle.[696]

---

690 Vgl. Winkeljohann/Kellersmann (2006), S. 10. Allerdings können zu diesem Zweck Vereinfachungsverfahren der Unternehmensbewertung eingesetzt werden. Vgl. Becker/Staffel/Ulrich (2009b), S. 257ff.

691 Vgl. Achleitner/Bassen (2000); Khadjavi (2005); Behringer (2009).

692 Vgl. die aktuelle Untersuchung von Tappe (2009), S. 203ff.; telefonisches Gespräch mit Prof. Dr. Martin Hilb am 27.08.2009.

693 Vgl. persönliches Gespräch mit Prof. Dr. Norbert Wieselhuber am 16.09.2009 in München; persönliches Gespräch mit Prof. Dr. Dr. h.c. Brun-Hagen Hennerkes am 08.10.2009 in Stuttgart.

694 Vgl. Becker/Ulrich/Balzer (2009b), S. 12ff.

695 Ansätze finden sich z.B. bei Albert/Behrends (1998), die sich mit dem Einfluss von Organisationsstrukturen auf die Entscheidungsprozesse in mittelständischen Unternehmen befassen.

696 Vgl. die Untersuchung von Becker/Ulrich/Baltzer (2009b), S. 12ff. Die Autoren identifizieren in ihrer Studie den Zusammenhang, dass in ca. 20 Prozent der befragten Unternehmen Ziele nicht in formalisierter Form vorliegen. 58 Prozent der teilnehmenden Unternehmen verfolgen mit ihrer Unternehmensführung sowohl finanzielle als auch nicht-finanzielle Ziele. Etwa 27 Prozent verfolgen vorrangig finanzielle, etwa zwölf Pro-

Es ist davon auszugehen, dass in vielen mittelständischen Familienunternehmen vor allem im Bereich der Explizierung von Unternehmenszielen ein hoher Nachholbedarf besteht. Eine solche Explizierung kann dabei helfen, die Nachhaltigkeit der Strategie und somit der Unternehmensführung zu steigern.[697]

Auswirkungen guter Corporate Governance in mittelständischen Familienunternehmen

Aus einer grundlegenden Perspektive wurde in Abschnitt 3.1.4 bereits gezeigt, wie Corporate Governance die Effizienz und Effektivität der Unternehmensführung in mittelständischen Familienunternehmen erhöhen kann. In diesem Kontext wurde Corporate Governance als ‚Hygienefaktor der Unternehmensführung' beschrieben, welcher Risiken präventiv behandelt und somit zumindest Misserfolg vermeidet.[698]

Für die Unternehmenspraxis bedarf diese Aussage jedoch einer Konkretisierung, da mittelständische Familienunternehmen traditionell neuen Konzepten und Methoden insbesondere angloamerikanischer Prägung skeptisch gegenüberstehen.[699] Banken und Ratingagenturen konzentrieren sich für die Vergabe von Krediten und Ratings immer stärker an kodifizierten Corporate Governance-Normen, welche an den für kapitalmarktorientierte Großunternehmen gestellten Anforderungen orientiert sind.[700] Setzt sich ein mittelständisches Familienunternehmen proaktiv mit Corporate Governance auseinander und arbeitet an der Verbesserung der Effizienz und Effektivität im Unternehmen, wird dies zwangsläufig in einer Verbesserung der Qualität von Unternehmensführung, Planungsverhalten, Publizität und Rechnungslegung resultieren. Indirekt können mittelständische Familieunternehmen auf eine Verringerung der Kapitalkosten für Eigen- und Fremdkapital sowie eine Steigerung des Unternehmenserfolgs hoffen.[701] Gute Corporate Governance könnte somit sowohl eine vertrauensbildende Maßnahme als auch ein ‚Verkaufsargument' gegenüber faktischen und potentiellen Kapitalgebern sein. Dies ist auch vor dem Hintergrund der oft diskutierten gestiegenen Anforderungen für die Vergabe von Krediten in Folge von Basel II[702] zu sehen.[703]

---

zent vorrangig nicht-finanzielle Ziele. Die Extrempunkte ‚ausschließlich finanzielle Ziele' und ‚ausschließlich nicht-finanzielle Ziele' sind nur spärlich vertreten.

697 Vgl. persönliches Gespräch mit Prof. Dr. Dr. h.c. Brun-Hagen Hennerkes am 08.10.2009 in Stuttgart.

698 Vgl. persönliches Gespräch mit WP/StB Philipp Karmann am 20.02.2009 in Dresden.

699 Vgl. persönliches Gespräch mit Prof. Dr. Dr. h.c. Brun-Hagen Hennerkes am 08.10.2009 in Stuttgart.

700 Vgl. Hausch (2004), S. 185.

701 Eine solche Einschätzung zeigt sich in der Untersuchung von Becker/Ulrich/Baltzer (2009b), S. 8. Auf einer Skala von ‚1=starke Ablehnung' bis ‚5=starke Zustimmung' liegen die Antworten der befragten Unternehmen bei X=4,74 (Gute Corporate Governance steigert den Unternehmenswert), X=4,23 (Gute Corporate Governance senkt die Eigenkapitelkosten) und X=4,23 (Gute Corporate Governance verbessert das Rating des Unternehmens).

702 Basel II beschreibt die Eigenkapitalrichtlinien für Banken des Basler Ausschusses für Bankenaufsicht. Dieses Regelwerk basiert auf drei prinzipiellen Säulen: (1) Mindestkapitalanforderungen, (2) Bankaufsichtlicher Überprüfungsprozess sowie (3) Erweiterung der Offenlegung. Vgl. Behr/Fischer (2005), S. 39ff.

703 Vgl. Oehler/Kohlert/Linn (2009), S. 380.

Zusätzlich muss angeführt werden, dass sich mittelständische Familieunternehmen einer Kapitalaufnahme über geregelte Kapitalmärkte oder auch über Finanzinvestoren und Private Equity nicht mehr so grundsätzlich verschließen, wie dies bisher der Fall war.[704] Unternehmen, welche an einem geregelten Kapitalmarkt, sei es nun ein Eigen- oder ein Fremdkapitalmarkt, partizipieren wollen, unterliegen höheren Anforderungen in Bezug auf Aspekte wie Rechnungslegung, Publizität, Transparenz sowie Informationspolitik gegenüber faktischen und potentiellen Investoren.[705] Die proaktive Sorge um Corporate Governance ist deshalb folglich neben ihrer erfolgssteigernden Wirkung auch für jene mittelständischen Familieunternehmen zu empfehlen, die im Rahmen eines Börsengangs oder einer Aufnahme neuer Gesellschafter vermehrt auf Eigenkapitalfinanzierung umstellen wollen. Führt man die Diskussion noch weiter, so erkennt man, dass die spezielle Corporate Governance-Konstellation in mittelständischen Familieunternehmen auch dazu führen kann, dass effizient und effektiv geführte Familienunternehmen erfolgreicher sein können als anonyme Kapitalgesellschaften.[706]

Hier wird argumentiert, dass bei Einheit oder Nähe von Eigentum und Leitung die Agenturkosten der Unternehmensführung geringer sein müssten als in anonyme Kapitalgesellschaften.[707] Auch wenn an dieser Stelle noch sehr viel empirische Forschungsarbeit zu leisten ist, soll doch auf erste empirische Arbeiten[708] verwiesen werden, welche den Verdacht bekräftigen,, dass Corporate Governance in mittelständischen Familienunternehmen als erfolgserhöhend wahrgenommen wird.[709] Begründen lässt sich dies durch die bereits angesprochenen geringeren Interessenkonflikte zwischen Eigentum und Leitung, sofern es keine gravierenden

704 Vgl. z.B. Flacke/Siemes (2005), S. 251ff.; Segbers/Siemes (2005), S. 229ff.; Siemens/Segbers (2005), S. 311ff.; Flacke/Krol (2006), S. 145ff.; Hess (2007), S. 27ff.; Fey/Kuhn (2007); Ackermann (2009), S. 241ff.; Schielke (2009), S. 232ff. In der Studie von Fey/Kuhn für das Deutschen Aktieninstitut antworten 25 Prozent der Unternehmen, einen Börsengang zu planen oder diesem gegenüber aufgeschlossen zu sein. Für etwa 80 Prozent der befragten Unternehmen sind moderne Finanzierungsinstrumente wie Asset-Backed Securities (ABS), Mezzanine, Leasing oder Factoring denkbar.

705 Vgl. Ackermann (2009), S. 243.

706 Vgl. die Ausführungen weiter oben zu unterschiedlichen Agenturkonstellationen in mittelständischen Familienunternehmen. Auch Becker/Ulrich (2008), S. 264ff. weisen darauf hin, dass ein betriebswirtschaftlich geschultes Familienmitglied in der Unternehmensleitung die Agenturkosten des Unternehmens senken würde, da es sowohl commitment als auch fachliches Know-how vereint.

707 Einen explorativen Ansatz zur Analyse der Agenturkonstellationen in Familienunternehmen präsentieren Berghe/Carchon (2003), S. 171ff. Die Autoren kommen zu dem Ergebnis, dass die Familie, je nach Konstellation, entweder der größte Agenturkostenverursacher (Harmonie in der Familie) als auch der größte Agenturkostenherd (Turbulenz in der Familie) sein kann.

708 Vgl. Oesterle (2007); Becker/Ulrich/Baltzer (2009b).

709 Eine ähnliche Argumentation ließe sich auch mit Hilfe der Wertsteigerung des German Entrepreneurial Index (GEX®) in den letzten Jahren führen. Dieser wurde von der Deutschen Börse gemeinsam mit dem Center for Entrepreneurial and Financial Studies (CEFS) der Technischen Universität München eingeführt und enthält alle eigentümergeführten Unternehmen, welche im Prime Standard der Deutschen Börse gelistet sind und deren Börsengang nicht mehr als zehn Jahre zurückliegt. Der Standard umfasst momentan etwa 120 Unternehmen. Vgl. Francioni (2009), S. 281. Weitere Studien zur Wertsteigerung von Familienunternehmen im Vergleich zu anonymen Kapitalgesellschaften finden sich bei Anderson/Reeb (2003), S. 1301ff.; Villalonga/Amit (2006), S. 385ff.

Probleme innerhalb der Unternehmerfamilie gibt.

Ansatzmöglichkeiten zur Verbesserung der Corporate Governance

Die Art und Weise der Verbesserung von Corporate Governance in mittelständischen Familienunternehmen ist zwar ein viel diskutiertes, aber bisher wenig erforschtes Thema.[710] Im Gegensatz zu Publikumsgesellschaften, deren Anteilseigner durch umfangreiche Initiativen der Legislative[711] geschützt werden, sind solche Maßnahmen für mittelständische Familienunternehmen weder zu erwarten, noch erscheint die maßgebliche Gruppe der Familie besonders schutzbedürftig seitens der öffentlichen Hand.

Für mittelständische Unternehmen und Familienunternehmen wurden trotzdem seit etwa dem Jahr 2003 vor allem privatwirtschaftliche Initiativen zur Verbesserung der Corporate Governance initiiert.[712] Ein eigener Vorschlag für einen eigenen Kodex für Familienunternehmen wurde am 12.09.2004 von der ‚Kommission Governance-Kodex für Familienunternehmen" vorgestellt.[713] Das Regelwerk sucht bewusst eine inhaltliche Nähe zum DCGK, verzichtet aber auf eine inhaltliche Charakterisierung der Unternehmen, die überhaupt als ‚Familienunternehmen' angesprochen werden.[714]

Zudem werden mehrere Kritikpunkte im Kodex für Familienunternehmen identifiziert. Zum einen ist die Zielgruppe ‚mittelgroße und große Familienunternehmen mit mehreren Gesellschaftern' nicht deckungsgleich mit den hier untersuchten Unternehmen. Zum anderen sind einige der Vorschläge des Kodex schlicht als betriebswirtschaftlich nicht sinnvoll abzulehnen. *Lange* weist beispielweise treffend auf eine Passage hin, in der die Familie dazu aufgefordert wird, die Kontrolle über das Unternehmen aufzugeben, falls sie den Willen oder die Fähigkeit zu dessen Führung verliere.[715] Die so geforderte Beschränkung von Gesellschafterbefugnissen entspricht ebenso wenig der Realität und dem Selbstverständnis mittelständischer Familienunternehmen wie die Forderung nach uneingeschränkter Transparenz und Publizität.

Selbst wenn man einem einheitlichen Kodex gegenüber aufgeschlossen wäre, machte es die

---

710 Vgl. Raps/Fieber (2003), S. 69ff.; Raps/Fieber (2004), S. 705ff.; Steger (2006), S. 117ff.; persönliches Gespräch mit Prof. Dr. Dr. h.c. Brun-Hagen Hennerkes am 08.10.2009 in Stuttgart; Lange (2009), S. 136.

711 Als Beispiel wird auf den DCGK verwiesen. Dieser soll unter anderem „das deutsche Corporate Governance System transparent und nachvollziehbar machen. Er will das Vertrauen der internationalen und nationalen Anleger, der Kunden, der Mitarbeiter und der Öffentlichkeit in die Leitung und Überwachung deutscher börsennotierter Gesellschaften fördern. Der Kodex verdeutlicht die Verpflichtung von Vorstand und Aufsichtsrat, im Einklang mit den Prinzipien der sozialen Marktwirtschaft für den Bestand des Unternehmens und seine nachhaltige Wertschöpfung zu sorgen (Unternehmensinteresse)." Regierungskommission Deutscher Corporate Governance Kodex (2009).

712 Vgl. den Bremer Initiativkreis ‚Corporate Governance im deutschen Mittelstand" sowie die Inititiative „Corporate Governance Kodex für Familienunternehmen".

713 Vgl. http://www.intes-online.de/UserFiles/File/GovernanceKodexDeutsch.pdf vom 24.10.09.

714 Vgl. Lange (2009), S. 143.

715 Vgl. Governance Kodex für Familienunternehmen, Ziffer 1.2; Lange (2009), S. 144.

große Heterogenität der Unternehmenspraxis mittelständischer Familienunternehmen im hier verfolgten Verständnis beinahe unmöglich, den Anforderungen aller Unternehmen mit einem einheitlichen Regelwerk gerecht zu werden. Zudem stellt sich die Frage, ob eine Kodifizierung nicht in einer Anprangerung von Unternehmen und besonders Unternehmern mit ‚schlechter' Corporate Governance gemäß Kodex resultieren würde. Dies steht im Gegensatz zum Vorteil mittelständischer Familienunternehmen, eine größere unternehmerische Freiheit als anonyme Kapitalgesellschaften zu besitzen.[716]

Nach der hier verfolgten Meinung ist die Regelung der Corporate Governance mittelständischer Familienunternehmen mit Hilfe eines einheitlichen Kodex abzulehnen.[717] Mittelständische Familienunternehmen leiden an bürokratischer Überregulierung und sollten nicht noch stärker belastet werden, um die unternehmerische Flexibilität – eine der Stärken dieses Betriebstyps[718] – nicht zu stark einzuschränken. Vielmehr sollten für mittelständische Familienunternehmen allgemeine, aber situativ geprägte Handlungsempfehlungen in Teilbereichen der Corporate Governance[719] wie der Zielorientierung, Unternehmensführung, Unternehmensüberwachung, Transparenz, Rechnungslegung, Informationspolitik etc. im Sinne eines ‚Code of Best Practice' vom jeweiligen Unternehmen individualisiert umgesetzt werden.[720]

Das Dilemma fehlender Autorität unternehmensspezifischer Regelung und fehlender individueller Anpassungsmöglichkeit bei Kodifizierung könnte durch Zusammenarbeit unternehmensexterner und -interner Aufgabenträger gelöst werden. Neben einen unternehmensinternen Kodex, der rechtlich weitgehend unverbindlich ist, tritt als weiteres Governance-Instrument in mittelständischen Familienunternehmen die Familienverfassung.[721] Diese wird in Abschnitt 3.3.2 näher charakterisiert. Nachdem das theoretische Framework nun auf das Untersuchungsobjekt mittelständische Familienunternehmen angepasst wurde, soll im Folgenden ein Abriss über die deutschsprachige Forschung zur Corporate Governance dieses Betriebstyps gegeben werden. Dabei kommen forschungsrelevante Arbeiten aus den Bereichen Mittelstand, KMU und Familienunternehmen zur Geltung.[722]

---

716 Vgl. persönliches Gespräch mit Prof. Dr. Dr. h.c. Brun-Hagen Hennerkes am 08.10.2009 in Stuttgart.

717 Vgl. auch Becker/Ulrich (2008), S. 267.

718 Die Flexibilität als Stärke mittelständischer Unternehmen wird nicht zuletzt von Simon (1990, 1992, 1996, 2007) propagiert, welcher die strategische Flexibilität und individuellen Wettbewerbsvorteile mittelständischer Unternehmen besonders hervorhebt. Er gibt den von ihm analysierten Unternehmen das Label ‚hidden champions', welches mittlerweile ein Standardbegriff in der internationalen Mittelstandsforschung ist.

719 Im folgenden Abschnitt wird dann eine Auswahl der zu analysierenden Teilbereiche vorgenommen.

720 Ähnliche Empfehlungen geben auch Iliou (2004), S. 163ff.; Kellersmann/Winkeljohann (2007), S. 406ff.; Lange (2009), S. 147.

721 Vgl. persönliches Gespräch mit Prof. Dr. Norbert Wieselhuber am 16.09.2009 in München.

722 Die Darstellung erhebt keinen Anspruch auf Vollständigkeit. Wichtig erscheint es, insbesondere die relevanten Dissertationen, Habilitationen und Modelle zur Corporate Governance in mittelständischen Familienunternehmen darzustellen, da diese Eingang in die Überlegungen der vorliegenden Arbeit finden. Im Laufe der Arbeit wurden bereits einige Quellen zur Corporate Governance mittelständischer Familienunternehmen

3.2.2 Historische Entwicklungslinie in der deutschsprachigen Forschung

Um ein anforderungsgerechtes Modell der Corporate Governance mittelständischer Familienunternehmen ableiten zu können, muss zunächst eine Bestandsaufnahme der bisherigen Forschung geleistet werden. Wie bereits in der Einleitung angeführt, ist zwischen der allgemeinen Corporate Governance-Diskussion in Deutschland, die sich hauptsächlich mit kapitalmarktorientierten Großunternehmen beschäftigt, und der Einbeziehung anderer Betriebstypen wie z.B. öffentlicher Unternehmen, mittelständischer Unternehmen und Familienunternehmen eine zeitliche Lücke von mindestens zehn Jahren zu erkennen.[723] Einzelbeiträge zu Teilbereichen der Corporate Governance mittelständischer Familienunternehmen finden sich bereits ab Ende der 80er Jahre des 20. Jahrhunderts.[724] Explizit findet die Corporate Governance mittelständischer Unternehmen und/oder Familienunternehmen als holistisches Konstrukt jedoch erst etwa seit dem Jahr 2003 Beachtung.[725]

Die erste umfassende Arbeit ist in diesem Zusammenhang *Hausch* im Jahr 2004 zuzuschreiben. Die Arbeit ist eine fallstudienbasierte Betrachtung einzelner Corporate Governance-Elemente mittelständischer Unternehmen und stützt sich auf 43 persönliche Interviews mit mittelständischen Unternehmern und Geschäftsführern.[726] *Hausch* verwendet für ihre Untersuchung eine weiche Abgrenzung mittelständischer Unternehmen, welche sie wie folgt charakterisiert: „Als mittelständische Unternehmen qualifizieren sich rechtlich und wirtschaftlich selbständige (sic!) und unabhängige Unternehmen, deren Unternehmensstrategie maßgeblich durch den Einfluss wenigstens eines Eigners bestimmt wird, wobei der Eigner oder die Eignerfamilie mindestens die stimmberechtigten Anteile am Unternehmen kontrolliert, nicht aber notwendigerweise die Unternehmensführung innehat“[727]. Corporate Governance wird von *Hausch* als unternehmensspezifischer „Oberbegriff für das System der internen und externen Entscheidungs-, Einfluss- und Kontrollstrukturen (...) einschließlich seiner Zielsetzung und Beziehungen zu den wichtigsten Interessengruppen“[728] definiert. Im Rahmen der Arbeit untersucht die Autorin interne und externe strukturelle Elemente der Corporate Governance mittelständischer Unternehmen und gibt in einem Code of Best Practice Handlungsempfehlungen in den acht Kategorien Anteilseignerstruktur, Gläubigerstruktur, Finanzierungspräferenzen,

---

aufgeführt. Sollten diese in der folgenden Ausführung fehlen, liegt dies entweder im rein deskriptiven bzw. zusammenfassenden Charakter des jeweiligen Beitrags oder in der nicht vorhandenen Novität der Überlegungen begründet.

[723] Albach/Letmathe verweisen auf den Zeitraum Anfang der 1990er Jahre als Beginn der Corporate Governance-Debatte in Deutschland. Vgl. Albach/Letmathe (2008), S. VII.

[724] Vgl. Hausch (2004), S. 3 m.w.N.

[725] Erste explizite Beiträge, die sich mit der Corporate Governance mittelständischer Unternehmen befassen, finden sich in diesem Zeitraum. Vgl. Institut für Demoskopie Allensbach (2003); Wolf, J. (2004).

[726] Vgl. Hausch (2004), S. 97f.

[727] Hausch (2004), S. 31.

[728] Hausch (2004), S. 43.

Rechnungslegung/Publizität, Zielorientierung, Unternehmensführung, Unternehmenskontrolle sowie Entlohnungs- und Anreizsysteme.[729] Die theoretische Fundierung der Empfehlungen über die Grundlagen der Prinzipal-Agent-Theorie hinaus bleibt jedoch aus.

Etwa zur gleichen Zeit veröffentlicht *Iliou*[730] seine Arbeit zur Nutzung von Corporate Governance in mittelständischen Familienunternehmen. Im Gegensatz zur Arbeit von *Hausch*, die sich vor allem mit der Ausprägung einzelner Strukturelemente von Corporate Governance befasst, wendet sich *Iliou* der Frage zu, „inwiefern sich die festgestellten Nutzungsmöglichkeiten [von Corporate Governance] auch auf die Familienunternehmen übertragen lassen, d.h. ob die Vorteile, welche die Realisierung funktionierender Corporate Governance-Strukturen in Publikumsgesellschaften bietet, auch von Vorteil für die Familienunternehmen sind“[731]. Im Rahmen des ersten Analyseschritts kommt *Iliou* zu dem Ergebnis, dass für mittelständische Familienunternehmen insbesondere die Themen Risikomanagement, Nachfolgeplanung und Kapitalbeschaffung von besonderer Bedeutung seien.[732] *Iliou* weist treffend darauf hin, dass die Einrichtung von Corporate Governance-Strukturen mit hohen Kosten oder ungewohnten Verpflichtungen verbunden sein kann. Sein Hinweis, dass für die Vorteilhaftigkeit einer Anwendung von Corporate Governance ein positives Kosten-Nutzen-Verhältnis gegeben sein müsse, ist als Bezug zur Effizienz der Corporate Governance zu interpretieren.[733]

Raschig[734] greift, ebenfalls im Jahr 2004, die Corporate Governance nicht börsennotierter Gesellschaften auf und befasst sich somit zumindest teilweise mit dem Phänomen im Zusammenhang mit mittelständischen Unternehmen, da zwischen den beiden Gruppen bestimmte Überschneidungen vorliegen.[735] Grundlage der Untersuchung sind die Gestaltungsmöglichkeiten für nicht börsennotierte AG, GmbH, OHG und KG auf Grundlage des deutschen und des österreichischen Corporate Governance-Kodex. *Raschig* vertritt eine fokussiertere Auffassung von Corporate Governance, indem er die Diskussion in das Spannungsfeld zwischen Shareholder und Stakeholder Value einordnet und folgerichtig drei Ebenen von Interessen unterscheidet, die bedient werden müssen: Wert- und Ertragssteigerung, Insolvenzprävention und sonstige Stakeholder.[736] *Raschig* definiert Corporate Governance folgendermaßen: „Corporate Governance umfasst alle Mechanismen der Unternehmensleitung und -kontrolle einschließlich ihrer Organisation und Aufgabenverteilung, die einen langfristigen ökonomischen Erfolg des Unternehmens sicherstellen helfen und damit den Schutz der Interessen aller ge-

[729] Vgl. Hausch (2004), S. 312ff.
[730] Vgl. Iliou (2004).
[731] Iliou (2004), S. 18f.
[732] Vgl. Iliou (2004), S. 162.
[733] Vgl. Iliou (2004), S. 162f.
[734] Vgl. Raschig (2004).
[735] So wird propagiert, dass ein Großteil der mittelständischen Unternehmen nicht börsennotiert ist.
[736] Vgl. Raschig (2004), S. 47ff.

genüber dem Unternehmen in Vorleistung getretenen Akteure dienen."[737] Die Frage der Eignung oder Notwendigkeit von Corporate Governance-Betrachtungen in mittelständischen Familienunternehmen wird von *Raschig* mit dem Hinweis ausgeklammert, dass dies von der zukünftigen Haltung von Fremdkapitalgebern hinsichtlich einer Einbeziehung von Governance-Fragen in den Vergabeprozess von Kapital abhängig sei.[738] Ein Erkenntnisgewinn für die Diskussion um eine spezifische Corporate Governance für mittelständische Familienunternehmen lässt sich folglich nur indirekt ableiten.

Redlefsen[739] untersucht im Jahr 2004 einen Teilbereich der Corporate Governance mittelständischer Familienunternehmen, den Ausstieg von Gesellschaftern aus großen Familienunternehmen, anhand einer fallstudienbasierten Untersuchung von 55 Unternehmen.[740] Obwohl sich *Redlefsen* recht intensiv mit der Definition und Problematik von Familienunternehmen auseinandersetzt, bleibt er eine solch intensive Beschäftigung mit der Corporate Governance schuldig. Corporate Governance wird von *Redlefsen* als „Organisation der Leitungs- und Kontrollstruktur von Unternehmen"[741] verstanden, um diese Betrachtung im Folgenden auf die „effiziente Gestaltung der Macht und Einkommensverteilung aller am Unternehmen beteiligten Interessengruppen"[742] auszuweiten.[743]

Wichtige Erkenntnisse liefert *Redlefsen* dahingehend, dass er die Agenturkosten verschiedener Leitungskonstellationen in Familienunternehmen diskutiert. Er kommt zu dem Schluss, dass die Prinzipal-Agent-Konstellation von Familienunternehmen eine komplexe Struktur mit Vor- und Nachteilen gegenüber Publikumsgesellschaften ist.[744] Während in Publikumsgesellschaften die drei System Eigentum, Kontrolle und Management unterschieden werden, identifiziert *Redlefsen* für Familienunternehmen das vierte System ‚Familie', welches sich mitunter immanent durch die drei anderen Systeme verbreitet. Die Ergebnisse beleuchten den Ausstieg von Gesellschaftern in Familienunternehmen, leisten jedoch auch aufgrund der unterschiedlichen Untersuchungsgesamtheiten (Familienunternehmen und mittelständische Unternehmen)

---

737 Raschig (2004), S. 49.

738 Vgl. Raschig (2004), S. 54.

739 Vgl. Redlefsen (2004).

740 Vgl. Redlefsen (2004), S. VIII.

741 Redlefsen (2004), S. 10.

742 Redlefsen (2004), S. 11.

743 Das Phänomen der ‚Macht' wurde in der Betriebswirtschaftslehre maßgeblich durch Krüger geprägt. Dieser definiert Macht als „die Möglichkeit von Personen(-gruppen), auf das (die) Handlungsfeld(er) anderer Personen(-gruppen) einzuwirken". Krüger (1980), S. 230. Krüger hat für den betriebswirtschaftlichen Machtbegriff enormes geleistet, indem er das Hobbes'sche attributive Machtkonzept mit der relationalen Sicht von Emerson zu einem einheitlichen Konzept vereint und Macht als Realkonstrukt vor allem auf die Machtbasen der Informationen und der Sanktionen zurückführt. Vgl. Krüger (1980), S. 233.

744 Vgl. Redlefsen (2004), S. 19ff. Als Vorteil nennt Redlefsen unter anderem das Ausbleiben von Prinzipal-Agent-Konflikten zwischen Eigentum und Leitung, wenn alle Gesellschafter an der Führung des Unternehmens beteiligt sind. Diese Vorteile können jedoch teilweise durch Konflikte innerhalb der Familie überkompensiert werden.

nur einen kleinen Erkenntnisbeitrag zum Gesamtbild der Corporate Governance mittelständischer Familienunternehmen. Zudem steht in der vorliegenden Arbeit die Ausstiegsthematik der Gesellschafter nicht im Mittelpunkt der Analyse.

Koeberle-Schmid/Nützel[745] prägen im deutschsprachigen Bereich erstmals im Jahr 2005 den Begriff ‚Family Business Governance' für die spezifische Ausprägung der Corporate Governance in Familienunternehmen. Die Autoren knüpfen an die Typologie für Familienunternehmen nach *Aronoff/Ward*[746] an. Auf Basis verschiedener theoretischer Rahmengebilde, vor allem der Prinzipal-Agent-Theorie und der Stewardship-Theorie, diskutieren die Autoren die familienbezogene Herausforderungen in den Teilbereichen Governance-Struktur, Konfliktmanagement, Generationenwechsel und Gesellschafterausstieg.[747] *Koeberle-Schmid* baut im Jahr 2008 auf dieses Framework auf und vergleicht das angloamerikanische Outsider-System, das netzwerkorientierte Insider-System und das Family Business Governance-System mit den Kriterien Ziel des Unternehmens, externe Governance sowie interne Governance.[748]

In seiner Dissertation aus dem Jahr 2008 untersucht *Koeberle-Schmid*[749] das System der Family Business Governance. Auf Basis der Stewardship-Theorie, Agency-Theorie und Resource-Dependence-Theorie sowie von Experteninterviews leitet der Autor ein umfassendes Forschungsmodell zu Aufsichtsgremium und Familienrepräsentanz ab.[750] Auf Basis einer Stichprobe von 117 Familienunternehmen analysiert *Koeberle-Schmid* seine Hypothesen zu Aufsichtsgremien und Familienrepräsentanz in Familienunternehmen. Mit einem durchschnittlichen Umsatz von 1,1 Milliarden Euro sind die Unternehmen der Untersuchung sehr viel größer als die hier betrachteten Unternehmen.[751] Wichtige Erkenntnisse liefert der Autor unter anderem in der Ausgestaltung von Aufsichtsgremien in Familienunternehmen. Besonders hebt er die Tatsache hervor, dass neben Aufgaben wie z.B. Beratung und Kontrolle auch die Pflege der Familienbeziehungen bedeutsam sein kann.[752] Die Einführung einer Familienrepräsentanz, also eines gesonderten Gremiums zur Sicherung des Familieneigentums und der Sicherung des Zusammenhalts der Familie, kommt es in der Stichprobe von *Koeberle-Schmid* nur bei älteren Unternehmen ab etwa der dritten oder vierten Familiengeneration.[753]

Dörner/Wader[754] befassen sich im Jahr 2005 mit Auswirkungen des DCGK auf mittelständi-

---

745 Vgl. Koeberle-Schmidt/Nützel (2005).
746 Vgl. Aronoff/Ward (1996), S. 46ff.
747 Vgl. Koeberle-Schmid/Nützel (2005), S. 21ff.
748 Vgl. Koeberle-Schmid (2008b), S. 151.
749 Vgl. Koeberle-Schmid (2008a).
750 Vgl. Koeberle-Schmid (2008a), S. 21ff.
751 Vgl. Koeberle-Schmid (2008a), S. 114.
752 Vgl. Koeberle-Schmid (2008a), S. 206.
753 Vgl. Koeberle-Schmid (2008a), S. 208f.
754 Vgl. Dörner/Wader (2005).

sche Unternehmen. Die Autoren sehen aufgrund der qualitativen Charakteristika mittelständischer Unternehmen, vor allem die starke Eigentümerprägung, eine geringere Bedeutung von Transparenz nach außen als in börsennotierten Großunternehmen. Die flexibleren Strukturen des Mittelstands erschweren gleichzeitig die Formulierung standardisierter Regeln für Unternehmensführung und -kontrolle. Die Autoren lehnen eine Übernahme des DCGK für den Mittelstand ab und verweisen stattdessen auf den Kodex für Familienunternehmen.[755] Auch wenn die Ausführungen der Autoren aufgrund der unklaren Begriffsabgrenzung nicht vollkommen überzeugen, ist der Auffassung zuzustimmen, dass eine proaktive Beschäftigung mit Corporate Governance dem Mittelstand eine positive Unternehmensentwicklung ermöglichen kann.[756]

Nötzli Breinlinger[757] entwirft im Jahr 2006 ein Modell situativer Corporate Governance für kleine und mittelgroße Schweizer Familienunternehmen, mit dessen Hilfe die Corporate Governance-Struktur dieser Unternehmen auf ihre Güte hin untersucht werden kann.[758] Corporate Governance wird in Anlehnung an den Cadbury-Report[759] als „System der Verantwortlichkeiten der Verwaltungsräte, Manager und Aktionäre, die das Unternehmen führen und leiten" definiert. *Nötzli Breinlinger*[760] identifiziert in ihrem Modell die drei Themenbereiche Unternehmen, Eigentum und Familie in Anlehnung an das Drei-Kreise-Modell der Familienunternehmung von *Gersick et al.*[761]. Anhand dieses Modells wird die Corporate Governance von ausgewählten Unternehmen der Nahrungsmittelindustrie analysiert. Insgesamt lässt sich die Untersuchung von *Nötzli Breinlinger* als bedeutender Fortschritt in der situativen Corporate Governance-Forschung zu kleinen und mittleren Unternehmen betrachten. Die Fokussierung auf Schweizer Aktiengesellschaften ermöglicht es jedoch nicht, eindeutige Rückschlüsse auf deutsche mittelständische Familienunternehmen zu ziehen, zumal *Nötzli Breinlinger* quantitative Elemente von KMU in den Vordergrund ihrer Analyse stellt.

Eisenmann-Mittenzwei[762] befasst sich in seiner Untersuchung aus dem Jahr 2006 mit dem Themenkomplex der Corporate Governance in Familienunternehmen aus einer eher philosophischen geprägten Perspektive. Im Vordergrund der Betrachtungsweise steht die Integration der Themenbereiche Corporate Governance und Family Governance.[763] Anhand einer quantitativen, fragebogengestützten Erhebung unter ca. 370 Familienunternehmen[764] stellt der Autor eine Agenda für die Betrachtung der ‚Corporate and Family Governance' von Familienunter-

---

755 Vgl. Dörner/Wader (2005), S. 402.
756 Vgl. Dörner/Wader (2005), S. 402.
757 Vgl. Nötzli Breinlinger (2006).
758 Vgl. Nötzli Breinlinger (2006), S. 1.
759 Vgl. Cadbury Committee (1992), S. 14.
760 Vgl. Nötzli Breinlinger (2006), S. 106f.
761 Vgl. Gersick et al. (1997), S. 226f.
762 Vgl. Eisenmann-Mittenzwei (2006).
763 Vgl. Eisenmann-Mittenzwei (2006), S. 1.
764 Vgl. Eisenmann-Mittenzwei (2006), S. 8.

nehmen auf. Besondere Bedeutung misst er dem Thema ‚Fremdmanagement' sowie dem Themenbereich ‚Aufsicht' unter besonderer Berücksichtigung der Rolle von Beiräten bei.[765] Eine konkrete inhaltliche Fokussierung auf mittelständische Familienunternehmen wird vom Autor nicht angestrebt. Die Aufdeckung der Überschneidungsprobleme zwischen Corporate Governance und Family Governance in *Eisenmann-Mittenzweis* Arbeit liefert folglich einen Erkenntnisgewinn für die allgemeine Problematik der Governance von Familienunternehmen. Die im Rahmen der vorliegenden Arbeit ebenfalls betrachteten Eigentümer-Unternehmen und der fremdgeführte Mittelstand unterliegen jedoch anderen Prinzipal-Agent-Konstellationen und somit letztlich teilweise verschiedenen Corporate Governance-Problemen.

Winkeljohann/Kellersmann[766] befassen sich in zwei Aufsätzen aus den Jahren 2006 und 2007 mit der Corporate Governance von mittelständischen Unternehmen, insbesondere Familienunternehmen. Keiner der untersuchungsrelevanten Begriffe ‚Mittelstand', ‚Familienunternehmen' und ‚Corporate Governance' wird eingangs überschneidungsfrei definiert, was den Gang der Untersuchung erheblich erschwert. Unter Corporate Governance werden bei *Winkeljohann/ Kellersmann* „Fragen der Unternehmensführung im weitesten Sinne"[767] verstanden. Auch diese Autoren sehen die Prinzipal-Agent-Theorie als theoretische Grundlage der Beschäftigung mit Corporate Governance. Sie betonen die Unterschiedlichkeit der Zielstruktur mittelständischer Unternehmen und Familienunternehmen im Vergleich zu börsennotierten Großkonzernen. Die Operationalisierung guter Corporate Governance sehen sie in der Steigerung des Unternehmenswertes infolge gewinnbringender Synthese von Primär- (Unternehmenswertsteigerung) und Sekundärzielen (Eigentümer- und Arbeitnehmerinteressen). Letztendlich konstatieren *Winkeljohann/Kellersmann* die Unmöglichkeit der Erstellung eines Corporate Governance-Kodex im Mittelstand aufgrund der großen Heterogenität der Unternehmenspraxis.[768]

Just[769] greift im Jahr 2007 die Erkenntnisse der Arbeit von *Raschig* in veränderter und aktualisierter Form auf. Sie befasst sich im Rahmen ihrer Arbeit nur indirekt mit der Problematik mittelständischer Unternehmen, da sie lediglich auf die im Mittelstand regelmäßig anzutreffenden Rechtsformen der GmbH, OHG oder KG eingeht. Eine Problematisierung des mittelständischen Charakters von Unternehmen erfolgt nicht. Als Ergebnis von *Justs* Untersuchung kann festgehalten werden, dass dich die Regelungen des DCGK fast überhaupt nicht auf nicht börsennotierte Unternehmen angewendet werden können. Nur großen, nicht börsennotierten

765 Vgl. Eisenmann-Mittenzwei (2006), S. 131ff.
766 Vgl. Winkeljohann/Kellersmann (2006); Kellersmann/Winkeljohann (2007).
767 Vgl. Winkeljohann/Kellersmann (2006), S. 9.
768 Vgl. Winkeljohann/Kellersmann (2006), S. 10ff.
769 Vgl. Just (2007).

Gesellschaften wird eine Anwendung von Regelungen ähnlich dem DCGK empfohlen.[770]

Damken[771] greift 2007 die Diskussion über die Corporate Governance mittelständischer Unternehmen auf und wendet diese auf die Analyse mittelständischer Kapitalgesellschaften an. Im Fokus der Untersuchung von Damken stehen im Gegensatz zur Arbeit von *Hausch* jedoch nicht interne strukturgebende Corporate Governance-Elemente, sondern die Organisation der Leitungs- und Kontrollorgane der Gesellschaften unter Berücksichtigung der Modernisierung der Business Judgment Rule und der Directors and Officers (D&O)-Versicherung nach der Novellierung des § 93 AktG durch das UMAG. Die sehr spezielle, an der Schnittstelle juristischer und betriebswirtschaftlicher Diskussion angesiedelte Fragestellung trägt nur wenig zum Verständnis der Corporate Governance mittelständischer Familienunternehmen an sich bei.

Andreae[772] analysiert ebenfalls im Jahr 2007 Unterschiede und Gemeinsamkeiten von Publikumsgesellschaften und Familienunternehmen. Die Analyse erfolgt theoretisch durch Analyse in den Kategorien Führungsstruktur, Strategien, Marketing, Vertriebspolitik, Personalwesen, Controlling sowie Finanzwesen auf Basis der Prinzipal-Agent-Theorie.[773] Letztendlich kommt *Andreae* zu dem Schluss, dass die Unterschiede zwischen Publikumsgesellschaften und Familienunternehmen überwiegen. Die wichtigsten Punkte sieht er in der unterschiedlichen Zielstruktur, der defizitären Rolle des Controlling in Familienunternehmen sowie der abweichenden Prinzipal-Agent-Konstellationen zwischen den beiden Betriebstypen.[774]

Der Beitrag von *Oesterle*[775] ist als eine der ersten empirischen Untersuchungen zur Relevanz der Corporate Governance für Familienunternehmen zu sehen. *Oesterle* sieht, wie viele der bisher angesprochenen Autoren, die Kontroverse um die Kombination der Begriffe Familienunternehmen und Corporate Governance. Entgegen der ursprünglichen Diskussion um die Trennung von Eigentum und Leitung in Publikumsgesellschaften gemäß *Berle/Means*[776] sieht der Autor die Daseinsberechtigung von Corporate Governance in Familienunternehmen darin, „den einer Institution eigenen Interessenpluralismus und die potenzielle Notwendigkeit zur Handhabung von Interessengegensätzen aufzufangen“[777]. In diesem Sinne wird Corporate Governance zu einem nicht auf bestimmte Rechtsformen beschränkten Regelungsinstrumentarium, das bei der interessenorientierten Gestaltung der Unternehmensleitung hilft.[778] Das größte analytische Problem der Corporate Governance sieht *Oesterle* in der eigentums- und

770 Vgl. Just (2007), S. 247.
771 Vgl. Damken (2007).
772 Vgl. Andreae (2007).
773 Vgl. Andreae (2007), S. 2.
774 Vgl. Andreae (2007), S. 145ff.
775 Vgl. Oesterle (2007).
776 Vgl. Berle/Means (1932).
777 Oesterle (2007), S. 34.
778 Vgl. Oesterle (2007), S. 34.

größenbezogenen Heterogenität von Familienunternehmen. Indem er diese Gedanken mit ersten empirischen Erkenntnissen untermauert, die den Verdacht bekräftigen, dass Unternehmen mit zunehmender Größe vermehrt den Nutzen sowie die Notwendigkeit von Corporate Governance erkennen, leistet der Autor auch einen wichtigen Beitrag für die Erforschung der Corporate Governance mittelständischer Familieunternehmen.[779]

Peemöller[780] befasst sich mit der Frage, inwiefern die Beschäftigung mit den Themen Corporate Governance und Familienunternehmen eine Modeerscheinung oder eine echte Notwendigkeit darstelle. Bei der Kennzeichnung von Familienunternehmen stützt er sich auf die von *Astrachan/Klein/Smyrnios* entworfene F-PEC Skala.[781] *Peemöllers* Argumentation der Regelung der Corporate Governance von Familienunternehmen basiert auf den in der Führung dieser Unternehmen identifizierten Problembereichen ‚Risiken eines Streits zwischen Gesellschaftern', ‚Risiken von Führungsfehlern' und ‚Risiken der Bestandssicherung'.[782]

Witt[783] analysiert im Jahr 2008 die Corporate Governance von Familienunternehmen aus Sicht der Prinzipal-Agent-Theorie und erweitert diese Sichtweise um Elemente der Stewardship-Theorie. Der Autor sieht in seiner Argumentation sowohl Vor- als auch Nachteile in der Corporate Governance-Struktur in Familienunternehmen. Zu den Vorteilen zählt er unter anderem die Identität von Eigentum und Leitung, die Kontinuität der Strategie und die fehlende Beeinflussung durch den Kapitalmarkt. Als Nachteile hebt *Witt* die Nachfolgeproblematik, Gesellschafterkonflikte, die Auswahl der Geschäftsführer und die Nutzung von Beiräten hervor.[784] Letztendlich führt die erweiterte Sicht der Untersuchung zu dem Ergebnis, dass Familienunternehmen erfolgreicher sein können als Publikumsgesellschaften, wenn sie die Governance des Unternehmens und die Family Governance gewinnbringend miteinander verknüpfen. *Witts* Untersuchung ist für die theoretische Argumentation insbesondere der Corporate Governance-Struktur der Familienunternehmen in der vorliegenden Arbeit relevant.

Reinemann[785] befasst sich ebenfalls in 2008 mit Prinzipien guter Unternehmensführung in

---

779 Vgl. Oesterle (2007), S. 52ff. Auch wenn die Gruppe der Familienunternehmen nicht mit der Gruppe der mittelständischen Unternehmen deckungsgleich ist, so sind diese in Oesterles Stichprobe sehr gut repräsentiert. Insgesamt 95,3 Prozent (n=121) der von Oesterle befragten Unternehmen weisen einen Umsatz von weniger als 500 Millionen Euro auf, entsprechen also im Kern der quantitativen Mittelstandsdefinition des Deloitte Mittelstandsinstituts an der Universität Bamberg. Die starke Zustimmung der Beachtung von Corporate Governance kann als erste Begründung für die Relevanz der vorliegenden Arbeit gesehen werden.

780 Vgl. Peemöller (2006); ders. (2008).

781 Vgl. Astrachan/Klein/Smyrnios (2005).

782 Vgl. Peemöller (2008), S. 725f. In diesem Zusammenhang betont Peemöller vor allem die Bedeutung der Themenbereiche „Zersplitterung der Eigentümerfamilie" und „Fremdmanagement in Familienunternehmen". Eine vielschichtige Einführung in den Themenbereich des Fremdmanagements in Familienunternehmen gibt Becker, F.G. (2007a).

783 Vgl. Witt (2008).

784 Vgl. Witt (2008), S. 4ff.

785 Vgl. Reinemann (2008a); ders. (2008b).

mittelständischen Unternehmen.[786] Ausgehend von den Bilanzskandalen der Konzerne Enron, Worldcom und Adelphia sieht der Autor eine intensive Diskussion um die richtige Unternehmensführung als notwendig an. Diese Problematik scheint auch in mittelständischen Unternehmen gegeben. *Reinemann* betrachtet nur kleine und mittlere Unternehmen sowie große Familienunternehmen als wirklich mittelständisch. Im Laufe der Untersuchung vergleicht *Reinemann* die Agenturkosten der drei Betriebstypen ‚Großunternehmen', ‚Große Familienunternehmen' und ‚Kleine und mittlere Unternehmen'. Letztendlich leitet er die drei Themenbereiche ‚Unternehmensexterne Elemente', ‚Familiengerichtete Elemente' und ‚Unternehmensinterne Elemente' als Grundlage der spezifisch mittelständisch geprägten Corporate Governance ab.[787] Jedoch bleibt *Reinemann* eine Konkretisierung seiner Analyse schuldig. Die Feststellung, jedes Unternehmen müsse individuelle Vorstellungen über Corporate Governance gewinnen und es könne keine standardisierten Empfehlungen geben, kann aus theoretischer Sicht nicht gänzlich überzeugen.[788] Der Autor der vorliegenden Arbeit vertritt die Meinung, dass es trotz der Heterogenität der Unternehmenspraxis möglich sein sollte, allgemeingültige Prinzipien der Corporate Governance mittelständischer Familienunternehmen zu finden.

Becker/Ulrich[789] befassen sich in einem Grundlagenartikel aus dem Jahr 2008 mit der Erarbeitung eines theoretischen Frameworks für die Corporate Governance mittelständischer Unternehmen. Ihre Arbeit basiert einerseits auf der auch in der vorliegenden Arbeit vorgestellten quantitativen und qualitativen Mittelstandsdefinition des DMI.[790] Ausgehend von einer trennscharfen Abgrenzung der Begriffe Mittelstand und Corporate Governance unterscheiden die Autoren drei Konstellationen (Eigentümer-Unternehmen, Familienunternehmen, Fremdgeführter Mittelstand) in mittelständischen Unternehmen aus Sicht der Agency-Theorie, Resource-Dependence-Theorie und Stewardship-Theorie. Während in Eigentümer-Unternehmen die Professionalisierung der Unternehmensführung im Sinne einer Sicherstellung von Entscheidungsqualität im Fokus von Corporate Governance stehen sollte, treten in Familienunternehmen Familienkonflikte als weitere Regelungsobjekte hinzu. In fremdgeführten Unternehmen in Familienbesitz wird Corporate Governance zusätzlich um Anreiz- und Kontrollaspekte erweitert, die auch in anonymen Publikumsgesellschaften von Relevanz sind.[791]

Klein widmet sich in zwei Beiträgen aus den Jahren 2008 und 2009 der Corporate Governance von Familienunternehmen.[792] Der erste Beitrag stellt einen Problemaufriss dar. Die Autorin

---

786 Reinemanns Untersuchung ist die Grundlage der Deloitte-Studie anlässlich der Vergabe des Axia-Awards für gute Unternehmensführung mittelständischer Unternehmen. Vgl. Reinemann/Böschen (2008).
787 Vgl. Reinemann (2008a), S. 709f.
788 Vgl. Reinemann (2008a), S. 711.
789 Vgl. Becker/Ulrich (2008), S. 261ff.
790 Vgl. Abschnitt 2.1.2 der vorliegenden Arbeit.
791 Vgl. Becker/Ulrich (2008), S. 264ff.
792 Vgl. Klein (2008); dies. (2009).

leitet ihre Untersuchung mit folgender These ein: „Der Schlüsselpunkt liegt darin, dass Familienunternehmen eine sehr heterogene Gruppe bilden“[793]. Basis ihrer Untersuchung bilden zwei Perspektiven, namentlich Corporate Governance als Unternehmenskonstellation und die Auswirkung auf die Unternehmensperformance sowie Corporate Governance als Analyse von Strukturen und Prozessen der Unternehmensorganisation. *Klein* fundiert ihre Gedanken durch die Corporate Governance-Definition von *Witt*, der Corporate Governance als „Organisation der Leitung und Kontrolle eines Unternehmens mit dem Ziel des Interessenausgleichs zwischen den beteiligten Anspruchsgruppen“[794] beschreibt. Die Forderung, für zukünftige Forschung in Familienunternehmen die Heterogenität dieses Betriebstyps stärker zu berücksichtigen, ist zuzustimmen.[795] Zusätzlich Mehrwert bietet die Anführung der Stewardship-Theorie als ergänzender Sichtweise für Corporate Governance in Familienunternehmen.[796]

In Folgebeitrag erweitert *Klein* ihre Sichtweise auf die Corporate Governance von Familienunternehmen um situative Aspekte. In einer systemischen Sichtweise unterscheidet die Autorin zunächst vier Subsysteme: Familie, Eigentum, Führung und Unternehmen. Diese sind in das System Umwelt eingebettet.[797] Für jedes der einzelnen Subsysteme identifiziert *Klein* komplexitätsverursachende Elemente. Letztlich verfolgt sie die These, dass sich die Komplexität der Unternehmenssubsysteme in Corporate Governance-Mechanismen widerspiegeln müsse.[798] Folgt man dieser Argumentation, so entstehen einem Unternehmen zu hohe Corporate Governance-Kosten, wenn die Corporate Governance komplexer als die Struktur des Familienunternehmens ist. Im umgekehrten Fall geht *Klein* vom Entstehen von Konfliktkosten – also familienspezifischer Transaktionskosten – aus, welche nicht in einem optimalen Ergebnis mündeten.[799] Zusätzlich zur Komplexität identifiziert die Autorin die Größe ‚Vertrauen‘ als Einflussfaktor der Corporate Governance in Familienunternehmen. Vertrauen wird von *Klein* als eine komplementäre Größe zu Corporate Governance-Regelungen verstanden, die in Situationen, in denen die Unternehmensstruktur komplexer als die Corporate Governance ist, als Alternative zur Komplexitätsanpassung der Corporate Governance genutzt werden kann.[800] Insbesondere der Zusammenhang zwischen Komplexität und Corporate Governance sowie die das Vertrauens werden für die vorliegenden Untersuchung als sehr bedeutsam erachtet.

Becker/Ulrich/Baltzer[801] erheben erstmals in einer großzahligen Fragebogenaktion das Mei-

[793] Klein (2008), S. 18.
[794] Witt (2003), S. 1.
[795] Vgl. Klein (2008), S. 24.
[796] Vgl. Klein (2008), S. 26.
[797] Vgl. Klein (2009), S. 69.
[798] Vgl. Klein (2009), S. 75.
[799] Vgl. Klein (2009), S. 75f.
[800] Vgl. Klein (2009), S. 78.
[801] Vgl. Becker/Ulrich/Baltzer (2009b), S. 12ff.

nungsbild mittelständischer Unternehmen zu konkreten Fragen der Corporate Governance. Auf Grundlage einer Stichprobe von 113 Unternehmen aus der geographischen Region Franken befassen sich die Autoren mit der grundsätzlichen Einschätzung zur Corporate Governance sowie spezifischen Einzelaspekten und deren Ausprägung. Interessant erscheint die Aussage, dass 101 der 113 der befragten Unternehmen dem Thema Corporate Governance eine hohe oder sehr hohe Bedeutung beimessen.[802] Damit ist das Thema im Kanon der abgefragten Themen das wichtigste und wird im Vergleich zu Aspekten wie z.B. Controlling, Harmonisierung des Rechnungswesens, Veränderungen im Steuerrecht sowie Nachhaltigkeit als relevanter eingeschätzt. Die grundsätzliche Einschätzung spricht Corporate Governance eine erfolgssteigernde und kostensenkende Wirkung zu.[803] Im Rahmen der Zielorientierung weisen 45 Prozent der Befragten eine Zielorientierung, 43 Prozent eine Mitarbeiterorientierung und 37 Prozent eine Wertorientierung auf. Diese drei meistgenannten Kategorien sprechen für eine gleichzeitige Werte- und Wertorientierung in den befragten Unternehmen. Weitere thematisierte Aspekte umfassen Unternehmenskontrolle, Transparenz und Finanzierungspräferenzen. Zudem analysieren *Becker/Ulrich/Baltzer* die Bedeutung einzelner Corporate Governance-Mechanismen. Auf einer fünfstufigen Likert-Skala sind die Mechanismen Unternehmensführung (100 von 113 Unternehmen geben eine hohe oder sehr hohe Relevanz an), Controlling (96) und Unternehmenskultur (92) die drei mit der höchsten Relevanz. Aber auch Unternehmenskontrolle (77) und Anreizsysteme (74) spielen eine große Rolle.[804] Weniger relevant werden Rechnungslegung, Transparenz, Publizität und Finanzierung eingeschätzt.

Staud[805] befasst sich im Jahr 2009 mit einer in der vorliegenden Arbeit bereits thematisierten Forschungslücke, der Anpassung der Corporate Governance an Unternehmensgröße und Unternehmensstruktur. In diesem Zusammenhang stellt die Autorin treffend fest, dass der Zusammenhang von Corporate Governance, Unternehmensgröße, Eigentümerstruktur und Rechtsform bisher nur unzureichend untersucht wurde.[806] Die Operationalisierung der Corporate Governance ist bei *Staud* relativ weit gefasst: „Für die nachfolgende Untersuchung wird unter Corporate Governance die Gesamtheit der Rahmenbedingungen und Verhaltensmaßstäbe zur Organisation, Leitung und Kontrolle von Unternehmen verstanden".[807] Aus vorhandenen theoretischen und empirischen Forschungen leitet die Autorin zwölf Hypothesen ab, wel-

802 Vgl. Becker/Ulrich/Baltzer (2009b), S. 8.
803 Vgl. Becker/Ulrich/Baltzer (2009b), S. 8.
804 Vgl. Becker/Ulrich/Baltzer (2009b), S. 10. Interessant erscheint vor allem die prominente Nennung der Mechanismen ‚Controlling' und ‚Unternehmenskultur', da diese in der Literatur nicht einmal einheitlich dem Kontext von Corporate Governance zugerechnet werden. Die empirischen Befunde bekräftigen die in der vorliegenden Arbeit vertretene Perspektive, nach der sowohl Contolling als auch Unternehmenskultur Teil der Corporate Governance sind.
805 Vgl. Staud (2009).
806 Vgl. Staud (2009), S. 4.
807 Staud (2009), S. 8.

che sich insbesondere auf die Anzahl der Geschäftsführer, variable Vergütungsanteile, Aufsichts- und Beiräte, Mitbestimmungsregeln, Publizitäts- und Offenlegungsaspekte beziehen.[808] Somit ist in Bezug auf Corporate Governance-Instrumente zu konstatieren, dass sich die Autorin eng am für kapitalmarktorientierte Großunternehmen relevanten Spektrum orientiert. Der Fokus der Untersuchung unterscheidet sich deutlich von der vorliegenden Arbeit, da unter anderem Aspekte wie z.B. Unternehmensführung und Controlling sowie Unternehmenskultur, die charakteristisch für mittelständische Familienunternehmen sind, ausgeblendet werden. Die Hypothesen werden von der Autorin mit Hilfe eines relativ großen Samples von 253 (Rücklaufquote 12,7 Prozent) getestet.[809] Letztlich kann *Staud* in ihrer Stichprobe neun der zwölf getesteten Hypothesen bestätigen. Eine Hypothese wird eingeschränkt bestätigt, ein Einfluss der Nicht-Kapitalmarktorientierung auf den Einsatz von Wirtschaftsprüfern auch als Unternehmensberater sowie eine negative Einschätzung von Großunternehmen hinsichtlich relevanter Publizitätspflichten können nicht gestützt werden.[810] Der Mehrwert der Arbeit von *Staud* liegt darin, die für kapitalmarktorientierte Großunternehmen anwendbaren Kriterien wie Größe und Struktur des Exekutivgremiums, Aufsichtsratarbeit, Vergütungssysteme und Publizität einer quantitativ-empirischen Prüfung zu unterziehen. Die Arbeit ist jedoch weder spezifisch für mittelständische Familienunternehmen, noch kann sie die Mechanismen im Detail erläutern. Für die vorliegende Untersuchung werden die Ergebnisse von *Staud* als relevante Befunde in die Analyse der Corporate Governance-Mechanismen einfließen.

Wesel[811] befasst sich im Jahr 2010 mit den Spezifika der Corporate Governance in großen mittelständischen Unternehmen. Hiermit möchte der Autor „einen Beitrag zum Aufbau eines systematischen und differenzierten Wissens bzgl. der *Corporate-Governance-Strukturen* [Hervorhebung im Original] und -Mechanismen“[812] dieser Unternehmen leisten. Grundlage der Arbeit stellt neben theoretischen Überlegungen eine qualitativ-empirische Untersuchung von 20 Unternehmen dar, die vom Autor zwar als Fallstudienuntersuchung angekündigt wird, letztlich aber nur Interviewaussagen quantifiziert, ohne einen Rückschluss auf einzelne Fälle zuzulassen. Die von *Wesel* analysierten Unternehmen ähneln mit einem durchschnittlichen Jahresumsatz von 391,1 Millionen Euro[813] sowie einer durchschnittlichen Mitarbeiterzahl 2005/2006 von 2.300 Mitarbeitern[814] der in der vorliegenden Arbeit verwendeten Größenklassifikation ‚Mittlere Unternehmen‘. Aus Sicht des Autors ist Corporate Governance „das Beziehungsgeflecht der sowohl internen als auch externen Entscheidungs-, Einfluss- und Kon-

808 Vgl. Staud (2009), S. 136.
809 Vgl. Staud (2009), S. 141.
810 Vgl. Staud (2009), S. 226.
811 Vgl. Wesel (2010).
812 Wesel (2010), S. 7.
813 Vgl. Wesel (2010), S. 11.
814 Vgl. Wesel (2010), S. 11.

trollstrukturen eines Unternehmens unter Einbeziehung der mit ihr verbundenen wesentlichen Interessengruppen"[815]. In Folge eines globalisierten Marktumfelds sieht der Autor Überarbeitungen der Corporate Governance im Mittelstand als notwendig an.[816] Einen Ausweg biete unternehmensindividuelle Good Governance. Diese wird von *Wesel* an den Aspekten Kontinuität, Unternehmenskultur, Unternehmens- und Vermögensnachfolge, Unternehmensführung, Unternehmenskontrolle sowie nachhaltige Erwirtschaftung lebensfähiger Renditen festgemacht. Der Autor zeigt, dass die von ihm untersuchten Unternehmen die Relevanz der Corporate Governance erkannt haben, in einzelnen Mechanismen z.T. aber noch keine mit kapitalmarktorientierten Großunternehmen vergleichbare Ausprägung aufweisen.[817] *Wesels* Corporate Governance-Mechanismen werden im Kapitel ‚Empirische Befunde' dieser Arbeit wieder aufgegriffen. Die folgende Abb. 3-5 stellt den verarbeiteten Forschungsstand nochmals überblicksartig dar.

Autor	Forschungsdesign	Untersuchungsobjekt
Hausch (2004)	Qualitativ-explorativ	Mittelstand
Iliou (2004)	Konzeptionell	Mittelständische Familienunternehmen
Raschig (2004)	Quantitativ-explorativ	Nicht börsennotierte Gesellschaften
Redlefsen (2004)	Qualitativ-explorativ	Große Familienunternehmen
Koeberle-Schmid/Nützel (2005)	Konzeptionell	Familienunternehmen
Dörner/Wader (2005)	Konzeptionell	Mittelstand
Nötzli Breinlinger (2006)	Qualitativ-explorativ	Kleine und mittlere Familienunternehmen / Schweiz
Eisenmann-Mittenzwei (2006)	Quantitav-explorativ	Familienunternehmen
Winkeljohann/Kellersmann (2006/07)	Konzeptionell	Mittelstand und Familienunternehmen
Just (2007)	Quantitativ-explorativ	Nicht börsennotierte Gesellschaften
Damken (2007)	Konzeptionell	Mittelständische Kapitalgesellschaften
Andreae (2007)	Konzeptionell	Familienunternehmen
Oesterle (2007)	Quantitativ-explorativ	Familienunternehmen
Peemöller (2008)	Konzeptionell	Familienunternehmen
Witt (2008)	Konzeptionell	Familienunternehmen
Reinemann (2008a/2008b)	Konzeptionell	Mittelstand
Becker/Ulrich (2008)	Konzeptionell	Mittelstand
Koeberle-Schmid (2008)	Quantitativ-schließend	Familienunternehmen
Klein (2008/2009)	Konzeptionell	Familienunternehmen
Becker/Ulrich/Baltzer (2009)	Quantitativ-explorativ	Mittelstand
Staud (2009)	Quantitativ-schließend	Großunternehmen und KMU im Vergleich
Wesel (2010)	Qualitativ-empirisch	Mittelstand

Abbildung 3-5: Literaturauswertung zu Mittelstand, KMU und Familienunternehmen

815 Wesel (2010), S. 62.
816 Vgl. Wesel (2010), S. 120ff.
817 Vgl. Wesel (2010), S. 411ff.

Letztlich lässt sich festhalten, dass es im Bereich der Corporate Governance mittelständischer Familienunternehmen noch immer nicht zu einer einheitlichen Theoriebildung kommen konnte. Die Diskussion normativer Grundlagen anhand deduktiver Argumentation könnte an dieser Stelle Abhilfe schaffen. Obwohl das Thema vor allem im Hinblick auf die propagierten niedrigeren Eigen- und Fremdkapitalkosten und den steigenden Unternehmenserfolg als überaus wichtig erachtet wird, lässt die praktische Implementierung der Erkenntnisse doch eine klare Tendenz vermissen.

Im Folgenden wird ein Überblick über für mittelständische Familienunternehmen wichtige theoretische Bewertungsmodelle der Corporate Governance gegeben, die zur detaillierteren Operationalisierung des Konstrukts herangezogen werden können.

3.2.3 Überblick über Bewertungsansätze für Corporate Governance

Im Zusammenhang der Analyse von Wirkungen, die aus der Anwendung von Corporate Governance resultieren, lassen sich makroökonomische und mikroökonomische Ansätze unterscheiden. Erstere befassen sich mit der Analyse von Auswirkungen auf aggregierte Größen wie Wachstum, Stabilität und Beschäftigungsanstieg. Mikroökonomische Ansätze stellen stattdessen die individuellen Auswirkungen von Corporate Governance auf Effizienz, Effektivität und/oder den Wert eines Unternehmens in den Mittelpunkt der Betrachtung. [818]

In der Literatur gibt es bisher kein einheitliches Modell für die Bewertung der Corporate Governance mittelständischer Familienunternehmen. Verschiedene Ansätze finden sich für die Einbeziehung führungsrelevanter Fragestellungen im Rahmen der Ratingerstellung[819] und Kreditvergabe von Banken oder in Form individualisierter Scorecards. Lediglich für Familienunternehmen gibt es einige Ansätze, die im Folgenden diskutiert werden, soweit dies für die Betrachtung mittelständischer Familienunternehmen relevant ist. Aufgrund der geringen Anzahl vorliegender Ansätze wird auf eine Klassifikation verzichtet.

Drei-Kreise-Modell von *Gersick et al.* (1997)

Grundlage des Modells von *Gersick et al.* ,das in Abb. 3-6 dargestellt ist, bildet das Drei-Kreise-Modell der Familienunternehmen nach *Tagiuri/Davis*[820].[821] Dieses Modell beschreibt das Familienunternehmen als System, welches aus drei Subsystemen besteht. Durch Überlappungen der einzelnen Systeme entstehen insgesamt sieben Sektoren, in das jedes innerhalb des Familienunternehmens tätige Individuum eindeutig zugeordnet werden kann.

[818] Vgl. Zöllner (2007), S. 51f.
[819] Vgl. Klett (2002), S. 134f.
[820] Vgl. Tagiuri/Davis (1996), S. 200.
[821] Vgl. Gersick et al. (1997).

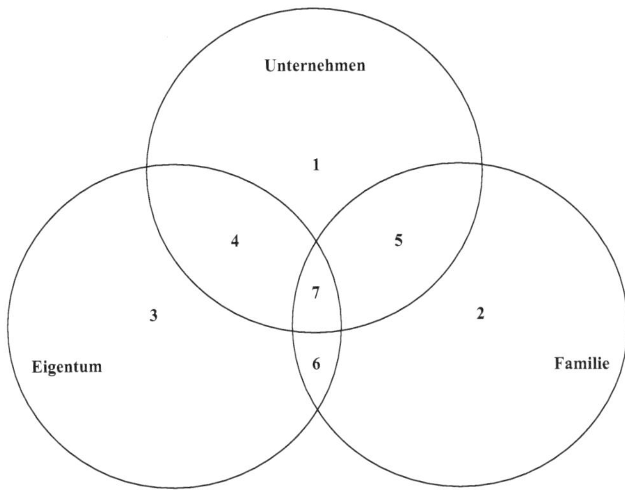

Abbildung 3-6: Drei-Kreise-Modell der Familienunternehmen nach *Gersick et al.*[822]

Zur Verbesserung der Unternehmensführung entwickeln *Gersick et al.* Strukturen und Pläne für jeden der einzelnen Sektoren. Diese sind als Handlungsempfehlungen für Individuen der drei Gruppen Eigentum, Unternehmen und Familie konzipiert. In der Unternehmensdimension geht es vornehmlich um die Zusammenstellung von Management-Entwicklungsteams, welche mit der Erstellung von Management-Entwicklungsplänen betraut werden. In der Familiendimension sieht das Modell von *Gersick et al.* die Einrichtung eines Familienrates vor, der einen Familienplan aufstellt. Im Eigentum konzentrieren sich die Autoren auf die Rechten und Pflichten der Aktionärsversammlung und den Aufsichtsrat.

Als wichtigste Aussage des Modells von *Gersick et al.* lässt sich festhalten, dass die Autoren eine Verknüpfung zwischen steigender Komplexität in Eigentum, Familie und Unternehmen einerseits und steigenden Anforderungen an formale Strukturen und Pläne andererseits herstellen. Familienunternehmen erreichen ihre Spezifika erst durch die enge Kopplung verschiedener Systeme. *Gersick et al.* stellen hierzu fest: „Many of the most important dilemmas faced by family businesses (…) have more to do with the distinction between owners and managers than between the family and the business as a whole."[823] Der Grundgedanke wird für die vorliegende Arbeit übernommen, da auch hier ein Zusammenhang zwischen steigender

822 In Anlehnung an: Gersick et al. (1997), S. 6.
823 Vgl. Gersick et al. (1997), S. 5.

Komplexität und steigender Notwendigkeit formaler Regelungen postuliert wird.

Modell von *Neubauer/Lank* (1998)

Neubauer/Lank befassen sich mit der optimalen Gestaltung von Governance-Strukturen in Familienunternehmen.[824] Sie sehen drei Elemente als entscheidend für die Governance von Familienunternehmen an: die Familie und ihre Institutionen, den Verwaltungsrat sowie das Top-Management. Die Führungsaufgabe im Unternehmen wird anhand von drei konkreten Aufgaben operationalisiert:

- Die Sicherstellung der Unternehmensnachfolge,
- Die Erarbeitung von Vision und Strategie,
- Die Sicherstellung der finanziellen Ressourcen.

Weitere Aufgaben neben der Führung des Unternehmens sind die Überwachung sowie das Rapportieren. Die Ausprägung und Organisation der Corporate Governance-Strukturen sind dabei dem Komplexitätsgrad des Unternehmens anzupassen. Als Beispiel für eine auszuprägende Struktur wird eine Familienkonferenz von den Autoren ab etwa 30 bis 40 Familienmitgliedern als expliziter Corporate Governance-Mechanismus empfohlen.[825]

Modell von *Mustakallio/Autio/Zahra* (2002)

Mustakallio/Autio/Zahra[826] haben ein Corporate Governance-Modell für finnische Familienunternehmen entwickelt. Die Autoren gehen von zwei grundlegenden Spezifika von Familienunternehmen aus:

- Familienunternehmen haben spezifische Stakeholderstrukturen, die historisch gewachsen sind,
- Die Verfolgung ökonomischer Ziele wird in Familienunternehmen durch die Zielstruktur der Familie beeinträchtigt.

Die Governance in Familienunternehmen muss auf dem spezifischen Charakter dieses Unternehmens basieren. Die beiden relevanten Spezifika von Familienunternehmen resultieren in einer spezifischen Corporate Governance-Struktur. Soziale Beziehungen sind in einer solchen Situation entscheidend. Insbesondere die Erarbeitung einer gemeinsamen Vision aller Familienmitglieder kann die Entwicklung des Familienunternehmens positiv verändern, da sie alle Mitglieder der Familie aktiv involviert. Die Autoren identifizieren unter anderem gemeinsame Einstellungen als wichtige Basis von Familienmitgliedern.[827]

824 Vgl. Neubauer/Lank (1998).
825 Vgl. Neubauer/Lank (1998), S. 81.
826 Vgl. Mustakallio/Autio/Zahra (2002).
827 Vgl. Mustakallio/Autio/Zahra (2002), S. 216.

Governance und Flexibilität von *Gubitta/Gianeccini* (2002)

Die Autoren wenden als Grundlage ihres Modells nicht die Prinzipal-Agent-Theorie, sondern die Property-rights-Theorie an, auf deren Basis sie eine Governance-Landkarte entwerfen. *Gubitta/Gianeccini* sind der Meinung, dass traditionelle Corporate Governance-Theorien nicht zur Analyse komplexer Strukturen, wie sie in Familienunternehmen vorherrschen, geeignet sind. Das veränderte Rahmenwerk stützt sich auf die drei Aspekte ‚Koalitionen', ‚Investitionen in das Humankapital' und ‚Vertragliche Lücken'.[828]

Das Flexibilitätspotential von Corporate Governance-Modellen messen die Autoren mit zwei Indikatoren:

- Grad der Offenheit von Management und Kontrollstrukturen. Er kann definiert werden als die Fähigkeit des Modells, Familien- sowie Nichtfamilienmitglieder in eine Koalition zu integrieren,
- Grad der Ausdehnung von Strukturen sowie Management- und Kontrollprozessen. Er misst die Qualität der Entscheidungsfindung. Es besteht eine positive Korrelation, d. h., je größer die Ausdehnung, desto effizienter sind die Verantwortlichkeiten im Unternehmen verteilt.

Anhand dieser Kriterien unterscheiden *Gubitta/Gianeccini* vier Governance-Typen:

- Starre Governance-Modelle eignen sich für Unternehmen mit wenigen familienfremden Führungspersonen und kaum formalen Entscheidungsfindungsprozessen,
- Familiäre Governance-Modelle zeichnen sich durch eine stärkere Formalisierung aus. Diese sind vor allem in mittelgroßen Unternehmen anzutreffen, die bereits in mindestens der zweiten Generation von einer Familie geführt werden,
- Geschäftsführende Governance-Modelle sind dann von Nöten, wenn die Leitung des Unternehmens für familienfremde Manager geöffnet wird,
- Das flexible Governance-Modell zeichnet sich schließlich durch eine hohe Offenheit und Ausdehnung aus.

Durch ihre empirischen Untersuchungen haben sich einige Variablen herauskristallisiert, die bei gewissen Eigenschaften von Unternehmen auf die Einführung eines bestimmten Governance-Modells hinweisen. Die Variable teilen sie in drei zentrale Bereiche ein: Die Unternehmensdynamik (Entwicklungsrate der Industrie, Exportrate), die Unternehmensstrategie (Anzahl der strategischen Geschäftsbereiche, Gruppenstruktur der Unternehmung, Zusammensetzung und Identität der Eigentümerschaft) und die Komplexität des Managements (Unternehmensgröße, Position in der Wertschöpfungskette, Entscheidungsfindungsprozess). Die

[828] Vgl. Gubitta/Gianeccini (2002), S. 283.

Unternehmen sollten folglich situativ ein bestimmtes Governance-Modell einführen.

Vier-Ellipsen-Modell nach *Moos* (2003)

Das Modell nach *Moos*[829] stellt eine Weiterentwicklung des Drei-Kreise-Modells der Familienunternehmung von *Gersick et al.* dar, welches bereits erläutert wurde. Der Autor sieht den Unternehmer eines Familienunternehmens als Mittelpunkt der elliptischen Spannungsfelder Persönlichkeit, Familie, Unternehmen und Privatvermögen. Jedem dieser Spannungsfelder wird eine bestimmte Zielsetzung zugeordnet: Persönlichkeit – Entfaltung, Familie – Wert-Wahrung, Unternehmen – Wert-Mehrung und Privatvermögen – Portfolio. Die Begriffspaare Familie – Unternehmen und Persönlichkeit – Privatvermögen bilden bipolare Kraftfelder, welche mögliche Interessenkonflikte zwischen Familienmitgliedern darstellen. Wichtig am Modell von *Moos* ist die Aussage, dass es Kräftefelder, ein Magnetfeld sowie ein dynamische Gleichgewicht der Kräfte gibt. Familienunternehmen sehen sich einem stetigen Zwang ausgesetzt, alle Interessen in einem strategischen Gesamtkonzept zu integrieren.

Modell der situativen Corporate Governance von *Nötzli Breinlinger* (2006)

Nötzli Breinlingers[830] Modell der situativen Corporate Governance wurde bereits im vorangegangenen Abschnitt charakterisiert. Die Beurteilung der Güte der Corporate Governance basiert auf einer integrativen Theoriebetrachtung aus Prinzipal-Agent-Theorie, Resource-Dependence-Theorie, Stewardship-Theorie und Kontingenztheorie.[831] Die Autorin leitet deduktiv die Teilbereiche der Corporate Governance in kleinen und mittelgroßen Schweizer Familienunternehmen ab. In diesem Kontext fokussiert sie kleine und mittlere Schweizer Aktiengesellschaften in Familienbesitz. Auf Basis eines situativen Ansatzes, welcher die Systeme Unternehmen, Familie und Eigentum unterscheidet, versucht *Nötzli Breinlinger*, das Maß der Varietät eines Unternehmens in diesen Subkategorien einzuschätzen.[832]

In der Sicht der Autorin ist in der Optimalsituation von einem ‚fit' zwischen Situation und Corporate Governance auszugehen. So sollte ein einfaches Unternehmen eine einfache Corporate Governance-Struktur aufweisen, ein mittleres Unternehmen eine mittlere Corporate Governance-Struktur usw. Die Corporate Governance wird von *Nötzli Breinlinger* mit Hilfe der Mechanismen Vertrauen, Verwaltungsrat, Rechte und Verantwortlichkeiten der Aktionäre, Entlohnung, Internes Überwachungssystem und Corporate Behavior operationalisiert.[833]

Insbesondere die Detailtiefe der operationalisierten Konstrukte kann überzeugen. Obgleich die verwendeten Mechanismen sowie das Betrachtungsobjekt nicht mit der Sichtweise der

829 Vgl. Moos (2003).
830 Vgl. Nötzli Breinlinger (2006).
831 Vgl. Nötzli Breinlinger (2006), S. 36ff.
832 Vgl. Nötzli Breinlinger (2006), S. 123ff.
833 Vgl. Nötzli Breinlinger (2006), S. 158ff.

vorliegenden Arbeit übereinstimmen, werden die Grundgedanken zur situativen Theorie und dem Einfluss der Komplexität auf die Corporate Governance als für die vorliegende Untersuchung bedeutsam erachtet und dementsprechend dem Grunde nach aufgegriffen. Gleichzeitig müssen aber einige Aspekte, z.B. die fehlende Einbindung der Unternehmensumwelt in die Situationsanalyse sowie die Vernachlässigung der Erfolgswirkung des situativen ‚fit' von Situation und Corporate Governance in der vorliegenden Arbeit aufgegriffen werden.

Evolutionsmodell von Eckert (2008)

Eckert untersucht die Organisationsstrukturen von Familienunternehmen, deren Veränderungen sowie den Einfluss auf den Unternehmenserfolg.[834] Der Autor kombiniert Elemente des Kontingenz-, Evolutions- und Gestaltansatzes im Rahmen einer Fallstudienuntersuchung von 15 Unternehmen. Interessant sind *Eckerts* Ausführungen auch deshalb, weil er Möglichkeiten einer proaktiven Organisationsänderung zur Verbesserung der Wettbewerbsfähigkeit diskutiert.[835] Die Stärke liegt in der Kombination verschiedener theoretischer Sichtweisen.

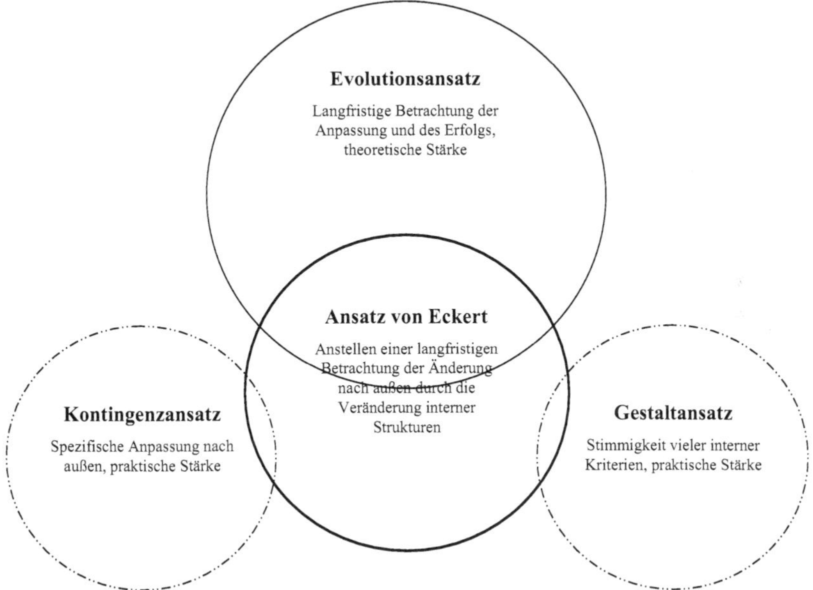

Abbildung 3-7: Forschungsansatz nach *Eckert*[836]

[834] Vgl. Eckert (2008), S. 1.
[835] Vgl. Eckert (2008), S. 1.
[836] In Anlehung an: Eckert (2008), S. 117.

Die logische Abfolge des Autors wird in durch die Aneinanderreihung von Anpassung an Anforderungen der Umwelt (Evolutionsansatz), langfristige Anpassung durch Lernprozesse (Kontingenzansatz) und Angleichung durch eine intern stimmige Unternehmensstrukturgestalt (Gestaltansatz) gesehen.[837] Als mögliche Umweltvariablen definiert *Eckert* Feindlichkeit, Dynamik, Unsicherheit und Komplexität.[838]

In Abhängigkeit von diesen Variablen erkennt der Autor drei Gruppen von Familienunternehmen, denen er jeweils eine Gestalt gegenüberstellt[839]:

- ‚Inhabergesteuerte Spezialisten' sind Unternehmen in feindlichen und dynamischen Umwelten mit geringer Komplexität und geringer Unsicherheit,
- ‚Familiendominierte Spezialisten' sind Unternehmen in feindlichen, jedoch relativ gut einschätzbaren Umwelten mit wechselnder Komplexität und Dynamik,
- ‚Familienüberwachte spezialisierte Generalisten' sind Unternehmen, die in feindlichen, unsicheren und dynamischen Umwelten mit gemischter Komplexität existieren.

Das Modell stellt gegenüber bisherigen Ansätzen einen deutlichen Fortschritt dar und kann in die Überlegungen der vorliegenden Arbeit einbezogen werden.

Evaluation bestehender Modelle zur Analyse der Corporate Governance in mittelständischen Familienunternehmen

Die bisherigen Ansätze zur Evaluation von Corporate Governance von KMU bzw. SME, mittelständischen Unternehmen und Familienunternehmen lassen aus Sicht des Autors der vorliegenden Arbeit folgende **Kritikpunkte** erkennen:

- Mangelhafte Operationalisierung des Konstruktes Corporate Governance,
- Fehlende Unterscheidung zwischen mittelständischen Unternehmen, KMU und Familienunternehmen,
- Unkritische Übertragung von Corporate Governance-Mechanismen auf mittelständische Familienunternehmen, ohne vorab deren Anwendbarkeit zu überprüfen,
- Unklarheit über die anwendbaren Corporate Governance-Mechanismen und deren Funktionsweise in mittelständischen Familienunternehmen,
- Fehlen theoretisch fundierter Argumentation,
- Zu starkes Gewicht der Prinzipal-Agent-Theorie in Begründungsversuchen; gleichzeitig zu geringe Bedeutung der Stewardship-, Resource-Dependence, Stakeholder-, Property-rights- und Kontingenztheorien,

837 Vgl. Eckert (2008), S. 119.
838 Vgl. Eckert (2008), S. 306.
839 Vgl. hierzu und im Folgenden Eckert (2008), S. 306ff.

- Fehlende oder mangelhafte Berücksichtigung qualitativer Charakteristika mittelständischer Familienunternehmen,
- Fehlende quantitative Abgrenzung mittelständischer Unternehmen nach unten (Kleingewerbetreibende) und oben (Großunternehmen),
- Fehlender Maßstab zur Beurteilung der Corporate Governance.

Die Ausführungen zu bisher existenten Governance-Modellen haben gezeigt, dass die interne Evaluation die vorherrschende Methode ist. Da es keinen Corporate Governance-Kodex für mittelständische Familienunternehmen gibt und dies auch nicht als sinnvoll erachtet wurde, scheidet Compliance zunächst als Bewertungsmaßstab aus. Die interne Evaluation muss jedoch um Aspekte der theoretischen Argumentation sowie der externen Evaluation ergänzt werden, um ein anforderungsgerechtes Analyse- und Bewertungsmodell aufstellen zu können. Als erster Schritt werden nach dem Zwischenfazit in 3.2.4 im darauffolgenden Abschnitt 3.3 die in das Modell einzubeziehenden Corporate Governance-Mechanismen dargestellt.

3.2.4 Zwischenergebnis: Hohe Anforderungen an Corporate Governance

Im Abschnitt 3.2.3 wurden ausgewählte Modelle zur Bewertung der Corporate Governance von Familienunternehmen bzw. mittelständischen Unternehmen dargestellt. Aus diesen Modellen und daraus abgeleiteten Kritikpunkten können fünf wesentliche Anforderungen an ein spezifisches Modell für die Corporate Governance deutscher mittelständischer Familienunternehmen abgeleitet werden:

- Da mittelständische Familienunternehmen im Vergleich zu Kleinst- und Kleinunternehmen einen stärkeren Formalisierungsgrad aufweisen, muss das abzuleitende Modell auf **formalen Institutionen und Methoden** basieren. Diese sollten jedoch an die individuelle Unternehmenssituation angepasst werden können,
- das Modell muss die spezifischen Eigenheiten **mittelständischer Familienunternehmen** berücksichtigen, wie sie bereits im Laufe der vorliegenden Arbeit dargestellt wurden. Dies bezieht sich besonders auf die Personenbezogenheit der Unternehmensführung sowie die ‚familiness'[840],
- das Modell muss die Spezifika des spezifisch **deutschen Corporate Governance-Systems** berücksichtigen. Elemente aus anderen Corporate Governance-Systemen (z.B. Österreich, Schweiz, Italien), wie sie in anderen Modellen verwendet werden, sind auf ihre Relevanz zu prüfen und gegebenenfalls anzupassen,

840 Unter dem Begriff ‚familiness' wird in der Literatur all das zusammengefasst, was ein Familienunternehmen im Vergleich zu einem Nicht-Familienunternehmen auszeichnet. Pearson/Carr/Shaw (2008), S. 949 halten dazu fest: „the construct of ‚familyness' has been identified and defined as resources and capabilities that are unique to the family's involvement and interactions in the business".

- das Modell muss auch die **Umwelt** mittelständischer Familienunternehmen berücksichtigen. Erst die Einbeziehung externer Informationen z.B. über Märkte, Risiken und Rahmenbedingungen ermöglicht es, eine bestmögliche Positionierung für ein konkretes Unternehmen zu erreichen.
- Das Modell muss die **Erfolgsdimension** der Unternehmensführung berücksichtigen. Nur wenn Veränderungen im Hinblick auf ihre Effizienz- und Effektivitätswirkung bewertet werden können, ist eine Kontrolle und Steuerung von Aktivititäten möglich.

Nachdem die Anforderungen an eine modellhafte Betrachtung der Corporate Governance in mittelständischen Familienunternehmen erläutert wurden, sollen im Folgenden die einzelnen Teilbereiche der Corporate Governance im Zentrum der Analyse stehen.

3.3 Elemente der Governance mittelständischer Familienunternehmen

Im Folgenden werden die bereits in Abschnitt 2.3 diskutierten Grundlagen zur Corporate Governance erweitert. Auch die in Abschnitt 2.3.3 dargestellten Corporate Governance-Mechanismen werden für die Untersuchung operationalisiert. Corporate Governance lässt sich – wie bereits mehrfach erläutert – als Konzeption[841] begreifen, aber auch als spezifischer Teilbereich von Unternehmen interpretieren. Ähnlich wie bei anderen betrieblichen Teilbereichen oder -funktionen (z.B. das Controlling) lässt sich auch Corporate Governance systemtheoretisch interpretieren und idealtypisch in Systemelemente zerlegen.

Die Systemelemente werden in Abb. 3-8 veranschaulicht.

[841] Eine Konzeption wird für die vorliegende Untersuchung in Anlehnung an Harbert (1982) S. 140 ein grundsätzliches Aussagensystem verstanden werden, welches die Grundlinien einer Sachverhaltsgestaltung formuliert.

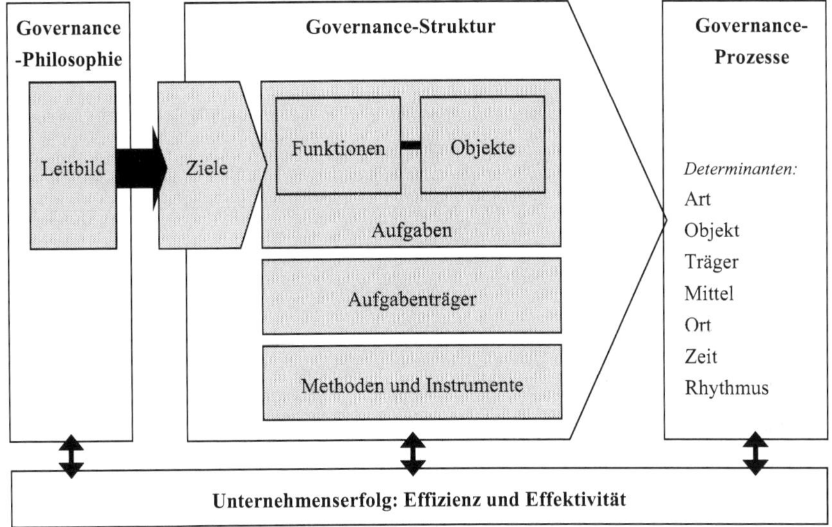

Abbildung 3-8: Corporate Governance-Konzeption und Unternehmenserfolg[842]

Zunächst zeichnet sich die Corporate Governance eines Unternehmens durch eine Corporate Governance-Philosophie, also eine unternehmensindividuelle Operationalisierung aus, welche unter Umständen in einem Leitbild[843] festgehalten wird. Daraus resultieren für das Unternehmen individuelle Ziele, welche durch eine Corporate Governance-Struktur abgebildet werden. Diese umfasst neben Funktionen und Objekten (Aufgaben stellen die Konkretisierung von Funktionen an Objekten dar[844]) auch Aufgabenträger, Methoden und Instrumente. Die prozessuale Perspektive der Corporate Governance ist in engem Zusammenhang mit der strukturellen Sichtweise zu sehen und fokussiert ablauforganisatorische Aspekte der Corporate Governance. Letztlich stehen neben aufbau- und ablauforganisatorischen Aspekten auch zielgerichtete Aspekte im Fokus der Betrachtung, die sich in der Größe Erfolg, operationalisiert durch Effizienz und Effektivität, niederschlagen.[845]

Wenn Corporate Governance als System interpretiert wird, so ist davon auszugehen, dass die jeweiligen (vor allem rechtlichen) Rahmenbedingungen die Art und Weise beeinflussen, in

842 In Anlehnung an: Becker (2009), S. 67 i.v.M. Harbert (1982), S. 140.

843 Unter einem Leitbild wird in der vorliegenden Arbeit in Anlehnung an Hinterhuber (1992), S. 248ff. eine zukunftsorientierte Darstellung der Soll-Unternehmenskultur verstanden.

844 Vgl. Becker/Baltzer (2009a), S. 6.

845 Vgl. Abschnitt 3.1.1 der vorliegenden Arbeit.

der bestimmte Corporate Governance-Mechanismen wirken können.[846] Die unterschiedlichen internen und externen Corporate Governance-Mechanismen wurden bereits in Abschnitt 2.3.3 dargestellt.

Abb. 3-9 enthält die für die (Corporate und Family) Governance-Analyse der vorliegenden Arbeit als bedeutsamen eingestuften Teilbereiche.

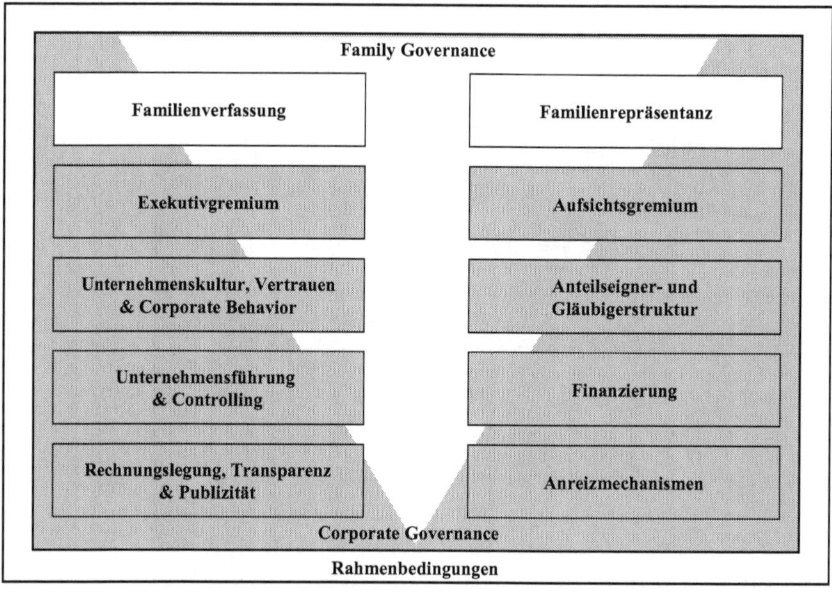

Abbildung 3-9: Relevante Teilbereiche für die Governance-Analyse und -Bewertung

Für die Analyse der Corporate Governance mittelständischer Familienunternehmen wird zunächst die Evaluation der spezifischen Rahmenbedingungen des deutschen Corporate Governance-Systems[847] als notwendig erachtet. Als zweiter, zu beachtender Themenbereich ist die Family Governance zu interpretieren.[848] Die relevanten Corporate Governance-Mechanismen wurden durch Literaturanalyse identifiziert sowie in Experteninterviews zur Diskussion gestellt.[849] Hierbei zeigte sich, dass eine Trennung in interne und externe Mechanismen für die

[846] Vgl. Zöllner (2007), S. 14.
[847] Vgl. einführend Gerum (2007); Lütz/Eberle (2009), S. 409ff.
[848] Vgl. auch Lange (2009), S. 147ff.
[849] Für eine grundsätzliche Übersicht von Corporate Governance-Mechanismen vgl. Zöllner (2007), S. 16ff.

Analyse mittelständischer Familienunternehmen nicht notwendig erscheint.[850] Aus den übrigen, als relevant eingestuften Mechanismen wurden acht Cluster gebildet, die nicht immer überschneidungsfrei sind.[851]

Die Komplexität der Corporate Governance-Betrachtung in mittelständischen Familienunternehmen ergibt sich durch die Überlappung von Corporate Governance und Family Governance.[852] Die durch die Schnittstellen von Unternehmen und Familie resultierende Komplexität erhöht sich jedoch nicht nur additiv, sondern multiplikativ.[853]

Hinzu tritt die Tatsache, dass in mittelständischen Familienunternehmen Konflikte zum Teil nicht durch formelle, sondern durch informelle Mechanismen wie z.B. das Vertrauen der Familienmitglieder untereinander geregelt werden können.[854] An dieser Stelle erfolgt noch keine detaillierte Begründung und Operationalisierung der einzelnen Elemente. Diese wird in den folgenden Abschnitten für jeden einzelnen Cluster durchgeführt. Neben einer grundlegenden Darstellung, welche Elemente der jeweilige Cluster umfasst und warum er als Corporate Governance-Mechanismus interpretiert werden kann, erfolgt zudem eine Anwendung auf das Untersuchungsobjekt mittelständische Familienunternehmen.

3.3.1 Rahmenbedingungen

In der wissenschaftlichen und praktischen Diskussion hat sich in den letzten Jahren vor allem eine Betrachtung nationaler Corporate Governance-Systeme im internationalen Vergleich etabliert.[855] In diesem Zusammenhang gerät der ursprüngliche Fokus von Corporate Governance, welche sich dem Begriff nach lediglich auf unternehmensspezifische Regelungen bezieht, in den Hintergrund. Die jeweiligen nationalen Rahmenbedingungen beeinflussen die Corporate Governance von Unternehmen in bedeutendem Maße. Externe Rahmenbedingungen führen in einer kontingenzorientierten Perspektive dazu, dass Unternehmen Führungs- und Ausführungsprozesse sowie -strukturen an den Gegebenheiten ausrichten müssen.[856]

Auf einen umfassenden Vergleich verschiedener Corporate Governance-Systeme wird in dieser Arbeit explizit verzichtet, da die Frage der Corporate Governance mittelständischer Familienunternehmen als deutsches Spezifikum interpretiert wird. Trotzdem wird auf Spezifika des

---

850 Vgl. für die Unterscheidung relevanter Fragen der Corporate Governance in mittelständischen Familienunternehmen persönliches Gespräch mit Prof. Dr. Norbert Wieselhuber am 16.09.2009 in München.

851 Dies wird nicht als Problem gesehen, da der Vollständigkeit Priorität im Vergleich zur Überschneidungsfreiheit eingeräumt wird.

852 Vgl. Koeberle-Schmid (2008a), S. 12.

853 Vgl. persönliches Gespräch mit Prof. Dr. Arist v. Schlippe am 08.09.2009 in Witten/Herdecke; Schlippe (2009), S. 41.

854 Vgl. telefonisches Gespräch mit Prof. Dr. Sabine B. Klein am 28.10.2009.

855 Vgl. Gerum (2007), S. 28ff.

856 Vgl. Zöllner (2007), S. 14.

deutschen Systems der Corporate Governance eingegangen. Das deutsche Corporate Governance-System wird traditionell als einzigartig[857] empfunden und den sogenannten Insider-Systemen zugerechnet.[858] Dies bedeutet, dass Banken eine wichtige Rolle im Rahmen der Corporate Governance spielen und Kapitalmärkte – im internationalen Vergleich – in Deutschland eher unterentwickelt sind.[859] Spezifisch erscheint zudem die charakteristische Trennung von Unternehmensführung und –überwachung in Bezug auf die Ausprägung von Unternehmensorganen, z.B. die Trennung von Vorstand und Aufsichtsrat gemäß AktG.[860]

Insbesondere in der angloamerikanischen Literatur wird auf die Ineffizienz des deutschen Corporate Governance-Systems hingewiesen.[861] Als Gründe werden beispielsweise von *Albach* die mangelnde Effizienz und Effektivität der Arbeit von Aufsichtsgremien (mangelnde Unabhängigkeit, niedrige Sitzungsfrequenz, seltene Ausschussbildung, nicht adäquate Vergütung) angeführt.[862] Dies ist auch der Grund, warum sich viele der Arbeiten zum deutschen Corporate Governance-System mit möglichen Reformen der Aufsichtsratsarbeit beschäftigen.[863] In diesen Punkten zeichnen sich bereits jetzt Veränderungs- und Professionalisierungstendenzen ab.[864] *Hausch*[865] identifiziert folgende Punkte als charakteristisch für das deutsche Corporate Governance-System:

- Vorherrschaft großer, börsennotierter Gesellschaften in der öffentlichen Wahrnehmung,
- weitreichende Mitbestimmungsrechte der Arbeitnehmer,
- Unterentwicklung der Kapital- und Wertpapiermärkte,
- dominante Rolle von Banken im Rahmen der Finanzierung von Unternehmen,
- kodifizierte Anforderungen an die Rechnungslegung der Unternehmen,
- GmbH und KG (einschließlich GmbH & Co. KG) als noch immer häufigste Rechtsformen[866] mittelständischer Familienunternehmen.

Diese Elemente werden für die Analyse der Corporate Governance als wichtig erachtet und in

857 Vgl. Cromme (2005), S. 362. Früher fanden sich in diesem Kontext auch die Begriffe ‚Corporate Germany' bzw. ‚Deutschland AG' zur Beschreibung der charakteristischen Kapitalverflechtung innerhalb der deutschen Wirtschaft.

858 Vgl. Bouy (2005), S. 38.

859 Vgl. Kübler (1999), S. 5ff.

860 Vgl. Zöllner (2007), S. 36ff.; telefonisches Gespräch mit Prof. Dr. Martin Hilb am 27.08.2009.

861 Vgl. Plessis (2004), S. 1139.

862 Vgl. Albach (1996), S. VII.

863 Vgl. stellvertretend für viele Baums (1995); Nagy (2002); Dutzi (2005); Lentfer (2005); Grothe (2006); Mäder (2006); Diederichs/Kißler (2007); Jürgens/Lippert (2009);

864 Vgl. Lütz/Eberle (2009), S. 409ff.

865 Vgl. Hausch (2004), S. 107ff.

866 Hausch (2004), S. 117f. errechnet einen Anteil mittlerer Unternehmen von ingesamt 10,4 Prozent des Unternehmensbestands in Deutschland, wobei 4,4 Prozent auf mittlere GmbHs, 2,9 Prozent auf mittlere Einzelunternehmen und 1,8 Prozent auf mittlere KGs entfallen.

den folgenden Abschnitten vermehrt wieder aufgegriffen. Die Vorherrschaft anonymer Kapitalgesellschaften in der Öffentlichkeit wurde bereits diskutiert.[867] Dieser Aspekt resultiert einerseits in einer größeren Gestaltungsfreiheit mittelständischer Familienunternehmen aufgrund geringeren gesellschaftlichen Drucks, andererseits kann zum Teil die Hilfe durch öffentliche Institutionen geringer ausfallen. Die weitreichenden Mitbestimmungsrechte deutscher Arbeitnehmer sind ein historisch geprägtes Element der deutschen Corporate Governance.[868] In diesem Kontext können die Mitbestimmung am Arbeitsplatz, die Mitbestimmung auf Betriebsebene (Betriebsrat) sowie die Mitbestimmung auf Unternehmensebene (Aufsichtsrat) unterschieden werden.[869] Nachdem ein kurzer Abriss zu den Rahmenbedingungen der Corporate Governance mittelständischer Familienunternehmen gegeben wurde, steht im Folgenden die Family Governance im Zentrum der Betrachtung.

3.3.2 Family Governance

Family Governance ist als Organisation und Sicherstellung des Zusammenhalts einer Unternehmerfamilie oder mehrerer Unternehmerfamilien in einem Familienunternehmen definiert.[870] Dieser Themenbereich wird erst seit jüngerer Zeit als weitere, neben Corporate Governance stehende Möglichkeit der Konfliktvermeidung und -lösung in Familienunternehmen gesehen.[871] Die zusätzliche Notwendigkeit der Family Governance ist in der Tatsache begründet, dass selbst bei der hier zugrunde gelegten weiten Sicht auf Corporate Governance die Unternehmerfamilie nicht als Regelungsobjekt an sich interpretiert wird.[872]

Während folglich Corporate Governance in mittelständischen Familienunternehmen mögliche Konflikte auf Unternehmensebene regelt, wirkt Family Governance auf Familienebene.[873] Family Governance steht nicht im Zentrum der vorliegenden Arbeit. Deshalb werden lediglich drei in der Literatur diskutierte Aspekte der Family Governance dargestellt:[874]

- Unternehmenseigener Familienkodex,
- Familienverfassung,
- Familienrepräsentanz.

867 Vgl. hierzu auch Gutmann/Kabst (2000), S. 5.

868 Vgl. Hausch (2004), S. 120ff.

869 Die Regelungen zur deutschen Mitbestimmung werden nicht an dieser Stelle, sondern im Kontext einzelner Corporate Governance-Mechanismen diskutiert, sofern dies für die Untersuchung relevant ist.

870 Vgl. Aronoff/Ward (1996), S. 2; Gersick et al. (1997), S. 237; Lansberg (1999), S. 279f.; Mustakallio/Autio/Zahra (2002), S. 110; Berghe/Carchon (2003), S. 172; Baus (2007), S. 135ff.; Fabis (2007), S. 361ff.; Koeberle-Schmid (2008a), S. 12; Koeberle-Schmid (2009), S. 1249ff.; Lange (2009), S. 147ff.

871 Vgl. Lange (2009), S. 146.

872 Vgl. Peemöller (2006), S. 81ff.

873 Vgl. Fabis (2007), S. 355.

874 Vgl. Fabis (2007), S. 355ff.; Lange (2009), S. 146ff. Vgl. auch persönliches Gespräch mit Prof. Dr. Norbert Wieselhuber am 16.09.2009 in München.

Obgleich – wie bereits erläutert – Corporate Governance und Family Governance zwei getrennte Bereiche sein sollten, wird in der Praxis die Kodifizierung beider Dimensionen in einem einheitlichen Regelwerk als Möglichkeit der Konfliktprävention und -lösung genannt.[875] In einem Familienkodex sollten Aspekte wie z.B. die Priorisierung von Familien- und Unternehmensinteressen, Ausschüttungsregeln sowie die Beziehungen von Familienstämmen untereinander geregelt werden. Obowhl dies in der Literatur diskutiert wird, soll in der vorliegenden Arbeit die Veröffentlichung des unternehmenseigenen Familienkodex als nicht zielführend betrachtet werden, da die Idee der Veröffentlichung des Familienregelwerks nicht den Charakteristika eines mittelständischen Familienunternehmens entspricht.[876]

Eine Familienverfassung stellt eine durch die Familie selbst oder unter Anleitung verfasste Darlegung der Familienorganisation, Familienziele und Familienwerte dar.[877] Dieses Instrument ist bisher nur wenig erforscht.[878] Der Gedanke der Kodifizierung soll der Tatsache Rechnung tragen, dass zwar in den meisten Familienunternehmen Familienmitglieder ähnliche Wertvorstellungen aufweisen, diese aber nur selten schriftlich festgelegt sind.[879] Der Nutzen einer solchen Verfassung wird in der Vereinfachung der Zusammenarbeit von Familienmitgliedern, der Stärkung des Zusammenhalts und der Stärkung der gemeinsamen Werte gesehen.[880] Wichtig ist jedoch die Sicherung des commitments, also der Zustimmung der Familienmitglieder. *Lange* weist treffend darauf hin, dass eine Familienverfassung im Idealfall nur eine Kodifizierung bereits gelebter Wertvorstellungen darstelle.[881] Eine juristische Absicherung der Familienverfassung über eine entsprechende Ausgestaltung des Gesellschaftsvertrags oder der Geschäftsordnungen ist möglich. Zusätzlich zu dieser Absicherung sollte die Familienverfassung auch strukturell verankert werden.[882]

Eine Institutionalisierung wird durch eine Familienrepräsentanz erreicht. Diese ist ein gesetzlich nicht festgelegtes, fakultatives Gremium, das in der Praxis häufig als Familienrat oder Gesellschafterausschuss auftritt. *Koeberle-Schmid* unterscheidet zwei Arten der Familienrepräsentanz: Neben einem ausschließlichen Informations- und Kommunikationsgremium kann die Familienrepräsentanz auch organschaftlich ausgestaltet werden, was ihr die Kompetenzen

---

875 Vgl. Lange (2009), S. 147. Im Governance-Kodex für Familienunternehmen wird unter Ziffer 8 darauf verwiesen, dass Family Governance eine „unverzichtbare Ergänzung zur Corporate Governance in Familienunternehmen" sei.

876 Vgl. auch persönliches Gespräch mit Prof. Dr. Dr. h.c. Brun-Hagen Hennerkes am 08.10.2009 in Stuttgart.

877 Vgl. Hennerkes (2004), S. 362. Eine umfassende Darstellung möglicher Themenschwerpunkte einer Familienverfassung geben Meyer (2007), S. 23; Spiegelberger (2008), S. 89ff.

878 Vgl. Redlefsen (2004), S. 161.

879 Vgl. Lange (2009), S. 148.

880 Vgl. Wiechers (2005), S. 339ff.; May (2006), S. 169f.; May/Lehmann-Tolkmitt (2006), S. 220ff.

881 Vgl. Lange (2009), S. 148.

882 Vgl. Baus (2007), S. 157ff.

der Eigentümerversammlung überträgt.[883] Ein solches Gremium erscheint aus Sicht der Prinzipal-Agent-Theorie sinnvoll, um die Interessen auch von Familienmitgliedern einzubeziehen, die entweder nicht an der Leitung oder am Kapital des Unternehmens beteiligt sind.[884]

Als weiteres, in der Literatur verbreitetes Instrument der Family Governance wird der Familientag angesehen. Dieser wird in der vorliegenden Arbeit jedoch nicht betrachtet. Nach der Darstellung der Family Governance schließt nun die Analyse einzelner Corporate Governance-Mechanismen an. In diesem Zusammenhang wird jeweils eine kurze Darstellung des Mechanismus sowie dessen Wirkungsweise gegeben. In einem zweiten Teilschritt werden die Implikationen für mittelständische Familienunternehmen dargestellt. Eine zwingende Eingrenzung des Fokus der jeweiligen Betrachtung wird an dieser Stelle noch nicht vorgenommen. Die für die Untersuchungen relevanten Teilaspekte spezifischer Corporate Governance-Mechanismen wird stattdessen in Abschnitt 4.3.4 vollzogen, welcher sich mit der modelltheoretischen Ausgestaltung von Corporate Governance-Mechanismen befasst.

3.3.3 Corporate Governance-Mechanismen

Corporate Governance-Rahmenbedingungen geben den Rahmen vor, in dem sich alle Unternehmen eines bestimmten Landes bewegen können. Die unternehmensindividuellen Elemente bestimmen jedoch noch in wesentlich stärkerem Maße die Planungs-, Entscheidungs- und Kontrollprozesse von Unternehmen. Sie lassen sich als Maß für die Professionalität in der Unternehmensführung interpretieren.[885]

3.3.3.1 Exekutivgremium

Ein erstes wichtiges Kriterium der Corporate Governance mittelständischer Familienunternehmen für die vorliegende Untersuchung ist die Ausgestaltung des Exekutivgremiums, welches in der Literatur besonders prominent diskutiert wird.[886] Häufig finden sich auch die Bezeichnungen ‚Top-Management-Team'[887] oder ‚oberstes Führungsgremium'[888]. Je nach Rechtsform handelt es sich um Geschäftsführung, Geschäftsleitung, Board oder Vorstand.[889] Als wichtigstes Gremium eines Unternehmens ist das Exekutivgremium für die Führung des Unternehmens verantwortlich und verfolgt als Gegenpart zum Überwachungs- oder Auf-

---

883 Vgl. Koeberle-Schmid (2008a), S. 15.

884 Vgl. Fabis (2007), S. 363.

885 Vgl. Reinemann/Böschen (2008), S. 12.

886 Vgl. Hung (1998); Hermalin/Weisbach (2003); Monks/Minow (2008), S. 223ff.; Steger/Amann (2008), S. 20ff.

887 Vgl. Koeberle-Schmid (2008a), S. 10.

888 Vgl. Nötzli Breinlinger (2006), S. 32.

889 Juristische Unterschiede bzgl. der Kompetenzen der verschiedenen Gremien werden nur betrachtet, soweit sie betriebswirtschaftlich relevant sind.

sichtsgremium das Ziel, die Erreichung der unternehmerischen Gesamtziele sicherzustellen.[890]

Mehrere Charakteristika des Exekutivgremiums werden in der Literatur als relevant für Corporate Governance identifiziert. Oberstes Ziel des Exekutivgremiums als Corporate Governance-Mechanismus ist letztlich die Minimierung von Agenturkosten und somit die Steigerung von Effizienz und Effektivität der Unternehmensführung.[891] Da für mittelständische Familienunternehmen bisher keine umfassenden empirischen Analysen zu für Corporate Governance relevanten Charakteristika des Exekutivgremiums existieren, werden allgemeine Charakteristika mit neuen, auf eigenen Überlegungen basierenden Elementen kombiniert.[892]

Traditionell diskutierte Gütekriterien des Exekutivgremiums sind Anzahl der Mitglieder des Gremiums, Verteilung familieneigener und familienfremder Mitglieder sowie Ausgestaltung der Rechte des Vorsitzenden des Gremiums.[893] In diesem Kontext wird beispielsweise davon ausgegangen, dass eine Trennung zwischen der faktischen Tätigkeit eines Familienmitglieds als Geschäftsführer sowie dessen informeller Macht als Familienmitglied für eine bessere Corporate Governance spricht.

Mitglieder dieses Gremiums können entweder Familienmitglieder oder externe Aufgabenträger in verschiedenen Konstellationen (ausschließlich oder gemischt) sein.[894] Für die vorliegende Arbeit wird von Gesellschaftergeschäftsführung[895] gesprochen, wenn Geschäftsführer eine Kapitalbeteiligung aufweisen, ansonsten wird von Fremdgeschäftsführung[896] ausgegangen.[897] Die jeweilige Rechtsform regelt auch die Kompetenzen des Exekutivgremiums. Als Beispiel wird die Anzahl der Mitglieder des Exekutivgremiums angeführt. Während dies bei einer Einzelgesellschaft zwingend der Alleineigentümer ist, sind bei einer OHG alle Anteilseigner in der Geschäftsführung vertreten. Für eine KG ist die Struktur der Kompetenzverteilung durch die Unterscheidung von Komplementären und Kommanditisten zumindest im Außenverhältnis vorgeben. Im Innenverhältnis sind Modifikationen der Kompetenzverteilungen möglich. Für die Rechtsformen GmbH, AG sowie GmbH & Co. KG sind die Strukturen des Exekutivgremiums nicht zwingend geregelt (falls man von den Mitbestimmungsregeln bei GmbH und AG ab einer gewissen Größe absieht, die z.B. die Einrichtung eines Arbeitsdirektors auf Ebene des Exekutivgremiums vorsehen).[898]

890 Vgl. Chmielewicz (1993), S. 701.
891 Vgl. Abschnitt 3.1.3.1 der vorliegenden Arbeit.
892 Die Arbeit von Staud (2009) leistet hier einen ersten Schritt zur Schließung der Forschungslücke, indem die Autorin unter anderem Aufgabenbereiche und Vergütung des Managements analysiert.
893 Vgl. Werder (2008), S. 50ff.
894 Vgl. § 76 AktG; § 6 Abs. 3 GmbHG; § 125 Abs. 1 HGB.
895 Synonym wird der Begriff ‚Eigentümergeschäftsführung' verwendet.
896 Synonym wird der Begriff ‚Managergeschäftsführung' verwendet.
897 Vgl. Jula (2007), S. 173.
898 Vgl. Hausch (2004), S. 71.

In der Unternehmensleitungsstruktur mittelständischer Familienunternehmen, die überwiegend die Rechtsformen der GmbH, des Einzelunternehmens oder der KG (inklusive der GmbH & Co. KG) besitzen,[899] überwiegt noch immer die Leitung durch Eigentümer.[900] Bei den meisten Personengesellschaften wie z.B. der OHG ist ein Ausschluss der Eigentümer von der Geschäftsführung aus juristischen Gründen nicht möglich.[901] In der traditionellen Leitungsstruktur mittelständischer Unternehmen sind folglich nur wenige externe Manager vertreten.[902] Verschiedene Untersuchungen zeigen jedoch, dass mit steigender Unternehmensgröße die Trennung von Eigentum und Leitung zunimmt. Das operative Engagement von Familienmitgliedern in der Unternehmensleitung nimmt gleichzeitig ab.[903]

Des Weiteren lässt sich feststellen, dass im Hinblick auf Leitungstiefe, Leitungsbreite und Funktionsspanne deutliche Unterschiede zwischen Kleinst- und Kleinunternehmen, mittleren Unternehmen sowie Großunternehmen bestehen. Die traditionelle Konzentration der Unternehmensführung auf den oder die Eigentümer bedingt tendenziell eine geringere Leitungstiefe als in Großunternehmen.[904] Die Leitungsbreite ist in mittelständischen Familienunternehmen ebenfalls tendenziell eher gering. Die Funktionsspanne hingegen ist – wie nicht anders zu erwarten angesichts der geringen Leitungsbreite – sehr groß.[905] *Merker* weist darauf hin, dass bei einem Großteil der mittelständischen Unternehmen weniger betriebswirtschaftliche ausgebildete Generalisten durch nicht spezialisierte Stabsstellen unterstützt werden.[906] Als Gründe für die Beschäftigung externer Manager sind vorrangig die fehlende Möglichkeit der Übergabe an einen familieninternen Nachfolger im Rahmen des unternehmensspezifischen Nachfolgeprozesses oder ein freiwilliger oder durch externe Anspruchsgruppen erhöhter

---

899 Vgl. Janssen (2009), S. 14. Diese Statistik basiert auf Zahlen des Statistischen Bundesamtes aus dem Jahr 2006 sowie der KMU-Definition des IfM Bonn. Einzelunternehmen stellen mit ca. 70 Prozent der Unternehmen die größte Gruppe. Für den Mittelstand in der hier verfolgten Operationalisierung dürften die Rechtsformen KG (einschließlich GmbH & Co. KG), GmbH und AG am wichtigsten sein.

900 Vgl. Espel (2008), S. 28. Der Autor identifiziert in eigenen Berechnungen einen Anteil von ca. 93 Prozent einer Eigentümerführung im deutschen Mittelstand. Eine Mischführung aus Eigentümern und Managern erreicht einen Anteil von ca. fünf Prozent, die alleinige Fremdgeschäftsführung einen Anteil von ca. zwei Prozent.

901 Gemäß § 114 Abs. 1 HGB sind Gesellschafter der OHG zur Geschäftsführung der OHG berechtigt und auch verpflichtet. Vgl. auch Hierl/Huber (2008), S. 85f.

902 Dies lässt sich mit weiteren aktuellen empirischen Erkenntnissen untermauern. Reinemann und Böschen zeigen, dass in 35 von 51 befragten mittelständischen Unternehmen die Gründer oder die Unternehmerfamilie die alleinige Leitung des Unternehmens übernehmen. In zwölf Unternehmen gibt es eine gemischte Leitung aus Eigentümern und Managern, nur in vier Unternehmen sind nur Manager in der Leitung des Unternehmens tätig. Vgl. Reinemann/Böschen (2008), S. 16. Ähnliche Erkenntnisse legen auch Becker et al. (2008b), S. 40ff. vor.

903 Vgl. z.B. die Erkenntnisse von Eckert (2008), S. 304, der zeigt, dass sich mit zunehmender Unternehmensgröße die Rolle der Familie auf eine übergeordnete Ebene und weg vom operativem Geschäft verlagert.

904 Vgl. Pfohl (2006b), S. 80; Krämer (2003), S. 92; Merker (1997), S. 174ff.

905 Vgl. Merker (1997), S. 183.

906 Vgl. Merker (1997), S. 184f. Diese werden auch als Leitungsappendizes bezeichnet.

Druck in Richtung einer stärker wertorientierten Unternehmensführung zu nennen.[907] Jedoch ist in eigentümergeführten Unternehmen noch immer ein geringes Maß an Delegation von Aufgaben zu erkennen. In fremdgeführten Unternehmen geht eine stärkere Delegation insbesondere an Mitglieder der zweiten Führungsebene einher mit einer stärkeren Führung nach Zielvorgaben[908] und einer stärkeren Anbindung des Zielerreichungsgrads an vor allem monetäre Anreizsysteme.

Ein weiterer Aspekt, ist die Inanspruchnahme externer Berater. Im Kontext der Beratung im unternehmerischen Zielbildungsprozess stellen in einer Studie der Dresdner Bank über 50 Prozent der befragten Mittelständler fest, in ihrem Geschäft nichts wesentliches mehr lernen zu können.[909] Dies ist als Bekräftigung der immer wieder zitierten ‚Beratungsresistenz' mittelständischer Familienunternehmen zu sehen.[910] Jedoch ergibt sich vor dem Hintergrund der Expertenbefragungen die Vermutung, dass an dieser Stelle ein Wandel stattfinden könne. So nehmen mittelständische Unternehmen vermehrt die Unterstützung externer Berater an, um die Qualität der Unternehmensführung zu steigern. [911]

Nach der Darstellung der derzeitigen Ausprägung von Exekutivgremien in mittelständischen Familienunternehmen werden im Folgenden Aufsichtsgremien diskutiert.

3.3.3.2 Aufsichtsgremium

Das Konzept der Unternehmenskontrolle stellt neben den Rechten der Aktionäre sowie der Ausgestaltung des Exekutivgremiums den dritten wichtigen Themenbereich in der gängigen Literatur zu Corporate Governance-Mechanismen dar.[912] Die Unternehmenskontrolle beschreibt das Ausmaß der formalisierten Kontrolle der Geschäftstätigkeit der Unternehmensführung. Hierbei ist zwischen direkter und formalisierter Kontrolle zu unterscheiden. Während erstere im persönlichen Kontakt vorgenommen wird, basiert letztere auf der Arbeit von institutionalisierten Gremien. *Chmielewicz* unterscheidet grundlegend zwischen Basisgremien[913] sowie gewählten Überwachungsgremien.[914] In der gängigen Literatur konzentriert sich die Analyse der Kontrollfunktion im Kontext von Corporate Governance auf institutiona-

907 Vgl. Hausch (2004), S. 276ff.

908 Auch als Management by Objectives bezeichnet.

909 Vgl. Impulse/Dresdner Bank (2001), S. 31.

910 Vgl. Fabis (2007), S. 190.

911 Vgl. persönliches Gespräch mit WP/StB Philipp Karmann am 20.02.2009 in Dresden; persönliches Gespräch mit Dr. Sascha Haghani am 02.06.2009 in Frankfurt/Main; persönliches Gespräch mit Prof. Dr. Norbert Wieselhuber am 16.09.2009 in München. Hennerkes (2004), S. 266, stellt fest, das der Familienunternehmer besonders auf Beratungsleistungen angewiesen ist.

912 Vgl. Zöllner (2007), S. 18.

913 Dies kann jegliche Art von Versammlung im Rahmen der gewohnten Geschäftstätigkeit sein, z.B. eine Betriebsversammlung.

914 Vgl. Chmielewicz (1993), S. 702.

lisierte Gremien wie z.B. die Gesellschafterversammlung, den Aufsichtsrat oder den Beirat.[915] Interpretiert im Sinne der positiven Prinzipal-Agent-Theorie nach *Fama/Jensen*[916] trägt ein institutionalisiertes Kontrollorgan dazu bei, die Arbeit des Managements zu überwachen und dafür Sorge zu tragen, dass sich die Interessen von Eigentümern und Managern angleichen.[917] Aus Sicht der Stewardship-Theorie sollte ein Überwachungsgremium mit Personen besetzt werden, deren Interessen und Motive möglichst mit den Eigentümern übereinstimmen.[918] Die Resource-Dependence-Theorie betont, dass das Profil eines Überwachungsgremiums als Portfolio gesehen werden sollte und Mitglieder deshalb im Sinne ihrer Rolle in diesem Portfolio ausgewählt werden müssen. Ein Unternehmen müsse sich folglich fragen, welche Personen dem Unternehmen in der Weiterentwicklung helfen könnten.[919]

Aspekte der direkten sowie formalisierten Unternehmenskontrolle, welche nicht durch ein Gremium auf Ebene der Unternehmensleitung wahrgenommen werden, sind in der vorliegenden Arbeit in den Corporate Governance-Mechanismus ‚Unternehmensführung & Controlling' einzugliedern, da sich dieser unter anderem mit dem IKS des Unternehmens befasst.[920] Für institutionalisierte Gremien auf Leitungsebene wird in Anlehnung an *Koeberle-Schmid* der Sammelbegriff ‚Aufsichtsgremium' verwendet, da der Gesetzgeber keine einheitliche Benennung dieses Gremiums vorgegeben hat.[921] Prinzipiell lassen sich drei unterschiedliche Gremien unterscheiden, welche für mittelständische Familienunternehmen relevant sind:

- Obligatorischer Aufsichtsrat,
- fakultativer Aufsichtsrat,
- fakultativer Beirat.

Die verpflichtende Ausgestaltung von Kontrollgremien ist von der jeweiligen Rechtsform abhängig. *Hausch* weist zwar darauf hin, dass gesetzlich vorgeschriebene Aufsichtsgremien in mittelständischen Familieunternehmen aufgrund der vorherrschenden Personengesellschaften eher eine untergeordnete Rolle spielen. Folglich sei freiwillig eingerichteten Beiräten eine größere Bedeutung beizumessen.[922] Da in der vorliegenden Arbeit jedoch eine Gruppe von Unternehmen im Mittelpunkt steht, für die teilweise die Einrichtung von Aufsichtsräten verpflichtend ist, werden obligatorische und fakultative Gremien gleichermaßen betrachtet.

---

915 Vgl. Hausch (2004), S. 73.
916 Vgl. Fama/Jensen (1983).
917 Vgl. Fama/Jensen (1983), S. 309.
918 Hierbei wird internen Mitgliedern eine größere Affinität gegenüber den Eigentümern zugesprochen als externen Mitgliedern. Vgl. Muth/Donaldson (1998).
919 Vgl. Pfeffer/Salancik (1978), S. 163.
920 Vgl. Abschnitt 3.3.3.3 der vorliegenden Arbeit.
921 Vgl. Koeberle-Schmid (2008a), S. 14.
922 Vgl. Hausch (2004), S. 74f. Hausch gibt weiterhin eine gelungene Übersicht über vorherrschende Funktionen von Beiräten in Anlehnung an Küpper (1981), S. 332.

Ein Aufsichtsrat ist für alle mittelständische Familienunternehmen der vorliegenden Arbeit mit Rechtsform einer AG gemäß AktG verpflichtend. Für große GmbH mit mehr als 500 Beschäftigten ist gemäß § 76 BetrVG ebenfalls ein verpflichtender Aufsichtsrat einzurichten. Die Größe sowie Besetzung des Aufsichtsrats richten sich nach der Mitarbeiterzahl des Unternehmens. So ist nach § 95 Abs. 1 AktG von einer Mindestzahl von drei Aufsichtsratmitgliedern auszugehen.[923] Für die GmbH & Co. KG ist die Frage nach der verpflichtenden Einrichtung eines Aufsichtsrates nicht einfach zu beantworten, da diese Rechtsform eine Mischung aus Kapitalgesellschaft und Personengesellschaft darstellt. Wenn in der Komplementär-GmbH unmittelbar mehr als 500 Arbeitnehmer beschäftigt sind, ergibt sich gemäß § 77 BetrVG 1952 i.V.m. § 129 BetrVG 1972 die verpflichtende Einrichtung eines Aufsichtsrates. Dies ist aber in der Regel nicht der Fall, da die Komplementär-GmbH meist nur Geschäftsführung und Haftung übernimmt. Trotzdem erweitert sich gemäß § 1 MitbestG i.V.m. § 4 MitbestG die Pflicht zur Einrichtung eines Aufsichtsrates auf die GmbH & Co. KG, wenn:

- die Komplementär-GmbH und die KG mehr als 2.000 Arbeitnehmer beschäftigen,
- eine deutsche Kapitalgesellschaft einziger persönlich haftender Gesellschafter der KG ist,
- die Mehrheit der Kommanditisten auch die Mehrheit in der GmbH inne hat,
- die Komplementär-GmbH über keinen eigenen Geschäftsbetrieb oder einen Geschäftsbetrieb mit weniger als 500 Beschäftigten verfügt.

Die Besetzung hängt von Branche und Unternehmensgröße ab. Für Unternehmen mit mehr als 500 Arbeitnehmern gilt das Drittelbeteiligungsgesetz, nach dem der Aufsichtsrat zu einem Drittel mit Arbeitnehmervertretern, zu zwei Dritteln mit Arbeitgebervertretern zu besetzen ist.[924] In Unternehmen mit in der Regel mehr als 2.000 Mitarbeitern kommt das MitbestG zur Anwendung, in dem Anteilseigner- und Arbeitnehmervertreter paritätisch vertreten sind und eine Mindestanzahl von 12 Mitgliedern geregelt ist. Obligatorische Gremien sind für die traditionelle Betrachtung von KMU nicht relevant, da diese nur bis maximal 499 Mitarbeiter aufweisen. Für die Unternehmen der vorliegenden Untersuchung ist dies jedoch nicht der Fall.

Ein fakultativer Aufsichtsrat kann für GmbH und somit auch für die Komplementär-GmbH einer GmbH & Co. KG gemäß § 52 GmbHG eingerichtet werden. Werden von den Gesellschaftern keine gesonderten Regelungen für den fakultativen Aufsichtsrat getroffen, kommen die Regelungen des Aktienrechts bzgl. Funktion und Aufgaben des Gremiums zum tragen.[925]

---

923 § 95 Abs. 3 AktG regelt hingegen die Höchstzahl der möglichen Aufsichsratmitglieder. Diese muss durch drei teilbar sein.

924 § 95 S. 3 AktG, § 1 Abs. 1 Nr. 5 S. 2 AktG.

925 Vgl. Lange (2006), S. 897f.

Getrennt von der Debatte um den Aufsichtsrat sollte der Beirat gesehen werden.[926] Dieser ist ein zusätzliches Gremium, welches neben den traditionellen Gremien (Gesellschafterversammlung und Geschäftsführung in der GmbH bzw. Hauptversammlung, Vorstand und Aufsichtsrat in der AG) steht.[927] Hierbei werden zwei Arten des Beirats unterschieden:[928]

- Organschaftlicher (oder statutarischer) Beirat,
- schuldrechtlicher (oder obligatorischer) Beirat.

Während erster im Gesellschaftsvertrag verankert wird und somit ein zusätzliches Organ der Gesellschaft darstellt, ist letzterer nicht verankert. Somit sind die Mitglieder des schuldrechtlichen Beirats dem Unternehmen nur aufgrund vertraglicher Vereinbarungen verpflichtet.[929]

Der Beirat in mittelständischen Familienunternehmen erfüllt regelmäßig andere Funktionen als ein Aufsichtsrat in Großunternehmen. Während der obligatorische Aufsichtsrat in Großunternehmen zumindest per iure reines Überwachungsgremium ist, werden dem Beirat in mittelständischen Familienunternehmen zusätzlich weitere Funktionen wie Beratung, Überwachung, Mitwirkung im Rahmen der strategischen Unternehmensplanung sowie Übernahme von Entscheidungskompetenzen zugesprochen.[930] Hierbei ist der Beirat ein wichtiger Mittler zwischen der Unternehmensebene (Geschäftsführung/Vorstand) sowie Familienebene.[931]

Beiräte werden bislang überwiegend als beratende Gremien genutzt und dienen weniger der Kontrolle des unternehmerischen Geschehens.[932] Eine Institutionalisierung von Aufsichtsgremien zur Kontrolle der Unternehmensführung ist in mittelständischen Familienunternehmen bisher die Ausnahme.[933] Die empirische Untersuchung von *Becker/Baltzer/Ulrich* unter 113 Unternehmen bestätigt dies. Im Großteil der Unternehmen wird die Kontrolle direkt durch die Eigentümer/Gesellschafter des Unternehmens durchgeführt. Wie Abb. 3-10 zeigt, übernimmt nur in einem Drittel der Unternehmen Beirat/Aufsichtsrat eine Kontrollfunktion.

926 Vgl. Küpper (1981); Vogler (1990); May/Sieger (2000); Wälzholz (2003); Spindler/Kepper (2005a); dies. (2005b); Henseler (2006); Werner (2006); Becker/Ulrich (2009a); Kormann (2009); Ruter/Thümmel (2009).
927 Vgl. Werner (2006), S. 13.
928 Vgl. Fabis (2007), S. 356.
929 Vgl. Ruter/Thümmel (2009), S. 61ff.
930 Vgl. überblicksartig Henseler (2006), S. 71ff.; Brinkkötter (2007), S. 103; Ruter/Thümmel (2009), S. 32ff.
931 Vgl. telefonisches Gespräch mit Prof. Dr. Sabine B. Klein am 28.10.2009; Ruter (2009), S. 209ff.
932 Vgl. z.B. die Untersuchungen von Horst (1981); Vogler (1990).
933 Vgl. Hausch (2004), S. 146.;

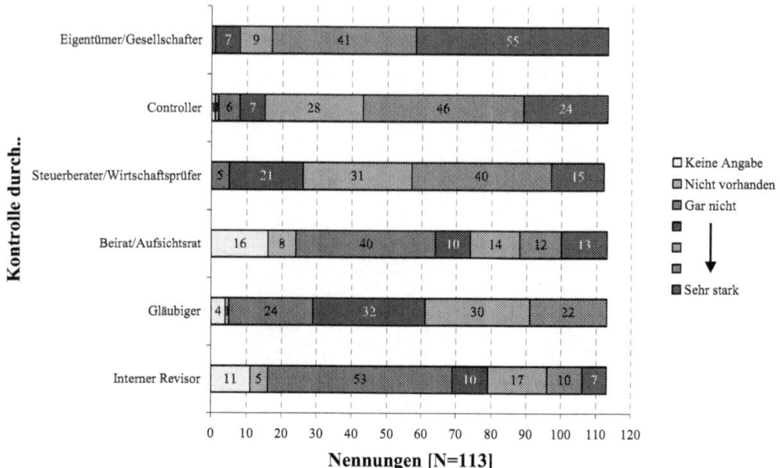

Abbildung 3-10: Träger der Kontrollfunktion in mittelständischen Unternehmen[934]

Auch jüngste Untersuchungen bestätigen die Vorbehalte vor allem in eigentümergeführten Unternehmen gegenüber Aufsichtsgremien. Obwohl Eigentümer ein solches Gremium prinzipiell durchaus positiv beurteilen, ziehen sie es aufgrund der geringeren Kosten und ihrer eigenen guten Informationsposition vor, Kontrolle direkt auszuüben.[935] In fremdgeführten Unternehmen ist hingegen zu beobachten, dass die Eigentümer des Unternehmens aufgrund der organisatorischen Trennung von Eigentum und Leitung durchaus ein Aufsichtsgremium als Kontrollmechanismus favorisieren.[936]

Nachdem der Corporate Governance-Mechanismus ‚Aufsichtsgremium' operationalisiert wurde, folgt eine Darstellung von ‚Unternehmensführung & Controlling'.

3.3.3.3 Unternehmensführung & Controlling

Für die vorliegende Arbeit werden in der Literatur unter den Themenbereichen Zielorientie-

934 In Anlehnung an: Becker/Baltzer/Ulrich (2008), S. 59.

935 Vgl. Hausch (2004), S. 290f.

936 Vgl. Becker/Baltzer/Ulrich (2010). Dort übernimmt in managergeführten Unternehmen ein Beirat häufiger eine Kontrollfunktion als in eigentümergeführten Unternehmen. In 24,2 % der managergeführten Unternehmen übernimmt ein Beirat eine sehr starke Kontrollfunktion. Dies ist in 6,4 % der eigentümergeführten Unternehmen der Fall. In 50 % der eigentümergeführten Unternehmen gibt es keinen Beirat oder er übernimmt keine Kontrollfunktion.

rung[937] oder Internes Überwachungssystem diskutierte Ansätze zu einem Mechanismus ‚Unternehmensführung & Controlling' kombiniert.[938] Dieser hat das Ziel, die Transparenz im Unternehmen zu steigern, so Effizienz und Effektivität zu erhöhen und Risiken des Unternehmensbestands vorzubeugen.[939] Folgende Themenbereiche sind Teil von ‚Unternehmensführung & Controlling': Zielorientierung und Strategie, Controlling, Prüfung, IKS, Interne Revision, Compliance, Risikomanagement.

Zielorientierung und Strategie

Die Zielorientierung bzw. das Zielsystem eines Unternehmens ist als wichtiges internes Corporate Governance-Element zu charakterisieren.[940] Unternehmen müssen, um dem Wertschöpfungszweck zu genügen, verschiedene Ziele verfolgen. Ziele beschreiben für die Zukunft angestrebte Zustände oder Ergebnisse.[941] Nach *Heinen* können folgende Unternehmensziele unterschieden werden: (1) Gewinnstreben, (2) Umsatzstreben, (3) Wirtschaftlichkeitsstreben, (4) Sicherung des Unternehmenspotentials, (5) Sicherung der Liquidität, (6) Unabhängigkeits- und Verteidigungsstreben, (7) Prestigestreben, (8) Machtstreben, (9) Ethische und soziale Bestrebungen sowie (10) Sonstige Zielvorstellungen.[942] In Anlehnung an *Bleicher* lassen sich zudem vier generelle Dimensionen der Zielorientierung beobachten: Zielorientierung der Unternehmung auf Anspruchsgruppen, Entwicklungsorientierung der Unternehmung, ökonomische Zielausrichtung sowie gesellschaftliche Zielausrichtung.[943]

Im Rahmen der vorliegenden Arbeit soll jedoch zusätzlich der Frage nachgegangen werden, inwiefern mehrdimensionale Zielsysteme für mittelständische Familienunternehmen operationalisierbar sind, mit besonderer Berücksichtigung multipler meta-ökonomischer Zielsetzungen mehrerer Eigentümer eines Familienunternehmens.[944] Als traditionelle Ziele mittelständischer Unternehmen werden die langfristige Sicherung, der Erhalt der Leistungsfähigkeit sowie die Wahrung der Unabhängigkeit und Selbstständigkeit des Unternehmens propagiert.[945]

---

937 Vgl. Hausch (2004), S. 69ff.

938 Der Autor weist darauf hin, dass nur acht der befragten 16 Experten der Bildung dieses Mechanismus zustimmen, da sie das Controlling zum Teil lediglich für eine interne Dienstleistungsfunktion interpretieren. Diesem Verständnis wird an dieser Stelle nicht gefolgt.

939 Für die Notwendigkeit einer Risikoprävention vgl. Bumbacher/Schweizer (2002), S. 1039f.

940 Nicht zuletzt konstatiert Szyperski, dass es keine Unternehmung ohne Ziele geben könne. Vgl. Szyperski (1971), S. 651.

941 Vgl. Schmidt-Sudhoff (1967), S. 16. Für weitere grundlegende Ausführungen zu den Zielen von Unternehmen vgl. z.B. Heinen (1976); Kupsch (1979).

942 Vgl. Heinen (1976), S. 59ff.

943 Vgl. Bleicher (1999), S. 162ff.

944 Vgl. Khadjavi (2005), S. 258. Khadjavi betont, dass die Operationalisierbarkeit mehrdimensionaler Zielsysteme aufgrund der geringeren Komplexität von mittelständischen Unternehmen durchaus gegeben sein könnte.

945 Vgl. Kayser (1997), S. 85f. Dies korrespondiert auch mit den Ergebnissen von Günther/Gonschorek (2006), S. 6ff. Sie identifizieren die Liquiditätssicherung, die Sicherung des Unternehmensbestands sowie sowie der

Die Selbstständigkeit des Unternehmens wird vor allem in eigentümergeführten Unternehmen mit dem Erhalt des Unternehmens für die Unternehmerfamilie assoziiert. *Hamer* stellt bei solchen Unternehmen regelmäßig eine Vermischung von Unternehmer- und Unternehmenszielen fest.[946] *Günther/Gonschorek* stellen in einer empirischen Untersuchung fest, dass auch Finanzziele wie z.B. Liquiditätssicherung, Unternehmenswertsteigerung und Gewinnmaximierung sowie die Erhöhung der Eigenkapitalrendite zunehmend verfolgt werden.[947] Dies erscheint plausibel, da wirtschaftlicher Erfolg mittel- bis langfristig zur Erfüllung der von mittelständischen Unternehmern gesetzten Ziele Erhalt des Unternehmens und wirtschaftliche Unabhängigkeit führt.[948]

In Bezug auf die Zielgruppenorientierung mittelständischer Familienunternehmen ist festzustellen, dass möglichst viele oder sogar alle Anspruchsgruppen befriedigt werden sollen.[949] Im Rahmen einer Gewichtung der Bedeutung von Anspruchsgruppen für die Festlegung der Unternehmensziele sind vor allem Kunden, Mitarbeiter und Eigenkapitalgeber wichtig.[950] Im Zusammenhang mit der Analyse von Veränderungen der Zielorientierung mittelständischer Unternehmen kommt *Hausch* zu dem Ergebnis, dass immer noch die langfristige Unternehmenssicherung, der Erhalt als Familienunternehmen sowie die Wahrung der Unabhängigkeit von Dritten überwiegen.[951]

An dieser Stelle muss jedoch zwischen eigentümergeführten und fremdgeführten Unternehmen unterschieden werden. Während die von *Hausch* getroffene Einschätzung für eigentümergeführte Unternehmen wahrscheinlich richtig ist, weist die Autorin im selben Abschnitt darauf hin, dass in fremdgeführten Unternehmen ein gewisser Wandel der Zielorientierung stattgefunden hat. Mit stärkerer Bedeutung von externen, angestellten Führungskräften ist eine stärkere Offenheit gegenüber Verfahren der wertorientierten Unternehmensführung und zur zielorientierten Führung in unternehmerischen Teilbereichen zu verzeichnen.[952] In einer empirischen Erhebung von *Becker/Baltzer/Ulrich* zeigt sich, dass in 37,5 Prozent der befragten managergeführten Unternehmen die Unternehmensziele explizit formuliert sind. Dies ist

Erhalt bzw. die Steigerung der Kundenzufriedenheit als wichtigste Ziele mittelständischer Unternehmen. Vgl. auch Hilti (2008), S. 107ff; Hilb (2009b), S. 20ff.

946 Vgl. Hamer (1990), S. 47. Reinemann/Böschen können diese Ergebnisse hingegen nicht bestätigen. In ihrer Stichprobe wird in 46 von 51 Unternehmen den Unternehmensinteressen Vorrang vor den Familieninteressen eingeräumt. Vgl. Reinemann/Böschen (2008), S. 10.

947 Die Bedeutung von Finanzzielen für den unternehmerischen Willensbildungsprozess in mittelständischen Unternehmen betonen schon Bussiek (1980), S. 46ff. und Bamberger/Pleitner (1988), S. 64ff.

948 Vgl. Kayser (1997), S. 85f.; Günther/Gonschorek (2006), S. 7.

949 Vgl. Becker (2000), S. 39ff.; Schomaker/Günther (2006), S. 217f.

950 Vgl. Günter/Gonschorek (2006), S. 8. Die Ergebnisse lauten auf einer fünfstufigen Skala von 1=Überhaupt nicht wichtig bis 5=Sehr wichtig in absteigender Reihenfolge (in Klammern Mittelwert): Kunden (4,63), Mitarbeiter (4,19), Eigenkapitalgeber (3,91), Lieferanten (3,36), Fremdkapitalgeber (3,08), Wettbewerber (3,04), Öffentlichkeit (2,37).

951 Vgl. Hausch (2004), S. 260.

952 Vgl. Hausch (2004), S. 261f.

bei nur 16,7 Prozent der eigentümergeführten Unternehmen der Fall. Mit zunehmender Unternehmensgröße nehmen in der gleichen Studie signifikant die Anteile an Unternehmen ab, die keine explizit formulierten Ziele haben. Die Anteile von Unternehmen mit Zielsystemen nehmen hingegen mit steigender Größe signifikant zu.[953]

Als Konkretisierung der Zielorientierung im Unternehmen kann die Planung gelten, welche *Becker* wie folgt definiert: „Die Planung stellt ein Führungsinstrument dar, das auf das Erkennen, Analysieren und Lösen von Zukunftsproblemen gerichtet ist, auf systematisch-methodischen Informationsverarbeitungsprozessen basiert und sämtliche Phasen des Vorbereitens und Treffens von Entscheidungen über die sich anschließende Realisation unternehmerischen Handelns umfasst"[954]. *Hahn/Hungenberg* sehen in der Planung einen zukunftsorientierten, systematischen Entscheidungsprozess im Sinne eines Willensbildungsprozesses, dem sich im Führungsprozess ein Willensdurchsetzungsprozess mit Steuerungs- bzw. Vorgabeinformationen und Kontrolltätigkeiten anschließt.[955] Fehlt es an externen Regelungen, die Unternehmen zu Planungsaktivitäten verpflichten, werden sie auch in geringerem Maße Planung betreiben. Inzwischen werden vom Gesetzgeber stärkere Anforderungen an Planungssysteme gestellt, um Unternehmensinsolvenzen vorzubeugen. Im Rahmen der vorliegenden Arbeit werden im Bereich Planungsverhalten vor allem Aspekte der formalisierten operativen und strategischen Planung in den Vordergrund der Betrachtung gerückt. Insbesondere die strategische Planung kann als Methodenset zur Unterstützung des Management gesehen werden.[956]

Im Rahmen der Planung lassen sich strategische[957] und operative Planung unterscheiden. In einer Metaanalyse stellt *Welter* fest, dass in KMU die strategische Planung tendenziell unstrukturiert, sporadisch und inkremental abläuft.[958] Dies sollte in größeren mittelständischen Familienunternehmen weniger der Fall sein. Trotzdem ist davon auszugehen, dass im Vergleich zum Planungsumfang von Großunternehmen Abstriche gemacht werden müssen. *Müller* weist darauf hin, dass Improvisation eine legitime Alternative oder Ergänzung zur Planung in KMU sein kann.[959] Inwieweit dies auf mittelständische Familienunternehmen übertragbar ist, soll ebenfalls in der Untersuchung erfasst werden. Neben der prinzipiellen Existenz eines (strategischen) Planungsprozesses werden auch dessen Aufbau und Ablauf beleuchtet.

Controlling

Spezifika des Controlling in mittelständischen Familienunternehmen wurden bereits in Ab-

[953] Vgl. Becker/Baltzer/Ulrich (2010).
[954] Becker (2007f), S. 24.
[955] Vgl. Hahn/Hungenberg (2001), S. 4.
[956] Vgl. Wieselhuber/Lohner/Thum (2007), S. 46.
[957] Zum Stand der strategischen Planung in KMU vgl. Pfohl (2006b), S. 91ff.
[958] Vgl. Welter (2003), S. 37.
[959] Vgl. Müller (2009), S. 368.

schnitt 2.2.3 diskutiert. Einen empirischen Befund zur Rolle des Controlling im Rahmen der Corporate Governance mittelständischer Unternehmen liefern *Becker/Ulrich/Baltzer*. 113 Unternehmen mit zwischen 50 Millionen und 500 Millionen Euro Jahresumsatz beurteilen auf einer fünfstufigen Likert-Skala von „1=starke Ablehnung" bis „5=starke Zustimmung" Controlling als zweitwichtigstes Element der Corporate Governance (arithmetischer Mittelwert: 4,31). Nur die Unternehmensführung selbst erreichte mit einem Mittelwert von 4,55 eine noch höhere Gewichtung (vgl. Abb. 3-11). Für die vorliegende Untersuchung sind vor diesem Hintergrund die Rolle des Controlling für Corporate Governance im Allgemeinen sowie im Speziellen Verständnis, organisatorische Ausgestaltung und Entwicklungsstand des Controlling zu analysieren. In Einzelfällen (z.B. Balanced Scorecard[960]) ist auch die instrumentelle Ausgestaltung von Interesse.

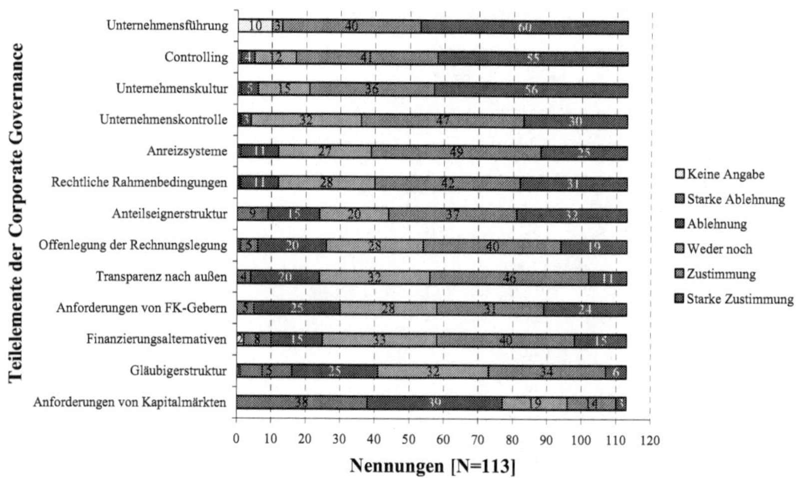

Abbildung 3-11: Wichtige Elemente der Corporate Governance im Mittelstand[961]

Prüfung

Die Wirtschaftsprüfung eines Unternehmens kann als Corporate Governance-Mechanismus aufgefasst werden.[962] In diesem Kontext wird unter ‚Wirtschaftsprüfung' sowohl die Tätigkeit

960 Zum Implementierungsstand der Balanced Scorecard in Mittelstand und/oder Familienunternehmen vgl. Schlüchtermann/Pointner (2004), S. 20ff.; Jonen/Simgen-Weber (2006), S. 19ff.; Rautenstrauch (2006), S. 1ff.

961 In Anlehnung an: Becker/Ulrich/Baltzer (2009b), S. 10.

962 Vgl. Theisen (2008), S. 173.

der Wirtschaftsprüfer/-innen als auch der Wirtschaftsprüfungsgesellschaft verstanden.[963] Aus Perspektive der Prinzipal-Agent-Theorie ist der Wirtschaftsprüfer in öffentlich-rechtlicher Funktion zur Protektion schutzwürdiger Adressaten des Jahresabschlusses tätig. In dieser Funktion muss er gleichzeitig kompetent sein und seine Unabhängigkeit gegenüber der zu prüfenden Gesellschaften beibehalten.[964] Zwei zentrale Problembereiche der Wirtschaftsprüfung als Element der Corporate Governance sind die Unabhängigkeit[965] sowie die Qualität der gebotenen Dienstleistung[966], welche jedoch beide sehr schwer messbar sind.[967] Wirtschaftsprüfer werden besonders in Familienunternehmen aufgrund ihres Fachwissens und ihrer Beziehung ‚auf Augenhöhe' zur Unternehmensfamilie als Berater geschätzt.[968] Für die vorliegende Untersuchung wird die Unabhängigkeit anhand der Beziehung von fachlicher und persönlicher Ebene geschätzt. Die Qualität der Dienstleistung wird über die Marktstellung des jeweiligen Prüfungsunternehmens sowie den verwendeten Prüfungsansatz approximiert.

Internes Kontrollsystem (IKS)

Das IKS wurde in der vorliegenden Arbeit bereits diskutiert.[969] In kleinen und mittleren Unternehmen sind Interne Kontrollsysteme bisher nur selten implementiert.[970] Die Existenz und Ausgestaltung eines IKS gewinnt jedoch auch für diesen Betriebstyp vermehrt an Bedeutung.[971] Für die Analyse der Corporate Governance in mittelständischen Familienunternehmen erscheinen zwei Fragen relevant: Zunächst sollte analysiert werden, wie hoch der Formalisierungsgrad des IKS ist. Zudem ist von Interesse, welche Aufgabenträger im Unternehmen direkte Kontrollfunktionen wahrnehmen und ob Vier-Augen-Prinzipien sowie Prozesstransparenz gewahrt sind.

Interne Revision

Die Anforderungen an die Interne Revision mittelständischer Familienunternehmen nehmen stetig zu.[972] *Lück* weist jedoch gleichzeitig darauf hin, dass sich Aufgaben und Funktionen der Internen Revision im Mittelstand deutlich von Großunternehmen unterscheiden.[973] In der bereits mehrfach zitierten empirischen Erhebung von Becker/Baltzer/Ulrich unter 113 mittelständischen Unternehmen (mehrheitlich Familienunternehmen) existiert nur in 44 Unterneh-

---

963 Vgl. Jehle (2007), S. 7.
964 Vgl. Ballwieser (2008), S. 3.
965 Vgl. Ballwieser (2001), S. 97ff.
966 Vgl. DeAngelo (1981), S. 183.
967 Vgl. Theisen (2008), S. 183.
968 Vgl. Emmerich (2008), S. 736; persönliches Gespräch mit WP/StB Philipp Karmann am 20.02.2009 in Dresden.
969 Vgl. Abschnitt 3.1.3.3 der vorliegenden Arbeit.
970 Vgl. Bungartz/Szackamer (2007), S. 123ff.
971 Vgl. Möller/Pfaff (2007), S. 49ff.; Pfaff/Ruud (2007), S. 445ff.
972 Vgl. Hecker/Füss (2006), S. 67. Eine gute Einführung gibt das Werk von Schreiber et al. (Hrsg., 2009).
973 Vgl. Lück (2000), S. 39f.

men (39 Prozent) eine institutionalisierte Interne Revision. Für die vorliegende Untersuchung wird zunächst analysiert, ob eine Interne Revision (Funktion) bzw. ein Interner Revisor (Aufgabenträger) im Unternehmen implementiert ist. Zudem werden das Verständnis und die Aufwand-Nutzen-Relation einer Internen Revision erfragt. Ein weiteres, auch in der aktuellen Forschung vieldiskutiertes Themenfeld ist die Schnittstelle bzw. Kooperation von Interner Revision und Controlling.[974] Die Interne Revision ist – ebenso wie das Controlling – unter anderem ein Informationslieferant, welcher die Transparenz im Unternehmen erhöht und Informationsasymmetrien abbaut.[975] Angesichts beschränkter Ressourcen in mittelständischen Familienunternehmen wäre eine engere Zusammenarbeit von Interner Revision und Controlling zu begrüßen. Jedoch wird an dieser Stelle auf einen potentiellen kulturellen Misfit zwischen dem Konzept des ‚Vertrauens' in mittelständischen Familienunternehmen sowie zu starker Kontrolltätigkeit hingewiesen.

Compliance

Die Diskussion um Compliance hat zwar auch mittelständische Familienunternehmen erreicht, noch besteht jedoch Unklarheit über die tatsächliche praktische Bedeutung.[976] Für die vorliegende Arbeit wird im Themenbereich Compliance zunächst das allgemeine Verständnis von Compliance im Unternehmen analysiert. In einem weiteren Schritt stehen der Institutionalisierungsgrad sowie die personelle Ausgestaltung einer Compliance-Organisation im Mittelpunkt der Betrachtung. Hier wird die Meinung vertreten, dass ab einem bestimmten Komplexitätsgrad der Situation die Einrichtung einer Compliance-Organisation Agenturkosten senken kann. Neben Fragen der Vertragscompliance im externen Verkehr stehen besonders Aspekte der Korruptionsbekämpfung und des Whistleblowing[977] im Vordergrund.[978]

Risikomanagement

Eng verbunden mit den weiteren Themen des Mechanismus ‚Unternehmensführung & Controlling' ist das Risikomanagement zu sehen.[979] Zum Risikomanagement in mittelständischen Familienunternehmen gab es in der jüngsten Vergangenheit sehr viele Veröffentlichungen,

974 Vgl. z.B. Albrecht (2007), S. 326ff.; Birl (2007), S. 24ff.; Eberl/Hachmeister (2007), S. 317ff.; Freidank/Velte (2008), S. 711ff.; Günther/Gonschorek (2008), S. 127ff.; Lühn (2009), S. 231ff.

975 Vgl. Becker/Ulrich (2010a).

976 Vgl. Teich/Kolbenschlag/Reiners (2008), S. 12f.

977 Der Begriff des ‚Whistleblowing' verweist auf auf den Bericht von Insiderinformationen über unrechtmäßiges Verhalten. In den USA wurde anwaltliches Whistleblowing im Sarbanes-Oxley-Act im Sinne eines ‚reporting up the ladder' ausgestaltet und ist sowohl weit verbreitet als auch angesehen. In Deutschland wird Whistleblowing jedoch meist negativ im Sinne eines Verrats interpretiert. Vgl. Mann (2009), S. 271f.

978 Die Beschäftigung mit Korruptionsprävention in Unternehmen wird immer häufiger unter dem Stichwort ‚Forensic Services' zusammengefasst. Vgl. Eiselt/Uhlen (2009), S. 176ff.

979 Vgl. auch persönliches Gespräch mit Prof. Dr. Uwe Götze am 04.03.2009 in Chemnitz.

die dessen Relevanz hervorhoben.[980] Eine explizite Analyse des Risikomanagements in mittelständischen Familienunternehmen wird auch von Experten befürwortet.[981] Für die vorliegende Arbeit wird zunächst fokussiert, ob ein systematisches Risikomanagement im Unternehmen existiert. In einem zweiten Schritt stehen mögliche, dem Risikomanagement zuzuordnende Funktionen und Aufgaben (Identifikation, Bewertung, Steuerung, Kontrolle, Aggregation) im Mittelpunkt.[982] Hier besteht die Vermutung, dass die Güte des Risikomanagements mit zunehmender Aufgabenübernahme ansteigt. Weitere, für die Untersuchung relevante Aspekte sind die organisatorische Anordnung des Risikomanagements sowie die Einhaltung (freiwillig oder obligatorisch) von Richtlinien und Standards (KontraG, COSO, ISO).

Nachdem der Corporate Governance-Mechanismus ,Unternehmensführung & Controlling' erläutert und für die vorliegende Untersuchung operationalisiert wurde, steht im Folgenden die ,Anteilseigner- und Gläubigerstruktur' im Zentrum der Betrachtung.

3.3.3.4 Anteilseigner- und Gläubigerstruktur

Die Corporate Governance im Sinne eines Leitrahmens der Unternehmensführung wird in bedeutendem Maße durch Kapitalgeber beeinflusst.[983] Gemäß Prinzipal-Agent-Theorie ist die Kapitalstruktur[984] im Sinne eines Corporate Governance-Mechanismus potentieller Einflussfaktor der Agenturkosten[985] in Unternehmen.[986] Kapitalgeber des Unternehmens können Anteilseigner (Eigenkapital-Geber) oder Gläubiger (Fremdkapital-Geber) sein.[987] Die Wirkung von Anteilseigner- und Gläubigerstruktur auf die Güte der Corporate Governance muss differenziert betrachtet werden. Zunächst ist die Anteilseignerstruktur aus Sicht der Property-Rights-Theorie eng mit der Ausgestaltung von Verfügungsrechten verbunden. Insofern ist bei einem Zusammenfallen von Position als Eigenkapitalgeber und Tätigkeit als Mitglied des Exekutivgremiums von einer Interessenangleichung auszugehen, welche im Allgemeinen in einer Verbesserung der Agenturkostenlage resultiert.[988] Während Eigentümer eine auf Fremdkapital basierende Kapitalstruktur bevorzugen, um nicht zu viele Verfügungsrechte aufgeben zu müssen, steigt mit zunehmender Inanspruchnahme auch das Risiko einer Illiquidität. Ma-

980 Vgl. Wolf (2004), S. 177ff.; Meyer (2007), S. 321ff.; Henschel (2008); Stroeder (2008); Weyer/Hermann (2009), S. 236ff.
981 Vgl. persönliches Gespräch mit Prof. Dr. Norbert Wieselhuber am 16.09.2009 in München.
982 Für eine Einführung zu Aufgaben des Risikomanagements vgl. Wolke (2008), S. 3ff.
983 Vgl. persönliches Gespräch mit Prof. Dr. Alexander Bassen und Dr. Christine Zöllner am 24.02.2009 in Hamburg.
984 Der Begriff ,Kapitalstruktur' wird synonym zur ,Anteilseigner- und Gläubigerstruktur' verwendet.
985 Wichtige Untersuchungen zur Verbindung von Kapitalstruktur und Agenturkosten führten u.a. Harris/Raviv (1990); dies. (1991); Rajan/Zingales (1998); Myers (2001) und Bassen (2002) durch.
986 Vgl. Bress (2008), S. 48ff.
987 Vgl. Zöllner (2007), S. 16f.
988 Vgl .Jensen/Meckling (1976), S. 308ff.

nager versuchen dies zu vermeiden, da ihnen finanzielle oder sonstige Einbußen drohen.[989]

Die Kapitalstruktur beeinflusst zudem zukünftige Cashflows, da Fremdkapital mit fixen Zinszahlungen einher geht. Damit verringern sich mit steigendem Verschuldungsgrad die freien Cashflows für das Management und letztendlich die Möglichkeiten opportunistischen Verhaltens. Auf der anderen Seite stehen dem Management mit steigender Fremdfinanzierung aber weniger Mittel zur Selbstfinanzierung zur Verfügung. Dies führt zu einer gestiegenen Wahrscheinlichkeit einer Außenfinanzierung, welche in zusätzlichen Informations- und Mitspracherechte resultiert. Wenn externe Financiers diese Rechte im Sinne aktiver Kontrolle einsetzen, sinken Agenturkosten für das Unternehmen. Den genannten positiven Auswirkungen eines steigenden Verschuldungsgrades sind jedoch ansteigende Agenturkosten auf Grundlage der übermäßigen Beanspruchung von Fremdkapital entgegenzusetzen, da auch zwischen Gläubigern, Management und Aktionären Informationsasymmetrien bestehen könnten.[990] Im Sinne der optimalen Gestaltung von Agenturkosten in mittelständischen Familienunternehmen sind sowohl die Anteilseigner- als auch die Gläubigerstruktur zu beachtende Variable.

Anteilseignerstruktur

Die Anteilseignerstruktur eines Unternehmens ist nach *Gutenberg* primäre strukturgebende Variable jedes Unternehmens.[991] Die beiden wichtigsten Dimensionen der Anteilseignerstruktur sind in diesem Zusammenhang die Art der Anteilseigner sowie die Anzahl der Anteilseigner. In Bezug auf letztere ist danach zu fragen, ob es sich um lediglich einen Anteilseigner oder um mehrere Personen oder Personengruppen handelt. Hier besteht die Vermutung, dass mit zunehmender Anzahl die Wahrscheinlichkeit von Informationsasymmetrien zunimmt.

In einem zweiten Schritt ist zu untersuchen, ob die Anteilseignergruppen in sich homogen oder heterogen sind. Es besteht die Vermutung, dass die Interessen der Eigentümer besser gewahrt werden können, je homogener die Gruppe der Anteilseigner ist. Dabei ist neben der Unterscheidung in Familien- oder Fremdgesellschafter auch zu analysieren, inwiefern kleinere Gruppen von Anteilseignern ihre Interessen durchsetzen können. Im Rahmen des ‚Free-Rider'-Problems wird propagiert, dass es sich für Anteilseigner mit sehr geringem Anteilsbesitz nicht lohnt, eine Kontrolle des Managements durchzuführen, da die Kontrollkosten den Nutzen übersteigen.[992] Folglich würde eine zunehmende Zersplitterung der Anteilseigner in Bezug auf Anzahl und Interessenlage mit einer schlechteren Prinzipal-Agent-Konstellation einhergehen. Die faktische und theoretische Analyse der Anteilseignerstruktur ermöglicht es,

989 Vgl. Williams (1987), S. 29ff.
990 Vgl. Zöllner (2007), S. 16f.
991 Vgl. Gutenberg (1962), S. 12f.
992 Zum Free-Rider-Problem vgl. z.B. Short/Keasey (1997), S. 31f.

Planungs-, Entscheidungs- und Kontrollprozesse in Unternehmen nachzuvollziehen.[993] Die Anteilseignerstruktur[994] mittelständischer Familienunternehmen in der hier verfolgten Operationalisierung lässt sich durch die Bedeutung der Unternehmerfamilie charakterisieren.[995]

Die im Rahmen der vorliegenden Arbeit untersuchten Unternehmen befinden sich im mehrheitlichen Besitz einer Einzelperson (Eigentümer-Unternehmen) oder einer Familie (Familienunternehmen). Als Beispiel kann die Untersuchung von *Becker/Baltzer/Ulrich* angeführt werden, deren Operationalisierung mittelständischer Familienunternehmen ähnlich dem hier verfolgten Verständnis ist. Auch hier werden Familien und Einzelpersonen als wichtigste Anteilseigner identifiziert (vgl. Abb. 3-12).

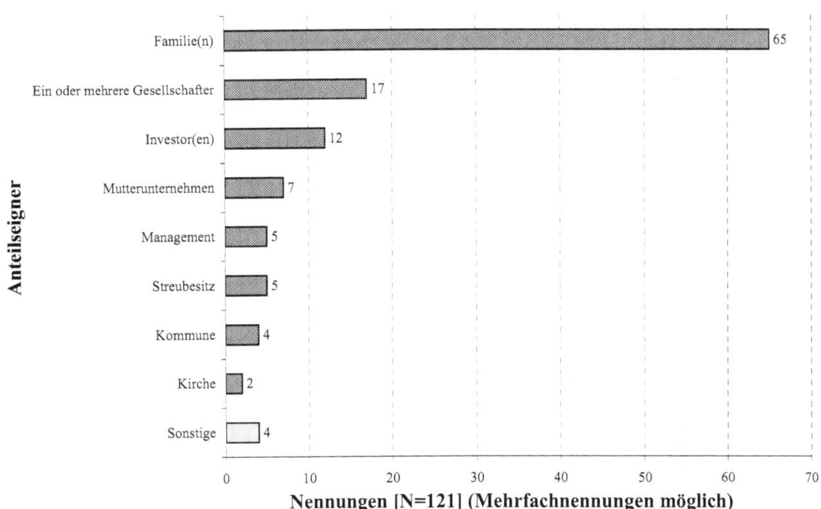

Abbildung 3-12: Anteilseigner in Mittelstand bzw. Familienunternehmen[996]

Dies ist ein bedeutendes Differenzierungskriterium vor allem im Vergleich zu großen, börsennotierten Aktiengesellschaften, die sich durch eine breite Streuung des Aktienbesitzes charakterisieren.[997] Die starke Rolle der Eigentümer hat ebenso Einfluss auf den Willensbildungsprozess innerhalb des unternehmerischen Zielsystems. Nach aktuellen Untersuchungen

993 Vgl. Hausch (2004), S. 62ff.

994 Der Begriff ‚Besitzstruktur' der Unternehmenstypologie aus Abschnitt 2.1.4 der vorliegenden Arbeit ist ein synonym der ‚Anteilseignerstruktur'.

995 Vgl. Hausch (2004), S. 124.

996 Vgl. Becker/Baltzer/Ulrich (2008), S. 23.

997 Vgl. z.B. Vorstius (2004), S. 87.

sind Familien und Einzelpersonen noch immer die wichtigsten Anteilseignergruppen von mittelständischen Unternehmen.

In der gleichen Untersuchung ermitteln die Autoren auch die Einflussfaktoren der Unternehmensführung der befragten Unternehmen. Hier ergibt sich, dass die Anteilseignerstruktur für 69 von 113 Unternehmen und somit 61 Prozent der Befragten ein sehr wichtiges oder wichtiges Teilelement der Corporate Governance darstellt.[998]

Wagner identifiziert vier mögliche Einflüsse der Kapitalstruktur von Familienunternehmen und nennt die langfristige Orientierung der Familie, Aspekte der Prinzipal-Agent-Theorie, die Wahrung der Unabhängigkeit und Familienkontrolle sowie die Unterdiversifizierung des Familienvermögens als wichtige Punkte.[999] Die langfristige und nachhaltige Unternehmenspolitik von Familienunternehmen bedingt einen langfristigen Horizont der Investitions- und Finanzierungsentscheidungen mit sich und verringert die Notwendigkeit der Konzentration auf kurzfristige Renditegrößen, dem anonyme Publikumsgesellschaften für gewöhnlich ausgesetzt sind.[1000] Zur Bestätigung dieser Argumentation kann neben der Studie von *Becker/Baltzer/ Ulrich*, in der die langfristige Orientierung von etwa 24 Prozent der Unternehmen als wichtiges Ziel genannt wird,[1001] eine aktuelle empirische Erhebung von *Achleitner/Schraml/ Klöckner* herangezogen werden, welche 237 überwiegend mittlere und große Familienunternehmen befragt haben. Von den Befragten wurde nach der Sicherstellung der Flexibilität und Liquidität des Unternehmens sowie der Verhinderung des Einflusses externer Kapitalgeber die Zuverlässigkeit bzw. Langfristigkeit der Finanzierung als drittes wichtiges Ziel genannt.[1002]

Gläubigerstruktur

Die Gläubigerstruktur eines Unternehmens hat ebenfalls Einfluss auf Planungs-, Entscheidungs- und Kontrollprozesse in mittelständischen Familienunternehmen. Gläubiger haben normalerweise in geringerem Ausmaß als Gesellschafter Einfluss auf die Geschäftsvorgänge eines Unternehmens, da sie nur indirekt am eigentlichen operativen Geschäft interessiert sind, soweit es zu erwartende Zahlungsrückflüsse (Zinsen und/oder Tilgungen) betrifft.[1003] Jedoch

---

998 Vgl. Becker/Baltzer/Ulrich (2008), S. 49.

999 Vgl. Wagner (2008), S. 181; Haas (2009), S. 37f.

1000 Vgl. Wagner (2008), S. 181ff.

1001 Vgl. Becker/Baltzer/Ulrich (2008), S. 48.

1002 Vgl. Achleitner/Schraml/Klöckner (2008), S. 19. Im Juli und August 2007 befragten die Autoren 1.800 Unternehmen, auf die entweder eine Familie oder eine Einzelperson über Anteile und/oder Partizipation an der Unternehmensleitung und/oder eine Beteiligung im Aufsichts-/Beirat eine maßgebliche Kontrolle ausübte. Die Rücklaufquote betrug 13 Prozent. 84 Prozent der befragten Unternehmen wiesen mehr als 50 Beschäftigte auf. Vergleichbare Ergebnisse liefert eine Untersuchung von Redlefsen/Eiben im Herbst 2005. Die Autoren konnten 297 Rückläufe (Rücklaufquote etwa neun Prozent) erreichen. Die Sicherheit und Langfristigkeit der Finanzierung war nach niedrigen Finanzierungskosten und geringen Mitwirkungsrechten der Kapitalgeber das drittwichtigste Finanzierungsziel der Probanden. Vgl. Redlefsen/Eiben (2006), S. 5.

1003 Vgl. Wagner (2008), S. 190f.; Becker (2009), S. 171f.

ist gerade bei mittelständischen Familienunternehmen aufgrund der überragenden Bedeutung der Fremdfinanzierung[1004] den Gläubigern höchste Bedeutung beizumessen. Die Gläubigerstruktur mittelständischer Familienunternehmen wird in bedeutendem Maße durch die unternehmerische Zielsetzung der an solchen Unternehmen beteiligten Familien determiniert; die Unabhängigkeit von externen Einflussgruppen im Rahmen des Entscheidungsprozesses ist sehr wichtig. Aus der theoretischen Analyse der mit verschiedenen Finanzierungsmöglichkeiten einhergehenden Verfügungsrechten[1005] erklärt sich auch die in mittelständischen Familienunternehmen prevalierende Abneigung gegen externe Eigenkapitalinvestoren.[1006] Wichtige Gläubiger in mittelständischen Familienunternehmen können neben Banken[1007] auch Kunden und Lieferanten sein. Neuere Arbeiten von *Flacke*, *Segbers* und *Sorg* weisen vor allem auf die enge Beziehung mittelständischer Unternehmen zu Hausbanken[1008] hin.[1009]

Die Bedeutung von Hausbankbeziehungen für mittelständische Unternehmen kann auch empirisch fundiert werden. *Hommel/Schneider* zeigen in einer empirischen Untersuchung, dass mittelständische Unternehmen sich auf die Pflege einer oder weniger, intensiver Bankverbindungen fokussieren.[1010] *Harhoff/Körting* erhalten ähnliche Ergebnisse.[1011] Auch *Sorg* zeigt, dass mittelständische Unternehmen nur wenige Bankverbindungen intensiv nutzen. So wurden bei 78 Prozent der von *Sorg* befragten Unternehmen nur eine oder zwei Bankverbindungen intensiv genutzt.[1012] In einer österreichischen Vergleichsstudie kommt auch *Haas* zu ähnlichen Ergebnissen.[1013] Gleichzeitig wird auch die Möglichkeit des Aufweichens traditioneller Hausbankbeziehungen vor dem Hintergrund sich globalisierender Finanzmärkte diskutiert.[1014]

Die Einflussnahme von Gläubigern auf die Zielausrichtung mittelständischer Familienunternehmen bedingt die Untersuchung der Anzahl und Arten von Gläubigern sowie der gesonderten Betrachtung möglicher Hausbankbeziehungen im Rahmen der vorliegenden Arbeit.

1004 Hier kommen Gedanken der ‚Pecking Order'-Theorie (im Sinne einer ‚Hackordnung') von Myers/Majluf (1984), S. 187ff. ins Spiel. Die Autoren gehen davon aus, dass sich rentable Unternehmen primär aus dem eigenen Cash-Flow finanzieren. Ist dies nicht möglich, wird Fremdkapital der Vorzug vor Eigenkapital gegeben.

1005 Zur Theorie der Verfügungsrechte vgl. allgemein Richter/Furubotn (2003), S. 90ff.

1006 Vgl. Haas (2009), S. 41.

1007 Zur Rolle von Banken für die deutsche Volkswirtschaft vgl. grundlegend Cable (1985), S. 118ff.

1008 Eine Hausbank zeichnet sich durch eine besonders enge, gewachsene Beziehung zum betreuten Unternehmen aus. Vgl. grundlegend Fischer (1990), S. 3f.; Elsas (2001); Sorg (2007), S. 84f. Im englischsprachigen Bereich überwiegen die Begriffe ‚house bank' oder ‚main bank'. Als Überbegriff für eine hausbankbasierte Finanzierung findet sich der Term des ‚Relationship Banking' bzw. ‚Relationship Lending'. Vgl. Edwards/ Fischer (1998), Berger/Udell (1995), Boot (2000), Degryse/Cayseele (2000).

1009 Vgl. Sorg (2007); Flacke (2007).

1010 Vgl. Hommel/Schneider (2004), S. 579.

1011 Vgl. Harhoff/Körting (1998), S.

1012 Vgl. Sorg (2007), S. 85.

1013 Vgl. Haas (2009), S. 257.

1014 Vgl. Fischer (2008), S. 208.

3.3.3.5 Finanzierung

Unternehmen stehen zur Finanzierung von Aktivitäten verschiedene Quellen zur Verfügung.[1015] Diese lassen sich prinzipiell in Abhängigkeit von der Mittelherkunft in Innenfinanzierung und Außenfinanzierung differenzieren.[1016] Abb. 3-13 gibt einen Überblick über prinzipielle Finanzierungsquellen für Unternehmen.

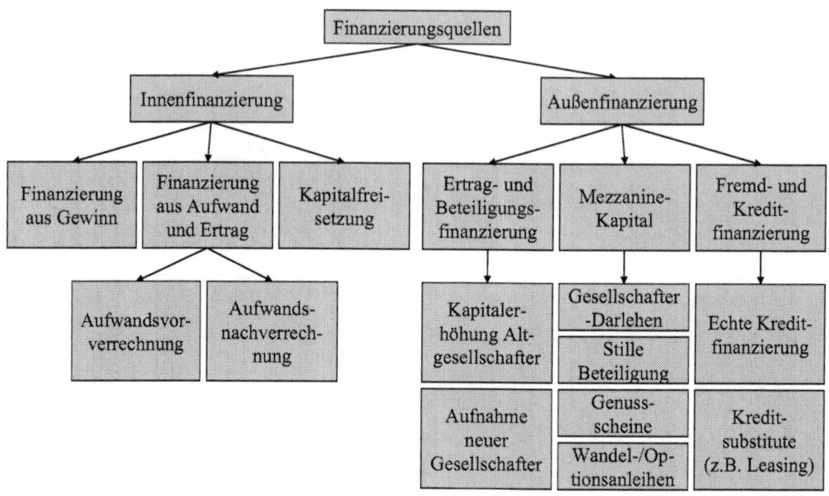

Abbildung 3-13: Finanzierungsquellen in Abhängigkeit von der Mittelherkunft[1017]

In diesem Zusammenhang ist die Innenfinanzierung als Abflusssperre von finanziellen Mitteln zu sehen, die aus einem positiven Saldo zwischen Einzahlungen aus Nicht-Finanzierungsmärkten und Auszahlen an solche Märkte resultieren.[1018] Die Außenfinanzierung hingegen resultiert vornehmlich aus finanziellen Mitteln, die Unternehmen explizit auf Kredit- oder Kapitalmärkten zur Verfügung gestellt werden.[1019] *Drukarczyk* sieht bei deutschen Unternehmen einen Finanzierungsanteil der Innen- und Außenfinanzierung von etwa 80 bzw. 20 Prozent, wobei im Rahmen der Außenfinanzierung deutlich die Fremdfinanzierung überwiegt.[1020]

[1015] Vgl. Zantow (2007), S. 43ff.; Becker (2009), S. 113ff.; Becker/Ulrich/Baltzer (2009a), S. 13.
[1016] Für umfassende Quellenangaben vgl. Hausch (2004), S. 65 m.w.N..
[1017] In Anlehnung an: Hausch (2004), S. 66; Geiseler (1997), S. 132; Wossidlo (1997), S. 315; Perridon/Steiner (2002), S. 356; Drukarczyk (2003), S. 9.
[1018] Vgl. Drukarczyk (2003), S. 13.
[1019] Vgl. Drukarczyk (2003), S. 13.
[1020] Drukarczyk (2003), S. 14.

Während die Innenfinanzierung aus Gewinn, Aufwand und Ertrag oder auch durch Kapitalfreisetzung erfolgen kann, sind im Rahmen der Außenfinanzierung die Ertrag- und Beteiligungsfinanzierung durch Kapitalerhöhung alter oder Aufnahme neuer Gesellschafter (mit oder ohne Börsengang), Mezzanine-Kapital sowie die eigentliche Fremd- und Kreditfinanzierung zu unterscheiden.

Im Rahmen der vorliegenden Arbeit kommt den Finanzierungspräferenzen eine entscheidende Rolle zu, da sie eng mit anderen Corporate Governance-Elementen interagieren. Die Finanzierung über Eigen- oder Fremdkapital hat zunächst einen unmittelbaren Einfluss auf die Kapitalstruktur des Unternehmens.[1021] Des Weiteren sind Finanzierungsentscheidungen in Abhängigkeit von allgemeinen Unternehmenszielen zu betrachten.[1022] Im Rahmen dieser Arbeit sollen Finanzierungsinstrumente unabhängig von der jeweiligen Rechtsform eines Unternehmens untersucht werden, da unterstellt wird, dass diese jederzeit ihre Rechtsform ändern können, um verändert Kontextvariablen zu begegnen und somit Zugang zu Kapitalmitteln zu schaffen.

Als Grundlage für die ‚klassische Form' der Finanzierung dieser Unternehmen kann die im letzten Abschnitt angeführte ‚Pecking-Order'-Theorie angeführt werden. Die relevante Stakeholdergruppe mittelständischer Familienunternehmen, die Eigentümer bzw. die Familie, möchten ihre unternehmerische Unabhängigkeit erhalten und deshalb so wenige Verfügungsrechte wie möglich nach außen abgeben. Somit kann davon ausgegangen werden, dass mehrere, über die eigentlichen Ziele der Finanzierung (Sicherung von Liquidität und Steigerung des Unternehmenswerts) hinausgehende Ziele simultan verfolgt werden. Die Motive der Eigentümer übertragen sich so auf Finanzierungsentscheidungen.[1023] Aus dieser Motivstruktur erklärt sich die Präferenz mittelständischer Familienunternehmen für die Innenfinanzierung sowie die klassische Kreditfinanzierung.[1024] International gesehen ist die Ausstattung deutscher Unternehmen mit Eigenkapitalmitteln eher unterdurchschnittlich.[1025] Dies gilt jedoch nicht für die Gruppe der hier analysierten mittelständischen Familienunternehmen.[1026] Gleichzeitig besteht jedoch auch die Gefahr der Überfinanzierung. Unternehmen verwirken Wachstumschancen, wenn sie überflüssiges Eigenkapital anstelle günstigeren Fremdkapitals zur Finanzierung in Anspruch nehmen.[1027] Die Kombination von Risiko, Strategie und Finanzierung wird in mittelständischen Familienunternehmen nicht immer als passgenau empfunden.[1028]

1021 Zum Zusammenhang von Corporate Governance und Finanzierung vgl. Becker (2009), S. 5ff.
1022 Vgl. Ulrich (1990), S. 101.
1023 Vgl. Espel (2008), S. 10.
1024 Vgl. Achleitner/Schraml/Schröder (2008), S. 27; Achleitner/Schraml/Schröder (2009), S. 250.
1025 Vgl. Fischer (2008), S. 206.
1026 Vgl. Fischer (2008), S. 214. Zur Eigenkapitalquote deutscher Familienunternehmen vgl. Redlefsen/Eiben (2006), S. 3.
1027 Vgl. Fischer (2008), S. 207.
1028 Vgl. persönliches Gespräch mit Prof. Dr. Norbert Wieselhuber am 16.09.2009 in München.

Ein Untersuchung von *Redlefsen/Eiben* von deutschen Familienunternehmen konnte zeigen, dass fast jedes zehnte Familienunternehmen über eine Eigenkapitalquote von 70 Prozent oder darüber verfügt, nur weniger als ein Fünftel weisen weniger als 20 Prozent Eigenkapital aus.[1029] Die durchschnittliche Quote von 36 Prozent liegt über der aller KMU nach EU-Definition (bis 249 Mitarbeiter) von etwa 15 Prozent.[1030] Mittelständische Familienunternehmen legen somit sehr viel Wert auf Sicherheit, Kontinuität und Langfristigkeit der Finanzierung.[1031] Die Finanzierungsstruktur mittelständischer Familienunternehmen ist jedoch seit einiger Zeit einem weitgehenden strukturellen Wandel unterworfen.[1032] Diese ist nicht nur in der Globalisierung der Finanzmärkte und dadurch einen erleichterten Zugang zu Kapitalmitteln, sondern auch durch Veränderungen im rechtlichen Umfeld gekennzeichnet.[1033]

Einschneidend für die deutsche Finanzierungslandschaft war die Einführung des Regelwerkes Basel II. Die gestiegenen Anforderungen an die Kreditvergabe führten sowohl bei Banken als auch Unternehmen zu einer größeren Offenheit gegenüber alternativen Finanzierungsformen.[1034] Als externe Finanzierungsalternativen für mittelständische Familienunternehmen werden in der letzten Zeit vor allem Private Equity[1035], Mezzanine-Kapital[1036] sowie Börsengänge[1037] diskutiert.[1038] In der Vergangenheit wurden die Eigenkapitalfinanzierung aufgrund der günstigeren Konditionen für Fremdkapital oftmals vernachlässigt. Die risiko- und kostenadjustierte Kalkulation von Kapitalkosten nach Basel II macht Fremdkapital weniger attraktiv als früher.[1039] In einer aktuellen Studie weisen 55 Prozent der von *Becker/Baltzer/Ulrich* befragten Unternehmen eine rein oder tendenziell eigenkapitalorientierte Finanzierung auf.[1040] Dies deckt sich sowohl mit bisherigen theoretischen Gedanken als auch mit anderen empiri-

1029 Vgl. Redlefsen/Eiben (2006). An dieser Stelle wird jedoch darauf hingewiesen, dass die von den Autoren untersuchten Unternehmen zwischen 500.000 Euro und 23 Milliarden Euro Jahresumsatz aufwiesen.

1030 Vgl. Deutsche Bundesbank (Hrsg., 2006), S. 51; Deutscher Sparkassen- und Giroverband (Hrsg., 2007), S. 38.

1031 Vgl. Schielke (2009), S. 225.

1032 Vgl. Janssen (2009), S. 58.

1033 Vgl. Ackermann (2009), S. 241ff.

1034 Vgl. Ackermann (2009), S. 241.

1035 Vgl. Hess (2007); Winkeljohann (2007); Espel (2008); Achleitner/Schraml/Tappeiner (2008).

1036 Vgl. Brezski et al. (2006); Werner (2006), S. 85ff.; Brokamp et al. (2008); Stiefl (2008), S. 20ff.; Becker/Balzer/Ulrich (2009a), S. 12ff.; Heininger (2009). Besonders interessant am Mezzanine-Kapital (‚Mezzanine' ist der italienische Begriff für ein ‚Zwischengeschoss' in der Architektur) ist dessen Ausgestaltung als Mischform von Eigen- und Fremdkapital. Je nach Ausgestaltung kann Mezzanine-Kapital bilanziell als Eigenkapital und steuerlich als Fremdkapital (Abzugsfähigkeit der Fremdkapitalkosten) charakterisiert werden. Eher eigenkapitalähnliche Formen werden als ‚Equity Mezzanine', eher fremdkapitalähnliche Formen als ‚Debt Mezzanine' bezeichnet.

1037 Vgl. Rödl/Zinser (2000); Fey/Kuhn (2007); Francioni (2009), S. 279ff.

1038 Vgl. Schielke (2009), S. 231ff.

1039 Vgl. Schielke (2009), S. 228.

1040 Vgl. Becker/Baltzer/Ulrich (2008), S. 60. 31 Prozent der Unternehmen finanzieren sich über Eigen- und Fremdkapital, vier Prozent eher über Fremdkapital und 11 Prozent rein über Fremdkapital.

schen Erkenntnissen.[1041]

Für die vorliegende Untersuchung ist aus Sicht der Corporate Governance von Interesse, welche Finanzierungsinstrumente genutzt werden und warum. Auch die Einstellung gegenüber modernen Finanzierungsformen wie Private Equity oder Mezzanine-Kapital erscheint vor dem Hintergrund der Prinzipal-Agent-Theorie, Resource-Dependence-Theorie sowie Stakeholder-Theorie bedeutsam.

3.3.3.6 Rechnungslegung, Transparenz & Publizität

Die Planungs-, Entscheidungs- und Kontrollprozesse von Unternehmen sind in entscheidendem Maße von den Informationen abhängig, die den jeweiligen Entscheidungsträgern und Stakeholdern eines Unternehmens zur Verfügung stehen. Informationsasymmetrien sind als Grundlage von Prinzipal-Agent-Konflikten und damit von Corporate Governance-Problemen anzusehen. Mit zunehmender Angleichung der Informationsbasis strategischer Stakeholder werden Informationsasymmetrien zwischen diesen ausgeglichen und Konflikte minimiert.[1042]

Die durch die Rechnungslegung geschaffene Transparenz über die wirtschaftliche Lage von Unternehmen ist ein wesentlicher Bestandteil von Corporate Governance.[1043] In Bezug auf die Informationsquellen ist zwischen externen und internen Informationsquellen zu unterscheiden. Zu ersteren gehört die externe Rechnungslegung. Zu letzteren sind das interne Rechnungswesen und das Controlling zu zählen.[1044] Generell gilt: Je strikter die gesetzlichen Anforderungen an die externe Rechnungslegung eines Unternehmens sind, desto besser ist (ceteris paribus) die Informationssituation externer Anspruchsgruppen.

Während die externe Rechnungslegung von börsennotierten Großunternehmen, insbesondere Kapitalgesellschaften, stark normiert ist, um dem Rechenschaftszweck gegenüber relevanten Stakeholdern Rechnung zu tragen, ist dies für mittelständische Familienunternehmen bisher nicht der Fall.[1045] Bisher wurde die Rechnungslegung nach HGB als für mittelständische Familienunternehmen gegeben vorausgesetzt.[1046] Als Alternative wurde in aktuellen Untersuchungen die Relevanz der internationalen Rechnungslegungsstandards International Financial

[1041] Als internationale Relativierung werden die Erkenntnisse von Leyherr (2000) und Pernsteiner (2008) aus Österreich angeführt, in deren Untersuchungen ebenfalls die Fremdkapitalfinanzierung über die Hausbank das vorherrschende Finanzierungsinstrument ist.

[1042] Vgl. Abschnitt 2.3.2 der vorliegenden Arbeit.

[1043] Vgl. Rosen (2004), S. 531ff.; Pellens/Crasselt/Sellhorn (2009), S. 102.

[1044] Vgl. Becker/Baltzer (2009b), S. 173ff.

[1045] Zu den Zwecken von Rechnungslegung und Jahresabschluss vgl. Coenenberg/Haller/Schulze (2009), S. 9ff. Hier werden unter anderem die Eignung des Jahresabschlusses als Controllinginstrument, der Gläubigerschutz, der Schutz von Minderheitsaktionären sowie die Information der Öffentlichkeit genannt.

[1046] Vgl. Hausch (2004), S. 140.

Reporting Standards (IFRS)[1047] diskutiert.[1048] Der Zwang zur Aufstellung eines IFRS-Abschlusses besteht jedoch bisher nur für Konzernabschlüsse kapitalmarktorientierter Unternehmen in der EU.[1049] Gleichwohl besteht in Deutschland gemäß BilReG seit 01.01.2005 das Wahlrecht, einen befreienden IFRS-Konzernabschluss aufzustellen. Ebenfalls steht die Bilanzierung nach IFRS im Einzelabschluss (zusätzlich zum Einzelabschluss nach HGB) frei.[1050]

Als potentielle Einflussfaktoren auf die Einführung bzw. Anwendung der IFRS könnten sich Veränderungen der ökonomischen Rahmenbedingungen erweisen. Gleichzeitig mit einer stärkeren Internationalisierung mittelständischer Familienunternehmen ist die Unternehmensfinanzierung – wie bereits erläutert – einem Wandel unterzogen. Befürworter einer freiwilligen Anwendung der IFRS betonen den potentiellen Nutzen der IFRS hinsichtlich der Zusammenarbeit mit ausländischen Geschäftspartnern oder Kapitalgebern und argumentieren mit einer potentiellen Senkung der Kapitalkosten durch Vorteile beim Rating im Rahmen von Basel II und bei der Aufnahme moderner Finanzierungsformen wie z.B. Private Equity oder Mezzanine-Kapital.[1051] Darüber hinaus findet sich auch die Meinung, dass die IFRS aufgrund ihrer Zielsetzung, entscheidungsnützliche Informationen zu vermitteln, eine entscheidungsorientierte Grundlage für das interne Rechnungswesen darstellen und eine effiziente und effektive Harmonisierung des internen und externen Rechnungswesens ermöglichen.[1052] Besonders interessant erscheinen die Befunde zur Reduzierung von Informationsasymmetrien durch IFRS-Bilanzierung, die jedoch kein einheitliches Bild zeigen.[1053]

Diese Einschätzung wird von der Unternehmenspraxis weitestgehend nicht geteilt (vgl. Abb. 3-14).[1054] Obwohl die empirischen Aussagen nicht einheitlich sind, werden unter anderem der hohe finanzielle Aufwand sowie der unklare Nutzen als Kritikpunkte an den IFRS genannt.[1055] Eventuell geht diese Einschätzung mit der grundsätzlichen Scheu vor der Öffent-

---

1047 Zu den IFRS vgl. z.B. Oehler (2005); Ull (2006); Winkeljohann/Herzig (Hrsg., 2006); Meth (2007); Weißenberger (2007); Kaminski (2008); KPMG/Zülch (2008); Pellens et al. (2008); Schleyer (2008); Ballwieser (2009a).

1048 Vgl. Oehler (2005); Schleyer (2008); Ull (2006); Winkeljohann/Herzig (Hrsg., 2006).

1049 Vgl. §315a Abs. 1 und 2 HGB.

1050 Vgl. Becker/Baltzer/Ulrich (2009), S. 31.

1051 Zu vermeintlichen Vorteilen der Bilanzierung nach IFRS vgl. Ballwieser (2009a), S. 193ff.

1052 Vgl. Janssen (2009), S. 2.

1053 Als Beispiele werden die Studien von Ashbaugh/Pincus (2001), Möller/Hüfner/Kavermann (2004), Cuijpers/Bujink (2005) sowie Ernstberger/Krotter/Stadler (2008) genannt. Möller/Hüfner/Kavermann (2004), S. 840, kommen in Bezug auf die Vorteilhaftigkeit der IFRS, gemessen unter anderem an Geld-Brief-Spannen und Volatilität der Aktienrenditen, zu folgendem Ergebnis: „Die Ergebnisse geben keinen Anlass, die Vermutung der Überlegenheit der IFRS/IAS oder der U.S.-GAAP für den deutschen Aktienmarkt weiterhin aufrechtzuerhalten“.

1054 Vgl. Becker/Baltzer/Ulrich (2008), S. 74ff. 69 (Full IFRS) bzw. 65 (IFRS for SME) der befragten Unternehmen haben sich noch nicht mit internationalen Rechnungslegungsstandards beschäftigt und planen dies auch nicht. Eine positive Beurteilung der IFRS durch die Unternehmenpraxis identifizieren Eierle/Haller/Beiersdorf (2007).

1055 Vgl. Jansen (2009), S. 2ff.

lichkeit einher. Selbst wenn mittelständische Familienunternehmen gerne Informationen veröffentlichen würden, ist eine externe Transparenz nur durch eine hinreichend große interne Transparenz erreichbar. In einer vom Deutschen Rechnungslegungs Standards Committe e.V. (DRSC) durchgeführten Studie kommen *Eierle/Haller/Beiersdorf*[1056] jedoch auch zu der Einschätzung, dass den meisten Standards der IFRS for SME von den befragten Unternehmen zwar höhere Kosten, aber auch ein diese Kosten übersteigender Nutzen zugewiesen werden.

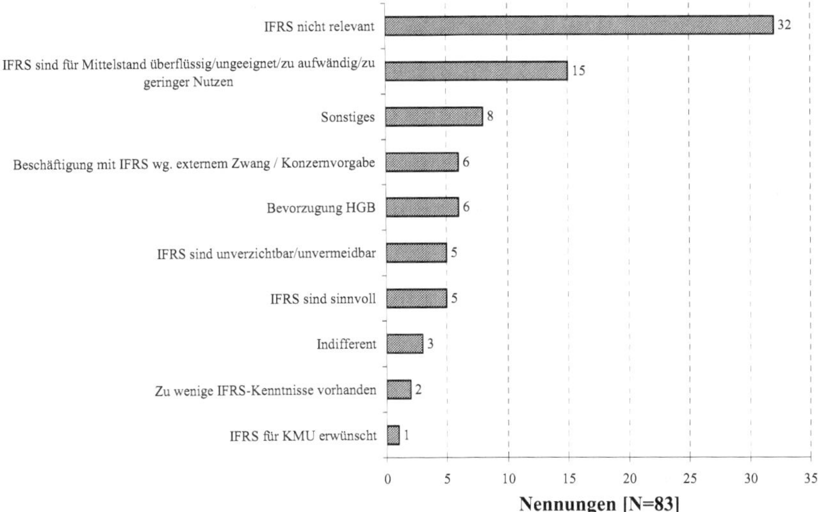

Abbildung 3-14: Einstellung gegenüber den full IFRS bzw. IFRS for SMEs[1057]

Die interne Transparenz mittelständischer Unternehmen hat sich im Vergleich zur Vergangenheit deutlich verbessert. Die Transparenz nach außen ist jedoch noch immer tendenzielle gering.[1058] Hier zeichnen sich aber Veränderungen ab, welche unter anderem eine vermehrte Anwendung externer Benchmarks mit Wettbewerbern andeuten.[1059] Die empirischen Erkenntnisse von *Becker/Baltzer/Ulrich* bekräftigen zudem die Vermutung eines Zusammenhangs von Leitungsstruktur und Transparenz. Während in den befragten eigentümergeführten

[1056] Vgl. Eierle/Haller/Beiersdorf (2007).

[1057] In Anlehnung an: Becker/Baltzer/Ulrich (2008), S. 81.

[1058] Vgl: Becker/Baltzer/Ulrich (2008), S. 57f. Während die Transparenz der befragten Unternehmen nach innen in 78 von 113 Unternehmen eher hoch oder hoch ist, trifft dieser Sachverhalt für die Transparenz nach außen nur auf 51 Unternehmen zu.

[1059] 35 von 113 der von Becker/Baltzer/Ulrich (2008), S. 87 befragten Unternehmen möchten Daten der externen Rechnungslegung in Zukunft vermehrt für externe Benchmarks nutzen.

Unternehmen nur 38 Prozent angeben, eine hohe bis sehr hohe Transparenz nach außen aufzuweisen, sind es bei den fremdgeführten Unternehmen 61 Prozent.[1060]

Als Reaktion auf die vermeintlich mangelnde Eignung der full IFRS wurden mehrere Vorschläge für eine modifizierte Form der IFRS für kleinere Unternehmen und/oder Familienunternehmen erarbeitet, welche respektive unter den Begriffen ‚IFRS for SME'[1061] bzw. ‚IFRS for NPAEs'[1062] subsumiert werden. Der erste Entwurf (ED-IFRS for SMEs)[1063] wurde im Februar 2007 veröffentlicht, der endgültige Entwurf[1064] datiert vom 09.07.2009. Ob die Neuregelung der IFRS for SMEs vor dem Hintergrund der Bilanzrechtmodernisierung in Deutschland gemäß BilMoG[1065] vom 03.04.2009 relevant ist, bleibt abzuwarten, da die Neuregelung explizit unter der Prämisse durchgeführt wurde, die deutsche Rechnungslegung international vergleichbarer und moderner zu gestalten.[1066]

Für die vorliegende Untersuchung stehen folgende fünf Themenbereiche im Mittelpunkt:

- Grad der Internationalisierung der Rechnungslegung: Analyse der Nutzung internationaler Rechnungslegungsstandards und der Auswirkung auf die Kommunikation gegenüber externen Anspruchsgruppen,
- Ausmaß der Offenlegung der Rechnungslegung: Es wird propagiert, dass mit zunehmender Öffnung der Rechnungslegung nach außen die Kosten von Eigen- und Fremdkapital reduziert werden können,
- Ausprägung des internen Rechnungswesens: Wie stark ausgeprägt ist das interne Rechnungswesen, und welche Funktionen übernimmt es,
- Ausmaß der Integration bzw. Harmonisierung[1067] von internem und externem Rechnungswesen: Werden zwei separate Rechnungslegungen geführt, oder werden die Daten aus internem und externem Rechnungswesen verdichtet,
- Transparenz und Publizität von Daten des Rechnungswesens: Wie transparent sind die entscheidungsrelevanten Informationen des internen Rechnungswesens nach innen (gegenüber leitenden Angestellten und sonstigen Mitarbeitern) und nach außen (vor allem gegenüber Gläubigern).

1060 Vgl. Becker/Baltzer/Ulrich (2010).
1061 International Financial Reporting Standards for Small and Medium-sized Entities.
1062 International Financial Reporting Standards for Non-publicly Accountable Entities.
1063 Vgl. auch Eierle/Haller/Beiersdorf (2007).
1064 Vgl. http://www.iasb.org/IFRS+for+SMEs/IFRS+for+SMEs.htm vom 22.11.2009.
1065 Vgl. einführend Heyd/Kreher (2010). Zum Einfluss des BilMoG auf Aspekte der Corporate Governance vgl. Zülch/Hofmann (2009), S. 97.
1066 Vgl. Becker/Baltzer/Ulrich (2009), S. 33; Beiersdorf/Eierle/Haller (2009), S. 1549ff. Von den durch Becker/Baltzer/Ulrich befragten 113 Unternehmen stellt die Weiterentwicklung der deutschen Rechnungslegung (90 antwortende Unternehmen) für 79 Unternehmen einen relevanten Einflussfaktor dar.
1067 Zur Harmonisierung des Rechnungswesens vgl. die aktuelle Arbeit von Weide (2009).

3.3.3.7 Unternehmenskultur, Vertrauen & Corporate Behavior

Die geeignete empirische und konzeptionelle Operationalisierung der Unternehmenskultur ist bei aller Beliebtheit des Themas in der öffentlichen Diskussion immer noch weitestgehend unklar.[1068] Als gemeinsamer Nenner der Forschung lässt sich festhalten, dass Unternehmenskultur eine organisationsspezifische, allen Arbeitnehmern einer Unternehmung gemeine Sinngebung umschreibt.[1069] In der betriebswirtschaftlichen Literatur wurde eine Vielzahl von Kategorisierungsansätzen für die Erklärung des Phänomens Unternehmenskultur vorgelegt.[1070] Ein vielversprechender Ansatz ist *Robbins* Aufstellung von Primäreigenschaften, mit deren Hilfe sich Unternehmenskulturen evaluieren lassen: Innovation und Risikobereitschaft, Genauigkeit, Ergebnisorientierung, Personenorientierung, Teamorientierung, Aggressivität und Stabilität. [1071]

Die Unternehmenskultur lässt sich in Anlehnung an *Pfohl* als Teil der Verhaltensdimension des normativen Managements charakterisieren.[1072] Im Kontext von Unternehmensführung und Controlling wird der Unternehmenskultur auch eine Verhaltenssteuerungsfunktion zugesprochen.[1073] Eine der Ausprägungen der Unternehmenskultur nach innen und außen ist das Corporate Behavior. Dieser Corporate Governance-Mechanismus basiert auf der Grundannahme, dass Unternehmen eine soziale Verantwortung haben. Diese äußert sich unter anderem in ihrer Beziehung zu den verschiedenen Stakeholdern.[1074] Im Rahmen der vorliegenden Arbeit werden die Wirkungen von Unternehmenskultur und Corporate Behavior über das Konstrukt des Vertrauens operationalisiert.[1075] Vertrauen wurde bereits in mehreren Arbeiten zur Corporate Governance als impliziter Corporate Governance-Mechanismus thematisiert[1076] und wird als spezifischer Mechanismus gesehen, welcher ausschließlich in Familienunternehmen zur Anwendung kommen kann.[1077] Ein allgemeines Verständnis des Vertrauens ist

---

1068 Vgl. Steinmann/Schreyögg (2005), S. 710. Die Diskussion basiert in diesem Zusammenhang auf dem grundsätzlichen Konflikt zwischen der deskriptiven und der explikativen Sicht der Unternehmenskultur. In ersterer werden Artefakte, also materiell fassbare Ergebnisse einer Kultur beschrieben. Letztere ist die in der Betriebswirtschaftslehre herrschende Sichtweise und konzentriert sich vor allem auf die Erklärung des Konzeptes Kultur. Vgl. Macharzina/Wolf (2005), S. 239f. Zum aktuellen Forschungsstand bzgl. des Zusammenhangs von Unternehmenskultur und Unternehmenserfolg vgl. Baetge et al. (2007), S. 183ff.

1069 Vgl. Schein (1985), S. 168.

1070 Vgl. z.B. Robbins (2001), S. 594ff.

1071 Für die folgenden Ausführungen vgl. Robbins (2001), S. 595.

1072 Vgl. Pfohl (2006b), S. 89f.

1073 Vgl. Welge/Al-Laham (2008), S. 798.

1074 Vgl. Abschnitt 2.3.1 der vorliegenden Arbeit.

1075 Vertrauen wird im Rahmen der vorliegenden Arbeit in Anlehnung an Mayer/Davis/Schoorman (1995), S. 12 folgendermaßen definiert: „Die Willigkeit einer Partei, verletzbar durch Aktionen einer anderen Partei zu sein, basierend auf der Erwartung, dass der andere eine spezifische und wichtige Aufgabe ausführen kann, egal ob dieser die Möglichkeit zur Überwachung oder Kontrolle hat".

1076 Vgl. Nötzli Breinlinger (2006), S. 158ff.; Nippa/Grigoleit (2006); Klein (2009), S. 63ff.

1077 Vgl. Steier (2001), S. 533ff.

bisher nicht festzustellen.[1078]

Die Besonderheit der Unternehmenskultur in mittelständischen Familienunternehmen ist in den sozialen und führungsbezogenen Beziehungen zu sehen.[1079] Mittelständische Familienunternehmen verfügen häufig über eine stark ausgeprägte Unternehmenskultur. Die Geschichte, Werte und Überzeugungen der Familie - besonders die des Unternehmensgründers – prägen die Unternehmenskultur. Das hohe persönliche Engagement der Eigentümerfamilie und die Identifikation mit dem Unternehmen wirken sich als Vorbilder auf die Mitarbeiter des Unternehmens aus.[1080] Dies führt zu einer Verbesserung der Kommunikation, rascher Informationsverarbeitung und Entscheidungsfindung, geringem direktem Kontrollaufwand, geringeren Transaktionskosten sowie letztendlich zu loyalen und selbstbewussten Mitarbeitern.[1081]

Für die vorliegende Arbeit ist der Corporate Governance-Mechanismus ‚Unternehmenskultur, Vertrauen & Corporate Behavior' ein impliziter Mechanismus, der andere, formale Corporate Governance-Mechanismen teilweise ersetzen kann.[1082] *Steier* zeigt in einer Fallstudienuntersuchung, dass das Vertrauen vor allem in der Gründungsphase von Familienunternehmen eine bedeutende Rolle einnimmt.[1083] *Randoy/Goel* zeigen darauf aufbauend, dass in kleinen und mittelgroßen Unternehmen, die noch vom Gründer geführt werden, die Agenturkosten durch Vertrauen gesenkt werden können.[1084] Nicht zuletzt zeigt *Klein* in ihrem Komplexitätstheorem der Corporate Governance in Familienunternehmen, welches von einem situativen fit zwischen Unternehmenskomplexität und Corporate Governance ausgeht, dass in überkomplexen Situationen, in denen die Situation komplexer als die Corporate Governance ist, die situative Komplexität durch eine Steigerung des Vertrauens reduziert werden kann.[1085]

Folgende Aspekte werden thematisiert:

- Aktive Steuerung der Unternehmenskultur,
- Existenz einer zentralen Stelle, welche die Unternehmenskultur steuert,
- Bedeutung der Familie für die Unternehmenskultur,
- Explizierung der Unternehmenskultur (Leitbild, Vision, Mission),
- Verhältnis von Vertrauen und Kontrolle im Unternehmen.

[1078] Vgl. Eichinger (2010), S. 1ff.
[1079] Vgl. Kahle (1989), S. 89.
[1080] Vgl. persönliches Gespräch mit Prof. Dr. Dr. h.c. Brun-Hagen Hennerkes am 08.10.2009 in Stuttgart.
[1081] Vgl. Tagiuri/Davis (1996), S. 55f.; Klein (2004), S. 262f.; Andreae (2007), S. 42;
[1082] Vgl. telefonisches Gespräch mit Prof. Dr. Sabine B. Klein am 28.10.2009.
[1083] Vgl. Steier (2001)
[1084] Vgl. Randøy/Goel (2003).
[1085] Vgl. Klein (2009), S. 63ff.

3.3.3.8 Anreizmechanismen

Ein Anreizsystem oder -mechanismus lässt sich nach *Wild* als „die Summe aller bewusst gestalteten Arbeitsbedingungen, die bestimmte Verhaltensweisen verstärken, die Wahrscheinlichkeit des Auftretens anderen dagegen vermindern“[1086] bezeichnen. Abb. 3-15 gibt einen Überblick über mögliche Ausgestaltungen von Anreizsystemen, welche auch unter dem Oberbegriff der ‚Mitarbeiterbeteiligung‘[1087] subsumiert werden können.

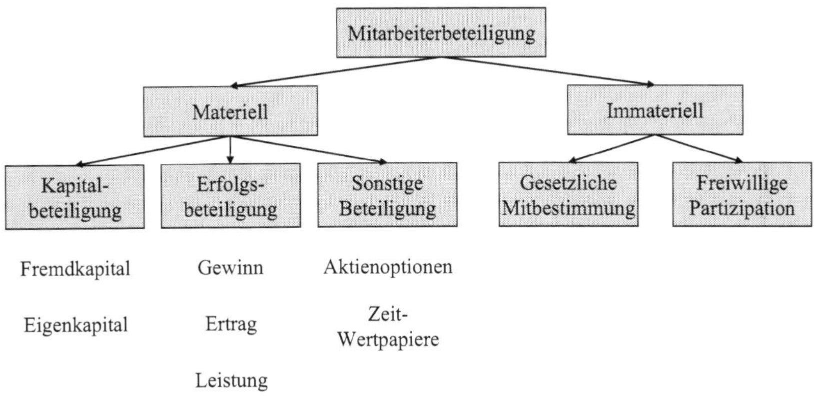

Abbildung 3-15: Ausgestaltungsvarianten von Anreizsystemen[1088]

Interpretiert im Sinne der Prinzipal-Agent-Theorie sollen Anreizmechanismen dafür Sorge tragen, die Interessen vor allem leitender Angestellter auf die Interessen der Kapitaleigentümer auszurichten, um einen ‚Moral Hazard‘ zu vermeiden. *Becker* unterscheidet zwischen monetären und nicht monetären Anreizsystemen.[1089] Die positive Prinzipal-Agent-Theorie fokussiert ihre Betrachtung auf die Schaffung von monetären Anreizen (vgl. die ‚Entlohnung‘ des Agenten im mathematischen Modell von *Spremann*[1090]), weshalb auch in der vorliegenden Arbeit vor allem monetäre Anreizmechanismen zur Kopplung des Verhaltens von Managern an die Ziele der Kapitaleigentümer betrachtet werden sollen. Letztlich muss festgestellt werden, dass die Betrachtung von Anreizsystemen auf den ersten Blick nur dort von Bedeutung ist, wo Eigentum und Leitung auseinanderfallen. Die Erfolgsbeteiligung, von *Backes-*

[1086] Vgl. Wild (1973), S. 47.
[1087] Zur Mitarbeiterbeteiligung vgl. Schaller (2006); Leuner (2009), S. 15ff.;
[1088] In Anlehnung an: Becker (1993), S. 329; Hausch (2004), S. 77; Backes-Gellner et al. (2000), S. 5.
[1089] Vgl. Becker, F.G. (1990), S. 9f.
[1090] Vgl. Spremann (1989), S. 3ff.

Gellner/Kay als am weitesten verbreitetes Anreizsystem bezeichnet[1091], koppelt das Gehalt eines Mitarbeiters an die Erreichung bestimmter Leistungen oder Ziele.[1092] Die zunehmend kurzfristige Orientierung von angestellten Managern durch den Anreiz von mit der Erreichung kurzfristiger Leistungsziele einhergehenden Boni ist sowohl seitens mittelständischer Eigentümer als auch mittelständischer Manager ein Kritikpunkt an solchen Systemen.[1093]

Eine Kapitalbeteiligung ist auf eine langfristige Orientierung ausgerichtet und bindet Mitarbeiter zusätzlich an das jeweilige Unternehmen. Sie ist auch schwieriger durch Mitarbeiter zu manipulieren als die Erfolgsbeteiligung.[1094] Am gängigsten ist die Beteiligung von Mitarbeitern am Eigenkapital von Unternehmen, wodurch diese zu Anteilseignern ihres Unternehmens werden. Im Rahmen einer direkten Anteilseignerschaft erhält ein Mitarbeiter Anteile am Eigenkapital der Unternehmung.

Dies ist jedoch nicht bei allen Rechtsformen gleich sinnvoll und praktikabel. Während bei einer AG und einer KG eine direkte Eigenkapitalbeteiligung aufgrund der geringen verbundenen Rechte z.B. von Kommanditisten möglich erscheint, erschweren die mangelnde Fungibilität der Anteile sowie die starke rechtliche Stellung von OHG- und GmbH-Gesellschaftern die Ausgabe von Anteilen an Mitarbeiter in Unternehmen dieser Rechtsformen.[1095] Eine indirekte Beteiligung z.B. durch Einschaltung von Fonds zur Verwaltung der Anteile ist eher weniger relevant. Die Fremdkapitalbeteiligung von Mitarbeitern findet vor allem im Rahmen von Mitarbeiterdarlehen statt, durch die Mitarbeiter dem Unternehmen Kapital als verzinslichen Kredit zur Verfügung stellen.

Im Rahmen der vorliegenden Untersuchung soll vor allem die Ausgestaltung monetärer Anreizsysteme für leitende Angestellte im Vordergrund stehen. Traditionell ist in mittelständischen Familienunternehmen nur selten eine Verknüpfung der Gehälter von Führungskräften mit dem Unternehmenserfolg zu verzeichnen.[1096] Begründet werden kann die bisher relativ geringe Bedeutung finanzieller Anreizmechanismen durch die persönliche, intrinsische Motivation von Arbeitnehmern in diesen Unternehmen. Es besteht jedoch die Vermutung eines tendenziellen Zusammenhangs zwischen Unternehmensgröße und finanzieller Mitarbeiterbeteiligung in mittelständischen Familienunternehmen, unter anderem deshalb, da mit steigen-

---

[1091] Vgl. Backes-Gellner/Kay (2002), S. 6.

[1092] Diese Ziele können sowohl finanz- (Umsatz, Gewinn) oder leistungswirtschaftliche (Marktanteil, Wachstum) Ziele sein. Des Weiteren ist eine zunehmende Orientierung an der Steigerung des Werts des Eigenkapitals eines Unternehmens (Shareholder Value) zu verzeichnen.

[1093] Vgl. Becker et al. (2008b), S. 51ff.

[1094] Vor allem durch Führungskräfte kann die Gestaltung der bilanziellen Größen in erheblichem Maß beeinflusst werden.

[1095] Vgl. Hausch (2004), S. 78f.

[1096] Vgl. Hausch (2004), S. 149.

der Größe auch mit einem steigenden Anteil von Fremdmanagern auszugehen ist.[1097] Die Tatsache, dass meist ein starker direkter Kontakt zwischen den Eigentümern und den Mitarbeitern besteht, wirkt oftmals per se motivierend. Aus betriebswirtschaftlicher Perspektive ist nicht einwandfrei geklärt, ob Anreizmechanismen einen positiven Einfluss auf den Unternehmenserfolg haben.[1098] Die Motivation durch Kapitalbeteiligung wird teilweise durch die Risikokumulation – der Arbeitnehmer wird durch eine Kapitalbeteiligung direkt vom Insolvenzrisiko des Unternehmens betroffen – überkompensiert. Der Abschluss einer Versicherung gegen solche Risiken würde jedoch Geld kosten und letztlich die Kapitalkosten des Unternehmens erhöhen. Aus rechtlicher Perspektive erscheint problematisch, dass bei Personengesellschaften eine Kapitalbeteiligung mitunter zum Status eines Mitunternehmers[1099] führt. Eine derartige Vergabe von Verfügungsrechten ist meist unerwünscht.[1100] Vor allem in fremdgeführten Unternehmen wandelt sich die mittelständische Unternehmenspraxis zu einer stärkeren Nutzung von Anreizsystemen.[1101] Letztlich ist aber über einen längeren Zeitraum betrachtet der Anteil von Unternehmen, die materielle Gewinnbeteiligungen als Anreizmechanismus einsetzen, konstant bei ca. 11 Prozent.[1102]

3.4 Zwischenergebnis: Status Quo der Corporate Governance in mittelständischen Familienunternehmen

Wie mehrere Autoren[1103] und Experten[1104] bestätigen, befindet sich die Forschung zur Corpo-

1097 Vgl. PricewaterhouseCoopers (Hrsg., 2008b), S. 9. So werden in Familienunternehmen mit mehr als 500 Mitarbeitern in Deutschland 62 Prozent der Unternehmen ausschließlich von Fremdmanagern geführt.

1098 Insbesondere wird auf empirische Ergebnisse verwiesen, nach denen Anreiz- und Kontrollmechanismen bei sowie schon intrinsisch motivierten Managern, welche sich als Stewards verstehen, zu einer Verschlechterung der Performance führen. Vgl. Witt (2008), S. 14.

1099 Der steuerrechtliche Typusbegriff des ‚Mitunternehmers' setzt neben der gesellschaftsrechtlichen Kapitalbeteiligung die Erfüllung der Kriterien ‚Mitunternehmerinitiative' und ‚Mitunternehmerrisiko' voraus. Mitunternehmerinitiative liegt regelmäßig dann vor, wenn eine Teilhabe an einer unternehmerischen Entscheidung gegeben ist, mindestens jedoch das handelsrechtliche Leitbild des Kommanditisten in seiner Ausgestaltung durch Kontrollrechte erfüllt wird. Mitunternehmerrisiko tragen Gesellschafter regelmäßig dann, wenn Teilhabe an Erfolg/Misserfolg und den stillen Reserven sowie einschließlich des Geschäftswertes des Unternehmens vorliegt. Die Charakterisierung als Typusbegriff bedeutet, dass die beiden letztgenannten Merkmale einzelfallabhängig jeweils mehr oder weniger stark ausgeprägt sein sowie durch das jeweils andere Merkmal kompensiert werden können, in einer Grundstruktur jedoch beide vorhanden sein müssen. Vgl. Niehus/Wilke (2008), S. 55ff.

1100 Aus Sicht des Arbeitnehmers stellt diese Situation eine zusätzliche Risikokumulation dar. Aus Sicht des Unternehmers bedeutet dies eine Aufnahme eines weiteren Gesellschafters, was aus Sicht der Property-rights-Theorie nicht wünschenswert und zudem mit der hier propagierten Zielstruktur mittelständischer Familienunternehmen (Erhalt als Familienunternehmen sowie Einheitlichtkeit der Leitung; vgl. Abschnitt 2.2.2 der Arbeit) nicht vereinbar ist.

1101 Vgl. Hausch (2004), S. 299.

1102 Vgl. Kay (2007a), S. 1.

1103 Vgl. Albach/Letmathe (2008), S. VIII; Witt (2008), S. 13.

1104 Vgl. persönliches Gespräch mit PD Dr. Thomas Steger am 17.02.2009 in Chemnitz; persönliches Gespräch mit Prof. Dr. Egbert Kahle am 04.03.2009 in Lüneburg; persönliches Gespräch mit Prof. Dr. Dr. h.c. Brun-Hagen Hennerkes am 08.10.2009 in Stuttgart.

rate Governance in mittelständischen Familienunternehmen erst am Anfang. Die Tatsache, dass meist plausible, aber nicht theoretisch fundierte Handlungsempfehlungen vorliegen, ist insofern nicht verwunderlich. Im vorliegenden Kapitel wurde zunächst ein allgemeines theoretisches Framework für Corporate Governance, Unternehmensführung und Controlling abgeleitet und für mittelständische Familienunternehmen operationalisiert. Durch Literaturrecherche und Expertengespräche konnten neben der Family Governance acht Teilbereiche der Corporate Governance identifiziert werden, welche für die Analyse in mittelständischen Familienunternehmen bedeutsam sind: Exekutivgremium, Aufsichtsgremium, Unternehmensführung & Controlling, Anteilseigner- und Gläubigerstruktur, Finanzierung, Rechnungslegung, Transparenz & Publizität, Unternehmenskultur, Vertrauen & Corporate Behavior sowie Anreizmechanismen. Diese wurden in ihrer Soll-Ausprägung untersucht.

Die vorangegangenen Ausführungen haben vor allem zwei Aspekte deutlich gezeigt:

- Die **Notwendigkeit** bzw. **Vorteilhaftigkeit** von Corporate Governance in mittelständischen Familienunternehmen wird nicht nur von der betriebswirtschaftlichen Theorie gefordert, auch Experten sowie Unternehmensvertreter messen diesem Thema eine hohe Bedeutung bei. Corporate Governance wird als geeignetes Instrument zur Effizienz- und Effektivitätssteigerung gesehen,[1105]
- insbesondere angesichts der erläuterten generellen **Zustimmung** in Wissenschaft und Praxis überrascht es, wie weit die Corporate Governance mittelständischer Familienunternehmen und die vor allem in Abschnitt 3.2 veranschaulichten Anforderungen an Corporate Governance voneinander entfernt sind.

Deutsche Unternehmen werden überwiegend von Familien bestimmt. Ein spezifisch deutscher Ansatz zur Verbesserung der Corporate Governance mittelständischer Familienunternehmen sollte zwar einfach und überschaubar sein, um die Unternehmenspraxis bürokratisch nicht zu überfordern, andererseits machen die mit einer Größenordnung bis etwa 3.000 Unternehmen bereits recht komplexen Unternehmen einen gewissen Grad an Formalisierung und Institutionalisierung erforderlich.

Bisher wurde Corporate Governance primär intern betrachtet. Die identifizierte Lücke zwischen Theorie und Praxis ist potenziell auch darin begründet, dass bisher keine oder nur wenige Versuche unternommen wurden, Empfehlungen auf Basis einer Situationsanalyse abzuleiten. Um dies tun zu können, muss begründet werden, warum die aktuelle Corporate Governance mittelständischer Familienunternehmen zumeist nicht situationsadäquat ist. Hierzu werden zunächst einige aktuelle Änderungen im Umfeld mittelständischer Familienunternehmen diskutiert, die als Argumentationsgrundlage für Corporate Governance dienen können.

[1105] Vgl. auch persönliches Gespräch mit Volker Böschen am 04.06.2009 in Hannover.

4 Modell

Wie bereits im Laufe der Untersuchung verdeutlicht wurde, werden unter dem Oberbegriff Corporate Governance in mittelständischen Familienunternehmen sehr viele Themenbereiche zusammengefasst.[1106] Dies mag zwar theoretisch angemessen sein, ist jedoch als praktisch unscharf zu kritisieren. Vielmehr sollten sämtliche Themenbereiche hinsichtlich ihrer Eignung und Relevanz als Corporate Governance-Mechanismus hinterfragt werden.

Des Weiteren werden die meisten der im vorherigen Kapitel diskutierten Corporate Governance-Mechanismen in diesen Unternehmen zwar angewendet, jedoch nicht unter Verwendung des Labels ‚Corporate Governance'.[1107] Gegenstand des folgenden vierten Kapitels ist die Verbindung der induktiven, vor allem aus empirischen Studien abgeleiteten Erkenntnisse mit einer deduktiven theoriebasierten Argumentation, welche auf den Kapiteln zwei und drei der vorliegenden Arbeit beruht. Die theoretische Basis stützt sich auf Elemente der Prinzipal-Agent-Theorie, Kontingenztheorie, Stakeholder-Theorie, Resource-Dependence-Theorie sowie Stewardship-Theorie.

Ziel des vorliegenden vierten Kapitels ist – vor dem geschilderten Hintergrund – die Erstellung eines Corporate Governance-Analyse- und -Bewertungsmodells für deutsche mittelständische Familienunternehmen. Im Mittelpunkt der Analyse stehen aus Repräsentativitätsgründen Unternehmen des verarbeitenden Gewerbes, da diese einen repräsentativen Wirtschaftszweig deutscher mittelständischer Familienunternehmen darstellen.[1108] Das weitere Kapitel stellt sich wie folgt dar: In Abschnitt 4.1 werden zunächst die modelltheoretischen Grundlagen für die Erstellung eines Corporate Governance-Modells erläutert. Danach wird in Abschnitt 4.2 die Operationalisierung der Unternehmenssituation vorgenommen und mit der Operationalisierung und Analyse der Corporate Governance-Struktur in Abschnitt 4.3 verbunden. In Abschnitt 4.4 wird ein gesamthafter Überblick über das abgeleitete Modell sowie weitere durchzuführende Schritte im Rahmen der Analyse gegeben. Abschnitt 4.5. widmet sich den Konsequenzen für die Ermittlung der Erfolgswirkung der Corporate Governance. Abschnitt 4.6 umfasst schließlich ein Zwischenfazit, in dem ein kybernetisches Verständnis der Corporate Governance in mittelständischen Familienunternehmen skizziert wird.

1106 Vgl. Abschnitt 3.2 der vorliegenden Arbeit.

1107 Oppel (2008) spricht hier von „unbewusst sauberen Mittelständlern". Vgl. auch persönliches Gespräch mit Dr. Bernd Rödl am 26.11.09 in Nürnberg.

1108 Vgl. Hausch (2004), S. 93f. Die Autorin nennt drei Gründe: (1) Das verarbeitende Gewerbe weist weniger Kleinst- und Kleinunternehmen als andere Wirtschaftszweige und somit im Umkehrschluss mehr mittelgroße Unternehmen auf; (2) Unternehmen des verarbeitenden Gewerbes sind im Durchschnitt älter als Unternehmen anderer Branchen, weshalb von größeren Umbrüchen auszugehen ist; (3) Der Internationalisierungsgrad des verarbeitenden Gewerbes ist höher als in anderen Wirtschaftszweigen.

4.1 Modelltheoretische Grundlagen

In den folgenden Abschnitten wird zunächst die theoretische Basis des Bewertungsmodells erläutert und auf die Gegebenheiten mittelständischer Familienunternehmen angepasst. Dies geschieht in einer modelltheoretischen Sichtweise. Modelle haben in der Betriebswirtschaftslehre eine große Bedeutung. Sie können andere Systeme aus Theorie und Wirklichkeit zweckorientiert und komplexitätsreduzierend abbilden.[1109]

In Anlehnung an *Stachowiak* sind Modelle durch die Charakteristika Abbildung, Verkürzung und Pragmatik gekennzeichnet.[1110] Zum einen bilden Modelle ein natürliches Original in Hinblick auf Struktur und Verhalten ab (Abbildungsmerkmal). Zum anderen bildet ein Modell das Original nur für bestimmte Zwecke und somit verkürzt ab. Zum dritten ersetzt das Modell das Original im Hinblick auf spezifische Subjekte, innerhalb bestimmter zeitlicher Intervalle sowie hinsichtlich zu spezifizierender gedanklicher oder faktischer Handlungen.[1111] *Schütte* unterscheidet im betriebswirtschaftlichen Kontext abbildungsorientierte und konstruktionsorientierte Modelle.[1112] Während erstere als ‚Abbilder von etwas' die Repräsentanzfunktion von Modellen betonen, steht in letzteren die Charakterisierung als ‚Abbilder für etwas' im Mittelpunkt, welche Modellen auch eine Strukturgebung für das Original zuspricht.[1113] Das Modell der vorliegenden Arbeit stellt eine **Mischung** aus abbildungsorientierten und konstruktionsorientierten Aspekten dar. Erste sind vornehmlich in der Erarbeitung eines Struktur-Prozess-Modells zu sehen, welches in Abschnitt 4.6 dargestellt wird. Das Ziel, aus einer modelltheoretischen Betrachtung Handlungsempfehlungen für die Gestaltung der Corporate Governance mittelständischer Familienunternehmen abzuleiten, ist als konstruktionsorientiert zu sehen.

Im Folgenden werden zunächst einige praktische Aspekte angeführt, welche für eine steigende Komplexität der Umwelt mittelständischer Familienunternehmen sprechen.

4.1.1 Steigende Komplexität als Ausgangspunkt der Untersuchung

Nicht nur aus theoretischer Sicht, sondern auch aus Perspektive der Unternehmenspraxis gelten für mittelständische Familienunternehmen spezifische Herausforderungen im Kontext der Corporate Governance.[1114] Wie bereits dargestellt, ist es Aufgabe von Unternehmensführung und Controlling, das Zusammenspiel der leistungswirtschaftlichen Parameter Potentiale und Prozesse des Unternehmens zu gestalten und zu lenken, um durch die Verbesserung von Füh-

---

1109 Vgl. Stachowiak (1965), S. 423ff.

1110 Vgl. Stachowiak (1973), S. 131ff.

1111 Vgl. Zloch (2007), S. 88f. Stachowiak (1973), S. 132 hält zur Pragmatik von Modellen fest: „Modelle sind ihren Originalen nicht per se zugeordnet".

1112 Vgl. Schütte (1998), S. 46.

1113 Vgl. Brinkmann (2001), S. 72; Zloch (2007), S. 90.

1114 Vgl. z.B. persönliches Gespräch mit WP/StB Philipp Karmann am 20.02.2009 in Dresden.

rungs- und Controllingprozessen die Ausführungsprozesse zu verbessern und letztendlich den langfristigen Unternehmensbestand zu sichern. Dies kann nur unter Berücksichtigung der situativen Bedingungskonstellationen des unternehmerischen Handelns erfolgen.[1115] Durch die zunehmende Komplexität[1116] im Umfeld mittelständischer Familienunternehmen wird die Erfüllung dieser Aufgabe von Unternehmensführung und Controlling zunehmend erschwert.

Im folgenden Abschnitt sollen aktuelle Entwicklungen im Handlungsumfeld mittelständischen Familienunternehmen insbesondere des verarbeitenden Gewerbes untersucht werden. Von besonderem Interesse ist hierbei, welche Handlungserfordernisse aus Sicht der Praxis bestehen und welche Bedeutung diese für die theoretischen Anforderungen an Corporate Governance in mittelständischen Familienunternehmen haben. Grundlage der folgenden Erläuterungen sind zunächst verschiedene konzeptionelle und empirische Studien zu aktuellen Entwicklungen und Problemen mittelständischer Familienunternehmen, die vor allem von Professional Service Firms[1117] (BDO[1118], Deloitte[1119], PricewaterhouseCoopers[1120], KPMG[1121], Ernst & Young[1122], Verhülsdonk & Partner[1123], Dr. Wieselhuber & Partner[1124]), Forschungsinstitutionen (IfM Bonn[1125], DMI), Branchenverbänden (Bundesverband der deutschen Industrie[1126]) sowie weiteren Akteuren (KfW Bankengruppe[1127]) durchgeführt wurden. Hinzu treten Aussagen der im Rahmen dieser Arbeit interviewten Experten[1128].

Veränderungen des regulatorischen Rahmens betreffen in erster Linie tiefgreifende Veränderungen in den Bereichen Steuerrecht und Handelsrecht. Die aktuelle Reform des Erbschaftsteuerrechts[1129] bedeutet für mittelständische Familienunternehmen erhöhte Anforderungen.

1115 Zu den Einschränkungen der unternehmerischen Handlungsfreiheit durch situative Bedingungskonstellationen vgl. Becker (1996), S. 121ff.

1116 Zum Begriff der Komplexität vgl. Becker (1992), S. 171ff.; Becker (2001b), S. 420ff.; Piser (2004), S. 13. In einer ersten Annäherung wird Komplexität hier gemäß Becker als Kombination von hoher Differenziertheit und hoher Dynamik verstanden.

1117 Professional Service Firms sind Anbieter wissensintensiver Dienstleistungen, unter anderem Investmentbanken, Wirtschaftsprüfungs- und Steuerberatungsgesellschaften, Unternehmensberatungen und Wirtschaftsanwaltskanzleien. Vgl. Grewe (2008), S. 7.

1118 Vgl. BDO/FMW/BVMW (Hrsg., 2007); ders. (Hrsg., 2008); ders. (Hrsg., 2009).

1119 Vgl. Reinemann/Böschen (2008); Deloitte (Hrsg., 2003); ders. (Hrsg., 2007a); ders. (Hrsg., 2007b); ders. (Hrsg., 2008a); ders. (Hrsg., 2008b); ders. (Hrsg., 2008c); ders. (Hrsg., 2009b); ders. (Hrsg., 2009c); ders. (Hrsg., 2009d).

1120 Vgl. PricewaterhouseCoopers (Hrsg., 2008a); ders. (2008b).

1121 Vgl. KPMG (Hrsg., 2007); KPMG/Zülch (2008).

1122 Vgl. Ernst & Young (Hrsg., 2005); ders. (2006); ders. (2007); ders. (Hrsg., 2008a); ders. (Hrsg., 2008b); ders. (Hrsg., 2009).

1123 Vgl. Verhülsdonk & Partner GmbH (Hrsg., 2006).

1124 Vgl. Wieselhuber/Lohner/Thum (2007).

1125 Vgl. Institut für Mittelstandsforschung Bonn (Hrsg., 2007).

1126 Vgl. Bundesverband der deutschen Industrie e.V. (BDI) (Hrsg., 2007).

1127 Vgl. KfW Bankengruppe (Hrsg., 2008); ders. (Hrsg., 2009).

1128 Vgl. Abschnitt 1.3 der vorliegenden Arbeit.

1129 Zur Reform des Erbschaftsteuer- und Bewertungsrechts vgl. Bundesfinanzministerium (Hrsg., 2009).

Die Unternehmenssteuerreform 2008 wird in der mittelständischen Unternehmenspraxis überwiegend abgelehnt. In einer Studie von PricewaterhouseCoopers fordern 98 Prozent der Studienteilnehmer eine Vereinfachung der Steuergesetzgebung und eine Minderung der Steuerlast.[1130] Die Neuregelung des im HGB kodifizierten Handelsrechts im Rahmen des von der Bundesregierung initiierten Gesetzes zur Modernisierung des Bilanzrechts (Bilanzrechtsmodernisierungsgesetz, BilMoG) stellt ebenfalls erhöhte Anforderungen an die mittelständische Unternehmenspraxis. Der Bundesrat hat am 03.04.2009 dem BilMoG in der vom Bundestag abgesegneten Fassung[1131] des Rechtsausschusses[1132] zugestimmt.[1133] Das Gesetz war erstmals im Bilanzrechtsreformgesetz von 2004 angekündigt worden.[1134]

Im Bereich Markt und Wettbewerb können als deutlichste Entwicklungen die steigende Internationalisierung und der steigende Kostendruck ermittelt werden.[1135] Insbesondere die Bürokratie, fehlende staatliche Unterstützung sowie Lohnkosten und Lohnnebenkosten werden von mittelständischen Unternehmen als starke Belastung empfunden.[1136]

Auch die Finanz- und Wirtschaftskrise beeinflusst die Tätigkeit mittelständischer Familienunternehmen nachhaltig negativ. Ob dies nur eine psychologische Wirkung ist oder ob sich tatsächliche Verschlechterungen z.B. bzgl. des Zugangs zu Kapitalmitteln feststellen lassen, ist indes umstritten.[1137] *Becker/Ulrich/Baltzer* untersuchen in Ihrer Erhebung die praktische Relevanz aktueller betriebswirtschaftlicher und sonstiger Themen für mittelständische Unternehmen (vgl. Abb. 4-1). Sie kommen zu dem Ergebnis, dass den Themen Corporate Governance (101 von 113 Befragten) sowie Controlling (97 von 113 Befragten) eine sehr hohe oder hohe Relevanz zukommt. Ebenfalls als sehr wichtig empfunden werden Tendenzen zur Harmonisierung des Rechnungswesens sowie Veränderungen im Steuerrecht.[1138]

[1130] Vgl. PricewaterhouseCoopers (Hrsg., 2008a), S. 27.
[1131] BR-Drucks. 270/09 vom 27.03.2009.
[1132] BT-Drucks. 16/12407 vom 24.03.2009.
[1133] BR-Drucks. 270/09 (Beschluss) vom 03.04.2009.
[1134] Vgl. Theile (2009), S. 21.
[1135] Vgl. Ernst & Young (Hrsg., 2009), S. 24f. 39 Prozent der 3.000 befragten mittelständischen Unternehmen sind auch im Ausland tätig, wobei es in der Industrie 60 Prozent und in Unternehmen mit mehr als 100 Millionen Euro Jahresumsatz 59 Prozent sind.
[1136] Vgl. Ernst & Young (Hrsg., 2009), S. 16.
[1137] Vgl. BDO/FMW/BVMW (Hrsg., 2009), S. 7ff.; KfW Bankengruppe (Hrsg., 2009), S. 3ff. In einer Studie kommt Ernst & Young zu der Erkenntnis, dass sich nur ca. 50 Prozenz der 3.000 befragten mittelständischen Unternehmen mit mehr als 30 Millionen Euro Jahresumsatz von der Krise in ihrer Geschäftstätigkeit betroffen sehen.
[1138] Vgl. Becker/Ulrich/Baltzer (2009b), S. 8f.

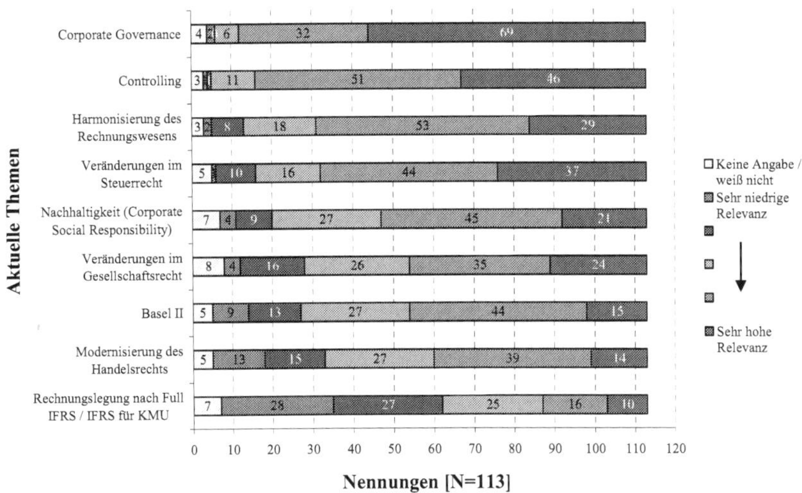

Abbildung 4-1: Bedeutung ausgewählter aktueller Themen im Mittelstand[1139]

Waltert nennt bereits 1999 wichtige Einflussfaktoren für die in der vorliegenden Arbeit betrachteten mittelständischen Industrieunternehmen, welche nach wie vor aktuell sind: Vermehrte Differenzierung der Kundenbedürfnisse, Nachfrage von integrierten Produktlösungen, ständige Verkürzung der Produktlebenszyklen, Erlös- und Margendruck, durch massiven Preisverfall des Lebenszyklus von den angebotenen Leistungen, Preiserosion bereits in frühen Lebenszyklusphasen der Unternehmensleistung, wachsender Innovations- und Technologiewettbewerb, Steigerung der Vorlaufinvestitionen zwischen Produktgenerationen, steigender Investitionsbedarf bei Ersatz- und Erweiterungsinvestitionen, erhöhte Anforderungen an die Qualifikation und Mobilität der Mitarbeiter, zunehmender Kooperationsbedarf, wachsender Internationalisierungsbedarf, regionale Marktgrenzenveränderungen, Diskontinuität politischer, wirtschaftlicher und rechtlicher Rahmenbedingungen, schwierige abnehmerseitige Finanzierungssituation (v.a. im Anlagengeschäft), Abhängigkeitssituation von wenigen Großabnehmern sowie veränderte Beschaffungsstrategien der Abnehmer.[1140]

Auch die hier befragten Experten gehen von steigenden Anforderungen an mittelständische Familienunternehmen und somit steigender Komplexität aus. Als wichtige Themen werden

[1139] In Anlehnung an: Becker/Ulrich/Baltzer (2009b), S. 8.
[1140] Vgl. hierzu und im Folgenden Waltert (1999), S. 3f.

unter anderem die Anforderungen internationaler Rechnungslegungsstandards[1141], Probleme im Rahmen der Kapitalbeschaffung[1142], rechtliche Veränderungen[1143], der gestiegenen Internationalisierungsdruck[1144] sowie die erhöhte Wettbewerbsintensität[1145] angeführt.

Die dargestellten Entwicklungen lassen sich mit *Becker* den Kategorien Differenziertheit und Dynamik zuordnen. Insgesamt gesehen ist sowohl für die Differenziertheit als auch für die Dynamik mittelständischer Familienunternehmen von einer deutlichen Steigerung in den letzten Jahren auszugehen. Aus der gestiegenen Komplexität mittelständischer Familienunternehmen lässt sich ableiten, dass dieser Betriebstyp nicht oder nur unzureichend in der Lage ist, die Komplexität der Unternehmensumwelt entsprechend abzubilden.[1146] Die Diskussion von Lösungsmöglichkeiten für diese Situation findet im folgenden Abschnitt statt. Die folgende Abb. 4-2 zeigt einige beispielhafte Entwicklungen, die eine höhere Komplexität im Kontext mittelständischer Familienunternehmen hervorrufen.

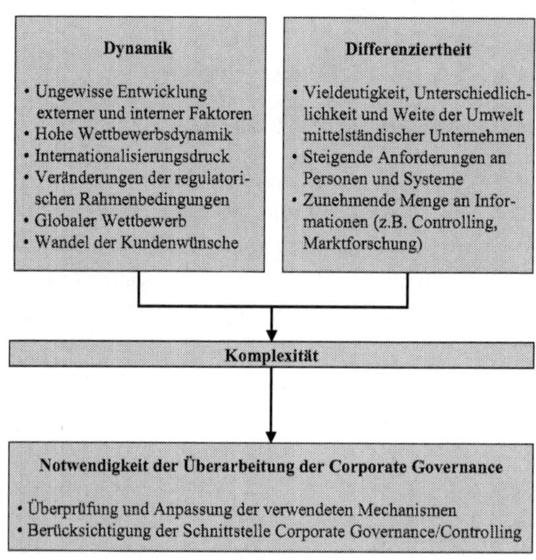

Abbildung 4-2: Komplexität und mittelständische Familienunternehmen[1147]

1141 Vgl. persönliches Gespräch mit PD Dr. Thomas Steger am 17.02.2009 in Chemnitz.
1142 Vgl. persönliches Gespräch mit Prof. Dr. Uwe Götze am 04.03.2009 in Chemnitz.
1143 Vgl. persönliches Gespräch mit Dr. Sascha Haghani am 02.06.2009 in Frankfurt/Main; persönliches Gespräch mit Prof. Dr. Uwe Götze am 04.03.2009 in Chemnitz.
1144 Vgl. persönliches Gespräch mit Prof. Dr. Anja Tuschke am 08.06.2009 in München.
1145 Vgl. persönliches Gespräch mit Prof. Dr. Anja Tuschke am 08.06.2009 in München.
1146 Vgl. persönliches Gespräch mit PD Dr. Thomas Steger am 17.02.2009 in Chemnitz.
1147 In Anlehnung an: Piser (2004), S. 14; Zloch (2007), S. 24.

4.1.2 Erweiterung der theoretischen Basis um situative Aspekte

In der vorliegenden Arbeit wird das traditionelle theoretische Grundgerüst der Neuen Institutionenökonomik[1148] erweitert. Dieser Schritt wurde in den letzten Jahren in der internationalen Corporate Governance-Diskussion wiederholt angemahnt.[1149] Die Operationalisierung einer integrativen Sichtweise der Corporate Governance bedingt die gleichzeitige Betrachtung verschiedener Corporate Governance-Systeme (Stakeholder- vs. Shareholder-Perspektive) und unterschiedlicher, sich teilweise ergänzender, teilweise aber auch widersprechender theoretischer Grundlagen (Prinzipal-Agent-Theorie, Stewardship-Theorie, Systemtheorie).[1150] Diese Vorgehensweise ähnelt einer zukunftsweisenden integrativen Perspektive, wie sie von *Hilb* in seinem Werk ‚New Corporate Governance' angedacht wurde.[1151]

Wie bereits in Kapitel 3 erläutert, dient die **Kontingenztheorie** als theoretische Grundgerüst der vorliegenden Untersuchung. Während diese folglich als theoretisches Rahmengebilde dient, werden Verhaltenstheorien zur Erklärung der in Systemen tätigen Akteure herangezogen.[1152] Die Verwendung einer eher situativ geprägten Analyse basiert auf der inzwischen in Theorie und Praxis etablierten Einschätzung, dass es wohl kein eindeutig überlegenenes, situationsunabhängig einsetzbares Corporate Governance-Modell geben kann. Dies wird auch von den im Rahmen der Arbeit befragten Experten bestätigt.[1153]

Das situative Denken beruht auf der von *Staehle* erstmals explizit formulierten Basiserkenntnis des Fehlens generell gültiger, eindeutig optimaler Handlungsempfehlungen.[1154] Insofern

---

1148 Vgl. Abschnitt 2.3.2 der vorliegenden Arbeit.

1149 Vgl. Nötzli Breinlinger (2006), S. 41. Giovannini (2009) kommt zu dem Ergebnis, dass weder die Agency-Theorie noch die Stewardship-Theorie als einheitliche theoretische Basis für Corporate Governance in Familienunternehmen verwendet werden können, und schlägt ein situatives Vorgehen vor.

1150 Ähnliches wird auch von Hahn gefordert, welcher die Fragmentarisierung der Forschung und Lehre – in seinem Fall zu Familienunternehmen – ablehnt. Vgl. Hahn (2006a), S. 565.

1151 Vgl. Hilb (2007). Hilbs Modell basiert auf dem umgekehrten KISS-Prinzip. KISS steht normaleweise für „Keep it short and simple". Hilb macht daraus „Keep it integrated, situational and strategic". Auch andere Wissenschaftler verwenden mittlerweile ein kombiniertes Modell aus verschiedenen Theorien. So setzen z.B. Steger/Amann (2008), S. 15 zur Fundierung ihrer „Value School of Corporate Governance" eine Kombination aus Prinzipal-Agent-Theorie und Kontingenztheorie ein: „In this book, we thus apply the principal-agent proposition as the dominant framework, combining it with contingency theory. Together, they form the conceptual underpinning of the cases and concepts".

1152 Vgl. hierzu auch Ulrich (2009), S. 530ff.

1153 Alle 16 befragten Experten sehen in der situativen Vorgehensweise den richtigen Ansatz der Corporate Governance-Analyse.

1154 Vgl. Staehle (1976), S. 36. Der Autor weist vielmehr darauf hin, dass in jeder Situation jeweils mehrere, auf die konkrete Situation bezogene äquivalente Handlungsalternativen bestehen. Eckert (2008), S. 113, hält folgende Kritikpunkte am Kontingenzansatz fest: 1) Arbeit mit Querschnittsstudien ohne Berücksichtigung der Umweltdynamik; 2) Voraussetzung einer bestmöglichen Struktur und damit Verletzung des Äquifinalitätsprinzips; 3) Generierung von theoriefreien empirischen Befunden; 4) Häufige Missachtung des Verhaltens von Entscheidungsträgern im Unternehmen als moderierende Variablen. Zumindest der dritte Kritikpunkt kann entkräftet werden, da der Kontingenzansatz im ursprünglichen Sinne gerade die Sichtweise verschiedener möglicher Handlungsweisen in einer spezifischen Situation vertritt.

stellen kontigenzorientierte Ansätze[1155] einen Mittelweg zwischen universellen theoretischen Erklärungsansätzen und individuellen Situationsansätzen dar.[1156] In Anlehnung an *Nötzli Breinlinger* ist von einer großen Bedeutung der Situation für die Corporate Governance jedes Unternehmens auszugehen.[1157] Auch die Experten der vorliegenden Untersuchung bekräftigen diese Vermutung.[1158]

Das dieser Arbeit zugrundeliegende Corporate Governance-Verständnis kann nur für die im Rahmen der Analyse getroffenen Einschränkungen Gültigkeit beanspruchen und ist somit nur auf deutsche mittelständische Familienunternehmen mit den in Abschnitt 2.1.4 diskutierten quantitativen und qualitativen Charakteristika anwendbar. Zudem ist die Situation nicht der einzige Einflussfaktor auf die Corporate Governance eines Unternehmens.[1159] Auch muss darauf hingewiesen werden, dass eine Veränderung der Corporate Governance sich in einer Veränderung der Situation niederschlägt, also ein autopoietisches System erzeugt.[1160]

Modelltheoretischer Ausgleich von Situation und Corporate Governance

Ähnlich der kontingenz- oder situationsabhängigen Organisationstheorie[1161], in deren Rahmen im Sinne von Wenn-dann-Konstellationen untersucht wird, in welcher Situation bestimmte Handlungen der Unternehmensführung zur Abstimmung interner und externer Unternehmensbeziehungen optimal ist[1162], wird in einer situativen Betrachtung der Corporate Governance nach der optimalen Corporate Governance-Struktur und dem optimalen Verhalten (abhängige Variable) gesucht, um auf die Situation des Unternehmens (unabhängige Variable) entsprechend reagieren zu können.[1163] Das Grundmodell situativer Corporate Governance[1164] lässt sich in Anlehnung an das Forschungsprogramm des situativen Ansatzes gemäß *Kie-*

1155 Während im deutschsprachigen Bereich die Bezeichnungen ‚situativer Ansatz' oder ‚situative Denkweise' vorherrschen, orientiert sich die Titulation „Kontingenzansatz" an der aus dem angloamerikanischen Kulturkreis stammenden ‚contigency theory'. Für eine umfangreiche Einführung vgl. Kieser/Kubicek (1992), S. 45ff.

1156 Waltert bezeichnet situativ orientierte Ansätze der Organisationsforschung folgerichtig als „Quasi-Theorien mittlerer Reichweite". Waltert (1999), S. 15. Auf Kritikpunkte an situativen Ansätzen geht auch Wolf (2008), S. 156ff. ein. In diesem Kontext gelingt es ihm, zu zeigen, dass die meisten der geäußerten Kritikpunkte an kontingenztheoretischen Ansätzen nicht die Theorie an sich, sondern eine mangelhafte Umsetzung im individuellen Forschungsprozess betreffen.

1157 Vgl. Nötzli Breinlinger (2006), S. 124f.

1158 Vgl. stellvertretend für viele telefonisches Gespräch mit Prof. Dr. Martin Hilb am 27.08.2009.

1159 Vgl. persönliches Gespräch mit Prof. Dr. Alexander Bassen und Dr. Christine Zöllner am 24.02.2009 in Hamburg. Die beiden Experten weisen auf die Pfadabhängigkeit der Corporate Governance hin. Die Situation sei insofern nur einer der möglichen Einflussfaktoren der Corporate Governance.

1160 Vgl. persönliches Gespräch mit Prof. Dr. Alexander Bassen und Dr. Christine Zöllner am 24.02.2009 in Hamburg; telefonisches Gespräch mit Prof. Dr. Sabine B. Klein am 28.10.2009.

1161 Vgl. z.B. Stoner (1982), S. 54ff. als aufschlussreiche Quelle.

1162 Vgl. Macharzina/Wolf (2005), S. 74f.

1163 Vgl. Nötzli Breinlinger (2006), S. 124f.

1164 Nötzli Breinlinger (2006), S. 125 definiert situative Corporate Governance als das „auf die spezifische Situation des Unternehmens angepasste System von Verantwortlichkeiten der Verwaltungsräte, Manager und Aktionäre, die das Unternehmen führen und kontrollieren."

ser[1165] wie in Abb. 4-3 veranschaulicht darstellen.

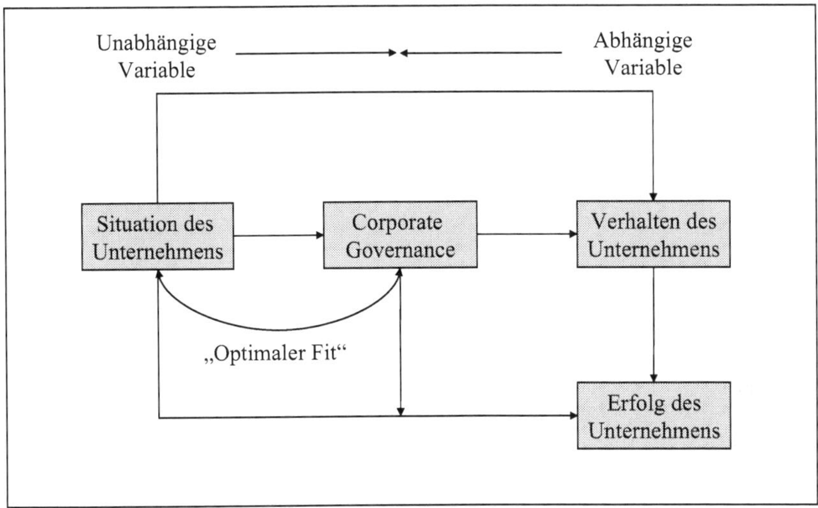

Abbildung 4-3: Modell der situativen Corporate Governance[1166]

Gesucht wird der der optimale Zustand der Corporate Governance hinsichtlich der Unternehmenssituation. Dieser schlägt sich in einem entsprechenden Verhalten nieder. Die Situation des Unternehmens, die Corporate Governance sowie das Verhalten des Unternehmens sind letztlich Einflussgrößen auf den Erfolg des Unternehmens, welcher als Beurteilungsmaßstab für die Güte der Anpassung verwendet werden kann. In einem zweiten Analyseschritt müssen sowohl die Struktur der Situation als auch die Struktur der Corporate Governance operationalisiert werden. An dieser Stelle wird explizit darauf hingewiesen, dass auch die Corporate Governance wiederum auf die Situation rückwirkt. Diese Gegenwirkung wird im vorliegenden Modell jedoch nicht betrachtet.[1167]

Gerade für kleinere mittelständische Familienunternehmen ist eine zu große Bürokratie aufgrund der begrenzten Ressourcen und typischerweise eher flacher Hierarchien abzulehnen.[1168] Wie bereits erläutert, muss folglich in jeder spezifischen Situation das Aufwand-Nutzen-Verhältnis in Bezug auf Effizienz- und Effektivitätskriterien der Corporate Governance ge-

[1165] Vgl. Kieser (2002), S. 172.

[1166] In Anlehnung an: Nötzli Breinlinger (2006), S. 124.

[1167] Für diese Problematik vgl. persönliches Gespräch mit Prof. Dr. Alexander Bassen und Dr. Christine Zöllner am 24.02.2009 in Hamburg.

[1168] Vgl. persönliches Gespräch mit Prof. Dr. Dr. h.c. Brun-Hagen Hennerkes am 08.10.2009 in Stuttgart.

wahrt bleiben. Die Situation des Unternehmens ist somit in für mittelständische Familienunternehmen geeigneter Art und Weise zu operationalisieren, indem geeignete Konstrukte definiert und Bewertungsmaßstäbe festgelegt werden. Gemäß *Kieser/Kubicek* sind Organisationen soziale Systeme, die sich in einem weitaus größeren sozialen System, der Umwelt, bewegen.[1169] *Nötzli Breinlinger* gibt in ihrer Arbeit mögliche Variable aus der situativen Organisationstheorie an.[1170] Diese sind an klassische Kriterien des situativen Ansatzes angelehnt, welche in Abb. 4-4 dargestellt sind.

Dimensionen der internen Situation	**Dimensionen der externen Situation**
Gegenwartsbezogene Faktoren	*Aufgabenspezifische Umwelt*
Leistungsprogramm	Konkurrenzverhältnisse
Unternehmensgröße	Kundenstruktur
Fertigungstechnologie	Dynamik der technischen Umwelt
Informationstechnologie	
Rechtsform und Eigentumsverhältnisse	
Vergangenheitsbezogene Faktoren	*Globale Umwelt*
Alter der Organisation	Gesellschaftliche Bedingungen
Art der Gründung	Kulturelle Bedingungen
Entwicklungsstadium der Organisation	

Abbildung 4-4: Elemente der Situation von Organisationen[1171]

Im Rahmen interner Faktoren sind zum einen gegenwartsbezogene Faktoren wie z.B. das Leistungsprogramm oder die Unternehmensgröße, zum anderen vergangenheitsbezogene Faktoren zu unterscheiden. Externe Faktoren beziehen sich zum einen auf die aufgabenspezifische Umwelt des Unternehmens, zum anderen auf Einflüsse der globalen Umwelt.

Zum einen wird dem Anspruch der Kontingenztheorie entsprochen, indem versucht wird, in Fallstudien eine Verbindung von Unternehmenssituation und Corporate Governance zu veranschaulichen und so einzelfallübergreifende Muster zu identifizieren. Zum anderen wird der eher gemäßigten systemtheoretischen Perspektive der vor allem an der Hochschule St. Gallen

1169 Vgl. Kieser/Kubicek (1992), S. 207; Kieser/Walgenbach (2007), S. 218.
1170 Vgl. hierzu und im Folgenden Nötzli Breinlinger (2006), S. 128ff.
1171 In Anlehnung an: Kieser/Walgenbach (2007), S. 218.

propagierten Systemtheorie Rechnung getragen, in dem das Äquifinalitätsprinzip auch auf Probleme der Gestaltung von Corporate Governance-Strukturen angewandt wird.[1172]

Auch für die vorliegende Arbeit wird die Subsystembildung als Lösungsalternative für Komplexitätsprobleme als geeignet erachtet.[1173] Hier wird die Gültigkeit des ‚law of requisite variety' unterstellt, welches vom britischen Psychiater *W. Ross Ashby* im Jahr 1956 formuliert wurde. Nach diesem Gesetz seien nur diejenigen Systeme langfristig überlebensfähig, deren Ausmaß an Eigenkomplexität der Komplexität der Systemumwelt entspräche.[1174] Insofern darf also die Eigenkomplexität eines Systems weder höher noch niedriger als die Komplexität der Situation bzw. der Umwelt sein.[1175] Diese Sichtweise der Corporate Governance kann anhand der in Abb. 4-5 dargestellten Matrix veranschaulicht werden.

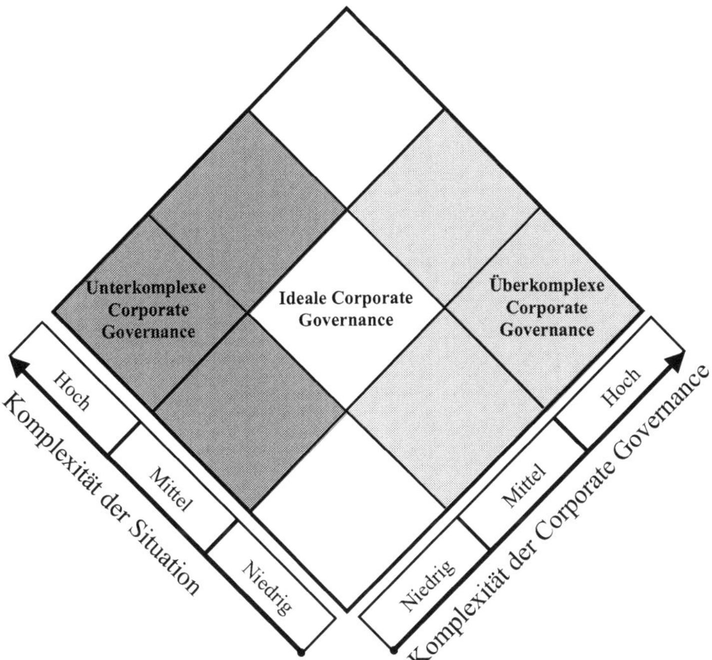

Abbildung 4-5: Ausgleich zwischen Situation und Corporate Governance[1176]

[1172] Vgl. Wolf (2008), S. 167.
[1173] Vgl. zur Subsystembildung im Rahmen der Systemtheorie vor allem Luhmann (1968).
[1174] Vgl. Ashby (1956), S. 207. Im englischen Original heisst es: „Only variety can destroy variety".
[1175] Zur Thematik der Komplexitätsbewältigung in Unternehmen vgl. Müller (2009), S. 12ff.
[1176] In Anlehnung an: Nötzli Breinlinger (2006), S. 125.

Der ideale Zustand besteht also, wenn die Komplexität von Corporate Governance und Situation gleich ist.

IDEAL I: $K(S) \overset{!}{=} K(CG)$

S= Situation, CG= Corporate Governance

Um das Modell weiter operationalisieren zu können, müssen zunächst Grundlagen des verwendeten Komplexitätsbegriffes sowie dessen Operationalisierung im Hinblick auf Situation und Corporate Governance erläutert werden.

Komplexitätsverständnis der Untersuchung

Als Grundlage für die Bestimmung der Unternehmenssituation wird das Maß der Komplexität eingesetzt. Eine erste Annäherung an den Begriff der Komplexität liefert *Becker*. Er sieht den Komplexitätsbegriff konkretisiert durch die Anzahl, die Häufigkeit, den Wiederholungsgrad, die zeitliche Reichweite sowie den inhaltlichen Umfang von Handlungen.[1177] *Eckert* konkretisiert Umweltkomplexität durch die Heterogenität der Umwelt, also der Anzahl klar unterscheidbarer Umweltzustände.[1178] *Klimecki/Probst/Eberl* verwenden den Komplexitätsbegriff als übergeordnete Kategorie der Ursachen Kompliziertheit, Dynamik und Diskontinuität.[1179]

Ein gängiges Maß der Komplexitätsmessung ist die Varietät. Sie wird von *Malik* in Anlehnung an *Beer*[1180] als die Anzahl unterschiedlicher Zustände definiert, die ein System annehmen kann.[1181] *Becker* verwendet in seiner bereits angeführten Komplexitätsdefinition die beiden Größen Differenziertheit und Dynamik zur Operationalisierung der Komplexität. Während erstere der Varietät sehr ähnlich ist und auf die Anzahl unterschiedlicher Zustände von Veränderungen abzielt, bezieht sich die Dynamik auf die Schnelligkeit der Veränderung der Zustände und ist unter anderem auf häufige Trendbrüche[1182] zurückführen. *Becker* bettet sein Komplexitätsmodell in die Makro- (Gesellschaft) und Mikroumwelt (Märkte) von Unternehmen ein.[1183] *Feldhusen/Gebhardt* sehen eine Komplexitätsfalle bei Unternehmen, welche

1177 Vgl. hierzu und im Folgenden Becker (1992), S. 171.

1178 Vgl. Eckert (2008), S. 132.

1179 Vgl. Klimecki/Probst/Eberl (1994), S. 6f. Das Phänomen der Kompliziertheit führen die Autoren vor allem auf die Intransparenz des unternehmerischen Geschehens und die Infomationsüberladung der Aufgabenträger zurück. Die Dynamik der Wettbewerbsumwelt wandelt sich immer stärker und schneller. Diskontinuitäten lassen sich schließlich als Brüche etablierter Entwicklungsvorgänge charakterisieren.

1180 Vgl. Beer (1981). Dieser reformuliert auch das Gesetz von Ashby als „variety absorbs variety“. Beer (1979), S. 286.

1181 Vgl. Malik (1998), S. 137ff.

1182 Das Phänomen des ‚Trendbruchs' ist in der wissenschaftlichen Literatur nicht genau definiert. Vgl. Rübsamen (2004), S. 18. Als Trend wird in der vorliegenden Arbeit in Anlehnung an Pillkahn (2007), S. 125 als zeitlich messbarer Verlauf einer Entwicklung in eine bestimmte Richtung definiert.

1183 Vgl. Becker (2007c), S. 95.

durch die Korrelation steigender externer Vielfalt am Markt mit sinkender interner Vielfalt im Unternehmen einhergeht. Unternehmen müssten markseitig auf immer differenziertere Kundenbedürfnisse eingehen, aber die interne Komplexität so niedrig wie möglich halten, um die Komplexitätskosten gering zu halten und wettbewerbsfähige Preise anbieten zu können.[1184]

Die Situationsanalyse der vorliegenden Arbeit basiert auf einer integrierten Komplexitätsbetrachtung. Die situative Analyse in Anlehnung an *Kieser/Kubicek* sowie *Nötzli Breinlinger* betrachtet das Maß der **Varietät** als hinreichend für die Erklärung situativer Komplexität. Dieser Auffassung wird in der vorliegenden Arbeit nicht gefolgt. Die Anzahl von Zuständen eines Systems ist kein hinreichender Komplexitätsindikator. *Lehner/Scholz* zeigen dies anhand der Kriterien Vielfalt (Differenziertheit) und Dynamik.[1185] So ist nur ein System dynamisch, welches sich gleichzeitig durch hohe Differenziertheit und hohe Dynamik auszeichnet. Ein differenziertes, aber wenig dynamisches System ist lediglich kompliziert.

Als Einflussgrößen auf die Unternehmenssituation werden folglich die Größen Differenziertheit und Dynamik gesehen.[1186] Im Folgenden werden situative Lösungsstrategien der Komplexitätsproblematik für mittelständische Familienunternehmen aufgezeigt.

Lösungsstrategien für Komplexitätsprobleme mittelständischer Familienunternehmen

Unter Rückgriff auf IDEAL I kann davon ausgegangen werden, dass im Idealzustand Situation und Corporate Governance die gleiche Komplexität aufweisen. Als moderierende Variable der Corporate Governance in mittelständischen Familienunternehmen wird zusätzlich die Größe ‚Vertrauen' interpretiert, welche einen Einfluss auf die Güte der Corporate Governance hat und komplexitätsverändernd wirken kann.[1187] Das Vertrauen tritt somit als dritte Größe in das Gleichungssystem aus situativer Komplexität und Komplexität der Corporate Governance. Die Frage, ob das Vertrauen eine komplementäre oder eine substituierende Beziehung im Vergleich zu Corporate Governance-Mechanismen einnimmt, wurde bisher nicht abschließend beantwortet.[1188] Einige Autoren argumentieren dafür, das Vertrauen als informellen Corporate Governance-Mechanismus zu sehen, welcher formelle Corporate Governance-Mechanismen wie z.B. die Unternehmenskontrolle ersetzen kann.[1189] Andere Autoren zeigen, dass das Vertrauen eine die Wirkung von formellen Corporate Governance-Mechanismen

1184 Vgl. Feldhusen/Gebhardt (2008), S. 18ff.

1185 Vgl. Lehner/Scholz (2008), S. 27.

1186 Einige Experten bevorzugen das Risiko als zusätzliche komplexitätsverursachende Größe. Dieser Auffassung wird in der vorliegenden Arbeit jedoch nicht gefolgt. Vgl. auch persönliches Gespräch mit Prof. Dr. Alexander Bassen und Dr. Christine Zöllner am 24.02.2009 in Hamburg.

1187 Vgl. telefonisches Gespräch mit Prof. Dr. Sabine B. Klein am 28.10.2009; Klein (2009), S. 63ff.

1188 Vgl. für Forschung zu diesem Themenbereich Poppo/Zenger (2002); Corts/Singh (2004); Lazzarini/Miller/Zenger (2004); Klein Woolthuis/Hillebrand/Noteboom (2005).

1189 Vgl. Bradach/Eccles (1989); Ring/Ven (1992); Sjurts (1998).

verstärkende und somit komplementäre Größe sei.[1190] Wieder andere Forscher zeigen die vertrauenszerstörende Funktionsweise tradierter Corporate Governance-Mechanismen.[1191] *Puranam/Vanneste* schlagen in ihren Arbeiten eine von dieser prinzipiellen Problematik abstrahierende Sichtweise vor, indem sie drei mögliche Konstellationen betrachten:[1192]

(1) Zusammenhang von ex ante Vertrauen und Corporate Governance-Mechanismen,

(2) Komplementarität von Vertrauen und Erfolg der Anwendung eines spezifischen Corporate Governance-Mechanismus,

(3) ‚Crowding out', der Einfluss von Corporate Governance-Mechanismen auf die Unterdrückung bzw. Verringerung des Vertrauens im Unternehmen.

In der vorliegenden Arbeit wird das Vertrauen in Anlehnung an *Nötzli Breinlinger*[1193] und in Einklang mit den Ergebnissen von *Puranam/Vanneste*[1194] als Substitution für formelle Corporate Governance-Mechanismen interpretiert und im Cluster ‚Unternehmenskultur, Vertrauen & Corporate Behavior' abgebildet.[1195] Dieses Vorgehen erscheint vor allem deshalb rechtfertigbar, da in mittelständischen Familienunternehmen regelmäßig die Familie Stifterin des Vertrauens ist. Folglich ergibt sich eine modifizierte Form der Gleichung:

IDEAL II: $K(S) \overset{!}{=} K(G) + V$

S= Situation, G= Governance, V= Vertrauen

Wenn nun eine Ungleichheit der Gleichung auftritt, also beispielsweise die Komplexität der Situation größer als die Summe aus Komplexität aus Governance und Vertrauen ist, können folgende Lösungsstrategien in Betracht gezogen werden:

(1) Anpassung der Komplexität der Situation (in diesem Fall nach unten),

(2) Anpassung der Komplexität der Governance (in diesem Fall nach oben),

(3) Anpassung des Vertrauens (in diesem Fall nach oben).

Aus Perspektive der vorliegenden Erhebung können für Unternehmen im Einzelfall jeweils andere Lösungsstrategien den meisten Erfolg versprechen. Wie noch zu zeigen sein wird, ist die Komplexität der Situation von Unternehmen für dessen Entscheidungsträger nur sehr

---

[1190] Ghoshal/Moran (1996); Malhotra/Murningham (2002).
[1191] Vgl. Fehr/Fischbacher (2002); Falk/Kosfeld (2004).
[1192] Vgl. Puranam/Vanneste (2009), S. 12.
[1193] Vgl. Nötzli Breinlinger (2006), S. 158f.
[1194] Vgl. Puranam/Vanneste (2009), S. 23f.
[1195] Diese Annahme wird unter expliziter Bestätigung der Situation getroffen, dass auch eine komplementäre oder konfligierende Beziehung zwischen Corporate Governance-Mechanismen und Vertrauen denkbar wäre.

schwer und wenn überhaupt mittel- bis langfristig beeinflussbar.[1196] Einen Ansatzpunkt gibt die Untersuchung von *Nötzli Breinlinger*. Sie kommt zu dem Ergebnis, dass in einfachen Situationen eher das Vertrauen innerhalb des Unternehmens angepasst werden kann. In neutralen und komplexen Situationen ist davon auszugehen, dass die Anpassung der Komplexität der Corporate Governance operabler sein dürfte.[1197] Jedoch bleibt auch das Konstrukt des Vetrauens sowie dessen Nutzung als Corporate Governance-Mechanismus in der bisherigen Forschung relativ unklar. Aus diesem Grund wird die Anpassung der Corporate Governance-Mechanismen im Rahmen der vorliegenden Arbeit als vielversprechende Lösung gesehen.

4.1.3 Vorgehensweise der Situations- und Governance-Analyse

Die nachfolgende Vorgehensweise der Corporate Governance-Analyse und -Bewertung basiert auf Adaption und Modifikation der von *Nötzli Breinlinger*[1198] für kleine und mittelgroße Schweizer Familienunternehmen entwickelten Modellvorstellung. Für die Bewertung der Corporate Governance eines Unternehmens wird – basierend auf den bisherigen Ausführungen – die in Abb. 4-6 dargestellte Vorgehensweise vorgeschlagen.

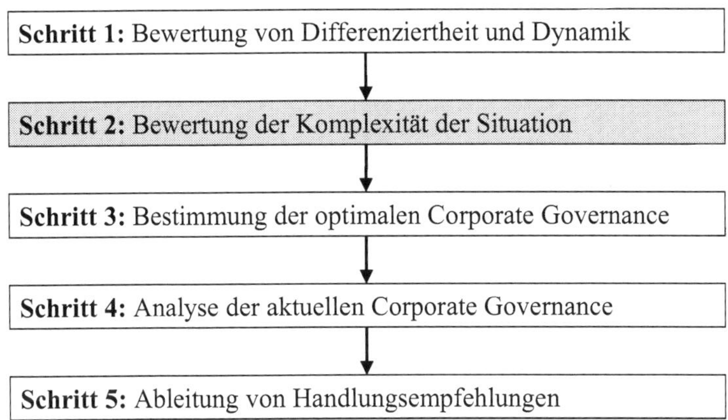

Abbildung 4-6: Vorgehensweise der Corporate Governance-Bewertung[1199]

In einem **ersten Schritt** ist unter Rückgriff auf die theoretisch und empirisch begründeten

[1196] Der betriebswirtschaftliche Flexibilitätsbegriff wird somit als dynamisches Gleichgewicht interpretiert, welches seine Überlebensfähigkeit durch dauernde Anpassung an wechselnde Umweltbedingungen erhält. Vgl. Burmann (2004), S. 30f.

[1197] Vgl. Nötzli Breinliner (2006), S. 158f.

[1198] Vgl. Nötzli Breinlinger (2006), S. 124ff.

[1199] In Anlehnung an: Nötzli Breinlinger (2006), S. 126.

Teilaspekte Differenziertheit und Dynamik der Situation zu bewerten. **Schritt zwei** beinhaltet je nach Ergebnis der ersten beiden Schritte die gesamthafte Komplexitätsbewertung auf einer Skala von einfach bis komplex. Im Rahmen des **dritten Schritts** müssen Komplexitätsentscheidungen in Bezug auf die Corporate Governance gemäß IDEAL I getroffen werden: Nach Ermittlung der optimalen Corporate Governance kann in einem **vierten Schritt** die aktuelle Corporate Governance analysiert werden. Dabei gilt es herauszukristallisieren, ob ein Corporate Governance-Mechanismus vorhanden ist, ob dieser formal geregelt ist und ob er der optimalen Struktur entspricht. Im **fünften Schritt** geht es schließlich darum, aus der Analyse konkrete Handlungsmöglichkeiten im Einzelfall abzuleiten.

Die Bewertung der Corporate Governance muss im Idealfall durch einen neutralen, wenn möglich externen Experten erfolgen. Die Analyse der Unternehmenskomplexität, der optimalen Corporate Governance und der aktuellen Corporate Governance wird auf Basis schriftlicher Dokumenten und Interviews mit verschiedenen Stakeholdern durchgeführt. Die Mitglieder der Geschäftsleitung, sowohl Familienmitglieder als auch externe Manager sollten einbezogen werden. Deutliche Abweichungen der Einschätzungen der befragten Experten müssen wiederum einer unabhängigen Analyse unterzogen werden. Die Qualität der Analyse kann durch iterative kommunikative Validierung und Rücksprache mit den Beteiligten nochmals erhöht werden. Hierzu werden den einzelnen Befragten ihre eigenen sowie die Evaluationen anderer Beurteilender vorgelegt, um unter Umständen eine Konvergenz der Ergebnisse erzielen zu können. Im Folgenden werden die einzelnen Kategorien des Corporate Governance-Bewertungsmodells detailliert untersucht.

4.2 Situationsanalyse

Im Rahmen der Analyse des Komplexitätsgrads steht zunächst die Unternehmenssituation im Mittelpunkt der Betrachtung.[1200] Im Vergleich zum klassischen Programm des situativen Ansatzes[1201] wurde die Größe ‚Unternehmen' wie im Drei-Kreise-Modell von *Gersick et al.*[1202] nochmals in die drei Teilsysteme ‚Eigentum', ‚Familie' und ‚Unternehmen' aufgespaltet, um *Ashbys* ‚law of requisite variety'[1203] explizit Rechnung zu tragen.

IDEAL III: $K(S) \stackrel{!}{=} K(UN) + K(ET) + K(F) + K(UW)$

K = Komplexität, S= Situation, UN = Unternehmen, ET = Eigentum, F = Familie, UW = Umwelt

[1200] Vgl. Abschnitt 4.1.2 der vorliegenden Arbeit.
[1201] Vgl. Kieser/Walgenbach (2007), S. 218ff.
[1202] Vgl. Gersick et al. (1997), S. 6.
[1203] Vgl. Abschnitt 4.1.2 der vorliegenden Arbeit.

Die Modifizierung der IDEALE I und II ergibt ein neues IDEAL III, nach dem die Komplexität der Situation gleich der Summe aus den Komplexitäten von Unternehmen, Eigentum, Familie und Umwelt ist.[1204] Im Folgenden werden die in Abb. 4-7 dargestellten Elemente des Bewertungsmodells operationalisiert, wobei mit dem Unternehmen begonnen wird.

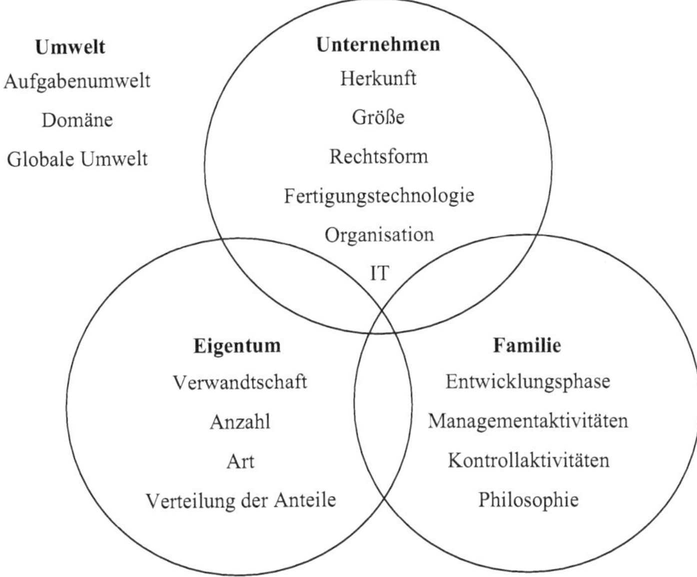

Abbildung 4-7: Situationsanalyse für mittelständische Familienunternehmen[1205]

4.2.1 Unternehmen

Das Unternehmen an sich ist das zentrale Element der Komplexitätsevaluation der vorliegenden Arbeit. Im Folgenden werden die einzelnen Komponenten des Systems Unternehmen diskutiert. Diese sind im Einzelnen Herkunft, Unternehmensgröße, Rechtsform, Leistungsprogramm, Fertigungstechnologie, Informationstechnologie und Organisation.

[1204] In diesem Kontext wird die vereinfachende Annahme getroffen, dass die Subsysteme klar voneinander trennbar sind und keine Interdependenzen im Hinblick auf die Komplexitätswirkung aufweisen. Die Problematik möglicher Interdependenzen ist somit bekannt und wird aus Gründen der Modellkomplexität in Kauf genommen.

[1205] In Anlehnung an: Nötzli Breinlinger (2006), S. 129.

4.2.1.1 Herkunft

Die Komponente Herkunft beinhaltet alle Aspekte, die in Modellen situativer Organisationstheorien als eher vergangenheitsorientiert gelten können. Dies sind das Alter der Organisation, die Art der Gründung sowie das Entwicklungsstadium der Organisation.[1206] Dies kann mit Hilfe der in Abschnitt 2.1.4 eingeführten Unternehmenstypologie veranschaulicht werden: Im Zeitpunkt t=0 werden die meisten Unternehmen als Eigentümer-Unternehmen gegründet.[1207] Im Zeitablauf sind innerhalb der Matrix verschiedene Entwicklungsstufen möglich, die Weitergabe an die nachfolgenden Generationen der Familie (Familienunternehmen), der Rückzug aus dem operativen Tagesgeschäft (Fremdgeführter Mittelstand) oder die Veräußerung der eigenen Anteile an Investoren (Mischfinanzierter Mittelstand) oder über den Kapitalmarkt (Publikumsgesellschaft mit Fremdmanagement). Unabhängig davon gibt es jedoch auch Unternehmen, die schon von Beginn an als Familienunternehmen von einer oder mehreren Parteien gegründet werden. Insbesondere bei jungen, wachstumsorientierten Unternehmen ist sogar eine direkte Gründung als börsennotierte Kapitalgesellschaft denkbar.[1208] Eine Gründung durch einen Eigentümer als Eigentümer-Unternehmen ist als einfach zu charakterisieren. Eine Gründung durch mehrere Gesellschafter oder Gesellschaftergruppen ist ebenso wie eine direkte Platzierung des Unternehmens am Kapitalmarkt als komplex zu sehen.

Ein weiteres einzubeziehendes Kriterium ist das Alter des Unternehmens. Zumindest tendenziell ist davon auszugehen, dass eine gewisse positive Korrelation zwischen dem Alter einer Unternehmung und der Unternehmenskomplexität besteht. In verschiedenen Studien wurde das Alter als Bestimmungsgrund unternehmerischer Komplexität identifiziert.[1209] In der vorliegenden Arbeit wird eine Erweiterung dieser Perspektive auf das Wachstum vorgenommen. Dabei werden in Anlehnung an *Fueglistaller/Müller/Volery*[1210] drei Dimensionen des Wachstums betrachtet:

- finanzielles Wachstum,
- strategisches Wachstum,
- organisatorisches Wachstum.

Das finanzielle Wachstum lässt sich durch Größen wie z.B. steigende Gewinne, Umsatz oder Return on Investment[1211] (RoI) erklären. Strategisches Wachstum korrespondiert hingegen

---

1206 Vgl. Kieser/Kubicek (1992), S. 209.

1207 Vgl. Fueglistaller/Müller/Volery (2008), S. 464.

1208 Diese Unternehmen werden von Hausch in ihrer Untersuchung als gesonderte, weil nicht traditionelle mittelständische Unternehmen betrachtet. Vgl. Hausch (2004), S. 83f.

1209 Vgl. z.B. Nötzli Breinlinger (2006), S. 131f.

1210 Vgl. Fueglistaller/Müller/Volery (2008), S. 452ff.

1211 Der Return on Investment ist eine rentabilitätsorientierte Kennzahl, welche sich aus dem Produkt von Kapitalumschlag und Umsatzrentabilität eines Unternehmens ergibt. Vgl. Becker/Lutz (2007), S. 197.

mit Veränderungen des Unternehmens im Wachstumsprozess. Diese beeinflussen die Art und Weise, in der das Unternehmen mit seiner direkten Umwelt interagiert. Organisatorisches Wachstum bezieht sich letztendlich auf die strukturellen Anpassungen des Unternehmens an Umweltgegebenheiten während des Wachstumsprozesses. Grundsätzlich ist davon auszugehen, dass statische Unternehmen einfacher sind als Unternehmen, die sich in einem Wachstumsprozess befinden. Die Wachstumsrate in den drei Klassen finanzielles Wachstum, strategisches Wachstum und organisatorisches Wachstum soll als Grundlage dafür verwendet werden, ob das Unternehmen **einfach**, **neutral** oder **komplex** ist.

Ein weiterer Komplexitätsfaktor ist die Positionierung des Unternehmens innerhalb des organisatorischen Lebenszyklus'. In der Literatur existieren zahlreiche Diskussionsmöglichkeiten der Entwicklung von mittelständischen Unternehmen auf Basis von Lebenszyklusbetrachtungen.[1212] Abb. 4-8 bietet den typischen Lebenszyklus eines mittelständischen Unternehmens mit Familientradition und erhebt nicht den Anspruch auf absolute Gültigkeit:

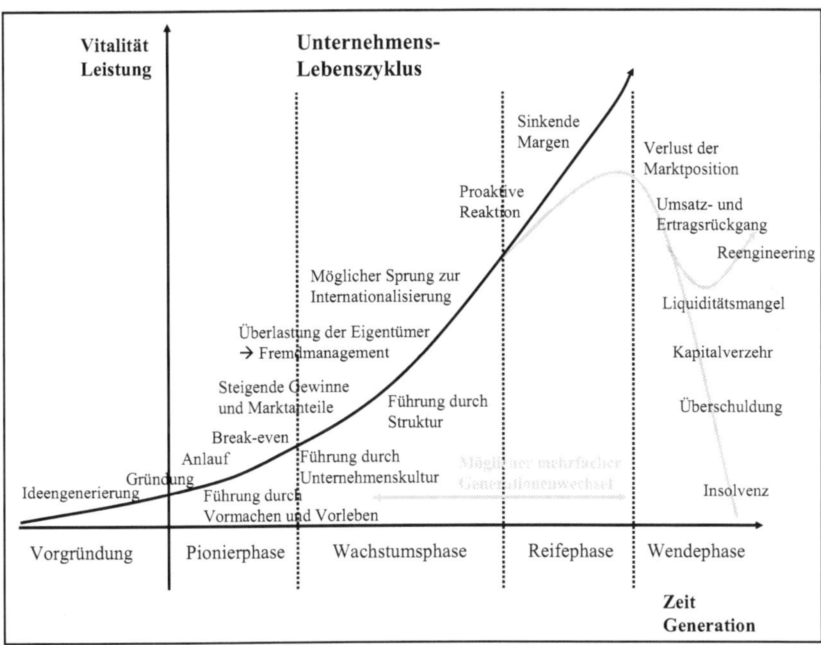

Abbildung 4-8: Lebenszyklus mittelständischer Familienunternehmen[1213]

[1212] Vgl. z.B. Bleicher (1999); Fueglistaller/Müller/Volery (2008), S. 460ff.
[1213] In Anlehnung an: Kunze (2008), S. 225.

In der Vorgründungs-, Gründungs- und Pionierphase ist das Unternehmen sehr vital. Erfolg, Innovation und Führung sind auf die Eigentümer des Unternehmens, meist die Familie oder den Unternehmer, ausgerichtet.[1214] Beim Übergang von der Pionierphase zur Wachstumsphase treten erste Probleme auf, die insbesondere die Person des Unternehmenslenkers betreffen. Eine Überlastung der Eigentümer kann dazu führen, dass erstmals Fremdmanager eingesetzt werden. In der Wachstumsphase tritt eine fortschreitende Trennung des unternehmerischen Geschehens von der Gründerperson auf. Diese geht mit einem wechselnden Führungsstil und wechselnden Führungsstrukturen einher. Der Gründer kann nicht mehr allein durch Vormachen und Vorleben führen, sondern muss die Standards der Organisation in einer Unternehmenskultur etablieren. In der Reifephase sind aktive Gestaltung und Neuausrichtung unabdingbar, um die Vitalität des Unternehmens zu erhalten. Geschieht dies nicht, werden in der Wendephase die Schwächen des Unternehmens latent. Entweder schafft es die Leitung des Unternehmens, den Umsatz- und Ertragsrückgang durch ein Reengineering vorläufig umzukehren, oder das Unternehmen wird unweigerlich in Richtung Insolvenz getrieben.

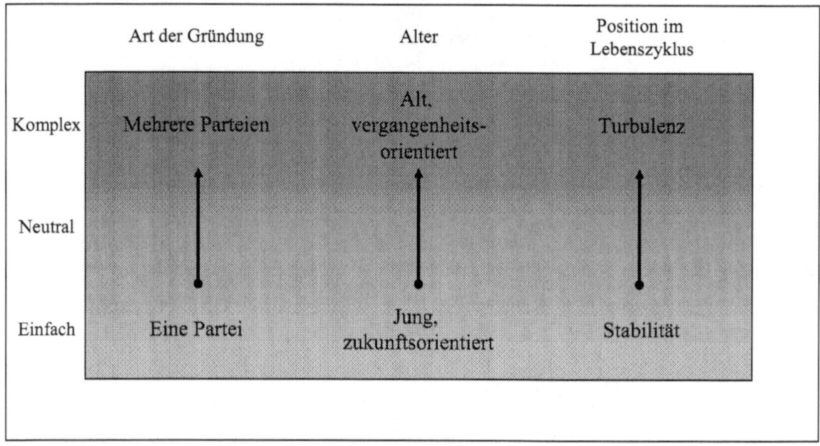

Abbildung 4-9: Einfluss der Herkunft auf die Komplexität[1215]

4.2.1.2 Unternehmensgröße

Verschiedene empirische Studien legen den Schluss nahe, dass eine starke Korrelation zwischen der Größe eines Unternehmen und der Unternehmenskomplexität besteht.[1216] Die Ausführungen der Abschnitte 2.1.1 und 2.1.2 haben gängige Abgrenzungsversuche auf Basis

1214 Vgl. hierzu und im Folgenden Wieselhuber/Lohner/Thum (2007), S. 15.
1215 In Anlehnung an: Nötzli Breinlinger (2006), S. 132.
1216 Vgl. z.B. Hacker (2007), S. 112.

quantitativer und qualitativer Kriterien gezeigt.

Der Gedanke kritischer Wachstumsschwellen, interpretiert als Komplexitätsgrenzen, wurde bereits 1976 von *Albach* entwickelt.[1217] Strukturelle Fragen der Unternehmensorganisation sind folglich erst ab einer bestimmten Unternehmensgröße bzw. einem bestimmten Komplexitätsgrad anzustellen. Für die vorliegende Arbeit wird die Klassifikation des DMI herangezogen. Danach werden Kleinstunternehmen als einfach, Kleinunternehmen und mittlere Unternehmen als neutral und Großunternehmen als komplex beurteilt. Besondere Bedeutung muss der Branche beigemessen werden. Da – wie bereits erläutert – Unternehmen des verarbeitenden Gewerbes tendenziell mehr Mitarbeiter beschäftigen und somit größer sind als Unternehmen anderer Branchen, sind die Grenzen der Komplexitätsbeurteilung nach oben flexibel zu handhaben.[1218] Wenn ein Unternehmen wächst, kann es entweder die Mitarbeiterzahl an bestehenden Standorten steigern oder an verschiedenen neuen Orten kleine, neue Standorte errichten.[1219] Ein weiteres, die Unternehmensgröße determinierendes Element ist die Verteilung der Unternehmensstandorte. Unternehmen mit nur einem Standort werden als einfacher und damit weniger komplex beurteilt als Unternehmen mit mehreren Standorten.

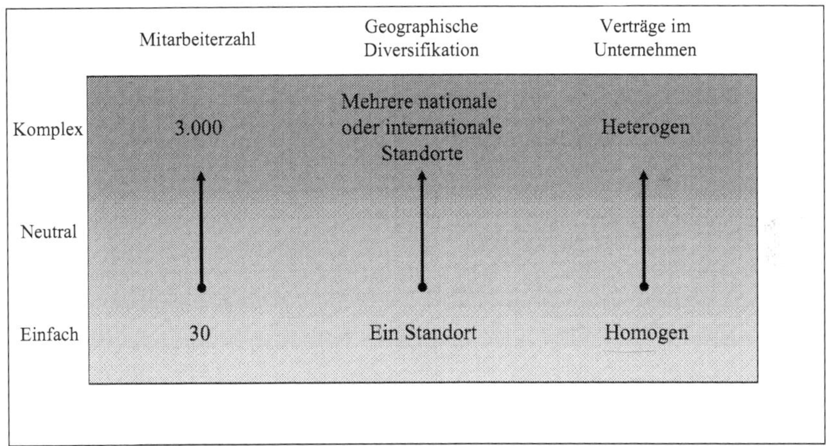

Abbildung 4-10: Einfluss der Unternehmensgröße auf die Komplexität[1220]

Der Internationalitätsgrad des Unternehmens ist ebenfalls als Einflussfaktor auf die Unter-

1217 Vgl. Albach (1976).
1218 Es ist im Einzelfall zu urteilen, ob ein Unternehmen, dass quantitativ den Kleinunternehmen zuzurechnen ist, aufgrund der Branchenspezifika noch als einfach gelten kann.
1219 Vgl. Kieser/Kubicek (1992), S. 293.
1220 In Anlehnung an: Nötzli Breinlinger (2006), S. 134.

nehmenskomplexität zu sehen. International tätige Unternehmen sind insbesondere aufgrund der unterschiedlichen länderbezogenen – auch kulturellen - Anforderungen tendenziell komplexer als rein national tätige Unternehmen.[1221] Die Einflussgrößen Verteilung der Unternehmensstandorte und Internationalitätsgrad sind in gewisser Weise Substitute. Aus Vereinfachungsgründen sollen deshalb Unternehmen mit wenigen, aber internationalen Standorten ebenso als neutral gelten wie Unternehmen mit vielen Standorten im Inland.

4.2.1.3 Rechtsform

Die Rechtsform des Unternehmens ist als Einflussfaktor der Unternehmenskomplexität zu charakterisieren.[1222] Je nach Ausprägung der Verfügungsrechte im Unternehmen gestaltet sich der Willensbildungsprozess im Unternehmen einfacher oder schwieriger. In diesem Zusammenhang ist insbesondere entscheidend, welche Stakeholder in welchem Ausmaß Einfluss auf diesen Willensbildungsprozess nehmen können.[1223]

Quermann unterscheidet folgende mögliche Rechtsformen von mittelständischen Unternehmen und Familiengesellschaften:

	OHG	KG	GmbH	KGaA	AG
Träger	Gesellschafter	Komplementäre/Kommanditisten	Gesellschafter	Komplementäre/Kommanditaktionäre	Aktionäre
Leitung	Gesellschafter	Komplementäre	Geschäftsführer	Komplementäre	Vorstand
Kontrolle	Keine gesetzliche Kontrolle	Gegebenenfalls durch Kommanditisten	Gesellschafterversammlung/ freiwillig Aufsichtsrat	Aufsichtsrat	Aufsichtsrat
Mitbestimmung	Nein	Nein	Ja, abhängig von der Größe des Unternehmens	Ja, eingeschränkt, größenabhängig	Ja, größenabhängig
Gestaltungsfreiheit	Völlig	Groß	Mittel	Mittel	Gering

Abbildung 4-11: Mögliche Rechtsformen für Familiengesellschaften nach *Quermann*[1224]

[1221] Vgl. Kieser/Walgenbach (2007), S. 260ff.; Voll (2007), S. 157f.; Mäder/Hirsch (2009), S. 117.
[1222] Vgl. persönliches Gespräch mit Prof. Dr. Uwe Götze am 04.03.2009 in Chemnitz.
[1223] Vgl. Schewe (2005), S. 54f.
[1224] In Anlehnung an: Quermann (2004), S. 158.

Die OHG zeichnet sich durch sehr hohe Freiheitsgrade für die Gesellschafter aus, da keine gesetzliche Kontrolle und auch keine Mitbestimmung der Arbeitnehmer vorgesehen sind. Die KG nimmt eine ähnlich vorteilhafte Position ein, da auch hier der Komplementär große Freiheitsgrade besitzt. Die Rechtsformen der GmbH und der KGaA werden mittlere Freiheitsgrade unterstellt, eine AG ermöglicht den Gesellschaftern nur eine recht geringe Freiheit in Bezug auf die Handhabung der Verfügungsrechte im Unternehmen.[1225]

Für die Beurteilung der Unternehmenskomplexität ist die Frage der Rechtsform von entscheidender Bedeutung. Zu diskutieren ist der anzusetzende Maßstab. Zur Verdeutlichung der Argumentation wird erneut auf den Hintergrund der Untersuchung verwiesen: Corporate Governance ist ein Instrument der Unternehmensführung, das als Leitlinie die Effizienz und Effektivität verbessern kann. Dies geschieht durch Ausrichtung auf langfristige Wertsteigerung. Je einfacher die Willensdurchsetzung für die Eigentümer des Unternehmens ist, desto größer ist die Wahrscheinlichkeit, das Oberziel der Unternehmenswertsteigerung langfristig durchsetzen zu können. Überträgt man diesen Gedankengang auf die Rechtsformwahl von Unternehmen, so ist davon auszugehen, dass Einzelgesellschaften, OHG und KG als **einfach**, GmbH und KGaA als **neutral** und AG als **komplex** anzusehen sind. Die in mittelständischen Familienunternehmen häufig anzutreffende Rechtsform der GmbH & Co. KG wird als Mischform zwischen Personen- und Kapitalgesellschaft interpretiert und ebenfalls als **neutral** eingestuft.

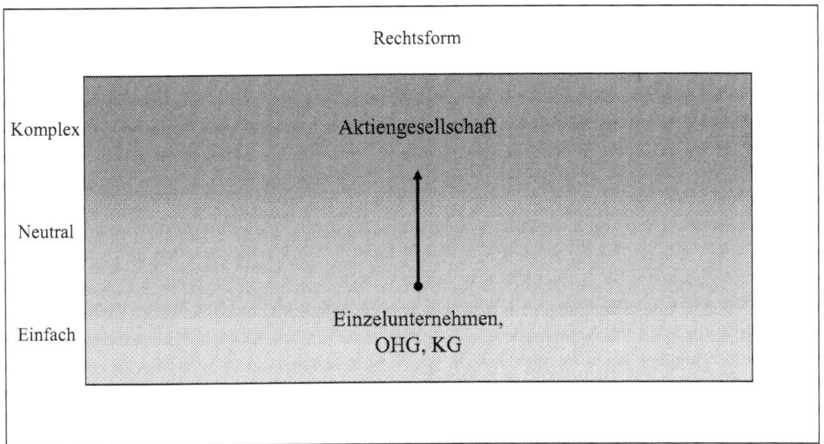

Abbildung 4-12: Einfluss der Rechtsform auf die Komplexität

[1225] Vgl. Schewe (2005), S. 54.

4.2.1.4 Leistungsprogramm

Die Erbringung wirtschaftlicher Leistungen ist der Zweck, welcher Organisationen in der Marktwirtschaft zugewiesen wird.[1226] Eine erste zu analysierende Frage ist die Art der vom Unternehmen angebotenen Leistung. Grundsätzlich werden von erwerbswirtschaftlichen Unternehmen Marktleistungen in Form von Produkten oder Dienstleistungen erbracht. Sachgüter sind vorwiegend materieller Natur und werden klassischerweise in Konsum- und Investitionsgüter unterschieden.[1227] Dienstleistungen sind eher immaterieller Natur und werden meist zur gleichen Zeit produziert und konsumiert. Eine Lagerhaltung ist folglich nicht möglich.[1228]

Für die Komplexitätsbeurteilung spielt insbesondere die Beurteilung der Eigenschaften einer Leistung eine große Rolle.[1229] In diesem Zusammenhang muss eine direkte Beziehung zwischen der Schnelllebigkeit und Haltbarkeit eines Produktes einerseits und der Komplexität einer Organisation andererseits hergestellt werden. Schnelllebige, anspruchsvolle Produkte erhöhen die Komplexität eines Unternehmens in Organisation, Produktion, Verwaltung, Vertrieb und Entwicklung und werden deshalb als **komplex** eingestuft. Anspruchslose, sich kaum verändernde Leistungen werden als **einfach** kategorisiert.

Zusätzlich zu der Kernleistung ist auch die Zusatzleistung in die Komplexitätsbetrachtung einzubeziehen. Als **komplex** werden Leistungen beurteilt, die viele Zusatzleistungen oder speziellen Anforderungen an Verpackung oder Markierung aufweisen. **Einfach** sind Leistungen mit nur wenigen Zusatzleistungen. Weitere einzubeziehende Aspekte sind die Programmtiefe und -breite. Während letztere die Anzahl der Produktlinien in einem Programm widerspiegelt, bezieht sich die Programmtiefe auf die Zahl der Produkte innerhalb einer Produktlinie.[1230] *Kieser/Kubicek* unterscheiden in Abhängigkeit der geschilderten Faktoren vier Typen von Unternehmen:[1231]

- Ein-Produkt-Unternehmen,
- Haupt-Produkt-Unternehmen,
- Unternehmen mit verwandten Produktgruppen,
- Unternehmen mit nicht verwandten Produktgruppen.

[1226] Für eine ausführliche Diskussion vgl. Kieser/Kubicek (1992), S. 5ff.; S. 225.

[1227] Vgl. Töpfer (2007), S. 94.

[1228] Der Dienstleistungsbegriff ist in der Literatur umstritten. In der vorliegenden Arbeit wird dem Verständnis von Meffert/Burmann/Kirchgeorg (2008), S. 29 gefolgt. Nach diesem zeichnen sich Dienstleistungen vor allem durch drei Charakteristika im Vergleich zu Sachgütern aus: (1) Dienstleistungen besitzen weitestgehend immateriellen Charakter; (2) Dienstleistungen werden nicht als Güter, sondern in Form von Leistungsfähigkeiten, d.h. personellen, sachlichen oder immateriellen Ressourcen, bereitgestellt; (3) Dienstleistungen können nur durch Integration externen Faktoren, z.B. in Form von Objekten oder Subjekten, hergestellt werden.

[1229] Vgl. persönliches Gespräch mit Dr. Sascha Haghani am 02.06.2009 in Frankfurt am Main.

[1230] Vgl. Meffert/Burmann/Kirchgeorg (2008), S. 402.

[1231] Vgl. Kieser/Kubicek (1992), S. 233.

Unternehmen mit vielen nicht verwandten Produktgruppen sind **komplex**, Zwischenformen sind **neutral**, Ein-Produkt-Unternehmen sind als **einfach** zu charakterisieren.

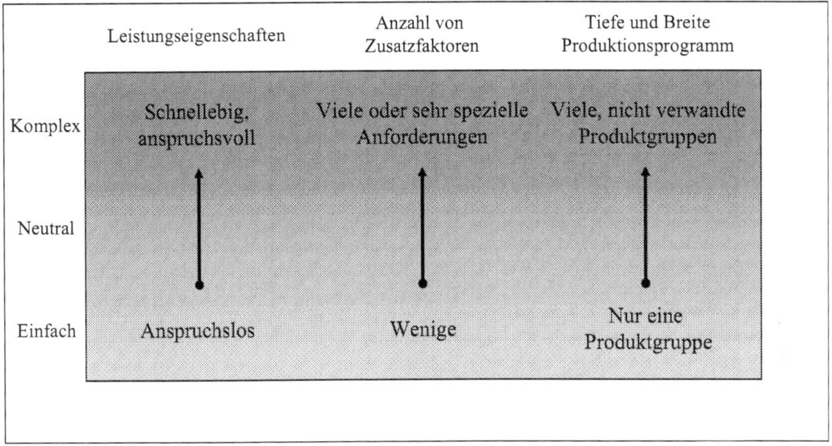

Abbildung 4-13: Einfluss des Leistungsprogramms auf die Komplexität

4.2.1.5 Fertigungstechnologie

Die moderne betriebswirtschaftliche Literatur unterscheidet strikt zwischen den Begriffen Fertigung, Produktion und Leistungserstellung.[1232] Hier werden hauptsächlich operative Elemente des Leistungserstellungsprozesses als komplexitätsverursachende Größen angesprochen. Dies ist für die in der vorliegenden Arbeit betrachteten mittelständischen Familienunternehmen des verarbeitenden Gewerbes praktikabel.

Ein erster zu betrachtender Aspekt ist die Menge der produzierten Leistungen. Tendenziell steigt die Komplexität eines Unternehmens mit steigender Produktionsmenge an.[1233] In ähnlichem Maße wächst – zumindest in Unternehmen des verarbeitenden Gewerbes – auch die Fixkostenintensität der Fertigung. Dies kann – wie schon von *Becker* festgestellt – zum Auftreten einer Komplexitätskostenfalle führen.[1234] Fertigungstyp und -verfahren bilden in der betriebswirtschaftlichen Diskussion die Grundlage der Produktionstheorie. In einem ersten Schritt muss im Zusammenhang mit dem Fertigungstyp zwischen Einzelfertigung und Mehr-

[1232] Während ‚Leistungserstellung' der allgemeine Begriff ist, wird der Begriff der ‚Fertigung' in der industriebetrieblichen Betrachtungsweise angewandt. Vgl. Peters/Brühl/Stelling (2005), S. 130.
[1233] Gutenberg (1979), S. 346 stellt die Betriebsgröße als primären Einflussfaktor der Komplexität heraus.
[1234] Vgl. Becker (1992), S. 171ff.

fachfertigung unterschieden werden. Die Einzelfertigung ist in aller Regel auftragsbezogen und individuell nach Kundenbedürfnissen gestaltet. Im Rahmen einer Mehrfachfertigung werden von einem Produkt mehrere unabhängige Einheiten gefertigt.[1235] Grundsätzlich kann an dieser Stelle noch zwischen Massenfertigung und Serienfertigung differenziert werden.[1236] In der Massenfertigung werden große Mengen eines Produkts oder ähnlicher Produkte produziert. In der Serienfertigung werden hingegen in Losen gleiche oder ähnliche Produkte produziert. Hierbei ist zwischen zwei Losen eine Anzahl bestimmter Tätigkeiten wie z.B. Reinigen und Umrüsten zu verrichten.[1237]

Fertigungsverfahren unterscheiden in Werkstattfertigung, Gruppenfertigung und vFließbandfertigung. In ersterer sind sämtliche Mittel der Produktion standortgebunden. Die Gruppenfertigung zeichnet sich im Unterschied zur Werkstattfertigung durch Bildung fertigungstechnischer Einheiten aus. Die Fließbandfertigung ist automatisiert und meist mechanisiert, der Fertigungsablauf ist vorgegeben.[1238] In seinen Forschungsarbeiten hat *Perrow*[1239] den technischen Produktionsprozess noch weiter in die beiden Faktoren Varietät sowie Zerlegbarkeit des Produktionsprozesses aufgeteilt.

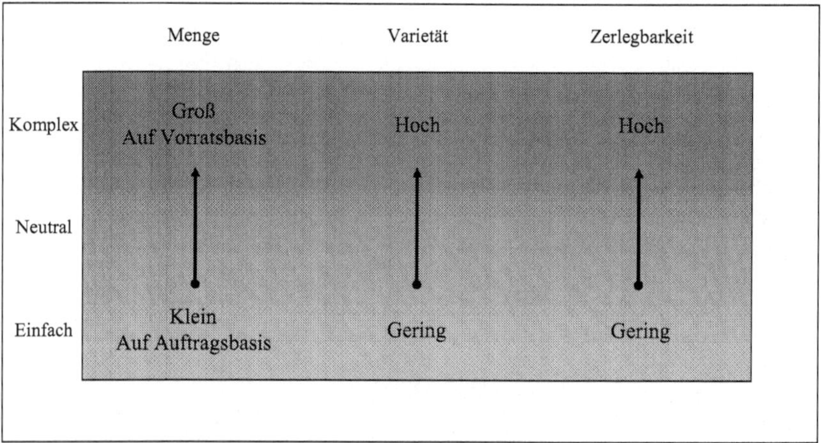

Abbildung 4-14: Fertigungstechnologie und Komplexität[1240]

[1235] Vgl. Voigt (2008), S. 228ff.
[1236] Vgl. Jodlbauer (2007), S. 11ff.
[1237] Vgl. Jodlbauer (2007), S. 11f.
[1238] Vgl. Wegmann (2006), S. 283f.
[1239] Vgl. Perrow (1970), S. 70ff.
[1240] In Anlehnung an: Nötzli Breinlinger (2006), S. 139.

Die Varietät beschreibt in diesem Zusammenhang die Häufigkeit, mit der Ausnahmefälle im Produktionsprozess auftreten. Eine hohe Varietät ist **komplex**, eine sehr niedrige **einfach**. Die Zerlegbarkeit bezieht sich auf die Möglichkeit, einen Prozess in mechanistische, unterteilbare Schritte zu zerlegen. Eine hohe Zerlegbarkeit ist ein Indikator für eine komplexe, eine niedrige ein Indikator für eine einfache Situation.

4.2.1.6 Informationstechnologie

Die Vielzahl von Veränderungen im Umfeld von Unternehmen macht den Einsatz von Informationstechnologie als Instrument der Komplexitätsreduktion in der heutigen Zeit unabdingbar.[1241] Der Einsatz von Informationstechnologie speziell in mittelständischen Familienunternehmen liegt häufig in deren schwächerer Positionierung innerhalb von Abnehmer-Zulieferer-Beziehungen begründet.[1242] Den Unternehmen wird die Nutzung einer Technologie aufgezwungen, die im Vergleich zum Komplexitätsgrad des Unternehmens überdimensioniert ist.

Da die Frage des Einsatzes von Informationstechnologie vor dem geschilderten Hintergrund nicht zur Disposition steht, ist nach der Verbreitung innerhalb des Unternehmens zu fragen. Wird Informationstechnologie an vereinzelten Punkten entlang der Wertschöpfungskette angewendet, ist dies als **einfach** zu bewerten. Eine Anwendung entlang der gesamten Wertschöpfungskette wird hingegen als **komplex** beurteilt. Eng verbunden mit der Verbreitung ist das Einsatzgebiet. Die Anwendung in relativ überschaubaren Bereichen wie z.B. der Verwaltung ist als **einfach**, eine Verwendung auch in Fertigungsbereichen als **komplex** zu sehen. Auch die Art der Informationstechnologie spielt eine Rolle. Falls das Unternehmen eine Standardlösung verwendet, wie sie auch in vielen anderen Unternehmen eingesetzt wird, ist die Situation als relativ **einfach** zu beurteilen. Mit zunehmenden Grad der individuellen Anpassung an das Unternehmen[1243] steigt auch die Komplexität der Situation.

Die Verwaltung der Informationstechnologie ist ein zusätzlicher Aspekt, der die Komplexität der Situation widerspiegelt. Wird die Informationstechnologie von einem externen Dienstleister verwaltet, der sämtliche Leistungen erbringt, ist die Situation als **einfach** zu beurteilen. Ein eigener Ansprechpartner im Unternehmen, der im Sinne eines Key Users IT-Leistungen neben seiner regulären Arbeit erbringt, ist als **neutral** einzustufen. Eine eigene Stabsstelle oder Abteilung für die Informationstechnologie wird als **komplex** gesehen.

1241 Vgl. Becker/Fuchs (2004), S. 7; Knöll/Schulz-Sacharow/Zimpel (2006), S. 1ff.

1242 Wendet der stärkste Partner innerhalb der Wertschöpfungskette eine spezifische Informationstechnologie an, z.B. ERP-Systeme, können sich durch die Macht dieses Unternehmens andere, schwächere Unternehmen der Wertschöpfungskette gezwungen sehen, ihre Systeme kompatibel zu gestalten. Vgl. Brauweiler (2008), S. 115.

1243 Die individuelle Anpassung an Kundenwünsche wird im Allgemeinen mit dem Begriff der ‚customization' beschrieben. Diese Definition geht auf Pine/Gilmore (1999), S. 76 zurück. Demnach ist customization „producing in response to a particular customer's desires".

Auch die Vernetzung der Informationstechnologie hat großen Einfluss auf die Komplexität der Situation. Sowohl nach außen als auch nach innen sind Schnittstellen möglich. In diesem Kontext wird eine Schnittstelle als ein Transferpunkt beschrieben, an dem ein Austausch von Daten oder Gütern stattfindet.[1244] Liegen viele Schnittstellen vor, ist die Situation **komplex**, liegen nur wenige Schnittstellen vor, kann die Situation als **einfach** beurteilt werden.[1245]

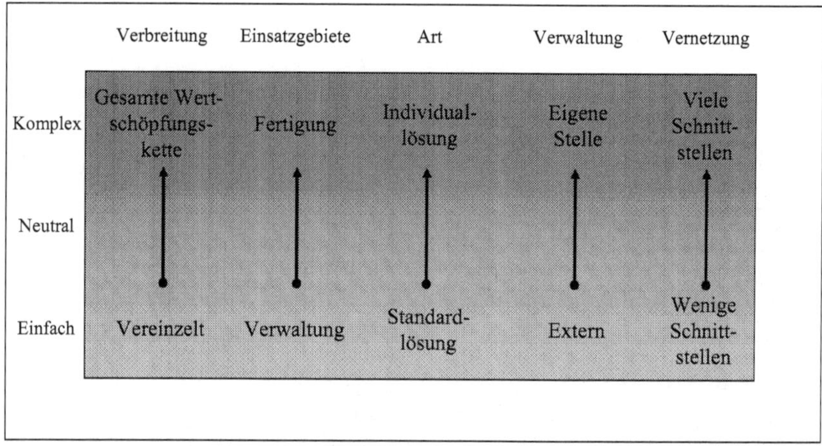

Abbildung 4-15: Einfluss der Informationstechnologie auf die Komplexität

4.2.1.7 Organisation

Nach *Laux/Liermann* kennzeichnet der Begriff ‚Organisation' sowohl die Tätigkeit der zielorientierten Steuerung von Aktivitäten in einem sozialen System (funktionaler Organisationsbegriff) als auch das Gebilde an sich (institutionaler Organisationsbegriff).[1246] Im Folgenden wird vornehmlich auf den institutionalen Organisationsbegriff abgestellt.

Die Struktur eines Unternehmens kann unterschiedlich ausgestaltet sein. Der einfachste Fall ist ein Einzelunternehmen[1247] als rechtlich und wirtschaftlich selbstständige Einheit. Eine klar definierte Holdingstruktur, z.B. mit einer GmbH & Co. KG als Übergesellschaft, ist bei im-

[1244] Vgl. Brockhoff (1989), S. 8ff.; Brockhoff (1994), S. 5ff.

[1245] Vgl. für eine ähnliche Argumentation Hasenpusch/Moos/Schwellbach (2004), S. 139ff.

[1246] Vgl. Laux/Liermann (2005), S. 1f. Eine weitere Definition geben Hungenberg/Wulf (2007), S. 198: „Unter dem Begriff **Organisation (Hervorhebung im Original)** werden in diesem Zusammenhang dauerhafte, grundlegende Regelungen verstanden, die die Zusammenarbeit von Menschen im Unternehmen beeinflussen." Eine ähnliche, jedoch nicht vollkommen deckungsgleiche Abgrenzung betrifft die Begriffe Aufbauorganisation und Ablauforganisation. Während erstere sich mit der Gestaltung der institutionellen Struktur von Aufgabenträgern befasst, ist letztere auf die Gestaltung der zeitlichen und räumlichen Struktur der Aufgabenerfüllung fokussiert.

[1247] Im Sinne z.B. eines eingetragenen Kaufmanns.

mer mehr mittelständischen Familienunternehmen zu finden. Die Motive für die Gründung einer derartigen Holding liegen einerseits in steuerrechtlichen und gesellschaftsrechtlichen Vorteilen, andererseits aber auch in einer verbesserten betriebswirtschaftlichen Steuerung begründet.[1248] Dieser Fall wird als **neutral** beurteilt. Bei Fehlen einer eindeutigen Struktur, z.B. wenn mehrere Querbeteiligungen vorliegen, wird die Situation als **komplex** eingestuft.

In Bezug auf Organisationsformen werden in der Literatur mindestens acht Idealtypen genannt, die in Abhängigkeit von verschiedenen Parametern[1249] der organisatorischen Gestaltung gebildet werden können.[1250] In der Praxis gängige Realtypen sind jedoch nur funktionale Organisationen, divisionale Organisationen sowie Matrixorganisationen.[1251] Während sich funktionale Organisationen durch eine Aufgabenspezialisierung funktionaler Art auszeichnen, herrscht in divisionalen Organisationen eine objektorientierte Aufgabenspezialisierung (z.B. nach Bereichen, Sparten oder Regionen). Matrixorganisationen charakterisieren sich durch simultane Anwendung zweier Spezialisierungsformen.[1252] Aufgrund der Eindimensionalität werden funktionale und divisionale Strukturen im vorliegenden Bewertungsmodell als **einfach** beurteilt. Mischtypen wie die Produktorganisation[1253] gelten als **neutral**, während mehrdimensionale Matrix- und Tensororganisationen als **komplex** bewertet werden.

In Bezug auf Führungsstil und Führungsstruktur muss der Zusammenhang zwischen Entscheidung auf der einen Seite und Ausführung auf der anderen Seite thematisiert werden.[1254] Hier kann zwischen Entscheidungszentralisation und Entscheidungsdezentralisation unterschieden werden. Eine starke Konzentration der Entscheidungsmacht an der Spitze der Unternehmensleitung und somit auch das Vorhandensein nur weniger Führungshierarchieebenen kann zu einer Vereinheitlichung des Willensbildungsprozesses im Unternehmen führen. Andererseits sind jedoch auch Überlastungen der Führungskräfte sowie negative Auswirkungen auf die Motivation der Mitarbeiter ohne Entscheidungskompetenz möglich.[1255] Eine Entscheidungsdezentralisation (auch Delegation genannt) kann zwar einige der aufgeführten Nachteile der Entscheidungszentralisation umgehen, führt aber mitunter zu Überforderung nachgelagerter Hierarchieebenen und unnötiger Doppelarbeit.[1256] Für das vorliegende Bewertungsmodell wird die Entscheidungszentralisation als hierarchische Führung interpretiert und als **einfach**

[1248] Zu Vorteilen und Erscheinungsformen von Holdingstrukturen vgl. Siedenbiedel (2008), S. 231ff.

[1249] Dies könnte z.B. der Grad der Aufgabenspezialisierung, die Art der Weisungsbefugnisse oder der Grad der Dezentralisierung sein.

[1250] Vgl. Hungenberg/Wulf (2007), S. 214.

[1251] Vgl. Bühner (2004), S. 127ff.; Laux/Liermann (2005), S. 289ff.

[1252] Vgl. Hungenberg/Wulf (2007), S. 214ff.

[1253] Die Produktorganisation stellt eine Kombination von Stabs- und Linienorganisationsformen dar. Vgl. Schmidt (2002), S. 67ff.

[1254] Vgl. Nötzli Breinlinger (2006), S. 141f.

[1255] Vgl. Jones/Bouncken (2008), S. 248.

[1256] Vgl. Jones/Bouncken (2008), S. 249.

bewertet. Eine vernetzte Führung mit starker Entscheidungsdezentralisation gilt vor dem geschilderten Hintergrund hingegen als **komplex**, weil die entscheidende Stakeholdergruppe Familie bzw. Eigentümer hier schwerer den eigenen Willen durchsetzen und so Agenturkostennachteile in Kauf nehmen muss.

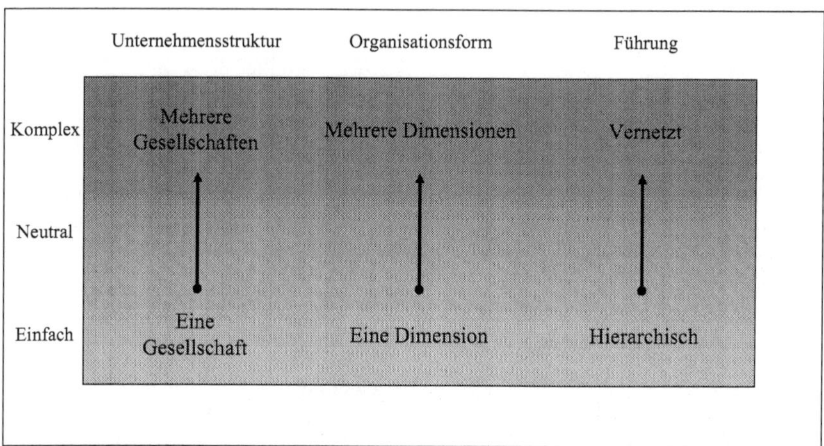

Abbildung 4-16: Einfluss der Organisation auf die Komplexität[1257]

4.2.2 Eigentum

Die im Rahmen der vorliegenden Arbeit betrachteten Unternehmen befinden sich als mittelständische Unternehmen mit Familientradition[1258] per definitionem im Eigentum eines oder mehrerer Eigentümer mit Familienbezug.[1259] Die Frage, in welcher Art und Weise die Konstellation der Eigentumsverhältnisse eines Unternehmens dessen Komplexität vereinfacht oder erschwert, kann jedoc nicht abschließend geklärt werden.[1260]

Ein erster zu berücksichtigender Aspekt ist die Konfiguration der Besitzstruktur. In Anlehnung an das Modell von *Gersick et al.* durchlaufen mittelständische Familienunternehmen einen dreidimensionalen Lebenszyklus in den Dimensionen Unternehmen, Eigentum und Familie. In der Eigentumsdimension lassen sich die Stufen Eigentümerunternehmen, Geschwister-

---

1257 In Anlehnung an: Nötzli Breinlinger (2006), S. 142.

1258 Vgl. Abschnitt 2.1.4 der vorliegenden Arbeit.

1259 In diesem Zusammenhang wird eine Minderheitsbeteiligung anderer Anspruchsgruppen von bis zu 24,9 Prozent der Anteile als nicht schädlich angesehen.

1260 Dies wurde auch intensiv mit den im Rahmen der Arbeit befragten Experten diskutiert. Vgl. z.B. persönliches Gespräch mit Prof. Dr. Arist v. Schlippe am 08.09.2009 in Witten/Herdecke; telefonisches Gespräch mit Prof. Dr. Martin Hilb am 27.08.2009.

partnerschaft und Cousinkonsortium festhalten.[1261] Zu Beginn des Lebenszyklus wird das Unternehmen durch den Gründer - welcher gleichzeitig Eigentümerunternehmer ist – kontrolliert. Im Rahmen der Übertragung von Anteilen an die nachfolgende Familiengeneration entsteht eine Geschwisterpartnerschaft. Nach dem Eintritt der nächsten Generation entsteht dann ein so genanntes Cousinkonsortium.[1262] Möglich wäre auch, dass jeweils nur ein Eigentümer die Anteilsmehrheit besitzt, während die übrigen Erben monetär vergütet werden. Des Weiteren müssen nicht alle Erben im Unternehmen tätig sein. Sie könnten sich auch auf das Halten von Anteilen an der Gesellschaft beschränken.[1263]

Beschäftige / Inhaber	1	2	3	mehr als 3
1-4	90,6	8,2	-	-
5-9	90,5	9,5	-	-
10-19	73,5	24,6	1,4	-
20-49	53,0	37,1	7,6	0,5
50 und mehr	29,4	34,6	28,2	7,9
Wirtschaftssektor				
Produzierendes Gewerbe	69,2	22,9	5,3	2,1
Handel	78,6	17,3	3,7	-
Dienstleistungen	81,1	14,4	3,3	0,5
Insgesamt	**76,5**	**18,0**	**4,1**	**0,9**

Abbildung 4-17: Eigentümerstruktur im Mittelstand in Prozent (Daten aus 2004)[1264]

Grundsätzlich gilt, dass mit abnehmendem Verwandtschaftsgrad die Komplexität der Eigentumsdimension steigt.[1265] Auch die Anzahl der Eigentümer ist entscheidend. Die meisten deutschen mittelständischen Familienunternehmen weisen höchstens drei homogene Eigentümergruppen auf (vgl. Abb. 4-17). Das Vorliegen nur eines Gesellschafters oder einer Gesellschaftergruppe wird als **einfach**, das von zwei oder drei als **neutral** und das Vorliegen von mehr als drei Gesellschaftern bzw. Gesellschaftergruppen als **komplex** beurteilt.[1266]

[1261] Vgl. Gersick et al. (1997), S. 17.
[1262] Allerdings ist dies lediglich eine idealtypische Betrachtungsweise.
[1263] Vgl. Gersick et al. (1997), S. 18ff.
[1264] Kayser (2006), S. 44.
[1265] Vgl. Nötzli Breinlinger (2006), S. 146f.
[1266] Vgl. auch persönliches Gespräch mit Prof. Dr. Dr. h.c. Brun-Hagen Hennerkes am 08.10.2009 in Stuttgart.

Die Art der Gesellschafter spielt ebenfalls eine Rolle. Sind nur familieninterne Gesellschafter vertreten, wird die Eigentumsdimension ceteris paribus als **einfach** beurteilt, da für Familienmitglieder eine hohe Interessenkongruenz unterstellt wird. Mischsituationen werden als **neutral**, ein Übergewicht familienfremder Anteilseigner als **komplex** beurteilt. Diese Einteilung wird durch die Prinzipal-Agent-Theorie begründet. Es ist davon auszugehen, dass zwischen Familienmitgliedern eine größerer Konsens und somit geringe Agenturkosten bestehen als in einer Situation, in der sich die Familienmitglieder mit mehreren familienfremden Gesellschaftern abstimmen müssen.

Ein zusätzlicher Gesichtspunkt ist die Verteilung der Anteile. Die Mehrheit der Anteile deutscher mittelständischer Unternehmen befindet sich in der Hand einer oder mehrerer Gesellschafter oder Familien.[1267] Eine Konzentration der Anteile wird aus Sicht der Prinzipal-Agent- und der Resource-Dependence-Theorie als einfach beurteilt, da hier eine einheitliche Willensbildung stattfinden kann. Bedeutsame Minderheitsanteile werden aufgrund potentieller Konflikte als **komplex** gesehen.[1268]

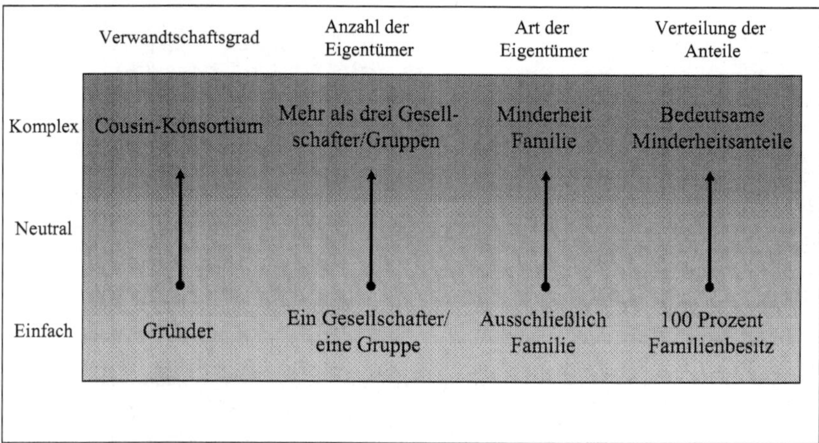

Abbildung 4-18: Einfluss der Besitzstruktur auf die Komplexität

4.2.3 Familie

Die in der vorliegenden Untersuchung betrachteten Unternehmen weisen einen Bezug zu ei-

1267 In der empirischen Erhebung von Becker/Baltzer/Ulrich unter 113 mittelständischen Unternehmen gaben 99 Unternehmen Auskunft zur Besitzstruktur. Knapp 80 Prozent der Unternehmen befanden sich hier im Besitz eines oder mehrerer Gesellschafter bzw. Familien. Vgl. Becker/Baltzer/Ulrich (2008), S. 25.

1268 Hier ist allerdings darauf hinzuweisen, dass die in der vorliegenden Arbeit untersuchten Fallstudienunternehmen nicht oder nur in beschränktem Ausmaß über derartige Minderheitsgesellschafter verfügen.

ner oder mehreren Familien in Besitz und/oder Leitung auf. Je nach Konstellation kann dies die Komplexität des Unternehmens steigern oder reduzieren.[1269] Zunächst ist die Entwicklungsphase der Familie für die Unternehmenskomplexität bedeutsam. In der Literatur werden vier idealtypische Phasen unterschieden: Die junge Unternehmerfamilie, der Eintritt einer neuen Generation, die Generationenpartnerschaft und die Übergangsphase bzw. den Rückzug der aktuellen Situation.[1270] Die erste Phase wird als **einfach** gesehen, die zweite als **neutral**. Alle weiteren Situationen sind als sehr **komplex** einzustufen.

Auch die Beteiligung von Familienmitgliedern in der Leitung des Unternehmens sollte betrachtet werden. Es wurden verschiedene Typologien ermittelt, um die Beteiligung von Familienmitgliedern in der Leitung des Unternehmens zu veranschaulichen. Eine davon ist die so genannte *McEachern*-Typologie.[1271] Diese unterscheidet zwischen den Kategorien ausschließliche Familienführung, gemischte Führung durch Familienmitglieder und Externe sowie reine Fremdgeschäftsführung.[1272] Die ausschließliche Familienführung wird im vorliegenden Modell als **einfach** gesehen. Die reine Fremdgeschäftsführung ist **neutral**, da der Abstimmungsbedarf aufgrund möglicher divergierender Interessen zwischen der Familie und den externen Managern recht hoch ist. Der Fall der gemischten Geschäftsführung ist **komplex**, da eine Kooperation zwischen Familienangehörigen und Externen nicht nur in der Gesellschafterversammlung, sondern zusätzlich im täglichen operativen Geschäft notwendig ist.

Falls ein Aufsichtsorgan, also ein obligatorischer oder fakultativer Aufsichtsrat oder ein fakultativer Beirat vorhanden ist, muss die Beteiligung von Familienmitgliedern in diesem Gremium analysiert werden. Eine ausschließliche Kontrolle durch die Familie ist **komplex**, da ein wichtiges Corporate Governance-Kontrollinstrument durch Verletzung des Vier-Augen-Prinzips ausgehebelt wird. Eine reine Fremdbesetzung des Kontrollorgans ist **neutral**, während eine gemischte Besetzung unter Einbeziehung fachkundiger Dritter als beste Lösung und somit als **einfach** beurteilt wird.

Die Philosophie der Unternehmensfamilie spielt ebenfalls eine Rolle. In diesem Zusammenhang sind drei Ordnungsverhältnisse zwischen Familien- und Unternehmensinteressen möglich: Vorrang der Familie, Vorrang des Unternehmens und Abwägung beider Perspektiven. Der Vorrang des Unternehmens wird als **einfach** beurteilt, da im Konfliktfall eindeutige wirtschaftliche Prioritäten gelten. Der Vorrang der Familie ist als **neutral** zu sehen, da auf den ersten Blick zwar eine Priorisierung von Interessen stattfindet, die Interessen der Familie je-

---

1269 Vgl. Nötzli Breinlinger (2006), S. 148; telefonisches Gespräch mit Prof. Dr. Sabine B. Klein am 28.10.2009.
1270 Vgl. Gersick et al. (1997), S. 57ff.
1271 Vgl. McEachern (1978).
1272 Vgl. McEachern (1978), S. 257ff.

doch in sich häufig nicht homogen und deshalb schwer zu bestimmen sind.[1273] Eine Abwägung beider Perspektiven gilt als **komplex**, da nur sehr schwer erreichbar.[1274]

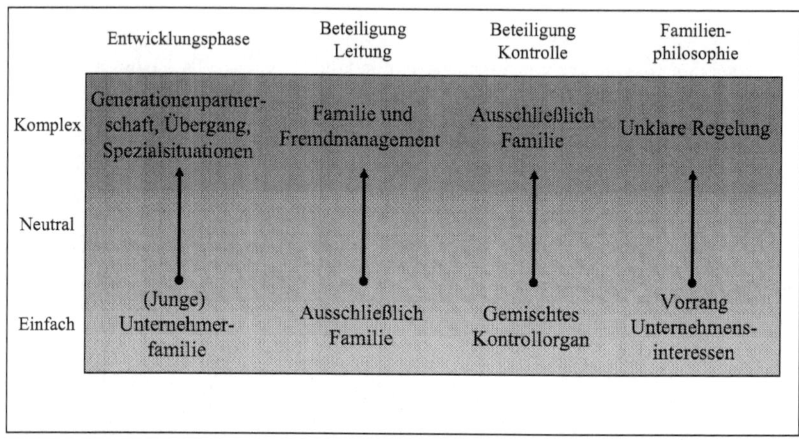

Abbildung 4-19: Einfluss der Familie auf die Komplexität[1275]

4.2.4 Umwelt

Die vierte und letzte Stufe der Situationsanalyse bezieht sich auf die Organisationsumwelt[1276] von mittelständischen Familienunternehmen. *Preisendörfer* unterscheidet hier zwischen Umweltebenen und Umweltdimensionen. Im Zusammenhang mit verschiedenen Umweltebenen werden die Aufgabenumwelt, die Domäne sowie die globale Umwelt einer Organisation unterschieden. Die Aufgabenumwelt[1277] ist die Gesamtheit individueller und korporativer Akteure, mit denen eine Organisation im Außenverhältnis direkte Austauschbeziehungen unterhält. Sie ist folglich nicht deckungsgleich mit der Gruppe der Stakeholder, da diese auch im Unternehmen vorkommen. Die Domäne[1278] bezieht sich auf die Branche, in der ein Unternehmen tätig ist. Die globale Umwelt erstreckt sich auf gesamtwirtschaftliche Rahmenbedingungen, welche in verschiedene Kategorien eingeteilt werden können.

Zusätzlich zu der Debatte um verschiedene Umweltebenen werden auch diverse Umweltdi-

[1273] Vgl. persönliches Gespräch mit Prof. Dr. Dr. h.c. Brun-Hagen Hennerkes am 08.10.2009 in Stuttgart.
[1274] Vgl. auch persönliches Gespräch mit Dr. Bernd Rödl am 26.11.2009 in Nürnberg.
[1275] In Anlehnung an: Nötzli Breinlinger (2006), S. 150.
[1276] Hier besteht eine Abgrenzungsproblematik. Zur Organisationsumwelt kann in einem ersten Schritt alles gezählt werden, was außerhalb der Organisation liegt und für diese in irgendeiner Form bedeutsam ist. Vgl. hierzu Preisendörfer (2008), S. 73.
[1277] Auch ‚task environment' genannt.
[1278] Auch ‚organizational domain' genannt.

mensionen diskutiert.[1279] In der Literatur gängige Dimensionen sind die Umweltmunifizienz, die Umweltdynamik sowie die Umweltkomplexität. Die Umweltmunifizienz beschreibt das Vorhandensein von Ressourcen in der Umwelt des Unternehmens. Es gilt der einfache propagierte Zusammenhang: Je mehr Ressourcen, desto einfacher für die Organisation. Die Dimension der Umweltdynamik charakterisiert das Ausmaß, in dem nicht-vorhersehbare Veränderungen in der Umwelt auftreten. Die dritte und am häufigsten diskutierte Dimension ist die Umweltkomplexität. Sie bezieht sich auf die Heterogenität und Schwierigkeit der Anforderungen, die an ein Unternehmen gerichtet sind.[1280]

Umweltebenen	**Umweltdimensionen**
Aufgabenumwelt	Umweltmunifizienz
Domäne	Umweltdynamik
Globale Umwelt	Umweltkomplexität

Abbildung 4-20: Determinanten der Organisationsumwelt nach *Preisendörfer*[1281]

Im Folgenden wird – gegliedert nach Umweltebenen – eine Charakterisierung der verschiedenen, für Corporate Governance relevanten Umweltdimensionen vorgenommen. Auf Basis der Expertengespräche und Literaturanalyse wurde ein gemischtes Vorgehen für die Bestimmung der Komplexität in den genannten Kategorien gewählt. Die drei Ebenen Aufgabenumwelt, Domäne und Globale Umwelt sind sowohl mit Unternehmensvertretern zu diskutieren als auch durch den externen Blick des Forschers zu beurteilen. So entsteht eine triangulierte Sicht auf die Komplexität der Unternehmensumwelt, in der zumindest ein gewisses Maß an Verzerrung durch die Anwendung verschiedener Perspektiven abgemildert wird. Eine rein direkte Bestimmung der Komplexität der Unternehmensumwelt auf Basis von Expertengesprächen hätte den Nachteil mangelnder Vergleichbarkeit der Ergebnisse.

Für die vorliegende Untersuchung ist zudem durch die Fokussierung auf das verarbeitende Gewerbe davon auszugehen, dass zu starke Verzerrungen durch die Unternehmensumwelt

[1279] Zu Möglichkeiten der Umweltdifferenzierung vgl. Macharzina/Wolf (2008), S. 19ff.
[1280] Vgl. Preisendörfer (2008), S. 74.
[1281] In Anlehnung an: Preisendörfer (2008), S. 74.

ausbleiben dürften.

4.2.4.1 Aufgabenumwelt

Die Aufgabenumwelt von Unternehmen soll in der vorliegenden Arbeit mit der Gesamtheit aller Stakeholder in Einklang gebracht werden. Die Frage, welche Stakeholder in die Betrachtung von Corporate Governance einbezogen werden müssen, wird in der Literatur nicht einheitlich beurteilt.[1282] Es sollten alle wesentlichen Stakeholder einbezogen werden. Für die vorliegende Arbeit wurden insbesondere Unternehmerfamilie, Mitarbeiter, Kunden, Lieferanten und Kapitalgeber als wichtige Stakeholder identifiziert.[1283] Ausgehend von den drei Umweltdimensionen Umweltmunifizienz, Umweltdynamik und Umweltkomplexität sind an dieser Stelle drei Aspekte zu bewerten. Die Umweltmunifizienz der Aufgabenumwelt wird mit Hilfe des Verhältnisses mit Stakeholdern operationalisiert. Herrscht ein überwiegend positives Verhältnis, wird die Situation als **einfach** gesehen, ansonsten in Abhängigkeit von der Problematik als **neutral** oder **komplex**. Die Umweltdynamik sollte eher mit den Begriffen gering, mittel oder hoch umschrieben werden.

4.2.4.2 Domäne

Die Domäne eines Unternehmens ist mit der Branche oder Industrie mehr oder weniger deckungsgleich. Sie lässt sich durch zwei Konstrukte bestimmen:[1284]

(1) Wettbewerbsintensität innerhalb der Branche,

(2) Ausmaß der Unternehmenskonzentration.

Ist die Wettbewerbsintensität in einer Branche sehr niedrig, ist die Situation **einfach**. Mit zunehmender Wettbewerbsintensität steigt auch die Komplexität.[1285] Interessant ist der Zusammenhang zwischen der Wettbewerbsintensität und der Unternehmenskonzentration, der in der Regel negativ ist.[1286] Es wird davon ausgegangen, dass eine hohe Unternehmenskonzentration **einfach**, eine mittlere **neutral** und eine hohe **komplex** ist.

4.2.4.3 Globale Umwelt

Zur Beurteilung von Rahmenbedingungen bieten sich in der Literatur verschiedene Modelle an. Zunächst sind die Kräftefelder des St. Galler Managementmodells zu nennen. Diese vier

[1282] Vgl. Werder (2008), S. 7.
[1283] Diese Gruppen repräsentieren auch die von den befragten Experten am häufigsten genannten Stakeholdergruppen.
[1284] Vgl. Preisendörfer (2008), S. 75.
[1285] Vgl. Kronhardt (2004), S. 137.
[1286] Vgl. z.B. Woeckener (2007), S. 52ff.

Felder sind die gesellschaftliche, ökologische, technologische und wirtschaftliche Umwelt.[1287] Das wohl bekannteste Modell zur Umweltanalyse unterscheidet zwischen fünf Hauptsektoren[1288]. Die einzelnen Segmente und Sektoren der allgemeinen Umweltanalyse sind in Abb. 4-21 festgehalten.

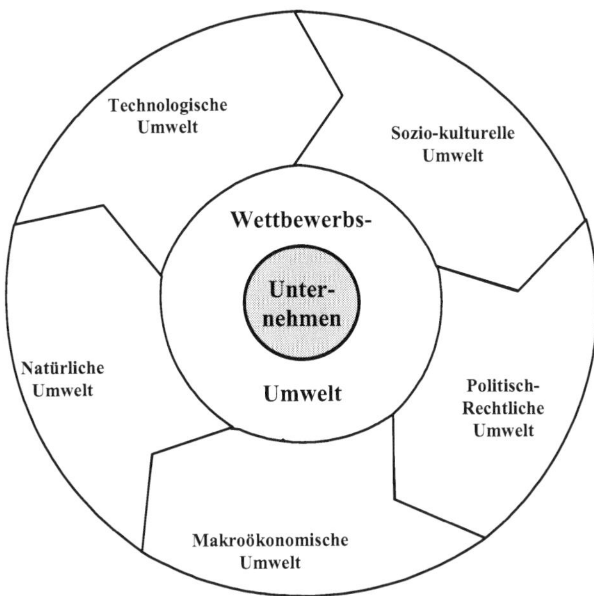

Abbildung 4-21: Segmente und Sektoren der allgemeinen Umweltanalyse[1289]

Diese sind im Einzelnen:

- Makroökonomische Umwelt. Sie beschreibt die übergeordneten wirtschaftlichen Rahmenbedingungen und gesamtwirtschaftliche Größen wie z.B. das Bruttoinlandsprodukt,
- Technologische Umwelt. Die Beschreibung dieser Umweltkategorie beinhaltet die Verfügbarkeit fortschrittlicher Technologien zur Problemlösung,
- Politisch-rechtliche Umwelt. Diese Kategorie umfasst politische Institutionen sowie gesetzliche Rahmenbedingungen,

1287 Vgl. Nötzli Breinlinger (2006), S. 145f.
1288 Vgl. hierzu und im Folgenden Meffert/Burmann/Kirchgeorg (2008), S. 63f.
1289 In Anlehnung an: Steinmann/Schreyögg (2005), S. 178.

- Soziokulturelle Umwelt. Sie wird auch als gesellschaftliche Umwelt bezeichnet und umschreibt die Gesamtheit aller gesellschaftlichen Akteure. Wichtige Aspekte sind in diesem Zusammenhang vor allem demographische Merkmale und Lebensgewohnheiten,
- Natürliche Umwelt. Sie stellt die Ressourcen Wasser, Luft und Boden zur Verfügung und erfüllt außerdem Produktions-, Träger-, Regelungs- und Regenerationsfunktionen.

Im Folgenden wird die Gesamtdarstellung des situativen Bewertungsmodells erläutert.

4.2.5 Gesamtbeurteilung

Das der vorliegenden Arbeit als Denkanstoss dienende Modell verzichtet auf eine Gewichtung einzelner Aspekte der Unternehmenssituation.[1290] Hinterlegte man das Bewertungsmodell mit einem Scoring-Modell und die einzelnen Kategorien und Indikatoren mit Punktwerten und Gewichten, könnte man der situativen Betrachtungsweise aufgrund der Vereinfachung nicht gerecht werden.[1291]

Zudem wäre eine große Gefahr der Scheingenauigkeit[1292] gegeben. Im konkreten Anwendungsfall der Situationsanalyse wird stattdessen eine kommunikative Validierung gewählt. Dies ist ein iterativer Prozess. Auf Basis der Komplexitätsanalyse werden die analysierten Kriterien im Schema ‚einfach – neutral - komplex‘ beurteilt. Da keine Gewichtung der einzelnen Kriterien und Indikatoren vorgenommen wird und sich die Gesamtkomplexität gemäß IDEAL III aus der Summe der Komplexitäten der vier Teilbereiche Unternehmen, Familie, Eigentum und Umwelt ergibt, kann die letztliche Entscheidung, ob die Situation eines Unternehmens nun einfach, neutral oder komplex ist, nur durch Abwägung erfolgen. Dies wäre auch nicht erstrebenswert, da sich durch Einteilung in die jeweilige Kategorie ‚einfach‘, ‚neutral‘ oder ‚komplex‘ weitreichende Konsequenzen für die Spiegelung der einzelnen Mechanismen der Corporate und Family Governance ergäben. Die gewählte Vorgehensweise wurde von den im Rahmen der Arbeit befragten Experten mehrheitlich befürwortet. In Abb. 4-22 ist das situative Bewertungsmodell gesamthaft dargestellt.

1290 Vgl. Nötzli Breinlinger (2006), S. 150.
1291 Vgl. persönliches Gespräch mit PD Dr. Thomas Steger am 17.02.2009 in Chemnitz.
1292 Zur Gefahr der Scheingenauigkeit im Rahmen von Scoring-Modellen vgl. Gelbrich/Müller (2007), S. 478ff. Vgl. auch persönliches Gespräch mit Prof. Dr. Alexander Bassen und Dr. Christine Zöllner am 24.02.2009 in Hamburg.

Modellkategorien / Bewertungsalternativen	Einfach	Neutral	Komplex
Unternehmen			
Herkunft Art der Gründung Alter Position im Lebenszyklus			
Unternehmensgröße Mitarbeiterzahl Geographische Diversifikation Verträge im Unternehmen			
Rechtsform			
Leistungsprogramm Leistungseigenschaften Anzahl von Zusatzfaktoren Tiefe und Breite Produktionsprogramm			
Fertigungstechnologie Menge Varietät Zerlegbarkeit			
Informationstechnologie Verbreitung Einsatzgebiet Art Verwaltung Vernetzung			
Organisation Unternehmensstruktur Organisationsform Führung			
Eigentum			
Verwandtschaftsgrad			
Anzahl der Eigentümer			
Art der Eigentümer			
Verteilung der Anteile			
Familie			
Entwicklungsphase			
Managementaktivitäten			
Kontrollaktivitäten			
Philosophie			
Umwelt			
Aufgabenumwelt			
Domäne			
Globale Umwelt			

Abbildung 4-22: Bewertung der Komplexität der Unternehmenssituation

4.3 Governance-Analyse

In der vorliegenden Untersuchung wird die optimale Governance (als Kombination von Corporate Governance und Family Governance) eines Unternehmens in zwei Stufen ermittelt. Die erste Stufe basiert auf den in den Kapiteln zwei und drei durch Forschung im Gegenstrom abgeleiteten Anforderungen an und Herausforderungen für Corporate Governance in mittelständischen Familienunternehmen. Die zweite Stufe leitet sich von der Bestimmung der Komplexität der Unternehmenssituation ab. Die zu charakterisierenden Mechanismen von Corporate Governance und Family Governance werden aus Operationalisierungsgründen als Konstrukte interpretiert, welche sich wiederum als Summe von Merkmalseigenschaften charakterisieren lassen. Die Beschreibung und Messbarmachung der einzelnen Mechanismen erfolgt durch Indikatoren, welche jeweils in einem eindeutigen Ursache-Wirkungs-Zusammenhang mit dem jeweiligen Mechanismus verknüpft sind.[1293]

Hier kommt die Unterscheidung zwischen reflektiven und formativen Indikatoren zum Tragen.[1294] Bei reflektiven Indikatoren verläuft die Kausalität vom Konstrukt zum Indikator, formative Indikatoren hingegen beeinflussen die Ausprägung des Konstrukts. Die hier verwendete Methodik lässt sich den formativen Messmodellen zurechnen. Da eine wechselseitige Beeinflussung von Konstrukt und Indikator vorliegt, verändert eine Anpassung eines Indikators auch die Ausprägung des Konstrukts, im vorliegenden Fall der situativen Komplexität.[1295] Zur Triangulation wurden die Konstrukte mit den 16 befragten Experten diskutiert. In der vorliegenden Arbeit werden jedoch nur erste Versuche einer modellhaften Erfassung des Zusammenhangs von Situation und Corporate Governance aus einer rein statischen Perspektive dargestellt. Die bisherigen Ausführungen haben gezeigt, dass in mittelständischen Familienunternehmen den innengerichteten und familienbezogenen Elementen die größte Bedeutung beigemessen werden muss.

4.3.1 Theoretische Erweiterungen des Modells

Die vorliegende Arbeit zeichnet sich im Vergleich zur bisherigen Literaturlage durch vier elementare Weiterentwicklungen aus, die in der Einleitung im Hinblick auf die Forschungstiefe bereits angedeutet wurden und im Folgenden näher erläutert werden:

1. Explizite Einbeziehung von Mittelstandsspezifika

Die Ausführungen der Kapitel zwei und drei haben gezeigt, dass in mittelständischen Familienunternehmen andere Voraussetzungen für Corporate Governance vorherrschen als in großen Kapitalgesellschaften. Im Folgenden müssen die bereits diskutierten Corporate Governance-Mechanismen an die Gegebenheiten des Mittelstands angepasst werden. Diese äußern sich sowohl in bestimmten betriebswirtschaftlichen Implikationen – z.B. der beschränkten Ressourcenbasis – als auch der personenorientierten Ausprägung von Unternehmensführung und Controlling in diesem Betriebstyps.

Für die Erarbeitung spezifischer Corporate Governance-Mechanismen kommt insbesondere dem Bewertungskriterium der Ausgewogenheit von Aufwand und Nutzen im Sinne einer Effizienzbetrachtung große Bedeutung zu.[1296] Dieser Gedankengang äußert sich in einer Priorisierung von Empfehlungen zur Ausprägung der Corporate Governance bzw. der Corporate Governance-Mechanismen in Abhängigkeit von zu erwartenden Effekten im Hinblick auf Ef-

[1293] Dies ist vor allem deshalb von Bedeutung, da so die auf Plausibilitätsüberlegungen beruhenden Ursache-Wirkungszusammenhänge ex post empirisch überprüft werden können.
[1294] Vgl. Brettel/Heinemann/Hiddemann (2006), S. 12f.
[1295] Vgl. Christophersen/Grape (2007), S. 105ff.
[1296] Vgl. die Anmerkungen von Klein (2009), S. 63ff.

fizienz und Effektivität.

2. Berücksichtigung des Familienbezugs

Die in der vorliegenden Arbeit betrachteten Unternehmen weisen durchgängig eine Familientradition in Besitz- und/oder Leitungsstruktur auf. Wie bereits erläutert wurde, konnte sich bisher keine eindeutige Theorie der Familienunternehmen durchsetzen.[1297] Trotzdem müssen für das Bewertungsmodell der vorliegenden Arbeit zusätzlich zu den bereits genannten Mittelstandscharakteristika auch spezifische Anforderungen von Familienunternehmen berücksichtigt werden. Als wichtige Quelle für die Einarbeitung von Familienspezifika können unter anderem bereits mehrfach zitierte Grundlagenwerke gelten.[1298] Des Weiteren wurden die Spezifika der Unternehmensführung von Familienunternehmen mit namhaften Experten auf diesem Gebiet diskutiert. Die Anpassung an den familiären Hintergrund geschieht, indem in einem ersten Schritt gängige Corporate Governance-Mechanismen diskutiert und auf deren Relevanz für Familienunternehmen hin überprüft werden. Neben dem für Familienunternehmen als besonders wichtig charakterisierten Vertrauen kommt der Family Governance als Teilbereich der Corporate Governance von Familienunternehmen eine große Bedeutung zu.[1299]

3. Einbeziehung erweiterter theoretischer Grundlagen

Wie bereits in Abschnitt 2.3.2 diskutiert, muss die theoretische Grundlage der Diskussion um Corporate Governance in mittelständischen Familienunternehmen erweitert werden.[1300] In diesem Zusammenhang sind neben der Prinzipal-Agent-Theorie die Stewardship-Theorie sowie die Resource-Dependence-Theorie die meistverwendeten Theorien.[1301] Diese werden im Folgenden auf die Situation mittelständischer Familienunternehmen angepasst.

Prinzipal-Agent-Theorie

Aus Sicht der Prinzipal-Agent-Theorie können in den betrachteten mittelständischen Familienunternehmen unterschiedliche Prinzipal-Agent-Konstellationen zum Tragen kommen.[1302]

Im eigentümergeführten Mittelstand stellt sich per definitionem das originäre Corporate Governance-Problem der Trennung von Eigentum und Leitung nicht, da der Eigentümer in beiden Dimensionen präsent ist.[1303] Opportunistisches Verhalten sowie Informationsasymmetrien sind zumindest auf Ebene der Unternehmensleitung ex ante ausgeschlossen. Jedoch ist durch

[1297] Vgl. Abschnitt 2.1.3 der vorliegenden Arbeit.
[1298] Vgl. Hennerkes (2004); Klein (2004); Simon (2004); Wimmer et al. (2005); Koeberle-Schmid (2008a); Schlippe/Nischak/El Hachimi (2008); Rüsen (2009); Rüsen/Schlippe/Groth (Hrsg., 2009).
[1299] Vgl. hierzu auch Koeberle-Schmid (2009), S. 1250.
[1300] Für ähnliche Überlegungen vgl. Ulrich (2009), S. 530ff. Vgl. auch telefonisches Gespräch mit Prof. Dr. Martin Hilb am 27.08.2009.
[1301] Vgl. Grigoleit (2009), S. 9ff.
[1302] Vgl. hierzu und im Folgenden Becker/Ulrich (2008), S. 261ff.
[1303] Vgl. Hausch (2004), S. 91.

die damit verbundene Alleinentscheidungskompetenz die Zukunft des Unternehmens sehr stark von den Fähigkeiten und der Existenz des Unternehmers abhängig. Mögliches Fehlentscheidungspotential bedarf einer entsprechenden Beratung.

Da Leitung und Besitz in Familienunternehmen auf mehrere Personen aufgeteilt sind, kann sich eine Vielzahl unterschiedlicher Gesellschafterstrukturen herausbilden. Familienunternehmen stellen deswegen selbst keine homogene Gruppe dar.[1304] Substanzielle Governance-Fragen ergeben sich insbesondere durch die Strukturierung der Interessen auf Gesellschafterebene. Diese ist oftmals durch ungleich verteilte Anteile oder durch Unterschiede bezüglich der Beteiligung an der operativen Geschäftsführung charakterisiert. Dabei können Informationsasymmetrien und Zielkonflikte auftreten, die unweigerlich Agenturkonflikte zur Folge haben. Im Unterschied zu Publikumsgesellschaften können sich diese Konflikte aufgrund einer emotionaleren Bindung zusätzlich verstärken oder auf die Ebene der Gesellschafter übertragen. Hier tritt die Family Governance zusätzlich neben die Corporate Governance.[1305]

Im fremdmanagementgeführten Mittelstand überschneiden sich Mittelstandsspezifika mit Aspekten großer Publikumsgesellschaften. Einerseits treten aufgrund der durch eine oder mehrere Familien geprägten Besitzstruktur ähnliche Probleme auf wie in Familienunternehmen, andererseits können Informationsasymmetrien und Zielkonflikte zwischen Management und Eigentümern auftreten, welche denen der originären Prinzipal-Agent-Problematik gleichen. Im Unterschied zu Publikumsgesellschaften kann dabei der Zielkonflikt von Eigentümern und Managern noch stärker ausgeprägt sein, da sich Familienunternehmer bisweilen stärker der Werteorientierung widmen als entsprechende Anteilseigner eines kapitalmarktorientierten Großunternehmens.[1306]

Aus Sicht der Prinzipal-Agent-Theorie sind die Corporate Governance-Mechanismen dahingehend zu hinterfragen, dass Informationsasymmetrien zwischen Familienmitgliedern und externen Managern sowie innerhalb der Unternehmerfamilie (bspw. zwischen operativ tätigen und nicht operativ tätigen Mitgliedern) angeglichen werden. Die Güte dieser Interessenangleichung wird gleichzeitig als Indikator für die Höhe der Agenturkosten angesehen, die wiederum ein Indikator für die Güte der Corporate Governance-Ausprägung ist.

Stewardship-Theorie

Die Stewardship-Theorie wird mittlerweile als zweite wichtige Theorie im Rahmen der Ana-

1304 Vgl. Becker/Ulrich (2008), S. 265.
1305 Vgl. Aronoff/Ward (1996), S. 2.
1306 Vgl. Becker/Ulrich (2008), S. 265f.

lyse von Corporate Governance-Problemen angesehen.[1307] Wie bereits erläutert, unterscheidet sich das Menschenbild dieser Theorie von Prinzipal-Agent-Überlegungen dahingehend, dass von intrinsisch motivierten und gutmütigen Akteuren innerhalb von Organisationen ausgegangen wird. In Folge dieser Annahme kommt die Stewardship-Theorie zu folgenden Erkenntnissen:[1308]

- Eine gemischte Besetzung des Exekutivgremiums (Familienmitglieder und externe Manager) ist gegenüber einer klaren Trennung von Eigentum und Leitung zu bevorzugen,
- die Größe des Exekutivgremiums sollte eher klein sein und zwischen fünf und neun Mitgliedern betragen.

Die empirischen Befunde darüber, ob sich zur Corporate Governance-Analyse in Familienunternehmen eher die Prinzipal-Agent-Theorie oder die Stewardship-Theorie eignet, fällt gemischt aus, es ergibt sich keine eindeutige Vorteilhaftigkeit.[1309] *Colarossi et al.* kommen bspw. im Jahr 2008 für italienische KMU in Familienbesitz zu dem Ergebnis, dass deren Corporate Governance-Strukturen eher den Annahmen der Stewardship-Theorie entsprechen.[1310]

Aus Sicht der Stewardship-Theorie ist für die vorliegende Arbeit die Güte der Corporate Governance dann besonders hoch, wenn das Vertrauen zwischen den Organisationsmitgliedern groß ist und auf formalisierte Kontrollmechanismen weitgehend verzichtet werden kann. Diese Einschätzung basiert auf der Charakterisierung von *Zahra*[1311], der Corporate Governance als soziales Konstrukt interpretiert.

Resource-Dependence-Theorie

Die Resource-Dependence-Theorie[1312] oder auch der Ressourcen-orientierte Ansatz wurde in der vorliegenden Arbeit ebenfalls bereits kurz angesprochen. Die Resource-Dependence-Theorie sieht die Rolle der Mitglieder des Exekutivgremiums vor allem darin, Verbindungen zur Umwelt des Unternehmens zu pflegen. Dies soll Unsicherheiten reduzieren und den Zugang zu wettbewerbsrelevanten externen Ressourcen, Stakeholdern (z. B. Lieferanten, Kunden, Politiker) oder anderen Faktoren garantieren. Die Folgen dieser Entwicklung lassen sich sowohl direkt als auch indirekt messen. Der direkte Einfluss ergibt sich durch eine unmittel-

---

[1307] Vgl. Muth/Donaldson (1998); Lee/O'Neill (2003); Shen (2003); Eddleston/Kellermanns (2007); Jaskiewicz/Klein (2007); Witt (2008); Dies wird auch von den im Rahmen dieser Arbeit befragten Experten bestätigt. Vgl. stellvertretend telefonisches Gespräch mit Prof. Dr. Sabine B. Klein am 28.10.2009.

[1308] Vgl. Astrachan et al. (2006), S. 147ff.; Colarossi et al. (2008), S. 94.

[1309] Vgl. Colarossi et al. (2008), S. 94.

[1310] Vgl. Colarossi et al. (2008), S. 100.

[1311] Vgl. Zahra (2007), S. 69ff. Diese Sichtweise wird auch als ‚embeddedness perspective' der Corporate Governance bezeichnet, da sie Corporate Governance als in eine Organisation eingebettetes soziales Konstrukt interpretiert. Für einen Überblicksbeitrag vgl. Steier/Chua/Chrisman (2009), S. 1157ff.

[1312] Vgl. einführend Pfeffer (1972); Boyd (1990); Hillman/Cannella/Paetzold (2000); Brunner (2009), S. 29ff.

bare Senkung von Transaktionskosten, der mittelbare Einfluss durch eine gesteigerte Glaubwürdigkeit und Beziehungsqualität im Rahmen entstehender Netzwerke.[1313]

Im Rahmen der Resource-Dependence-Theorie spielt die Zusammensetzung des Exekutivgremiums eine große Rolle.[1314] Externe Mitglieder – so die Theorie – bringen häufig bessere Kontakte und mehr Wissen in das Familienunternehmen.[1315] Zudem sprechen sich Anhänger der Resource-Dependence-Theorie für eine große Anzahl von Board-Mitgliedern aus.[1316] Auch an dieser Stelle zeigt sich kein theoretisch und empirisch einwandfreies Bild. Ansätzen der Resource-Dependence-Theorie ist jedoch gemein, Unternehmen als offene Systeme zu charakterisieren, die ohne die Unternehmensumwelt nicht existieren können.[1317] In der vorliegenden Analyse wird die Ressourcenabhängigkeit der Corporate Governance detailliert analysiert. Hier wird insbesondere die Mitwirkung externer Manager in Entscheidungsprozessen als Steigerung der Güte der Corporate Governance interpretiert.

4. Verwendung von Effizienz und Effektivität als Erfolgskriterien

Bisherige situative Ansätze und Bewertungsmodelle vernachlässigten die Überprüfung der Erfolgs- oder Performancewirkung der Corporate Governance häufig mit der Begründung, eine situationsadäquate Ausgestaltung der Organisation sei per se effizient und effektiv.[1318] Dieser Auffassung wird in der vorliegenden Untersuchung nicht gefolgt. Vielmehr wird in Anlehnung an *Klein*[1319] der Erfolg bzw. die Performance als Kontrollvariable der Corporate Governance interpretiert. Um die Ergebnisse einer situativen Analyse der Corporate Governance bewertbar und somit letztlich vergleichbar zu gestalten, ist eine explizite Berücksichtigung des Erfolgs mit den Ausprägungen Effizienz und Effektivität auch in einer modelltheoretischen Sichtweise notwendig.[1320] Die genannten Konstrukte beziehen sich auf den Oberzweck von Unternehmen, die langfristige Existenzsicherung bzw. Überlebensfähigkeit, als Erfolgsmaßstab.[1321] Im Folgenden werden nun Family Governance und Corporate Governance in einzelne Mechanismen heruntergebrochen und entsprechend operationalisiert.

[1313] Vgl. Nötzli Breinlinger (2006), S. 39.
[1314] Vgl. Klein (2008), S. 28f.
[1315] Diese Auffassung geht auf Ward (1998) zurück.
[1316] Vgl. z.B. Goodstein/Gautam/Boeker (1994), S. 241ff. Die Autoren gehen von einer optimalen Größe des Exekutivgremiums zwischen neun und fünfzehn Mitgliedern aus.
[1317] Vgl. Katz/Kahn (1966); Pfeffer/Salancik (1978), S. 63.
[1318] Vgl. Preisendörfer (2008), S. 92.
[1319] Vgl. Klein (2008), S. 22f.
[1320] Für die Operationalisierung der Konstrukte Effizienz und Effektivität wird auf die Ausführungen in Abschnitt 3.1.1 der vorliegenden Arbeit verwiesen.
[1321] Vgl. Monks/Minow (2008), S. 43. Vgl., wie bereits mehrfach zitiert, grundlegend zum unternehmerischen Oberziel der langfristigen Existenzsicherung Becker (1996), S. 32f.

4.3.2 Operationalisierung und Bewertungsmaßstab der Mechanismen

Die Operationalisierung von Corporate Governance im Bewertungsmodell bedarf zweier unabhängiger Schritte. Zunächst sind geeignete Mechanismen[1322] für Family Governance und Corporate Governance in mittelständischen Familienunternehmen zu bestimmen. Danach muss ein adäquater Maßstab für die Bewertung der Ausprägungen definiert werden.

Bewertungsmaßstab

In Analogie zum Modell der Situationskomplexität wird auch die Corporate Governance in drei Kategorien aufgeteilt. Sie kann entweder **komplex**, **neutral** oder **einfach** sein.

Die einzelnen Mechanismen (z.B. Exekutivgremium) der vorliegenden Governance-Analyse setzen sich analog zur Situationsanalyse aus einzelnen Indikatoren zusammen, deren Ausprägung jeweils ein Bild über den zugehörigen Mechanismus gibt. In Anlehnung an diese Vorgehensweise gilt ein Mechanismus oder Merkmal als **komplex**, wenn von den Indikatoren viele verschiedene Zustände angenommen werden können oder ein hoher Formalisierungsgrad vorliegt. Als **neutral** gilt ein Mechanismus, der einige, aber nicht viele verschiedene Zustände hat. **Einfach** hingegen ist ein Mechanismus mit niedriger Formalität, bei dem die meisten Merkmale mehrheitlich in einem konstanten Zustand verharren.

Auch zur Family Governance und Corporate Governance kann eine modellhafte Feststellung getroffen werden. Die Komplexität der Governance lässt sich als Summe der Komplexitäten aus Family und Corporate Governance verstehen.

IDEAL IV: $K\,(G) \overset{!}{=} K\,(CG) + K\,(FG)$

S= Situation, CG= Corporate Governance, FG= Family Governance

Diese sind wiederum jeweils definiert als Summe über alle zugehörigen Komplexitäten der jeweiligen Mechanismen.

IDEAL V: $K\,(CG) \overset{!}{=} \sum_{i=1}^{n} K\,(CGM_i)$

CG= Corporate Governance, CGM= Corporate Governance-Mechanismus

[1322] Für den weiteren Gang der Untersuchung werden die Begriffe Merkmal, Element und Mechanismus synonym verwendet, da bei den meisten Corporate Governance-Teilelementen eine Mischung aus diesen Kategorien vorliegt und somit die Verwendung nur eines der Begriffe die jeweils anderen implizit beinhaltet.

IDEAL VI: $K(FG) \overset{!}{=} \sum_{i=1}^{n} K(FGM_i)$

FG= Family Governance, FGM= Family Governance-Mechanismus

4.3.3 Gesamtbeurteilung

Die Gesamtbeurteilung der Corporate Governance wird in der folgenden Abb. 4-23 veranschaulicht. Analog zur Bewertung der Situation wird in der vorliegenden Arbeit keine Gewichtung der einzelnen Governance-Mechanismen vorgenommen. Vielmehr steht wiederum eine Tendenzaussage im Vordergrund. Diese bezieht sich auf den prinzipiellen Zustand eines Mechanismus der Family oder Corporate Governance.

Modellkategorien / Bewertungsalternativen	Einfach	Neutral	Komplex
Family Governance			
Familienrepräsentanz			
Familienverfassung			
Corporate Governance			
Exekutivgremium			
Aufsichtsgremium			
Unternehmensführung & Controlling			
Anteilseigner- und Gläubigerstruktur			
Finanzierung			
Rechnungslegung, Transparenz & Publizität			
Unternehmenskultur, Vertrauen & Corporate Behavior			
Anreizmechanismen			

Abbildung 4-23: Bewertung der Komplexität der Family und Corporate Governance

4.4 Weitere Analyseschritte

Die auf der modelltheoretischen Vorstellung basierende weitergehende Analyse[1323] beinhaltet die Ist-Analyse der aktuellen Corporate Governance, die Ableitung von Konsequenzen und die Umsetzung der Verbesserungen, die Ermittlung der prognostizierbaren Erfolgswirkung der Veränderungen sowie die Kontrolle der Prämissen, Modellierung und Durchführung.

Ist-Analyse der aktuellen Corporate Governance

Nach der Erarbeitung der optimalen Corporate Governance für ein Unternehmen muss in einem weiteren Schritt die bestehende Corporate Governance des Unternehmens evaluiert werden. In diesem Zusammenhang sind die Schritte aus Abb. 4-24 zu beachten.

Zunächst ist zu analysierten, ob ein spezifischer Mechanismus überhaupt vorhanden ist. Kann dies nicht beobachtet werden, ist zu fragen, ob der Mechanismus wirklich nicht vorliegt oder nur nicht bewusst wahrnehmbar ist. Im ersten Fall ist dafür zu sorgen, den jeweiligen Mecha-

[1323] Vgl. hierzu Nötzli Breinlinger (2006), S. 183ff.

nismus zumindest grundsätzlich zu etablieren. Im zweiten Fall sollte der unbewusst existente Mechanismus expliziert werden. Im zweiten Schritt ist zu fragen, ob ein Mechanismus formal geregelt ist. Hier wird in davon ausgegangen, dass in einfachen Situationen eine formale Regelung unter Umständen (z.B. bei hohem Vertrauen) nicht notwendig ist. Hier wird eine eingehende Analyse empfohlen.

Falls der jeweilige Mechanismus dem Soll-Zustand laut Modell (situativer fit von Situation und Governance) entspricht, ist kein Handlungsbedarf vorhanden. Falls dem nicht so sein sollte, können die in Abschnitt 4.1.2 diskutierten Lösungsalternativen Anpassung der Situation, Anpassung der Governance sowie Steigerung des Vertrauens in Betracht gezogen werden

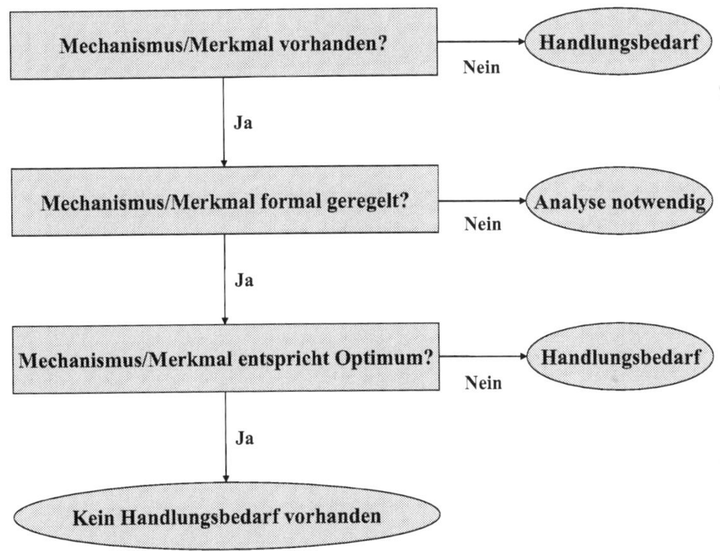

Abbildung 4-24: Weitere Schritte der Corporate Governance-Analyse[1324]

Ableitung der Konsequenzen und Umsetzung der Verbesserungen

Die durchgeführte Analyse ermöglicht die Anpassung bestehender Strukturen. Um eine gute Umsetzung zu erreichen, sollte das Unternehmen mit externen Beratern oder Hochschulen zusammenarbeiten, die als neutrale Instanz die Akzeptanz möglicher Änderungen im Unternehmen steigern können.[1325] Die Anpassung der Corporate Governance kann sich in einem konti-

1324 In Anlehnung an: Nötzli Breinlinger (2006), S. 183.

1325 Vgl. Becker/Ulrich (2008), S. 261ff.

nuierlichen Anpassungsprozess vollziehen, der einer spiralförmigen Vorgehensweise ähnelt, wie sie beispielsweise im Uppsala-Modell der Internationalisierung gemäß *Johanson/Vahlne* vorausgesetzt wird.[1326] Besonders wichtig erscheint eine simultane Analyse und Bewertung der Maßnahmen durch verschiedene Experten. Des Weiteren sollten die durchgeführten Analysen in unterschiedlichen Zeitabständen erneut durchgeführt werden, um eine temporäre Stabilität zu gewährleisten.

Konsequenzen für die ex post-Kontrolle und -Beeinflussung der Erfolgswirkung

Anhand vorab zu definierender Indikatoren können Effizienz und Effektivität der Corporate Governance des Unternehmens bestimmt werden. Somit kann eine immer wieder am situativen Ansatz bemängelte Lücke[1327] geschlossen. Wie bereits mehrfach erläutert wurde, kann für mittelständische Familienunternehmen keine eindimensionale Betrachtung der Erfolgsdimension erfolgen. Vielmehr ist simultan getrennt nach Effizienz und Effektivität sowie verschiedenen Anspruchsgruppen (Kunden, Mitarbeiter, Lieferanten, Öffentlichkeit) getrennt zu analysieren. Eine Steuerung kann jedoch nur gesamthaft erfolgen.[1328]

Zur gezielten quantitativen und qualitativen Kontrolle und Beeinflussung der Erfolgswirkung der Corporate und Family Governance eines Unternehmens wird die von *Kaplan/Norton*[1329] entwickelte Balanced Scorecard (BSC) in besonderem Maße empfohlen. Aufgabe der Balanced Scorecard ist die gezielte Steuerung der Unternehmensentwicklung durch eine Festlegung und Verknüpfung der strategischen Einzelziele entlang der für das Unternehmen wichtigen Perspektiven. Ziel ist die Herstellung einer Balance zwischen kurz- und langfristigen Zielen, monetären und nicht monetären Kennzahlen, zwischen Frühindikatoren und Spätindikatoren sowie zwischen internen und externen Perspektiven.[1330]

Dieser Ansatz eignet sich in besonderem Maße für mittelständische Familienunternehmen, da relevante Stakeholder als Perspektiven in die Betrachtung integriert werden können.[1331] Eine konkrete Umsetzung der Kontrolle und Steuerung der Corporate Governance-Umsetzung (‚measurement and management') steht in der vorliegenden Arbeit aus Kapazitätsgründen nicht im Vordergrund, soll aber zumindest erwähnt werden. Die Überprüfung der Erfolgswirkung der Corporate Governance-Anpassung könnte durch Messung von Kennzahlen in verschiedenen qualitativen und quantitativen Kennzahlen handhabbar und somit transparent ge-

[1326] Vgl. Johanson/Vahlne (1977), S. 23ff.

[1327] Vgl. Preisendörfer (2008), S. 92. Der Autor bemängelt die konsequente Weigerung von Kontingenzforschern, das selbst postulierte Effizienzkriterium in empirischen Studien einer kritischen Prüfung zu unterziehen. Stattdessen wird per se angenommen, dass eine an die Situation angepasste Struktur effizienter als die Ausgangsstruktur vor Veränderung sei.

[1328] Vgl. telefonisches Gespräch mit Prof. Dr. Martin Hilb am 27.08.2009.

[1329] In Anlehnung an: Kaplan/Norton (1996), S. 6ff.; Kaplan/Norton (1997), S. 9ff.; Becker (2009), S. 117.

[1330] Vgl. Kaplan/Norton (1997), S. 7.

[1331] Vgl. Gleich (1997), S. 432f.

macht werden. Selbstverständlich wäre für die Nutzbarkeit der BSC als Corporate Governance-Instrument eine Anpassung der Perspektiven notwendig. Sind dies üblicherweise Ressourcen-, Prozesse-, Kunden- und Wertperspektive, sollte im Corporate Governance-Kontext v.a. eine Erweiterung um Aspekte wichtiger strategischer Stakeholder erfolgen.

4.5 Zwischenergebnis: Dynamisches Corporate Governance-Verständnis

Das bisher abgeleitete Modell basierte auf einem theoretischen Bezugsrahmen. Dieser wurde für den Zusammenhang von Corporate Governance, Unternehmensführung und Controlling erarbeitet und wird an dieser Stelle wieder aufgegriffen.[1332] Im Folgenden wird auf einige Beschränkungen der gewählten Modellvorstellung der Corporate Governance hingewiesen, ohne Anspruch auf Vollständigkeit erheben zu wollen. Eine dynamische Interpretation des gewählten Modells dürfte ferner nicht nur eine ex post Soll-Ist-Kontrolle von Effizienz und Effektivität der Corporate Governance umfassen, sondern müsste eine kybernetische Kontrolle durch Vor- und Rückkopplung[1333] beinhalten.

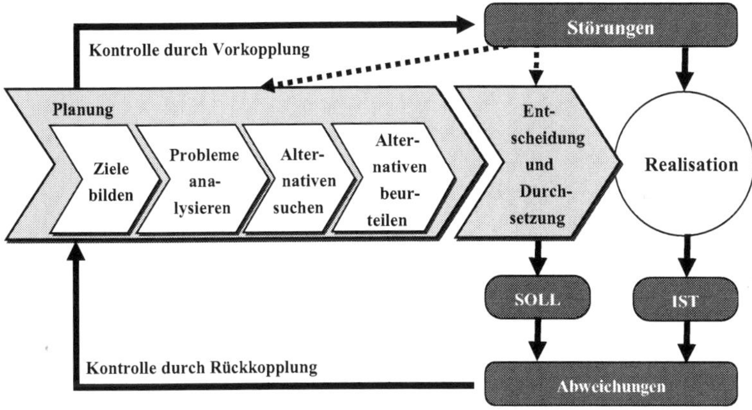

Abbildung 4-25: Komplexe Steuerung und Regelung[1334]

Im abgeleiteten Modell werden Interdependenzen von Situation und Corporate Governance ebenso wie Interdependenzen einzelner Subelemente (z.B. zwischen Unternehmen und Familie) der Situation nicht berücksichtig. In der Realität ist aber von Wechselwirkungen der einzelnen Elemente des Modells untereinander auszugehen, die im Modell nicht erfasst wurden.

1332 Vgl. Abschnitt 3.1.4 der vorliegenden Arbeit.

1333 Vgl. hierzu Bleicher/Meyer (1976), S. 49ff.

1334 In Anlehnung an: Becker (1990), S. 295ff.; Becker (2009), S. 127.

Abb. 4-26 zeigt eine mögliche Abweichung zwischen Modell und Realität, die sich durch Wechselwirkungen zwischen Situation und Corporate Governance bzw. die Rückkopplung einer Veränderung der Corporate Governance auf die Situation ergeben könnte. So würde im Beispiel in einer mittleren Situation bei einfacher Corporate Governance (V) die Empfehlungen einer Steigerung der Komplexität der Corporate Governance greifen. Während im modelltheoretischen Idealfall der mittlere, ideale Pfad erreichbar ist (N_T), muss in der Wirklichkeit davon ausgegangen werden, dass die Komplexität der Situation im Zuge einer Komplexitätssteigerung der Corporate Governance ebenfalls ansteigt und nur eine second best-Lösung (N_P) erreichbar ist. Da die Differenz zwischen Situation und Corporate Governance jedoch mit jedem Schritt inkremental und asymptotisch verkleinert wird, ist von einer Vorteilhaftigkeit des Modells auch in der Unternehmenspraxis auszugehen. Des Weiteren handelt es sich um ein statisches Modell, in dem weder eine Gewichtung einzelner Faktoren vorgenommen noch Unterschiede in der Dynamik der Faktoren berücksichtigt wurden.

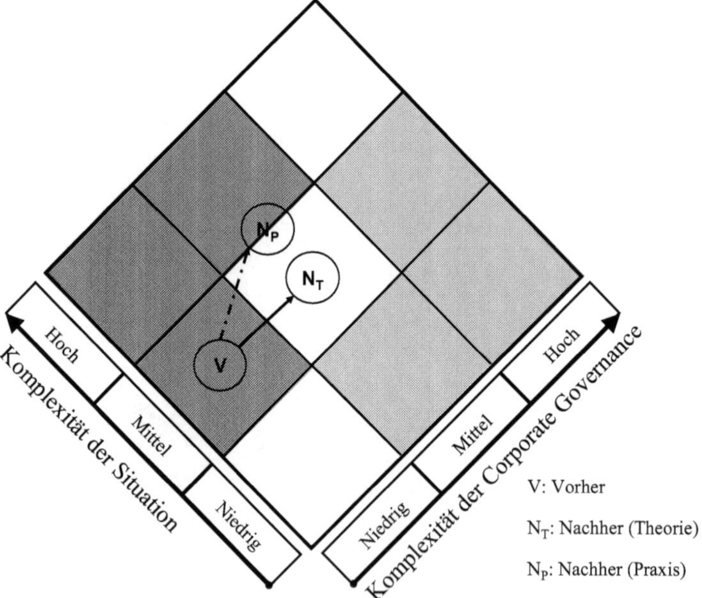

Abbildung 4-26: Mögliche Abweichungen zwischen Modell und Realität

Die Anpassung von Situation und Corporate Governance kann als kybernetischer Koordinationsmechanismus interpretiert werden. Neben der Theorie[1335] weisen auch im Rahmen der Arbeit befragte Experten[1336] darauf hin, dass sich Systeme durch Selbstabstimmung koordinieren können. Dies wird hier nicht berücksichtigt. Es wurde von einem beschränkten Wahlrecht bzgl. der Anpassung der Corporate Governance an die Situation ausgegangen. Aus Sicht der ‚strategic choice'[1337] kann jedoch argumentiert werden, dass Unternehmen strategische Handlungsspielräume besitzen. So könnte eine proaktive Beschäftigung mit Corporate Governance den strategischen Spielraum mittelständischer Familienunternehmen erhöhen.

Bisher wurden personenbezogene Aspekte insbesondere in den einzelnen Teilbereichen wie Eigentum und Familie sowie den Governance-Mechanismen berücksichtigt. Eine Steigerung der Praxisnähe des Modells könnte jedoch durch eine noch stärkere, modellbasierte Einbeziehung von Persönlichkeitscharakteristika der handelnden Akteure erreicht werden.[1338]

Zuletzt ist die Pfadabhängigkeit strategischer Entwicklungen anzuführen.[1339] Gemäß der Theorie der strategischen Pfade besteht für Unternehmen eine aus in der Vergangenheit getroffenen strategischen Entscheidungen entstehende Einschränkung zukünftiger Handlungsspielräume. Neben Fehlinvestitionen, Standardisierungen von Lernprozessen und der Schaffung routinemäßiger Verhaltensweisen im Unternehmen – in ihrer Gesamtheit auch als ‚history matters'[1340] bezeichnet – stellen ‚core rigidities'[1341] eine der Ursachen dar. Sie sind häufig die Folge sich selbst verstärkender Effekte oder ‚increasing returns'[1342]. Eine solche Pfadabhängigkeit könnte für Corporate Governance gelten, wurde aber nicht berücksichtigt. Auch könnte die Komplexität nur einer von vielen Einflussfaktoren auf diese Pfade sein.[1343]

[1335] Vgl. Becker (2009), S. 130.
[1336] Vgl. beispielhaft persönliches Gespräch mit Prof. Dr. Egbert Kahle am 04.03.2009 in Lüneburg.
[1337] Vgl. Child (1972a); Child (1972b).
[1338] Vgl. z.B. Höhne (2009), S. 94.
[1339] Vgl. Schreyögg/Sydow/Koch (2003), S. 257ff.
[1340] Vgl. Teece/Pisano/Shuen (1997), S. 522.
[1341] Vgl. Leonard-Barton (1992), S. 118
[1342] Vgl. Arthur (1989), S. 116.
[1343] Vgl. persönliches Gespräch mit Prof. Dr. Alexander Bassen und Dr. Christine Zöllner am 24.02.2009 in Hamburg.

5 Empirische Befunde

Im nun folgenden fünften Kapitel wird der kontextrelevante Stand der Corporate Governance in mittelständischen Familienunternehmen anhand empirischer Befunde veranschaulicht. In diesem Zusammenhang werden einerseits die konkrete Situation eines Unternehmens dargestellt, anderseits Family Governance und Corporate Governance erläutert, um dem praxeologischen Anspruch der Untersuchung gerecht zu werden.[1344] Der Erkenntnisgewinn der Fall- bzw. Feldstudien ist in der situativen Untersuchung der Governance zu sehen. Dies wurde mit den Interviewpartnern intensiv diskutiert und so weit wie möglich dargestellt, analysiert und bewertet. Auf diese Weise können spezifische Problemstellungen identifiziert und für die Ableitung des Analyse- und Bewertungsmodells in Kapitel 4 der Arbeit verwendet werden. Aufgrund der Fall-/Feldstudien werden schließlich Anpassungen des in Kapitel 4 abzuleitenden Bewertungsmodells vorgenommen. Bewertungsmodell und Fall-/Feldstudien münden im Code of Best Practice und den Handlungsempfehlungen des sechsten Kapitels.

5.1 Untersuchungskonzeption

In Abschnitt 1.3 wurde das qualitative Forschungsdesign der Untersuchung erläutert. Da die Fall-/Feldstudien neben den durchgeführten Experteninterviews den zweiten empirischen Teil der vorliegenden Erhebung darstellen, wird das Forschungsdesign der empirischen Untersuchung im Folgenden erläutert. Hierzu müssen folgende Aspekte erläutert werden:

- Forschungsmethode/Forschungsdesign,
- Datenerhebungsmethoden,
- Auswahl der Untersuchungsobjekte,
- Vorbereitung und Durchführung,
- Auswertungsmethode,
- Beurteilung des gewählten Vorgehens und Limitationen.

Diese Punkte bilden die nun folgenden Unterabschnitte.

5.1.1 Forschungsmethode/Forschungsdesign

Wie bereits im einleitenden Kapitel erläutert, basiert die vorliegende Arbeit auf einem qualitativ-empirischen Forschungsdesign. Im Zentrum dieses Designs steht eine empirische Erhebung sowie die darauf basierende Erstellung von Fall- bzw. Feldstudien,[1345] deren primäre Datenquelle qualitative problemzentrierte Interviews sind. Während in Abschnitt 1.3 die glo-

[1344] Vgl. den in Abschnitt 1.3 definierten wissenschaftstheoretischen Anspruch der Arbeit.
[1345] Vgl. Göbel (2009), S. 359ff.

bale Wissenschaftsmethodologie der vorliegenden Arbeit erläutert wurde, wird nun auf das zentrale Element der empirischen Erhebung abgestellt. Prinzipiell sind folgende Forschungsdesigns voneinander zu unterscheiden: Experiment (Laborexperiment, Feldexperiment), Aktionsforschung, Fallstudien, Feldstudien.[1346] Die Erläuterung der Vor- und Nachteile der einzelnen Forschungsdesigns unterbleibt an dieser Stelle aus Kapazitätsgründen.

Für die vorliegende Untersuchung wurden aus forschungsökonomischen Gründen experimentelle und aktionsorientierte Designs verworfen, womit Fallstudien und Feldstudien verbleiben. Die beiden Letztgenannten können mit *Kubicek* nach zeitlichen Aspekten der Untersuchung sowie der Anzahl der Betrachtungsobjekte unterschieden werden (vgl. Abb. 5-1).

Objektzahl / *Zeitpunkt*	**Ein Unternehmen**	**Mehr als ein Unternehmen**
Ein Zeitpunkt	Fallstudie	Vergleichende Feldstudie (Querschnittsanalyse)
Mehrere Zeitpunkte	Singuläre Längsschnittsanalyse	Multiple Längsschnittanalyse

Abbildung 5-1: Klassifizierung von Fall- und Feldstudien[1347]

In der Literatur wird die Abgrenzung von Fall- und Feldstudien nicht einheitlich gehandhabt. Während klassischerweise der Begriff ‚Feldstudie' ein Forschungsdesign kennzeichnet, welches sich im Gegensatz zu einem Laborexperiment unter realen Bedingungen ‚im Feld' – also außerhalb einer Laborsituation – konkretisiert,[1348] wird die Feldstudie gemäß *Kubicek* in einem Sinn verwendet, den *Yin*[1349] für mehrere Fallstudien (‚multiple case design') prägt. Der Auffassung von *Yin* wird auch in der vorliegenden Arbeit gefolgt, da dies sowohl in der Literatur empfohlen wird als auch für die vorliegende Untersuchung angemessen scheint.

Da hier vor allem auf die Wirkung der Anpassungen der Governance mittelständischer Familienunternehmen abgestellt wird, wäre eine Untersuchung zu mehreren Zeitpunkten im Zeitablauf zu bevorzugen. Aufgrund der zu erwartenden Zeitdauer, die verstreicht, bis die Änderungen Wirkung zeigen, sowie des hohen Ressourcenaufwands konnte eine Längsschnittanalyse im vorliegenden Rahmen nicht verwirklicht werden. Für die vorliegende Arbeit wird es als sinnvoll erachtet, die Betrachtung von Einzelfällen mit einer vergleichenden Feldstudie

1346 Vgl. Atteslander (2008), S. 63ff.
1347 In Anlehnung an: Kubicek (1975), S. 62.
1348 Vgl. Kubicek (1975), S. 57ff.
1349 Vgl. Yin (2003b), S. 40.

(Querschnittsanalyse) zu kombinieren. Hierdurch können Verbesserungspotentiale der Corporate Governance sowohl auf Einzelfälle bezogen als auch übergreifend analysiert werden.

Durch die Kombination von Fallstudien- und Feldstudiendesign können sowohl qualitative als auch quantitative Datenauswertungen einbezogen werden. Qualitative Analysen ermöglichen die Identifikation komplexer Zusammenhänge.[1350] Quantitative Analysen ermöglichen Vergleiche und Differenzierungen. Eine Kombination quantitativer und qualitativer Verfahren wird in der jüngsten Vergangenheit immer häufiger einer eindeutigen Vorteilhaftigkeitsentscheidung bzgl. qualitativer und quantitativer Verfahren vorgezogen.[1351]

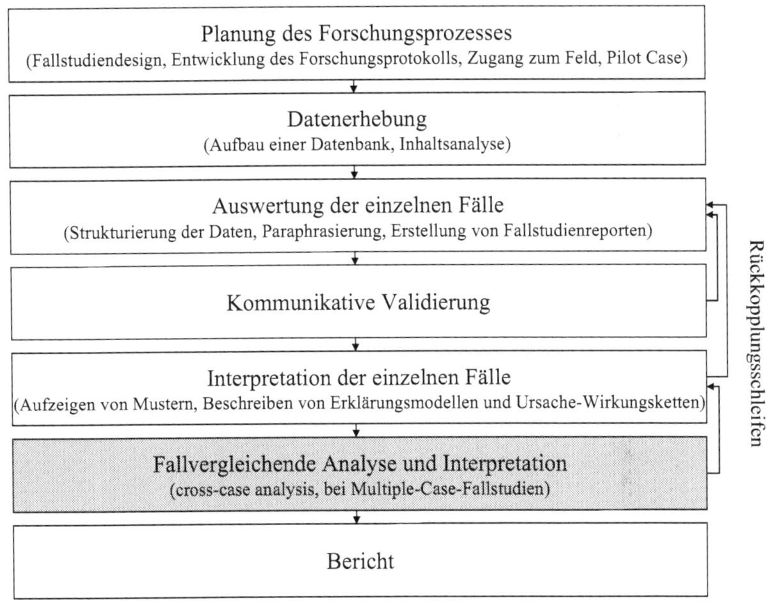

Abbildung 5-2: Erstellungsprozess einer Fallstudie[1352]

Für Fallstudienuntersuchungen liegt bisher kein einheitliches Vorgehensschema vor. Meist

[1350] Vgl. Lamnek (2005), S. 22ff.

[1351] Anwendungsbeispiele der Kombination quantitativer und qualitativer Methoden diskutiert Brüsemeister (2008), S. 35ff.

[1352] In Anlehung an: Borchardt/Göthlich (2007), S. 44. Eine ähnliche Vorgehensweise empfiehlt auch Eisenhardt. Vgl. Eisenhardt (1989b), S. 533. Becker et al. und Hausch wenden qualitativ-empirische Forschungsdesigns für Untersuchungen zu Unternehmensführung & Controlling bzw. Corporate Governance mittelständischer Unternehmen an. Vgl. Becker et al. (2008b), S. 15ff.; Hausch (2004), S. 81ff. Vgl. Weber (2008) für einen praxisorientierte Fallstudienuntersuchung zum Controlling in DAX-Konzernen.

wird jedoch auf das von *Eisenhardt*[1353] begründete Schema Bezug genommen, welches acht grundsätzliche Schritte aufweist und in Abb. 5-2 in modifizierter Form dargestellt ist. Nach einer Planung des Forschungsprozesses, in der neben der Definition der Forschungsfrage auch die Auswahl der Fallstudien gemäß ‚theoretical sampling'[1354] sowie die Auswahl der Erhebungsinstrumente durchgeführt werden müssen, findet die Datenerhebung statt. Nachdem die einzelnen Fälle ausgewertet wurden, sollte durch kommunikative Validierung eine Überprüfung der Auswertung erfolgen. Die Interpretation der einzelnen Fälle, die vornehmlich der Identifikation von Ursache-Wirkungsbeziehungen dient, mündet schließlich in einer fallvergleichenden Analyse und Interpretation. Hier ist die Beziehung zwischen Fallstudien und Feldstudien zu sehen. *Eisenhardt* empfiehlt, keine Fälle mehr hinzu zu nehmen, wenn eine theoretische Sättigung erreicht ist. Für multiple Fallstudienuntersuchungen schlägt sie eine Zahl zwischen vier und zehn Fallstudien vor.[1355] Am Schluss des Forschungsprozesses steht die Erstellung eines Forschungsberichts. Die Fallstudien der untersuchten Unternehmen sind in der vorliegenden Arbeit aus Kapazitätsgründen nicht aufgeführt, fließen jedoch in die Darstellung der Feldstudienuntersuchung ein und können im Anhang eingesehen werden.

5.1.2 Datenerhebungsmethoden

Mehrere Datenerhebungsmethoden eignen sich für Fall- bzw. Feldstudien. Hierunter sind unter anderem Dokumentenanalysen, Befragungen, Beobachtungen und Interviews zu zählen.[1356] Als primäre Datenerhebungsmethode wurde hier – wie in der Literatur empfohlen[1357] – das problemzentrierte Interview gewählt.[1358] Dieser Begriff, der auf *Witzel*[1359] zurückgeht, fasst offene, teilstrukturierte Befragungsformen zusammen. *Witzel* selbst nennt drei grundlegende Prinzipien problemzentrierter Interviews:[1360]

- **Problemzentrierung:** Analyse gesellschaftlicher Problemstellungen,
- **Gegenstandsorientierung:** Die konkrete Gestaltung des Interviews bedient sich nicht vorgefertigter Methoden, sondern wird individuell auf den Untersuchungsgegenstand angepasst,
- **Prozessorientierung:** Flexible Analyse des wissenschaftlichen Problemfelds mit schrittweiser, reflexiver Gewinnung und Überprüfung der Daten.

Aus Perspektive der methodologischen Ausrichtung ist das problemzentrierte Interview dem

[1353] Vgl. Eisenhardt (1989b), S. 534ff.
[1354] Vgl. Glaser/Strauss (2005), S. 70ff.
[1355] Vgl. Eisenhardt (1989b), S. 534ff.
[1356] Vgl. Yin (2003), S. 85ff.
[1357] Vgl. z.B. Peräkylä (2005), S. 869.
[1358] Vgl. einführend Mayring (2002), S. 67f.; Kurz et al. (2009), S. 463ff.
[1359] Vgl. Witzel (1982); Witzel (1985).
[1360] Vgl. Witzel (1982), S. 70ff.

Symbolischen Interaktionismus sowie der ‚grounded theory' von *Glaser/Strauss*[1361] zuzuordnen.[1362] Die ‚grounded theory' zielt auf die Entdeckung neuer Theorien auf Basis in der Sozialforschung gewonnener Daten ab.[1363] Die Methode, welches sich auf das zentrale Element der komparativen Analyse[1364] stützt, wird zur Generierung von Aussagen darüber verwendet, wie Untersuchungsteilnehmer ihre Realität wahrnehmen.[1365] Häufig werden Interviews als Erhebungsmethode eingesetzt.[1366]

Das problemzentrierte Interview stellt eine Kombination qualitativer und quantitativer Verfahren dar, welche in induktiven und deduktiven Argumentationsschritten letztlich zu einer Modifikation der angewandten Theorien führen können.[1367] Durch eine derartige Vorgehensweise kann der Forderung nach einer Triangulation der Erkenntnisse Rechnung getragen werden. So bietet sich neben der Auswahl verschiedener Möglichkeiten der Datenerhebung zusätzlich auch eine Anwendung verschiedener Ansätze der Dateninterpretation an.[1368] Die Triangulation innerhalb[1369] der Fallstudien, zwischen den Fallstudien[1370] und durch die Wahl unterschiedlicher Erhebungsmethoden[1371] steigern die Konstruktvalidität, interne sowie externe Validität der Untersuchung.[1372]

Zentraler Bestandteil eines problemzentrierten Interviews ist der Leitfaden. Dieser stellt gleichzeitig ein Erhebungsinstrument und ein strukturgebendes Element der Untersuchung dar.[1373] So wird sichergestellt, dass zwischen einzelnen Interviews eine gewisse Vergleichbarkeit garantiert wird.[1374] Für die Erforschung der Zusammenhänge zur Corporate Governance in mittelständischen Familienunternehmen ist dies gemäß *Hausch* besonders wichtig, da durch qualitative, leitfadengestützte Interviews (1) überprüft werden kann, ob Fragen verstanden wurden, (2) die Befragten ihre eigene Position zum Gefragten offenlegen können und so eventuell neue Problemfelder aufdecken können, die in der Literatur nicht evident sind, (3) der Bezugsrahmen der Probanden mit erhoben wird und so einen Einblick in den Erfahrungshintergrund der Befragten liefert sowie (4) auf spezifische Situationen im Interview reagiert

[1361] Vgl. Glaser/Strauss (2005). Der ursprüngliche Beitrag datiert von 1967,
[1362] Vgl. Reinders (2005), S. 117.
[1363] Vgl. Glaser/Strauss (2005), S. 12.
[1364] Vgl. Mruck/Mey (2009), S. 34.
[1365] Vgl. Meyer/Göbel/Blümelhuber (2009), S. 405.
[1366] Vgl. Wimpenny/Gass (2000), S. 1488.
[1367] Vgl. Lamnek (2005), S. 364.
[1368] Zur Triangulation in der qualitativen Forschung vgl. Flick (2007), S. 107ff.
[1369] Beispielsweise durch Verwendung eines Interviewleitfadens.
[1370] Dies kann durch Anwendung des gleichen Leitfadens in allen Interviews erreicht werden,
[1371] Vgl. die bereits genannten Aspekte Interviews, Dokumente, Beobachtungen sowie im Speziellen die im Rahmen der vorliegenden Arbeit durchgeführten Experteninterviews.
[1372] Vgl. Lühring (2006), S. 125.
[1373] Vgl. Reinders (2005), S. 153ff.
[1374] Vgl. Mayer (2008), S. 37.

und dieses in der Folge angepasst werden kann.[1375]

Zusätzlich zu problemzentrierten Interviews wurden im Rahmen der vorliegenden Erhebung umfangreiche Dokumentenanalysen unter anderem von Homepages, Geschäftsberichten und offiziellen Dokumente der befragten Unternehmen durchgeführt, um einerseits der Triangulation Rechnung zu tragen und andererseits die Datenqualität der Erhebung zu erhöhen.[1376]

5.1.3 Auswahl der Untersuchungsobjekte

Die vorliegende Untersuchung konzentriert sich auf eigentümergeführte und fremdgeführte mittelständische Familienunternehmen der Unternehmenstypen A (Eigentümer-Unternehmen), B (Familienunternehmen) und C (Fremdgeführter Mittelstand). Ziel des empirischen Teils der Untersuchung ist die Veranschaulichung des derzeitigen Stands der Corporate Governance in mittelständischen Familienunternehmen. Als relevante Gesprächspartner für persönliche Interviews eignen sich Eigentümer oder Manager dieser Unternehmen, da sie einen entscheidenden Einfluss auf Unternehmensführung und Controlling in diesen Unternehmen ausüben. Je nach Art des Themas erscheint es sinnvoll, weitere Experten in die Gespräche einzubinden.[1377] Die Auswahl der zu untersuchenden Unternehmen erfolgt theoretisch begründet auf Basis der abgeleiteten untersuchungsrelevanten quantitativen und qualitativen Mittelstandscharakteristika:[1378]

- **Größe:** Die Unternehmen beschäftigen mindestens 30 Mitarbeiter,
- **Qualitative Charakteristika:** Die Unternehmen werden bezüglich der Leitungsstruktur, der Besitzstruktur und/oder der Kontrolle des Unternehmens maßgeblich von einer oder mehreren Familien beeinflusst. Es handelt es sich um marktwirtschaftliche Unternehmen, die sich überwiegend in privaten Besitz befinden. Sie sind rechtlich und wirtschaftlich selbständig,
- **Rechtsform:** Die Unternehmen weisen aus Vergleichbarkeitsgründen die Rechtsformen AG, GmbH oder KG bzw. GmbH & Co. KG auf,
- **Unternehmenstyp:** Die Unternehmen sind den Unternehmenstypen A, B oder C der allgemeinen Mittelstandstypologie zuzurechnen.

Im Gegensatz zur bei quantitativen Untersuchungen erwünschten Repräsentativität der Stichprobe stellen Fall- und Feldstudien auf das Kriterium der Angemessenheit ab. Hier sind Unternehmen auszuwählen, die entweder große Unterschiede oder große Gemeinsamkeiten auf-

---

[1375] Vgl. Hausch (2004), S. 101.

[1376] Vgl. Eisenhardt (1989b), S. 538.

[1377] So wurde in einigen Unternehmen im Rahmen der Diskussion von Compliance-Themen der Leiter der Rechtsabteilung oder für Controlling-Themen Controller oder Bilanzbuchhalter eingebunden.

[1378] Vgl. Abschnitt 2.1.4 der vorliegenden Arbeit.

weisen, um im Sinne des bereits erwähnten ‚theoretical sampling' die Analyse von Gemeinsamkeiten und Unterschieden zu ermöglichen.[1379] Es wurde versucht, dem Kriterium von *Eisenhardt* (vier bis zehn Fallstudien) und dem ‚theoretical sampling' Rechnung zu tragen. Um die Vergleichbarkeit der analysierten Unternehmen zu gewährleisten, wurden vornehmlich Unternehmen aus dem verarbeitenden Gewerbe ausgewählt. Dieser Wirtschaftszweig ist nach *Hausch* als für den Mittelstand repräsentativ zu charakterisieren und deshalb von besonderem Interesse.[1380] Da die Branche im Rahmen der Situationsanalyse in den Kategorien ‚Unternehmen' und ‚Umwelt' explizit eine Rolle spielt und eine branchenübergreifende Analyse diesbezüglich zu Verzerrungen führend würde, wurde der Branchenfokus ‚verarbeitendes Gewerbe' für die Untersuchung gewählt. Diese Vorgehensweise wurde auch von den im Rahmen der Arbeit befragten Experten explizit befürwortet.[1381]

5.1.4 Vorbereitung und Durchführung

Für die Vorbereitung der Erhebung sind die Erstellung des Interviewleitfadens, die Durchführung von Pre-Tests sowie die Gewinnung der Probanden anzuführen. Der Interviewleitfaden der empirischen Erhebung, der im Anhang abgedruckt ist, gliederte sich in folgende Themenbereiche:

(1) Allgemeine klassifikatorische Angaben zu Unternehmen und Interviewpartner,

(2) Allgemeine Fragen zur Corporate Governance des Unternehmens,

(3) Umwelt des Unternehmens,

(4) Governance der Familie und des Unternehmens,

(5) Offene Diskussion.

Der Leitfaden wurde, wie in der Theorie empfohlen,[1382] in einem Pre-Test in einem Interview mit einem mittelständischen Unternehmer überprüft. Der Pre-Test diente unter anderem der Überprüfung der folgenden Aspekte: Verständlichkeit der Fragen, Schwierigkeit der Fragen, Interesse des Befragten, Kontinuität des Interviews, Effekte der Fragebogenanordnung, Güte der Filterführung, Befragungsdauer, Interesse des Befragten gegenüber der Befragung sowie Belastung des Befragten während der Befragung.[1383] Der Proband des Pre-Tests konnte nicht nur auf die Fragen des Leitfadens antworten, sondern wurde darüber hinaus gebeten, infor-

[1379] Vgl. Eisenhardt (1989b), S. 537.
[1380] Vgl. Hausch (2004), S. 92ff. Sie nennt Gründe für diese Charakterisierung des verarbeitenden Gewerbes. Unter anderem sind die starke industrielle Prägung des Mittelstands, der geringe Anteil an Kleinst- und Kleinunternehmen gemäß der Definition des IfM Bonn, die hohe Wandlungsrate der Unternehmensstrukturen sowie die starke Betroffenheit durch Internationalisierung und Globalisierung zu beachten.
[1381] Vgl. beispielhaft persönliches Interview mit WP/StB Herbert Reiß am 09.12.2009 in Nürnberg.
[1382] Vgl. Raithel (2008), S. 63ff.
[1383] Vgl. Schnell/Hill/Esser (2008), S. 347.

mell seine Meinung zur Befragung kundzutun.

Da für die vorliegende Untersuchung keine Repräsentativität angestrebt wurde, konnte auf eine umfangreiche Recherche potentieller Unternehmensadressen beispielsweise mit Hilfe externer Datenbanken verzichtet werden. Vielmehr wurden gemäß dem in Abschnitt 5.1.3 dargestellten Raster gezielt Kontakte aktiviert, um geeignete Unternehmen für die empirische Erhebung zu akquirieren. In diesem Kontext wurde den Kontakten jeweils ein Kurzsteckbrief mit Kriterien übermittelt, die potentielle Untersuchungseinheiten erfüllen müssen. Auf Basis der von den Kontakten zurückgespielten qualifizierten Kontakte wurde durch Internet- und Datenbankrecherche eine weitere Einengung vorgenommen. Nach Weiterleitung der Kontaktdaten des Ansprechpartners wurde er selbst oder sein Sekretariat telefonisch kontaktiert. Begleitend zum Anruf wurde jeweils per E-Mail ein Anschreiben, eine Kurzbeschreibung des Projekts sowie der Interviewleitfaden zur Ansicht zugesendet.

Insgesamt konnten 23 Unternehmen zur Teilnahme am Forschungsprojekt gewonnen werden, was bei einer Gesamtzahl von 41 kontaktierten Unternehmen einer Quote von 56 Prozent entspricht.[1384] Im Sinne des ‚theoretical sampling' wurde die Interviewaktion nach dem sechzehnten Interview beendet, da die theoretische Sättigung aus Sicht des Forschers erreicht war. Die Interviews wurden in fünfzehn von sechzehn Fällen am Standort des jeweiligen Unternehmens persönlich durchgeführt.[1385] Der arithmetische Mittelwert der Interviewdauer betrug 119 Minuten, das kürzeste Interview dauerte 75, das längste Interview dauerte 150 Minuten.

In der Literatur wird die Aufnahme von Interviews mit Hilfe eines Tonbands empfohlen, um die Gänze der ausgesprochenen Daten speichern zu können.[1386] Zum einen sind jedoch die Themenstellungen Family Governance und Corporate Governance sehr sensibel[1387]. Hier geht es um Fragen, die individuelle Familien- und Vermögensverhältnisse betreffen. Die Beantwortung solcher Fragen setzt eine große Vertrautheit[1388] zwischen Interviewer und Interviewtem voraus, Zum anderen stand im vorliegenden Projekt eher die Antwort des Befragten an sich als die Art und Weise, in der geantwortet wurde, im Vordergrund. Besonders für letzteren Aspekt wären Tonbandaufnahmen notwendig gewesen. Daher wurde in der vorliegenden Erhebung aus den genannten Gründen auf eine Tonbandaufzeichnung vollständig verzichtet. Stattdessen wurde ein klassisches paper and pencil-Interview (PAPI)[1389] durchgeführt. Die In-

---

[1384] Diese Quote lässt sich als Erfolgsgröße der Akquise betrachten. Becker/Ulrich (2009d) erreichen in einer Interviewaktion zum Controlling in mittelständischen Unternehmen eine Erfolgsquote von nur 18 Prozent.

[1385] In einem Fall wurde aufgrund von Terminproblemen ein telefonisches Interview geführt.

[1386] Vgl. Patton (1990), S. 348; Lamnek (2005), S. 367; Mayer (2008), S. 47. Zu Vor- und Nachteilen des Einsatzes von Tonbandaufnahmen in Experteninterviews vgl. Gläser/Laudel (2009), S. 171ff.

[1387] Heikle oder sensible Themen können den Abbruch eines Interviews durch den Interviewten bewirken. Diese Gefahr wird durch Tonbandaufnahmen erhöht. Vgl. Elsbergen (2005), S. 114.

[1388] Vgl. Reinders (2005), S. 184.

[1389] Vgl. Gubrium/Holstein (2002), S. 71f. und 557ff.

terviewpartner wurden explizit um Erlaubnis gebeten, das Interview protokollieren und anschließend transkribieren zu dürfen. Die Interviews wurden semi-strukturiert durchgeführt. Falls ein Interviewpartner die Antwort auf eine Frage oder eine Frage an sich vorwegnahm, wurde dies vom Interviewer flexibel gehandhabt. Die Interviews zeichneten sich insgesamt durch eine hohe Vertraulichkeit zwischen den Gesprächspartnern aus. Zu keinem Zeitpunkt musste ein Interview abgebrochen werden.

Die Notizen des Interviewers wurden unmittelbar am jeweiligen Tag des Interviews in Form eines Gedächtnisprotokolls[1390] in einem vorher festgelegten Schema transkribiert. Die Transkription diente als Dokumentationsgrundlage wissenschaftlicher Untersuchungen der Qualitätssicherung.[1391] Nach Erstellung des Transkripts wurde dies den Interviewteilnehmern zur Durchsicht zugesendet, mit der Möglichkeit, Korrekturen oder Einwände zu erheben. Die Freigabe wurde von keinem Interviewpartner verweigert.

5.1.5 Auswertungsmethode

Die Analyse der erhobenen Daten sollte in einer Formulierung problemrelevanter Aussagen münden. In diesem Zusammenhang ist insbesondere den Anforderungen an eine Nachvollziehbarkeit der Analyse sowie die Kontrollierbarkeit gewonnener Aussagen zu denken. Durch die folgenden Arbeitsschritte konnten diese Anforderungen erfüllt werden:[1392]

- **Erstellung** eines **Interview-Transkripts** unmittelbar nach dem Interview und Zusendung des Transkripts an die Gesprächspartner,
- **Inhaltliche Katalogisierung** und Vergeben von Schlagwörtern durch Einfügen thematischer Überschriften,
- **Neugruppierung** anhand der eingefügten Überschriften,
- **Systematischer Vergleich** von Aussagen mit dem Ziel, Gemeinsamkeiten und Unterschiede zu identifizieren,
- **Empirische Generalisierung** durch Verallgemeinerung der Aussagen, welche aus den Fallstudien gewonnen wurden,
- **Theoretische Generalisierung** und **Konfrontation** der Ergebnisse mit den abgeleiteten theoretischen und praktischen Anforderungen an die Corporate Governance in mittelständischen Familienunternehmen.

Zur Auswertung der Daten wurden die Angaben der Interviewpartner komplett anonymisiert. Dies bezieht sich auch und insbesondere auf Personen- und Unternehmensnamen. Die konkre-

---

1390 Vgl. Lamnek (2005), S. 616; Gläser/Laudel (2009), S. 157.
1391 Vgl. Dittmar (2004), S. 50ff.
1392 Vgl. Tappe (2009), S. 201ff.

te Auswertung der Daten wurde in einem kombinierten Verfahren[1393] aus ‚qualitativer Inhaltsanalyse' gemäß *Mayring*[1394] sowie ‚grounded theory' gemäß *Glaser/Strauss*[1395] vorgenommen. Während die qualitative Inhaltsanalyse von einem regelgeleiteten Verfahren und meist schon bestehenden Kategorien ausgeht, ist die grounded theory ein eher offener, induktiver Forschungsstil mit spezifischen Schwachpunkten[1396], die sich aus der rein induktiven Ableitung der Kategorien ergeben. Im Zuge der komparativen Analyse werden interessante Phänomene zu Kategorien verdichtet.[1397]

Für die vorliegende Arbeit wurden deskriptive und analytische Auswertungsschritte kombiniert. Während in ersteren die fallübergreifende Beschreibung einzelner Aspekte von Situation und Corporate Governance im Vordergrund steht, konzentriert sich die analytische Perspektive auf die Entwicklung von Aussagen zu Beziehungen zwischen Situationsdimensionen und Gestaltungsalternativen von Family Governance und Corporate Governance.[1398] Aus Gründen des Umfangs sind in der vorliegenden Arbeit nur die fallübergreifende Deskription und Analyse eingebunden. Die einzelnen Fallstudien zu den sechzehn thematisierten Unternehmen können einem eigenen Forschungsbericht entnommen werden. Insofern kommt gemäß *Srnka* ein ‚mixed design' zum Ansatz, das im Rahmen einer qualitativen Erhebung quantitative und qualitative Auswertungen miteinander vereint.[1399]

Da der Forschungsstand zum Themenbereich ‚Corporate Governance in mittelständischen Familienunternehmen' heterogen ist – zu Mechanismen der Corporate Governance bestehen teilweise detaillierte Erkenntnisse, zu Family Governance und konzeptionellen Überlegungen eher wenige – bewegt sich die vorliegende Untersuchung zwischen einem ‚theory building'- und einem ‚theory refining'-Ansatz,[1400] weshalb eine kombinierte Vorgehensweise angemessen erscheint. Zur Auswertung der qualitativen Daten wurde neben eigens erstellten Microsoft® Excel-Auswertungstabellen auf die Spezialsoftware MAXQDA2007 zurückgegriffen.

5.1.6 Beurteilung des gewählten Vorgehens und Limitationen

Die notwendige Qualität empirischer Erhebungen lässt sich grundsätzlich mit den Maßen der

1393 Für eine ähnliche Vorgehensweise vgl. Jensen (2008), S. 265ff.
1394 Vgl. einführend Mayring (2008).
1395 Vgl. Glaser/Strauss (2005).
1396 Vgl. Flick (1998), S. 205.
1397 Strauss/Corbin (1990), S. 72ff. bezeichnen dies als ‚offenes Kodieren'.
1398 Vgl. für eine vergleichbare zweigeteilte Vorgehensweise Kleiner (2008), S. 181ff.
1399 Vgl. Srnka (2007), S. 253.
1400 Vgl. zu unterschiedlichen Beiträgen von Fallstudien zur Theorie auch Ridder/Hoon/McCandless (2009), S. 137ff.

Reliabilität[1401], Validität[1402] und Repräsentativität[1403] beurteilen. *Mayring* stellt jedoch fest, dass sich diese Maße nicht für die Beurteilung qualitativer Analysen eignen.[1404] *Knoblauch* entwickelt aus der skizzierten Situation mangelnder Gütekriterien für qualitative Untersuchungen die Forderung, die klassischen Kriterien Gültigkeit und Zuverlässigkeit für die qualitative Forschung zu reformulieren.[1405]

Um die Vertrauenswürdigkeit[1406] und Qualität der Untersuchung zu sichern, liegen zu den jeweiligen Fallstudien umfangreiche Dokumentationen vor. Die Verwendung von Fallstudien garantiert ein hohes Maß an Realismus und Anwendungsbezug.[1407] Gleichzeitig ist aber aufgrund fehlender Repräsentativität eine vorsichtige Formulierung der aus den Fallstudien resultierenden Erkenntnisse anzuraten. Ebenfalls muss einschränkend gesagt werden, dass die Interviews nur von jeweils einer Person durchgeführt wurden. Die von *Eisenhardt* angemahnte Durchführung der Interviews durch Forschungsteams[1408] anstatt eines einzelnen Interviewers zur Erhöhung der internen Validität und Reliabilität der Untersuchung wurde aus Gründen der Vertraulichkeit verworfen. Die Dokumentation der Fallstudienergebnisse ermöglicht eine Wiederholbarkeit der Untersuchung und steigert die externe Validität der Untersuchung.[1409]

Mayring schlägt für die Beurteilung qualitativer Forschungsarbeiten sechs alternative Kriterien vor,[1410] die im Folgenden mit der vorliegenden Untersuchung gespiegelt werden:

- **Nähe zum Gegenstand:** In der vorliegenden Untersuchung bestand durch den persönlichen Kontakt zu Family und Corporate Governance im Rahmen der Interviews durchgängig Nähe zum Untersuchungsgegenstand,
- **Verfahrensdokumentation:** Im Rahmen der vorliegenden Analyse wurde versucht, sowohl die theoretischen als auch empirischen Erkenntnisse und die darauf basierenden induktiven und deduktiven Argumentationsschritte offenzulegen. Dies bezieht sich auch auf die methodischen Aspekte der empirischen Untersuchung,

---

1401 Die Reliabilität kann als Maß für die Verlässlichkeit einer Erhebung interpretiert werden. Sie äußert sich in der Wahrscheinlichkeit, mit der die erzielten Ergebnisse im Rahmen einer neuen Erhebung des gleichen Sachverhalts reproduziert werden können. Vgl. Schnell/Hill/Esser (2008), S. 151.

1402 Die Validität einer Erhebung kennzeichnet die Gültigkeit einer Analyse im Zusammenhang mit der spezifischen Problemstellung, also das Ausmaß, in dem das Messinstrument misst, was es messen sollte. Vgl. Schnell/Hill/Esser (2008), S. 154f.

1403 Die Repräsentativität der Stichprobe ergibt sich durch die Überprüfung systematische Unterschiede zwischen der Stichprobe und nicht in der Stichprobe enthaltener Unternehmen. Eine Stichprobe gilt als repräsentativ, wenn sie ein verkleinertes Abbild der Zielbevölkerung darstellt. Vgl. Sorg (2007), S. 139.

1404 Mayring (2002), S. 141.

1405 Vgl. Knoblauch (2000), S. 628.

1406 Vgl. Brühl/Buch (2006), S. 21.

1407 Vgl. McGrath (1981), S. 184.

1408 Vgl. Eisenhardt (1989b), S. 538.

1409 Vgl. Mayring (2002), S. 140ff.

1410 Vgl. Mayring (2002), S. 145ff.

- **Regelgeleitetheit:** Die Auswertungsergebnisse der vorliegenden Erhebung wurden gemäß der oben genannten Kombination aus grounded theory und Inhaltsanalyse und somit regelgeleitet gewonnen,
- **Argumentative Interpretationsabsicherung:** Argumentationen sollten in sich schlüssig, logische Brüche sollten erklärt und Abweichungen analysiert werden. Für die vorliegende Untersuchung wurde eine Kombination qualitativer und quantitativer Verfahren gewählt, die Plausibilitäten unter anderem auch aufgrund von Fallzahlen zuweist. Alternative Interpretationen wurden ebenfalls berücksichtigt,
- **Triangulation:** Die Erkenntnisse wurden sowohl durch Sekundärquellen der jeweiligen Unternehmen als auch durch theoretische und empirische Daten angereichert. Vor allem die 16 Experteninterviews dienten der Triangulation der Untersuchung,
- **Kommunikative Validierung:** Zur Überprüfung der Gültigkeit der Ergebnisse qualitativer Forschung sollten jene den Befragten vorgelegt werden. Um dies zu gewährleisten, wurden die Transkripte und Fallstudien den jeweiligen Interviewpartnern mit Bitte um Prüfung und ggf. Validierung und Korrekturen zugesendet. Auch wurden die Erkenntnisse der Fallstudien teilweise mit den befragten Experten diskutiert

Zusammenfassend wurden die sechs Gütekriterien von *Mayring* in zufriedenstellender Art und Weise erfüllt. Im Folgenden werden die Untersuchungsteilnehmer charakterisiert.

5.2 Charakterisierung der Untersuchungsteilnehmer

Insgesamt wurden Interviews mit 17 Personen aus 16 Unternehmen geführt. Zusammen mit den 16 geführten Experteninterviews wurden in der vorliegenden Untersuchung somit Interviews mit 33 Personen geführt, womit sich die Erhebung im unteren Drittel des üblichen Rahmens qualitativer Untersuchungen bewegt.[1411]

Auf Wunsch der Interviewpartner wurden die Namen der Unternehmen vollständig anonymisiert, um die Vertraulichkeit der Daten zu wahren. Dies wurde den Unternehmen vor und während der Interviews zugesichert. Hinter den jeweiligen griechischen Buchstaben verbergen sich reale Unternehmen. In Abb. 5-3 sind einige Charakteristika der gewählten Unternehmen abgebildet, die vor und während der Interviews erhoben wurden. Zur Vorerhebung diente ein für problemzentrierte Interviews häufig verwendeter Kurzfragebogen[1412], in dem Daten erhoben wurden, die Hintergrundinformationen zum Interview lieferten. Dies waren im Einzelnen: Name des Unternehmens, Name und Funktion/Position des Interviewpartners, Branche, Gründungsjahr, Rechtsform und etwaige Veränderungen (Vergangenheit/Zukunft)

[1411] Vgl. Kuckartz (1999), S. 67, der für qualitative Untersuchungen eine gängige Probandenzahl von ca. 20 bis 60 Interviews ermittelt.

[1412] Vgl. Lamnek (2005), S. 366.

sowie ggf. Gründe für Veränderung, Mitarbeiterentwicklung in der jüngsten Vergangenheit / nahen Zukunft, Umsatzentwicklung in der jüngsten Vergangenheit / nahen Zukunft.

Nr.	Unternehmen	Wirtschaftszweig	Gründung	Rechtsform	Mitarbeiter	Umsatz (Mio. €)	Unternehmenstyp
1	Alpha	Verarbeitendes Gewerbe	1842	AG	1.700	750	B
2	Beta	Dienstleistungen	1935	GmbH & Co. KG	8.500	1.400	C
3	Gamma	Verarbeitendes Gewerbe	1931	GmbH & Co. KG	1.350	350	B
4	Delta	Verarbeitendes Gewerbe	1966	AG	3.600	730	B
5	Epsilon	Verarbeitendes Gewerbe	1965	GmbH	75	60	A
6	Zeta	Verarbeitendes Gewerbe	1873	GmbH & Co. KG	2.300	280	B
7	Eta	Verarbeitendes Gewerbe	1926	GmbH & Co. KG	2.000	180	B
8	Theta	Verarbeitendes Gewerbe	1951	GmbH	41	5	B
9	Iota	Verarbeitendes Gewerbe	1951	GmbH	2.500	500	C
10	Kappa	Verarbeitendes Gewerbe	1910	GmbH & Co. KG	1.300	600	B
11	Lambda	Verarbeitendes Gewerbe	1930	GmbH	1.675	180	B
12	Mi	Handel	1849	GmbH	60	4	A
13	Ni	Verarbeitendes Gewerbe	2003	GmbH & Co. KG	375	140	B
14	Xi	Verarbeitendes Gewerbe	1948	AG	15.000	1.000	B
15	Omikron	Verarbeitendes Gewerbe	1855	GmbH & Co. KG	3.519	370	B
16	Pi	Verarbeitendes Gewerbe	1965	AG	6.500	700	B

Abbildung 5-3: Unternehmen der empirischen Erhebung

Für den zentralen Unternehmenstypus des Familienunternehmens (B) wurden zwölf Fallstudien analysiert. Zur Kontrastierung dienen je zwei Fallstudien der Typen A (Eigentümer-Unternehmen) und C (Fremdgeführter Mittelstand). Der arithmetische Mittelwert der Kriterien Umsatz und Mitarbeiterzahl liegt bei 3.156 bzw. 453 Millionen Euro. Gemäß den Kriterien des DMI finden sich zwei Kleinunternehmen, neun mittlere Unternehmen und fünf Großunternehmen in der Stichprobe. 14 der 16 Unternehmen sind dem verarbeitenden Gewerbe im weiteren Sinne zuzuordnen. Je ein Unternehmen aus dem Dienstleistungssektor sowie dem Handel wurden als Kontrollfallstudien in die Untersuchung aufgenommen. Sieben Unternehmen firmieren als GmbH & Co. KG, fünf als GmbH und vier als AG.

In Einklang mit der bereits diskutierten Anforderung an die ‚Nähe zum Gegenstand' werden in Abb. 5-4 die Charakteristika der Interviewpartner dargestellt. Für die Beantwortung von Fragen zu Family Governance und Corporate Governance sind eine hohe Stellung innerhalb der Unternehmenshierarchie sowie häufige Kontakte zur Unternehmerfamilie sehr wichtig. Hier wird auf die Definition eines Experten aus Abschnitt 1.3 rekurriert, in der ein besonderer Zugang zu Informationen sowie die Verantwortung für einen Themenbereich als besonders wichtig für die Zuschreibung eines Expertenstatus galten. Diese Anforderung wurde im Rahmen der Probandenauswahl berücksichtigt. Acht der Interviewpartner sind Mitglied des Exekutivgremiums des jeweiligen Unternehmens, neun Interviewpartner sind Mitglied der zweiten Führungsebenen, was für eine außerordentlich hohe Datenqualität spricht.

Nr.	Unternehmen	Interviewpartner	Position bzw. Funktion	Dauer (Minuten)	Art des Interviews
1	Alpha	Manager	Kaufmännischer Leiter, Prokurist, CFO	90	Persönlich
2	Beta	Manager	Leiter Rechtsabteilung	120	Persönlich
3	Beta	Manager	Leiter Finanzbuchhaltung und Konzernbilanzen	120	Persönlich
4	Gamma	Manager	Leiter Finanz- und Rechnungswesen, Prokurist	120	Persönlich
5	Delta	Manager	Finanzvorstand, CFO	120	Persönlich
6	Epsilon	Manager	Leiter Marketing/Vertrieb	120	Persönlich
7	Zeta	Manager	Geschäftsführer, CFO	75	Persönlich
8	Eta	Manager	Leiter Konzerneinkauf, Prokurist	150	Persönlich
9	Theta	Eigentümer	Kaufmännischer Leiter, Prokurist, CFO	120	Persönlich
10	Iota	Manager	Kaufmännischer Leiter, Prokurist, CFO	150	Persönlich
11	Kappa	Eigentümer	Geschäftsführender Gesellschafter, CFO	90	Telefonisch
12	Lambda	Manager	Geschäftsführer, CFO	90	Persönlich
13	Mi	Eigentümer	Geschäftsführender Gesellschafter	150	Persönlich
14	Ni	Manager	Geschäftsführer, CFO	120	Persönlich
15	Xi	Manager	Leiter Personal, Prokurist	120	Persönlich
16	Omikron	Manager	Kaufmännischer Leiter, Prokurist, CFO	150	Persönlich
17	Pi	Manager	Finanzvorstand, CFO	120	Persönlich

Abbildung 5-4: Charakteristika der Interviewteilnehmer

5.3 Allgemeine Fragen zur Corporate Governance

Zu Beginn der Interviews wurden zunächst allgemeine Fragen zur Corporate Governance mit den Interviewpartnern diskutiert.[1413] Die aus den Interviews gewonnenen Informationen wurden zusätzlich um firmeninterne[1414] und -externe Informationen angereichert.

Zwölf der befragten 16 Unternehmen haben sich bereits explizit mit dem Thema Corporate Governance befasst. *Delta*, *Epsilon*, *Theta* und *Mi* haben dies bisher nicht getan, da man bislang keine Notwendigkeit sah. Während die drei letztgenannten Unternehmen kleinere und weniger komplexe Unternehmen darstellen, ist *Delta* gemäß dem angelegten Schema ein eher größeres und komplexeres Unternehmen, das sich bisher nicht explizit mit Corporate Governance befasst hat.[1415] Von den zwölf Unternehmen, die eine explizite Befassung mit Corporate Governance aufwiesen, taten dies sieben Unternehmen unter expliziter Verwendung des Begriffs ‚Corporate Governance'. In fünf Unternehmen wurde ein anderer Begriff für dieses Konstrukt verwendet, z.B. der Begriff ‚Geschäftsethik' in Fallstudie *Lambda*. Hierbei erscheint interessant, dass sich die Mehrheit der befragten Unternehmen „relativ spät, aber dafür intensiv"[1416] mit Fragen der Corporate Governance auseinandergesetzt hat. Als Auslöser hierfür wird der Themenkomplex GRC[1417] gesehen. In mehreren Unternehmen wurde über die Beschäftigung mit Compliance oder Risikomanagement auch eine Thematisierung der Corpo-

[1413] Die Auswertung bezieht sich auf die Fragen II.1 bis II.6 des Interviewleitfadens in Anhang 9.2.
[1414] Als Beispiel wird auf die Fallstudie Zeta verwiesen. Hier wurden interne Dokumente wie z.B. die Führungsleitlinien des Exekutivgremiums in die Auswertung einbezogen.
[1415] Vgl. die Fallstudien Delta, Epsilon, Theta und Mi.
[1416] Fallstudie Alpha.
[1417] Vgl. Abschnitt 3.1.3.3 der vorliegenden Arbeit.

rate Governance thematisiert.[1418] Als weiterer wichtiger Themenbereich werden in fast allen Unternehmen Verhaltensleitlinien für Führungskräfte und Mitarbeiter interpretiert.[1419]

Zusätzlich zur Einstellung des Unternehmens wurde thematisiert, inwieweit sich die jeweiligen Gesprächspartner persönlich mit Corporate Governance auseinandergesetzt haben. Dies war in neun von 17 Fällen gegeben. Acht Experten hatten sich vorher nicht oder erst im Rahmen der Tätigkeit im jetzigen Unternehmen mit Fragen der Corporate Governance auseinandergesetzt. Einige Interviewpartner bezogen Corporate Governance zunächst rein auf börsennotierte Großunternehmen.[1420] Zudem wurde auch der Unterschied zwischen rein formalisierten und zusätzlich auch gelebten Regeln der Corporate Governance thematisiert.[1421] In zehn der 16 Fallstudienunternehmen existiert eine explizite Darlegung der Corporate Governance (vgl. Abb. 5-5).

Nr	Unternehmen	Explizite Darlegung	Art der Darlegung
1	Alpha	Ja	Verhaltensrichtlinien
2	Beta	Nein	
3	Gamma	Ja	Publikationen zur Unternehmensstruktur, Verhaltensrichtlinien
4	Delta	Nein	
5	Epsilon	Nein	
6	Zeta	Ja	Verhaltensrichtlinien, Leitbild, Management-Handbuch
7	Eta	Ja	Compliance-Richtlinien, Leitbild
8	Theta	Ja	Handbuch zum Qualitätsmanagement
9	Iota	Nein	
10	Kappa	Ja	Leitbild, Management-Handbuch
11	Lambda	Ja	Leitbild, Management-Handbuch
12	Mi	Ja	Verhaltensrichtlinien
13	Ni	Ja	Verhaltensrichtlinien
14	Xi	Ja	Verhaltensrichtlinien
15	Omikron	Nein	
16	Pi	Nein	

Abbildung 5-5: Explizite Darlegung der Corporate Governance

Die Unternehmen *Alpha*, *Gamma*, *Zeta*, *Mi*, *Ni* und *Xi* haben bereits Verhaltensrichtlinien für ihre Mitarbeiter implementiert. Der Fokus liegt auf der „Vermeidung von Korruption und Fragen des Kartellrechts“[1422], einem „Verhaltenskodex gegenüber Kunden“[1423] sowie „Wettbewerbsrecht“[1424]. Weiterhin werden Publikationen zur Unternehmensstruktur, Leitbilder, Management-Handbücher, Compliance-Richtlinien sowie – im Unternehmen *Theta* – ein

[1418] Vgl. beispielhaft die Fallstudien Beta, Eta und Mi.
[1419] Vgl. die Fallstudien Zeta, Eta, Kappa, Lambda, Mi, Xi, Omikron und Pi.
[1420] Vgl. die Fallstudien Alpha, Delta und Ni.
[1421] Vgl. Fallstudie Gamma.
[1422] Fallstudie Alpha.
[1423] Fallstudie Mi.
[1424] Fallstudie Xi.

Qualitätsmanagement-Handbuch als explizite Darlegung der Corporate Governance des jeweiligen Unternehmens verstanden.

Diese Beobachtungen führen zu folgendem erstem Ergebnis 1:

Ergebnis 1:	Eine explizite Darlegung der Corporate Governance liegt auch in größeren mittelständischen Familienunternehmen nur eingeschränkt und in ausgewählten Teilbereichen vor. Verhaltensrichtlinien stehen bisher besonders im Fokus.

Acht der 16 Unternehmen haben sich bereits explizit mit Corporate Governance beschäftigt.[1425] Nur vier Unternehmen bzw. Interviewpartner (*Delta, Kappa, Mi, Ni*) gaben an, aktuell keine Beschäftigung mit Corporate Governance zu planen. Die Motive hierzu waren durchaus unterschiedlich. Im Unternehmen *Delta* wird Corporate Governance beispielsweise mit einer „Kultur des Misstrauens"[1426] identifiziert. Eine auftretende Unklarheit betraf zudem die Frage der Notwendigkeit, ein einheitliches Regelwerk der Corporate Governance aufzustellen.[1427]

Von mehreren Interviewpartnern wurde berichtet, dass aktuelle Krisenfälle von Familienunternehmen bzw. Familienunternehmen (bspw. die Fälle *Merckle* und *Schickedanz*) zu einer erhöhten Aufmerksamkeit für Corporate Governance im Unternehmen gesorgt hätten. Zudem wurde auch thematisiert, ob und inwieweit die befragten Unternehmen eine Formalisierung der Corporate Governance des Unternehmens planen. Wie Abb. 5-6 zeigt, plant die Hälfte der acht Unternehmen, die sich bisher noch nicht mit Corporate Governance beschäftigt hatten, für die Zukunft eine formalisierte Planung dieses Themenbereichs.

[1425] Dies sind die Unternehmen Alpha, Beta, Zeta, Eta, Lambda, Xi, Omikron und Pi.
[1426] Vgl. Fallstudie Delta.
[1427] Vgl. als Beispiel Fallstudie Kappa.

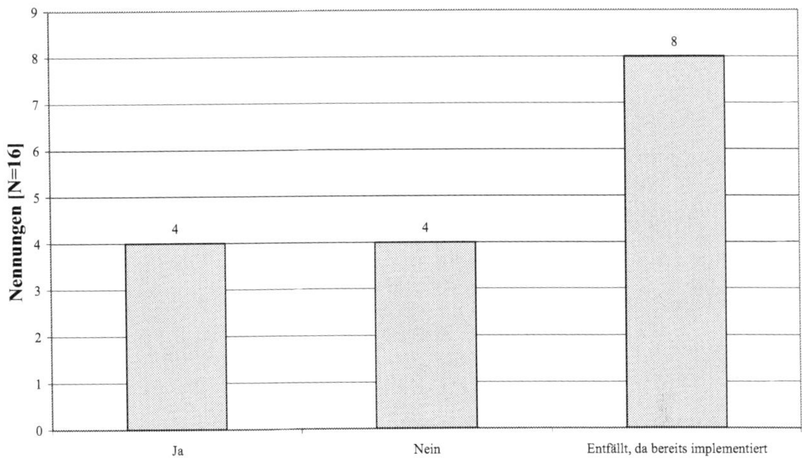

Abbildung 5-6: Befunde zur geplanten Beschäftigung mit Corporate Governance

Mit den Fallstudienunternehmen wurde keine Definition der Corporate Governance diskutiert. Diese wurden aber befragt, was sie unter Corporate Governance verständen. Die Ergebnisse wurden – soweit möglich – gängigen Abgrenzungen der Literatur sowie Aussagen der im Rahmen der Arbeit befragten Experten zugeordnet (vgl. Abb. 5-7).

Nr	Unternehmen	Verständnis der Corporate Governance
1	Alpha	Einwandfreies Verhalten, Normenkonformität
2	Beta	organisatorische Strukturen, Regelungen, Compliance, operatives Regelwerk
3	Gamma	Leitfaden
4	Delta	Leitfaden
5	Epsilon	Leitfaden
6	Zeta	Einwandfreies Verhalten, Leitfaden, Management Manual
7	Eta	Einwandfreies Verhalten, Compliance
8	Theta	Einwandfreies Verhalten, Leitfaden
9	Iota	Privater Maßstab
10	Kappa	Ethische und rechtliche Fragen, Kommunikation strategischer Fragestellungen
11	Lambda	Einwandfreies Verhalten, Leitfaden, Compliance
12	Mi	Leitfaden für die Unternehmensführung
13	Ni	Leitfaden für die Unternehmensführung
14	Xi	Leitfaden für die Unternehmensführung
15	Omikron	Führungsverfassung, Mitwirkungs- und Informationsregelungen
16	Pi	Einwandfreies Verhalten, Geschäftsordnungen

Abbildung 5-7: Detailanalyse zum Corporate Governance-Verständnis

Abb. 5-8 stellt die Klassifikation der Ergebnisse dar. 13 der insgesamt 29 Nennungen konnten der Kategorie ‚Leitlinien/-rahmen der Unternehmensführung' zugeordnet werden. Dies steht in Einklang mit der in der vorliegenden Arbeit abgeleiteten Sichtweise[1428] der Corporate Governance. Auch die Kategorien ‚Verhaltensregeln bzw. Code of Conduct" mit fünf sowie ‚Compliance' mit vier Nennungen wurden prominent genannt. Das klassische Verständnis,[1429] welches Corporate Governance eher auf organisatorische Strukturen bezieht, konnte nur in drei Unternehmen ermittelt werden. Auch gesetzliche und ethische Fragen stehen in den befragten Unternehmen tendenziell im Hintergrund.

[1428] Vgl. Abschnitt 2.3.4 der vorliegenden Arbeit.

[1429] Vgl. z.B. Werder (2008), S. 1.

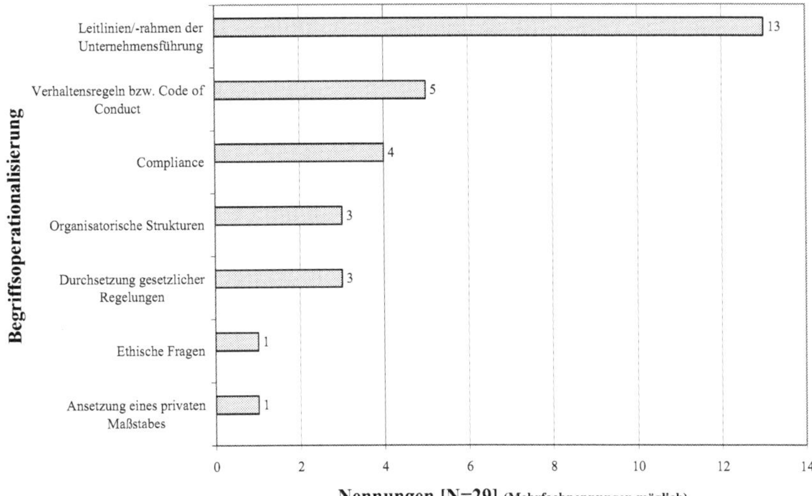

Abbildung 5-8: Klassifikation zum Corporate Governance-Verständnis

Ergebnis 2: Corporate Governance wird von mittelständischen Familienunternehmen mehrheitlich als Leitlinie/-rahmen der Unternehmensführung verstanden.

Ebenfalls thematisiert wurden die Besonderheiten der Corporate Governance mittelständischer Familienunternehmen.[1430] Insgesamt wurden von acht Unternehmen Aussagen zu diesem Themenschwerpunkt getroffen.[1431] Es konnten achtzehn Einzelnennungen identifiziert und klassifiziert werden, von denen die Themenbereiche ‚Nachhaltigkeit' und ‚Beziehungen zwischen Unternehmen und Familie' am häufigsten genannt wurden. Ebenfalls thematisiert wurden die notwendige Balancierung von unternehmerischer Intuition und Formalisierung[1432] (drei Nennungen), die besondere Bedeutung der Stakeholder (zwei Nennungen) sowie der geringe Formalisierungsgrad (eine Nennung). Dies bestätigt zunächst die Ergebnisse von *Becker/Staffel/Ulrich*, die eine überragende Bedeutung der Eigentümer für die Unternehmensführung in den befragten mittelständischen Unternehmen ermitteln.[1433] *Becker/Ulrich/Baltzer* konnten in ihrer Befragung zur Wahrnehmung der Corporate Governance mittelständischer

[1430] Vgl. Abschnitt 3.2 der vorliegenden Arbeit.
[1431] Dies waren die Unternehmen Alpha, Beta, Gamma, Zeta, Eta, Kappa, Mi und Ni.
[1432] Vgl. hierzu auch Müller/Krieg (2008), S. 39ff.
[1433] Vgl. Becker/Staffel/Ulrich (2008b), S. 38.

Unternehmen eine hohe Bedeutung der Mitarbeiterorientierung und Langfristorientierung feststellen.[1434]

Ergebnis 3: Die Beziehung zwischen Unternehmen und Familie ist wichtigstes Spezifikum der Corporate Governance mittelständischer Familienunternehmen.

Im Sinne einer ersten Effizienz- und Effektivitätsbetrachtung wurde mit den Befragten die Thematik von Aufwand und Nutzung sowie des Verhältnisses dieser beiden Aspekte der Corporate Governance in mittelständischen Familienunternehmen diskutiert. Gesamthaft gesehen überwog der Nutzen der Corporate Governance aus Sicht der Befragten dem potentiellen oder faktischen Aufwand. Einige Interviewpartner wiesen jedoch darauf hin, dass dies nicht in allen Konstellationen unbedingt so sein müsse. Als bedeutsam wird gesehen, dass durch Corporate Governance eingeführte Regelungen auch gelebt werden müssten.[1435] Der größte Nutzen wird bei insgesamt 18 Einzelnennungen in der Schaffung eines einheitlichen Regelwerks (sieben Nennungen) gesehen, was mit der bereits thematisierten Operationalisierung der Corporate Governance als Leitlinie/-rahmen der Unternehmensführung korrespondiert. Die Steigerung der Transparenz im Unternehmen wird von vier Probanden angeführt. Weitere Nennungen betrafen die Vorgaben einer Best Practice für die Unternehmensführung, die Stärkung der Wertorientierung sowie die Vereinheitlichung der Unternehmenskultur (je zwei Nennungen). Diese Aspekte können im Sinne des theoretischen Frameworks der vorliegenden Arbeit interpretiert werden, das Corporate Governance eine Steigerung der Effizienz und Effektivität der Unternehmensführung zuspricht. Mit einer Nennung wird der Aspekt der Krisenprävention angeführt. Letzterer kann zur Diskussion der Frage herangezogen werden, ob Corporate Governance proaktiv oder reaktiv eingeführt bzw. thematisiert werden sollte. Hier wurde keine eindeutige Vorteilhaftigkeitsentscheidung seitens der Interviewpartner vorgenommen. Interviewpartner 1 spricht vom „Selbstschutz“[1436] als Antrieb der Corporate Governance, Interviewpartner 12 von „Krisenprävention“[1437]. Auf der anderen Seite sind die genannten Nutzenaspekte zu sehen. Diese können, wie bereits erwähnt, auch als Möglichkeit interpretiert werden, den strategischen Handlungsspielraum der Unternehmensführung (‚strategic choice‘ gemäß *Child*[1438]) zu erhöhen. Auf der Aufwandsseite wurde von den Befragten vornehmlich die Formalisierungsnotwendigkeit genannt, deren Aufwand jedoch aus Sicht aller Befragten vom Nutzen überkompensiert werde.

[1434] Vgl. Becker/Ulrich/Baltzer (2009b), S. 9.
[1435] Vgl. Fallstudie Kappa.
[1436] Vgl. Fallstudie Alpha.
[1437] Vgl. Fallstudie Lambda.
[1438] Vgl. Abschnitt 3.2.1 der vorliegenden Untersuchung.

Ergebnis 4: Der potentielle Nutzen der Anwendung/Einführung von Corporate Governance-Mechanismen übersteigt den korrespondierenden Aufwand. Als Hauptnutzenkategorie wird die Schaffung eines einheitlichen Regelwerks gesehen.

Im Kontext der Verbindung von Corporate Governance-Anwendung und Unternehmenserfolg wurden die Interviewpartner um ihre Einschätzung gebeten. Hier konnte keine eindeutige Tendenz festgestellt werden. Abb. 5-9 zeigt die detaillierten Ergebnisse. So können zwei tendenzielle Einschätzungen unterschieden werden.

Nr	Unternehmen	Corporate Governance und Unternehmenserfolg
1	Alpha	Keine erfolgssteigernde Wirkung, Hygienefaktor
2	Beta	Erfolgssteigernde Wirkung, schwer quantifizierbar
3	Gamma	Erfolgssteigernde Wirkung
4	Delta	k.A.
5	Epsilon	k.A.
6	Zeta	Erfolgssteigernde Wirkung, schwer quantifizierbar
7	Eta	Erfolgssteigernde Wirkung
8	Theta	k.A.
9	Iota	Keine erfolgssteigernde Wirkung, Hygienefaktor
10	Kappa	k.A.
11	Lambda	Keine erfolgssteigernde Wirkung, Hygienefaktor
12	Mi	Schwer quantifizierbar
13	Ni	Keine erfolgssteigernde Wirkung, Hygienefaktor
14	Xi	k.A.
15	Omikron	k.A.
16	Pi	k.A.

Abbildung 5-9: Einschätzung der Verbindung von Corporate Governance und Erfolg

Die erste Gruppe, zu der die Unternehmen *Alpha*, *Iota*, *Lambda* und *Ni* gehören, sah Corporate Governance als notwendigen Hygienefaktor der Unternehmensführung (‚Krisenprävention'). Corporate Governance-Mechanismen seien aus dieser Perspektive notwendig, um den Unternehmensbestand zu sichern. Interviewpartner 1 sprach hier von einer „Prophylaxe“[1439] durch Corporate Governance. Die zweite Gruppe, zu der die Unternehmen *Beta*, *Gamma*, *Zeta* und *Eta* gehören, schrieben der Corporate Governance eine unmittelbar oder mittelbar erfolgssteigernde Wirkung zu. Hier fällt auf, dass die vier letztgenannten Unternehmen innerhalb der Stichprobe eine mindestens mittlere bis große Größenordnung aufweisen als dies bei der ersten Gruppe der Fall ist.

In Interview 5, in dem die Verbindung von Corporate Governance und Unternehmenserfolg

[1439] Vgl. Fallstudie Alpha.

nicht explizit auftrat, nutzte der Interviewte die Charakterisierung „roter Faden“[1440], um die Notwendigkeit der Corporate Governance zu veranschaulichen, und verband diese Einschätzung mit dem Hinweis, nur durch Corporate Governance ließen sich „glaubwürdige und vernünftige Lösungen“[1441] in der Unternehmensführung durchsetzen. In Fallstudie *Zeta* wird die „Nachvollziehbarkeit“[1442] von Entscheidungen durch Corporate Governance erhöht.

Ergebnis 5:	Die Verbindung von Corporate Governance und Unternehmenserfolg wird von den Befragten ambivalent gesehen. Im Gegensatz zur Einschätzung als ‚Hygienefaktor‘ steht die direkt erfolgssteigernde Wirkung.

Wie Ergebnis 5 darstellt, kann jedoch zur Verbindung von Corporate Governance und Unternehmenserfolg vor dem empirischen Hintergrund keine eindeutige Aussage getroffen werden. Zumindest lassen sich die in der Literatur dargestellten Befunde nicht direkt wiederfinden.[1443] Die in der Literatur[1444] sowie von einigen der im Rahmen der Arbeit befragten Experten[1445] thematisierte Anforderung, die Relation Aufwand/Nutzen als Mindestkriterium für die Erfolgsevaluation der Corporate Governance zu verwenden, wurde von den Fallstudienunternehmen durchgängig befürwortet und als positiv aufgefasst.

Letztlich konnte jedoch in einigen Unternehmen eine Trennung zwischen grundsätzlich positiver Einschätzung und Umsetzbarkeit im Unternehmen wahrgenommen werden. So berichteten die Interviewpartner 2 und 3 etwa davon, dass in ihrem Unternehmen wichtige Gruppen herrschten, die Corporate Governance nur mit Kosten und nicht mit Nutzen identifizierten. Insofern sei auch der geringe Implementierungs- bzw. Formalisierungsgrad zu erklären.[1446]

Zwischenfazit

In den analysierten Unternehmen, die sich quantitativ z.T. deutlich nach oben von den bisher in der Literatur als mittelständisch thematisierten Unternehmen abheben, liegt ein im Vergleich zur Theorie eher **geringer Beschäftigungsgrad** mit Corporate Governance vor. Letztere wurde jedoch mehrheitlich als einheitliches Regelwerk der Unternehmensführung interpre-

[1440] Vgl. Fallstudie Delta.
[1441] Vgl. Fallstudie Delta.
[1442] Vgl. Fallstudie Zeta.
[1443] Oesterle (2008), S. 52ff. ermittelt einen Anteil von 29,9 bzw. 23,6 Prozent der von ihm befragten Unternehmen, die Corporate Governance für nützlich bzw. sehr nützlich halten. Becker/Ulrich/Baltzer (2009), S. 8 ermitteln sehr hohe Zustimmungen zu den hergestellten Verbindungen von Corporate Governance, Steigerung des Unternehmenserfolgs, Senkung der Eigenkapitalkosten und Verbesserung des Ratings.
[1444] Vgl. für eine allgemeine Diskussion Wagenhofer (2009), S. 12; Wald (2009), S. 67ff. Für eine auf Familienunternehmen bezogene Betrachtung vgl. Klein (2009), S. 63ff.
[1445] Vgl. persönliches Gespräch mit WP/StB Philipp Karmann am 20.02.2009 in Dresden; persönliches Gespräch mit Prof. Dr. Norbert Wieselhuber am 16.09.2009 in München.
[1446] Vgl. Fallstudie Beta.

tiert, das als roter Faden eine Prävention gegen Krisen sowie eine Sicherung der Überlebensfähigkeit bietet. Diese Ansatzpunkte einer allgemeinen Einschätzung werden in der vorliegenden Arbeit keiner quantitativen Überprüfung – z.B. der Erfolgswirksamkeit – unterzogen, sollten jedoch Ansatzpunkt für nachfolgende quantitative Studien sein. Im Folgenden werden nun die Themenbereiche Umwelt, Rahmenbedingungen und Komplexität thematisiert.

5.4 Umwelt, Rahmenbedingungen und Komplexität

Im Folgenden wird eine Analyse von Umwelt, Rahmenbedingungen und Komplexität der 16 Fallstudienunternehmen vorgenommen.[1447] Hier kommt die in Abschnitt 4.2.4 abgeleitete Dreiteilung der Umwelt in Aufgabenumwelt, Domäne und globale Umwelt zur Anwendung. Die Beurteilung der Komplexität wurde auf Basis der durchgeführten Interviews getroffen und durch den Forscher auf Grundlage der ferner konsultierten Quellen gegebenenfalls revidiert oder modifiziert.

Die Komplexität der Aufgabenumwelt wurde von den Befragten auf einer fünfstufigen Likert-Skala von ‚sehr niedrig' bis ‚sehr hoch' tendenziell zwischen neutral und hoch eingestuft. Eine sehr geringe Komplexität der Aufgabenumwelt lag nur für das Unternehmen *Delta* vor. *Delta* hat sich bisher nicht mit der Thematik Corporate Governance auseinandergesetzt. So könnte evtl. eine Beziehung zwischen Umweltkomplexität und Wahrnehmung der Corporate Governance hergestellt werden. Neben *Delta* wiesen zwei Unternehmen eine geringe Komplexität, fünf Unternehmen eine mittlere Komplexität, fünf Unternehmen eine hohe Komplexität und drei Unternehmen eine sehr hohe Komplexität auf.

Die erhöhte Komplexität der Aufgabenumwelt ist in den einzelnen Unternehmen auf unterschiedliche Ursachen zurückzuführen. Während beispielsweise im Unternehmen *Alpha* einige Arbeitsunfälle das Klima zwischen Unternehmen und Belegschaft erschwert haben,[1448] sind für *Gamma*[1449] die zunehmend nach vorne integrierenden Lieferanten[1450] ein komplexitätsverursachender Faktor. Im Unternehmen *Eta* konnte bisher keine einheitliche Kommunikationsplattform zwischen Exekutivgremium und normalen Mitarbeitern etabliert werden. Nicht alle Informationen der Leitung dringen zu den Adressaten durch oder werden von diesen positiv aufgenommen.[1451] Die von einigen Unternehmen wahrgenommene „Sandwichposition"[1452] zwischen Kunden und Lieferanten, die an sich eine gewisse Komplexität generiert, wurde von

[1447] Neben allgemeinen Recherchen werden vor allem Analysen des Themenkomplexes III des Interviewleitfadens in Anhang 9.2 thematisiert.
[1448] Vgl. Fallstudie Alpha.
[1449] Vgl. Fallstudie Gamma.
[1450] Zur Vorwärtsintegration von Lieferanten vgl. Göbel (2002), S. 189ff.
[1451] Vgl. Fallstudie Eta.
[1452] Vgl. z.B. Fallstudie Kappa.

den befragten Unternehmen durch Rückzug in eine Marktnische sowie Spezialisierungsvorteile gelöst. Eine weitere wahrnehmbare Komplexität entstand dadurch, dass Kunden teilweise Corporate Governance-Standards an die sie beliefernden Fallstudienunternehmen stellten und diese zur Anwendung bestimmter Standards und Richtlinien wie z.B. des SOX zwangen.[1453]

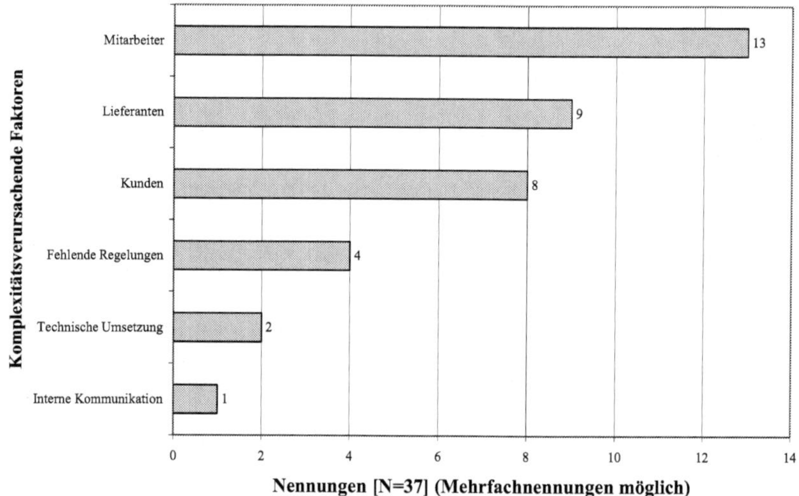

Abbildung 5-10: Komplexitätsverursachende Faktoren der Aufgabenumwelt

Wie Abb. 5-10 zeigt, wurden in der Aufgabenumwelt hauptsächlich die Mitarbeiter (13 Nennungen) als komplexitätsverursachende Faktoren genannt, gefolgt von Lieferanten (neun) und Kunden (acht). Interessant erscheint, dass vier Probanden von fehlenden Regelungen in der Aufgabenumwelt als Komplexitätsverursacher sprachen. Zusammenfassend kann von einer mittleren bis hohen Komplexität der Aufgabenumwelt der Fallstudienunternehmen ausgegangen werden.

Ergebnis 6: Die Komplexität der Aufgabenumwelt wird vornehmlich durch Mitarbeiter und – in geringerem Ausmaß – durch Lieferanten und Kunden verursacht.

Die Komplexität der Domäne wurde von Probanden und Forscher folgendermaßen beurteilt (vgl. Abb. 5-11):

[1453] Vgl. Fallstudie Lambda.

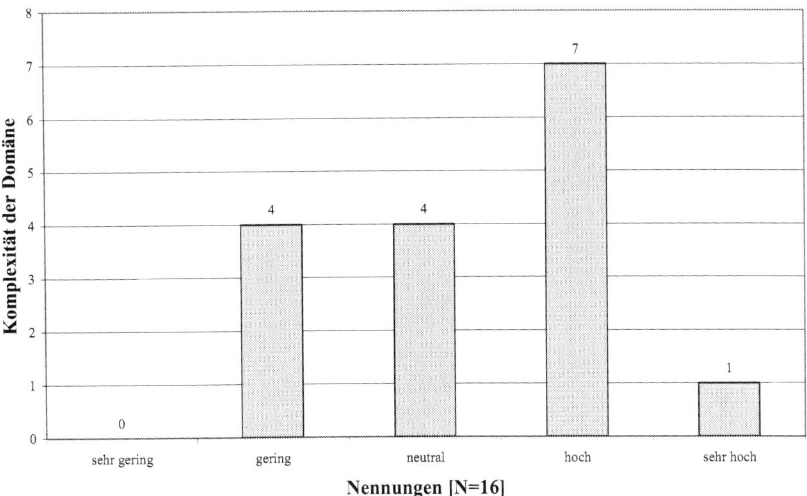

Abbildung 5-11: Komplexität der Domäne

Im Gegensatz zur Komplexität der Aufgabenumwelt ist hier eine stärkere Komplexität wahrzunehmen, da sieben von 16 Unternehmen eine hohe Komplexität der Aufgabenumwelt aufweisen.[1454] Die Ursachen hierfür wurden durchaus unterschiedlich gesehen, wobei die Anonymität der Wettbewerber als erster wichtiger Faktor gesehen wurde.[1455] Die Marktkonzentration wies unterschiedliche Ausprägungen auf. Die Unternehmen *Beta*, *Xeta*, *Ni* und *Xi* bewegen sich in sehr konzentrierten Märkten und nehmen zudem als Weltmarktführer in ihrem Bereich eine sehr starke Marktstellung ein. *Beta* weist beispielsweise bei einem relativen Marktanteil von dreieinhalb Prozent nur einen größeren Wettbewerber auf.[1456]

Alpha, *Gamma*, *Epsilon*, *Kappa* und *Pi* sind hingegen in einem wenig konzentrierten Marktumfeld und einer nur mittleren bis schlechten Marktposition vertreten. Einige der Fallstudienunternehmen nahmen eine zunehmende Zweiteilung ihrer Domäne war. *Epsilon* ist beispielsweise in einem recht intransparenten Markt vertreten, der sich durch wenige große Akteure

[1454] Eine Einschränkung der Analyse ergibt sich durch deren Eindimensionalität. Mehrere der befragten Unternehmen gaben an, in mehr als einer Domäne tätig zu sein, die sich jeweils durch unterschiedliche Komplexitäten auszeichneten. Für die Analyse wurde ein aggregierter Durchschnittswert im Sinne einer Gesamtbetrachtung gebildet.

[1455] Vgl. Fallstudien Eta, Iota und Lambda.

[1456] Vgl. Fallstudie Beta.

und eine Vielzahl kleiner Konkurrenten charakterisiert.[1457]

Ergebnis 7:	Die Komplexität der Domäne wird als tendenziell eher hoch angesehen, was auf eine zunehmende Marktzersplitterung zurückzuführen ist.

Im Gegensatz zur Aufgabenumwelt und Domäne ist die Komplexität der Makroumwelt der analysierten Unternehmen eher gering. Sieben Unternehmen wiesen eine geringe, vier Unternehmen eine mittlere, zwei Unternehmen eine hohe und drei Unternehmen eine sehr hohe Umweltkomplexität auf. Als die beiden wichtigsten Einflussfaktoren wurden die Globalisierung/Internationalisierung sowie komplexe Anforderungen im technischen Bereich wahrgenommen. Letzteres ist in Zusammenhang mit der Auswahl der Fallstudienunternehmen zu sehen, die hauptsächlich im technologieintensiven Segment des verarbeitenden Gewerbes aktiv sind. Die Wahrnehmung der Globalisierung fiel geteilt aus.

Alpha, *Eta* und *Kappa* nahmen eine sehr starke Komplexität wahr, die auch in der Natur der jeweiligen Branche und dem Geschäftsmodell begründet war.[1458] Einen eher geringen Einfluss der Globalisierung spürten *Delta*, *Epsilon*, *Theta*, *Iota*, *Omikron* und *Pi*.[1459] Als Beispiele für komplexitätsverursachende Elemente der Unternehmensumwelt ist z.B. im Fall *Eta* der hohe Innovationsdruck zu nennen. Hier gibt es eine Selbstverpflichtung, pro Quartal mehrere Innovationen zu generieren.[1460]

Ergebnis 8:	Die Komplexität der Makroumwelt ist tendenziell eher gering. Wichtigste Einflussfaktoren sind die Globalisierung sowie technologische Aspekte.

Insgesamt gesehen ist aber die Komplexität der Makroumwelt der betrachteten Unternehmen – wie in Ergebnis 8 dargestellt – eher gering.

Auf Basis der 16 Fallstudien[1461] wurde jeweils eine Komplexitätsanalyse der Situation der beteiligten Unternehmen durchgeführt.[1462] Wie in Abb. 5-12 dargestellt, weisen in der Kategorie ‚Unternehmen' vier Unternehmen eine hohe Komplexität auf.[1463] In der Kategorie ‚Eigentum' liegt keine komplexe Situation vor. Die Komplexität der ‚Familie' ist in zwei Fällen kom-

[1457] Vgl. Fallstudie Epsilon.
[1458] Vgl. Fallstudien Alpha, Eta und Kappa.
[1459] Vgl. Fallstudien Delta, Epsilon, Theta, Iota, Omikron, Pi.
[1460] Vgl. Fallstudie Eta.
[1461] Für jede Fallstudie wurden neben den Interviews zusätzliche Informationen ausgewertet.
[1462] Die Ergebnisse sind in Abbildung 5-12 dargestellt. Die Beurteilung wurde auf Basis der persönlich geführten Interviews sowie weiterer Informationen getroffen.
[1463] Vgl. Fallstudien Eta, Xi, Omikron und Pi.

plex,[1464] die der ‚Umwelt' in vier Fällen.[1465] Eine niedrige Komplexität der Unternehmenssituation weisen im vorliegenden Modell nur die beiden Unternehmen *Epsilon* und *Mi* auf, die mit 75 bzw. 60 Mitarbeitern zur Gruppe der Kleinunternehmen gemäß DMI gehören. Keinem der 16 betrachteten Unternehmen ist eine hohe Gesamtkomplexität der Situation zuzuweisen. Außer *Epsilon* und *Mi* bewegen sich alle Unternehmen in einer neutralen Situation.

Nr.	Unternehmen	K (Unternehmen)	K (Eigentum)	K (Familie)	K (Umwelt)	Gesamturteil
1	Alpha	Neutral	Neutral	Neutral	Komplex	Neutral
2	Beta	Neutral	Einfach	Neutral	Einfach	Neutral
3	Gamma	Neutral	Neutral	Neutral	Komplex	Neutral
4	Delta	Neutral	Neutral	Neutral	Neutral	Neutral
5	Epsilon	Einfach	Einfach	Einfach	Neutral	Einfach
6	Zeta	Neutral	Neutral	Neutral	Neutral	Neutral
7	Eta	Komplex	Einfach	Neutral	Neutral	Neutral
8	Theta	Einfach	Einfach	Einfach	Neutral	Einfach
9	Iota	Neutral	Neutral	Neutral	Einfach	Neutral
10	Kappa	Neutral	Neutral	Komplex	Neutral	Neutral
11	Lambda	Neutral	Neutral	Neutral	Komplex	Neutral
12	Mi	Einfach	Einfach	Einfach	Neutral	Einfach
13	Ni	Einfach	Einfach	Neutral	Neutral	Neutral
14	Xi	Komplex	Einfach	Neutral	Komplex	Neutral
15	Omikron	Komplex	Neutral	Komplex	Einfach	Neutral
16	Pi	Komplex	Neutral	Neutral	Einfach	Neutral

Abbildung 5-12: Aggregierte Komplexität der Unternehmenssituation

Ergebnis 9: Die gesamthafte Komplexität der Unternehmenssituation der Fallstudienunternehmen ist in keinem analysierten Fall hoch, für 14 von 16 ist sie neutral.

Die Bewertung der Komplexität wird als eine der Grundlagen für die explorative Analyse der folgenden Abschnitte Family Governance und Corporate Governance verwendet. Sollte der in Abschnitt 4.1.2 postulierte Zusammenhang zwischen Komplexität der Situation und Komplexität der Corporate Governance zutreffen, dürfte sich die Ausprägung von Family Governance und Corporate Governance im Reifegradmodell auf den Stufen 1 oder 2 befinden, also noch nicht standardisiert sein. Dieser Zusammenhang wird im Folgenden – beginnend mit Unternehmerfamilie und Family Governance – thematisiert.

Zwischenfazit

Die **Umwelt** der 16 Fallstudienunternehmen ist aus Perspektive des situativen Bewertungsmodells als **eher neutral** zu bewerten. In der Aufgabenumwelt entstehen etwaige Konflikte vor allem mit Mitarbeitern. Die Domäne ist in mehreren Unternehmen durch ein Nebeneinan-

[1464] Vgl. Fallstudien Kappa und Omikron.
[1465] Vgl. Fallstudien Alpha, Gamma, Lambda, Xi.

der einiger weniger starker Anbieter und eines großen Massensegments gekennzeichnet. Die globale Umwelt wird von den Probanden bis auf Globalisierung und Technologisierung als eher einfach beurteilt.

5.5 Unternehmerfamilie und Family Governance

In den geführten Interviews gab es einen eigenen Abschnitt, der mit dem Begriff ‚Unternehmerfamilie' überschrieben war.[1466] Dieser Themenbereich wurde absichtlich in dieser Form überschrieben, um die Thematik der Family Governance nicht explizit erwähnen zu müssen.[1467] Als negative Folge dieser Vorgehensweise mussten die Antworten der Interviewten jedoch im Nachhinein händisch den Kategorien ‚Family Governance', dem Corporate Governance-Mechanismus ‚Anteilseigner- und Gläubigerstruktur' sowie – in geringerem Ausmaß – anderen Mechanismen wie z.B. ‚Exekutivgremium' zugeordnet werden. Die Entwicklungsphase der Unternehmerfamilie ist überwiegend reif. Zwölf der 16 Unternehmen weisen ein Cousin-Konsortium (ab dritter Generation) auf. Hier sind sechs Familien der dritten und fünf Familien der fünften Generation zuzurechnen (vgl. Abb. 5-13).

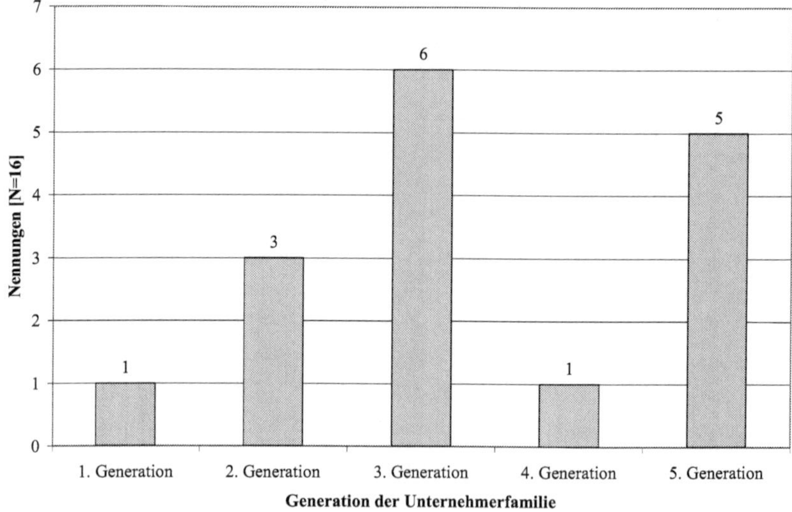

Abbildung 5-13: Befunde zur Unternehmerfamilie (1)

1466 Vgl. Frage IV.1 des Interviewleitfadens in Anhang 9.2.

1467 Hier vermutete der Forscher, dass der Begriff ‚Unternehmerfamilie' weniger stark negativ konnotiert sei als der angloamerikanisch geprägte Term ‚Family Governance'.

Auch die Anzahl der Personen der Familie variiert entsprechend. In einem Fall sind über 150 Gesellschafter der Unternehmerfamilie zuzurechnen und am Unternehmen beteiligt. Wie bereits gezeigt wurde, steigt mit zunehmender Anzahl der Familienmitglieder sowie Anwachsen der Generationen die Komplexität des Teilsystems Familie. Gleichzeitig nimmt der Regelungsbedarf von Corporate Governance und Family Governance zu.

Ebenfalls thematisiert wurde die Entwicklungsphase der Unternehmerfamilie. Die Einschätzung basiert auf den geführten Interviews sowie der Analyse der Unternehmerfamilie durch den Forscher. Hier werden drei Zustände unterschieden: Stabilität, Turbulenz sowie gemischt, wobei letzterer Aspekt Phasen kennzeichnet, die einer Krise unmittelbar vorausgehen oder ihr nachfolgen. Nach diesem Schema befinden sich elf der 16 Unternehmen in einer stabilen Phase, vier in einer gemischten Phase und eines in einer turbulenten Phase (vgl. Abb. 5-14).

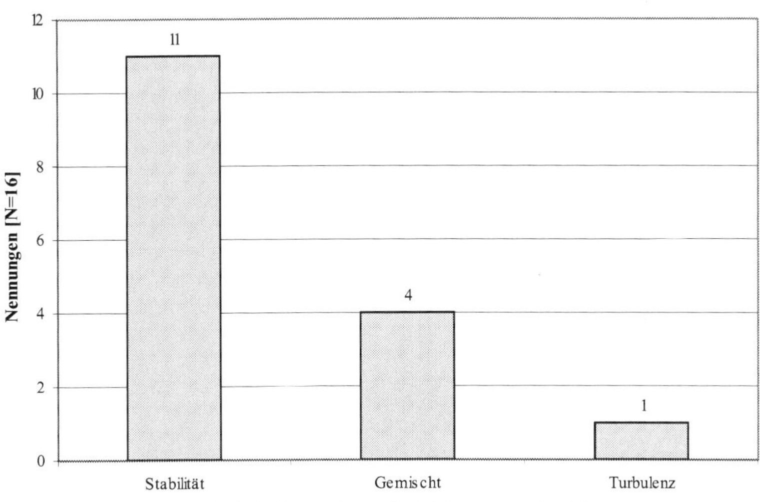

Abbildung 5-14: Befunde zur Unternehmerfamilie (2)

Die turbulente Phase des Unternehmens *Beta* leitet sich daraus ab, dass momentan kein Familienmitglied in der Lage oder willens ist, die operative Leitung des Unternehmens zu übernehmen.[1468] Eine gemischte Phase liegt für *Iota*, *Ni*, *Omikron* und *Pi* vor. Gründe hierfür liegen beispielsweise in Zielkonflikten zwischen operativ tätigen und nicht operativ tätigen Ge-

[1468] Vgl. Fallstudie Beta.

sellschaftern (*Omikron*) oder einem anstehenden Generationenwechsel.

Ergebnis 10: Zielkonflikte innerhalb der Familie können die Entwicklungsphase des Unternehmens nachhaltig (negativ) beeinflussen.

Während die Familie in allen 16 Unternehmen über den Besitz von Anteilen und daraus resultierende Verfügungsrechte an der Kontrolle des Unternehmens beteiligt ist und nur in den drei fremdgeführten Unternehmen (Typ C) nicht an der Leitung beteiligt ist, liegt in dreizehn Unternehmen eine Situation vor, in der es mehrere, nicht in der Leitung tätige Gesellschafter gibt (vgl. Abb. 5-15). Laut Prinzipal-Agent-Theorie wäre hier von Informationsasymmetrien und Konflikten zwischen den Gesellschaftern auszugehen. Insofern kann dies als empirischer Befund angesehen werden, der den Aussagen von *Chrisman/Chua/Sharma*[1469] und *Koeberle-Schmid*[1470] im Kern widerspricht. Entgegen der genannten Quellen scheint auch innerhalb größerer Familienunternehmen die Stewardship-Theorie und somit ein großes Vertrauen zwischen Familienmitgliedern eine geeignete Erklärungsbasis für nicht in erwarteter Form auftretende Konflikte zwischen den Gesellschaftern zu sein.

1469 Vgl. Chrisman/Chua/Sharma (2005), S. 567f. Die Autoren können zeigen, dass Familienmanager in Familienunternehmen sich häufiger als Agents denn als Stewards verstehen und verhalten.

1470 Vgl. Koeberle-Schmid (2008a), S. 21f.

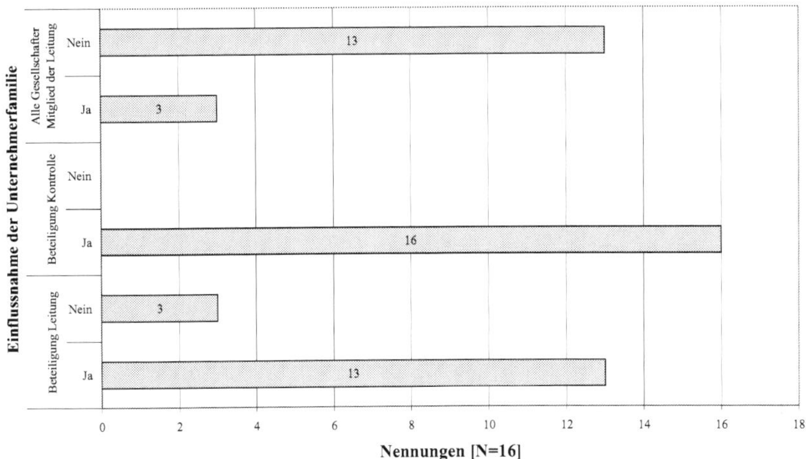

Abbildung 5-15: Formen der Einflussnahme der Unternehmerfamilie

> **Ergebnis 11:** Das Vertrauen zwischen den Familienmitglieder sorgt dafür, dass gemäß Prinzipal-Agent-Theorie erwartete Interessenkonflikte nicht oder in geringerem Ausmaß als erwartet eintreten.

Eine klare Trennung zwischen Unternehmensinteressen und Familieninteressen, wie sie beispielsweise im Governance Kodex für Familienunternehmen gefordert wird,[1471] liegt nicht in allen befragten Unternehmen vor. Eine solche Forderung widerspricht auch der wirtschaftlichen Realität, da die enge Kopplung von Unternehmen und Familie nicht nur eines der Spezifika mittelständischer Familienunternehmen ist,[1472] sondern gleichzeitig einen Erfolgsfaktor dieses Betriebstyps darstellt. Gleichwohl sollte zumindest im Konfliktfall das Unternehmensinteresse im Vordergrund stehen. Vor diesem Hintergrund können die empirischen Befunde hier nicht als gesichert gelten, da mehrere Interviewpartner zwar eine prinzipielle Einschätzung zur Priorität von Unternehmens- oder Familieninteresse gaben, aber gleichzeitig darauf verwiesen, dass sich die Realität erst in einem Konfliktfall zeigen könne, der bisher noch nicht stattgefunden habe. Zudem wurden nur drei Eigentümer befragt. Zum einen besteht somit die Möglichkeit, dass externe Manager ehrlicher Stellung zur Familienphilosophie nehmen als Mitglieder der Familie. Zum anderen haben externe Manager aber auch einen be-

[1471] Vgl. Governance Kodex für Familienunternehmen, Ziffer 1.1.

[1472] Vgl. persönliches Gespräch mit Prof. Dr. Arist v. Schlippe am 08.09.2009 in Witten/Herdecke.

schränkteren Einblick in die engen Familienkreise, wodurch auf beiden Seiten eine Gefahr der Verzerrung besteht.

In der vorliegenden Stichprobe äußerten acht Probanden, für die Familie habe das Unternehmen Vorrang. Vier Probanden nehmen seitens der Familie eine Gleichrangigkeit von Unternehmen und Familie wahr.

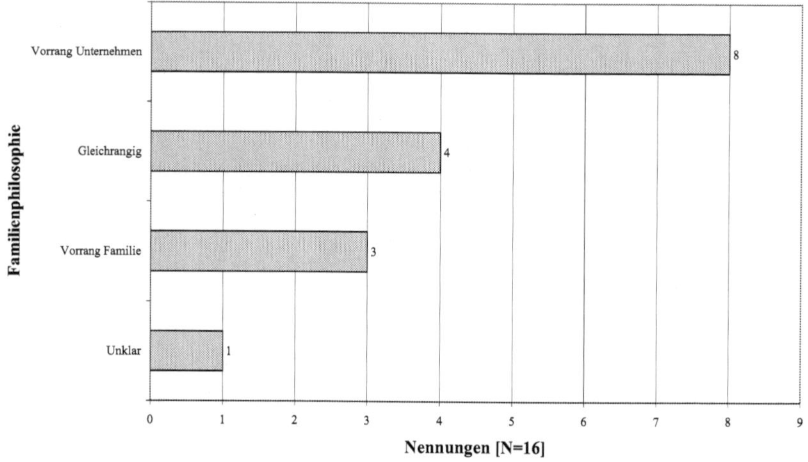

Abbildung 5-16: Familienphilosophie hinsichtlich der Interessenlage

Einen Vorrang der Familie sehen nur drei Probanden, eine unklare Regelung ein Proband (vgl. Abb. 5-16). So scheint sich die Forderung der Literatur im Hinblick auf eine unternehmensspezifische Good Governance durch Vorrang des Unternehmensinteresses zu bestätigen. Dieses Prinzip ist jedoch weniger schriftlich festgelegt als vielmehr Teil der gelebten Unternehmenskultur.[1473] Als sehr gutes Beispiel kann die Tatsache herangezogen werden, dass im Unternehmen *Pi* 90 bis 95 Prozent der erwirtschafteten Gewinne wieder ins Unternehmen reinvestiert werden.

Ergebnis 12: In 75 Prozent der befragten Unternehmen liegt eine Priorität des Unternehmens vor der Familie oder zumindest Gleichrangigkeit beider Systeme vor.

Die Regelungen auf Gesellschafterebene werden von den Befragten als relativ klar und eindeutig empfunden. Interviewpartner 1 verweist auf „klare Strukturen und somit klare Verant-

[1473] Vgl. beispielhaft Fallstudie Zeta.

wortlichkeiten"[1474]. Die Unternehmen *Iota* und *Kappa* verweisen auf die sehr klaren Gesellschafterverträge, die die Sphären operativ tätiger und nicht operativ tätiger Gesellschafter voneinander abgrenzen. Im Unternehmen *Lambda* sind die Zuständigkeiten hingegen nicht auf Basis des Gesellschaftervertrages, sondern aufgrund der unterschiedlichen Kompetenzen der Familienmitglieder verteilt. Die in Abschnitt 3.3.2 diskutierte Familienverfassung liegt in ihrer juristisch mit Zuständigkeit hinterlegten Form in keinem der 16 Fallstudienunternehmen vor. Regelungen zur Familie auf Ebene der Gesellschafterverträge haben nur die Unternehmen *Gamma*, *Iota*, *Kappa* und *Pi*. Hierbei handelt es sich um Unternehmen in älteren Familienlebenszyklusphasen mit sehr vielen Gesellschaftern. Die Familienverfassung wird hier als geeignetes Mittel der Konfliktlösung und Vermeidung gesehen. Gleichzeitig existieren in der Stichprobe aber auch Unternehmen (z.B. *Omikron*), die sehr viele Gesellschafter, aber keine Familienverfassung aufweisen. Somit können die Befunde von *Wesel*[1475] bestätigt werden, der ebenfalls nur eine sehr marginale schriftliche Darlegung von Konfliktlösungsmechanismen nachweist.

Ergebnis 13: Obwohl die Familienverfassung von den meisten Unternehmen als Instrumente zur Konfliktlösung und -vermeidung angesehen wird, ist sie nur in vier von 16 Unternehmen implementiert.

Die in der Literatur diskutierte Begriffsvielfalt[1476] und geringe Verbreitung[1477] einer Familienrepräsentanz zeigt sich auch in der vorliegenden Stichprobe. Im eigentlichen Sinne besitzt nur das Unternehmen *Beta* eine Familienrepräsentanz in Form eines Gesellschafterausschusses. Die Unternehmen *Lambda*, *Ni*, *Xi* und *Omikron* weisen Aufsichtsgremien auf, in denen die Familie vertreten ist und die eine einer Familienrepräsentanz ähnliche Funktion wahrnehmen. Elf Unternehmen weisen keine Familienrepräsentanz auf. Interessant erscheint, dass die Unternehmen *Delta* und *Kappa* explizit darauf hinweisen, dass sie das Fehlen einer Familienrepräsentanz bemerkt haben. Obwohl aus verschiedenen Gründen kein solches Gremium etabliert werden konnte, haben sich die beiden Unternehmen entschieden, zusätzlich zur normalen Gesellschafterversammlung einmal jährlich einen Familientag stattfinden zu lassen, an dem sich die Gesellschafter über die strategische Ausrichtung des Unternehmens abstimmen.

[1474] Vgl. Interview 1/Fallstudie Alpha.
[1475] Vgl. Wesel (2010), S. 166ff.
[1476] Vgl. Koeberle-Schmid (2008a), S. 15f.
[1477] Vgl. Redlefsen (2004), S. 159.

Ergebnis 14: Die Familienrepräsentanz ist bis auf einen Fall in der vorliegenden Stichprobe als Family Governance-Instrument nicht existent.

Zwischenfazit

Die in der vorliegenden Erhebung untersuchten **Familien** befinden sich bzgl. ihrer Entwicklung in einer **reifen Phase**. Dieser Befund sowie die teilweise große Anzahl an Gesellschaftern sowie Asymmetrien zwischen operativ und nicht operativ tätigen Familienmitgliedern sollten eigentlich eine vermehrte Anwendung von Family Governance-Mechanismen bedingen. Der Implementierungsstand der an dieser Stelle thematisierten Instrumente Familienverfassung, Familienrepräsentanz und Familienrat bildet die Komplexität der Familien- und Unternehmenssituation in den meisten Unternehmen jedoch nicht gänzlich ab. Kompensiert wird diese wenig vorteilhafte Situation jedoch in den meisten Unternehmen durch die Existenz eines oder mehrerer visionärer Unternehmer, die sich selbst als Stewards der gesamten Familie verstehen und – entgegen der Prinzipal-Agent-Theorie – ihren Informationsvorsprung gegenüber nicht in der operativen Leitung tätigen Verwandten nicht ausnutzen. Zudem scheint aus Perspektive der Resource-Dependence-Theorie eine Abwägung der in der Familie vorhandenen Ressourcen und Kompetenzen stattzufinden, so dass nur wirklich für das Unternehmen relevante Gesellschafter auch in der Leitung des Unternehmens vertreten sind. Die Vorteilhaftigkeit von Family Governance-Mechanismen wurde in der vorliegenden Arbeit zwar von Experten verdeutlicht[1478], wird aber von den Fallstudienunternehmen in dieser Art weder für vorteilhaft gehalten noch implementiert. Hier besteht weiterer Klärungsbedarf.

5.6 Corporate Governance-Mechanismen

Den zentralen Themenbereich der empirischen Analyse stellen Corporate Governance-Mechanismen dar. Diese werden im Folgenden in ihrer Ausprägung analysiert.

5.6.1 Exekutivgremium

Die Ausgestaltung des Exekutivgremiums wurde in der vorliegenden Arbeit bereits als wichtiger Corporate Governance-Mechanismus interpretiert. Die Exekutivgremien der analysierten Unternehmen sind je nach Rechtsform Vorstand[1479] oder Geschäftsführung[1480]. Es sind sowohl familieneigene als auch familienfremde Mitglieder vertreten (vgl. Abb. 5-17). Die Leitungsorganisation soll hierbei die Erreichung unternehmerischer Zielsetzungen sicherstel-

[1478] Vgl. persönliches Gespräch mit Prof. Dr. Dr. h.c. Brun-Hagen Hennerkes am 08.10.2009 in Stuttgart; telefonisches Gespräch mit Prof. Dr. Sabine B. Klein am 28.10.2009.

[1479] Im Falle der AG.

[1480] Im Falle der GmbH oder GmbH & Co. KG.

len,[1481] in der Operationalisierung der vorliegenden Arbeit folglich über ein Maximum an Effizienz und Effektivität letztlich die langfristige Überlebensfähigkeit des Unternehmens sicherstellen.

In der Literatur wird ein Exekutivgremium in der Größe von drei bis sieben Mitgliedern empfohlen,[1482] da zu kleine Gremien eine Aufgabenüberlastung nach sich ziehen, zu große Gremien aufgrund der Abstimmungsbedarfe nur selten effizient und effektiv arbeiten. Die Frage, ob eher eine ungerade oder gerade Zahl gewählt werden soll, konnte bisher nicht abschließend geklärt werden. Während eine ungerade Zahl eine einfachere Entscheidungsfindung verspricht, ergibt die Ausgestaltung einer echten Vorsitz- oder Sprecherfunktion mit Doppelstimme in Konfliktfällen nur bei geraden Mitgliederzahlen wirklich sinnvoll, da eine solche nur in Pattsituationen zur Anwendung kommen kann.

Nr	Unternehmen	Familieneigen	Familienfremd	Gesamt
1	Alpha	1	2	3
2	Beta	0	4	4
3	Gamma	1	2	3
4	Delta	2	3	5
5	Epsilon	1	1	2
6	Zeta	2	1	3
7	Eta	2	3	5
8	Theta	3	0	3
9	Iota	0	2	2
10	Kappa	2	2	4
11	Lambda	2	1	3
12	Mi	1	0	1
13	Ni	1	3	4
14	Xi	0	5 bis 8	5 bis 8
15	Omikron	1	2	3
16	Pi	3	3	6

Abbildung 5-17: Exekutivgremien der untersuchten Unternehmen

1481 Vgl. Becker, F.G. (2007b), S. 72

1482 Vgl. Hilb (2009), S. 55.

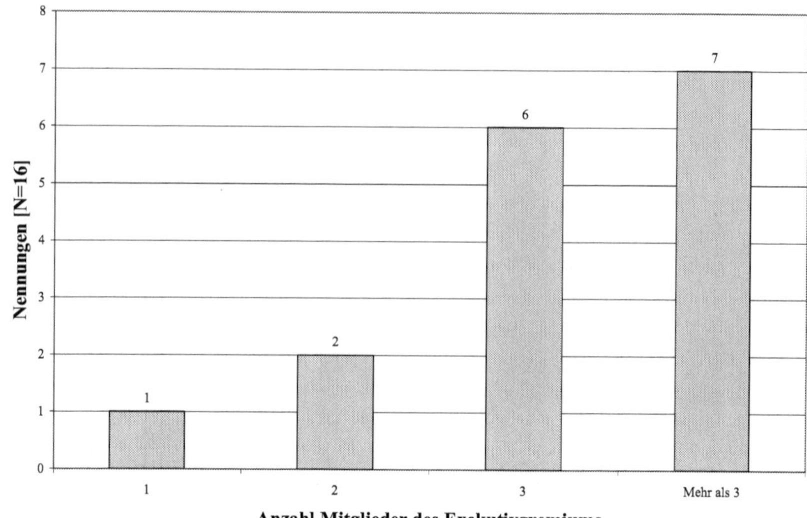

Abbildung 5-18: Anzahl der Mitglieder des Exekutivgremiums

Von den befragten Unternehmen weisen ein Unternehmen ein Mitglied, zwei Unternehmen zwei Mitglieder, sechs Unternehmen drei Mitglieder sowie sieben Unternehmen mehr als drei, aber höchsten acht (im Fall *Xi*) Mitglieder auf (vgl. Abb. 5-18). Bei einem Vergleich der Größe des Gremiums mit der Unternehmenskomplexität und -größe kann keine eindeutige Tendenz festgestellt werden. Auch die Besetzung der Gremien mit familieneigenen und familienfremden Mitgliedern schwankt zum Teil erheblich. Fünf der befragten Unternehmen planen in nächster Zeit eine Veränderung des Exekutivgremiums, z.B. die Ersetzung eines ausgeschiedenen Geschäftsführers[1483] oder die Erweiterung des Exekutivgremiums um einen externen Geschäftsführer[1484]. Sechs der 16 Unternehmen weisen eine gerade Mitgliederzahl im Exekutivgremium auf, zehn eine ungerade. Insgesamt ist die Ausgestaltung der Exekutivgremien der jeweiligen Unternehmenskomplexität angemessen, wobei der Befund von *Staud*[1485] implizit bestätigt werden kann, dass mit zunehmender Unternehmensgröße die Größe des Exekutivgremiums degressiv ansteigt.

[1483] Vgl. Fallstudie Beta.
[1484] Vgl. Fallstudie Theta.
[1485] Vgl. Staud (2009), S. 226.

Ergebnis 15: Die befragten Unternehmen zeigen eine ihrer Komplexität angemessene Größe und Ausgestaltung der jeweiligen Exekutivgremien.

Zehn Unternehmen machen Angaben zur Gewinnung von Führungskräftenachwuchs (vgl. Abb. 5-19), sechs Unternehmen haben sich bisher nicht näher mit dieser Frage beschäftigt und treffen deshalb keine Aussage. Dieser Befund entspricht weitgehend den Ergebnissen von *Wesel*[1486].

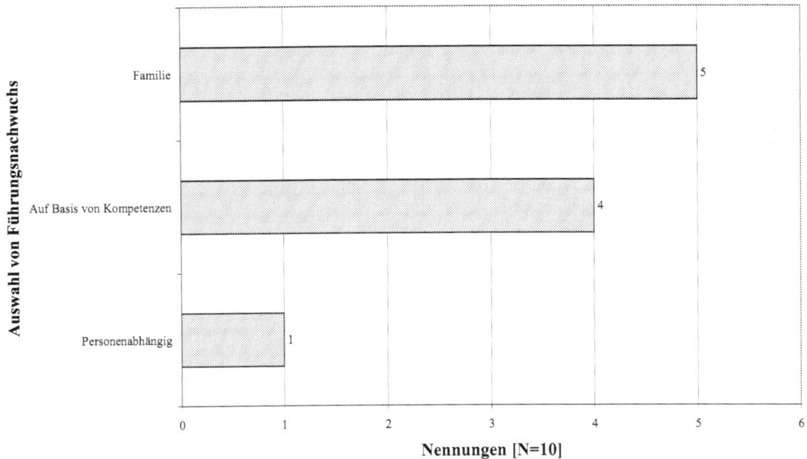

Abbildung 5-19: Gewinnung von Führungskräftenachwuchs

In fünf Fällen spielt die Zugehörigkeit potentieller Nachfolger zur Familie eine wichtige Rolle. In vier Fällen würden potentielle Nachfolger nur auf Basis ihrer Kompetenzen ausgewählt, unabhängig davon, ob sie zur Familie gehörten oder nicht. Ein Proband stellt die Persönlichkeit des Kandidaten als alleiniges Entscheidungskriterium heraus. Mit zehn von 16 Unternehmen haben sich aber bisher 63 Prozent der Befragten explizit mit Nachwuchsfragen auseinandergesetzt. Insofern wird der von Experten[1487] formulierten Forderung nach gezielter Nachwuchsförderung und -verantwortung explizit Rechnung getragen. Anders als früher ist aber die Tatsache der Zugehörigkeit zur Familie keine hinreichende Bedingung für eine Beteiligung an der operativen Unternehmensleitung mehr. Potentielle familieninterne Nachfolger

[1486] Vgl. Wesel (2010), S. 231ff.

[1487] Vgl. persönliches Gespräch mit Prof. Dr. Anja Tuschke am 08.06.2009 in München.

werden meist über mehrere externe Stationen sowie eine professionelle, meist betriebswirtschaftliche Ausbildung auf ihre Führungsaufgaben im Familienunternehmen vorbereitet.[1488]

Ergebnis 16: Die Zugehörigkeit zur Familie spielt im Rahmen der Gewinnung von Führungskräftenachwuchs noch immer eine bedeutende Rolle.

Der Vorsitz der jeweiligen Exekutivgremien (vgl. Abb. 5-20) liegt in acht Fällen in der Hand eines Familienmitglieds, in fünf Fällen fungieren externe Manager als Sprecher des Gremiums. In drei Unternehmen ist gewollt und explizit kein Vorsitz definiert, da sich diese Unternehmen durch ein Miteinander der Verantwortlichen charakterisieren.

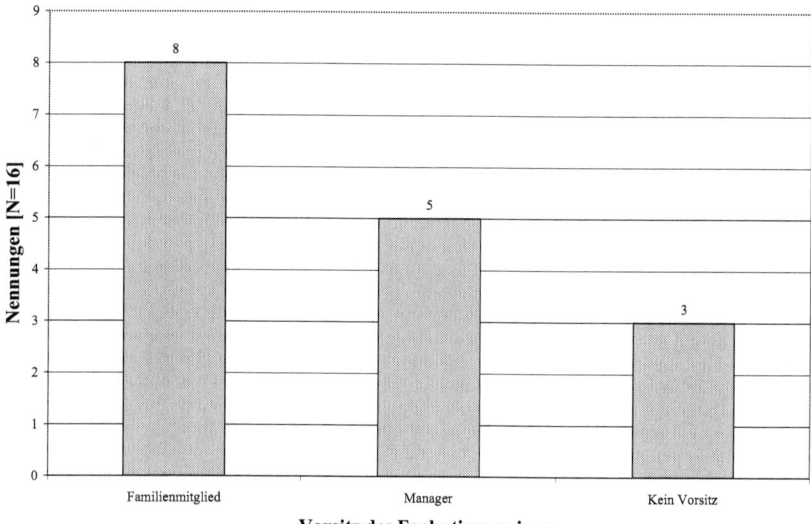

Abbildung 5-20: Vorsitz des Exekutivgremiums

Positiv kann an dieser Stelle hervorgehoben werden, dass nicht die Zugehörigkeit zur Familie alleine, sondern auch die Fachkompetenz der jeweiligen Mitglieder für die Charakterisierung als Sprecher bzw. Vorsitzender entscheidend ist. Im Unternehmen *Pi* wird der Vorsitz beispielsweise von einem externen Manager eingenommen, obwohl weitere Familienmitglieder im Exekutivgremium vertreten sind. Das Exekutivgremium von *Omikron* zeichnet sich hingegen durch eine Gleichverteilung der Aufgaben unter den zwei Mitgliedern der Holding-

[1488] Vgl. die Fallstudien Kappa und Ni.

Leitung aus, die gleichzeitig auch Geschäftsführer der beiden operativen Sparten sind.

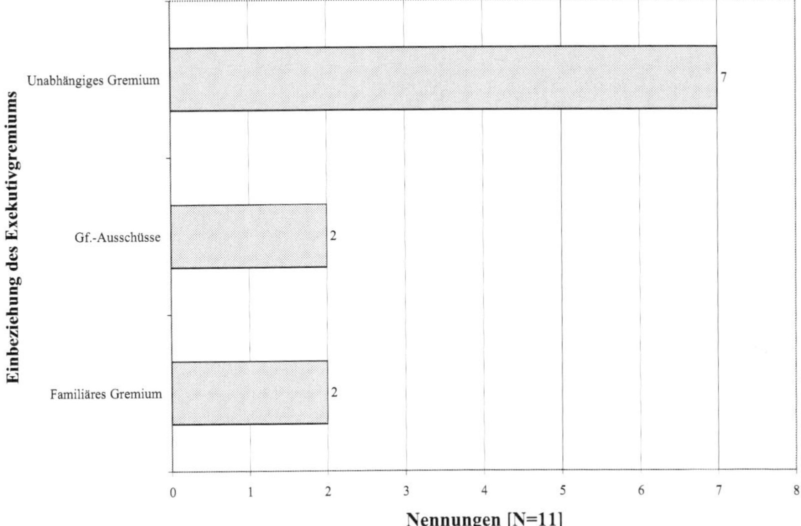

Abbildung 5-21: Einbeziehung des Exekutivgremiums

> **Ergebnis 17:** Obwohl in der Mehrheit der untersuchten Unternehmen Familienmitglieder den Vorsitz des Exelutivgremiums innehaben, ist die Unabhängigkeit des Gremiums von der Familie in Leitungsfragen sichergestellt.

Das Exekutivgremium wird von den Befragten weitgehend als unabhängiges und somit höchstes Entscheidungsgremium des Unternehmens anerkannt (vgl. Abb. 5-21). In den Unternehmen *Kappa* und *Mi* werden die operative Arbeit des Gremiums sowie die Zusammenarbeit mit den Exekutivgremien der operativen Einheiten über Geschäftsführungsausschüsse geregelt. Nur zwei Probanden bezeichnen das Exekutivgremium als von der Familie dominiertes Gremium ohne wirklich unabhängige Entscheidungskompetenz.

Die von *Wesel* untersuchten Unternehmen weisen in Bezug auf vertikale Führungsebenen zwischen zwei und drei (Gruppe 51 bis 250 Millionen Euro Jahresumsatz) bzw. zwischen drei bis fünf Management-Hierarchieebenen auf.[1489] In der vorliegenden Stichprobe liegen zwischen einer und fünf Management-Hierarchieebenen vor (vgl. Abb. 5-22), wobei mit fünf Nennungen die Anzahl von vier Ebenen am häufigsten auftritt.

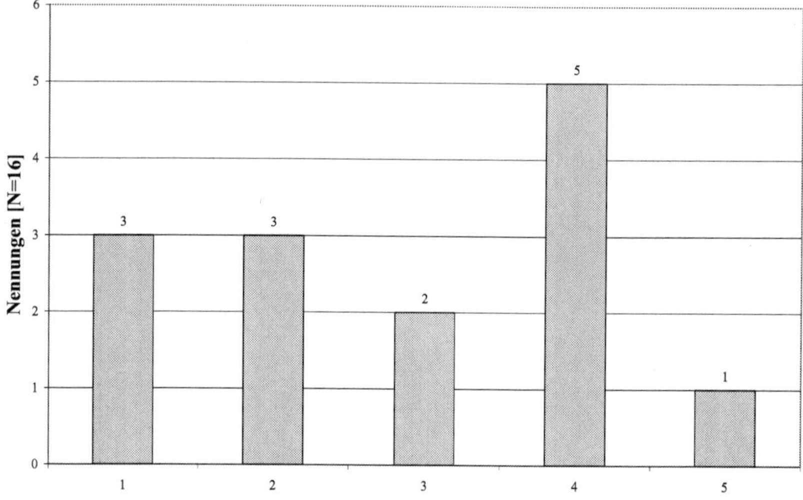

Abbildung 5-22: Hierarchieebenen

In diesem Kontext gibt es keine feststellbaren Abhängigkeiten von Unternehmensgröße oder -komplexität. Während die Kleinunternehmen *Epsilon*, *Theta* und *Mi* nur eine Management-Hierarchieebene aufweisen, ist für die Unternehmen *Gamma*, *Ni* und *Pi* eine Zahl von zwei Management-Hierarchieebenen feststellbar, obwohl sich die letztgenannten drei Unternehmen mit 1.350, 4.000 und 6.500 Mitarbeitern in sehr unterschiedlichen Größenklassen befinden.

Die relativ geringe Zahl an Hierarchieebenen wird von mehreren Gesprächspartnern mit dem Argument der „schnellen Entscheidungswege"[1490] begründet. Aus Sicht der Corporate Governance ist die Konzentration auf einige wenige Management-Hierarchieebenen zu begrüßen, da nur auf diese Weise eine entsprechende Machtbalance zwischen Familienmitgliedern, Mitgliedern des Exekutivgremiums und sonstigen Führungskräften sichergestellt, aber gleichzeitig auch eine Verteilung von Fach- und Führungsaufgaben auf mehrere Personen ermöglicht wird. Zu viele vertikale Hierarchieebenen würden nicht nur die Position der einzelnen Füh-

---

1489 Vgl. Wesel (2010), S. 271ff. Der Autor spricht von Hierarchiestufen und bezieht die jeweils unterste operative Ebene mit ein. Da dies in der vorliegenden Arbeit nicht getan wird, wird von Wesels Operationalisierung jeweils eine Einheit subtrahiert, um vergleichbare Ergebnisse zu erzielen.

1490 Vgl. Interview 6/Fallstudie Epsilon.

rungskräfte schwächen, sondern auch die Wahrscheinlichkeit von aus Informationsasymmetrien resultierenden Prinzipal-Agent-Konflikten[1491] erhöhen.

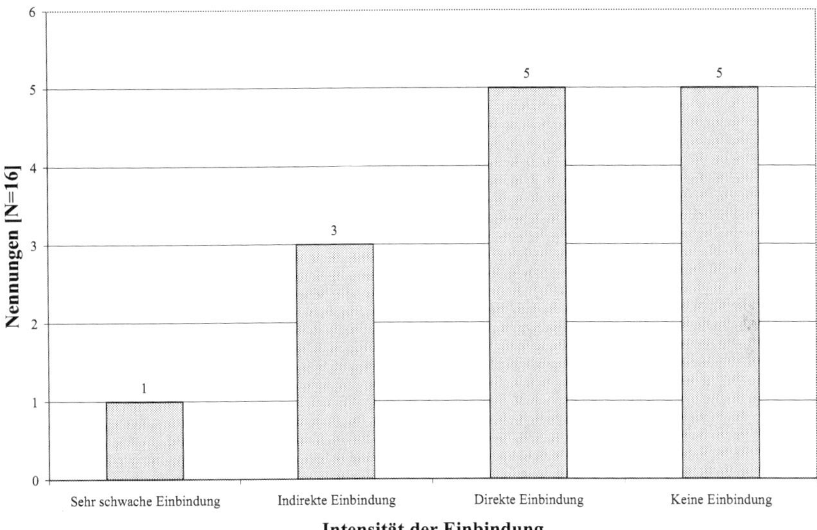

Abbildung 5-23: Einbindung der Familie

Ebenfalls diskutiert wurde die Einbindung der Familie in Entscheidungen von Führungsebenen unterhalb des Exekutivgremiums (vgl. Abb. 5-23). Die Familie müsste sich eigentlich in Fällen, in denen sie nicht in der Leitung des Unternehmens vertreten ist, zu Informationszwecken über ein etwaiges Aufsichtsgremium oder die Gesellschafterversammlung an Vorstand bzw. Geschäftsführung wenden. In mittelständischen Familienunternehmen ist jedoch auch eine eher informelle Information der Gesellschafter zu beobachten, durch die sich Familienmitglieder die Informationen im Unternehmen außerhalb des offiziellen Weges beschaffen. Dies birgt sowohl Chancen als auch Risiken. Die Chancen liegen in der potentiellen Verringerung von Informationsasymmetrien zwischen der Familie und externen Managern. Die Risiken sind bei Überbeanspruchung des informellen Informationsaustauschs und zu große Ausübung in der Familienmacht in der Überlagerung des offiziellen und geregelten Informationsflusses zu sehen. Die Einflusspotentiale der Familie auf Management-Hierarchieebenen un-

[1491] Beispielsweise zwischen besser informierten Führungskräften der unteren Ebenen und Mitgliedern des Exekutivgremiums.

terhalb des Exekutivgremiums sollten schriftlich festgelegt und eingeschränkt werden. In der vorliegenden Erhebung ist in fünf Unternehmen, vor allem den kleineren, eine direkte Einbindung der Familie in Entscheidungen unterer Hierarchieebenen festzustellen. In drei Unternehmen ist die Einbindung indirekt, in einem Unternehmen nur marginal. Fünf Unternehmen weisen darauf hin, zu jeder Zeit den offiziellen Dienstweg einzuhalten und keine laterale Einflussnahme der Familie zu dulden.

Ergebnis 18: Die Einflussnahme der Unternehmerfamilie auf Management-Hierarchieebenen unterhalb des Exekutivgremiums ist noch immer gegeben, jedoch in schwächerem Ausmaß als in der Literatur dargestellt.

Die Untersuchung von *Becker et al.* hat gezeigt, dass mittelständische Unternehmen mit externen Managern spezifische Stärken und Schwächen verbinden.[1492] Gleichzeitig weist *Hausch* darauf hin, dass mittelständische Familienunternehmen nur selten externe Manager an der Unternehmensführung beteiligen.[1493] Die neueren Ergebnisse von *Wesel*[1494] legen jedoch nahe, dass hier ein Wandel festzustellen ist. Auch in der vorliegenden Erhebung zeigt sich eine prinzipielle Offenheit der Unternehmen gegenüber externen Managern. Nur die Unternehmen *Zeta* und *Pi* verweisen explizit auf Mentalitätsprobleme und vergangene schlechte Erfahrungen mit Fremdmanagern. Die übrigen Unternehmen stehen externen Managern offen gegenüber. Interviewpartner 1 verweist auf „breites Know-how"[1495] und „Fachexpertise"[1496]. Interviewpartner 14 sieht eine Verbesserung des Stellenwerts des Unternehmens auf dem Personalmarkt durch die Einbindung familienexterner Manager.[1497] Die Offenheit gegenüber externen Managern kann aus Sicht der Corporate Governance als ein mögliches Indiz für eine Verbesserung der Führungsqualität gesehen werden.

Ergebnis 19: Externe Manager werden stärker als bisher an der Unternehmensführung in mittelständischen Familienunternehmen beteiligt.

Ähnlich zur Thematik externer Manager wurde bisher auch der Themenbereich einer externen

1492 Vgl. Becker et al. (2008b), S. 51ff. In dieser Untersuchung wurden externen Managern von den befragten Eigentümern als größte Stärken Objektivität bzw. Rationalität sowie eine breite Expertise zugeschrieben. Befragte Manager erweitern dies um den Aspekt der Unabhängigkeit. Als größte Schwächen externer Manager sehen Eigentümer und Manager gleichermaßen die geringe emotionale Bindung zum Unternehmen, kurzfristiges Denken sowie reine Zahlenorientierung.

1493 Vgl. Hausch (2004), S. 267ff.

1494 Vgl. Wesel (2010), S. 167ff.

1495 Interview 1/Fallstudie Alpha.

1496 Interview 1/Fallstudie Alpha.

1497 Vgl. Interview 14/Fallstudie Ni.

Beratung mittelständischer Familienunternehmen gesehen. Experten sehen eine Beratung dieses Betriebstyps als sehr schwierige Angelegenheit an und identifizieren mitunter eine gewisse Beratungsresistenz.[1498] *Hausch* identifiziert in ihrer Untersuchung nur ein Unternehmen, dass externen Unternehmensberater gegenüber aufgeschlossen ist.[1499] Diese Einschätzung kann in der vorliegenden Stichprobe nicht bestätigt werden. Fünfzehn der 16 Fallstudienunternehmen und somit 94 Prozent nehmen externe Beratungsleistungen in Anspruch. Hier spielen Unternehmensberater und Steuerberater mit jeweils 12 Unternehmen eine wichtige Rolle. Aber auch Wirtschaftsprüfer (acht) und Rechtsberater (sieben) werden recht häufig in Anspruch genommen (vgl. Abb. 5-24). Anders als in Großunternehmen werden Beratungsleistungen in den befragten Unternehmen nur projektabhängig und meist mit gedeckeltem Projektbudget[1500] in Anspruch genommen. Als Initiator externer Beratung wird in vielen Unternehmen der CFO gesehen, der nicht nur den fachlichen, sondern auch persönlichen Kontakt zwischen Familie und Beratern etabliert.[1501] Im Unternehmen *Delta* hat der Aufsichtsratsvorsitzende Berater mit der Überprüfung der Unternehmensstruktur beauftragt.

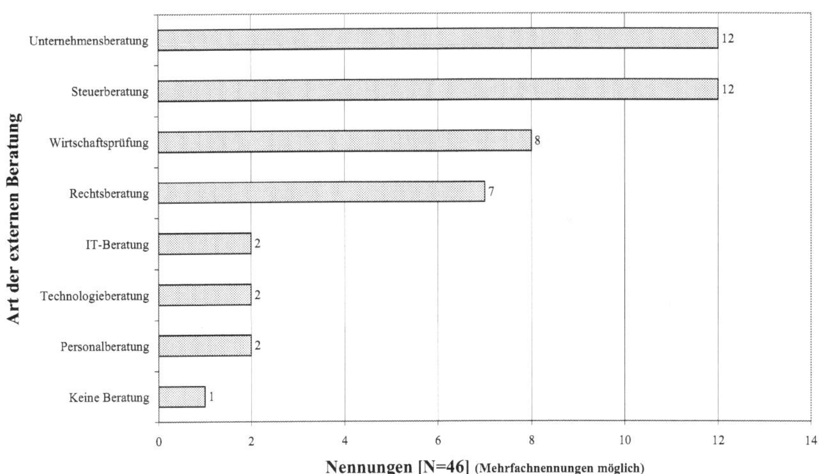

Abbildung 5-24: Inanspruchnahme und Arten externer Berater

[1498] Vgl. persönliches Gespräch mit WP/StB Philipp Karmann am 20.02.2009 in Dresden; persönliches Gespräch mit Prof. Dr. Norbert Wieselhuber am 16.09.2009 in München.

[1499] Vgl. Hausch (2004), S: 269.

[1500] Vgl. Fallstudie Iota.

[1501] Vgl. Fallstudien Eta, Omikron und Pi.

Ergebnis 20: Die befragten Unternehmen konsultieren mehrheitlich Unternehmens-, Steuer- und Rechtsberater sowie Wirtschaftsprüfer.

Bezüglich der Einbindung der Mitarbeiter in das Unternehmen spielt auch der Kontakt zwischen Mitglieder des Exekutivgremiums, Mitgliedern der Familie sowie sonstigen, nicht in Führungspositionen tätigen Mitarbeitern eine Rolle. Obwohl nur acht von 16 Unternehmen hierzu Angaben machen, ist doch bemerkenswert, dass in dieser Gruppe sieben von acht Unternehmen auf eine ‚Open-door'-Politik[1502] verweisen. Das achte Unternehmen nimmt für die Mitarbeiter des Exekutivgremiums in Anspruch, dass sie Prinzipien bewusst vorlebten.[1503] Zusammenfassend ist von großem Vertrauen zwischen Exekutivgremium und ‚einfachen' Mitarbeitern auszugehen, das in Abschnitt 5.6.7 noch näher thematisiert wird.

Ergebnis 21: Das Vertrauen zwischen Exekutivgremium und einfachen Mitarbeitern ist sehr groß und äußert sich in einer Open-door-Politik.

Zwischenfazit

Im Hinblick auf die Ausgestaltung des Exekutivgremiums können den analysierten Unternehmen jeweils ihrer situativen Komplexität angemessene Ausgestaltungsformen konstatiert werden. Positiv ist die Verteilung der Führungsaufgaben auf mehrere Personen (Leitungsbreite) und Hierarchieebenen (Leitungstiefe) zu beurteilen. Auch wenn letzteres im Sinne der Situationsanalyse unter Umständen zu einer höheren Komplexität führt, spielt es doch für eine zunehmende Mitarbeiterbeteiligung und einen partizipativen Führungsstil eine große Rolle. Die Unabhängigkeit des Exekutivgremiums von der Familie ist in den analysierten Fällen gegeben, Familienamt und Unternehmensamt sind nicht mehr automatisch deckungsgleich. Auch für die Nachfolgeplanung werden vermehrt externe Lösungen in Betracht gezogen. Die Einstellung gegenüber externen Managern und externen Beratern ist mehrheitlich positiv, was für eine potentielle gute Führungsqualität in den Unternehmen spricht. Der Kontakt zwischen Exekutivgremium und einfachen Mitarbeitern ist durch eine Open-door-Politik gekennzeichnet, die als Zeichen des großen Vertrauens interpretiert wird.

1502 Im Rahmen einer Open-door-Politik wenden sich Mitarbeiter auch außerhalb offizieller Sprechzeiten an direkte oder hierarchisch angesiedelte Vorgesetzte. Die ‚offene Tür' soll in diesem Kontext Mitarbeiter zur offenem Kommunikation möglicher Probleme ermutigen, ohne Konsequenzen fürchten zu müssen. Vgl. Pleier (2008), S. 152 (Fn. 530).

1503 Vgl. Fallstudie Ni.

5.6.2 Aufsichtsgremium

Die Ausgestaltung und effiziente sowie effektive Nutzung von Aufsichtsgremien wird in der Literatur[1504] sowie von einigen befragten Experten als besonders relevant für mittelständische Familienunternehmen eingeschätzt.[1505] *Wesel* zeigt in seiner aktuellen Untersuchung eine sehr weite Verbreitung solcher fakultativer Aufsichtsgremien in größeren mittelständischen Unternehmen.

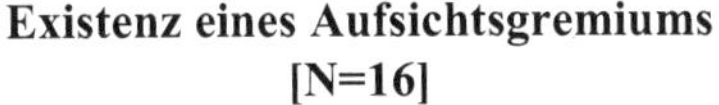

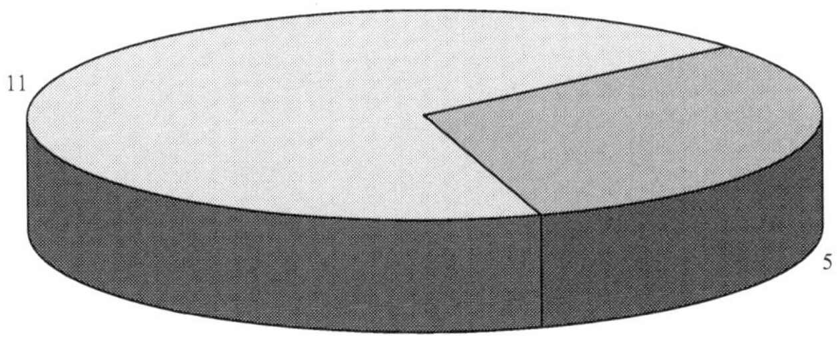

Abbildung 5-25: Existenz von Aufsichtsgremien

Zudem käme diesen Gremien eine einem gesetzlich verpflichtenden Aufsichtsrat ähnliche Funktion zu.[1506] Hier weisen 11 von 16 Unternehmen und somit 69 Prozent der Unternehmen ein oder mehrere Aufsichtsgremien auf (vgl. Abb. 5-25).

In den kleineren – und aus Komplexitätsperspektive einfachen – Unternehmen *Epsilon*, *Theta* und *Mi* liegt bisher kein Aufsichtsgremium vor. Interessant erscheint, dass die relativ großen Unternehmen *Zeta* (2.300 Mitarbeiter) und *Iota* (2.500 Mitarbeiter) bisher kein freiwilliges Aufsichtsgremium aufweisen, da dies seitens der Gesellschafter als Verursacher von Abstimmungsbedarfen und somit Komplexität gesehen wird. Im Fall *Iota* ist aber eine Veränderung möglich, da zwei Mitglieder des Exekutivgremiums selbst in Beiräten anderer Unternehmen aktiv und der Etablierung eines Beirats gegenüber aufgeschlossen sind.[1507] In sieben von 16 Fällen liegt ein fakultativer Beirat vor. Drei Unternehmen zeigen einen rechtlich obligatori-

1504 Vgl. Malik (2008a), S. 174ff.

1505 Vgl. persönliches Gespräch mit Prof. Dr. Alexander Bassen und Dr. Christine Zöllner am 24.02.2009 in Hamburg; persönliches Gespräch mit Dr. Sascha Haghani am 02.06.2009 in Frankfurt/Main.

1506 Vgl. Wesel (2010), S: 332ff.

1507 Vgl. Fallstudie Iota.

schen Aufsichtsrat, während ein Unternehmen (*Lambda*) sowohl über einen verpflichtenden Aufsichtsrat in einer der Teilgesellschaften als auch über einen fakultativen Beirat auf Ebene des Gesamtunternehmens verfügt (vgl. Abb. 5-26).[1508]

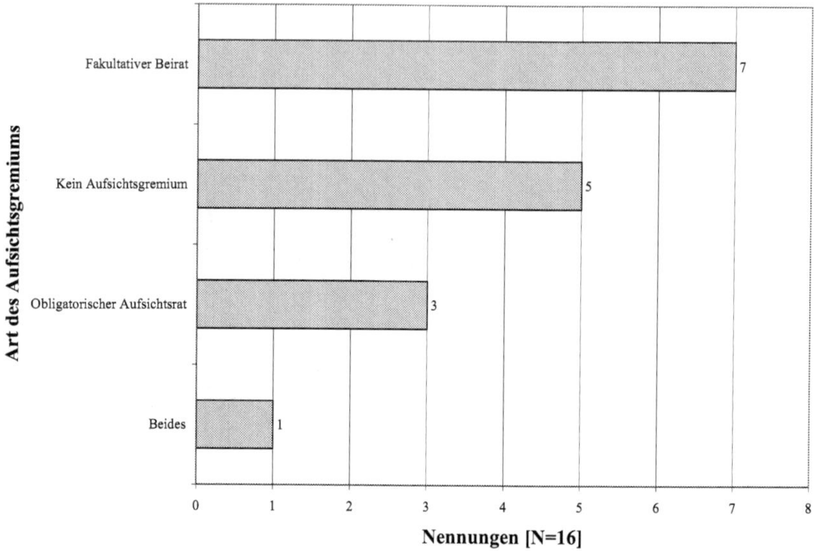

Abbildung 5-26: Arten von Aufsichtsgremien

Ergebnis 22: Etwa die Hälfte der befragten mittelständischen Familienunternehmen weist einen fakultativen Beirat als Aufsichtsgremium auf.

Der arithmetische Mittelwert der Mitgliederzahl der Aufsichtsgremien liegt bei 4,7, eine für mittelständische Familienunternehmen vergleichsweise große Zahl.[1509] In der Stichprobe gibt es kein Gremium mit weniger als drei Mitgliedern (vgl. Abb. 5-27), die Maximalzahl liegt bei acht Mitgliedern. Den Vorsitz des Aufsichtsgremiums übernimmt ohne erkennbare Tendenz in fünf Fällen ein Familienmitglied, in vier Fällen ein Externer (vgl. Abb. 5-28).

1508 Für die vorliegende Untersuchung werden sowohl verpflichtende als auch fakultative Gremien in die Analyse einbezogen.

1509 Malik (2008a), S. 184 merkt allerdings an, dass die optimale Anzahl an Mitglieder sechs oder acht Mitglieder betrage. Ein Gremium mit weniger als sechs Mitgliedern gebe zu viel Raum fur Intimität und somit wenig effektive Aufsicht.

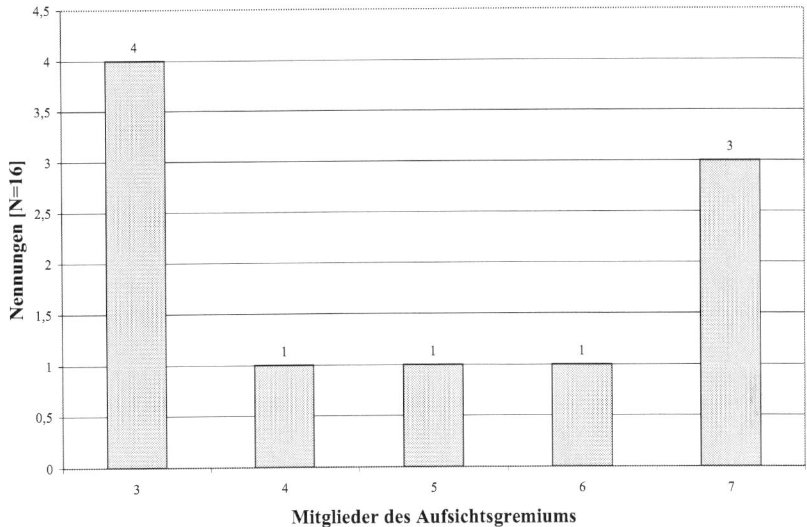

Abbildung 5-27: Mitgliederzahl der Aufsichtsgremien

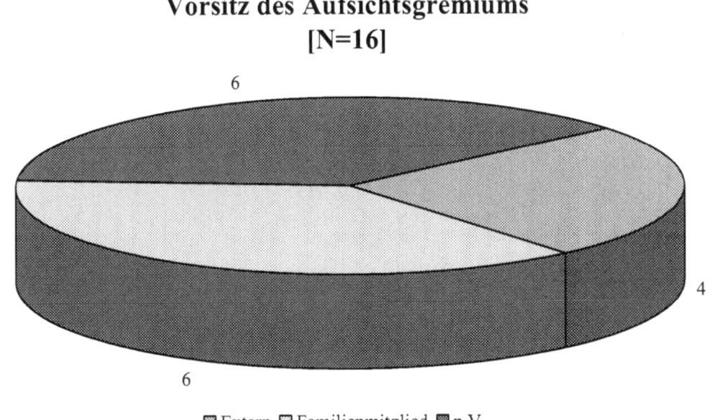

Abbildung 5-28: Vorsitz der Aufsichtsgremien

In der Detailanalyse der Aufsichtsgremien (vgl. Abb. 5-29) fallen mehrere Spezifika auf: Bis auf die Fälle *Xi* und *Omikron* sind mehr familienfremde als familieneigene Mitglieder im

Aufsichtsgremium vertreten, was aus Sicht der Corporate Governance eine gewissen Unabhängigkeit der Mitglieder nahelegt. Letztere könnten analog zu Outside-Directors im angloamerikanischen Corporate Governance-System beurteilt werden.

Nr	Unternehmen	Familieneigen	Familienfremd	Gesamt	Vorsitz
1	Alpha	2	4	6	Familienmitglied
2	Beta	3	4	7	Familienmitglied
3	Gamma	2	3	5	Extern
4	Delta	0	3	3	Extern
5	Epsilon	n.v.	n.v.	n.v.	n.v.
6	Zeta	n.v.	n.v.	n.v.	n.v.
7	Eta	0	3	3	Extern
8	Theta	n.v.	n.v.	n.v.	n.v.
9	Iota	n.v.	n.v.	n.v.	n.v.
10	Kappa	0	3	3	Extern
11	Lambda	4	3	7	Familienmitglied
12	Mi	n.v.	n.v.	n.v.	n.v.
13	Ni	n.v.	n.v.	n.v.	n.v.
14	Xi	2	2	4	Familienmitglied
15	Omikron	4	3	7	Familienmitglied
16	Pi	1	2	3	Familienmitglied

Abbildung 5-29: Detailanalyse der Aufsichtsgremien

Der Forderung von *Malik*[1510], ein Aufsichtsgremium mit einer geraden Anzahl von Mitgliedern auszustatten, um der Position des Vorsitzenden eine echte Bedeutung zu verleihen, wird nur in den Unternehmen *Alpha* und *Xi* gefolgt, woraus mögliche Veränderungsbedarfe für die Zukunft in den anderen Unternehmen abgeleitet werden können.

Ergebnis 23: Die befragten Unternehmen weisen bei mehrheitlicher Überzahl von familienfremden Mitgliedern sowohl Familienmitglieder als auch externe Aufgabenträger als Vorsitzende des jeweiligen Gremiums auf.

Neben den prinzipiellen Eintrittsrechten von Gesellschaftern in den meisten Unternehmen erfolgen Auswahl und Benennung der restlichen Mitglieder des Aufsichtsgremiums (Entsenderechte[1511]) für fakultative Gremien ausschließlich durch die Familie.[1512] Der Fall der Wahl

[1510] Vgl. Malik (2008a), S. 184.
[1511] Vgl. § 101 Abs. 2 AktG.
[1512] In Fällen obligatorischer Aufsichtsgremien der Unternehmen Alpha, Delta, Lambda und Pi treten zusätzlich die durch Arbeitnehmer gewählten Arbeitnehmervertreter hinzu. Im Folgenden werden nur Auswahlentscheidungen aus Perspektive der Gesellschafter bzw. Unternehmerfamilie betrachtet, da es sich hier um die entscheidende Stakeholdergruppe im unternehmerischen Willensbildungsprozess handelt.

von Beiratsmitgliedern, der aus Corporate Governance-Sicht einer Entsendung vorzuziehen wäre,[1513] kommt in der vorliegenden Stichprobe nicht vor.

In den Kontext der Auswahl sind zwei weitere wichtige Themenbereiche einzubeziehen, die eine besondere Stellung im Rahmen von Aufsichtsgremien einnehmen: Die einem Gremium zugewiesenen Funktionen sowie die Besetzung des Gremiums mit konkreten Aufgabenträgern.[1514] Hierbei richtet sich die Auswahl potentieller Mitglieder von Aufsichtsgremien nach den an dieses Gremium gerichteten Erwartungen seitens der Familie. Letztlich lässt sich über alle Fallstudien hinweg beobachten, dass eine gewisse Nähe zur Unternehmerfamilie Grundvoraussetzung einer Benennung in einen Beirat oder Aufsichtsrat darstellt. Als externe Mitglieder fungieren vor allem Professoren[1515], (befreundete) Unternehmer sowie Wirtschaftsprüfer und Steuerberater, da den befragten Unternehmen „Fachkompetenz in Sachfragen“[1516], „unternehmerische Erfahrung“[1517] und „Bekanntheit mit der Familie“[1518] wichtig sind.

Ergebnis 24: Die Nähe zur Unternehmerfamilie spielt für die Berufung/Benennung in einen Beirat oder Aufsichtsrat eine wichtige Rolle.

Zu Datum und Beweggründen der Etablierung eines Aufsichsgremiums können oder wollen nur sieben der elf Unternehmen mit einem solchen Gremium Auskunft geben. In drei Unternehmen wurde das Aufsichtsgremium innerhalb der letzten fünf Jahre gegründet. In einem Unternehmen liegt die Gründung mehr als fünf und höchstens zehn Jahre zurück. In drei Unternehmen besteht das Aufsichtsgremium bereits seit mehr als zehn Jahren.[1519]

Hinsichtlich der Funktionen und Aufgaben von Aufsichtsgremien wurden in Abschnitt 3.3.3.2 Beratung, Kontrolle/Überwachung und Leitung unterschieden. *Brose* verweist auf die vielfach in der Literatur auffindbare Meinung, eine gleichzeitige Wahrnehmung verschiedener Funktionen nicht denkbar sei, da sich beispielsweise Kontrolle und Beratung gegenseitig ausschlössen. Gleichzeitig legt die Autorin überzeugend dar, warum dem in der Praxis nicht so ist. Zwar mag aus theoretischer Sicht eine Beratungsfunktion, welche ein Aufsichtsgremium neben das Exekutivgremium stellt, von einer Kontrollfunktion unterschieden werden, die das Aufsichtsgremium dem Exekutivgremium eindeutig überordnet.[1520]

[1513] Vgl. Wesel (2010), S. 320.
[1514] Vgl. Ruter (2009), S. 209ff.
[1515] Im Fall des Unternehmens Gamma ist ein Wirtschaftsprofessor sogar Vorsitzender des Beirats.
[1516] Interview 10/Fallstudie Iota.
[1517] Interview 4/Fallstudie Gamma.
[1518] Interview 8/Fallstudie Eta.
[1519] Im Fall Alpha wurde das Aufsichtsgremium bereits mit Gründung eingerichtet.
[1520] Vgl. Brose (2006), S. 20.

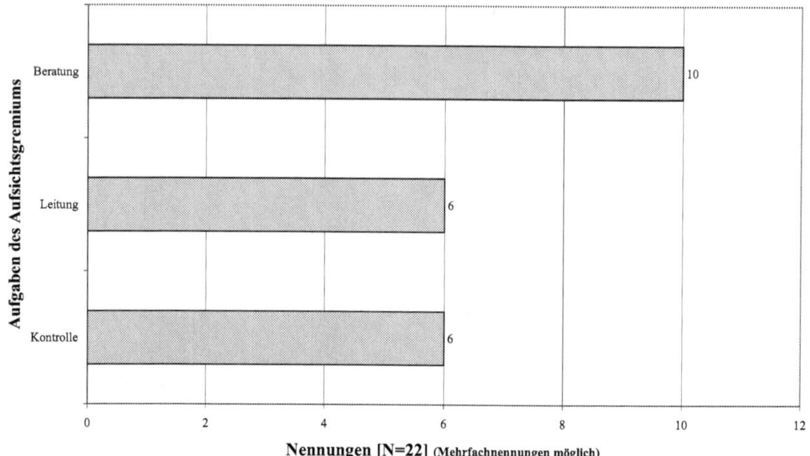

Abbildung 5-30: Aufgaben von Aufsichtsgremien

Ein Aufsichtsgremium mit Beratungsfunktion berät jedoch nur selten hinsichtlich konkreter Maßnahmen mit Eigeninitiative, sondern ist genereller Sparringspartner. In der Praxis ist folglich gerade die Verbindung aus neutraler Plausibilitätskontrolle und ungerichteter, den Entscheidungsprozess begleitender Beratung für mittelständische Familienunternehmen von Vorteil, da keinem Gremium eine eindeutige Rolle[1521] zugewiesen wird.[1522]

Die Diskussion der Aufgabengebiete, Funktion und Rollen von Aufsichtsgremien in der vorliegenden Erhebung ergab mehrere Ausprägungsformen. Absolut gesehen liegt in zehn von elf Fällen und somit 91 Prozent der Fälle ein beratender Beirat oder Aufsichtsrat vor. Leitungs- und Kontrollfunktionen liegen in jeweils sechs Fällen vor (vgl. Abb. 5-30). Die Beratungsfunktion des Aufsichtsgremiums wird durchgehend als die wichtigste Funktion gesehen. Diese bezieht sich z.B. auf „externes Know-how“[1523] oder den „Sparringspartner für die strategische Unternehmensleitung“[1524]. Das Aufsichtsgremium wird in den meisten Unternehmen

1521 In der vorliegenden Arbeit wird der Begriff ‚Rolle‘ nicht verkürzt als Ansammlung verschiedener Aufgabengebiete verstanden. Vielmehr steht eine sozialpsychologische Sicht im Vordergrund, nach der eine Rolle zunächst die Gesamtheit der einem individuellen Status zugeschriebenen kulturellen Modelle ist. Im organisationellen Kontext beschreibt die Rolle die Beziehung zwischen Individuum und Organisation, die durch die vom sozalen System abhängigen Werte, Erwartungen, Handlungsweisen und Handlungsmuster beeinflusst wird. Vgl. Miebach (2006), S. 39ff.; Abels (2007), S. 118; Becker et al. (2009), S. 108.

1522 Vgl. Ruter (2010), S. 5ff.

1523 Interview 4/Fallstudie Gamma.

1524 Interview 11/Fallstudie Kappa.

als nicht besonders stark empfunden. Die eingerichteten Kontroll- und Leitungsfunktionen sind insofern als Maßnahme der Stärkung des Aufsichtsgremiums zu sehen. In mehreren Unternehmen ist der Beirat für die Bestellung der Geschäftsführer zuständig.[1525]

Zudem ist die Etablierung zustimmungspflichtiger Geschäfte anzuführen.[1526] Die Etablierung letzterer ist vor allem darauf zurückzuführen, dass die Stellung des Aufsichtsgremiums in mittelständischen Familienunternehmen zwischen Unternehmensgremium und Familiengremium einzuordnen ist. Aufsichtsgremien sind aus dieser Perspektive als Möglichkeit zu sehen, den Einfluss der Familie auf das operative Geschäft sicherzustellen und ggf. die Handlungsspielräume externer Manager einzuschränken. Letzterer Aspekt kann auch auf die Situation übertragen werden, dass sich ein Seniormitglied der Familie in das Aufsichtsgremium zurückzieht und über zustimmungspflichtige Geschäfte den Durchgriff auf seine familieninternen Nachfolger in der operativen Leitung sicherstellt. In größeren, komplexeren Unternehmen wie z.B. *Omikron* oder *Pi* erfüllen Aufsichtsrat und Beirat bereits eine mit kapitalmarktorientierten Großunternehmen vergleichbar

Ergebnis 25: Aufsichtsgremien werden in der vorliegenden Stichprobe mehrheitlich als Beratungsgremien verstanden, wirken aber z.T. über zustimmungspflichtige Geschäfte auf das operative Geschehen ein.

Verankerung des Aufsichtsgremiums [N=16]

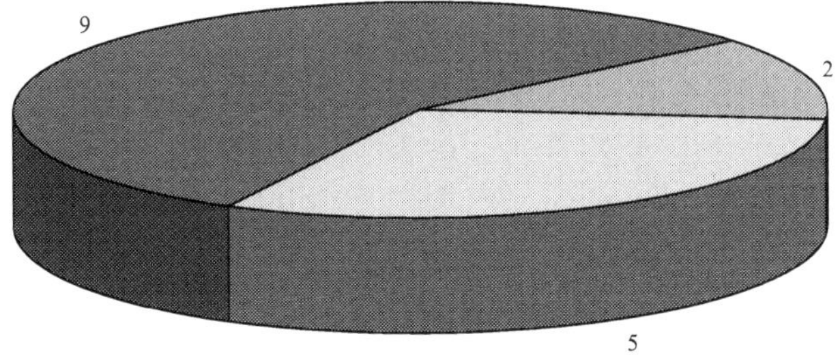

Abbildung 5-31: Verankerung von Aufsichtsgremien (1)

[1525] Vgl. Fallstudien Gamma, Omikron.

[1526] Vgl. Fallstudien Alpha, Beta, Gamma, Kappa, Lambda, Omikron, Pi.

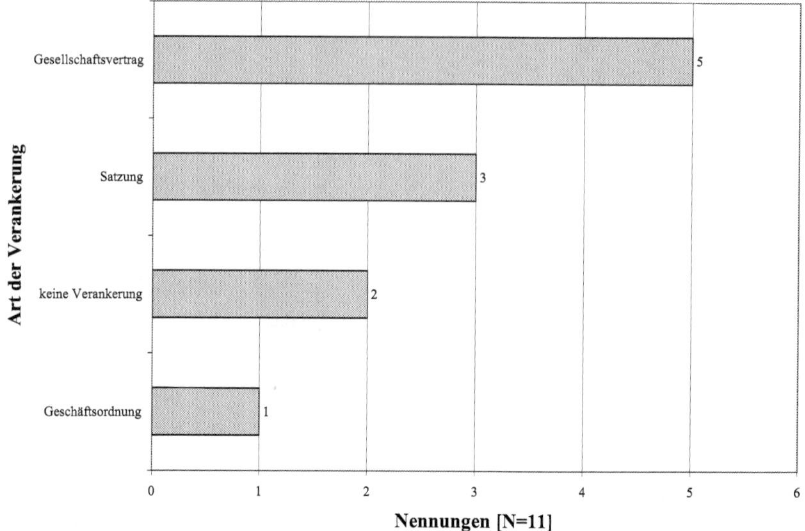

Abbildung 5-32: Verankerung von Aufsichtsgremien (2)

Eine Verankerung des Aufsichtsgremiums liegt in neun von elf Fällen und somit in 82 Prozent der Fälle mit Aufsichtsgremium vor (vgl. Abb. 5-31), wovon in fünf Fällen ein Gesellschaftsvertrag, in drei Fällen eine Satzung sowie in einem Fall eine Geschäftsordnung vorliegt (vgl. Abb. 5-32)[1527] Diese wird aus den bereits weiter oben erläuterten Gesichtspunkten als sinnvoll erachtet, um dem Aufsichtsgremium sowohl eine rechtlich gesicherte Stellung (Beiratsperspektive) als auch – in Einzelfällen – eine gesteigerte Bedeutung gegenüber der Unternehmerfamilie zu geben. So ist zu beobachten, dass in Unternehmen mit einem starken Fremdmanagement dem Aufsichtsgremium mehr Funktionen zugewiesen werden als in Unternehmen mit einer starken, auch operativ dominierenden Familie. Nur zwei Unternehmen, Eta und Xi, weisen bisher keine Verankerung des Aufsichtsgremiums auf.

Eine Vergütung der Mitglieder des Aufsichtsgremiums liegt in allen elf Unternehmen mit Aufsichtsgremium vor, wobei nur im Unternehmen *Alpha* erfolgsabhängige Bestandteile neben die fixe Grundvergütung treten. Eine formalisierte Evaluation der Arbeit der Aufsichtsgremien sowie einzelner Mitglieder findet bisher in keinem Unternehmen statt. Vielmehr steht

[1527] Von den Interviewpartnern wurde nur jeweils eine Art der Verankerung genannt. Unter Umständen könnte es sein, dass in einigen Unternehmen z.B: neben einem Gesellschaftsvertrag zusätzlich eine Geschäftsordnung für das Aufsichtsgremium existiert, diese aber für selbstverständlich gehalten und deshalb nicht gesondert aufgeführt wurde.

die informelle Evaluation durch die Familie im Vordergrund, für die neben fachlichen Kriterien in mehreren Fällen auch eine gewisse Neigung, die Meinung der Familie zu akzeptieren, wichtig ist. Aus Perspektive der Erfolgsevaluation ist in den betrachteten Unternehmen Nachholbedarf zu verzeichnen. Um die Effizienz und Effektivität der Arbeit der Aufsichtsgremien zu verbessern, könnten explizite Zielvereinbarungen mit einzelnen Mitgliedern sinnvoll sein.

Zwischenfazit

Die Ausprägung von Aufsichtsgremien der vorliegenden Stichprobe veranschaulicht den fortschreitenden Wandel sowie die zunehmende Professionalisierung der Corporate Governance in mittelständischen Familienunternehmen. Die Verbreitung von Aufsichtsgremien nimmt ebenso zu wie dies Aufgabenzuteilung, gesellschaftsrechtliche Verankerung und Stellung im Unternehmen tun. Abstriche müssen in Einzelfällen noch immer hinsichtlich der Unabhängigkeit des Aufsichtsgremiums und somit hinsichtlich der Effektivität des Gremiums gemacht werden. Zwar treten aufgabenbezogene Kriterien im Rahmen der Auswahl von Mitgliedern für Aufsichtsgremien vermehrt in den Vordergrund, noch immer sind Zugehörigkeit zur Familie (interne Mitglieder) sowie persönliche und emotionale Nähe zur Familie (externe Mitglieder) entscheidende Kriterien. Eine Wahl der Mitglieder findet noch zu selten statt. Gleiches gilt für die bisher nicht stattfindende explizite und formalisierte Evaluation der Arbeit von Aufsichtsgremien. Hier sollten stärker als bisher moderne Methoden einbezogen werden, wobei individuelle Zielvorgaben und eine auf diesen Vorgaben beruhende erfolgsabhängige Vergütung oder erfolgsabhängige Vergütungsbestandteile zu bevorzugen sind.

5.6.3 Unternehmensführung & Controlling

Der Themenkontext Unternehmensführung & Controlling umfasst, wie bereits erläutert, die Themenbereiche Zielorientierung und Strategie, Controlling, Prüfung, Internes Kontrollsystem (IKS), Compliance, Interne Revision und Risikomanagement sowie die Verzahnung bzw. Schnittstellen dieser Bereiche.

Zielorientierung und Strategie

Hier wird zunächst die auch von *Hausch*[1528] als zentral angesehene Zielorientierung bzw. die Ausprägung von Zielsystemen erläutert. *Tappe* kommt in seiner aktuellen Untersuchung zu mehreren Ergebnissen hinsichtlich des Zielsystems mittelständischer Unternehmen. Während diese mehrheitlich eine langfristige Orientierung aufwiesen und eine stärkere Bedeutung wertorientierter Ziele wahrnehmbar sei, müsse man noch immer davon ausgehen, dass dem Tagesgeschäft eine höhere Bedeutung beigemessen werde als einer langfristigen, auch strate-

[1528] Vgl. Hausch (2004), S. 141.

gisch geprägten Planung.[1529]

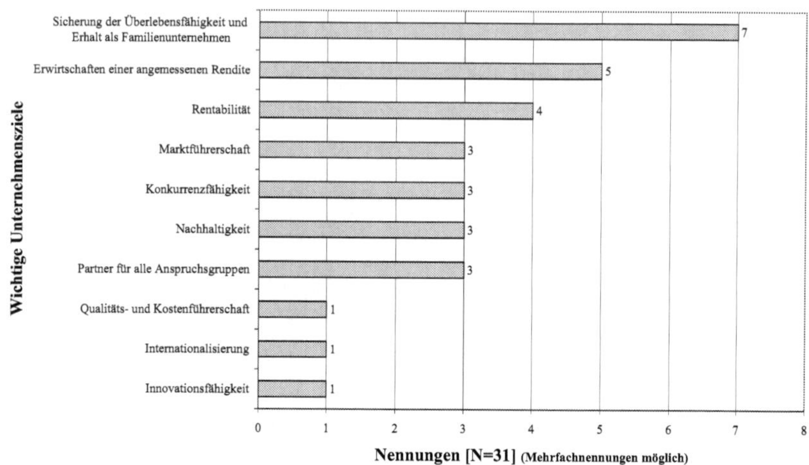

Abbildung 5-33: Wichtige Unternehmensziele der befragten Unternehmen

Eine schriftliche Fixierung von Unternehmenszielen liegt in der vorliegenden Stichprobe in neun von 16 Unternehmen vor. 13 der 16 Unternehmen machen in diesem Kontext Angaben zu wichtigen, im Unternehmen implizit oder explizit verfolgten Zielen.[1530] Die in der vorliegenden Arbeit für mittelständische Familienunternehmen als zentral aufgefasste Sicherung der Überlebensfähigkeit sowie der Erhalt als Familienunternehmen werden in sieben Unternehmen als übergeordnete strategische Zielsetzung aufgefasst (vgl. Abb. 5-33).[1531] Die beiden nächstgenannten Kategorien beziehen sich mit fünf bzw. vier Nennungen auf die Erwirtschaftung einer angemessenen Rendite sowie die Größe Rentabilität. Die in der Literatur[1532] propagierte Zielsetzung der Gewinnmaximierung findet sich in der Stichprobe nicht.

Die Meinung, mittelständische Familienunternehmen beschäftigten sich zu wenig mit strategischer Planung, kann hier nicht bestätigt werden. Allerdings bestehen unterschiedliche Umsetzungsgrade im Hinblick auf die Fixierung und Operationalisierung von Zielen.

1529 Vgl. Tappe (2009), S. 203ff.
1530 Diese Befragung ist in die Kategorie der ‚Formalziele' einzuordnen.
1531 Vgl. auch Hausch (2004), S. 141.
1532 Vgl. Günther/Gonschorek (2006), S. 7.

Ergebnis 26: Die Sicherung der Überlebensfähigkeit sowie der Erhalt als Familienunternehmen sind die beiden übergeordneten strategischen Zielsetzungen der befragten Unternehmen.

Während beispielsweise *Lambda* nach ISO 9000 standardisierte Unternehmensziele aufweist, befinden sich andere Unternehmen wie z.B. *Iota* und *Xi* in der Phase der Erstellung eines ‚Whitebooks'[1533], welches der besseren Operationalisierung der bereits schriftlich fixierten Ziele dienen soll. Eine Einbindung der schriftlich fixierten Ziele in die strategische Planung ist jedoch bei fast allen Unternehmen gegeben.

Mittelständischen Familienunternehmen wird noch immer ein Nachholbedarf hinsichtlich der Gedanken wertorientierter Unternehmensführung attestiert.[1534] Auch dieser Befund kann aufgrund der vorliegenden Stichprobe angezweifelt werden. Die Fallstudienunternehmen sprechen mehrheitlich von einem „Wandel von einem Umsatz- zu einer Wertorientierung".[1535] Wie die Abb. 5-34 zeigt, werden in 14 von 16 Unternehmen explizit wertorientierte Ziele verfolgt, für werteorientierte Ziele ist dies in neun Unternehmen der Fall. Auch sind in allen 15 Unternehmen, die hierzu eine Angabe machen, die Termini ‚Wert' und ‚Werte' explizit (zehn) oder implizit (fünf) definiert (vgl. Abb. 5-35).

Die Wertorientierung äußert sich beispielsweise implizit durch die Anforderung, eine zumindest durchschnittliche Rendite zu erwirtschaften.[1536] Eine explizite Wertorientierung zeigt sich hingegen durch wertorientierte Steuerungskennzahlen wie den EVA®[1537]. Werteorientierte Ziele äußern sich hingegen in Aspekten wie einer starken Mitarbeiterorientierung[1538] oder dem Ziel, ein Partner[1539] für alle Anspruchsgruppen des Unternehmens zu sein.

[1533] Ein ‚Whitebook' oder ‚White Paper' ist eine strukturierte Darlegung über Probleme und deren Lösungsmöglichkeiten. Vgl. Stelzner (2006), S. 2.
[1534] Vgl. aktuell Piontkowski (2009), S. 357ff.
[1535] Interview 8/Fallstudie Eta.
[1536] Vgl. Fallstudie Alpha.
[1537] Vgl. Fallstudie Zeta.
[1538] Vgl. Fallstudie Xi.
[1539] Vgl. Fallstudien Alpha, Theta und Pi.

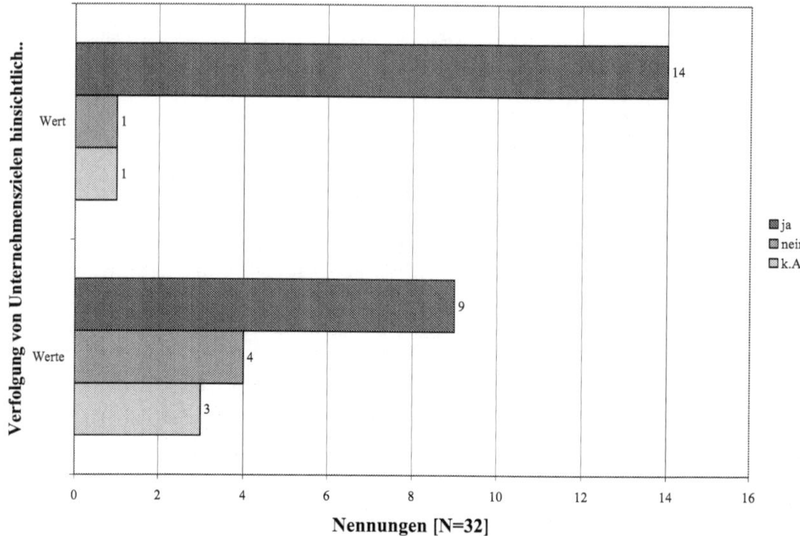

Abbildung 5-34: Verfolgung wert- und werteorientierter Ziele

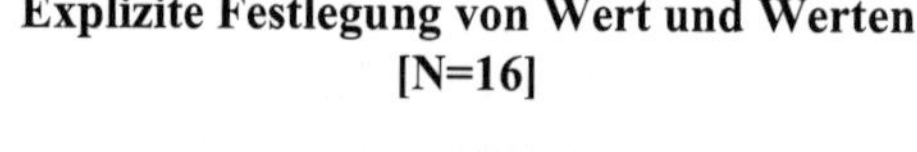

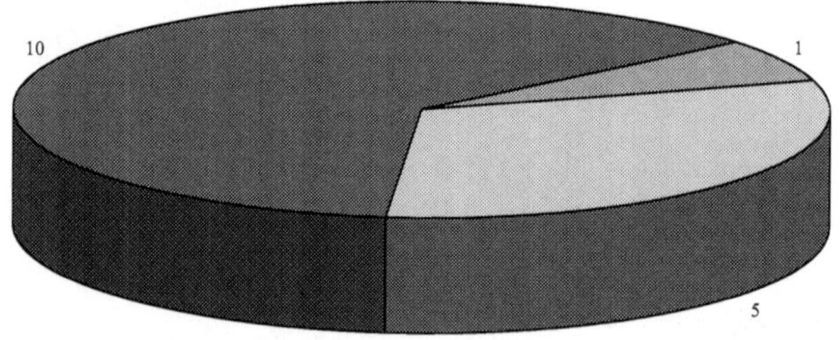

Abbildung 5-35: Festlegung wert- und werteorientierter Ziele

Insgesamt gesehen zeigt sich die Tendenz zu einer stärkeren Wertorientierung auch bei den drei einfachen (aus Komplexitätssicht) Kleinunternehmen *Epsilon*, *Theta* und *Mi*.

Ergebnis 27: Die Fallstudienunternehmen zeigen eine starke Wertorientierung, die sich z.T. als integrativer Bestandteil der strategischen Planung darstellt.

Unter Verweis auf veränderte wirtschaftliche Rahmenbedingungen wird darauf verwiesen, dass eine stärkere Wertorientierung für die Sicherung der Überlebensfähigkeit mittelständischer Familienunternehmen eine absolut notwendige Bedingung ist. Die Notwendigkeit eines Wandels hin zu einer stärker wertorientierten Unternehmensführung wurde erkannt, der Umsetzungsstand hinkt dieser Einschätzung jedoch z.T. noch deutlich hinterher. Was bisher aber in der Literatur auch selten thematisiert wurde, ist die Tatsache, dass viele der befragten Unternehmen sehr liquide sind und eine sehr gute Eigenkapitalausstattung aufweisen. Da Kapital hier bisher keine knappe Ressource war, ist der geringe Implementierungsstand wertorientierter Steuerungskonzepte durchaus erklärbar.

Controlling

Im Zusammenhang der Diskussion um Wertorientierung vs. Werteorientierung kommt dem Controlling eine besondere Bedeutung zu, da es einerseits die betriebliche Funktion ist, die eine Wertorientierung im Unternehmen anstößt und die deren Messung und Steuerung erst ermöglicht. Andererseits ist das Controlling auch dazu geeignet, zwischen Zielen von Anspruchsgruppen einen Ausgleich herbeizuführen.[1540] Wie in Abschnitt 3.1.3 der vorliegenden Arbeit gezeigt wurde, kann das Controlling als Corporate Governance-Mechanismus interpretiert werden. Zugleich wird mittelständischen Familienunternehmen gerade im Controlling ein großer Nachholbedarf konstatiert.[1541] In der vorliegenden Erhebung wurden Verständnis, Funktionswahrnehmung, organisatorische Gestaltung sowie konkrete Ausgestaltung des Controlling thematisiert, die instrumentellen Konsequenzen wurden nicht betrachtet. Zur prinzipiellen Wahrnehmung der Controllingrelevanz kann keine einheitliche Aussage getroffen werden. In den kleineren Unternehmen *Epsilon*, *Theta* und *Mi* werden Soll-Ist-Vergleiche durchgeführt, jedoch (noch) nicht unter dem Begriff Controlling. Im Hinblick auf Controllingfunktionen und -aufgaben zeigt die vorliegende Stichprobe eine zweigeteilte Entwicklung mit Veränderungstendenzen. Zunächst muss die prinzipielle Wahrnehmung des Controlling im Sinne eines anzustrebenden Idealzustands thematisiert werden.

Hier werden dem Controlling von den Interviewpartnern am häufigsten Steuerungs- bzw. Lenkungsaufgaben sowie Planungsaufgaben zugesprochen (vgl. Abb. 5-36). Aber auch tradierte Controllingfunktionen wie Berichtswesen oder Kontrolle werden genannt. Mehrere In-

[1540] Vgl. zu dieser Diskussion Martens/Bluhm/Wetzel (2006); Martens/Bluhm (2007); Lingnau (2009), S. 19ff.; Schröder (2009), S. 365ff.

[1541] Vgl. Hoffjan (2009), S. 353.

terviewpartner sprechen zudem von einem fortlaufenden Wandel der Controllingwahrnehmung im Unternehmen, der entweder durch jüngere Mitglieder der Unternehmerfamilie[1542] oder den CFO[1543] angestoßen wurde.

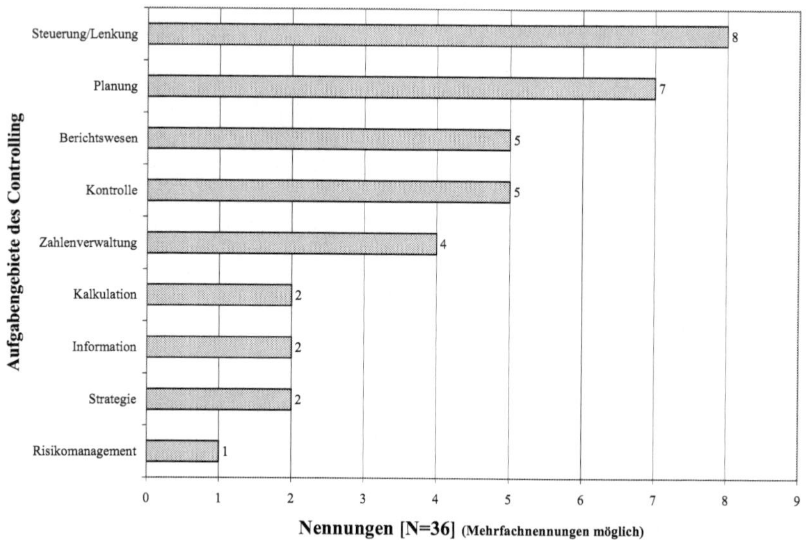

Abbildung 5-36: Aufgabengebiete des Controlling

Ergebnis 28: Auf Ebene der Funktionswahrnehmung werden dem Controlling Planungs-, Steuerungs- und Lenkungsfunktionen stärker als bisher zugeschrieben.

Ähnliche Ergebnisse erzielen auch *Becker/Staffel/Ulrich*, nach denen sich das Controlling in mittelständischen Familienunternehmen funktional gesehen als Instrument der Unternehmensplanung und -steuerung durchgesetzt hat.[1544] Der Umsetzungsstand dieses Idealzustands in der Stichprobe ist jedoch sehr heterogen. Der Entwicklungsstand des Controlling in den Fallstudien wurde zum einen auf Basis der Interviews (Selbsteinschätzung der Interviewpartner) und weiterer durch die Fallstudienunternehmen bereitgestellter Informationen, zum ande-

1542 Vgl. Fallstudie Omikron.
1543 Vgl. Fallstudie Iota.
1544 Vgl. Becker/Staffel/Ulrich (2009a), S. 1ff.

ren auf Basis eines theoretischen Schemas durch den Forscher beurteilt.[1545] Hier wird ein niedriger Entwicklungsgrad attestiert, wenn sowohl Wahrnehmung als auch konkrete Aufgaben des Controlling rein auf Kontrolle und Zahlenbereitstellung konzentriert waren (Controlling als Registrator). Ein mittlerer Entwicklungsgrad kann angenommen werden, wenn sich das Controlling auch mit einer entscheidungsorientierten Aufbereitung von Informationen und somit einer stärkeren Integration in Steuerung- und Regelungsfragen befasst. Ein hoher Entwicklungsgrad ist nur bei einer integrativen, auch aktiv ausrichtenden Beteiligung des Controlling in Steuerungsfragen gegeben, die sich im Idealfall durch organisatorische Stärkung des Controlling äußert.

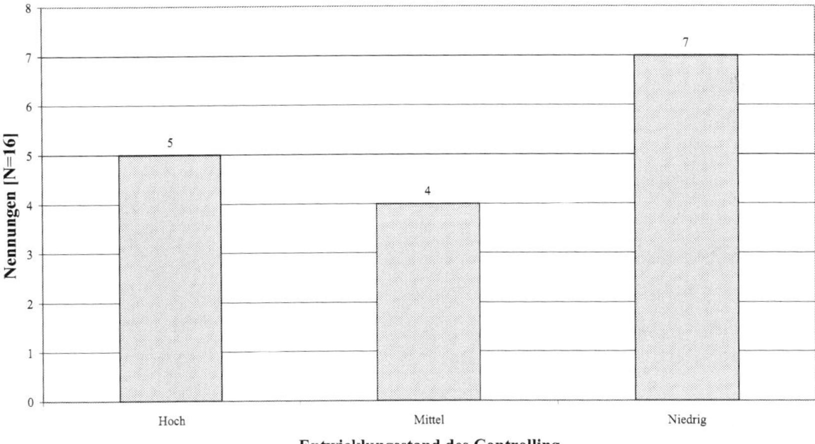

Abbildung 5-37: Entwicklungsstand des Controlling

In fünf Unternehmen zeigt sich ein hoher Entwicklungsgrad des Controlling, in vier Unternehmen ein mittlerer und in sieben Unternehmen ein niedriger Entwicklungsstand des Controlling (vgl. Abb. 5-37). Die Interviewpartner berichten mehrheitlich von dem Wunsch, die Kompetenzen des Controlling in Zukunft ausbauen zu wollen. Dies kann auf mehrere Arten geschehen, z.B. durch die Übernahme erweiterter Aufgaben oder durch neue Auswertungs-

[1545] Diese Schema basiert unter anderem auf der von Zünd eingeführten Rollentypologie des Controllers in Registratoren, Navigatoren und Innovatoren. Während der Registrator lediglich eine Do-kumentationsfunktion wahrnimmt, ist der Navigator auch in den Bereichen der Adaption und Regelung aktiv. Der Controller als Innovator hingegen bewegt sich nicht wie die anderen beiden Typen lediglich innerhalb des Unternehmens. Als ‚ständiger Hinterfrager' agiert er gleichzeitig als Wertschöpfungspromotor und ständiger Konfliktgenerator im Unternehmen. Vgl. Zünd (1979), S. 15ff.

möglichkeiten, die sich durch verbesserte IT-Systeme ergeben. So ist beispielsweise in den Unternehmen *Alpha, Delta* und *Lambda* das Controlling bereits als integrative Aufgabe der Unternehmensführung etabliert, die sich mit dem kompletten Regelkreis aus Planung, Entscheidung und Kontrolle auseinandersetzt. Interviewpartner 12 spricht hier vom Wandel vom „Kontroller zum Navigator“[1546]. Eine Beschränkung in der Einführung eines modernen Controlling wird durch fehlendes Know-how im Unternehmen, nicht geeignetes Personal oder auch uneinheitliche Datenbestände begründet, die die Anwendung wertorientierter Steuerungskonzepte erschweren. In Unternehmen mit einem mittleren Entwicklungsstand des Controlling (Bsp. *Gamma* und *Ni*) werden dem Controlling zwar Planungs- und Steuerungsaufgaben zuteil, der konkrete Steuerungsimpuls wird jedoch nicht als Controllingaufgabe, sondern Managementaufgabe gesehen. Auch wird hier das Bild des „betriebswirtschaftlichen Sparringspartners“[1547] noch nicht gesehen. Unternehmen mit einem schwach ausgeprägten Controlling verlassen sich auf Zahlenverwaltung, Kalkulation und Berichtswesen.

Ergebnis 29: Der Entwicklungsstand des Controlling in der Stichprobe ist heterogen und meist in einem nur mittleren Segment anzusiedeln.

Hier kann mehreren Unternehmen eine ihrem Komplexitätsgrad noch nicht angemessene Ausgestaltung des Controlling attestiert werden. Nachholbedarfe bestehen in der personellen und IT-seitigen Unterstützung des Controlling. Wichtig ist die Schaffung einer einheitlichen Datenbasis mit einem zentralen Data Warehouse[1548]. Auf dieses Basis kann dann auch die von mehreren Interviewpartnern als notwendig angesehene stärkere Automatisierung des Controlling stattfinden. Dies könnte den Mehrwert des Controlling, den mehrere Interviewpartner beispielsweise im Working-Capital-Management oder dem Investitionscontrolling gegeben sahen, noch weiter steigern.

Prüfung

Die Beziehung zu Wirtschaftsprüfern wird von den Fallstudienunternehmen mehrheitlich positiv gesehen. Die Mehrheit der befragten Unternehmen muss nach HGB ihren Abschluss von einer Wirtschaftsprüfungsgesellschaft prüfen lassen.[1549] Gleichwohl lassen alle Fallstudienun-

1546 Vgl. Interview 12/Fallstudie Lambda.

1547 Vgl. Interview 14/Fallstudie Ni.

1548 Das ‚Data Warehouse‘ ist ein zentrales Datenlager, das sich durch eine Bereitstellung einer entscheidungsorientierten, horizontal sowie vertikal integrierten und konsistenten Datenbasis auszeichnet, die konsequent von operativen Datenbeständen getrennt sein sollte. Vgl. Oehler (2006), S. 19.

1549 Die Pflichtprüfung ist in § 316 Abs. 1 HGB geregelt, nach dem mittelgroße und große Kapitalgesellschaften ihren Jahresabschluss und Lagebericht zwingend prüfen lassen müssen. Die Prüfungspflicht für Einzelkaufleute und Personengesellschaften lässt sich auf § 6 Abs. 1 S. 1 PublG zurückführen. Diese beiden Gruppen sind zur Rechnungslegung und Prüfung verpflichtet, wenn Sie zwei der drei in § 1 Abs. 1 PublG festgelegten

ternehmen ihren Jahresabschluss prüfen, was aus Corporate Governance-Sicht aufgrund des Einflusses eines externen, neutralen Dritten zu befürworten ist. Als Begründung für den freiwilligen Einsatz von Prüfern wird angeführt, dass das Testat eines renommierten Prüfunternehmens Finanzierungsvorteile biete.[1550]

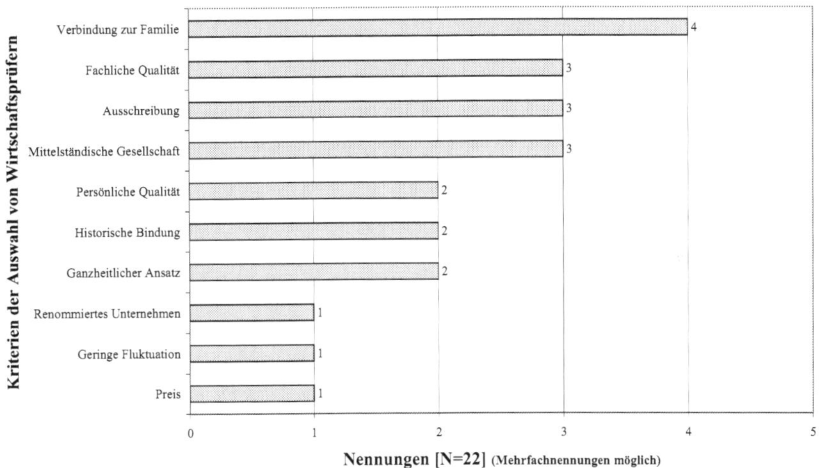

Abbildung 5-38: Kriterien der Auswahl von Wirtschaftsprüfern

Für die Auswahl der Prüfer sind unterschiedliche Kriterien relevant, die vier meistgenannten Kriterien sind die Verbindung zur Familie, die fachliche Qualität, die Durchführung einer Ausschreibung sowie das Vorliegen einer mittelständischen Wirtschaftsprüfungsgesellschaft (vgl. Abb. 5-38). Auch wenn aus Praxissicht keine Umstellung der Auswahl von Wirtschaftsprüfern auf eine rein fachlich orientierte Ausschreibung zu erwarten ist, könnte eine noch stärkere Betrachtung fachlicher Kriterien Anwendung finden. Problematisch erscheint die Tatsache, dass in einigen Unternehmen der Einfluss externer Prüfer durch die Nähe zur Unternehmerfamilie als störend empfunden wird. Zudem äußern mehrere Interviewpartner[1551] die Befürchtung, dass der externe Prüfer die Komplexität des Unternehmens nicht geeignet abbilden könne.

Schwellen (1) Bilanzsumme größer 65 Millionen Euro, (2) jährliche Umsatzerlöse größer 130 Millionen Euro sowie (3) Beschäftigung von mehr als 5.000 Arbeitnehmern im Jahresdurchschnitt für drei aufeinanderfolgende Abschlussstichtage überschreiten. Einer Kapitalgesellschaft gleichgestellte Personengesellschaften (z.B. im Regelfall die GmbH & Co. KG) sind nach HGB prüfungspflichtig.

1550 Vgl. Fallstudie Pi.

1551 Vgl. Interview 2 und 3/Fallstudie Beta.

Ergebnis 30: Alle Unternehmen der Stichprobe werden durch Wirtschaftsprüfer geprüft. Die Beziehung zu letzteren weist stärker als bisher eine Fokussierung auf fachliche Kriterien auf.

Die Mehrheit der befragten Unternehmen wird von einer Big-Four-Prüfungsgesellschaft[1552] geprüft, da die Probanden diese Unternehmen als fachlich exzellent einschätzen. Einige Probanden verweisen auch darauf, explizit Wert auf einen risikoorientierten Prüfungsansatz zu legen, der von Big-Four-Gesellschaften propagiert und auch angewendet wird.[1553] Aus Sicht des Rechenschaftszwecks der Corporate Governance ist diese Sicht zu begrüßen. Neun Unternehmen machen Angaben zur prinzipiellen Einschätzung der Beziehung zum externen Prüfer, wobei sechs Unternehmen eine gute Beziehung, drei eine anspruchsvolle Beziehung, eines eine vernünftige und eines eine zugleich vertrauensvolle und kritische Beziehung aufweisen. Zusammenfassend ist der Entwicklungsstand der Corporate Governance hinsichtlich der Wirtschaftsprüfung als gemischt einzuschätzen, da es sowohl Unternehmen gibt, die Ausschreibungen durchgeführt und alte Bindungen aufgebrochen haben (Bsp. *Beta*) als auch andere, für die fachliche Kriterien noch immer eine untergeordnete Rolle spielen (Bsp. *Alpha*).

Internes Kontrollsystem (IKS)

Der Umsetzungsstand von Internen Kontrollsystemen bzw. -überwachungssystemen ist in der Untersuchung von *Wesel* sehr gering. Vor allem das Controlling wird als Akteur der internen Überwachung gesehen.[1554] Die vorliegende Stichprobe liefert differenzierte und auch widersprüchliche Befunde. Der Formalisierungsgrad des IKS in den Fallstudienunternehmen wird von den Befragten als tendenziell hoch eingeschätzt (vgl. Abb. 5-39). Gleichzeitig charakterisieren acht Befragte das IKS aber auch als ausbaufähig (vgl. Abb. 5-40). In Fällen, in denen eine schlechte oder gar keine Dokumentation des IKS vorliegt – wie z.B. im Unternehmen *Beta* – wurden mittlerweile externe Berater (z.B. Wirtschaftsprüfer) mit der Überprüfung der bestehenden Strukturen und Prozesse beauftragt. Andere Unternehmen wie z.B. *Alpha* verfügen über ein stark formalisiertes und integriertes IKS, welches die Themenbereiche Controlling, Revision und Compliance miteinander vereint. Wichtig erscheint den Interviewpartnern, dass das IKS keine reine Kontrollinstanz sei, sondern ein Instrument der konstruktiven Überwachung.[1555]

1552 Die ‚Big Four' bezeichnen hier die international vier größten Wirtschaftsprüfungsgesellschaften PricewaterhouseCoopers, Deloitte, KPMG sowie Ernst & Young. Vgl. Grewe (2008), S. 12.

1553 Zum risikoorientierten Ansatz der Wirtschaftsprüfung vgl. Marten/Quick/Runke (2003), S. 314ff.

1554 Vgl. Wesel (2010), S. 332ff.

1555 Vgl. Interview 15/Fallstudie Xi.

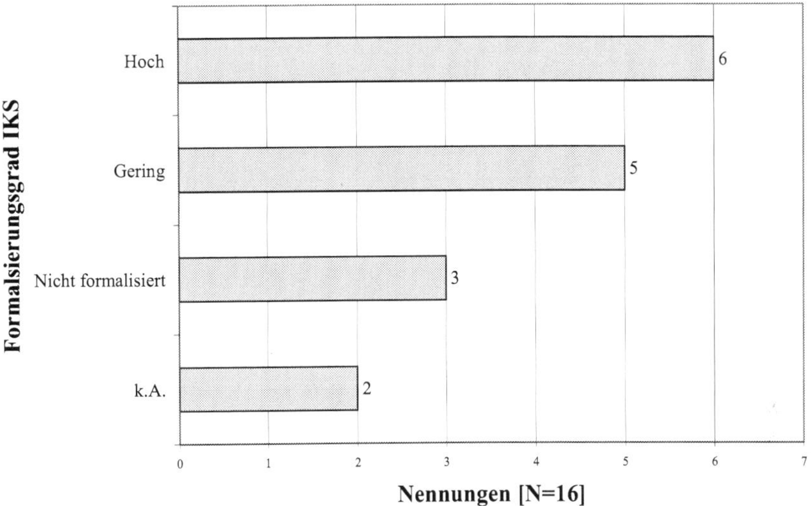

Abbildung 5-39: Formalisierungsgrad des IKS

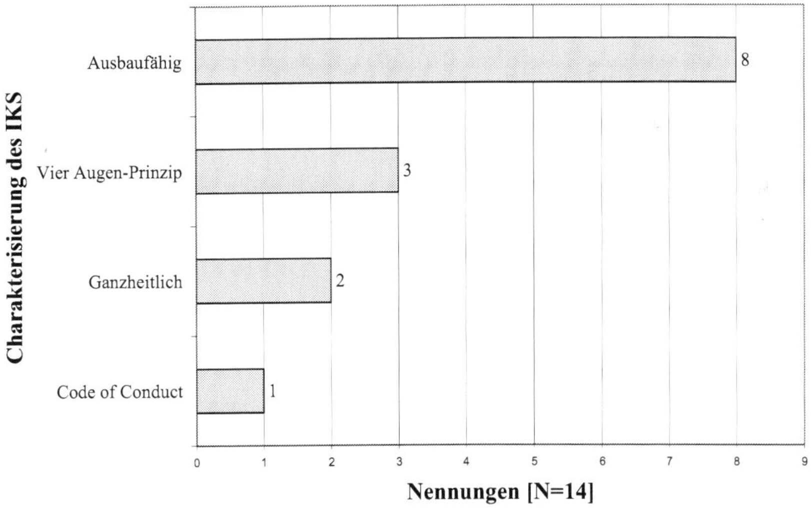

Abbildung 5-40: Charakterisierung des IKS

In den kleineren Unternehmen *Epsilon*, *Theta* und *Mi* ist der Formalisierungsgrad des IKS erwartungsgemäß sehr niedrig. Jedoch ergeben sich einige Spezifika: So weist *Theta* im Produktionsbereich ein durch den Bereich Arbeitsschutz repräsentiertes, sehr ausführliches IKS auf, im Verwaltungsbereich wird hingegen nach einem Vier-Augen-Prinzip gearbeitet. Zusammenfassend kann vor allem in einigen neutralen Unternehmen wie z.B. *Beta* oder *Gamma* ein deutlicher Verbesserungsbedarf des IKS attestiert werden.

Ergebnis 31: Die Befunde zum IKS fallen gemischt aus. Der Dokumentations- und Formalisierungsgrad ist mittelhoch, viele der Interviewpartner sehen einen Nachholbedarf im Hinblick auf eine stärker integrative Betrachtung.

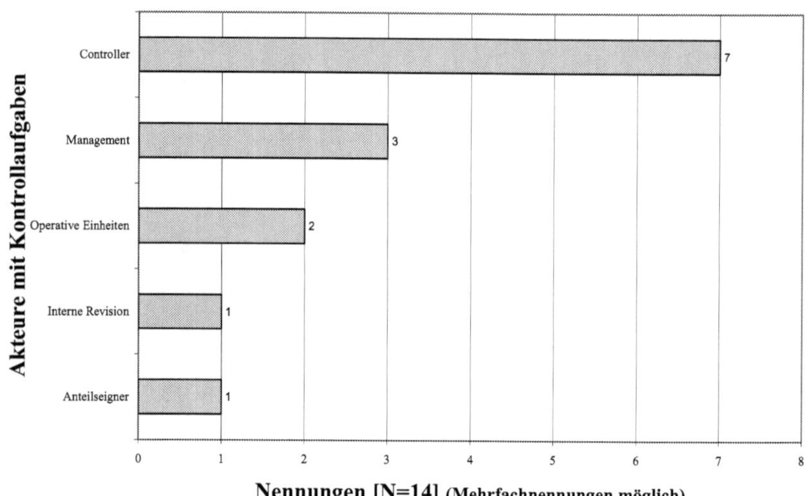

Abbildung 5-41: Akteure mit Kontrollaufgaben

Auch in größeren Unternehmen wird das IKS mehrheitlich organisatorisch dem Controlling bzw. dem Controller als Person zugesprochen (vgl. Abb. 5-41). Ähnliche Befunde liefert auch die Untersuchungen von *Wesel*[1556] und *Becker/Baltzer/Ulrich*[1557]. Weitere, im Rahmen des IKS mit Kontrollaufgaben betraute Akteure sind das Management, operative Einheiten, die Interne Revision sowie Anteilseigner. Die organisatorische Anordnung von Controlling und somit auch IKS variieren hingegen. Im Unternehmen *Alpha* wird das IKS wechselnd von fünf

[1556] Vgl. Wesel (2010), S. 332ff.
[1557] Vgl. Becker/Baltzer/Ulrich (2008), S. 59.

Controllern unterschiedlicher Gesellschaften verwaltet. Im Unternehmen *Zeta* ist das Konzerncontrolling zuständig. Ein Beteiligungscontroller übernimmt für *Iota* Aufgaben des IKS. Über alle Unternehmen hinweg kann eine gewisse Unzufriedenheit mit der bisherigen Integration von IKS und Controlling identifiziert werden. Mehrere Interviewpartner verweisen darauf, dass es im Unternehmen zwar offiziell laut Organigramm einen Verantwortlichen für das IKS gebe, dieser die Aufgabe aber nur z.T. oder nicht erfüllen könne.

Interne Revision

Hinsichtlich der Internen Revision ist zwischen der Funktion sowie der Institution zu trennen. Eine eigene Stelle für die Wahrnehmung von Aufgaben einer Internen Revision weisen sechs Unternehmen auf. Sieben Unternehmen besitzen eine solche Stelle nicht, drei Unternehmen machen hierzu keine Angaben. Hier kann in der Stichprobe kein einheitliches Bild ermittelt werden. Die Unternehmen, die eine Interne Revision einsetzen, verstehen diese als unabhängige Prüfinstanz, die bestimmte Sachverhalte aus einem prozessunabhängigen Blickwinkel betrachtet und letztendlich zur Steigerung der Entscheidungsqualität im Unternehmen beiträgt.[1558] Nicht alle Unternehmen, die eine eigenständige Interne Revision einsetzen, sind auch mit deren Funktionserfüllung zufrieden.[1559] Neben einer eigenständigen Internen Revision im Sinne eines Revisors oder einer Revisionsabteilung fungieren Controller[1560] oder Wirtschaftsprüfer[1561] (im Sinne einer externen Revision) als Aufgabenträger. Die Einschätzung darüber, ob eine Interne Revision für mittelständische Familienunternehmen sinnvoll und notwendig sei, fällt gemischt aus. Während die Unternehmen *Beta*, *Gamma*, *Eta*, *Iota* und *Kappa* dies für sinnvoll erachten, verweist das Unternehmen *Delta* auf die Schaffung einer Misstrauenskultur, die durch die Etablierung einer Internen Revision entstehen könnte.[1562] Eine mögliche Erklärung der sehr niedrigen Funktionswahrnehmung und sehr niedrigen Institutionalisierung der Internen Revision könnte in einem hohen Vertrauen zwischen den einzelnen Organisationsmitgliedern begründet sein. Dies wird im Aspekt ‚Unternehmenskultur, Vertrauen & Corporate Behavior' noch näher diskutiert. Die in der Literatur[1563] diskutierte Schnittstelle von Interner Revision und Controlling wird in den betrachteten Unternehmen nicht oder nur dann gesehen, wenn Daten im Controlling zusammenlaufen.

[1558] Vgl. Fallstudie Xi.
[1559] Vgl. Fallstudie Eta.
[1560] Vgl. Fallstudie Alpha.
[1561] Vgl. Fallstudie Mi.
[1562] Zur Kosten-Nutzen-Betrachtung der Internen Revision im Mittelstand vgl. Hecker/Füss (2006), S. 70f.
[1563] Vgl. Günther/Gonschorek (2008), S. 127ff.

Ergebnis 32: Funktionswahrnehmung und Institutionalisierungsgrad der Internen Revision sind in der Stichprobe eher gering. Die prinzipielle Notwendigkeit der Internen Revision wird jedoch überwiegend erkannt.

Compliance

Eng verbunden mit IKS und Interner Revision sind Compliance-Fragen.[1564] Auch hier wird wieder zwischen Existenz der Funktion und organisatorischer Ausprägung unterschieden. Eine eigene Stelle für Compliance-Fragen weisen sieben Unternehmen auf, acht Unternehmen verneinen diese Frage und ein Unternehmen macht keine Angabe. Die Ausgestaltung und hierarchische Anordnung der Compliance-Stelle hängt mit der Interpretation der Compliance-Funktion zusammen. In der Stichprobe lassen sich zwei prinzipielle Wahrnehmung der Compliance-Funktion unterscheiden: Eine betriebswirtschaftliche sowie eine juristische. Bei *Alpha* als Beispiel für die erste Gruppe ist der Kaufmännische Leiter und CFO Chief Compliance Officer des Unternehmens. Eine ähnliche Lösung wird auch von *Gamma* in Betracht gezogen. *Delta* hingegen hat die Einrichtung einer Compliance-Organisation nach fundierter Überlegung verworfen, um keine Misstrauenskultur im Unternehmen zu etablieren.

Compliance fokussiert vornehmlich Aspekte der Wirtschaftskriminalität (‚Fraud') sowie des ethisch und moralisch einwandfreien Verhaltens (‚Code of Conduct'). Hier ist in den meisten Unternehmen eine gestiegene Sensibilität wahrzunehmen, die vornehmlich durch öffentlich diskutierte Korruptionsfälle beeinflusst wurde. Unternehmen mit eigenen Syndikus oder einer eigenen Rechtsabteilung teilen diesen Aufgabenträgern die Compliance-Funktion zu. Die Notwendigkeit einer Compliance-Funktion sowie -Organisation sehen die Befragten wegen der organisatorischen Komplexität und der Internationalität des Geschäfts als gegeben an.

Ergebnis 33: Funktionswahrnehmung und Institutionalisierungsgrad der Compliance sind in der Stichprobe mittelhoch. Organisatorische Komplexität und Internationalisierungsgrad werden als Einflussfaktoren gesehen.

Risikomanagement

Hinsichtlich Existenz und Ausgestaltung des Risikomanagements in den Fallstudienunternehmen weisen sieben Unternehmen ein systematisches Risikomanagement und drei Unternehmen ein nicht-systematisches Risikomanagement auf. Vier Unternehmen verneinen diese Frage, ein Unternehmen macht keine Angabe (vgl. Abb. 5-42). *Wesel*[1565] kommt zu ähnlichen

[1564] Vgl. die Bestandteile des IKS gemäß Abschnitt 3.1.3.3 der vorliegenden Arbeit
[1565] Vgl. Wesel (2010), S. 332ff.

Ergebnissen. Auch wenn dieser Befund auf den ersten Blick zufriedenstellend ist, wird über alle Fallstudienunternehmen hinweg deutlich, dass der Entwicklungsstand des Risikomanagements vergleichsweise niedrig ist. Die Unternehmen, die ein systematisches Risikomanagement anwenden, haben dieses z.T. erst vor kurzem implementiert (Bsp. *Iota*). Nur wenige Unternehmen (Bsp. *Xi*) können auf eine Einführung vor mehr als drei Jahren verweisen. Hier kommen dann vereinzelt Instrumente wie ein unternehmensspezifisches Risk Manual zum Einsatz. Alle Unternehmen, die kein systematisches oder kein Risikomanagement betreiben, sind sich der prinzipiellen Notwendigkeit bewusst und betreiben aktiv die Einführung. Als Möglichkeit wird neben externen Beratern (Bsp. *Beta*) auch die Vergabe von Diplomarbeiten gesehen (Bsp. *Ni*), um eine unternehmensindividuelle Bestandsaufnahme von Risiken durchzuführen.

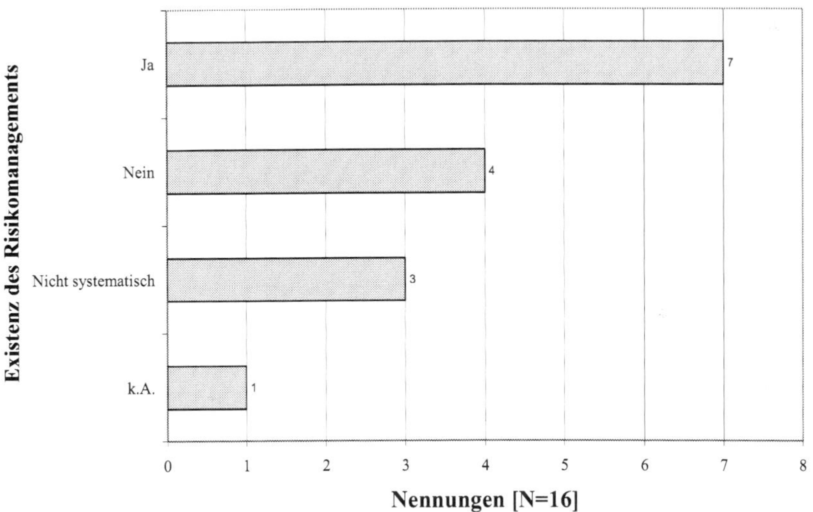

Abbildung 5-42: Ausprägung des Risikomanagements

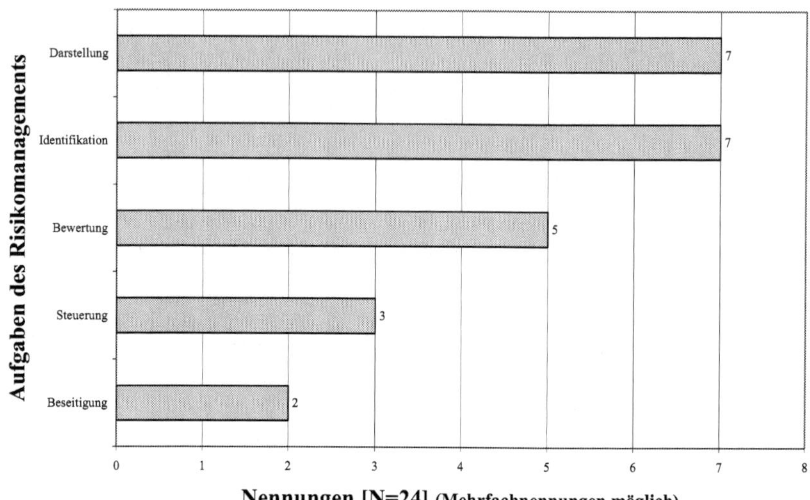

Abbildung 5-43: Aufgaben des Risikomanagements

> **Ergebnis 34:** Der Entwicklungsstand des Risikomanagements in der Stichprobe ist sehr gering. Hier sehen die Befragten selbst einen großen Nachholbedarf.

Neben der Wahrnehmung der Funktion an sich sind auch die Aufgabengebiete und somit die Ausprägung des Risikomanagements von Interesse. Die Analyse (vgl. Abb. 5-43) zeigt, dass das Risikomanagement mehrheitlich die Aufgaben der Darstellung und Identifikation von Risiken übernimmt. Der im Rahmen eines modernen, ganzheitlichen Risikomanagements[1566] ebenfalls durchzuführende Teilschritte der Risikobewertung, der eine kybernetische Steuerung und Regelung von Risiken und somit die Entwicklung von Risikostrategien erst möglich macht, wird nur in fünf Unternehmen systematisch durchgeführt. Diese Unternehmen beziehen in ihre Analysen die für sie relevanten Aspekte, u.a. zu Rohstoffpreisen, Fremdwährungsrisiken und globalen Risiken, ein. Insgesamt gesehen kann den Fallstudienunternehmen mehrheitlich aber nur ein vergangenheitsorientierter Umgang mit Risiken attestiert werden.

Organisatorisch wird das Risikomanagement zentral durch die Familie, durch das Controlling oder das Qualitätsmanagement verantwortet. In der Stichprobe lässt sich gesamthaft gesehen eine eher dezentrale Handhabung von Risiken beobachten. Spezifische nationale oder internationale Risikomanagement-Standards und -konzepte wie z.B. das COSO ERM kommen bis-

[1566] Vgl. Abschnitt 3.1.3.3 der vorliegenden Arbeit.

her in keinem der Fallstudienunternehmen zur Anwendung.

Zwischenfazit

Für den Corporate Governance-Mechanismus ‚Unternehmensführung & Controlling' ist eine zweigeteilte Ableitung eines Fazits notwendig. Hinsichtlich der prinzipiellen Einschätzung, dass dieser Themenbereich für die Etablierung einer nachhaltig funktionsfähigen Corporate Governance notwendig und auch im Rahmen eines integrierten GRC-Ansatzes zu betrachten ist, besteht weitgehend Einigkeit unter den Probanden. In der Tat nennen mehrere Probanden explizit den Aspekt, in der Zukunft vermehrt ein integriertes System aus Governance, Risk Management und Compliance im Unternehmen etablieren zu wollen.

Die instrumentelle Ausgestaltung einzelner Teilmechanismen ist hingegen durchschnittlich bis dürftig zu kennzeichnen. Positiv kann der Aspekt Zielorientierung und Strategie hervorgehoben werden. Stärker als in der Literatur diskutiert kommen in den Fallstudienunternehmen Gedanken wert- und werteorientierter Führungskonzepte zur Anwendung. Das Controlling wird meist noch immer als Instrument der Zahlenaufbereitung und Entscheidungsvorbereitung verstanden, ein wertschöpfungsorientiertes Controlling scheitert entweder am fehlenden Commitment der Führungskräfte, mangelhaften IT-Systemen oder nicht geeigneten Controlling-Aufgabenträgern. Die Themenbereiche IKS, Interne Revision, Compliance und Risikomanagement zeichnen sich durch einen mittleren bis niedrigen Formalisierungsgrad bei gleichzeitig äußerst hohem Problembewusstsein der Entscheider aus. Folgerichtig ist in diesen Bereichen auf institutioneller und instrumenteller Ebene in der näheren Zukunft mit den größten Veränderungen zu rechnen.

5.6.4 Anteilseigner- und Gläubigerstruktur

Die Kapitalstruktur der Fallstudienunternehmen wird – analog zu Abschnitt 3.3.3.4 – in Anteilseigner- und Gläubigerstruktur unterschieden.

Anteilseignerstruktur

Die Anteilseignerstruktur der Fallstudienunternehmen ist durchaus heterogen (vgl. Abb. 5-44). Vier Unternehmen befinden sich im Eigentum nur eines Gesellschafters. Mehr als fünf Gesellschafter liegen in drei Unternehmen vor, die sich vor allem durch ihr fortgeschrittenes Alter und somit die zunehmende Zersplitterung der Anteilseignerstruktur auszeichnen. Im Gegensatz zu der Studie von *Wesel*[1567], die ein häufig gleichzeitiges Vorliegen von operativen und nicht operativ tätigen Familiengesellschaftern zeigt, ist die Anteilseignerstruktur der analysierten Unternehmen in diesem Punkt äußerst homogen. Nur in Unternehmen mit einem

[1567] Vgl. Wesel (2010), S. 166ff.

stark anwachsenden Gesellschafterkreis (z.B. *Iota* und *Omikron*) sind deutliche Unstimmigkeiten zwischen diesen beiden Gruppen hinsichtlich der strategischen Ausrichtung des Unternehmens zu erkennen. In keinem Unternehmen liegt eine Pattsituation der Anteile mehrerer Gesellschafter vor, die Verhältnisse sind klar geregelt. Auch liegt in keinem Unternehmen eine Minderheitsbeteiligung externer Gesellschafter vor. Einig sind sich die Fallstudienunternehmen hinsichtlich der Kontinuität ihrer Unternehmen als Familienunternehmen.[1568]

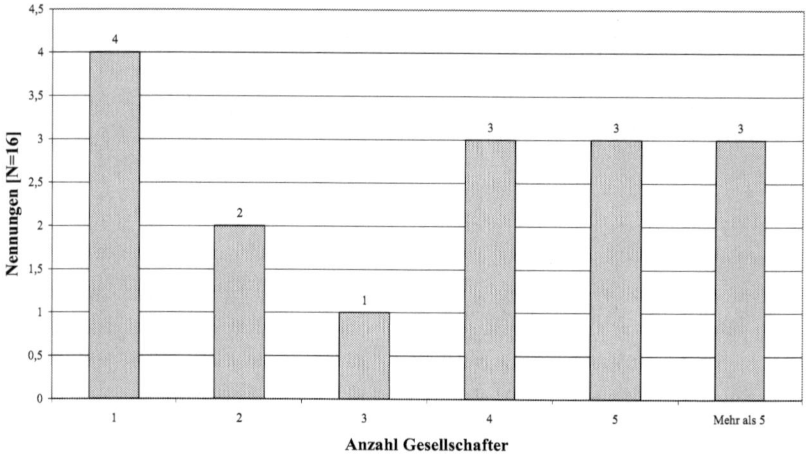

Abbildung 5-44: Anzahl der Gesellschafter im Unternehmen

Ergebnis 35: Die Anteilseignerstruktur ist äußerst homogen. Eine Aufnahme neuer Gesellschafter sowie ein Verkauf des Unternehmens wird abgelehnt.

Aus Sicht keines Gesprächspartners scheint vor dem aktuellen Hintergrund die Aufnahme externer Gesellschafter oder ein Unternehmensverkauf möglich.[1569] Ein Börsengang wird von mehreren größeren Unternehmen wie z.B. *Gamma* jedoch für prinzipiell möglich gehalten.

[1568] Dieser Befund kann vor dem bereits geschilderten Ergebnis betrachtet werden, dass die Sicherung der langfristigen Überlebensfähigkeit ebenso wie der Erhalt als Familienunternehmen die übergeordneten strategischen Zielsetzungen der Fallstudienunternehmen darstellen.

[1569] Ausgenommen sind Änderungen aufgrund anstehender Unternehmensübergaben an nachfolgende Generationen wie z.B. in den Fällen Theta, Lambda und Mi.

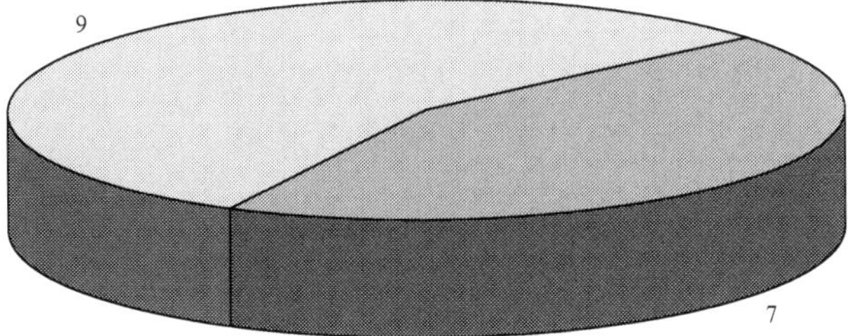

Abbildung 5-45: Vermögensnachfolge und Änderungen der Anteilseignerstruktur

Eng verbunden mit der bereits diskutierten Thematik der Führungsnachfolge[1570] ist die Frage nach der Existenz expliziter Regelungen zur Vermögensnachfolge zu sehen. Eine solche liegt in sieben analysierten Unternehmen vor (vgl. Abb. 5-45). *Wesel* diskutiert in seiner Arbeit als mögliche Varianten der Vermögensnachfolge neben familieninternen Lösungen auch familienexterne Lösungen sowie Stiftungsvarianten. Von den im Rahmen der vorliegenden Arbeit befragten Experten wird die Vermögensnachfolge zwar für ein wichtiges Thema gehalten, Stiftungslösungen werden aber weitgehend abgelehnt, da sie die Verhältnisse des Unternehmens teilweise zu starr und inflexibel für die Zukunft festlegen.[1571] Neun Unternehmen haben sich bisher nicht explizit mit dem Thema Vermögensnachfolge beschäftigt oder machen hierzu keine Angaben. Es kann jedoch festgehalten werden, dass aus Sicht der Corporate Governance im Bereich Vermögensnachfolge eine sehr traditionelle Einstellung der Fallstudienunternehmen vorliegt.

[1570] Vgl. Abschnitt 5.6.1 der vorliegenden Arbeit,

[1571] Vgl. Wesel (2010), S. 231ff.; persönliches Gespräch mit Prof. Dr. Arist v. Schlippe am 08.09.2009 in Witten/ Herdecke.

Gläubigerstruktur

Die Eigenkapitalausstattung dient im Kontext der Gläubigerstruktur als Indikator für die Ausprägung von Corporate Governance-Strukturen und -prozessen.

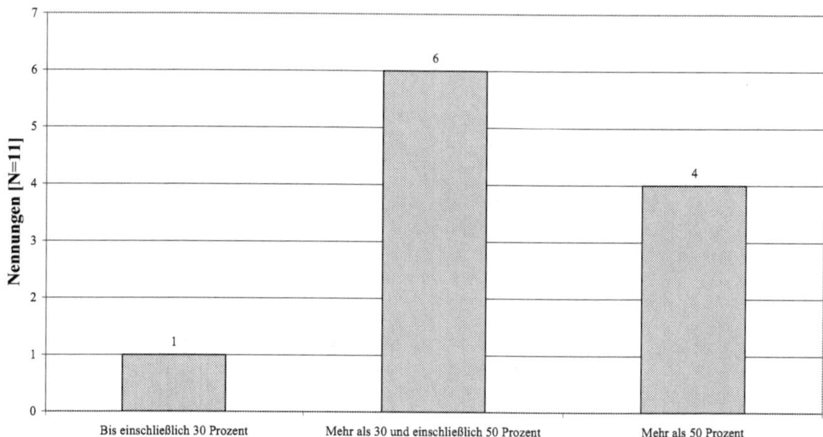

Abbildung 5-46: Eigenkapitalquote der befragten Unternehmen

Eine gute Eigenkapitalausstattung erlaubt es einem Unternehmen, weitgehend unabhängig von externen Financiers zu bleiben und somit nur wenige Verfügungsrechte nach außen abzutreten. Die Fallstudienunternehmen weisen durchgängig eine sehr gute Ausstattung mit Eigenkapital[1572] auf. Nur ein Unternehmen besitzt bis einschließlich 30 Prozent Eigenkapital. Fünf Unternehmen weisen sogar eine Eigenkapitalquote von über 50 Prozent auf (vgl. Abb. 5-46). Die generelle Einschätzung, mittelständische Familienunternehmen seien mit zu wenig Eigenkapital ausgestattet und somit krisenanfällig, kann hier nicht bestätigt werden.[1573]

Ergebnis 36: Die Eigenkapitalausstattung der Fallstudienunternehmen ist sehr gut. Dies lässt auch eine wirtschaftlich stabile Lage der Unternehmen schließen.

Neben der Ausstattung mit Eigenkapitel spielt für die Gläubigerstruktur aus Corporate Go-

[1572] An dieser Stelle wird vom wirtschaftlichen Eigenkapital ausgegangen. Im Vergleich zum bilanziellen Eigenkapital werden hier unter anderem Sonderposten mit Rücklagenanteil, Gesellschafterdarlehen und eigenkapitalähnliche Mittel wie z.B. Pensionsrückstellungen einbezogen. Vgl. Dürr (2007), S. 298f.

[1573] Eine ähnliche Eigenkapitalausstattung zeigen die von Wesel (2010), S. 404ff. analysierten Unternehmen.

vernance-Sicht auch die Art der Gläubiger des Unternehmens eine Rolle. Für die befragten Unternehmen sind als Gläubiger vornehmlich Banken (elf Unternehmen) sowie – mit weit weniger Nennungen – Lieferanten, Gesellschafter und Kreditversicherer relevant (vgl. Abb. 5.47). Die Relevanz der Banken bezieht sich im Gegensatz zur bereits thematisierten Hausbankbeziehung jedoch weniger auf Finanzierungsfragen. Mehrheitlich wird in der Stichprobe auf „Bankenunabhängigkeit"[1574] als Ziel der Steuerung der Kapitalstruktur verwiesen. Die Arten der Bankbeziehungen unterscheiden sich in diesem Kontext z.T. deutlich. Ein über alle Unternehmen zu beobachtender Trend ist der Versuch, eine Diversifizierung der Bankbeziehungen und somit eine Lösung der traditionellen Hausbankbeziehung zu erreichen.

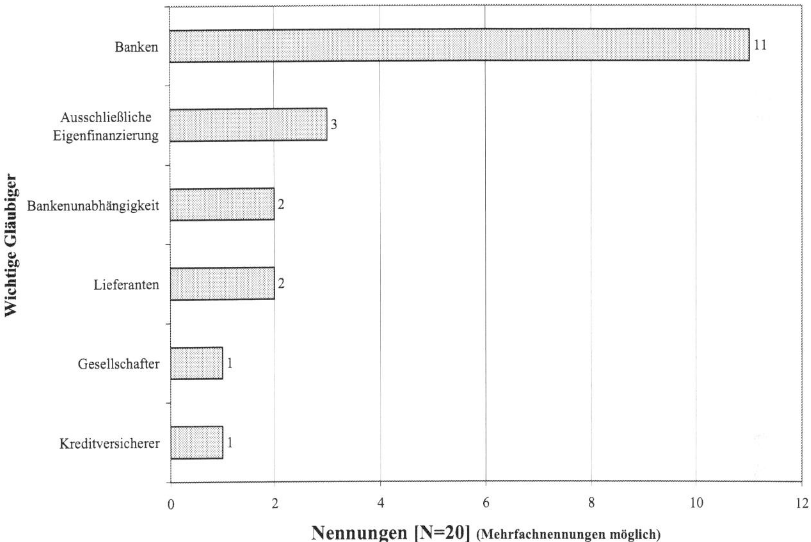

Abbildung 5-47: Arten von Gläubigern

[1574] Als gutes Beispiel für diese Zielsetzung dient Fallstudie Omikron.

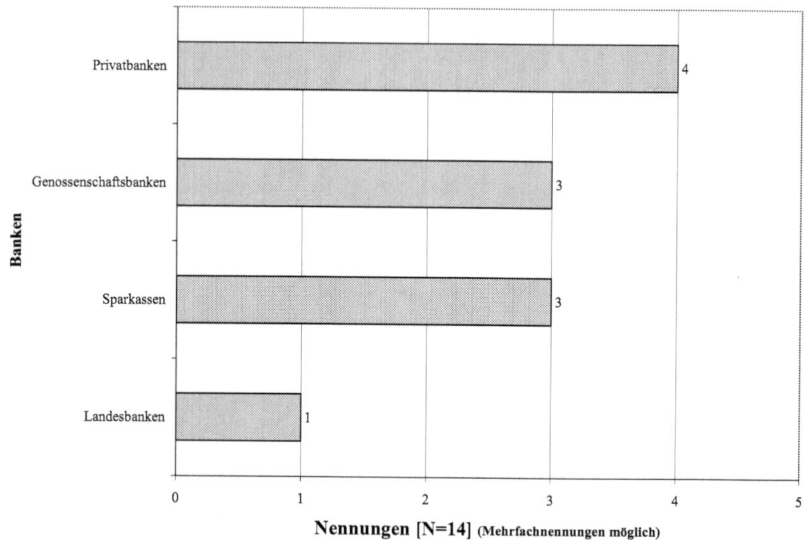

Abbildung 5-48: Bankenverhältnis

Die Diversifizierung der Bankbeziehungen lässt sich vor allem an einer zunehmenden Öffnung von Bankbeziehungen hin zu allen drei Sparten des deutschen Bankensystems (Privatbanken, öffentlich-rechtliche Institute, Genossenschaftsbanken) festmachen (vgl. Abb. 5-48). Auf diese Art und Weise versuchen die Fallstudienunternehmen, neben einer stärkeren Transparenz hinsichtlich Rating, Leistungen und Konditionen zudem die Abhängigkeit von einzelnen Kreditinstituten zu verringern. Auch die in Anspruch genommenen Leistungen variieren entsprechend. Stand in der Vergangenheit die Versorgung mit Krediten im Rahmen einer Hausbankbeziehung im Vordergrund, sehen die Fallstudienunternehmen die Bankbeziehung nun eher als ‚Kernbankbeziehung', in deren Rahmen bestimmte Leistungen wie z.B. die Kontenverwaltung sowie das Außenhandelsgeschäft verwaltet werden. Die strategische Zielsetzung der ‚Bankenunabhängigkeit' dominiert den Bereich der Anteilseigner- und Gläubigerstruktur.

Ergebnis 37: In der Stichprobe zeigt sich eine deutliche Aufweichung der traditionellen Hausbankbeziehung.

Zwischenfazit

Der Corporate Governance-Mechanismus ‚Anteilseigner- und Gläubigerstruktur' zeigt eine aus Corporate Governance-Sicht interessante zweistufige Entwicklung. Die Anteilseignerstruktur wird sehr traditionell gehandhabt. Verkäufe oder Börsengänge sind mehrheitlich nicht denkbar. Familieninterne Lösungen werden präferiert. Auch der Bereich der Vermögensnachfolge ist noch nicht in komplexitätsadäquater Art und Weise formal geregelt. Hier können folglich nur wenige Professionalisierungstendenzen identifiziert werden. Die Gläubigerstruktur ist hingegen in einem Wandel begriffen, der weg vom Hausbankensystem und hin zu einem Kernbankensystem zeigt. Langfristig steht die Bankenunabhängigkeit als strategische Zielsetzung mittelständischer Familienunternehmen im Vordergrund.

5.6.5 Finanzierung

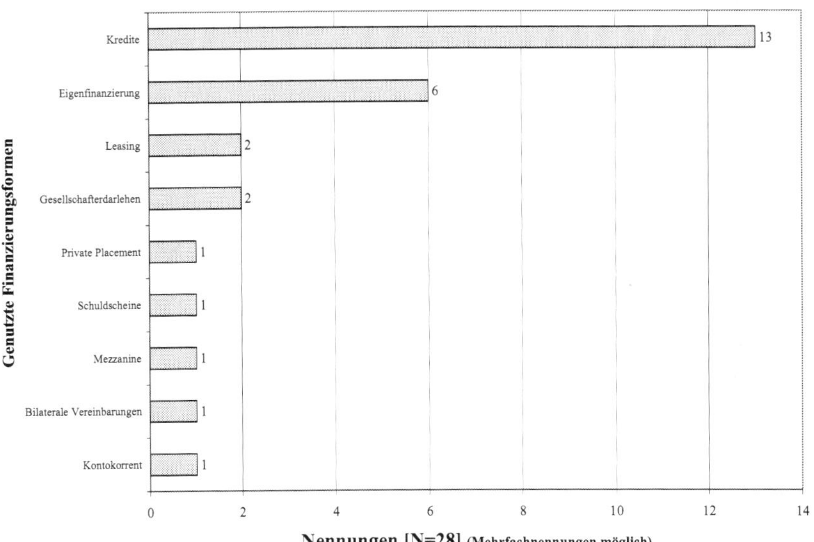

Abbildung 5-49: Präferierte Finanzierungsalternativen

Die Finanzierung mittelständischer Familienunternehmen konzentrierte sich – wie bereits erläutert – in der Vergangenheit vornehmlich auf die Selbstfinanzierungskraft der Unternehmen sowie die Fremdfinanzierung vornehmlich durch Bankkredite.[1575] Hier zeigt sich in der Stich-

[1575] Vgl. Abschnitt 3.3.3.5 der vorliegenden Arbeit.

probe für die Fallstudienunternehmen keine Veränderung.

Dies bedeutet gleichzeitig auch, dass zumindest für die hier betrachteten Unternehmen nicht von einem Paradigmenwechsel in der Unternehmensfinanzierung an sich auszugehen ist. Schon die Untersuchung von *Wesel* zeigte hierzu einige Tendenzen. So gaben die von Wesel interviewten Unternehmen an, keine Veränderung der Finanzierungsbedingungen in Folge von Basel II wahrzunehmen. In Wesels Untersuchung wurden von den befragten Unternehmen Selbstfinanzierung und Fremdfinanzierung über Kredite als wichtigste Finanzierungsformen angegeben.[1576]

Wie Abb. 5-49 zeigt, werden auch von den hier befragten Unternehmen hauptsächlich Kredite sowie die Selbstfinanzierung präferiert.[1577] Vielen Interviewpartnern erscheinen die Attribute „klassisch“[1578], „konservativ“[1579], „zurückhaltend“[1580] und „traditionell“[1581] in Bezug auf die Unternehmensfinanzierung besonders relevant.

Ergebnis 38: Die Fallstudienunternehmen zeigen eine für mittelständische Familienunternehmen klassische Finanzierung auf Basis der Selbstfinanzierung sowie bankbasierter Kredite.

Moderne Finanzierungsformen kommen nur in sehr geringem Ausmaß zur Anwendung. Leasing wird im Bereich von Maschinen, IT und Kraftfahrzeugen eingesetzt. Factoring, Mezzanine und ABS werden von den meisten Unternehmen als zu teuer oder zu kompliziert empfunden, obwohl einige Unternehmen wie z.B. *Alpha*, *Zeta* und *Pi* dem Mezzanine-Kapitel gegenüber durchaus aufgeschlossen sind. Als interessante Finanzierungsalternative sind Gesellschafterdarlehen zu nennen, wie sie z.B. von *Kappa* und *Omikron* eingesetzt werden.

Die eher klassische Prägung der Finanzierung der Fallstudienunternehmen lässt sich auf mehrere Aspekte zurückführen. Zunächst ist die überwiegende Ablehnung von zukünftigen Börsengängen durch die Unternehmerfamilien zu nennen (vgl. Abb. 5-50). Auch wenn dies der Maxime des mittelständischen Familienunternehmens entspricht, möglichst wenige Verfügungsrechte nach außen abzugeben, beschränkt diese strategische Entscheidung die Eigenfinanzierungskraft des Unternehmens auf die Gewinnthesaurierung, da eine Kapitalerhöhung

[1576] Vgl. Wesel (2010), S. 402ff.

[1577] Hier wird darauf verwiesen, dass sich nicht alle Unternehmen explizit zur Finanzierung äußerten. Es wird vermutet, dass die Interviewpartner teilweise nur auf besondere Finanzierungsformen eingingen und Selbstfinanzierung sowie Fremdfinanzierung über Kredite weiter verbreitet sind, als dies in Abbildung 5-37 veranschaulicht wird.

[1578] Vgl. Fallstudie Delta.

[1579] Vgl. Fallstudien Gamma und Omikron.

[1580] Vgl. Fallstudie Xi.

[1581] Vgl. Fallstudie Zeta.

durch eine Aufnahme neuer Gesellschafter ebenfalls nicht erwünscht ist. Als zweiter Punkt ist die Rechtsformgebundenheit der Finanzierung zu sehen. Die Fungibilität der Anteile von Personengesellschaften ist wie die von GmbHs sehr gering. Einzig die AG *Pi* verlässt sich für die Sicherstellung der Unternehmensfinanzierung vornehmlich auf Schuldscheine und Private Placements[1582].

Prinzipielle Denkbarkeit eines Börsengangs [N=16]

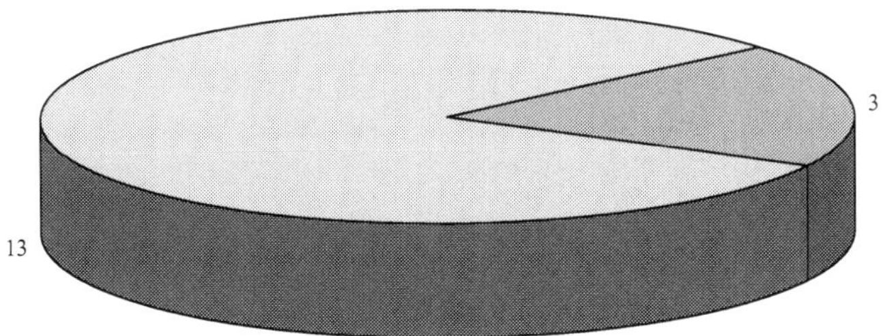

Abbildung 5-50: Denkbarkeit eines Börsengangs

Als weitere Begründung für die – auf den ersten Blick – traditionell anmutende Finanzierung der Fallstudienunternehmen ist anzuführen, dass für die meisten der befragten Unternehmen Kapital keinen Engpass darstellt. Die Finanzierungsthematik spielt für viele Unternehmen keine entscheidende Rolle, da aus dem erwirtschafteten Gewinn sowie Gesellschafterkreisen hinreichend Kapitel zur Verfügung gestellt werden kann. Folglich entsteht auch nicht die Notwendigkeit für komplexere und teilweise riskantere modernen Finanzierungsformen wie Leasing, Factoring, Mezzanine und ABS. Die starke Eigenkapitalausstattung der Unternehmen erlaubt es diesen zudem, aus dem starken Abhängigkeitsverhältnis von Hausbanken herauszutreten. Statt der Vereinbarung von covenants[1583] für Kreditlinien kommen sehr viel stärker geschäftsunabhängige Aspekte wie z.B. Grundschulden zur Anwendung.

Vor dem Hintergrund der Corporate Governance sollte den Fallstudienunternehmen auch kei-

1582 Ein ‚Private Placement' ist die Privatplatzierung von Schuldscheindarlehen. Hier wird eine gewisse Größe des emittierenden Unternehmens vorausgesetzt. Vgl. Börner/Büschgen (2003), S. 138.

1583 ‚Covenants' oder auch Bilanzrelationsklauseln sind vertragliche Nebenabreden, die dem Verwender ein Steuerungs- und Kontrollinstrument zur Verfügung zu stellen sowie dem Gläubiger einen größeren Schutz vor der Insolvenz des Schuldners zu gewähren. Hier spielen vor allem betriebswirtschaftliche Kennzahlen eine Rolle. Vgl. Khakzad (2009), S. 19ff.

ne drastische Veränderung der Finanzierung empfohlen werden. Die von Experten angemahnte, in mittelständischen Familienunternehmen teilweise gegebene Ungleichheit von Unternehmensstrategie und Unternehmensfinanzierung ist hier nicht gegeben.[1584] Der Komplexität der meisten Fallstudien angemessen sollte jedoch eine genaue Überprüfung der Kostenoptimalität der jetzigen Finanzierungsstruktur stattfinden. Mehrere Interviewpartner äußern die Überzeugung, mit Krediten kostenoptimal finanziert zu sein, ohne diese Einschätzung jedoch mit Zahlen und Fakten hinterlegen zu können. Vor diesem Hintergrund ist zumindest für die größeren Unternehmen eine Überprüfung z.B. der Mezzanine-Finanzierung anzuraten.[1585]

Zwischenfazit

Der Corporate Governance-Mechanismus ‚Finanzierung' zeigt eine aus Corporate Governance-Sicht sehr klassische Ausprägung. Neben der Selbstfinanzierung spielt noch immer die Fremdfinanzierung über Kredite eine entscheidende Rolle. Veränderungstendenzen hinsichtlich alternativer Finanzierungsformen sind allenfalls im Hinblick auf Mezzanine-Formen zu erkennen. Diese werden für größere Unternehmen als durchaus attraktiv, aber in der momentanen Marktlage als zu kompliziert empfunden. Im Hinblick auf Eigenkapitalalternativen scheinen Börsengänge wesentlicher attraktiver als die Öffnung gegenüber Private Equity-Investoren zu sein. Zwischen den einzelnen Unternehmen lassen sich keine komplexitäts-, größen- oder leitungsstrukturbezogenen Unterschiede in der Finanzierung feststellen.

5.6.6 Rechnungslegung, Transparenz & Publizität

Die Themenbereiche Rechnungslegung, Transparenz und Publizität spielen für Corporate Governance aus Gründen möglicher Reduktion von Informationsasymmetrien zwischen Stakeholdern eine wichtige Rolle. Sie sind zusätzlich wegen der erreichbaren Verbesserung der Qualität der Unternehmenssteuerung auf Basis der bereitgestellten Informationen relevant.

[1584] Vgl. persönliches Gespräch mit Prof. Dr. Dr. h.c. Brun-Hagen Hennerkes am 08.10.2009 in Stuttgart.
[1585] Für Vorteile der Mezzanine-Finanzierung im Mittelstand vgl. Becker/Ulrich/Baltzer (2009a), S. 12ff.

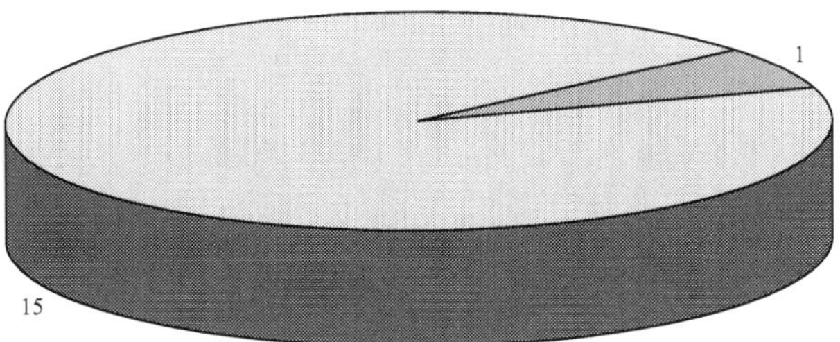

Abbildung 5-51: Angewendete Rechnungslegungsstandards (1)

Wie Abb. 5-51 zeigt, legen im Einzelabschluss 15 von 16 Unternehmen nach HGB Rechnung. Nur *Iota* legt aus Gründen der Vergleichbarkeit mit internationalen Wettbewerbern zusätzlich nach IFRS Rechnung.[1586] Dieser Befund ist weitgehend mit den Ergebnissen von *Hausch*[1587] und *Wesel*[1588] identisch. Ein weiterer Beweggrund der Bilanzierung nach HGB ist die teilweise starke Fremdfinanzierungsorientierung[1589] der Fallstudienunternehmen. Hier kommt die gläubigerschutzorientierte Sicht des HGB den Adressaten des Jahresabschlusses zu Gute. Leichte Änderungstendenzen zeigen sich jedoch auf Konzernebene. Von den zehn erfassten Konzernen bilanzieren zwei bereits nach IFRS, acht weiterhin nach HGB (vgl. Abb. 5-52).

1586 Interessant erscheint hier der Hinweis des Interviewpartners, er habe die IFRS-Bilanzierung von seinem Vorgänger übernommen und das Argument, das Unternehmen suche eine Vergleichsmöglichkeit mit Wettbewerbern, passe nicht richtig zur sonst eher verschwiegenen Einstellung der Unternehmerfamilie.

1587 Vgl. Hausch (2004), S. 241ff.

1588 Vgl. Wesel (2010), S. 108f.

1589 Vgl. z.B. Fallstudie Pi.

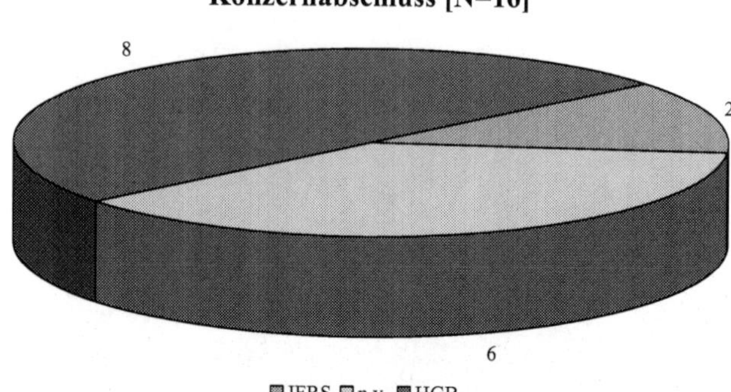

Abbildung 5-52: Angewendete Rechnungslegungsstandards (2)

Hinsichtlich der prinzipiellen Vorteilhaftigkeit einer Umstellung auf full IFRS oder IFRS for SMEs ergeben sich zwei deutliche Tendenzen:

- Bis vor kurzem haben mehrere Unternehmen einen Wechsel zu IFRS vor allem aufgrund der immer wieder thematisierten, vermeintlichen Vorteile bzgl. der Kapitalkosten erwogen. Da sich in der Praxis keine Vorteilhaftigkeit zeigte, sehen die Unternehmen auch keine Notwendigkeit der Umstellung des Rechnungslegungsstandards,[1590]
- Selbst die Unternehmen, die bisher eine Umstellung auf IFRS erwogen haben, sehen nach der Verabschiedung des BilMoG keine Notwendigkeit einer Umstellung der Rechnungslegung auf IFRS mehr.

Einen Wechsel der angewandten Rechnungslegungsstandards halten neun Unternehmen für derzeit nicht denkbar, fünf Unternehmen können sich eine Umstellung auf IFRS oder US-GAAP vorstellen (vgl. Abb. 5-53).

Ergebnis 39:	Die Fallstudienunternehmen bilanzieren noch immer überwiegend nach HGB und sehen nach dem BilMoG nicht mehr unbedingt die Notwendigkeit eines Umstellung auf IFRS.

Die Publizität der aus dem Rechnungswesen stammenden Informationen ist ein wichtiger Corporate Governance-Mechanismus, der die Informationsasymmetrien zwischen Stakehol-

[1590] Ähnliche Erkenntnisse liefert auch die Befragung von Becker/Baltzer/Ulrich (2009), S. 31ff.

dergruppen angleichen kann.[1591] Dem steht die eher zurückhaltende Einstellung mittelständischer Familienunternehmen gegenüber. Letztere fürchten im Rahmen der Publizität, dass wettbewerbsrelevante Informationen nach außen dringen könnten. Gemäß dem Gesetz über das elektronische Handelsregister und Genossenschaftsregister sowie das Unternehmensregister (EHUG) sind seit dem 01. Januar 2007 die gesetzlichen Vertreter von Kapitalgesellschaften, von unter § 264a HGB zu subsumierenden Personengesellschaften sowie anderer Rechtsformen, die gemäß § 9 PublG Großunternehmen sind, zur fristgerechten Einreichung von Jahres- und Konzernabschlüssen zum elektronischen Bundesanzeiger (eBAZ) verpflichtet.[1592]

Möglichkeit von Veränderungen der angewandten Rechnungslegungsstandards [N=16]

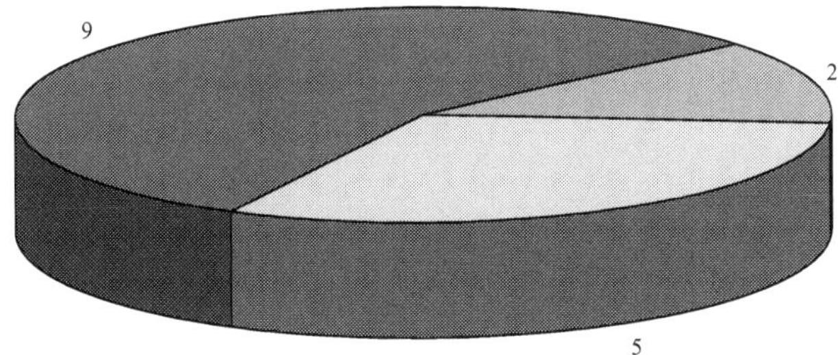

Abbildung 5-53: Veränderung der Rechnungslegung

Von den Fallstudienunternehmen werden diese Anforderungen weitgehend erfüllt (vgl. Abb. 5-54). Ein Konzern veröffentlicht nur den Einzelabschluss, zwei Konzerne veröffentlichen nur den Konzernabschluss, nicht den Einzelabschluss.[1593] Die letztgenannten Unternehmen ziehen es vor, die bereits erwähnte Ordnungswidrigkeit zu begehen und das Ordnungsgeld zu zahlen.[1594] Ein Interviewpartner spricht hier von „anachronistischen Zügen“[1595] in der Einstel-

---

[1591] Vgl. persönliches Gespräch mit Prof. Dr. Alexander Bassen und Dr. Christine Zöllner am 24.02.2009 in Hamburg.

[1592] Weitere Brisanz erhält diese Regelung durch Umstellung vom Antragsverfahren gemäß § 335a Satz 3 HGB alter Fassung zum Amtsverfahren gemäß § 334 Abs. 1a HGB neuer Fassung. Verstöße gegen Offenlegungspflichten werden nun nicht mehr im Fall einer konkreten Anfrage, sondern von Amts wegen mit Ordnungsgelder zwischen 2.500 bis 25.000 Euro verfolgt. Vgl. Schlotter (2007), S. 4.

[1593] Aus rechtlichen Gründen werden die jeweiligen Unternehmen an dieser Stelle nicht einmal anonym genannt.

[1594] Dieser Befund erscheint vor der in dieser Arbeit zugrunde gelegten wertschöpfungsorientierten Sicht der Unternehmensführung mit den unternehmerischen Zwecken Bedürfnisbefriedigung, Bedarfsdeckung und Entgelterzielung besonders interessant. Mit der Entscheidung, geltende Regeln – im diskutierten Fall zur Veröffentlichung von Rechnungslegungsinformationen – nicht einzuhalten, verspricht sich das Unternehmen

lung mittelständischer Familienunternehmen gegenüber der Veröffentlichung von Rechnungsweseninformationen.

Veröffentlichung des Jahresabschlusses [N=16]

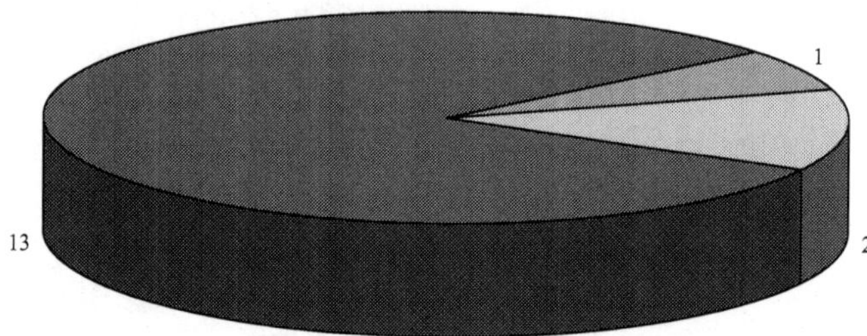

Abbildung 5-54: Einschätzung der Publizität

Aus Corporate Governance-Sicht sollte neben der zwingenden Veröffentlichung der nach EHUG erforderlichen Informationen auch eine proaktive Publikation von (ausgewählten) Informationen für wichtige Anspruchsgruppen erfolgen. *Becker/Baltzer/Ulrich* kommen zu dem Ergebnis, dass mittelständische Unternehmen zunehmend Jahresabschlussesinformationen für andere als gesetzliche Zwecke verwenden. Sind dies vornehmlich die Kommunikation mit Eigentümern bzw. Gesellschaftern, die Kommunikation mit Gläubigern (v.a. Banken) und die Steuerung des Unternehmens, so ermitteln die Autoren, dass die Verwendung der Informationen für interne oder externe Benchmarkings sowie die Kommunikation mit leitenden Angestellten am stärksten ausgebaut werden soll.[1596] In der vorliegenden Erhebung zeigen sich ähnliche Tendenzen (vgl. Abb. 5-55).

eine Steigerung der Wertschöpfung über die Dimension ‚Entgelterzielung' (Verhinderung des Abflusses wettbewerbsrelevanter Informationen). Gleichzeitig könnte argumentiert werden, dass der positive Ruf des Unternehmens in der Öffentlichkeit geschmälert wird. Dies käme einer Einbuße in der Dimension ‚Bedürfnisbefriedigung', genauer im Bedürfnis nach Anerkunng durch die Gesellschaft gleich. Eine ökonomische Vor- oder Nachteilhaftigkeit einer Verweigerung der Veröffentlichung von Informationen ist – unabhängig von moralischen Bedenken – nicht auf den ersten Blick festzustellen.

1595 Interview 14/Fallstudie Ni.

1596 Vgl. Becker/Baltzer/Ulrich (2008), S. 86f.

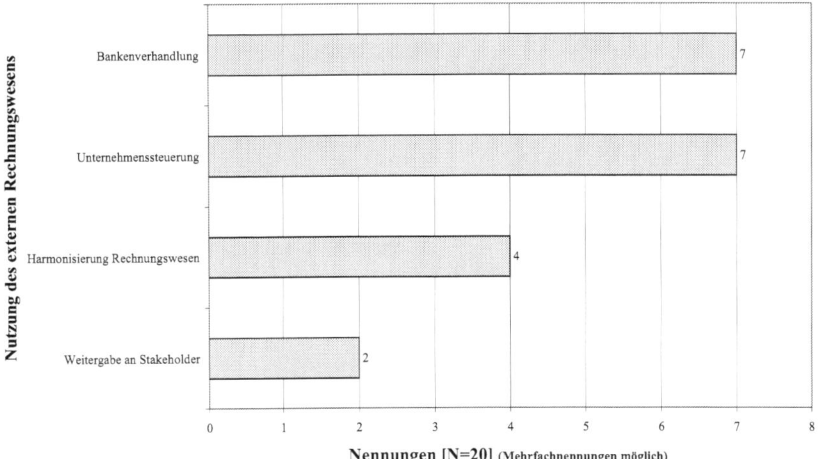

Abbildung 5-55: Nutzung der Informationen des externen Rechnungswesens

Beta nutzt die Informationen beispielsweise für eine Quartalsberichterstattung an Banken. Die Nutzung der Informationen des externen Rechnungswesens gewinnt vor dem Hintergrund der Diskussion um die Harmonisierung[1597] von internem und externem Rechnungswesen weitere Bedeutung. Mehrere Unternehmen, z.B. *Zeta*, *Iota* und *Kappa*, sprechen nicht mehr von einer Überführbarkeit der internen und externen Perspektive, sondern explizit von einer Verschmelzung von interner und externer Sicht zu einer einheitlichen Sichtweise. Aus Corporate Governance-Sicht ist diese Entwicklung zu begrüßen. Eine Harmonisierung des Rechnungswesens dürfte nicht nur Effizienz und Effektivität der Unternehmenssteuerung erhöhen, sondern auch die Transparenz über das Unternehmensgeschehen an sich deutlich verbessern.

Ergebnis 40: Informationen des handelsrechtlichen Rechnungswesens werden vor allem für Verhandlungen mit Banken und zur Unternehmenssteuerung verwendet.

Zwischenfazit

Der Corporate Governance-Mechanismus ‚Rechnungslegung, Transparenz & Publizität' zeigt – zumindest im Bereich der Rechnungslegung – analog zur Finanzierung in Abschnitt 5.6.5 eine traditionelle Prägung. Vor dem Hintergrund des BilMoG scheint sich die Debatte um

[1597] Vgl. hierzu beispielsweise Camphausen (2007), S. 164ff.

IFRS in mittelständischen Familienunternehmen für den Moment beruhigt zu haben. Veränderungstendenzen sind hingegen in den Bereichen Transparenz und Publizität zu vernehmen. Hier kann zumindest eine gewisse Öffnung nach innen (leitende Mitarbeiter) und außen (Stakeholder) beobachtet werden. Eine proaktive Anhebung von Transparenz und Publizität ist indes von den Fallstudienunternehmen in der näheren Zukunft nicht zu erwarten.

5.6.7 Unternehmenskultur, Vertrauen & Corporate Behavior

In einem weiteren Punkt werden die Aspekte Unternehmenskultur, Vertrauen und Corporate Behavior analysiert. Dieser Mechanismus wurde in der modellhaften Vorstellung der Arbeit als Möglichkeit interpretiert, formelle Governance-Mechanismen zu ersetzen.[1598] Die bisherige Analyse zeigte an vielen Stellen einen Unterschied zwischen Komplexität der Unternehmenssituation und Komplexität der Corporate Governance. Falls die in Abschnitt 4.1 skizzierte modelltheoretische Sichtweise auf Situation und Corporate Governance korrekt ist, müsste sich in den Fallstudienunternehmen ein hohes Ausgleichsniveau des Vertrauens wiederfinden.

Einen ersten Themenbereich stellt die aktive Steuerung der Unternehmenskultur dar (vgl. Abb. 5-56). Hier ergibt sich ein sehr heterogenes Meinungsbild. Sechs Unternehmen steuern die Unternehmenskultur aktiv, zwei nur teilweise. Acht Unternehmen weisen keine aktive Steuerung der Unternehmenskultur auf. Die Art und Weise dieser Steuerung sowie die personelle Zuständigkeit sind hier innerhalb der Stichprobe durchaus unterschiedlich.

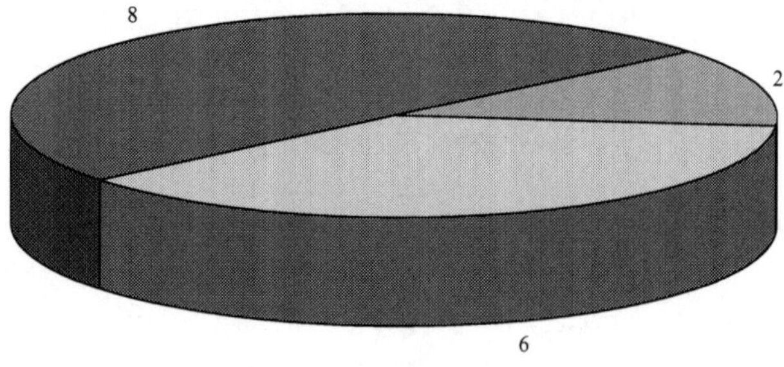

Abbildung 5-56: Aktive Steuerung der Unternehmenskultur

Hier können drei prinzipielle Varianten unterschieden werden. Zum einen kann die Unter-

[1598] Vgl. Abschnitt 4.1.2 der vorliegenden Arbeit.

nehmenskultur durch eine zentrale Stelle, z.B. durch die Marketing- oder Kommunikations-Abteilung, auf Basis der Vorgaben von Unternehmerfamilie und Führungskräften aktiv gesteuert werden.[1599] Zum anderen kann die zentrale Steuerung durch einen exponierten Aufgabenträger im Unternehmen, z.B. durch den CFO[1600], erfolgen. Eine dritte Variante beschreibt die zentrale Steuerung der Unternehmenskultur durch Mitglieder der Unternehmerfamilie.[1601] Mehrere Interviewpartner sprechen von einem deutlichen Nachholbedarf im Bereich der aktiven Steuerung der Unternehmenskultur. Interviewpartner 16 berichtet von dem Problem, dass es in den einzelnen operativen Sparten des Konzerns Subidentitäten gebe. Eine wichtige Aufgabe für die Zukunft sieht er in der Identitätsfindung von Teilkonzernen und Konzern.

Ergebnis 41: Im Kontext der Corporate Governance werden Nachholbedarfe der aktiven Steuerung der Unternehmenskultur konstatiert.

Die Rolle der Unternehmerfamilie für die Unternehmenskultur wird von zehn Unternehmen als hoch, von fünf Unternehmens als mittel und von einem Unternehmen als unwichtig empfunden (vgl. Abb. 5-57). Die Unternehmerfamilie nimmt vor allem eine zentrale „Vorbildfunktion“[1602] ein, die sie durch das Vorleben eines „normalen Lebensstils“[1603] wahrnehme. Sie zeichnet sich durch soziales Engagement aus und agiert mitarbeiterfreundlich und familienfreundlich. Neben einem bestimmten „Charisma“[1604] wird auch „Herz im Umgang mit Mitarbeitern“[1605] als wichtige Eigenschaft der Familie genannt. Der Einfluss der Familie wird jedoch nicht nur positiv gesehen. Interviewpartner 10 berichtet von zahlreichen tradierten Verhaltensweisen. So werde beispielsweise auf Betreiben der Unternehmerfamilie jedem Mitarbeiter von allen Mitarbeitern persönlich zum Geburtstag gratuliert. Dies sei in einem stark gewachsenen Unternehmen nicht immer sinnvoll.

[1599] Vgl. z.B. Fallstudien Gamma, Delta, Zeta, Lambda und Xi.
[1600] Vgl. Fallstudien Lambda und Ni.
[1601] Vgl. Fallstudien Alpha, Gamma, Eta, Theta, Iota, Mi und Pi.
[1602] Interview 1/Fallstudie Alpha.
[1603] Interview 17/Fallstudie Pi.
[1604] Interview 8/Fallstudie Eta.
[1605] Interview 8/Fallstudie Eta.

Bedeutung und Rolle der Familie [N=16]

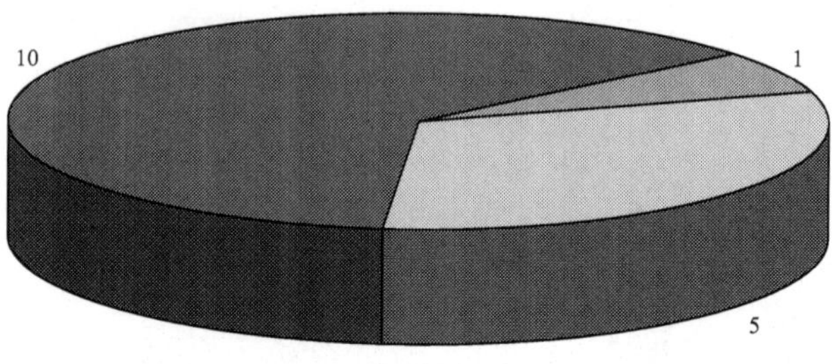

Unwichtig Mittel Wichtig

Abbildung 5-57: Bedeutung der Familie

Neben der aktiven Steuerung der Unternehmenskultur sowie der Rolle der Familie wurde auch die Explizierung der Unternehmenskultur beleuchtet. Diese wird im Sinne des hier angewendeten Reifegradmodells als Formalisierung der Unternehmenskultur interpretiert und ist besonders vor dem skizzierten Einfluss der Unternehmerfamilie in den Fallstudienunternehmen bedeutsam. Die Unternehmerfamilie wirkt einerseits als prägendes Element der Unternehmenskultur, das unter Umständen eine starke Formalisierung der Unternehmenskultur teilweise ersetzen kann. Andererseits ist gerade in den größeren und komplexeren Fallstudienunternehmen, die sich in einer reifen Lebenszyklusphase befinden, eine Trennung zwischen Einfluss der Unternehmerfamilie und ‚gelebter Unternehmenskultur' festzustellen. Hier genügt der Einfluss der Familie nicht mehr, um die Unternehmenskultur sowie deren Werte (als konstitutives Element) im Unternehmen zu verankern. Folglich erscheint eine Explizierung der Unternehmenskultur durch schriftliche Fixierung notwendig. Die schriftlich fixierten Bestandteile müssen jedoch innerhalb der Organisation gelebt werden, um für mittelständische Familienunternehmen sinnvoll zu sein.[1606] In den Fallstudienunternehmen kommen als Formen der Explizierung der Unternehmenskultur analog zu den Ergebnissen von *Wesel*[1607] in etwa zwei Drittel der Unternehmen Mission, Vision, Leitbilder sowie Mitarbeiterzeitungen zum Einsatz.[1608] Nicht nur aus Sicht des externen Beobachters, sondern auch aus Sicht der Interviewpartner stellen haben diese Elemente bisher jedoch nicht immer den Status einer geleb-

[1606] Für ähnliche Befunde vgl. Wesel (2010), S. 169.

[1607] Vgl. Wesel (2010), S. 169ff.

[1608] Für die Auswertung wurden nur Antworten und Informationen aus den Interviews und sonstigen Informationsquellen einbezogen, die sich explizit auf die Steuerung der Unternehmenskultur beziehen. Demnach ist es durchaus möglich, dass auch andere Fallstudienunternehmen Leitbilder, Mission und Vision aufweisen, diese aber nicht dem Aspekt der Steuerung der Unternehmenskultur zuordnen.

ten Unternehmenskultur erreicht. Insbesondere der „Durchdringungsgrad“[1609] sei bisher nicht in allen Teilen der Organisation gegeben.

Ergebnis 42: Nicht nur die aktive Steuerung der Unternehmenskultur, auch der Durchdringungsgrad im Sinne gelebter Unternehmenskultur wird bemängelt.

Für die Betrachtung von Family Governance und Corporate Governance spielte im Laufe der vorliegenden Untersuchung die Größe ‚Vertrauen‘ eine besondere Rolle. Die Interviewpartner wurden zum Verhältnis von Vertrauen und Kontrolle im Unternehmen befragt. Laut Aussage der Befragten sei dies für mittelständische Familienunternehmen ein heikles und sehr wichtiges Thema.[1610] Alle Interviewpartner berichten einstimmig von einem für mittelständische Familienunternehmen spezifischen Vertrauensvorschuss für die Mitarbeiter des Unternehmens. Zur Veranschaulichung wurden die beiden Begriffe ‚Vertrauen‘ und ‚Kontrolle‘ als Gegenpole eines Kontinuums gewählt, das den Gegensatz von Prinzipal-Agent- und Stewardship-Theorie repräsentieren sollte. Drei Unternehmen äußern sich explizit zum Verhältnis von Vertrauen und Kontrolle im Unternehmen und nennen ein Verhältnis von 30 (Vertrauen) zu 70 (Kontrolle) als realistisch.

Über alle Fallstudienunternehmen hinweg kann eine Tendenz festgestellt werden, dass mit zunehmender Komplexität das Gewicht zugunsten der Kontrolle verschoben wird. Die Unternehmen *Zeta* und *Theta* geben explizit an, dass die Reaktionen der Unternehmerfamilie und Unternehmensleitung gegenüber Vertrauensbrüchen in den letzten Jahren deutlich heftiger als früher ausfielen. Vor dem Hintergrund der in dieser Arbeit thematisierten Lösungsalternativen[1611] bei Ungleichheit von Komplexität der Unternehmenssituation und Komplexität der Corporate Governance scheinen auch die Fallstudienunternehmen der Anpassung der Komplexität der Corporate Governance (‚Kontrolle‘) den Vorzug gegenüber einer Anpassung der Komplexität der Situation oder der Steigerung des Vertrauens im Unternehmen zu geben.

Zwischenfazit

Aspekte aus Unternehmenskultur, Vertrauen und Corporate Behavior wurden bisher nicht immer im Kontext von Corporate Governance betrachtet. Die vorliegende Stichprobe zeigt im Bereich der aktiven Steuerung der Unternehmenskultur noch deutliche Nachholbedarfe. Diese beziehen sich zum einen auf die schriftliche Fixierung und somit Formalisierung der Unternehmenskultur, noch stärker allerdings auf das ‚Leben‘ der Unternehmenskultur. Die Stichprobe zeigt in allen Unternehmen einen Vertrauensvorschuss für Mitarbeiter, was den zum

[1609] Interview 8/Fallstudie Eta.
[1610] Interviews 2 und 3/Fallstudie Beta.
[1611] Vgl. Abschnitt 4.1.2 der vorliegenden Arbeit.

Teil nicht komplexitätsadäquaten Zustand der Ausprägung anderer Corporate Governance-Mechanismen teilweise erklären kann. Nichtsdestotrotz nimmt gemäß dem hier verfolgten situativen Corporate Governance-Verständnis mit steigender Komplexität der Kontroll- und Regelungsaufwand der Fallstudienunternehmen zu.

5.6.8 Anreizmechanismen

Anreizmechanismen im Sinne einer erfolgsabhängigen Vergütung liegen in allen untersuchten Unternehmen vor. Insofern sind die Ergebnisse mit denen von *Wesel*[1612] konsistent. Die konkrete Ausgestaltung von Adressaten und Art der Anreizmechanismen fällt heterogen aus. Hauptadressaten sind in elf Unternehmen Führungskräfte ab der zweiten Führungsebene abwärts (vgl. Abb. 5-58).

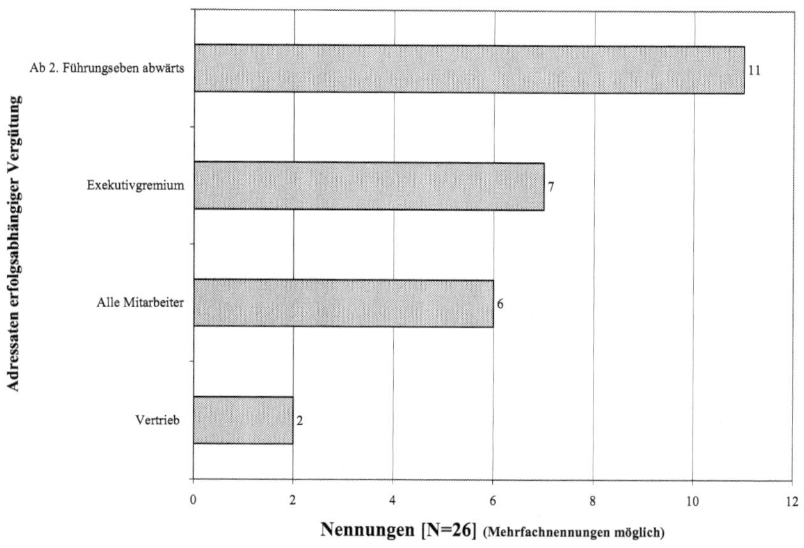

Abbildung 5-58: Adressaten erfolgsabhängiger Vergütung

Mitglieder des Exekutivgremiums werden nur in sieben Unternehmen mit erfolgsabhängigen Bestandteilen belohnt. Dies liegt unter anderem daran, dass in vielen Exekutivgremien Familienmitglieder vertreten sind. Diese geben sich meist mit einem Fixgehalt zufrieden, der variable Anteil des Gehalts wird über Ausschüttungen abgedeckt, die Mitglieder der Unterneh-

1612 Vgl. Wesel (2010), S. 275ff.

merfamilie in ihrer Funktion als Gesellschafter zustehen (z.B. Unternehmen *Pi*). Allen Mitarbeitern werden in sechs Unternehmen erfolgsabhängige Bestandteile der Vergütung zugestanden. In zwei Unternehmen wird explizit der Vertrieb als Adressat hervorgehoben. Als Instrumente der erfolgsabhängigen Vergütung kommen in 14 Unternehmen Boni in bar zur Anwendung (vgl. Abb. 5-59). Zusätzlich sind in vier Fällen Sonderzahlungen und in einem Fall Provisionen zu verzeichnen. Anders als in der Untersuchung von *Wesel* wurden in der vorliegenden Erhebung keine konkreten Verhältnisse von fixen zu variablen Bestandteilen abgefragt. Jedoch berichten mehrere Interviewpartner davon, dass beispielsweise die Vergütung der Mitglieder des Exekutivgremiums überwiegend variabel sei.[1613]

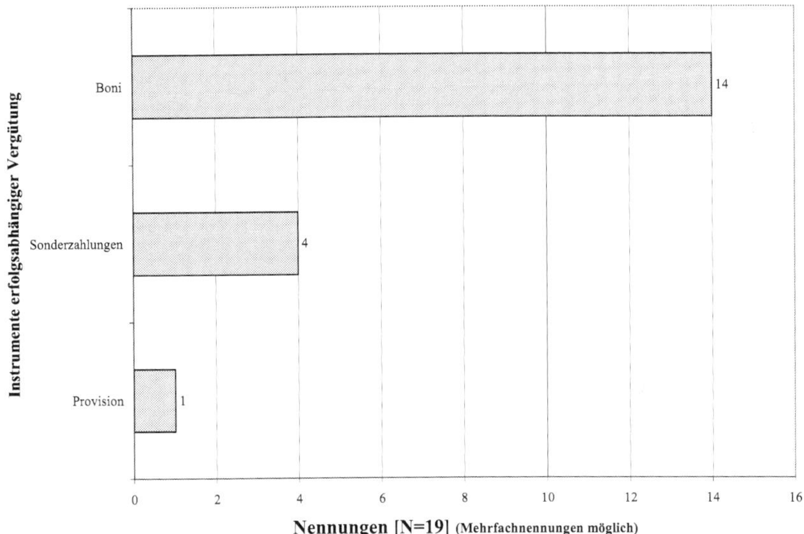

Abbildung 5-59: Instrumente erfolgsabhängiger Vergütung

In Bezug auf die Ausprägung und Bemessungsgrundlage der erfolgsabhängigen Vergütung äußern viele Interviewpartner den Wunsch einer Modifizierung bzw. Anpassung an moderne Standards. Einen Anhaltspunkt hierfür bietet die Tatsache, dass in allen Unternehmen individuelle quantitative Zielvereinbarungen als Grundlage der Berechnung der erfolgsabhängigen Vergütung dienen. Aber nur in sechs Unternehmen werden auch qualitative Größen einbezogen. Der Erfolg des Gesamtunternehmens fließt in fünf Unternehmen in die Berechnung der erfolgsabhängigen Vergütung ein (vgl. Abb. 5-60).

[1613] Vgl. z.B. Interview 5/Fallstudie Delta.

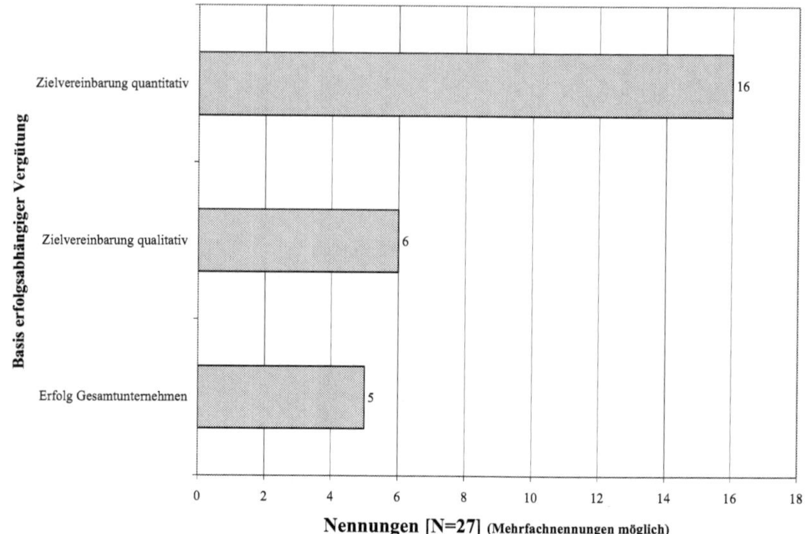

Abbildung 5-60: Bemessungsgrundlage erfolgsabhängiger Vergütung

Wie dies aussehen kann, wird am Beispiel des Unternehmens *Gamma* verdeutlicht. Neben individuell festgelegten quantitativen und qualitativen Zielen für den eigenen Verantwortungsbereich gibt es einen von der Unternehmensleitung festgelegten Unternehmenserfolgsfaktor. Bei Überschreitung der Unternehmensziele werden individuelle Boni mit einem Faktor zwischen 1 und 2 multipliziert. Hier äußern die Interviewpartner sowohl den Wunsch als auch den konkreten Willen, die unternehmensspezifischen Modelle erfolgsabhängiger Vergütung in der näheren Zukunft zu überarbeiten. Probleme werden hier jedoch in der teilweise schwierigen Messbarkeit qualitativer Zielgrößen[1614] sowie der z.T. nicht vorhandenen oder unzureichend operationalisierten wertorientierten Steuerungskennzahlen[1615] als Abbild gesehen.

Ergebnis 43: Als Anreizmechanismen kommen vor allem Boni in bar für Führungskräfte ab der zweiten Management-Hierarchieebene abwärts zum Einsatz.

Die Mehrzahl der Interviewten weist darauf hin, Anreizmechanismen als vertrauensbildende

[1614] Vgl. Interview 4/Fallstudie Gamma.
[1615] Vgl. Interview 7/Fallstudie Zeta.

Maßnahme zu verstehen.[1616] In diesen Kontext ist auch die Tatsache einzuordnen, dass die Fallstudienunternehmen auch in wirtschaftlich schwierigen Zeiten Boni auszahlen, um das langfristige Vertrauen der Mitarbeiter zu sichern. Hierzu gehört auch, dass bisher in keinem Unternehmen Mali eingesetzt werden, falls Zielvorgaben nicht erfüllt werden können. Die Familie fungiert in neun Unternehmen als Festlegender der erfolgsabhängigen Vergütung, insbesondere hinsichtlich der Vergütung der Mitglieder des Exekutivgremiums. In sieben Unternehmen werden individuelle Zielvereinbarungen mit dem jeweiligen Vorgesetzten getroffen. In Fällen, in denen die Familie nicht auf die Ausgestaltung von Anreizmechanismen Einfluss nimmt, fungiert die Unternehmensleitung als Festlegender (vgl. Abb. 5-61).

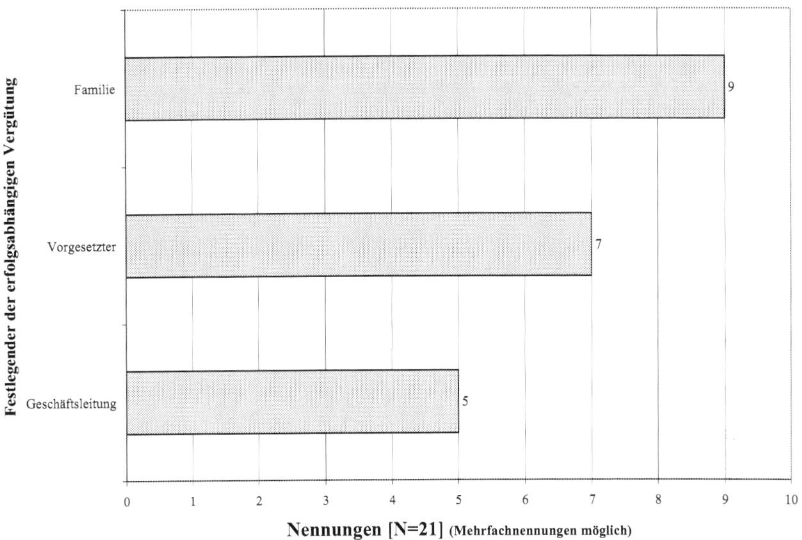

Abbildung 5-61: Festlegender erfolgsabhängiger Vergütung

Zwischenfazit

Alle Fallstudienunternehmen weisen Anreizmechanismen auf. Dies ist analog zu den Untersuchungen von *Hausch* und *Wesel* zu sehen, die zu ähnlichen Erkenntnissen kommen. Die Ausgestaltung ist sehr traditionell und sieht vornehmlich Boni in bar vor, die auf Grundlage quantitativer Zielvereinbarungen ausgezahlt werden. Modernisierungstendenzen zeichnen sich jedoch ebenso wie ein reduzierter Familieneinfluss deutlich ab.

[1616] Vgl. beispielhaft Interview 9/Fallstudie Theta.

5.7 Synopse: Implikationen des Corporate Governance-Bewertungsmodells

Ergebnis 1	Eine explizite Darlegung der CG liegt auch in größeren mittelständischen Unternehmen nur eingeschränkt vor.
Ergebnis 2	CG wird von mittelständischen FU als Leitlinie/-rahmen der Unternehmensführung verstanden
Ergebnis 3	Die enge Beziehung zwischen Unternehmen und Familie ist wichtiges Spezifikum der CG mittelständischer FU.
Ergebnis 4	Der potentielle Nutzen der Anwendung/Einführung von CG-Mechanismen übersteigt den Aufwand.
Ergebnis 5	Die Verbindung von CG und Unternehmenserfolg wird von den Befragten ambivalent gesehen.
Ergebnis 6	Die Komplexität der Aufgabenumwelt wird vornehmlich durch Mitarbeiter, Lieferanten und Kunden verursacht.
Ergebnis 7	Die Komplexität der Domäne wird als tendenziell eher hoch angesehen.
Ergebnis 8	Die Komplexität der Makroumwelt ist tendenziell eher gering.
Ergebnis 9	Die gesamthafte Komplexität der Unternehmenssituation der Fallstudienunternehmen ist in keinem analysierten Fall hoch.
Ergebnis 10	Zielkonflikte innerhalb der Familie können die Entwicklungsphase des Unternehmens nachhaltig (negativ) beeinflussen.
Ergebnis 11	Das Vertrauen innerhalb der Familie sorgt dafür, dass gemäß PA-Theorie erwartete Interessenkonflikte geringer werden.
Ergebnis 12	In 75 Prozent der befragten Unternehmen liegt eine Priorität des Unternehmens vor der Familie oder Gleichrangigkeit vor.
Ergebnis 13	Obwohl viele Unternehmen eine Familienverfassung als Instrument der Konfliktlösung sehen, nutzen sie nur 4 von 16 FU.
Ergebnis 14	Die Familienrepräsentanz ist bis auf einen Fall in der vorliegenden Stichprobe als FG-Instrument nicht existent.
Ergebnis 15	Die befragten Unternehmen zeigen eine ihrer Komplexität angemessene Größe und Ausgestaltung der Exekutivgremien.
Ergebnis 16	Die Zugehörigkeit zur Familie spielt im Rahmen der Gewinnung von Führungskräftenachwuchs eine bedeutende Rolle.
Ergebnis 17	Obwohl in vielen FU der Stichprobe ein Familienmitglied vorsitzt, ist das Gremium von der Familie relativ unabhängig.
Ergebnis 18	Der Einfluss der Unternehmerfamilie auf untere Management-Hierarchieebenen ist noch immer gegeben.
Ergebnis 19	Externe Manager werden stärker als bisher in der Unternehmensführung in mittelständischen FU beteiligt.
Ergebnis 20	Die befragten Unternehmen konsultieren mehrheitlich Unternehmens-, Steuer- und Rechtsberater sowie WP.
Ergebnis 21	Das Vertrauen zwischen Exekutivgremien und einfachen Mitarbeitern ist sehr groß und resultiert in einer Open-door-Politik.
Ergebnis 22	Etwa die Hälfte der befragten mittelständischen FU weist einen fakultativen Beirat als Aufsichtsgremium auf.
Ergebnis 23	Die Fallstudienunternehmen weisen sowohl Familienmitglieder als auch externe Aufgabenträger als Vorsitzende auf.
Ergebnis 24	Die Nähe zur Unternehmerfamilie spielt für die Berufung/Benennung in einen Beirat/Aufsichtsrat eine wichtige Rolle.
Ergebnis 25	Aufsichtsgremien werden in der vorliegenden Stichprobe mehrheitlich als Beratungsgremien verstanden.
Ergebnis 26	Die Sicherung der Überlebensfähigkeit sowie der Erhalt als FU sind die beiden übergeordneten strategischen Zielsetzungen.
Ergebnis 27	Die Fallstudienunternehmen zeigen eine starke Wertorientierung, z.T. als integrativen Bestandteil der strategischen Planung.
Ergebnis 28	Auf Ebene der Funktionswahrnehmung des Controlling treten Planungs-, Steuerungs- und Lenkungsfunktionen vermehrt auf.
Ergebnis 29	Der Entwicklungsstand des Controlling in der Stichprobe ist heterogen und meist in einem mittleren Segment anzusiedeln.
Ergebnis 30	Alle Stichprobenunternehmen werden durch WP geprüft. Die Beziehung weist eine Fokussierung auf fachliche Kriterien auf.
Ergebnis 31	Die Befunde zum IKS fallen gemischt aus. Der Dokumentations- und Formalisierungsgrad ist mittelhoch.
Ergebnis 32	Funktionswahrnehmung und Institutionalisierung der Internen Revision sind in der Stichprobe eher gering.
Ergebnis 33	Funktionswahrnehmung und Institutionalisierung der Compliance sind in der Stichprobe mittelhoch.
Ergebnis 34	Der Entwicklungsstand des Risikomanagements in der Stichprobe ist sehr gering. Hier sehen die Befragten großen Bedarf.
Ergebnis 35	Die Anteilseignerstruktur ist äußerst homogen. Eine Aufnahme neuer Gesellschafter sowie ein Verkauf werden abgelehnt.
Ergebnis 36	Die Eigenkapitalausstattung der Fallstudienunternehmen ist sehr gut. Dies lässt auf wirtschaftliche Stabilität schließen.
Ergebnis 37	In der Stichprobe zeigt sich eine deutliche Aufweichung der traditionellen Hausbankbeziehung.
Ergebnis 38	Die Fallstudienunternehmen zeigen eine klassische Finanzierung auf Basis von Selbstfinanzierung und Bankkrediten.
Ergebnis 39	Die Fallstudienunternehmen bilanzieren überwiegend nach HGB und sehen nach BilMoG kaum Relevanz der IFRS.
Ergebnis 40	Informationen des handelsrechtlichen Rechnungswesens werden für Bankenverhandlungen und zur Steuerung verwendet.
Ergebnis 41	Im Kontext der CG werden Nachholbedarfe der aktiven Steuerung der Unternehmenskultur konstatiert.
Ergebnis 42	Nicht nur die aktive Steuerung der Unternehmenskultur, auch der Durchdringungsgrad gelebter Kultur wird bemängelt.
Ergebnis 43	Anreizmechanismen stellen v.a. Boni in Bar für Führungskräfte ab der zweiten Management-Hierarchieebene dar.

Abbildung 5-62: Überblick über die Ergebnisse der empirischen Untersuchung

In Abb. 5-62 werden die Ergebnisse der empirischen Untersuchung tabellarisch festgehalten. Die bisherige theoretische und empirische Analyse der Corporate Governance in mittelständischen Familienunternehmen hat gezeigt, dass zwischen dem hohen Problembewusstsein für die Thematik, der Komplexität der Unternehmenssituation und der individuellen Ausprägung von Family Governance und Corporate Governance in beinahe allen Fällen **kein ‚situativer fit'** vorliegt. Der folgende Abschnitts ist zwei Zielen gewidmet: Zum einen werden theoretische Implikationen der theoretischen und empirischen Befunde diskutiert. Im Anschluss erfolgt die Umsetzung praktischer Implikationen.

Theoretische Implikationen

Im Verlauf der vorliegenden Arbeit wurde immer wieder verdeutlicht, dass es eine allgemeine theoretische Grundlage der Corporate Governance in mittelständischen Familienunternehmen nicht gibt. Im Gegensatz zu klassischen, auf der Prinzipal-Agent-Theorie oder Stewardship-Theorie basierenden Aspekten wurde hier eine alternative ‚theory of the firm' vorgestellt, nach der sich Corporate Governance nach der jeweiligen Komplexität der Unternehmenssituation ausrichten sollte. Die bereits erwähnte Tatsache, dass in den meisten Fällen die Komplexität der Unternehmenssituation größer als die Komplexität der Corporate Governance ist, kann **drei Gründe** haben:

- Der postulierte Zusammenhang zwischen Situation und Corporate Governance ist nicht gegeben (**Annahmefehler**),
- Es gibt weitere, im Modell nicht erfasste Störgrößen, die einen eindeutigen Schluss verhindern (**Modellfehler**),
- Das Vertrauen in den Fallstudienunternehmen ist groß genug, um die Lücke zwischen Komplexität der Unternehmenssituation und Governance-Komplexität zu erklären.

Ob diese Punkte zutreffen, kann im Rahmen der vorliegenden Arbeit nicht abschließend geklärt werden. Hierzu bedürfte es nicht zuletzt einer quantitativen Überprüfung der Ergebnisse anhand einer großzahligen Fragebogenaktion. Als prinzipielle theoretische Implikation lässt sich jedoch die Diskussion um die Notwendigkeit und Vorteilhaftigkeit der Corporate Governance in mittelständischen Familienunternehmen anführen. Die Aussage, Corporate Governance sei nur für Unternehmen relevant, in denen Eigentum und Leitung auseinanderfielen, lässt sich vor dem Hintergrund der hier dargestellten Theorie und Empirie nicht bestätigen. Auch in familiengeführten Unternehmen treten Interessenkonflikte auf, die – unabhängig davon, ob diese Konflikte durch die Prinzipal-Agent-Theorie, Stewardship-Theorie oder Resource-Dependence-Theorie erklärt werden – die langfristige Überlebensfähigkeit des Unternehmens als Maßgröße für unternehmerische Effektivität nachhaltig gefährden. Insofern erscheint die Anwendung von Governance-Mechanismen notwendig und auch zulässig.

Die Plausibilitätsargumentation gemäß dem hier abgeleiteten theoretischen Framework[1617] lautete, dass bei Vorliegen eines solchen Misfits mit einer langfristigen Beeinträchtigung von Effizienz und Effektivität und somit einer Gefährdung der langfristigen Überlebensfähigkeit des Unternehmens zu rechnen ist. Folgende Aspekte konnten in der vorliegenden Untersuchung aus Gründen der Kapazitätsrestriktion jedoch nicht durchgeführt werden:

- **Ableitung eines allgemeingültigen Modells** zur unternehmensspezifischen Erfassung von Effizienz und Effektivität: Um die Wirkung der Veränderung von Governance-Mechanismen bewerten zu können, fehlt bisher eine stärkere Operationalisierung des im Laufe der Arbeit angeführten Erfolgsverständnisses,
- **Fehlende Betrachtung im Zeitablauf**: Die so abgeleiteten Kennzahlen müssen auf ein spezifisches Unternehmen im Zeitablauf verglichen werden. Nur so lassen sich intertemporäre Unterschiede feststellen,
- **Fehlende Sensitivitätsüberprüfung** des situativen Modells: Das hier abgeleitete Modell aus Unternehmenssituation und Corporate Governance wurde bisher nicht auf seine Sensitivität hin überprüft. Hier sollte eine Sensitivitätsanalyse[1618] zum Einsatz kommen, die die postulierten Zusammenhänge zwischen Situation und Family Governance sowie Corporate Governance überprüft. Des Weiteren könnte festgestellt werden, ob die hier implizit vorgenommene Gleichrangigkeit einzelner Aspekte in Situation, Family Governance und Corporate Governance revidiert werden muss.

Zur theoretischen Fundierung der Corporate Governance in mittelständischen Familienunternehmen kann angefügt werden, dass es einer Neuinterpretation bestehender Ansätze bedarf, um das Phänomen Corporate Governance vollends zu erklären. In Abschnitt 3.2.3 wurden bestehende Theorien und Modelle zur Corporate Governance in mittelständischen Familienunternehmen bereits diskutiert. Hier traten der Evolutionsansatz, der Gestaltansatz und der situative Ansatz als weitere Theorien neben die Prinzipal-Agent-Theorie, Stewardship-Theorie und Resource-Dependence-Theorie. Einen interessanten, weil sowohl alternativen als auch integrativen Ansatz stellt hier die so genannte paternalistische Theorie des Familienunternehmens dar. Diese wurde von *Johanisson/Huse*[1619] erstmals erwähnt und von *Gnan/Huse/Montemerlo*[1620] in ihrer Anwendung erweitert. Das Handeln der Akteure ist langfristig orientiert, Agenten ähneln in ihrem Verhalten Stewards. Des Weiteren werden Prinzipale stärker als in tradierten Theorien thematisiert. Vor allem die Motivstruktur und Verhaltensweisen der Prinzipale werden beleuchtet. Schon *Koeberle-Schmid* weist darauf hin, dass

[1617] Vgl. Abschnitt 3.1.4 der vorliegenden Arbeit.
[1618] Vgl. Götze (2008), S. 363ff.
[1619] Vgl. Johanisson/Huse (2000), S. 359f.
[1620] Vgl. Gnan/Huse/Montemerlo (2006), S. 10ff.

eine Anwendung dieser Theorie auf Familienunternehmen erforscht werden sollte.[1621]

Zu den Wechselwirkungen von Corporate Governance und Controlling wurde im Rahmen der vorliegenden Arbeit eine Schnittstellendiskussion geführt. Es konnte gezeigt werden, dass dem Controlling im Kontext von Corporate Governance sowohl originäre als auch derivative Funktionen zukommen könnten. Dieser Themenkomplex befindet sich in der theoretischen Diskussion in der Findungsphase.[1622] Insofern erscheint es wenig verwunderlich, dass in keinem der Fallstudienunternehmen bisher explizit Debatte um die Rolle des Controlling im Kontext von Corporate Governance geführt wird. Vor dem Hintergrund des unternehmerischen Oberziels, der Sicherung der langfristigen Überlebensfähigkeit vor dem Hintergrund der Aufrechterhaltung des Wertschöpfungskreislaufs aus Erfolgspotential, Erfolg und Liquidität, erscheint eine weitere Erforschung der Wechselwirkungen von Corporate Governance und Controlling unbedingt notwendig. Zuletzt wird der Ableitung eines situativen Bewertungsmodells der Corporate Governance mittelständischer Familienunternehmen Rechnung getragen.

Nun fließen die Erkenntnisse der empirischen Erhebung in die Überarbeitung des Corporate Governance-Bewertungsmodells ein. Als erste wichtige Erkenntnis wird angeführt, dass alle Fallstudienunternehmen eine nicht der Komplexität der Unternehmenssituation entsprechende Komplexität von Family Governance und Corporate Governance aufweisen. Das individuelle Niveau des Vertrauens im Unternehmen ist jedoch ebenfalls in allen Unternehmen sehr hoch. Dies könnte ein Beleg für die vermutete substitutive Beziehung zwischen Family Governance und Corporate Governance auf der einen Seite und Vertrauen auf der anderen Seite sein. Um den theoretischen und praktischen Nutzen der vorliegenden Untersuchung im Hinblick auf das primäre Forschungsziel zu erfüllen, wird die modellhafte Gesamtdarstellung der Corporate Governance mittelständischer Familienunternehmen in Abb. 5-44 dargestellt. Das Governance-Modell basiert auf den im Rahmen der vorliegenden Arbeit erarbeiteten theoretischen und empirischen Erkenntnissen. Die Anwendung des Modells in der Unternehmenspraxis ist im Kontext des hier verfolgten praktischen Forschungsziels, der Verbesserung der Führungsqualität deutscher mittelständischer Familienunternehmen,[1623] zu betrachten. Für ein konkretes Unternehmen bietet das Modell die Möglichkeit, die eigenen Governance-Strukturen und -Prozesse zu überprüfen. Hierbei stellen die in Abb. 5-63 dargestellten Einschätzung keine normativen Regeln, sondern fundierte Empfehlungen dar. Insofern stellen die Empfehlungen eine mögliche, aber nicht die einzig mögliche Interpretation der empirischen Ergebnisse dar. Daraus resultiert, dass die ableitbaren Handlungsempfehlungen nie isoliert, sondern stets unter gleichzeitiger weiterer, alternativer Analysemethoden umgesetzt werden sollten.

[1621] Vgl. Koeberle-Schmid (2008a), S. 215f.
[1622] Vgl. Wagenhofer (2009), S. 1ff.
[1623] Vgl. Abschnitt 1.2 der vorliegenden Arbeit.

Modellkategorien / Bewertungsalternativen	Einfach	Neutral	Komplex
Family Governance			
Familienrepräsentanz			
Existenz	nicht unbedingt notwendig	notwendig	zwingend notwendig
Rechte und Aufgaben	Information/Anhörung	Beratung, Kontrolle	Beratung, Kontrolle, Leitung
Familienverfassung			
Inhalt	informelle Verständigung	Festlegung wichtiger Werte	Ausführliche Dokumentation
Verantwortlichkeit	Familie	Einbindung Sachverständiger	Einbindung Sachverständiger
Verankerung	nicht unbedingt notwendig	Geschäftsordnung o.Ä.	Geschäftsordnung o.Ä.
Corporate Governance			
Exekutivgremium			
Mitgliederzahl	2 oder 3	ca. 5	ca. 7
Anzahl externer Manager	mindestens 1	mindestens 2	mindestens 3
Vorsitz	wenn definiert, Familie	Wenn definiert, Familie	Familie oder externer Manager
Einbindung von Familienmitgliedern	alle Mitglieder aus Familie	Auswahl fähiger Mitglieder	Auswahl fähiger Mitglieder
Aufgabenverteilung	Personalunion möglich	Trennung der Bereiche	Trennung der Bereiche
Mitgliederauswahl	Familie und Fachqualität	Fachqualität	Fachqualität
Anzahl von Management-Hierarchieebenen	1-2	3-5	mehr als 5
Gewinnung von Führungsnachwuchs	innerhalb der Familie möglich	Familie u./o. externe Quellen	Familie u./o. externe Quellen
Einbindung externer Berater	nur bedarfsabhängig	projektbasiert	auch durchgängig möglich
Kontakt zu ‚normalen' Mitarbeitern	direkter persönlicher Kontakt	Open-door-Politik	Open-door-Politik
Aufsichtsgremium			
Existenz	nicht unbedingt notwendig	notwendig	zwingend notwendig
Ausgestaltung	schuldrechtlich/statutarisch	statutarisch	statutarisch
Verankerung	nicht unbedingt notwendig	Geschäftsordnung o.Ä.	Geschäftsordnung o.Ä.
Mitgliederzahl	Ca. 3	Ca. 5	ca. 7
Anzahl externer Mitglieder	mindestens 1	mindestens 2	mindestens 3
Auswahlkriterium	Fachqualität	Fachqualität	Fachqualität
Vorsitz	externes Mitglied	externes Mitglied	externes Mitglied
Funktionen/Aufgaben/Rollen	Beratung, Information	Beratung, Kontrolle	Beratung, Kontrolle, Leitung
Vergütung der Mitglieder	bis 5.000 Euro, fix	5.000-10.000 Euro, fix/variabel	ab 10.000 Euro, fix/variabel
Bildung von Ausschüssen	keine	Bildung vorteilhaft	Bildung vorteilhaft
Unternehmensführung & Controlling			
Ziele	expliziert	Zielhierarchie	Zielsystem
Wertorientierung	implizit	explizit	wertorientierte Steuerung
Strategische Planung	vorhanden, nicht formalisiert	formalisiert	integriert
Institutionalisierung des Controlling	Geschäftsführung oder extern	eigene Stelle	eigene Stelle/Abteilung
Anordnung des Controlling	zentral	dezentral/zentral	dezentral
Funktionen des Controlling	originäre und derivative	originäre und derivative	originäre und derivative
Aufgaben des Controlling	v.a. Berichtswesen	v.a. Planung	v.a. Steuerung/Lenkung
Instrumente des Controlling	vornehmlich operativ	operativ und strategisch	operativ und strategisch
Prüfung des Jahresabschlusses	freiwillig	obligatorisch	obligatorisch
Auswahl der Prüfer	Fachkriterien	Fachkriterien	Fachkriterien
Internes Kontrollsystem (IKS)	Vier-Augen-Prinzip	formalisiert	Dokumentiert
Funktion der Internen Revision	nicht unbedingt notwendig	zwingend notwendig	zwingend notwendig
Institutionalisierung der Internen Revision	ggf. Controlling	eigene Stelle	eigene Stelle
Funktion der Compliance	nicht unbedingt notwendig	Zwingend notwendig	zwingend notwendig
Institutionalisierung der Compliance	z.B. CFO oder Syndikus	eigene Stelle	eigene Stelle/Abteilung
Regelungsinhalt der Compliance	Recht, Verhalten	Recht, Verhalten	Recht, Verhalten
Risikomanagement	implizit	explizit	formalisiert
Prozessschritte des Risikomanagements	zumindest Identifikation	Bewertung	Risikosteuerung
Institutionalisierung des Risikomanagements	nicht unbedingt notwendig	eigene Stelle	eigene Stelle/Abteilung
Anteilseigner- und Gläubigerstruktur			
Gesellschafter	ggf. gesamte Familie	Auswahl der Familie	Auswahl der Familie
Vermögensnachfolge	formalisiert	formalisiert	formalisiert
Diskussion der Vermögensnachfolge	mindestens jährlich	mindestens jährlich	mindestens jährlich
Anzahl von Gläubigern	wenige	wenige	wenige
Beziehung zu Gläubigern	Hausbankprinzip	Kernbankprinzip	Diversifizierung
Eigenkapitalquote	Ziel: 20 Prozent	Ziel: 30 Prozent	Ziel: 40 Prozent
Finanzierung			
Finanzierungsstrategie	informell	formalisiert	formalisiert
Finanzierungskonditionen	implizit bekannt	transparenz	transparent
Bevorzugte Finanzierungsart	v.a. Fremdkapital	auch Eigenkapital	auch Eigenkapital
Finanzierungsformen	v.a. Kredite	auch Mezzanine und Leasing	ggf. Private Equity
Rechnungslegung, Transparenz & Publizität			
Bilanzierungsstandard	Bestandsaufnahme	Bestandsaufnahme	Bestandsaufnahme
Internationale Rechnungslegung	nicht unbedingt notwendig	zu hinterfragen	zu hinterfragen
Veröffentlichung der Rechungslegung	zeitnah und gesetzeskonform	zeitnah und gesetzeskonform	zeitnah und gesetzeskonform
Publizität der Informationen	v.a. nach innen	nach innen und außen	nach innen und außen
Harmonisierung des Rechnungswesens	nicht unbedingt notwendig	zu hinterfragen	zu hinterfragen
Nutzung der Informationen	Weitergabe an Gläubiger	auch Unternehmenssteuerung	auch Unternehmenssteuerung
Unternehmenskultur, Vertrauen & Corporate Behavior			
Aktive Steuerung	informell	ja	ja
Institutionalisierung	ggf. Geschäftsführung	eigene Stelle	eigene Stelle/Abteilung
Rolle der Familie	zentral	zentral	zentral
Durchdringungsgrad	gelebte Unternehmenskultur	gelebte Unternehmenskultur	gelebte Unternehmenskultur
Explizierung der Unternehmenskultur	informell	formalisiert	dokumentiert
Vertrauen im Unternehmen	Vertrauensvorschuss	zu hinterfragen	Zu hinterfragen
Anreizmechanismen			
Erfolgsabhängige Vergütung	ja	ja	ja
Aktive Steuerung	informell	geplant	systematisch
Adressaten	Führungskräfte	alle Mitarbeiter	alle Mitarbeiter
Art der Bemessungsgrundlage	quantitativ	quantitativ/qualitativ	quantitativ/qualitativ
Instrumente	Boni	Kombination	Kombination
Gesamtunternehmenserfolg	ggf. einzubeziehen	einzubeziehen	einzubeziehen
Abstimmungspartner	Familie/Geschäftsführung	direkter Vorgesetzter	direkter Vorgesetzter

Abbildung 5-63: Governance-Modell im Überblick

Abb. 5-64 veranschaulicht die **Vorgehensweise** der Situations- und Governance-Analyse. Ausgehend von einer Bestandsaufnahme der Situation (einfach, neutral, komplex) werden Corporate Governance, Family Governance und Vertrauen analysiert. Unternehmensindividuell wird eine Soll-Ist-Analyse im Hinblick auf Existenz eines Mechanismus, Formalisierung eines Mechanismus und situative Optimalität eines Mechanismus durchgeführt. Auf dieser Grundlage ist die Ableitung von Handlungsempfehlungen möglich. Ein bisher nicht etablierter Mechanismus muss etabliert werden. Die Entscheidung über Formalisierung und Optimalität hängt von der Komplexität der Unternehmenssituation ab.

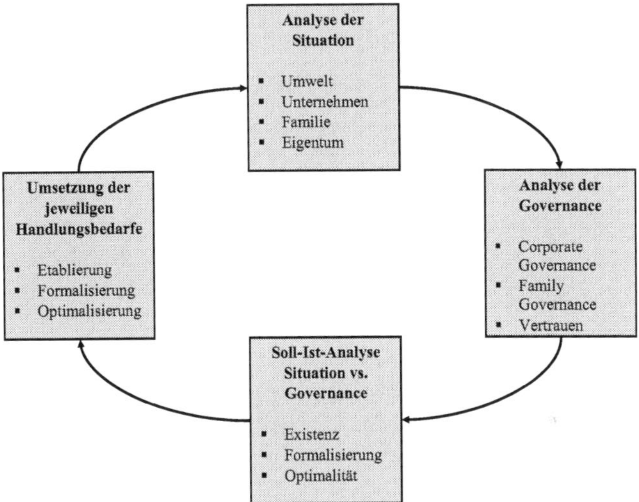

Abbildung 5-64: Vorgehensweise der Situations- und Governance-Analyse

Die Veränderungen der Corporate Governance- und Family Governance-Mechanismen resultieren wiederum in einer Veränderung der Unternehmenssituation, so dass hier Veränderungen von Unternehmensstruktur, Unternehmensverhalten und letztlich Erfolg (Effizienz und Effektivität) der Organisation analysiert werden können. Eine Anwendung der Modelldarstellung an einem Beispiel der Fallstudienunternehmen erfolgt an dieser Stelle aufgrund der Gefahr der Tautologie nicht. Das hier abgeleitete Modell basiert z.T. auf den Befunden der durchgeführten empirischen Erhebung, so dass eine Anwendung in diesem Fall vornehmlich bestätigende, aber kaum kritische Befunde liefern würde.[1624] Die Überprüfung der Praxistaug-

[1624] Die Anwendung des Corporate Governance-Bewertungsmodells auf die 16 Fallstudien wird in einem eigenen Forschungsbericht vorgenommen. Vgl. Becker/Ulrich (2010b).

lichkeit muss ebenso wie die hier nur am Rande thematisierte mögliche Erfolgswirkung von Governance-Veränderungen in Folgeuntersuchungen näher analysiert werden.

Für die Überprüfung der Erfolgswirkung der Governance-Veränderungen muss zwischen einer Mikro- und einer Makro-Erfolgsebene unterschieden werden. Die erste Perspektive bezieht sich auf Effizienz und Effektivität der Governance-Veränderung an sich, d.h. wurde kostenoptimierend verändert (Effizienz) und wurden die gesetzten Ziele erreicht (Effektivität). Eine direkte Messung dieses Mikro-Erfolgs scheint nur schwer möglich. Allerdings könnten Ansätze übertragen werden, die beispielsweise für die Ermittlung des Erfolgs des Controlling genutzt werden. Hier kommen Messskalen zum Einsatz, die Effizienz und Effektivität durch verschiedene, indirekte Items abfragen. Die Effektivität wird beispielsweise mit der Zufriedenheit der bereitgestellten Informationen operationalisiert.[1625]

Die Makro-Ebene untersucht den Zusammenhang von Governance-Veränderung und Unternehmenserfolg. Wie gezeigt wurde, ist für die Erfolgsbetrachtung mittelständischer Familienunternehmen eine mehrdimensionale Betrachtung notwendig, die nicht den finanziellen Erfolg, sondern auch andere Perspektiven einbezieht.[1626] *Koeberle-Schmid* trennt in seiner Untersuchung beispielsweise Unternehmenserfolg und Familienerfolg, ohne diese Größen jedoch weiter zu operationalisieren.[1627] Anhand einer weiterführenden empirischen Erhebung sollte zunächst ein allgemeines, valides und reliables Erfolgsmodell mittelständischer Familienunternehmen abgeleitet werden. In der Folge könnte in einer großzahligen Folgeuntersuchung zu zwei unterschiedlichen Zeitpunkten untersucht werden, ob sich für einzelne Organisationen eine Veränderung des Erfolgs in Folge einer situativen Anpassung der Governance-Strukturen und -Prozesse ergäbe. Einen ersten interessanten Ansatz in diese Richtung legte *Brühl* vor.[1628]

Einen weiteren Wissensfortschritt sollte die Einbindung der Erkenntnisse der theoretischen und empirischen Überlegungen der vorliegenden Arbeit im Hinblick auf eine mögliche Integrierbarkeit von Agenturtheorie, Stewardship-Theorie und anderen Theorien liefern. Zwar stand die Theorieintegration nicht im Vordergrund der Betrachtung, sie ist jedoch als mitunter sehr wichtiges Forschungsziel im Bereich der Corporate Governance-Forschung zu mittelständischen Familienunternehmen anzusehen. Im Hinblick auf die inhaltliche Ausgestaltung der aus den hier dargelegten Überlegungen resultierenden Strukturen und Prozessen könnte in Folgestudien eine Ausweitung des Kontingenzgedankens auf Gestalt- oder Evolutionsansätze und somit eine Berücksichtigung mehrere situativer Variablen als nur der Komplexität stattfinden.

[1625] Vgl. Littkemann/Derfuß (2009b), S. 19ff.
[1626] Vgl. telefonisches Gespräch mit Prof. Dr. Martin Hilb am 27.08.2009.
[1627] Vgl. Koeberle-Schmid (2008a), S. 1ff.
[1628] Vgl. Brühl (2009). Auch Mertens (2009) befasst sich mit Familienunternehmen im Zeitablauf.

6 Code of Best Practice

Die vorliegende Untersuchung hat gezeigt, dass Corporate Governance und Family Governance in mittelständischen Familienunternehmen zwar im Wandel begriffen sind, in einigen Aspekten jedoch noch nicht die aus theoretischer Perspektive wünschenswerten oder mit gegebenen Mitteln erreichbaren Ausprägungen erreicht haben. Während sich das im vierten Kapitel erarbeitete Bewertungsmodell zur Soll-Ist-Analyse der Corporate Governance eines individuellen mittelständischen Familienunternehmens eignet und das fünfte Kapitel den Anwendungsstand zu Family und Corporate Governance in den in der vorliegenden Arbeit thematisierten mittelständischen Familienunternehmen zeigte, wird im ersten Teil des sechsten Kapitels ein Code of Best Practice aufgestellt, um ein erstes Lösungsinstrument für potentielle Konflikte in Family Governance und Corporate Governance zu präsentieren.[1629]

Vor dem Hintergrund der immer wieder angesprochenen großen Heterogenität der Unternehmenspraxis mittelständischer Familienunternehmen scheint dieser Schritt zur Verbesserung der Effizienz und Effektivität der Unternehmensführung und damit der Sicherstellung des langfristigen Unternehmensbestands unausweichlich. Ein Code of Best Practice für mittelständische Familienunternehmen muss sich jedoch in einigen Punkten von der Analyse großer Kapitalgesellschaften unterscheiden. Durch die enge Verflechtung von Eigentum und Unternehmen spielen auf die Unternehmerfamilie gerichtete Elemente eine größere Rolle als außengerichtete Elemente. Nach außen gerichtete Elemente wie z.B. Transparenz und Publizität werden zwar durch veränderte Anforderungen in Folge von Basel II und BilMoG wichtiger, haben im Vergleich zur familienzentrierten Perspektive aber noch eine untergeordnete Bedeutung. Wichtig erscheint vor dem geschilderten Hintergrund die Einbindung des Controlling in den Gesamtkontext der Corporate Governance, da jenes eine führende Rolle im Kontext der Unternehmensausrichtung auf das Oberziel der Wertschöpfung einnehmen kann.

Family Governance

Die Untersuchung hat ergeben, dass der Umsetzungsstand der Family Governance in der Praxis mittelständischer Familienunternehmen bisher nicht stark ausgeprägt ist. Unternehmen sollten zunächst eine ehrliche Bestandsaufnahme der Unternehmens- und Familienverhältnisse durchführen. Je nach Lebenszyklusphase, Alter und Harmonie der Unternehmerfamilie sowie insbesondere dann, wenn es viele nicht in der operativen Leitung tätige Mitglieder der der Unternehmerfamilie gibt, bieten sich Konfliktlösungsmechanismen im Rahmen der Family Governance an. In einfachen Unternehmen kann schon die Kommunikation der Familie untereinander, ggf. mit Etablierung eines Familientags zusätzlich zu Treffen der Gesellschafterversammlung, Informationsasymmetrien reduzieren. In einem unternehmenseigenen Famili-

[1629] Vgl. für eine ähnliche Argumentation Wesel (2010), S. 158.

enkodex bzw. einer Familiencharta sollten wichtige Maximen der Familie sowie die Beziehung von Unternehmen und Familie klar definiert werden, um klare Verantwortlichkeiten zu schaffen. Hier bietet sich die Einbeziehung externer Sachverständiger an. Zusätzlich besteht die Möglichkeit, das commitment zu den in einem Familienkodex festgelegten Werten im Rahmen einer Familienverfassung aufzuwerten. Dieser kann durch Einbindung in die Geschäftsordnung oder Modifizierung des Gesellschaftervertrags auch rechtliche Geltung verliehen werden. Letztlich bietet sich zur Prävention und Lösung von Konflikten der Unternehmerfamilie die Einrichtung einer Familienrepräsentanz an. Diese kann unternehmensindividuell als informatives, kontrollierendes oder entscheidendes Gremium etabliert werden.

Exekutivgremium

Die Besetzung des Exekutivgremiums mit Familienmitgliedern und externen Managern sollte auf Basis direkt aufgabenbezogener Kriterien erfolgen. Zudem sollten Unternehmensamt und Familienamt stets getrennt werden. Besondere Bedeutung kommt einer frühzeitigen Nachfolgeplanung zu. Ist geeigneter familieneigener Führungsnachwuchs nicht zu erwarten, sollten externe Lösungen in Betracht gezogen werden. Die Mitgliederzahl des Exekutivgremiums sollte (außer für Kleinstunternehmen) nicht weniger als drei Mitglieder betragen, um individuelle Aufgabenträger nicht zu überlasten. Die Vorteilhaftigkeit einer geraden oder ungeraden Mitgliederzahl kann nicht beurteilt werden. Nur bei einer geraden Mitgliederzahl gewinnt die Position eines Sprechers/Vorsitzenden an Mehrwert. Die Stärkung nachgelagerter Stufen der Führungshierarchie erhöht die Komplexität der Unternehmenssituation. Vor diesem Hintergrund sollte in Abhängigkeit vom gewählten Führungsstil stets abgewogen werden, ob eine zunehmende Einbindung der Führungskräfte ab der zweiten Hierarchieebene abwärts sowie externer Berater die Qualität der Unternehmensführung steigern kann. Eine ‚Politik der offenen Tür' kann genutzt werden, um Barrieren zwischen Exekutivgremium und sonstigen Mitarbeitern des Unternehmens abzubauen und die Unternehmenskultur zu stärken.

Aufsichtsgremium

Die Existenz und Ausgestaltung von Aufsichtsgremien in mittelständischen Familienunternehmen ist noch immer recht moderat. Die Etablierung sollte im Rahmen einer Good Governance überdacht werden. Wichtig ist eine unternehmensindividuelle Überprüfung der Motive für die Etablierung des Gremiums. Ein Beirat oder Aufsichtsrat, der Entscheidungen der Familie lediglich bestätigt, bringt keinen Mehrwert. Im Rahmen der Besetzung des Gremiums sollte eine ausgewogene Mischung externer Mitglieder und Familienmitglieder vorherrschen. Den Vorsitz sollte ein Externer einnehmen. Die Größe des Gremiums sollte nicht zu klein (unter vier), aber wenn möglich auch nicht größer als acht Personen sein, um Effizienz und Effektivität der Arbeit zu garantieren. Wichtig erscheint die organschaftliche oder schuldrechtliche Verankerung des Gremiums. Bisher nicht thematisiert, aber wichtig erscheint die Möglichkeit der Bildung von Ausschüssen zur Steigerung von Effizienz- und Effektivität der Gremienarbeit. Die Vergütung der Mitglieder sollte zu Teilen variabel und erfolgsabhängig erfolgen, um eine Wahrnehmung der jeweiligen Aufgaben (Entscheidung, Kontrolle, Beratung) und deren Wirkung messbar zu machen. Hierzu sind individuelle Zielvereinbarungen mit Mitgliedern des Aufsichtsgremiums abzuschließen, deren Zielerreichungsgrad kontinuierlich zu überprüfen und ggf. in ein unternehmensweites Performance Measurement-System zu integrieren ist, das z.B. im Rahmen einer BSC gesteuert werden kann.

Unternehmensführung & Controlling

Die Zielorientierung der Unternehmensführung mittelständischer Familienunternehmen hat ebenso wie die Wertorientierung dieser Ziele in den letzten Jahren deutlich zugenommen. Eine ausgeprägte strategische Planung liegt bisher jedoch nur in wenigen Unternehmen vor. Diese sollte etabliert und auf die unternehmerischen Ziele ‚Sicherung der langfristigen Überlebensfähigkeit' und ‚Erhalt als Familienunternehmen' ausgerichtet werden. Als wertorientierte Spitzenkennzahl bietet sich die Größe ‚Wertbeitrag' an. Hiermit sollte auch die Explizierung der Wert- und Werteorientierung der Unternehmensführung gesteigert werden. Dem Controlling kommt – stärker als bisher – eine Planungs-, Steuerungs- und Lenkungsfunktion im Unternehmen zu. Die Wahrnehmung des Controlling als moderne Führungsfunktion sollte gestärkt werden und sich auch in der institutionellen, personellen und letztlich instrumentellen Ausgestaltung niederschlagen. Wirtschaftsprüfung wird bisher noch zu selten als Instrument der Corporate Governance gesehen. Durch eine fachbezogene Auswahl steigen neben der Qualität des Jahresabschlusses auch die Qualität und Transparenz der Unternehmensführung. Mittelständische Familienunternehmen sollten ein formalisiertes IKS etablieren, das sich nicht nur durch ein Vier-Augen-Prinzip, sondern durch formalisierte Strukturen und Prozesse auszeichnet. Hier kommt der Unabhängigkeit der Kontrolle eine hohe Bedeutung zu. In diesen Kontext fällt die Etablierung einer Internen Revision sowie einer unternehmensweiten Compliance, die dem kaufmännischen Leiter oder auch der Rechtsabteilung (sofern vorhanden) zugeordnet werden kann. Das häufig rudimentäre Risikomanagement sollte formalisiert werden und den kompletten Risikomanagementprozess abbilden. Nur so ist eine Risikosteuerung und präventive Vorbereitung auf Risiken möglich.[1630] Letztlich ist insgesamt von einer Existenz ungenutzter Synergien im Kontext von ‚Unternehmensführung & Controlling' auszugehen, die durch Schnittstellenbetrachtungen einzelner Bereiche realisiert werden könnten.

Anteilseigner- und Gläubigerstruktur

Die Anteilseignerstruktur mittelständischer Familienunternehmen ist sehr homogen. Ein Ver-

---

[1630] Dies ist nicht zuletzt in Folge des BilMoG besonders wichtig. Vgl. Hommelhoff/Mattheus (2009), S. 2787ff.

kauf von Anteilen an Externe kommt meist nicht in Frage. Mit zunehmendem Alter des Unternehmens verwässern durch zunehmende Anzahl von Familienstämmen und somit Gesellschaftern jedoch die einzelnen Anteilspakete, was eine Entscheidungsfindung im Unternehmen erschwert. Hier sollte frühzeitig über Regelungen nachgedacht werden, beispielsweise eine Beschränkung der Höchstzahl von Gesellschaftern aus verschiedenen Familienstämmen. Der Suche nach geeigneten Vermögensnachfolgern ist hier entscheidende Priorität beizumessen. Letztlich ist das Ziel ‚Sicherung der langfristigen Überlebensfähigkeit' Vorrang vor dem Ziel ‚Erhalt als Familienunternehmen' zu geben, so dass auch familienexterne Lösungen zumindest bedacht werden sollten. Die Gläubigerstruktur mittelständischer Familienunternehmen sollte im Unternehmen transparent gemacht werden. So ist eine Stärkung der Unabhängigkeit – bspw. durch eine Aufweichung des Hausbankprinzips – möglich. Die empirische Erhebung zeigte deutlich, dass durch Bankendiversifizierung eine stärkere Transparenz von Finanzierungskonditionen und letztlich eine kostengünstigere Kapitalausstattung möglich ist.

Finanzierung

Im Bereich der Finanzierung findet bisher zu selten eine Überprüfung der Kostenoptimalität der gewählten Lösungen statt. Hier könnte eine Explizierung der unternehmerischen Ziele und Finanzierungsziele sowie ein Abgleich beider Zielsysteme helfen, wie dies von Experten vermehrt angemahnt wird.[1631] So könnten für auch modernere Finanzierungsformen wie ABS oder Private Equity von Interesse sein. Interessant erscheint zudem die gewollte Umfirmierung mehrerer Unternehmen der empirischen Erhebung zur AG. In diesem Kontext könnten Initial Public Offerings (IPO) stärker als bisher auch für diesen Betriebstyp relevant werden.

Rechnungslegung, Transparenz & Publizität

Eine pauschale Empfehlung einer Umstellung auf IFRS kann mittelständischen Familienunternehmen nicht gegeben werden. Dies gilt jedoch für eine formalisierte Prüfung der Eignung der jetzigen Standards. Für international tätige Unternehmen könnte sich eine Umstellung auf IFRS durchaus lohnen. Hier sollte jedoch die Wirkung des BilMoG abgewartet werden. Eine Veröffentlichung des Jahresabschlusses ist gemäß EHUG zwingend erforderlich. Dies sollte auch befolgt werden. Zwar könnte aus Wettbewerbsgründen in Einzelfällen der Wettbewerbsvorteil das zu zahlende Ordnungsgeld überkompensieren. Der Schaden einer Nicht-Veröffentlichung wird jedoch eher im Bereich Unternehmensimage gesehen, das dadurch nachhaltig beeinträchtigt werden könnte, dass ein Unternehmen bewusst Regeln missachtet. Ein internes Rechnungswesen sollte stärker als bisher aufgebaut und insbesondere ausgebaut werden. Dann kann über Schnittstellen von internem und externem Rechnungswesen nachgedacht werden. Eine größere Publizität von nicht direkt wettbewerbsrelevanten Informationen

[1631] Vgl. persönliches Gespräch mit Prof. Dr. Norbert Wieselhuber am 16.09.2009 in München.

nach innen und außen könnte das Vertrauen in das Unternehmen stärken. Hier ist jedoch darauf zu achten, dass nur strategisch relevante Stakeholder bedient werden. Nicht zuletzt sollten auch Informationen des externen Rechnungswesens zur Weitergabe an diese Stakeholder (bspw. Banken) genutzt werden. Eine einzelfallbezogene Abwägung der Informationsbedürfnisse von Stakeholdern sowie der Wirkungen einer Informationsweitergabe sollte jedoch stets stattfinden, um Fehlentwicklungen zu vermeiden.

Unternehmenskultur, Vertrauen & Corporate Behavior

Die Unternehmenskultur mittelständischer Familienunternehmen wird durch die Familie bestimmt, aber nur selten aktiv und zentral gesteuert. Vor dem Hintergrund einer notwendigen einheitlichen Identität sollte hier die Einrichtung einer zentralen Stelle (z.B. Marketing oder Unternehmenskommunikation) überdacht werden. Zudem ist die Explizierung der Unternehmenskultur in Form von Leitbild, Vision, Mission und ähnlichen Aspekten notwendig. Zwar reicht die Dokumentation alleine nicht aus, sie liefert jedoch einen externen Stimulus, sich aktiv mit dem Thema Unternehmenskultur zu beschäftigen. Die Unternehmerfamilie sollte stark in die Explizierung der Unternehmenskultur eingebunden werden, da ein ‚Führung durch Vormachen' die Verbreitung des einheitlichen Verständnisses bei allen Mitarbeitern erleichtert. Der Mitarbeitern prinzipiell gewährte Vertrauensvorschuss sollte in stark wachsenden und komplexen Unternehmen überdacht werden. Hier sollte eine auch ökonomisch fundierte Gegenüberstellung der Vor- und Nachteile von Vertrauen und Kontrolle stattfinden, um zu einem für Mitarbeiter und Unternehmen optimalen Verhältnis zu kommen.

Anreizmechanismen

Monetäre Anreizmechanismen kommen in allen Fallstudienunternehmen zur Anwendung. Der Umsetzungsstand kann jedoch nur selten einem modernen Anreizsystem genügen. Für jeden Mitarbeiter sollte eine Unterscheidung nach verantwortbaren und nicht direkt verantwortbaren Bereichen (z.B. Erfolg des Gesamtunternehmens) erfolgen. Auf dieser Grundlage sollte ein unternehmensweites Anreizsystem entworfen werden, dass nicht nur quantitative, sondern auch qualitative Bezugsgrößen beinhaltet. Zudem ist auch eine Modernisierung der eingesetzten Mechanismen zu denken. Nicht nur Boni in bar, sondern auch Anteile am Eigenkapital oder Prämien könnten für Mitarbeiter Leistungsanreize schaffen. Ein mittel- bis langfristiges Ziel wäre die Verbindung individueller Anreize in einem unternehmensweiten Anreizsystem. So könnten neben positiven Anreizen (Boni) zunehmend auch negative Anreize (Mali) eingesetzt und bspw. im Rahmen einer BSC-Implementierung einbezogen werden.

7 Schlussbetrachtung

Das Ziel der vorliegenden Arbeit bestand in der Entwicklung eines Bewertungsmodells für die Corporate Governance mittelständischer Familienunternehmen, um durch integrative Betrachtung von Corporate Governance, Unternehmensführung und Controlling die Effizienz und die Effektivität der Unternehmensführung zu verbessern. Als Grundlage für das Bewertungsmodell dienten umfassende Auswertungen der theoretischen und empirischen Literatur sowie Experteninterviews mit Unternehmensvertretern und Sachverständigen. Das im Gegenstromverfahren entstandene situative Bewertungsmodell ist ein wissenschaftlich fundiertes und praktisch anwendbares Managementmodell. Dieses stützt sich insbesondere auf eine vollständige Literaturbasis. Die Ergebnisse der einzelnen Kapitel sowie das Gesamtergebnis der Arbeit werden im Folgenden kurz zusammengefasst.

Innerhalb des **zweiten Kapitels** standen zunächst die theoretischen Grundlagen zu den Konstrukten Mittelstand, Unternehmensführung und Controlling sowie Corporate Governance im Mittelpunkt. Es konnte verdeutlicht werden, dass es zwar keine allgemein anerkannte Mittelstandsdefinition gibt, dass die Anwendung einer integrierten Definition mit quantitativen und qualitativen Elementen in Verbindung mit einer Typisierung eine ausreichend genaue Abgrenzung des Untersuchungsgegenstands ‚mittelständische Familienunternehmen' erlaubt. Das Controlling wurde als integrierte Führungsfunktion der Unternehmensführung interpretiert. Des Weiteren konnten Besonderheiten der Unternehmensführung mittelständischer Familienunternehmen analysiert werden. Die Diskussion um Corporate Governance wurde vor dem Hintergrund enger und weiter Definitionsansätze diskutiert. Hier wurde ein für mittelständische Familienunternehmen relevanter Katalog von in der Literatur diskutierten Elementen von Corporate Governance-Systemen erarbeitet, der die Grundlage des Modells der vorliegenden Arbeit darstellt. Durch eine Ausweitung der theoretischen Basis konnte gezeigt werden, dass ein enges, rein an den Interessen der Kapitalgeber orientiertes Verständnis von Corporate Governance die Anwendung in mittelständischen Familienunternehmen erschwert.

Das **dritte Kapitel** befasste sich folgerichtig mit der umfassenden deduktiven und induktiven Bestandsaufnahme von Anforderungen an die Corporate Governance mittelständischer Familienunternehmen. Zunächst wurde ein theoretisches Framework zu Corporate Governance und Controlling erarbeitet, das nicht nur die Schnittstellen dieser beiden Konstrukte zeigte, sondern diese auch argumentativ mit dem Unternehmenserfolg verknüpfte. Auch wurde der Status Quo der Forschung zur Corporate Governance mittelständischer Familienunternehmen dargestellt. Ausgehend von einer Operationalisierung der Good Governance für diesen Betriebstyp wurde der Mehrwert der Corporate Governance herausgestellt. Im Rahmen der Analyse bestehender Theorien und Modelle ist besonders die vollständige Literaturanalyse von deskriptiven Studien und Bewertungsmodellen zur Corporate Governance mittelständischer Unternehmen, KMU und Familienunternehmen zu betonen. Es konnte verdeutlicht werden, dass mittelständische Familienunternehmen hohe Anforderungen an ihre Corporate Governance stellen sollten. Dieser Anspruch konnte mit bisherigen Modellen nicht in allen Punkten erfüllt werden. In einer auf empirischen Studien basierenden Plausibilitätsüberlegung wurde gezeigt, dass die Ist-Ausprägung verschiedener Corporate Governance-Teilelemente nicht mit dem bereits wahrnehmbaren Verständnis für die positive Wirkung von Corporate Governance korrespondiert. Nach einer Analyse der Ist-Ausprägung von Corporate Governance-Rahmenbedingungen, Family Governance und einzelnen Corporate Governance-Elementen wurden Anforderungen an ein situatives Bewertungsmodell diskutiert.

Im **vierten Kapitel** wurde, basierend auf den im dritten Kapitel abgeleiteten theoretischen und empirischen Aspekten, ein situatives Bewertungsmodell für mittelständische Familienunternehmen entwickelt. Zunächst wurde ein modelltheoretisches Verständnis erarbeitet, welches situative Aspekte der Unternehmensführung mit der Bestimmung des Komplexitätsgrads des unternehmerischen Geschehens in Einklang bringt. Im Folgenden wurde die Operationalisierung der Situation mit den dazugehörigen Indikatoren Unternehmen, Umwelt, Eigentum und Familie dargestellt. Die Operationalisierung basiert zusätzlich zu den Grundlagen des situativen Ansatzes auf aktuellen Untersuchungen zur Komplexität mittelständischer Unternehmen, KMU und Familienunternehmen. Die abgeleiteten Kategorien bildeten die Grundlage der Bewertung der Situation. Als Gegenpart zur Situationsanalyse wurde ein Grundmodell der Governance-Analyse aufgestellt. Hier wurde auf Basis eines Reifegradmodells gezeigt, dass sich die Corporate Governance mittelständischer Familienunternehmen der jeweiligen Komplexität der Unternehmenssituation anpassen sollte. In die Governance-Bewertung wurden die Kategorien Family Governance und Corporate Governance explizit aufgenommen. In einem Zwischenfazit wurden Beschränkungen der modelltheoretischen Denkweise aufgezeigt.

Das **fünfte Kapitel** diente der Veranschaulichung und Konkretisierung der abgeleiteten modelltheoretischen Denkweise zur Corporate Governance mittelständischer Familienunternehmen anhand eines Samples von 16 Fallstudien. Aus Komplexitätsgründen wurden in der Arbeit nicht die einzelnen Fallstudien, sondern nur der Mehrfachvergleich der Fallstudien aufgenommen. Hier wurde die Ausprägung von Situation, Family Governance und Corporate Governance von 16 mittelständischen Familienunternehmen in den Themenbereichen ‚Allgemeine Fragen zur Corporate Governance, ‚Umwelt, Rahmenbedingungen und Komplexität', ‚Unternehmerfamilie und Family Governance' sowie ‚Corporate Governance-Mechanismen' thematisiert. Es zeigten sich deutliche Tendenzen innerhalb der Stichprobe. So besteht in allen Unternehmen ein grundsätzlicher Fit zwischen der Komplexität der Unternehmenssituation sowie der prinzipiellen Einschätzung der Notwendigkeit von Family Governance und

Corporate Governance. Hinsichtlich konkreter Elemente bzw. Mechanismen kann diese Einschätzung nicht beibehalten werden. Im Kontext der Family Governance befinden sich die Fallstudienunternehmen auf einem sehr niedrigen Niveau. In fast keinem Unternehmen werden Instrumente wie Familienverfassung, Familienrepräsentanz oder Familientag genutzt. Die Corporate Governance-Beurteilung fällt differenzierter aus. Während die Ausgestaltung von Gremien (Exekutivgremium, Aufsichtsgremium) durchaus der jeweiligen Unternehmenskomplexität entspricht, sind insbesondere im Themenkomplex ‚Unternehmensführung & Controlling' mit Themen wie Strategie, Controlling, Interner Revision, Compliance und Risikomanagement deutliche Defizite ableitbar. Ähnliches gilt für die Ausgestaltung und aktive Steuerung der Unternehmenskultur, wobei letzteres in fast keinem Unternehmen in befriedigender Art und Weise stattfindet. In einem Zwischenfazit wurden die Ergebnisse zu einzelnen Elementen der empirischen Analyse zur Modifikation des Governance-Bewertungsmodells und dessen situativer Ausgestaltung verwendet.

Das **sechste Kapitel** widmete sich schließlich der Erstellung eines Code of Best Practice der Corporate Governance mittelständischer Unternehmen unter Einbeziehung controllingrelevanter Aspekte. Dieser Code of Best Practice wurde wie der Rest der Arbeit in einem Forschungsprozess im Gegenstrom erarbeitet, wobei theoretische Erkenntnisse und empirische Befunde kombiniert wurden. Der Code of Best Practice gibt der Gruppe der mittelständischen Familienunternehmen ein Konzept an die Hand, mit dem die unternehmensspezifischen Aspekte der Family Governance und Corporate Governance im Hinblick auf den aktuellen Stand der betriebswirtschaftlichen Theorie und Praxis untersucht werden können.

Im Folgenden wird dargestellt, ob und inwieweit die im Einleitungskapitel angeführten Forschungsziele erfüllt werden konnten.

- **Primäres Forschungsziel:** Erarbeitung eines situativen Bewertungsmodells für die Corporate Governance mittelständischer Familienunternehmen unter Einbeziehung der Wechselwirkungen zwischen Corporate Governance und Controlling: Erstellung des Modells in Kapitel 4 sowie Anpassung der Ausprägung von Family und Corporate Governance in Kapitel 5,
- **Theoretische Konkretisierung**: Erweiterung der Wissensbasis zur Einbeziehung des Controlling in die Corporate Governance und zur Nutzung dieses Konzepts: Erarbeitung eines theoretischen Frameworks zu Corporate Governance und Controlling in Abschnitt 3.1, Verbindung der Erkenntnisse mit der Größe ‚Unternehmenserfolg' und Einbeziehung in die situative Analyse der Arbeit,
- **Praktische Konkretisierung**: Verbesserung der Führungsqualität deutscher mittelständischer Familienunternehmen: Zweistufige Möglichkeit der Anwendung der Er-

kenntnisse durch (1) Anwendung der Erkenntnisse des Code of Best Practice aus Abschnitt 6.1 sowie (2) Detailanalyse von Unternehmenssituation sowie Family und Corporate Governance auf Grundlage des für die vorliegende Arbeit erstellten situativen Bewertungsmodells.

Die Vorgehensweise sowie relevante Erkenntnisse der vorliegenden Arbeit werden in der folgenden Abb. 7-1 noch einmal überblicksartig dargestellt.

Bedeutsame Erkenntniszugewinne der vorliegenden Arbeit

2. Begriffliche und theoretische Grundlagen
- Herausarbeiten einer Typologie mittelständischer Familienunternehmen auf Grundlage der Besitz- und Leitungsstruktur
- Diskussion der Spezifika von Unternehmensführung und Controlling in mittelständischen Familienunternehmen
- Erweiterung der theoretischen Basis von Corporate Governance um Aspekte der Stewardship-Theorie, Kontingenztheorie und Resource-Dependence-Theorie

3. Anforderungen an Corporate Governance in mittelständischen Familienunternehmen
- Entwurf eines theoretischen Frameworks für Corporate Governance, Unternehmensführung und Controlling
- Anpassung des theoretischen Frameworks auf das Untersuchungsobjekt mittelständische Familienunternehmen
- Identifikation und Analyse relevanter Corporate Governance-Mechanismen in mittelständischen Familienunternehmen
- Spiegelung theoretischer und empirischer Anforderungen an aktuellen Entwicklungen in der Unternehmenspraxis

4. Modell zur situativen Analyse und Bewertung der Corporate Governance
- Identifikation der Komplexität als Haupteinflussgröße auf Ist- und Soll-Zustand von Corporate Governance
- Operationalisierung der Komplexität mit Hilfe einer Situationsanalyse (Umwelt, Unternehmen, Eigentum, Familie)
- Spiegelung der Situationsanalyse im Hinblick auf konkrete Corporate Governance-Mechanismen
- Ableitung von Forschungshypothesen zur Corporate Governance in mittelständischen Familienunternehmen

5. Empirische Befunde
- Durchführung einer qualitativ-empirischen Untersuchung auf Basis von 16 Fallstudien
- Analyse auf Einzelfallbasis sowie unter Berücksichtigung fallübergreifender Besonderheiten
- Modifikation des im vierten Kapitel abgeleiteten Corporate Governance-Modells vor dem empirischen Hintergrund
- Ableitung von Forschungshypothesen zur Corporate Governance in mittelständischen Familienunternehmen

6. Code of Best Practice
- Erstellung eines allgemeinen Praxisleitfadens
- Einbeziehung der Family Governance
- Ableitung praxisbezogener Handlungsempfehlungen unter Berücksichtigung theoretischer und empirischer Erkenntnisse
- Relativierung der Empfehlungen unter Einbeziehung von Effizienz- und Effektivitätsgesichtspunkten

Abbildung 7-1: Bedeutsame Erkenntniszugewinne der vorliegenden Arbeit

Der branchenspezifisch gelegte Fokus der vorliegenden Arbeit bietet die Möglichkeit für weitere Forschungsarbeiten. Möglich wäre an dieser Stelle die Überprüfung des Modells in anderen Branchen wie z.B. der Baubranche, dem Handel oder der Dienstleistungsbranche. Insbesondere für Branchen, die eine dem verarbeitenden Gewerbe ähnliche Strukturierung aufweisen, ist davon auszugehen, dass das vorliegende Modell mit nur wenigen Anpassungen gewinnbringend eingesetzt werden kann.

Auch die Frage der quantitativen Überprüfbarkeit der dargestellten Erkenntnisse bietet Raum für weitere Forschungsarbeiten. Im Rahmen einer großzahligen, repräsentativen quantitativ-empirischen Untersuchung sollte überprüft werden, inwiefern die in der vorliegenden Arbeit theoretisch und empirisch fundierten Aussagen repräsentativen Charakter aufweisen. Da für die vorliegende Arbeit nur Unternehmen mit Familientradition untersucht wurden, wäre zudem ein Vergleich mit mischfinanzierten Unternehmen sowie Publikumsgesellschaften mit Fremdmanagement interessant. Insbesondere investorenabhängige Unternehmen, welche z.B. von einem Private-Equity-Investor geführt werden, dürften aufgrund der abweichenden Philosophie sowie des anderen Geschäftsmodells deutlich abweichende Governance-Strukturen aufweisen. Zuletzt sei an die Möglichkeit gedacht, dass erstellte Bewertungsmodell softwarebasiert in der Unternehmenspraxis zur Überprüfung der Corporate Governance im Sinne eines readiness-Check einzusetzen. Hier könnte sowohl Standardsoftware wie z.B. *Microsoft*® Excel, aber auch eine vollkommen eigenständig kreierte Lösung zur Anwendung kommen.

Zum Abschluss wird auf einige Limitationen der vorliegenden Arbeit hingewiesen. Der situative Ansatz wird stark kritisiert, da er einen eindeutigen Ursache-Wirkungszusammenhang und somit eine Optimalität einer Unternehmensstruktur voraussetzt, die in der Realität so nicht gegeben ist. Durch die Modifikationen der vorliegenden Arbeit im Sinne der ‚strategic choice' nach *Child* wurde versucht, diesen eindeutigen Zusammenhang aufzubrechen.

Vor dem Hintergrund der qualitativen Vorgehensweise und eines Samples von nur 16 Unternehmen muss von einer Verallgemeinerung der Erkenntnisse Abstand genommen werden. Sowohl die Ergebnisse der empirischen Erhebung als auch das konkrete Modell sollten im Folgenden einer großzahligen Überprüfung (empirische Befunde) sowie einer Sensitivitätsanalyse (Bewertungsmodell) unterzogen werden. Das Modell an sich birgt ebenfalls einige Ansatzpunkte für Kritik, z.B. die Nichtbeachtung der Selbstabstimmung, die Rückkopplung zwischen Governance und Situation sowie nicht zuletzt die ungeklärte Problematik der Gewichtung einzelner Aspekte der Situation und Governance.

Die empirische Erhebung wurden durch einen Forscher zu einem Zeitpunkt durchgeführt. Zudem wurde mehrheitlich nur jeweils ein Interview mit einem Unternehmensvertreter geführt, der in den meisten Fällen kein Mitglied der Unternehmerfamilie war. Neben der großzahligen Überprüfung der Erkenntnisse könnte es folglich ratsam sein, erneut mehrere andere Entscheidungsträger der Fallstudienunternehmen zu befragen. Nicht zuletzt ist auf den noch fehlenden empirischen Befund zur Verbindung eines optimalen Fits von Situation und Governance sowie dessen Konsequenz für den hier als mehrdimensional unterstellten Unternehmenserfolg hinzuweisen. Die Limitationen der Arbeit zeigen gleichzeitig einige offene Punkte im Forschungsprogramm. Es bleibt zu hoffen, dass eine Detailanalyse der Family und Corporate Governance zu praktisch und theoretisch fundierten Erkenntnissen führt.

8 Literaturverzeichnis

Achleitner, Ann-Kristin/Bassen, Alexander (2000)
Shareholder Value in klein- und mittelständischen Unternehmen (KMU), in: Siegwart (Hrsg., 2000), S. 145-173

Achleitner, Ann-Kristin/Schraml, Stephanie C./Klöckner, Oliver (2008)
Finanzierung von Familienunternehmen – Wie professionell ist die Unternehmensfinanzierung tatsächlich?, München

Achleitner, Ann-Kristin/Schraml, Stephanie C./Böhm, Matthias (2009)
Finanzverantwortliche in Familienunternehmen, in: Kirchdörfer et al. (Hrsg., 2009), S. 249-263

Achleitner, Ann-Kristin/Schraml, Stephanie C./Tappeiner, Florian (2008)
Private Equity in Familienunternehmen: Erfahrungen mit Minderheitsbeteiligungen, München

Ackermann, Josef (2009)
Intelligente Finanzierung als Erfolgsfaktor in Familienunternehmen, in: Kirchdörfer et al. (Hrsg., 2009), S. 241-247

Adams, Michael (1999)
Cross Holdings in Germany, in: Journal of Institutional and Theoretical Economics, Vol. 155, S. 80-109

Ahn, Heinz (1999)
Ansehen und Verständnis des Controlling in der Betriebswirtschaftslehre. Grundlegende Ergebnisse einer empirischen Untersuchung unter deutschen Hochschullehrern, in: Controlling – Zeitschrift für erfolgsorientierte Unternehmenssteuerung, 11. Jg., S. 109-114

Akerlof, George A. (1970)
The market for „lemons“: Quality uncertainty and the market mechanism, in: The Quarterly Journal of Economics, Vol. 84, No. 3, S. 488-500

Albach, Horst. (1976)
Kritische Wachstumsschwellen in der Unternehmensentwicklung, in: Zeitschrift für Betriebswirtschaft, 46. Jg., S. 683-696

Albach, Horst (1981)
Verfassung folgt Verfassung. Ein organisatorischer Beitrag zur Diskussion der Unternehmensverfassung, in: Bohr et al. (Hrsg.), S. 53-79

Albach, Horst (1991)
Ansprache anlässlich der Eröffnung der 52. Wissenschaftlichen Jahrestagung des Verbandes der Hochschullehrer für Betriebswirtschaft an der Universität Frankfurt am 6. Juni 1990, in: Ordelheide/Rudolph/Büsselmann (Hrsg., 1991), S. 3-12

Albach, Horst (1996)
Editorial, in: Albach (Hrsg., 1996), S. VII-IX

Albach, Horst (Hrsg., 1996)
Governance Structures, Wiesbaden

Albach, Horst/Held, Thomas (Hrsg., 1984)
Betriebswirtschaftslehre mittelständischer Unternehmen, Wissenschaftliche Tagung des Ver-

bands deutscher Hochschullehrer für Betriebswirtschaftslehre e.V., Stuttgart

Albach, Horst/Letmathe, Peter (2008)
Editorial, in: Albach/Letmathe (Hrsg., 2008), S. VII-X

Albach, Horst/Letmathe, Peter (Hrsg., 2008)
Corporate Governance in der Praxis mittelständischer Unternehmen. Zeitschrift für Betriebswirtschaftslehre, Sonderheft 2/2008, Wiesbaden

Albers, Marco (2002)
Corporate Governance in Aktiengesellschaften: Entscheidungsprozess und Wirkungsanalyse zum Gesetz für Kontrolle und Transparenz im Unternehmensbereich (KonTraG), Frankfurt am Main

Albers, Sönke et al. (Hrsg., 1989)
Elemente erfolgreicher Unternehmenspolitik in mittelständischen Unternehmen, Stuttgart

Albers, Sönke et al. (Hrsg., 2007)
Methodik der empirischen Forschung, 2. Aufl. Wiesbaden

Albert, Martin/Behrends, Thomas (1998)
Organisationsstrukturen als Determinanten des Entscheidungsprozesses in mittelständischen Unternehmen, Schriften aus dem Institut für Mittelstandsforschung, Heft 9, Lüneburg

Albrecht, Tobias (2007)
Interne Revision & Controlling – Instrumente moderner Unternehmensführung in Kooperation, in: Zeitschrift für Controlling und Management, 51. Jg., S. 326-332

Alchian, Armen A. (1974)
Corporate management and property rights, in: Furubotn/Pejovich (Hrsg., 1974), S. 133-150

Alchian, Armen A./Demsetz, Harold (1972)
Production, information costs, and economic organization, in: The American Economic Review, Vol. 62, S. 777-795

Amshoff, Bernhard (1993)
Controlling in deutschen Unternehmungen, 2. Aufl., Wiesbaden

Anderson, Ronald C./Reeb, David M. (2003)
Founding-family ownership and firm performance: Evidence from the S&P 500, in: Journal of Finance, Vol. 58, No. 3, S. 1301-1327

Andreae, Caspar v. (2007)
Familienunternehmen und Publikumsgesellschaft, Wiesbaden

Aronoff, Craig E./Ward, John L. (1996)
Family business governance: Maximizing family and business potential, Marietta

Arrow, Kenneth J. (1985)
The economics of agency, in: Pratt/Zeckenhauser (Hrsg., 1985), S. 37-51

Arthur, W. Brian (1989)
Competing technologies, increasing returns, and lock-in by historical events, in: The Economic Journal, Vol. 99, S. 116-131

Ashbaugh, Hollis/Pincus, Mort (2001)
Domestic accounting standards, international accounting standards, and the predictability of earnings, in: Journal of Accounting Research, Vol. 39, S. 417-434

Ashby, W. Ross (1956)
Introduction to cybernetics, Chapman & Hall

Astrachan, Joseph H./Klein, Sabine B./Smyrnios, Kosmas X. (2002)
The F-PEC scale of family influence: A proposal for solving the family business definition problem, in: Family Business Review, Vol. 14, No.1, S. 45 -58

Astrachan, Joseph H./Klein, Sabine B./Smyrnios, Kosmas X. (2005)
The F-PEC scale of family influence: Construction, validation, and further implication for theory, in: Entrepreneurship: Theory & Practice, Vol. 29, S. 321-339

Astrachan, Joseph H. et al. (2006)
Guidelines for family business boards of directors, in: Family Business Review, Vol. 19, No. 2, S. 147-167

Atteslander, Peter (2008)
Methoden der empirischen Sozialforschung, 12. Aufl., Berlin

Audretsch, David B./Elston, Julie A. (1997)
Financing the German Mittelstand, in: Small Business Economics, Vol. 9, S. 97-110

Audretsch, David B./Weigand, Jürgen (2001)
Corporate Governance, in: Jost (Hrsg., 2001b), S. 83-134

Bach, Norbert (2008)
Effizienz der Führungsorganisation deutscher Konzerne, Wiesbaden

Backes-Gellner, Uschi et al. (2000)
Wettbewerbsfaktor Fachkräfte. Restrukturierungschancen und -probleme in kleinen und mittleren Unternehmen, in: Schriften zur Mittelstandsforschung, Nr. 85 NF, Wiesbaden

Backes-Gellner, Uschi et al. (2003)
Familienfreundlichkeit im Mittelstand – Betriebliche Strategie zur besseren Vereinbarkeit von Beruf und Familie, Bonn

Backes-Gellner, Uschi/Kay, Rosemarie (2002)
Materielle Mitarbeiterbeteiligung – eine Option für den Mittelstand?, in: Schriften zur Mittelstandsforschung, Nr. 96 NF, Wiesbaden

Baetge, Jörg et al. (2007)
Unternehmenskultur und Unternehmenserfolg: Stand der empirischen Forschung und Konsequenzen für die Entwicklung eines Messkonzepts, in: Journal für Betriebswirtschaft, 57. Jg., S. 183-219

Baetge, Jörg/Klaholz, Eva (2006)
IFRS und Mittelstand, in: Winkeljohann/Herzig (Hrsg., 2006), S. 31-44

Ballwieser, Wolfgang (1994)
Adolf Moxter und der Shareholder Value-Ansatz, in: Ballwieser et al. (Hrsg., 1994), S. 1377-1405

Ballwieser, Wolfgang (2000)
Wertorientierte Unternehmensführung: Grundlagen, in: Zeitschrift für betriebswirtschaftliche Forschung, 52. Jg., S. 160-166

Ballwieser, Wolfgang (2001)
Die Unabhängigkeit des Wirtschaftsprüfers – eine Analyse von Beratungsverbot und externer Rotation, in: Lutter (Hrsg., 2001), S. 99-115.

Ballwieser, Wolfgang (2002)
Wertorientierung und Betriebswirtschaftslehre: Von Schmalenbach bis heute, in: Macharzina/Neubürger (Hrsg., 2002), S. 69-98

Ballwieser, Wolfgang (2003)
Controlling und Risikomanagement: Aufgaben des Vorstands, in: Hommelhoff/Hopt/Werder (Hrsg., 2003), S. 429-440

Ballwieser, Wolfgang (2008)
Entwicklung und Problemfelder von Wirtschaftsprüfungsgesellschaften, in: Ballwieser/Grewe (Hrsg., 2008), S. 1-15

Ballwieser, Wolfgang (2009a)
IFRS-Rechnungslegung: Konzept, Regeln und Wirkungen, 2. Aufl., München

Ballwieser, Wolfgang (2009b)
Shareholder Value als Element von Corporate Governance, in: Zeitschrift für betriebswirtschaftliche Forschung, 61. Jg., S. 93-101

Ballwieser, Wolfgang et al. (Hrsg., 1994)
Bilanzrecht und Kapitalmarkt. Festschrift für Adolf Moxter, Düsseldorf 1994

Ballwieser, Wolfgang/Grewe, Wolfgang (Hrsg., 2008)
Wirtschaftsprüfung im Wandel. Herausforderungen an Wirtschaftsprüfung, Steuerberatung, Consulting und Corporate Finance. Festgabe 100 Jahre Südtreu/Deloitte 1907 bis 2007, München

Ballwieser, Wolfgang/Schmidt, Reinhard H. (1981)
Unternehmensverfassung, Unternehmensziele und Finanztheorie, in: Bohr et al. (Hrsg., 1981), S. 645-682

Bamberg, Günter/Coenenberg, Adolf G. (2006)
Betriebswirtschaftliche Entscheidungslehre, 11. Aufl., München

Bamberg, Günter/Spremann, Klaus (Hrsg., 1989)
Agency theory, information and incentives, Berlin et al.

Bamberger, Ingolf/Pleitner, Hans-Jürgen (1988)
Strategische Ausrichtung kleiner und mittlerer Unternehmen, in: Internationales Gewerbearchiv, Sonderheft 2, Berlin et al.

Bamberger, Ingolf/Wrona, Thomas (2006)
Internationalisierung, in: Pfohl (Hrsg., 2006), S. 391-437

Bass, Hans-Heinrich (2006)
KMU in der deutschen Volkswirtschaft: Vergangenheit, Gegenwart, Zukunft, in: Berichte aus dem Weltwirtschaftlichen Colloquium der Universität Bremen, Nr. 101

Bassen, Alexander (2002)
Institutionelle Investoren und Corporate Governance. Analyse der Einflussnahme unter besonderer Berücksichtigung börsennotierter Wachstumsunternehmen, Wiesbaden

Bassen, Alexander et al. (2006)
Deutscher Corporate Governance Kodex und Unternehmenserfolg. Empirische Befunde, in: Die Betriebswirtschaft, 66. Jg., S. 375-401

Bassen, Alexander/Zöllner, Christine (2009)
Erhöht gute Corporate Governance den Unternehmenswert, in: Wagenhofer (Hrsg., 2009), S. 43-57

Baumgartner, Gerhard (2009)
Familienunternehmen und Zukunftsgestaltung. Schlüsselfaktoren zur erfolgreichen Unternehmensnachfolge, Wiesbaden

Baums, Theodor (1995)
Der Aufsichtsrat – Aufgaben und Reformfragen, in: Zeitschrift für Wirtschaftsrecht, 16. Jg., Nr. 1, S. 11-18

Baums, Theodor (1999)
Corporate Governance in germany – systems and current development, Osnabrück

Baums, Theodor (2003)
Corporate Governance: Aktuelle Entwicklungen, Trier

Baus, Kirsten (2007)
Die Familienstrategie, 2. Aufl., Wiesbaden

BDO/FMW/BVMW (Hrsg., 2007)
Deutsches Mittelstands-Barometer, Ergebnisse der Unternehmerbefragung 2007, Hamburg/Berlin

BDO/FMW/BVMW (Hrsg., 2008)
Deutsches Mittelstands-Barometer, Ergebnisse der Unternehmerbefragung 2008, Hamburg/Berlin

BDO/FMW/BVMW (Hrsg., 2009)
Deutsches Mittelstands-Barometer, Ergebnisse der Expertenbefragung Herbst 2009, Hamburg/Berlin

Bea, Franz Xaver/Friedl, Birgit/Schweitzer, Marcel (Hrsg., 2004)
Allgemeine Betriebswirtschaftslehre, Band 1: Grundlagen, 9. Aufl., Stuttgart

Becker, Fred G. (1990)
Anreizsysteme für Führungskräfte: Möglichkeiten zur strategisch orientierten Steuerung des Managements, Stuttgart

Becker, Fred G. (2007a)
Fremdmanagement in Familienunternehmen: Annäherung an eine vielschichtige Thematik, in: Letmathe et al. (Hrsg., 2007), S. 205-224

Becker, Fred G. (2007b)
Organisation der Unternehmungsleitung, Stuttgart

Becker, Hans-Paul (1984)
Verwendung und Gestaltung der Kosten- und Leistungsrechnung in mittelgroßen Industrieunternehmen, Darmstadt

Becker, Hans-Paul (2009)
Investition und Finanzierung, 3 .Aufl., Wiesbaden

Becker, Thomas (1993)
Informationsorientierte Überwachungskonzepte zur Kontrolle von Vorständen, Stuttgart

Becker, Wolfgang (1990)
Funktionsprinzipien des Controlling, in: Zeitschrift für Betriebswirtschaft, 60. Jg., S. 295-318

Becker, Wolfgang (1992)
Komplexitätskosten, in: krp - Kostenrechnungspraxis, Zeitschrift für Controlling, o. Jg., S. 171-175

Becker, Wolfgang (1996)
Stabilitätspolitik für Unternehmen: Zukunftssicherung durch integrierte Kosten- und Leistungsführerschaft, Wiesbaden

Becker, Wolfgang (1999)
Begriff und Funktionen des Controlling, in: Bamberger Betriebswirtschaftliche Beiträge, Nr. 106, Überarbeiteter Nachdruck, Bamberg

Becker, Wolfgang (2000)
Wertorientierte Unternehmensführung, in: Bamberger Betriebswirtschaftliche Beiträge, Nr. 125, Bamberg

Becker, Wolfgang (2001a)
Integrierte Kosten- und Leistungsführerschaft als Orientierungsmuster für das strategische Management, in: Bamberger Betriebswirtschaftliche Beiträge, Nr. 129, Bamberg

Becker, Wolfgang (2001b)
Komplexitätskosten, in: Bühner (Hrsg., 2001), S. 420-423

Becker, Wolfgang (2003)
Balanced Value Map, Bamberg

Becker, Wolfgang (2007a)
Grundlagen des Controlling, 3. Aufl., Bamberg

Becker, Wolfgang (2007b)
Kosten-, Erlös- und Ergebnisrechnung, 7. Aufl., Bamberg

Becker, Wolfgang (2007c)
Kostenmanagement, 3. Aufl., Bamberg

Becker, Wolfgang (2007d)
Mittelstand und Mittelstandsforschung. Vortrag anlässlich der Eröffnung des Deloitte.Mittelstandsinstituts an der Universität Bamberg. Gehalten am 15. Mai 2007 an der Otto-Friedrich-Universität Bamberg

Becker, Wolfgang (2007e)
Mittelstand und Mittelstandsforschung. Unveröffentlichtes Arbeitspapier vom 30. Mai 2007, Bamberg

Becker, Wolfgang (2007f)
Planung, Entscheidung und Kontrolle, 5. Aufl., Bamberg

Becker, Wolfgang (2007g)
Strategie und Performance, 7. Aufl., Bamberg

Becker, Wolfgang (2007h)
Wertorientierte Betriebswirtschaftslehre – Eine Einführung, Bamberg

Becker, Wolfgang (2008)
Grundlagen des Controlling, 4. Aufl., Bamberg

Becker, Wolfgang (2009)
Controlling: Konzepte, Methoden und Instrumente, 5. Aufl., Bamberg

Becker, Wolfgang/Baltzer, Björn (2009a)
Controlling – eine instrumentelle Perspektive, Bamberger Betriebswirtschaftliche Beiträge, Nr. 162, Bamberg

Becker, Wolfgang/Baltzer, Björn (2009b)
Die Struktur des betrieblichen Rechnungswesens unter Berücksichtigung aktueller Entwicklungen – Teil 1, in: Wirtschaftswissenschaftliches Studium, 38. Jg., S. 173-179

Becker, Wolfgang/Baltzer, Björn/Ulrich, Patrick (2008)
Aktuelle Entwicklungen in der Unternehmensführung mittelständischer Unternehmen, in: Bamberger Betriebswirtschaftliche Beiträge, Band 150, Bamberg

Becker, Wolfgang/Baltzer, Björn/Ulrich, Patrick (2009)
Die Internationalisierung der Rechnungslegung im Mittelstand. Ergebnisse einer Befragung fränkischer Unternehmen, in: Bilanzen im Mittelstand, 3. Jg., Nr. 2, S. 31-35

Becker, Wolfgang/Baltzer, Björn/Ulrich, Patrick (2010)
Detailauswertung zur Corporate Governance im Mittelstand, unveröffentliches Forschungspapier, Bamberg

Becker, Wolfgang/Benz, Karsten (1996)
Effizienz des Controlling, in: Bamberger Betriebswirtschaftliche Beiträge, Band 108, Bamberg

Becker, Wolfgang et al. (2007a)
Anforderungen mittelständischer Unternehmen an potentielle Bewerber aus den Bereichen Controlling, Finance & Accounting, in: Bamberger Betriebswirtschaftliche Beiträge, Band 146, Bamberg

Becker, Wolfgang et al. (2007b)
Erwartungen von Hochschulabsolventen an potentielle Arbeitgeber, in: Bamberger Betriebswirtschaftliche Beiträge, Band 147, Bamberg

Becker, Wolfgang et al. (2008a)
Einflussfaktoren auf das Bewerberverhalten von Studierenden, in: Bamberger Betriebswirtschaftliche Beiträge, Band 148, Bamberg

Becker, Wolfgang et al. (2008b)
Implementierungsstand von Unternehmensführung und Controlling in mittelständischen Unternehmen, in: Bamberger Betriebswirtschaftliche Beiträge, Band 149, Bamberg

Becker, Wolfgang et al. (2009)
Die Rolle des CFO im Mittelstand, in: Bamberger Betriebswirtschaftliche Beiträge, Band 155, Bamberg

Becker, Wolfgang/Fuchs, Rainer (2004)
Controlling-Informationssysteme, in: Bamberger Betriebswirtschaftliche Beiträge, Nr. 130, Bamberg

Becker, Wolfgang/Lutz, Stefan (2007)
Gabler Kompakt-Lexikon. Modernes Rechnungswesen, 2. Aufl., Wiesbaden

Becker, Wolfgang/Staffel, Michaela/Ulrich, Patrick (2008a)
Mittelstand und Mittelstandsforschung, in: Bamberger Betriebswirtschaftliche Beiträge, Nr. 153, Bamberg

Becker, Wolfgang/Staffel, Michaela/Ulrich, Patrick (2008b)
Unternehmensführung und Controlling im Mittelstand. Einflüsse von Unternehmensgröße und Leitungsstruktur, in: Bamberger Betriebswirtschaftliche Beiträge, Nr. 154, Bamberg

Becker, Wolfgang/Staffel, Michaela/Ulrich, Patrick (2009a)
Funktionen des Controlling im Mittelstand – Ergebnisse einer empirischen Untersuchung, in: Lingnau (Hrsg., 2009), S. 1-24

Becker, Wolfgang/Staffel, Michaela/Ulrich, Patrick (2009b)
Wertmanagement als Instrument der strategischen Führung im Mittelstand: Konzepte, Modifikationen und Empfehlungen, in: Meyer (Hrsg., 2009), S. 257-282

Becker, Wolfgang/Stephan, Petra (2001)
Unternehmensnachfolge in mittelständischen Unternehmen, in: Bamberger Betriebswirtschaftliche Beiträge, Band 127, Bamberg

Becker, Wolfgang/Ulrich, Patrick (2008)
Corporate Governance in mittelständischen Unternehmen – Ein Bezugsrahmen, in: Zeitschrift für Corporate Governance, 3. Jg., S. 261-267

Becker, Wolfgang/Ulrich, Patrick (2009a)
Ausgestaltung des Beirats als Element der Corporate Governance im Mittelstand: Welche CG-Funktionen kann der Beirat übernehmen?, in: Zeitschrift für Corporate Governance, 4. Jg., S. 149-156

Becker, Wolfgang/Ulrich, Patrick (2009b)
Mittelstand, KMU und Familienunternehmen in der Betriebswirtschaftslehre, in: Wirtschaftswissenschaftliches Studium, 38. Jg., S. 2-7

Becker, Wolfgang/Ulrich, Patrick (2009c)
Ressourcen in KMU gezielt optimieren, in: Wirtschaftsmagazin, No. 12: Ressourcen, S. 4-7

Becker, Wolfgang/Ulrich, Patrick (2009d)
Spezifika des Controllings im Mittelstand – Ergebnisse einer Interviewaktion, in: Zeitschrift für Controlling und Management, 53. Jg., S. 308-316

Becker, Wolfgang/Ulrich, Patrick (2010a)
Corporate Governance und Controlling – Begriffe und Wechselwirkungen, in: Keuper/Neumann (Hrsg., 2010)

Becker, Wolfgang/Ulrich, Patrick (2010b)
Fallstudien zur Corporate Governance in mittelständischen Familienunternehmen, in: Bamberger Betriebswirtschaftliche Beiträge, Band 169, Bamberg

Becker, Wolfgang/Ulrich, Patrick/Baltzer, Björn (2009a)
Mezzanine-Kapital – Eine Finanzierungsalternative für mittelständische Unternehmen?, in: Finanzierung im Mittelstand, 1. Jg., Nr. 2, S. 12-16

Becker, Wolfgang/Ulrich, Patrick/Baltzer, Björn (2009b)
Wie stehen mittelständische Unternehmen zur Corporate Governance – aktuelle empirische Erkenntnisse, in: Zeitschrift für Corporate Governance, 4. Jg., S. 12-19

Becker, Wolfgang/Weber, Jürgen (1982)
Scoring-Modelle, in: Management Enzyklopädie, Band 1, 2. Aufl., Landsberg am Lech

Beer, Stafford (1963)
Kybernetik und Management, Frankfurt am Main

Beer, Stafford (1979)
The heart of enterprise, London/New York

Beer, Stafford (1981)
Brain of the firm, London/New York

Behr, Mechthild v./Semlinger, Klaus (Hrsg., 2004)
Internationalisierung kleiner und mittlerer Unternehmen. Neue Entwicklungen bei Arbeitsorganisation und Wissensmanagement, München

Behr, Patrick/Fischer, Jörg (2005)
Basel II und Controlling, Wiesbaden

Behringer, Stefan (2002)
Unternehmensbewertung der Klein- und Mittelbetriebe, 2. Aufl., Berlin

Behringer, Stefan (2004)
Unternehmensbewertung der Klein- und Mittelbetriebe, 3. Aufl., Berlin

Behringer, Stefan (2009)
Unternehmensbewertung der Klein- und Mittelbetriebe, 4. Aufl., Berlin

Beiersdorf, Kati/Eierle, Brigitte/Haller, Axel (2009)
International Financial Reporting Standard for Small and Medium-sized Entities (IFRS for SMEs): Überblick über den finalen Standard des IASB, in: Der Betrieb, 62. Jg., S. 1549-1557

Beiner, Stefan (2005)
Corporate Governance, Produktmarktwettbewerb und Unternehmensbewertung, Bamberg

Bellenberg, Klaus (2008)
Kalkulation in Kleinbetrieben, 3. Aufl., Berlin/Offenbach

Berens, Wolfgang/Brauner, Hans U./Frodermann, Jürgen (Hrsg., 2005)
Unternehmensentwicklung mit Finanzinvestoren: Eigenkapitalstärkung, Wertsteigerung, Unternehmensverkauf, Stuttgart

Berens, Wolfgang/Högemann, Bernd/Segbers, Klaus (2005)
Das mittelständische Unternehmen - Status Quo und Perspektiven in der Mittelstandsfinanzie-

rung, in: Berens/Brauner/Frodermann (Hrsg., 2005), S. 7-30

Berens, Wolfgang/Püthe, Tina/Siemes, Andreas (2005)
Ausgestaltung der Controllingsysteme im Mittelstand – Ergebnisse einer Untersuchung, in: Zeitschrift für Controlling und Management, 49. Jg., S. 186-191

Berens, Wolfgang/Schmitting, Walter (2003)
Zum Verhältnis von Controlling, Interner Revision und Früherkennung vor dem Hintegrund der Corporate Governance, in: Zeitschrift für Planung & Unternehmenssteuerung, 14. Jg., S. 353-377

Berens, Wolfgang/Schmitting, Walter (2004)
Zum Verhältnis von Controlling, Interner Revision und Früherkennung vor dem Hintergrund der Corporate Governance, in: Freidank (Hrsg., 2004a), S. 51-75

Berens, Wolfgang/Wüller, Florian (2007)
Strategisches Controlling in KMU, in: Controlling – Zeitschrift für erfolgsorientierte Unternehmenssteuerung, 19. Jg., S. 393-403

Berger, Allen N./Udell, Gregory F. (1995)
Relationship lending and lines of credit in small firm finance, Journal of Business, Vol. 68, No. 3, S. 353-381

Bergh, Donald D./Ketchen, David J. (Hrsg., 2009)
Research methodology in strategy and management, Volume 5, Wagon Lane

Berghen, Lutgart v. den/Carchon, Steven (2003)
Agency relations within the family business system: An exploratory approach, in: Corporate Governance: An International Review, Vol. 11, S. 171-179

Berle, Adolf A./Means, Gardiner C. (1932)
The modern corporation and private property, New York

Berliner Initiativkreis German Code of Corporate Governance (2001a)
Berliner Thesen zur Corporate Governance, in: Werder (Hrsg., 2001), S. 121-129

Berliner Initiativkreis German Code of Corporate Governance (2001b)
Der German Code of Corporate Governance, in: Werder (Hrsg., 2001), S. 63-119

Berrar, Carsten (2001)
Die Entwicklung der Corporate Governance in Deutschland im internationalen Vergleich, Baden-Baden

Bertalanffy, Ludwig v. (1968)
General system theory, New York

Berwanger, Jörg/Kullmann, Stefan (2007)
Interne Revision: Wesen, Aufgaben und rechtliche Verankerung, Wiesbaden

Beyer, Andreas/Geis, Guido (2009)
Möglichkeiten und Grenzen eines externen Controllings für KMU, in: Controlling – Zeitschrift für erfolgsorientierte Unternehmenssteuerung, 21. Jg., S. 371-376

Beyer, Jürgen (1998)
Managerherrschaft in Deutschland?: „Corporate Governance“ unter Verflechtungsbedingungen, Opladen

Bierich, Marcus/Hommelhoff, Peter/Kropff, Bruno (Hrsg., 1993)
Unternehmen und Unternehmensführung im Recht. Festschrift für Johannes Semler zum 70. Geburtstag am 28. April 1993, Berlin/New York

Binder, Christoph (2000)
Die Entwicklung des Controllings als Teildisziplin der Betriebswirtschaftslehre. Eine explorativ-deskriptive Untersuchung, Wiesbaden

Birl, Holger (2007)
Kooperation von Controllerbereich und Innenrevision, Wiesbaden

Bitsch, Vera (2001)
Qualitative Forschung in der angewandten Ökonomie, Aachen

Bitz, Michael (1981)
Entscheidungstheorie, München

Black, Bernard S./Jang, Hasung/Kim, Woochan (2006)
Does corporate governance predict firms′ market values? Evidence from Korea, in: Journal of Law, Economics & Organization, Vol. 22, S. 366 - 413

Bleicher, Knut (1970)
Die Entwicklung eines systemorientierten Organisations- und Führungsmodells der Unternehmung, in: Zeitschrift Führung + Organisation, 39. Jg., S. 3-8

Bleicher, Knut (1991)
Das Konzept integriertes Management, Frankfurt am Main/New York 1991

Bleicher, Knut (1999)
Das Konzept des integrierten Managements: Visionen – Missionen – Programme, 5. Aufl., Frankfurt am Main

Bleicher, Knut (2006)
Träger strategischer Unternehmensführung, in: Hahn/Taylor (Hrsg., 2006), S. 467-495

Bleicher, Knut/Meyer, Erik (1976)
Führung in der Unternehmung. Formen und Modelle, Reinbek bei Hamburg

Blickle-Liebersbach, Marina (1990)
Agency-Theorie. Rahmenbedingungen und Entlohnung, Ulm

Bochenski, Joseph M. (1993)
Die zeitgenössischen Denkmethoden, 10. Aufl., Tübingen

Boehmer, Ekkehart (1999)
Corporate Governance in Germany: Institutional background and empirical results, Berlin

Börnecke, Dirk (2009)
Ehtisch und rechtlich konformes Verhalten von Führungskräften und Mitarbeitern. Ein Leitfaden mit Musterformularen und Beispielen, Erlangen

Börner, Christoph J. (2006)
Finanzierung, in: Pfohl (Hrsg., 2006), S. 297-329

Bogner, Alexander/Littig, Beate/Menz, Wolfgang (Hrsg., 2005)
Das Experteninterview. Theorie, Methode, Anwendung, 2. Aufl., Wiesbaden

Bohr, Kurt et al. (Hrsg., 1981)
Unternehmensverfassung als Problem der Betriebswirtschaft, Berlin

Boot, Arnoud W.A. (2000)
Relationship banking: What do we know?, in: Journal of Financial Intermediation, Vol. 9, S. 7-25

Borchardt, Andreas/Göthlich, Stephan E. (2007)
Erkenntnisgewinn durch Fallstudien, in: Albers et al. (Hrsg., 2007), S. 33-48

Bortz, Jürgen/Bongers, Dieter (1984)
Lehrbuch der empirischen Forschung für Sozialwissenschaftler, Berlin et al.

Bortz, Jürgen/Döring, Nikola (2006)
Forschungsmethoden und Evaluation für Human- und Sozialwissenschaftler, 4. Aufl., Heidelberg

Botzem, Sebastian et al. (Hrsg., 2009)
Governance als Prozess. Koordinationsformen im Wandel, Baden-Baden

Bouy, Charles (2005)
On corporate governance, management and entrepreneurship in OECD Countries, in: Corporate Ownership & Control, Vol. 2, No. 3, S. 36-50

Boyd, Brian (1990)
Corporate linkages and organizational environment: A test of the resource dependence model, in: Strategic Management Journal, Vol. 11, S. 419-430

Bradach, Jeffrey L./Eccles, Robert G. (1989)
Price, authority, and trust: from ideal types to plural forms, in: Annual Review of Sociology, Vol. 15, S. 97-118

Brauweiler, Hans-Christian (Hrsg., 2008)
Unternehmensführung heute, München

Brauweiler, Hans-Christian (2008)
Voraussetzungen und Probleme der Einführung von ERP-Software in KMU, in: Brauweiler (Hrsg., 2008), S. 115-123

Bress, Stefan (2008)
Corporate Governance in Deutschland. Der Einfluß des Deutschen Corporate Governance Kodex auf die finanzielle Unternehmensperformance, München

Brezski, Eberhard et al. (2006)
Mezzanine-Kapital für den Mittelstand, Stuttgart

Brettel, Malte/Heinemann, Florian/Hiddemann, Tim (2006)
Operatives Management als Erfolgsfaktor in jungen Wachstumsunternehmen: Die moderierende Wirkung von externer und interner Unsicherheit, in: Witt (Hrsg., 2006), S. 1-44

Brinkkötter, Christian J. (2007)
Rating im Mittelstand. Eine empirische Analyse qualitativer Kriterien, Lohmar/Köln

Brinkmann, Frank-Michael (2001)
Gestaltung von Funktionskostenrechnungen: Theorie, Empirie und Praxisbeispiel einer Instandhaltungskostenrechnung, Wiesbaden

Brockhoff, Klaus (1989)
Schnittstellen-Management: Abstimmungsprobleme zwischen Marketing in Forschung und Entwicklung, Management von Forschung, Entwicklung und Innovation, Stuttgart

Brockhoff, Klaus (1994)
Management organisatorischer Schnittstellen, Göttingen

Brokamp, Jürgen et al. (2008)
Mezzanine-Finanzierungen, München

Brose, Peter (1984)
Erkenntnisstand und Perspektiven der Unternehmensverfassungen aus interdisziplinärer Sicht, in: Die Aktiengesellschaft, 29. Jg., Nr. 2, S. 38-48

Brose, Teresa (2006)
Der Beirat in Familienunternehmen, Bremen

Brown, Lawrence D./Caylor, Marcus L. (2005)
Corporate governance and firm valuation, Paper, Georgia State University

Brown, Roger (1965)
Social psychology, New York

Brühl, Kai (2009)
Corporate Governance, Strategie und Unternehmenserfolg, Wiesbaden

Brühl, Rolf (2004)
Controlling: Grundlagen des Erfolgscontrollings, München

Brühl, Rolf/Buch, Sabrina (2006)
Einheitliche Gütekriterien in der empirischen Forschung? – Objektivität, Reliabilität und Validität in der Diskussion, ESCP-EAP Working Paper, Nr. 20, Berlin

Brüsemeister, Thomas (2000)
Qualitative Forschung: Ein Überblick, Wiesbaden

Brüsemeister, Thomas (2008)
Qualitative Forschung: Ein Überblick, 2. Aufl., Wiesbaden

Brunner, Markus (2009)
Resource-Dependence-Ansatz, in: Schwaiger/Meyer (Hrsg., 2009), S. 29-40

Buber, Renate/Holzmüller, Hartmut H. (Hrsg., 2009)
Qualitative Marktforschung: Konzepte, Methoden, Analysen, Wiesbaden

Bühner, Rolf (1999)
Betriebswirtschaftliche Organisationslehre, 9. Aufl., München/Wien

Bühner, Rolf (Hrsg., 2001)
Management-Lexikon, München/Wien

Bühner, Rolf (2004)
Betriebswirtschaftliche Organisationslehre, 10. Aufl., München

Bültel, Stephan (2009)
Effektivität von Top Management Teams: Die Förderung offener Diskussionen im Vorstand deutscher Aktiengesellschaften, Wiesbaden

Bumbacher, Robert-Jan/Schweizer, Markus (2002)
Gestiegene Anforderungen an die Interne Revision, in: Der Schweizer Treuhänder 11/2002, S. 1039-1044

Bundesfinanzministerium (Hrsg., 2009)
Reform des Erschaftsteuer- und Bewertungsrechts, online abrufbar unter der Internetadresse http://www.bundesfinanzministerium.de vom 29.11.2009

Bundesministerium für Wirtschaft und Technologie (2007)
Dokumentation Nr. 561: Der Mittelstand in der Bundesrepublik Deutschland: Eine volkswirtschaftliche Bestandsaufnahmen, Berlin

Bundesverband Materialwirtschaft Einkauf und Logistik e.V. (BME) (Hrsg., 2007)
Best Practice in Einkauf und Logistik, 2. Aufl., Wiesbaden

Bundesverband der deutschen Industrie e.V. (BDI) (Hrsg., 2007)
BDI-Mittelstandspanel 2007, Berlin

Bungartz, Oliver/Szackamer, Marc (2007)
Interne Kontrollsysteme in kleinen und mittelständischen Unternehmen, in: Zeitschrift für Corporate Governance, 2. Jg., S. 123-130

Burmann, Christoph (2004)
Strategische Flexibilität und der Marktwert von Unternehmen, in: Kaluza/Blecker (Hrsg., 2004), S. 29-53

Burns, Tom/Stalker, George M. (1961)
The management of innovation, London

Busse v. Colbe, Walter (1964)
Die Planung der Betriebsgröße, Wiesbaden

Busse v. Colbe, Walter (1974)
Betriebsgröße und Unternehmensgröße, in: Grochla/Wittmann (Hrsg., 1974), Sp. 566-579

Busse v. Colbe, Walther/Laßmann, Gert (1991)
Betriebswirtschaftstheorie. Band 1: Grundlagen, Produktions- und Kostentheorie, 5. Aufl., Berlin et. al.

Bussiek, Jürgen (1980)
Rüstzeug für die 80er Jahre, in: ManagerMagazin, 10. Jg., Nr. 9, S. 43-52

Cadbury Committee (1992)
The financial aspects of corporate governance, London

Cable, John (1985)
Capital market information and industrial performance: The role of West German banks, in: Economic Journal, 95. Jg., S. 118-132

Camphausen, Bernd (2007)
Strategisches Management: Planung, Entscheidung, Controlling, 2. Aufl., München

Chandler, Alfred D. (1990)
Scale and scope. The dynamics of industrial capitalism, Cambridge

Child, John (1972a)
Organization structure and strategies of control: A replication of the Aston study, in: Administrative Science Quarterly, Vol. 17, No. 2, S. 1-22

Child, John (1972b)
Organizational structure, environment and performance: The role of strategic choice, in: Sociology, Vol. 6, No. 1, S. 1

Chmielewicz, Klaus (1993)
Organisationsverfassung und Innovation, in: Bierich/Hommelhoff/Kropff (Hrsg., 1993), S. 689-712

Chmielewicz, Klaus (1994)
Forschungskonzeptionen der Wirtschaftswissenschaft, 3. Aufl., Stuttgart

Chrisman, James J./Chua, Jess H./Litz, Robert A. (2004)
Comparing the agency costs of family and non-family firms: Conceptual issues and exploratory evidence, in: Entrepreneurship: Theory and Practice, Summer 2004, S. 335-354

Chrisman, James J./Chua, Jess H./Sharma, Pramodita (2003)
Current trends and future directions in family business management studies: Toward a theory of the family firm. Coleman White Paper series, online im Internet abrufbar unter www.usasbe.org/knowledge/whitepapers/index.asp vom 25.03.2008

Chrisman, James J./Chua, Jess H./Sharma, Pramodita (2005)
Trends and directions in the development of a strategic management theory of the family firm, in: Entrepreneurship: Theory and Practice, Vol. 29, No. 5, S. 555-575

Christians, Uwe (2006)
Performance Management und Risiko, Berlin 2006

Christophersen, Timo/Grape, Christian (2007)
Die Erfassung latenter Konstrukte mit Hilfe formativer und reflektiver Methoden, in: Albers et al. (Hrsg., 2007), S. 103-118

Chua, Jess H./Chrisman, James J./Bergiel, Erich B. (2009)
An agency theoretic analysis of the professionalized family firm, in: Entrepreneurship: Theory and Practice, March 2009, S. 355-372

Chua, Jess H./Chrisman, James J./Sharma, Pramodita (1999)
Defining the family business by behavior, in: Entrepreneurship: Theory and Practice, Vol. 23, No. 4, S. 19-37

Ciuffo, Anthony F. (2004)
Family business research journal: Balancing family and business, Bloomington

Coase, Ronald H. (1937)
The nature of the firm, in: Economica, Vol. 4, No. 16, S. 386-405

Coase, Ronald H. (1960)
The problem of social cost, in: Journal of Law and Economics, Vol. 3, S. 1-44

Coenenberg, Adolf G./Haller, Axel/Schultze, Wolfgang (2009)
Jahresabschluss und Jahresabschlussanalyse. Betriebswirtschaftliche, handelsrechtliche, steuerrechtliche und internationale Grundsätze – HGH, IFRS, US-GAAP, 21. Aufl., Stuttgart

Colarossi, Fabrizio et al. (2008)
A corporate governance study on Italian family firms, in: Corporate Ownership & Control, Vol. 5, No. 4, S. 93-103

Committe on Corporate Governance (1998)
Final report, London

Consenza, Elizabeth (2007)
The holy grail of corporate governance reform: independence or democracy, in: Brigham Young University Law Review, S. 1-54

Copeland, Tom/Koller, Tim/Murrin, Jack (1994)
Valuation - Measuring and managing the value of companies, 2. Aufl., New York

Copeland, Tom/Koller, Tim/Murrin, Jack (1998)
Unternehmenswert: Methoden und Strategien für eine wertorientierte Unternehmensführung, 2. Aufl., Frankfurt/New York

Cornell, Bradford/Shapiro, Alan C. (1987)
Corporate stakeholders and corporate finance, in: Financial Management, 16. Jg., Nr. 1, S. 5-14

Corsten, Hans/Reiß, Michael (Hrsg., 2005)
Handbuch Unternehmensführung: Konzepte – Instrumente – Schnittstellen, Wiesbaden

Corts, Kenneth S./Singh, Jasjit (2004)
The effect of repeated interaction on contract choice: Evidence from offshore drilling, in: Journal of Law, Economics, & Organization, Vol. 20, No. 1, S. 230-260

COSO (2004)
Enterprise risk management – integrated framework, executive summary, New Jersey

Cromme, Gerhard (2002)
Die Bedeutung des Deutschen Corporate Governance Kodex für die Praxis, in: Zeitschrift für das gesamte Kreditwesen, 55. Jg., Nr. 11, S. 502-505

Cromme, Gerhard (2005)
Corporate Governance in Germany and the German Corporate Governance Code, in: Corporate Governance: An International Review, Vol. 13, S. 362-367

Cuijpers, Rick/Buijink, Willem (2005)
Voluntary adoption of non-local GAAP in the European Union: A study of determinants and consequences, in: European Accounting Review, Vol. 14, S. 487-524

Cyert, Richard M./March, James G. (1963)
A behavioral theory of the firm, New York

Damken, Nico (2007)
Corporate Governance in mittelständischen Kapitalgesellschaften: Bedeutung der Businesss Judgement Rule und der D&O-Versicherung für Manager im Mittelstand nach der Novellierung des § 93 AktG durch das UMAG, Edewecht

Daniel, Klaus (2008)
Managementprozesse und Performance, Wiesbaden

Daschmann, Hans-Achim (1994)
Erfolgsfaktoren mittelständischer Unternehmen, Stuttgart

Davis, James H./Schoorman, David F./Donaldson, Lex (1997)
Toward a stewardship theory of management, in: Academy of Management Review, Vol. 22, S. 20-47

Deakin, Simon (2005)
The coming transformation of shareholder value, in: Corporate Governance: An International Review, Vol. 13., S. 11-18

DeAngelo, Linda E. (1981)
Auditor size and audit quality, in: Journal of. Accounting and Economics, Vol. 3, No. 3, S. 183-199

Deegan, Craig Michael (2009)
Financial accounting theory, 3. Aufl., Boston

Degryse, Hans/Cayseele, Patrick van (2000)
Relationship lending within a bank-based system: Evidence from european small business data, in: Journal of Financial Intermediation, Vol. 9, S. 90-109

Deloitte (Hrsg., 2003)
Praxis-Studie zum Thema „Kostenmanagement und Controlling“, Düsseldorf

Deloitte (Hrsg., 2007a)
Modernisierung des HGB. Meinungsbild zu den Vorschlägen des Deutschen Standardisierungsrates (DSR), München

Deloitte (Hrsg., 2007b)
Aktive Globalisierung. Chancen für deutsche Familienunternehmen, München

Deloitte (Hrsg., 2008a)
Corporate Governance – Werte schaffen und bewahren. Begleitstudie zum Axia-Award für den Mittelstand, München

Deloitte (Hrsg., 2008b)
Talente für den Mittelstand. Aus der Studienserie „Erfolgsfaktoren für den Mittelstand“, München

Deloitte (Hrsg., 2008c)
Unternehmensführung und Controlling. Aus der Studienserie „Erfolgsfaktoren für den Mittelstand“, München

Deloitte (Hrsg., 2009a)
Herausforderung Corporate Governance: Vergangenheit, Gegenwart, Zukunft, München

Deloitte (Hrsg., 2009b)
Nachhaltig wirtschaften. Studie zum Axia-Award 2008 in Baden-Württemberg, München

Deloitte (Hrsg., 2009c)
Strategie – Erfolgsfaktor für den Mittelstand. Begleitstudie zum Axia-Award 2008 in Norddeutschland, München

Deloitte (Hrsg., 2009d)
Begleitstudie zum Axia-Award 2008 in Bayern, München

Denzin, Norman K./Lincoln, Yvonna S. (Hrsg., 2005)
Handbook of qualitative research, 3. Aufl., Newbury Park

Deuringer, Christian (2000)
Organisation und Change-Management, Wiesbaden

Deutsche Bundesbank (Hrsg., 2006)
Zur wirtschaftlichen Situation kleiner und mittlerer Unternehmen in Deutschland seit 1997, Monatsbericht Dezember 2006, Frankfurt am Main

Deutsche Vereinigung für Finanzanalyse und Asset Management (DFVA) (2000)
Scorcard for german corporate governance, Dreieich

Deutscher Sparkassen- und Giroverband (Hrsg., 2007)
Diagnose Mittelstand, Berlin

Deutsches Institut für Interne Revision (Hrsg., 2002)
Grundlagen der Internen Revision – Basics of Internal Auditing, Frankfurt am Main

Diamond, Peter/Vartiainen, Hannu (2007)
Behavioral economics and its applications, Princeton

Diederichs, Marc/Kißler, Martin (2007)
Corporate Governance und Controlling. Die Balanced Chance- & Risk-Card als Informationsinstrument des Aufsichtsrates, in: Controlling – Zeitschrift für erfolgsorientierte Unternehmenssteuerung, 19. Jg., S. 83-89

Diederichs, Marc/Kißler, Martin (2008)
Aufsichtsratreporting. Corporate Governance, Compliance und Controlling, München

Diefenbach, Thomas (2003)
Kritik und Neukonzeption der allgemeinen Betriebswirtschaftslehre auf sozialwissenschaftlicher Basis, Wiesbaden

Dillerup, Ralf/Stoi, Roman (2008)
Unternehmensführung, 2. Aufl., München

Dittmar, Norbert (2004)
Transkription, 2. Aufl., Wiesbaden

Dörner, Dietrich/Wader, Dominic (2005)
Corporate Governance in mittelständischen Unternehmen, in: Pfitzer/Oser/Orth (Hrsg., 2005), S. 385-402

Donaldson, Lex/Davis, James H. (1991)
Stewardship theory or agency Theory : CEO governance and shareholder Returns, in : Australian Journal of Management, Vol. 16, No. 1, S. 49-64

Doucouliagos, Chris (1994)
The static social efficiency of the labour-managed firm, Burwood

Drobetz, Wolfgang/Schillhofer, Andreas/Zimmermann, Heinz (2004a)
Corporate governance and expected stock returns: Evidence from Germany, in: European Financial Management, Vol. 10, No. 2, S. 267-293

Drobetz, Wolfgang/Schillhofer, Andreas/Zimmermann, Heinz (2004b)
Ein Corporate Governance Rating für deutsche Publikumsgesellschaften, in: Zeitschrift für Betriebswirtschaft, 74. Jg., S. 5-25

Drucker, Peter (2008)
Management: Revised edition, New York

Drukarczyk, Jochen (2003)
Finanzierung, 9. Aufl., Stuttgart

Dubs, Rolf et al (Hrsg., 2004)
Einführung in die Managementlehre, Bern

Dürr, Ulrike L. (2007)
Mezzanine-Kapital in der HGB- und IFRS-Rechnungslegung: Ausprägungsformen, Bilanzierung, Rating, Berlin

Dul, Jan/Hak, Tony (2008)
Case study methodology in business research, Amsterdam et al.

Dutzi, Andreas (2005)
Der Aufsichtsrat als Instrument der Corporate Governance. Ökonomische Analyse der Veränderungen im Corporate-Governance-System börsennotierter Aktiengesellschaften, Wiesbaden

Dyckhoff, Harald (2003)
Neukonzeption der Produktionstheorie, in: Zeitschrift für betriebswirtschaftliche Forschung, 73. Jg., S. 705-732

Ebering, Alexander (2005)
Behavioral Economics, Lohmar/Köln

Eberl, Stephan/Hachmeister, Dirk (2007)
Veränderungen des Aufgabengebiets der Internen Revision und die Abgrenzung zum Controlling, in: Zeitschrift für Controlling und Management, 51. Jg., S. 317-325

Ebers, Mark/Gotsch, Wilfried (2006)
Institutionenökonomische Theorien der Organisation, in: Kieser/Ebers (Hrsg., 2006), S. 247-308

Eckert, Martin (2008)
Evolution von Familienunternehmen. Organisationsstruktur, Markterfolg und Unternehmenserfolg, Lohmar/Köln

Eddleston, Kimberly A./Kellermanns, Franz W. (2007)
Destructive and productive family relationships: A stewardship theory perspective, in: Journal of Business Venturing, Vol. 22, No. 4, S. 545-565

Edwards, Jeremy/Fischer, Klaus (1998)
An Overview of the German Financial System, in: Dimsdale/Prevezer (Hrsg., 1998), S. 257 - 283

Edwards, Jeremy/Nibler, Markus (2000)
Corporate Governance in Germany: banks and ownership concentration, in: Economic Policy, Vol. 15, No. 31, S. 239-267

Eichinger, Michael (2010)
Internationale Kooperationen – Ein Ansatz für ein vertrauensbasiertes Management, Bamberg

Eierle, Brigitte/Haller, Axel/Beiersdorf, Kati (2007)
Entwurf eines Internationalen Standards zur Bilanzierung von Small and Medium-sized Entities (ED-IFRS for SMEs) – Ergebnisse einer Befragung deutscher mittelständischer Unternehmen. Projektbericht, Berlin

Eiselt, Andreas/Uhlen, Andrea (2009)
Forsensic Services als Instrument der Corporate Governance, in: Zeitschrift für Corporate Governance, 4. Jg., S. 176-184

Eisenführ, Franz/Weber, Martin (2007)
Rationales Entscheiden, Berlin/Heidelberg/New York

Eisenhardt, Kathleen M. (1989a)
Agency theory: An assessment and review, in: Academy of Management Review, Vol. 14, No. 1, S. 57-74

Eisenhardt, Kathleen M. (1989b)
Building theories from case study research, in: Academy of Management Review, Vol. 14, No. 4, S. 532-550

Eisenmann-Mittenzwei, Alexander (2006)
Familienunternehmen und Corporate Governance: Themen eines Diskurses, Hamburg

Elsas, Ralf (2001)
Die Bedeutung der Hausbank: Eine ökonomische Analyse, Wiesbaden

Elsbergen, Gisbert v. (2005)
Chancen und Risiken kommunaler Kriminalprävention. Eine qualitativ-empirische Analyse, Wiesbaden

Emmerich, Gerhard (2008)
Die Beratung von Familienunternehmen auf der Grundlage der Abschlussprüfung, in: Ballwieser/Grewe (Hrsg., 2008), S. 733-758

Engelbrechtsmüller, Christian (2009)
Governance im Finanz- und Treasurymanagement bei Nichtbanken, in: Wagenhofer, A. (Hrsg., 2009), S. 159-177

Ernst & Young (Hrsg., 2005)
Mittelstandsbarometer 2005. Der deutsche Mittelstand – Stimmungen, Themen, Perspektiven, Eschborn/Frankfurt am Main

Ernst & Young (Hrsg., 2006)
Mittelstandsbarometer 2006. Der deutsche Mittelstand – Stimmungen, Themen, Perspektiven, Eschborn/Frankfurt am Main

Ernst & Young (Hrsg., 2007)
Mittelstandsbarometer 2007. Der deutsche Mittelstand – Stimmungen, Themen, Perspektiven, Eschborn/Frankfurt am Main

Ernst & Young (Hrsg., 2008a)
Aufsichtsrat und internes Risikomanagement. Die Weiterentwicklung der Corporate Gover-

nance in Deutschland im Rahmen des aktuellen Gesetzentwurfs zur Modernisierung des Bilanzrechts (BilMoG), Eschborn/Frankfurt am Main

Ernst & Young (Hrsg., 2008b)
Mittelstandsbarometer 2008. Der deutsche Mittelstand – Stimmungen, Themen, Perspektiven, Eschborn/Frankfurt am Main

Ernst & Young (Hrsg., 2009)
Mittelstandsbarometer 2009. Der deutsche Mittelstand – Stimmungen, Themen, Perspektiven, Eschborn/Frankfurt am Main

Ernstberger, Jürgen/Krotter, Simon/Stadler, Christian (2008)
Analysts' forecast accuracy in Germany: The effect of different accounting principles and changes of accounting principles, in: Business Research, Vol. 1, S. 26-53

Espel, Philipp (2008)
Privates Beteiligungskapital im deutschen Mittelstand: Eine verhaltenspsychologisch fundierte Betrachtung der nachfrageseitigen Nutzungsintention, Wiesbaden

Europäische Kommission (1996)
KMU-Definition: Empfehlung der Kommission vom 03. April 1996, in: Amtsblatt der Europäischen Gemeinschaft, L 107 vom 30. April 1996

Europäische Kommission (2003)
KMU-Definition: Empfehlung der Kommission vom 06. Mai 2003, in: Amtsblatt der Europäischen Gemeinschaft, L 124 vom 20.05.2003, S. 36

Exner, Alexander/Hummer, Cornelia (2005)
Wie steuern sich Familienunternehmen? Der Fremdmanager im Spannungsfeld von Familie und Unternehmen, in: Hernsteiner – Fachzeitschrift für Managemententwicklung, 18. Jg., Nr. 1, S. 17-22

Fabis, Felix Georg (2007)
Instrumentarium zur Vermeidung und Lösung von Gesellschafterkonflikten in Familienunternehmen, in: OSC – Organisationsberatung, Supervision, Coaching, 14. Jg., S. 354-365

Fama, Eugene (1980)
Agency problems and the theory of the firm, in: Journal of Political Economy, Vol. 88, S. 288-307

Fama, Eugene./Jensen, Michael C. (1983)
Separation of ownership and control, in: Journal of Law and Economics, Vol. 26, S. 301-325

Fandel, Günter (2007)
Produktion I. Produktions- und Kostentheorie, 7. Aufl., Berlin/Heidelberg/New York

Feddersen, Dieter/Hommelhoff, Peter/Schneider, Uwe H. (1996)
Corporate Governance – eine Einführung, in: Feddersen/Hommelhoff/Schneider (Hrsg., 1996), S. 1-8

Feddersen, Dieter/Hommelhoff, Peter/Schneider, Uwe H. (Hrsg., 1996)
Corporate Governance: Optimierung der Unternehmensführung und Unternehmenskontrolle im deutschen und amerikanischen Aktienrecht, Köln

Fehr, Ernst/Fischbacher, Urs (2002)
Why social preferences matter. The impact of non-selfish motives on competition, cooperation and incentives, in: Economic Journal, Vol. 112, S. C1-C33

Feldbauer-Durstmüller, Birgit et al. (Hrsg., 2008)
Familienunternehmen, Wien

Feldbauer-Durstmüller, Birgit/Wimmer, Bernhard/Duller, Christine (2008)
Controlling in österreichischen Familienunternehmen – dargestellt am Bundesland Oberösterreich, in: Zeitschrift für Planung & Unternehmenssteuerung, 18. Jg., Nr. 4, S. 427-443

Feldhusen, Jörg/Gebhardt, Boris (2008)
Product Lifecycle Management für die Praxis, Wiesbaden

Fey, Gerrit/Kuhn, Norbert (2007)
Mittelstand und Börse 2007: Ergebnisse einer Umfrage, Frankfurt am Main

Financial Reporting Council (2006)
The combined code on corporate governance, online im Internet abrufbar unter http://www.frc.org.uk/documents/pagemanager/frc/Combined%20Code%20June%202006.pdf vom 14. März 2010

Fischer, Josef K. (2008)
Finanzierungsstrategien im Zeichen des Ratings – Das Ende der Hausbank, in: Rödl/Scheffler/Winter (Hrsg., 2008), S. 203-215

Fischer, Klaus (1990)
Hausbankbeziehungen als Instrument der Bindung zwischen Banken und Unternehmen. Eine theoretische und empirische Analyse, Bonn

Fischer, Thomas M./Rödl, Karin (2007)
Unternehmensziele und Anreizsysteme: Theoretische Grundlagen und empirische Befunde aus deutschen Unternehmen, in: Controlling – Zeitschrift für erfolgsorientierte Unternehmenssteuerung, 19. Jg., S. 5-14

Fisher, Irving (1930)
The theory of interest, New York

Flacke, Klaus (2007)
Controlling in mittelständischen Unternehmen Ausgestaltung, Einflussfaktoren der Instrumentennutzung und Einfluss auf die Bankkommunikation, Münster

Flacke, Klaus/Krol, Florian (2006)
Die Bedeutung der veränderten Finanzierungsrahmenbedingungen für das Controlling mittelständischer Unternehmen – Theoretische Betrachtung und empirische Erkenntnisse über den Stand der Umsetzung, in: Lingnau (Hrsg., 2006), S. 145-168

Flacke, Klaus/Siemes, Andreas (2005)
Veränderte Finanzierungsrahmenbedingungen für den Mittelstand und dessen Unternehmenscontrolling, in: Controlling – Zeitschrift für erfolgsorientierte Unternehmenssteuerung, 17. Jg., S. 251-259

Fleschutz, Karin (2008)
Die Stiftung als Nachfolgeinstrument in Familienunternehmen, Wiesbaden

Flick, Uwe (1998)
Qualitative Forschung: Theorie, Methoden, Anwendung in Psychologie und Sozialwissenschaften, Reinbek bei Hamburg

Flick, Uwe (2007)
Triangluation: Eine Einführung, 2. Aufl., Wiesbaden

Flick, Uwe/Kardorff, Ernst v./Steinke, Ines (Hrsg., 2000)
Qualitative Forschung: Ein Handbuch, Reinbek bei Hamburg

Fockenbrock, Dieter (2009)
Neue Welle staatlicher Eingriffe naht, in: Handelsblatt vom 2. Januar 2009, S. 12

Francioni, Reto (2009)
Beiträge der Börse zur Finanzierung von Familien- und Mittelstandsunternehmen, in: Kirchdörfer et al. (Hrsg., 2009), S. 279-282

Frank, Stefan (2000)
Erfolgreiche Gestaltung der Kostenrechnung. Determinanten und Wirkungen am Beispiel mittelständischer Unternehmen, Wiesbaden

Franken, Svetlana (2007)
Verhaltensorientierte Führung, 2. Aufl., Wiesbaden

Freeman, R. Edward (1984)
Strategic management: A stakeholder approach, Boston

Freidank, Carl-Christian (Hrsg., 2001)
Die Rechnungslegung und Wirtschaftsprüfung im Umbruch. Festschrift für W.T. Strobel, München

Freidank, Carl-Christian (Hrsg., 2004a)
Corporate Governance und Controlling, Heidelberg

Freidank, Carl-Christian (Hrsg., 2004b)
Reform der Rechnungslegung und Corporate Governance in Deutschland und Europa, Wiesbaden

Freidank, Carl-Christian (Hrsg., 2010)
Rechnungslegung, Steuerung und Überwachung von Unternehmen. Aktuelle Entwicklungen, Krisenbewältigungen und Reformbestrebungen, Berlin

Freidank, Carl-Christian (2006)
Controlling und Corporate Governance, in: Horváth (Hrsg., 2006), S. 173-199

Freidank, Carl-Christian/Altes, Peter (Hrsg., 2007)
Rechnungslegung und Corporate Governance. Reporting, Steuerung und Überwachung der Unternehmen im Überblick, Berlin

Freidank, Carl-Christian/Mayer, Elmar (Hrsg., 2001)
Controlling-Konzepte: Neue Werkzeuge und Strategien für die Unternehmenspraxis, 5. Aufl., Wiesbaden

Freidank, Carl-Christian/Mayer, Elmar (Hrsg., 2003)
Controlling-Konzepte: Neue Werkzeuge und Strategien für die Unternehmenspraxis, 6. Aufl., Wiesbaden

Freidank, Carl-Christian/Müller, Stefan/Wulf, Inge (Hrsg., 2008)
Controlling und Rechnungslegung. Aktuelle Entwicklungen in Wissenschaft und Praxis. Laurenz Lachnit zum 65. Geburtstag, Wiesbaden

Freidank, Carl-Christian/Paetzmann, Karsten (2003)
Bedeutung des Controlling im Rahmen der Reformbestrebungen zur Verbesserung der Corporate Governance, in: Zeitschrift für Planung, 14. Jg., S. 303-325

Freidank, Carl-Christian/Paetzmann, Karsten (2004)
Bedeutung des Controlling im Rahmen der Reformbestrebungen zur Verbesserung der Corporate Governance, in: Freidank (Hrsg., 2004a), S. 1-24

Freidank, Carl-Christian/Peemöller, Volker H. (Hrsg., 2008)
Corporate Governance und Interne Revision. Handbuch für die Neuausrichtung des Internal Auditings, Berlin

Freidank, Carl-Christian/Velte, Patrick (2006)
Corporate Governance und Controlling, in: Der Controlling-Berater, o.Jg., Gruppe 2, S. 503-533

Freidank, Carl-Christian/Velte, Patrick (2007)
Einfluss der Corporate Governance auf das Controlling und Reporting, in: Freidank,/Altes (Hrsg., 2007), S. 19-65

Freidank, Carl-Christian/Velte, Patrick (2008)
Einfluss der Corporate Governance auf die Weiterentwicklung von Controlling und Interner Revision, in: Freidank/Peemöller (Hrsg., 2008), S. 711-745

Frese, Michael (Hrsg., 1998)
Erfolgreiche Unternehmensgründer: Psychologische Analysen und praktische Anleitungen für Unternehmer in Ost- und Westdeutschland, Göttingen

Frese, Peter (2000)
Grundlagen der Organisation, Wiesbaden

Fricke, Jens (2006)
Value-at-Risk Ansätze zur Abschätzung von Marktrisiken, Wiesbaden

Früh, Hans-Gereon (1999)
Die Rolle der Banken in der Corporate Governance, Bern et al.

Fuchs, Herbert (1976)
Systemtheorie, in: Grochla/Wittmann (Hrsg., 1976), Sp. 3820-3832

Fueglistaller, Urs (2004)
Charakteristik und Entwicklung von Klein- und Mittelunternehmen (KMU). St. Gallen

Fueglistaller, Urs/Müller, Christoph/Volery, Thierry (2008)
Entrepreneurship, Modelle – Umsetzung – Perspektiven, 2. Aufl., Wiesbaden

Funk, Wilfried/Rossmanith, Jonas (Hrsg., 2007)
Internationale Rechnungslegung und Internationales Controlling, Wiesbaden

Funk, Wilfried/Rossmanith, Jonas (2007)
Internationalisierung der Rechnungslegung und des Controllings, in: Funk/Rossmanith (Hrsg., 2007), S. 3-76

Furubotn, Eirik G./Pejovich, Svetozar (Hrsg., 1974)
The economics of property rights, Cambridge

Furubotn, Eirik G./Richter, Rudolf (2005)
Institutions & Economic Theory. The Contribution of the New Institutional Economics, 2. Aufl., Michigan

Gälweiler, Aloys (1987)
Strategische Unternehmensführung, Frankfurt am Main

Gälweiler, Aloys (2005)
Strategische Unternehmensführung, 3. Aufl., Frankfurt/New York

Gantzel, Klaus-Jürgen (1962)
Wesen und Begriff der mittelständischen Unternehmung, Köln/Opladen

Gartner, William B. (1988)
„Who is an entrepreneur?" is the wrong question, in: American Journal of Small Business, Vol. 12, S. 11-32

Gencer, Tugba/Elsner, Holger (2008)
Leasing als attraktive Alternative zur Kreditfinanzierung für den Mittelstand, in: Goeke (Hrsg., 2008), S. 149-169

Geiseler, Christoph (1997)
Das Finanzierungsverhalten kleiner und mittlerer Unternehmen – eine empirische Untersuchung, Bayreuth

Gelbrich, Katja/Müller, Stefan (2006)
Kundenwert: Hintergrund, Konzeptualisierung und Messmethoden, in: Schweickart/Töpfer (Hrsg., 2006), S. 449-488

Geltinger, Andreas (2007)
Wertorientierte Steuerung im Mittelstand: Von der Planung zum Unternehmenswert, Stuttgart

Gerig, Gunnar (2003)
Börsengänge aus der Perspektive der Corporate Governance: Die Entwicklung in Deutschland unter besonderer Berücksichtigung des Neuen Marktes, Wiesbaden

Gerke, Wolfgang (2006)
Agency-Theorie, in: Handelsblatt Wirtschaftslexikon Band 01, Stuttgart, S. 75-84

Gerke, Wolfgang/Bank, Matthias (1999)
Finanzierungsprobleme mittelständischer Unternehmen, in: Finanzbetrieb 5/1999, S. 10-20

Gersick, Kelin et al. (1997)
Generation to generation: Life cycles of the family business. Boston

Gerum, Elmar (2007)
Das deutsche Corporate Governance-System: Eine empirische Untersuchung, Stuttgart

Ghoshal, Sumantra/Moran, Peter (1996)
Theories of economic organisation: The case for realism and balance, in: The Academy of Management Review, Vol. 21, No. 1, S. 58-72

Gibson, Brian/Cassar, Gavin (2002)
Planning behavior variables in small firms, in: Journal of Small Business Management, Vol. 40, S. 171-186

Giovannini, Renato (2009)
Corporate Governance, family ownership and performance, in: Journal of Management and Governance, May 2009

Glaser, Barney G./Strauss, Anselm M. (2005)
Grounded Theory – Strategien qualitativer Forschung, 2. Aufl., Bern

Gläser, Jochen/Laudel, Grit (2006)
Experteninterviews und qualitative Inhaltsanalyse, 2. Aufl., Wiesbaden

Gläser, Jochen/Laudel, Grit (2009)
Experteninterviews und qualitative Inhaltsanalyse, 2. Aufl., Wiesbaden

Gleich, Ronald (1997)
Balanced Scorecard, in: Die Betriebswirtschaft, 57. Jg., S. 432-435

Gleich, Ronald/Michel, Uwe (Hrsg., 2007)
Organisation des Controlling. Grundlagen, Praxisbeispiele und Perspektiven, Freiburg

Gleich, Ronald/Hofmann, Stefan (2006)
Controlling, in: Pfohl (Hrsg., 2006), S. 331-358

Gleich, Ronald/Hofmann, Stefan/Shaffu, Marc (2008)
Innovation und Controlling, in: Picot (Hrsg., 2008), S. 319-337

Gleich, Ronald/Oehler, Karsten (2006)
Corporate Governance umsetzen. Erfolgsfaktoren Controlling und Informationssysteme, Stuttgart

Gnan, Luca/Huse, Morten/Montemerlo, Daniela (2006)
Family councils and governance systems in family businesses: Towards a theory of paternalism, Academy of Management Meeting, Honolulu, Hawaii

Göbel, Elisabeth (2002)
Neue Institutionenökonomik: Konzeptionen und betriebswirtschaftliche Anwendungen, Stuttgart

Göbel, Fabian (2009)
Case Study Approach, in: Schwaiger/Meyer (Hrsg., 2009), S. 359-376

Goeke, Manfred (Hrsg., 2008)
Praxishandbuch Mittelstandsfinanzierung, Mit Leasing, Factoring & Co. unternehmerischen Potenziale ausschöpfen, Wiesbaden

Goeke, Manfred (2008)
Der deutsche Mittelstand – Herzstück der deutschen Wirtschaft, in: Goeke (Hrsg., 2008), S. 9-22

Götze, Uwe (2008)
Investitionsrechnung: Modelle und Analysen zur Bewertung von Investitionsvorhaben, 6. Aufl., Berlin/Heidelberg

Goetzke, Wolfgang/Sieben, Günter (Hrsg., 1979)
Controlling – Integration von Planung und Kontrolle, Köln

Goll, Lothar/Haupt, Stephan (2007)
Corporate Governance, Risk- and Compliance Management in der Beschaffung, in: BME Bundesverband Materialwirtschaft Einkauf und Logistik e.V. (Hrsg., 2007), S. 149-168

Gompers, Paul A./Ishii, Joy L./ Metrick, Andrew (2003)
Corporate Governance and equity prices, in: Quarterly Journal of Economics, Vol. 118, S. 107-155

Goodstein, Jerry/Gautam, Kanack/Boeker, Warren (1994)
The effects of board size and diversity on strategic change, in: Strategic Management Journal, Vol. 15, S. 241-250

Gothein, Eberhard (1906)
Mittelstand und Fleischnot. Nach einem am 20. Oktober 1905 in Greifswald gehaltenen öffentlichen Vortrag, Berlin

Grant, Robert M./Nippa, Michael (2006)
Strategisches Management. Analyse, Entwicklung und Implementierung von Unternehmensstrategien, München

Grass, Siegfried (2007)
Fünf Fragen an: Prof. Jörn-Axel Meyer, in: Handelsblatt vom 21.3.2007

Greenbury Commission (1998)
Directors's remuneration, report of a study group chaired by Sir Richard Greenbury, London

Grewe, Till (2008)
Professional Service Firms in einer globalisierten Welt, Wiesbaden

Grigoleit, Jens (2009)
Effekte des institutionenökonomischen Paradigmas der Corporate Governance: Eine kritische Analyse, Freiberg

Grochla, Erwin (1970)
Systemtheorie und Organisationstheorie, in: Zeitschrift für Betriebswirtschaft, 40. Jg., S. 1-16

Grochla, Erwin/Wittmann, Waldemar (Hrsg., 1975)
Handwörterbuch der Betriebswirtschaft, Band II, 4. Aufl., Stuttgart

Grochla, Erwin/Wittmann, Waldemar (Hrsg., 1976)
Handwörterbuch der Betriebswirtschaft, Band III, 4. Aufl., Stuttgart

Grochla, Erwin (1976)
Betriebswirtschaft der Unternehmung, in: Grochla/Wittmann (Hrsg., 1976), Sp. 541-557

Grochla, Erwin (1980)
Handwörterbuch der Organisation, 2. Aufl., Stuttgart

Grochla, Erwin (1981)
Entlastung durch Delegation, Berlin

Grothe, Philip (2006)
Unternehmensüberwachung durch den Aufsichtsrat. Ein Beitrag zur Corporate Governance-

Diskussion in Deutschland, Frankfurt am Main

Grubb, Tom/Burke, Tom (2008)
A framework for governance, risk Management and compliance, in: Bank Accounting & Finance, April – May 2008, S. 17-47

Grundsatzkommission Corporate Governance (2000)
Corporate Governance-Grundsätze für börsennotierte Unternehmen. Anlass, Konzept, rechtlicher Hintergrund und Fragen der Durch- und Umsetzung, Frankfurt am Main

Grunow, Hans-Werner G./Figgener, Stefanus (2006)
Handbuch Moderne Unternehmensfinanzierung. Strategien zur Kapitalbeschaffung und Bilanzoptimierung, Berlin/Heidelberg/New York

Gubitta, Paolo/Gianeccini, Martina (2002)
Governance and flexibility in family-owned SMEs, in: Family Business Review, Vol. 15, No. 4, S. 277-297

Gubrium, Jaber F./Holstein, James A. (2002)
Handbook of interview research, Thousand Oaks

Günther, Thomas (2003)
Theoretische Einbettung des Controlling in die Methodologie der Unternehmensüberwachung und -steuerung, in: Zeitschrift für Planung und Unternehmenssteuerung, 14. Jg., S. 327-352

Günther, Thomas (2004)
Theoretische Einbettung des Controlling in die Methodologie der Unternehmensüberwachung und -steuerung, in: Freidank (Hrsg., 2004a), S. 25-50

Günther, Thomas/Gonschorek, Torsten (2006)
Wert(e)orientierte Unternehmensführung im Mittelstand. Erste Ergebnisse einer empirischen Untersuchung, in: Dresdner Beiträge zur Betriebswirtschaftslehre 114, S. 1-36

Günther, Thomas/Gonschorek, Torsten (2008)
Auswirkungen der wertorientierten Unternehmensführung auf die Interne Revision, in: Freidank/Peemöller (Hrsg., 2008), S. 127-144

Günterberg, Brigitte/Kayser, Gunter (2004)
SMEs in Germany, Facts and Figures, Institut für Mittelstandsforschung Bonn, abrufbar unter http://www.ifm-bonn.org/ergebnis/sme-2004.pdf vom 22.02.2008

Gutenberg, Erich (1962)
Unternehmensführung – Organisation und Entscheidung, Wiesbaden

Gutenberg, Erich (1979)
Grundlagen der Betriebswirtschaftslehre. Erster Band: Die Produktion, 23. Aufl., Berlin/Heidelberg/New York

Gutenberg, Erich (1983)
Grundlagen der Betriebswirtschaftslehre. Erster Band: Die Produktion, 24. Aufl., Berlin/Heidelberg/New York

Gutmann, Joachim/Kabst, Rüdiger (2000)
Internationalisierung im Mittelstand. Chancen – Risiken – Erfolgsfaktoren, Wiesbaden

Haas, Thomas (2009)
State-of-the-Art des Controllings in international tätigen Familienunternehmen, Linz

Habedank, Christian (2006)
Internationalisierung im Mittelstand. Ein kompetenzorientierter Ansatz zur Erschließung des brasilianischen Marktes, Wiesbaden

Habisch, André/Schmidpeter, René/Neureiter, Martin (Hrsg., 2008)
Handbuch Corporate Citizenship: Corporate Social Responsibility für Manager, Berlin/ Heidelberg

Hacker, Klaus/Schönherr, Kurt W. (2007)
Unternehmensnachfolge im Mittelstand. Vom Mitarbeiter zum Unternehmer, Zürich

Hacker, Wolfgang (2007)
Funktionalstrategieinformation, Lohmar/Köln

Häberle, Siegfried Georg (Hrsg., 2008a)
Das neue Lexikon der Betriebswirtschaftslehre. Band A-E, München

Häberle, Siegfried Georg (Hrsg., 2008b)
Das neue Lexikon der Betriebswirtschaftslehre. Band N-Z, München

Hahn, Dietger (1996)
PuK, Controllingkonzeption: Planung und Kontrolle, Planungs- und Kontrollsysteme, Planungs- und Kontrollrechnung, 5. Aufl., Wiesbaden

Hahn, Dietger (2006a)
Good Governance in Familienunternehmungen – Generationswechsel als strategisches Kernproblem, in: Hahn/Taylor (Hrsg., 2006), S. 553-572

Hahn, Dietger (2006b)
Strategische Kontrolle, in: Hahn/Taylor (Hrsg., 2006), S. 451-464

Hahn, Dietger/Hungenberg, Harald (2001)
PuK, Controllingkonzeption: Planung und Kontrolle, Planungs- und Kontrollsysteme, Planungs- und Kontrollrechnung, 6. Aufl., Wiesbaden

Hahn, Dietger/Taylor, Bernard (Hrsg., 2006)
Strategische Unternehmensplanung – Strategische Unternehmensführung. Stand und Entwicklungstendenzen, 9. Aufl., Berlin/Heidelberg/New York

Hakelmacher, Sebastian (2006)
Corporate Governance oder Die korpulente Gouvernante, Köln

Hamel, Winfried (2006)
Personalwirtschaft, in: Pfohl (Hrsg., 2006), S. 233-259

Hamer, Eberhard (1990)
Mittelständische Unternehmen: Gründung, Führung, Chancen, Risiken, Landsberg am Lech

Hamer, Eberhard (2006)
Volkswirtschaftliche Bedeutung von Klein- und Mittelbetrieben, in: Pfohl (Hrsg., 2006), S. 25-49

Harbert, Ludger (1982)
Controlling-Begriffe und Controlling-Konzeptionen, Bochum

Harhoff, Dietmar/Körting, Timm (1998)
Lending relationships in Germany: Empirical results from survey data, in: Journal of Banking and Finance, Vol. 22, S. 1317-1353

Harms, Rainer (2004)
Entrepreneurship in Wachstumsunternehmen, Wiesbaden

Harris, Lloyd C./Ogbonna, Emmanuel (2007)
Ownership and control in closely-held family-owned firms: An exploration of strategic and operational control, in: British Journal of Management, Vol. 18, S. 5-27

Harris, Milton/Raviv, Artur (1990)
Capital structure and the informational role of debt, in: Journal of Finance, Vol. 45, No. 2, S. 321 - 349

Harris, Milton/Raviv, Artur (1991)
The theory of capital structure, in: Journal of Finance, Vol. 46, No. 1, S. 297-355

Harrison, Fred (2008)
Wirtschaft Krise 2010: wie die Immobilienblase die Wirtschaft in die Krise stürzt, Weinheim

Hasenpusch, Jürgen/Moos, Christoph/Schwellbach, Uwe (2004)
Komplexität als Interaktionsfeld industrieller Unternehmen, in: Maier (Hrsg., 2004), S. 131-154

Haubrock, Alexander/Rieg, Robert (Hrsg., 2009)
Erste Aalener KMU-Konferenz – Beiträge zum Stand der KMU-Forschung, Aachen

Hausch, Kerstin T. (2004)
Corporate Governance im deutschen Mittelstand. Veränderungen externer Rahmenbedingungen und interner Elemente, Wiesbaden

Hax, Herbert (2005)
Unternehmen und Unternehmer in der Marktwirtschaft, Göttingen

Hecker, Achim/Füss, Roland (2006)
Die Interne Revision im deutschen Mittelstand, in: Zeitschrift für Corporate Governance, 1. Jg., S. 67-71

Heidegger, Martin (2005)
Die Grundprobleme der Phänomenologie, Frankfurt am Main

Heinen, Edmund (1971)
Der entscheidungsorientierte Ansatz der Betriebswirtschaftslehre, in: Zeitschrift für Betriebswirtschaftslehre, 41. Jg., S. 429-444

Heinen, Edmund (1976)
Grundlagen betriebswirtschaftlicher Entscheidungen – Das Zielsystem der Unternehmung, 3. Aufl., Wiesbaden

Heininger, Klaus (2009)
Mezzanine-Finanzierung – Eigenkapital oder Fremdkapital?, http://www.frankfurt

main.ihk.de/starthilfe_foerderung/mittelstandsfinanzierung/sollsituation/finanzierungskonzept /mezzanine/index.html vom 30. Juni 2009

Hennerkes, Brun-Hagen (2004)
Die Familie und ihr Unternehmen – Strategie, Liquidität, Kontrolle, Frankfurt am Main/New York

Henseler, Natascha (2006)
Beiräte in Familienunternehmen: Eine kritische Betrachtung der Ausgestaltung der Beiratsarbeit, Bielefeld

Henschel, Thomas (2008)
Risk management practices of SMEs. Evaluating and implementing effective risk management systems, Berlin

Hermalin, Benjamin E./Weisbach, Michael S. (2003)
Boards of directors as an endogenously determined institution: a survey of the economic literature, in: Economic Policy Review, April 2003, S. 7-26

Hess, Rolf (2007)
Private Equity. Finanzierungsalternative für den Mittelstand, Berlin

Heyd, Reinhard/Kreher, Markus (2010)
BilMoG – Das Bilanzrechtsmodernisierungsgesetz. Neuregelungen und ihre Auswirkungen auf Bilanzpolitik und Bilanzanalyse, München

Hierl, Susanne/Huber, Steffen (2008)
Rechtsformen und Rechtsformwahl. Recht, Steuern, Beratung, Wiesbaden

Hilb, Martin (2007)
Integrierte Corporate Governance: Ein neues Konzept der Unternehmensführung und Erfolgskontrolle, 2. Aufl., Berlin/Heidelberg/New York

Hilb, Martin (2009a)
Integrierte Corporate Governance: Ein neues Konzept der Unternehmensführung und Erfolgskontrolle, 3. Aufl., Berlin/Heidelberg/New York

Hilb, Martin (2009b)
Sehnsucht nach gesundem Menschenverstand, in: Personalwirtschaft 5/2009, S. 20-23

Hilb, Martin/Knorr, Ursula/Steger, Thomas (2008)
Der Entwicklungsstand der Corporate Governance in Deutschland. Ergebnisse einer empirischen Erhebung im Überblick und daraus abzuleitende Folgerungen für die Corporate-Governance-Praxis, in: Wunderer (Hrsg., 2008), S. 60-67

Hilgers, Dennis (2008)
Performance Management. Leistungserfassung und Leistungssteuerung in Unternehmen und öffentlichen Verwaltungen, Wiesbaden

Hillman, Amy J./Cannella, Albert A./Paetzold, Ramona L. (2000)
The resource dependence role of corporate directors: Strategic adaptation of board composition in response to environmental change, in: Journal of Management Studies, Vol. 37, S. 235-255

Hilti, Michael (2008)
Die Gestaltung der menschlichen Dimension bei der Corporate Governance aus Sicht eines Familienbetriebs, in: Wunderer (Hrsg., 2008), S. 107-111

Hinterhuber, Hans H. (1992)
Strategische Unternehmensführung, Band I: Strategisches Denken, 5. Aufl., Berlin/New York

Hirsch, Bernhard (2006)
Behavioral Controlling. Skizze einer verhaltenswissenschaftlich fundierten Controlling-Konzeption, Wiesbaden

Hirsch, Bernhard (2007)
Controlling und Entscheidungen, Tübingen

Hirsch, Bernhard/Sorg, Mascha (2006)
Corporate Governance – Welchen Beitrag können Controller leisten, in: Zeitschrift für Planung & Unternehmenssteuerung, 17. Jg., S. 201-221

Hirsch, Paul/Michaels, Stuart/Friedman, Ray(1987)
"Dirty hands versus "clean models': Is sociology in danger of being seduced by economics?", in: Theory and Society, Vol.16, S. 317 - 336

Hoch, Markus (1989)
Strategische Planung in mittelständischen Unternehmen, Pfaffenweiler

Höhne, Elisabeth (2009)
Kontingenztheorie, in: Schwaiger/Meyer (Hrsg., 2009), S. 82-96

Hoffjan, Andreas (2009)
Editorial, in: Controlling – Zeitschrift für erfolgsorientierte Unternehmenssteuerung, 21. Jg., S. 353

Holland-Letz, Stefan (2009)
Controlling im Mittelstand. Entwicklung eines Controllingkonzeptes für den Mittelstand. Diskussion der Umsetzung mit betriebswirtschaftlicher Software und Vergleich mit einer empirischen Bestandsaufnahme der Controllingpraxis, Berlin

Holt, Daniel T./Rutherford, Matthew W./Kuratko, Donald F. (2007)
F-PEC scale of family influence: A refinement, in: Academy of Management Proceedings, 2007, S. 1-6

Homburg, Christian (2007)
Betriebswirtschaftslehre als empirische Wissenschaft – Bestandsaufnahme und Empfehlungen, in: Zeitschrift für betriebswirtschaftliche Forschung-Sonderheft 56/07, S. 27-60

Hommel, Ulrich/Schneider, Hilmar (2004)
Die Bedeutung der Hausbankbeziehung für die Finanzierung des Mittelstandes: Empirische Ergebnisse und Implikationen, in: Finanzbetrieb, 6. Jg., Nr. 9, S. 577-584

Hommelhoff, Peter/Hopt, Klaus J./Werder, Axel v.(Hrsg., 2003)
Handbuch Corporate Governance. Leitung und und Überwachung börsennotierter Unternehmen in der Rechts- und Wirtschaftspraxis, Köln/Stuttgart

Hommelhoff, Peter/Mattheus, Daniela (2009)
Risikomanagementsystem im Entwurf des BilMoG als Funktionselement der Corporate Go-

vernance, in: Betriebs-Berater, 62. Jg., Nr. 51/52, S. 2787-2791

Hoogen, Michael/Lingnau, Volker (2009)
Perspektiven eines kognitionsorientierten Controllings für KMU, in: Müller, D. (Hrsg., 2009), S. 101-126

Hopp, Franz Wilhelm/Mehl, Georg (Hrsg., 1991)
Versicherungen in Europa heute und morgen. Geburtstags-Schrift für Georg Büchner, Karlsruhe

Hopt, Klaus J. (1996)
Corporate Governance und deutsche Universalbanken, in: Feddersen/Hommelhoff/ Schneider (Hrsg., 1996), S. 243-263

Hopt, Klaus J. (2009)
„Gefahr einer Überregulierung“, in: Handelsblatt vom 2. Januar 2009, S. 12

Horst, Karl-Heinz (1981)
Geschäftsführung, Vertretung und Beschlussfassung bei Personengesellschaften, Frankfurt am Main/Bern

Horváth, Péter (2006)
Controlling, 10. Aufl., München

Horváth, Peter (2009)
Controlling, 11. Aufl., München

Horváth, Péter (Hrsg., 2006)
Controlling and Finance Excellence: Herausforderungen und Best-Practice-Lösungsansätze, Stuttgart

Hung, Humphry (1998)
A typology of the theories of the roles of governing boards, in: Corporate Governance – An International Review, Vol. 6, S. 101-111

Hungenberg, Harald/Wulf, Torsten (2007)
Grundlagen der Unternehmensführung, 3. Aufl., Berlin/Heidelberg/New York

Huse, Morten (2000)
Boards of directors in SMEs: A review and research agenda, in: Entrepreneurship & Regional Development, Vol. 12, No. 4, S. 271-290

Iliou, Christopher David (2004)
Die Nutzung von Corporate Governance in mittelständischen Familienunternehmen, Berlin

Impulse/Dresdner Bank (2001)
Mind. Mittelstand in Deutschland. Wissenschaftliche Begleitung durch das Institut für Mittelstandsforschung, Köln. Online im Internet veröffentlicht unter der Adresse www.mind-mittelstand.de/finance/pdf/Mind-finance.pdf vom 30.12.2009

Institut der Wirtschaftsprüfer e.V. (Hrsg., 2001)
IDW Prüfungsstandard: Das interne Kontrollsystem im Rahmen der Abschlussprüfung (IDW PS 260)

Institut für Demoskopie Allensbach (2003)
Studie “Corporate Governance in mittelständischen Unternehmen“, Februar 2003

Institut für Mittelstandsforschung Bonn (Hrsg., 2007)
Jahrbuch zur Mittelstandsforschung 1/2007, Wiesbaden

Jander, Heidrun/Krey, Antje (Hrsg., 2005)
Betriebliches Rechnungswesen und Controlling im Spannungsfeld von Theorie und Praxis. Festschrift für Prof. Dr. Jürgen Graßhoff zum 65. Geburtstag

Jahns, Christopher (1997)
Controlling in mittelständischen Unternehmen. Ein Beitrag zur Gestaltung mittelstandgerechter Controllingkonzeptionen vor dem Hintergrund einer empirischen Bestandsaufnahme aktueller Controllinganwendungen in mittelständischen Unternehmen, Karlsruhe

Janssen, Jan (2009)
Rechnungslegung im Mittelstand, Wiesbaden

Jarrett, John/Stokes, Scott (2007)
We now have a few years of governance ratings experience: What's happened?, in: The Corporate Governance Advisor, Vol. 15., No. 4, S. 10-17

Jaskiewicz, Peter/Klein, Sabine B. (2007)
The impact of goal alignment and board composition on board size in family businesses, in: Journal of Business Research, Vol. 60, No. 10, S. 1080-1089

Jaskiewicz, Peter/Schiereck, Dirk (2008)
Governance-Kompetenz in familiengeführten KMU – im Spannungsfeld zwischen Familienzugehörigkeit und Professionalität, in: Meyer (Hrsg., 2008), S. 145-159

Jehle, Nadja (2007)
Konflikte innerhalb von Wirtschaftsprüfungsgesellschaften: Eine empirische Untersuchung branchenspezifischer Einflussfaktoren, Wiesbaden

Jensen, Michael C. (1983)
Organization theory and methodology, in: The Accounting Review, 58. Jg., S. 319-339

Jensen, Michael C. (2001)
Value maximisation, stakeholder theory, and the corporate objective function, in: European Financial Management, Vol. 7., No. 3, S. 297-317

Jensen, Michael C./Meckling, William H. (1976)
Theory of the firm and managerial behaviour; agency costs, and ownership structure, in: Journal of Financial Economics, Vol. 3., S. 305-360

Jensen, Olaf (2008)
Induktive Kategorienbildung als Basis Qualitativer Inhaltsanalyse, in: Mayring/Gläser-Zikuda (Hrsg., 2008), S. 255-275

Jeschke, Dieter/Kirchdörfer, Rainer/Lorz, Rainer (Hrsg., 2000)
Planung, Finanzierung und Kontrolle von Familienunternehmen, München

Jodlbauer, Herbert (2007)
Produktionsoptimierung: Wertschaffende sowie kundenorientierte Planung und Steuerung, Wien

Johanisson, Bengt/Huse, Morten 2000)
Recruiting outside board members in the small family business: an ideological challenge, in: Entrepreneurship and Regional Development, Vol. 12. S. 353-78

Johanson, Jan/Vahlne, Jan-Erik (1977)
The internationalization process of the firm – a model of knowledge development and increasing foreign market commitment, in: Journal of International Business Studies, Vol. 8, No. 1, S. 23-32

Johnson, Richard A./Kast, Fremont E./Rosenzweig, James E. (1973)
The theory and management of systems, 3. Aufl., New York

Jonen, Andreas (2009)
Familienunternehmen vs. Publikumsgesellschaft: Differenzen, Erklärungsmuster und deren Validierung, in: Haubrock/Rieg (Hrsg., 2009), S. 197-224

Jonen, Andreas/Simgen-Weber, Barbara (2006)
Balanced Scorecard für den Mittelstand – Ausgestaltungsvorschläge und deren praktische Relevanz, in: Lingnau (Hrsg., 2006), S. 19-44

Jonen, Andreas/Lingnau, Volker (2007)
Das real existierende Phänomen Controlling und seine Instrumente – Eine kognitionsorientierte Analyse, Beiträge zur Controlling-Forschung, Nr. 13, Kaiserslautern

Jones, Gareth R./Bouncken, Ricarda B. (2008)
Organisation, 5. Aufl., München

Jost, Peter-Jürgen (2001)
Die Prinzipal-Agenten-Theorie im Unternehmenskontext, in: Jost (Hrsg., 2001a), S. 11-43

Jost, Peter-Jürgen (Hrsg., 2001a)
Die Prinzipal-Agenten-Theorie in der Betriebswirtschaftslehre, Stuttgart

Jost, Peter-Jürgen (Hrsg., 2001b)
Die Spieltheorie in der Betriebswirtschaftslehre, Stuttgart

Jost, Peter-Jürgen (2007)
Institutionenökonomik, in: Köhler/Küpper/Pfingsten (Hrsg., 2007), Sp. 781-789

Jürgens, Ulrich et al. (Hrsg., 2007)
Perspektiven der Corporate Governance. Bestimmungsfaktoren unternehmerischer Entscheidungsprozesse und Mitwirkung der Arbeitnehmer, Baden-Baden

Jürgens, Ulrich/Lippert, Inge (2009)
Corporate Governance unter Bedingungen der Mitbestimmung: Veränderungstendenzen und Prozesse in der Aufsichtsratarbeit, in: Botzem et al. (Hrsg., 2009), S. 377-407

Jürgens, Ulrich/Rupp, Joachim (2001)
The German system of Corporate Governance: Characteristics and changes, Berlin

Jüttemann, Gerd (Hrsg., 1985)
Qualitative Forschung in der Psychologie. Grundfragen, Verfahrensweisen, Anwendungsfelder, Weinheim/Basel

Jula, Rocco (2007)
Der GmbH-Geschäftsführer. Rechte und Pflichten – Anstellung – Vergütung und Versorgung

– Haftung und Strafbarkeit, 2. Aufl., Berlin/Heidelberg/New York

Just, Susan (2007)
Die Anwendbarkeit des Deutschen Corporate Governance Kodex auf nicht börsennotierte Unternehmen, Hamburg

Kahle, Egbert (1989)
Unternehmenskultur als Erfolgsfaktor in mittelständischen Unternehmen, in: Albers et al. (Hrsg., 1989), S. 85-99

Kajüter, Peter (2008)
Corporate Governance – ein für das Controlling zunehmend wichtiges Aufgabenfeld, in: Zeitschrift für Controlling und Management, 52. Jg., S. 252-253

Kaluza, Bernd/Blecker, Thorsten (2004)
Erfolgsfaktor Stabilität: Strategien und Konzepte für wandlungsfähige Unternehmen, Berlin

Kaminski, Volker (2008)
Der Mittelstand im Fokus der International Financial Reporting Standards. Internationalisierung – Rechnungslegung – Handlungsempfehlungen, Hamburg

Kaplan, Robert S./Norton, David P. (1996)
The balanced scorecard: Translating strategy into action, Boston

Kaplan, Robert S./Norton, David P. (1997)
Balanced Scorecard – Strategien erfolgreich umsetzen, Stuttgart

Katz, Daniel/Kahn, Robert L. (1966)
The social psychology of organizations, New York

Kay, Rosemarie (2007a)
Das Für und Wider der materiellen Beteiligung der Mitarbeiter am Erfolg und Kapital von Unternehmen, in: Institut für Mittelstandsforschung Bonn (Hrsg., 2007), S. 1-13

Kay, Rosemarie (2007b)
Führungskräfterekrutierung im Mittelstand: Beschaffungswege, Auswahlverfahren und Entscheidungsprozesse, in: Letmathe et al. (Hrsg., 2007), S. 241-258

Kayser, Gunter (1997)
Unternehmensführung, in: Pfohl (Hrsg., 1997), S. 81-102

Kayser, Gunter (1999)
Der deutsche Mittelstand und seine Bedeutung in Euroland, in: Zeitschrift für das gesamte Kreditwesen, 52. Jg., Nr. 1, S. 39-40

Kayser, Gunter (2003)
Was sind eigentlich kleine und mittlere Unternehmen (KMU)?, Diskussionsbeitrag, Berlin vom 24. November 2003

Kayser, Gunter (2006)
Daten und Fakten – Wie ist der Mittelstand strukturiert? , in: Krüger et al. (Hrsg., 2006), S. 33-48

Keasey, Kevin/Wright, Michael (Hrsg., 1997)
Corporate Governance – responsibilities, risks and remuneration, Chichester et al.

Keasey, Kevin/Wright, Michael (1997)
Corporate Governance, accountability and enterprise, in: Keasey/Wright (Hrsg., 1997), S. 1-21.

Kellersmann, Dietrich/Winkeljohann, Norbert (2007)
Die Bedeutung von Corporate Governance für den Mittelstand / Familienunternehmen, in: Finanzbetrieb vom 09.07.2007, Heft 7-8, S. 406-412

Kempert, Wolf (2008)
Praxishandbuch für die Nachfolge in Familienunternehmen. Leitfaden für Unternehmer und Nachfolger, Wiesbaden

Keuper, Frank/Brösel, Gerrit/Albrecht, Tobias (2009)
Controlling in KMU – Identifikation spezifischer Handlungsbedarfe auf Basis aktueller Studien, in: Müller, D. (Hrsg., 2009), S. 55-71

Keuper, Frank/Schunk, Henrik (Hrsg., 2009)
Internationalisierung deutscher Unternehmen: Strategien, Instrumente und Konzepte für den Mittelstand, Wiesbaden

Keuper, Frank/Neumann, Fritz (Hrsg., 2010)
Governance, Risk Management und Compliance: Sicherung der langfristigen Überlebensfähigkeit. Innovative Konzepte und Strategien, Wiesbaden

KfW Bankengruppe (Hrsg., 2008)
Mittelstandsmonitor 2008, Frankfurt am Main

KfW Bankengruppe (Hrsg., 2009)
KfW Mittelstandspanel: 2008. Wirtschaftskrise erfasst auch den Mittelstand. Investitionen steigen noch, aber Innovationen lassen nach, Frankfurt am Main

Khadjavi, Kyros (2005)
Wertmanagement im Mittelstand, Eschen

Khandwalla, Pradip N. (1977)
Design of organizations, New York

Kieser, Alfred (Hrsg., 2002)
Organisationstheorien, 5. Aufl., Stuttgart

Kieser, Alfred (2002)
Der Situative Ansatz, in: Kieser (Hrsg., 2002), S. 169-198

Kieser, Alfred (2006)
Der situative Ansatz, in: Kieser/Ebers (Hrsg., 2006), S. 215-246

Kieser, Alfred/Ebers, Mark (Hrsg., 2006)
Organisationstheorien, 6. Aufl., Stuttgart

Kieser, Alfred/Kubicek, Herbert (1992)
Organisation, 3. Aufl., Berlin/New York

Kieser, Alfred/Walgenbach, Peter (2007)
Organisation, 5. Aufl., Stuttgart

Kilger, Wolfgang/Pampel, Jochen R./Vikas, Kurt (2007)
Flexible Plankostenrechnung und Deckungsbeitragsrechnung, Wiesbaden

Kirchdörfer, Reiner et al. (Hrsg., 2009)
Familienunternehmen in Recht, Wirtschaft, Politik und Gesellschaft. Festschrift für Brun-Hagen Hennerkes zum 70. Geburtstag, München

Kirchhof, Paul/Nieskens, Hans (Hrsg., 2008)
Festschrift für Wolfram Reiss zum 65. Geburtstag, Köln

Kirsch, Werner (1976)
Verhaltenswissenschaft und Betriebswirtschaftslehre, in: Grochla/Wittmann (Hrsg., 1976), Sp. 4135-4149

Kirsch, Werner/Seidl, David/van Aaken, Dominik (2007)
Betriebswirtschaftliche Forschung. Wissenschaftstheoretische Grundlagen und Anwendungsorientierung, Stuttgart

Kirsch, Werner/Seidl, David/van Aaken, Dominik (2009)
Unternehmensführung: Eine evolutionäre Perspektive, Stuttgart

Klein, Sabine B. (2004)
Familienunternehmen. Theoretische und empirische Grundlagen, 2. Aufl., Wiesbaden

Klein, Sabine B. (2008)
Corporate Governance in Familienunternehmen, in: Zeitschrift für KMU und Entrepreneurship, 56. Jg., Nr. 1/2, S. 18-35

Klein, Sabine B. (2009)
Komplexitätstheorem der Corporate Governance in Familienunternehmen, in: Witt (Hrsg., 2009), S. 63-82

Klein, Sabine B./Astrachan, Joseph H./Smyrnios, Kosmas X. (2005)
The F-PEC scale of family influence: Construction, validation, and further implication for theory, in: Entrepreneurship: Theory & Practice, Vol. 29, S. 321-339

Klein Woolthuis, Rosalinde/Hillebrand, Bas/Nooteboom, Bart (2005)
Trust, contract and relationship development, in: Organization Studies, Vol. 26, No. 6, S. 813-840

Kleiner, Tobias (2008)
Ansätze zur Kundensegmentierung und zu deren Implementierung im Finanzdienstleistungssektor. Eine empirische Analyse im Privatkundensegment von Banken, Wiesbaden

Klett, Christian (2002)
Rating-Selbsttest als Instrument der Unternehmensführung in KMU, in: Schäfer/Obermeier (Hrsg., 2002), S. 131-145

Klett, Christian /Pivernetz, Michael (2004)
Controlling in kleinen und mittleren Unternehmen. Ein Handbuch mit Auswertung auf der Basis der Finanzbuchhaltung, 3. Aufl., Herne/Berlin

Klimecki, Rüdiger/Probst, Gilbert J.B./Eberl, Peter (1994)
Entwicklungsorientiertes Management, Stuttgart

Klinke, Dirk Andreas (2005)
Finanzcontrolling in mittelständischen Bauunternehmen, Wiesbaden

Knoblauch, Hubert (2000)
Zukunft und Perspektiven qualitativer Forschung, in: Flick/von Kardorff/Steinke (Hrsg., 2000), S. 623-632

Knöll, Heinz-Dieter/Schulz-Sacharow, Christoph/Zimpel, Michael (2006)
Unternehmensführung mit SAP® BI, Wiesbaden

Kochan, Thomas A./Rubinstein, Saul A. (2000)
Toward a stakeholder theory of the firm – the saturn partnership, in: Organization Science, Vol. 11, No. 4, S. 367-386

Koeberle-Schmid, Alexander (2008a)
Family Business Governance: Aufsichtsgremium und Familienrepräsentanz, Wiesbaden

Koeberle-Schmid, Alexander (2008b)
Das System der Family Business Governance, in: Zeitschrift für Corporate Governance, 3. Jg., S. 149-155

Koeberle-Schmid, Andreas (2009)
Betriebswirtschaftliche Ausgestaltung von Aufsichtsgremien in Familienunternehmen, in: Der Betrieb, 62. Jg., S. 1249-1255

Koeberle-Schmid, Alexander/Nützel, Oliver (2005)
Family Business Governance: Herausforderungen und Mechanismen, Vallendar

Köhler, Richard/Küpper, Hans-Ulrich/Pfingsten, Andreas (Hrsg., 2007)
Handwörterbuch der Betriebswirtschaft, 6. Aufl., Stuttgart

Kommission Governance Kodex für Familienunternehmen (2006)
Governance Kodex für Familienunternehmen (Fassung der Kommission vom 4. September 2004), online abrufbar unter http://www.intes-online.de/UserFiles/File/GovernanceKodex Deutsch.pdf vom 14. März 2010

Kopel, Michael (2001)
Informationsasymmetrie, in: Bühner (Hrsg., 2001), S. 362-363

Kormann, Helmut (2009)
Beiräte in der Verantwortung. Aufsicht und Rat in Familienunternehmen, Berlin/Heidelberg

Kortzfleisch, Gert v. (Hrsg., 1971)
Wissenschaftsprogramm und Ausbildungsziele der Betriebswirtschaftslehre, Tagungsbericht des Verbandes der Hochschullehrer für Betriebswirtschaft e.V., Band I, Berlin

Kosiol, Erich (1973)
Organisation der Unternehmung, 2. Aufl., Göttingen

Kosmider, Andreas (1994)
Controlling im Mittelstand, 2. Aufl., Stuttgart

KPMG (Hrsg., 2007)
Wachstum und Internationalisierung mittelständischer Unternehmen. Deutschland im europäischen Vergleich – eine Studie, Berlin

KPMG/Zülch, Henning (2008)
IFRS und HGB in der Praxis – Zur Bedeutung von IFRS-Abschlüssen bei der Kreditvergabe von Banken an mittelständische Unternehmen, online im Internet abrufbar unter www.kpmg.de/docs/IFRS_ und_HGB_in_der_Praxis.pdf

Krämer, Werner (2003)
Mittelstandsökonomik: Grundzüge einer umfassenden Analyse kleiner und mittlerer Unternehmen, München

Kramer, Karl-Heinz (2000)
Die Börseneinführung als Finanzierungsinstrument deutscher mittelständischer Unternehmen. Ein praxisnahes Handlungskonzept, Wiesbaden

Kramer, Matthias/Valentin, Matthias (2009)
Controlling-Konzeptionen in KMU – Forschungsstand und Auswirkungen auf die Absolventenausbildung unter didaktischen Gesichtspunkten, in: Müller, D. (Hrsg., 2009), S. 73-100

Kraut, Nicole (2002)
Unternehmensanalyse in mittelständischen Industrieunternehmen. Konzeption – Methoden – Instrumente, Wiesbaden

Kreikebaum, Hartmut/Gilbert, Dirk Ulrich/Reinhardt, Glenn O. (2002)
Organisationsmanagement internationaler Unternehmen, 2. Aufl., Wiesbaden

Kreuzgrabe, Lutz (2009)
Informationsversorgung von Abschlussprüfer und Aufsichtsrat zur Verbesserung der Corporate Governance. Vorschläge für Zusatzinformationen über die wirtschaftliche Lage im Rahmen der Unternehmensüberwachung, Hamburg

Krol, Florian (2009)
Wertorientierte Unternehmensführung im Mittelstand - Erste Ergebnisse einer empirischen Studie, Arbeitspapier Nr. 10-1 (Januar 2009) des Lehrstuhls für Betriebswirtschaftslehre, insb. Controlling der Westfälischen Wilhelms-Universität Münster

Kronhardt, Markus (2004)
Erfolgsfaktoren des Managements medizinischer Versorgungsnetze, Wiesbaden

Krüger, Wilfried (1979)
Controlling – Gegenstandsbereich, Wirkungsweise und Funktionen im Rahmen der Unternehmenspolitik, in: Betriebswirtschaftliche Forschung und Praxis, 31. Jg., S. 158-169

Krüger, Wilfried (1980)
Unternehmungsprozeß und Operationalisierung von Macht, in: Reber (Hrsg., 1980), S. 223-244

Krüger, Wilfried/Werder, Axel v./Grundei, Jens (2008)
Organisations-Controlling: Konzept, Ausgestaltung, Nutzen, in: Zeitschrift Führung + Organisation, 77. Jg., S. 4-10

Krüger, Wolfgang et al. (Hrsg., 2006)
Praxishandbuch des Mittelstands., Wiesbaden

Kubicek, Herbert (1975)
Empirische Organisationsforschung. Konzeption und Methodik, Stuttgart

Kuckartz, Udo (1999)
Computergestützte Analyse qualitativer Daten. Eine Einführung in die Methoden und Arbeitstechniken, Opladen

Kübler, Friedrich (1999)
Gesellschaftsrecht, 5. Aufl., Heidelberg

Künzle, Andreas (2005)
Finanzcontrolling in KMU, St. Gallen

Küpper, Hans-Ulrich (1981)
Gestaltungsmöglichkeiten und Funktion eines Beirats bei GmbH und KG, in: Bohr et al. (Hrsg., 1981), S. 329-370

Küpper, Hans-Ulrich (1987)
Konzeption des Controlling aus betriebswirtschaftlicher Sicht, in: Scheer (Hrsg., 1987), S. 82-116

Küpper, Hans-Ulrich (2005)
Controlling: Konzeption, Aufgaben, Instrumente, 4. Aufl., Stuttgart

Küpper, Hans-Ulrich (2007)
Betriebswirtschaftslehre als Wertschöpfungstheorie – Perspektiven für die Entwicklung einer mehrdimensionalen Sicht der Unternehmung, in: Zeitschrift für betriebswirtschaftliche Forschung-Sonderheft 56/07, S. 1-26

Küpper, Hans-Ulrich/Weber, Jürgen/Zünd, André (1990)
Zum Verständnis und Selbstverständnis des Controlling, in: Zeitschrift für Betriebswirtschaft, 60. Jg., S. 281-293

Küting, Karl-Heinz/Böcking, Carolina (2008)
Zur Rollenverteilung der externen Jahresabschlussprüfung und der Internen Revision als Komponenten der Corporate Governance, in: Der Betrieb, 61. Jahrgang, Nr. 30, S. 1581-1589

Küting, Karl-Heinz/Busch, Julia (2009)
Zum Wirrwarr des Überwachungsbegriffs, in: Der Betrieb, 62. Jg., S. 1361-1367

Küsters, Elmar A. (2007)
Zur Governance zentraler Governance-Funktionen, in: Der Aufsichtsrat, 4. Jg., Nr. 10, S. 137

Kunz, Jennifer (2006)
Wissensmanagement und organisationales Lernen: Eine simulationsgestützte Analyse, Hamburg

Kunze, Max (2008)
Unternehmensethik und Wertemanagement in Familien- und Mittelstandsunternehmen. Projektorientierte Analyse, Gestaltung und Integration von Werten und Normen, Wiesbaden

Kupsch, Peter (1979)
Unternehmensziele, Stuttgart/New York

Kurz, Andrea et al. (2009)
Das problemzentrierte Interview, in: Buber/Holzmüller (Hrsg., 2009), S. 463-475

Kutschker, Manfred/Bäurle, Iris/Schmid, Stefan (1997)
Quantitative und qualitative Forschung im Internationalen Management, in: Diskussionsbei-

träge der Wirtschaftswissenschaftlichen Fakultät Ingolstadt, Nr. 82

Labbé, Markus/Schädlich, Felix (2008a)
Corporate Governance als Lösungsansatz strategischer Führungsprobleme, in: Brauweiler (Hrsg., 2008), S. 301-320

Labbé, Markus/Schädlich, Felix (2008b)
Risikomanagement und Controlling als Lösungsbeitrag für bestehende Corporate Governance-Probleme in der Unternehmenspraxis, in: Brauweiler (Hrsg., 2008), S. 321-346

Lachnit, Laurenz (1989)
EDV-gestützte Unternehmensführung in mittelständischen Betrieben. Controllingsysteme zur integrierten Erfolgs- und Finanzlenkung auf operativer und strategischer Basis, München

Lachnit, Laurenz/Müller, Stefan (2001)
Risikomanagement nach KonTraG und Prüfung des Systems durch den Wirtschaftsprüfer, in: Freidank (Hrsg., 2001), S. 363-393

Lamnek, Siegfried (2005)
Qualitative Sozialforschung, 4. Aufl., Weinheim

Lange, Jan-Ulrich/Schauer, Bernd D. (1996)
Stand und Rechenzwecke mittelständischer Kostenrechnung – Eine empirische Untersuchung, Diskussionsbeiträge Serie I – Nr. 282, Fakultät für Wirtschaftswissenschaften und Statistik, Konstanz

Lange, Knut-Werner (2006)
Der Beirat als Element der Corporate Governance in Familienunternehmen, in: GmbHRundschau 17/2006, S. 897-903

Lange, Knut-Werner (2009)
Kodex und Familienverfassung als Mittel der Corporate Governance in Familienunternehmen, in: Rödl/Scheffler/Winter (Hrsg., 2009), S. 135-150

Lange, Thomas A./Löw, Edgar (Hrsg., 2004)
Rechnungslegung, Steuerung und Aufsicht von Banken, Wiesbaden

Langenbach, Wilm (2000)
Börseneinführungen von Tochtergesellschaften: eine konzeptionelle und empirische Analyse zur Optimierung der Rationalitätssicherung durch Märkte, Wiesbaden

Lansberg, Ivan (1999)
Succeeding generations, Boston

Lanz, Rolf (1990)
Controlling in kleinen und mittleren Unternehmen, 2. Aufl., Bern.

Lanz, Rolf (1992)
Controlling in kleinen und mittleren Unternehmen, 3. Aufl., Bern/Stuttgart

La Porta, Rafael et al. (2002)
Investor protection and corporate valuation, in: Journal of Finance, Vol. 57, No. 3, S. 1147 – 1170

Lattwein, Johannes (2002)
Wertorientierte strategische Steuerung, Wiesbaden

Laux, Helmut (1990)
Risiko, Anreiz und Kontrolle: Principal-Agent-Theorie; Einführung und Verbindung mit dem Delegationswert-Konzept, Berlin et al.

Laux, Helmut/Liermann, Felix (2005)
Grundlagen der Organisation. Die Steuerung von Entscheidungen als Grundproblem der Betriebswirtschaftslehre, 6. Aufl., Berlin/Heidelberg/New York

Laux, Helmut (2007)
Entscheidungstheorie, 7. Aufl., Berlin/Heidelberg/New York

Lawrence, Paul/Lorsch, Jay (1967)
Differentiation and integration in complex organizations, in: Administrative Science Quarterly, Vol. 12, S. 1-30

Lazzarini, Sérgio G./Miller, Gary J./Zenger, Todd R. (2004)
Order with some law: Complementarity versus substitution of formal and informal arrangements, in: The Journal of Law, Economics, and Organization, Vol. 20, No. 2, S. 261-298

Lee, Peggy M./O'Neill, Hugh M. (2003)
Ownership structures and R&D investments of U.S. and Japanese firms: Agency and stewardship perspectives, in: Academy of Management Journal, Vol. 46, No. 2, S. 212-225

Legenhausen, Claas (1998)
Controllinginstrumente für den Mittelstand, Wiesbaden

Lehmann, Helmut (1975)
Kybernetik, in: Grochla/Wittmann (Hrsg., 1975), Sp. 2411-2424

Lehner, Franz/Scholz, Michael (2008)
Wirtschaftsinformatik, 2. Aufl., München/Wien

Leibinger, Berthold (1991)
Der industrielle Mittelstand im Spannungsfeld internationaler Märkte, in: Hopp/Mehl (Hrsg., 1991), S. 201-206

Lentfer, Thies (2005)
Einflüsse der internationalen Corporate Governance-Diskussion auf die Überwachung der Geschäftsleitung: Eine kritische Analyse des deutschen Aufsichtsratssystems, Wiesbaden

Leonard-Barton, Dorothy A. (1992)
Core capabilities and core rigidities: A paradox in managing new product development, in: Strategic Management Journal, Vol. 13, S. 111-125

Letmathe, Peter et al. (Hrsg., 2007)
Management kleiner und mittlerer Unternehmen. Stand und Perspektiven der KMU-Forschung, Wiesbaden

Leuner, Rolf (2009)
Mitarbeiterbeteiligung. Recht, Steuern, Beratung, Wiesbaden

Lewis, Thomas G. (1994)
Steigerung des Unternehmenswerts, Landsberg am Lech

Leyherr, Max (2000)
Die Situation von Familienunternehmen in Österreich unter besonderer Berücksichtigung der

Finanzierung und Unternehmensnachfolge, Stuttgart

Lingnau, Volker (Hrsg., 2006)
Einsatz von Controllinginstrumenten im Mittelstand, Lohmar/Köln

Lingnau, Volker (2008)
Controlling, BWL und Privatwirtschaftslehre, in: Beiträge zur Controlling-Forschung, Nr. 14, Kaiserslautern

Lingnau, Volker (2009)
Shareholder Value als Kern des Controllings?, in: Wall/Schröder (Hrsg., 2009), S. 19-37

Lingnau, Volker (Hrsg., 2009)
Mittelstandscontrolling 2009, Lohmar/Köln

Littkemann, Jörn (2006)
Konzeption des Controllings, in: Littkemann (Hrsg., 2006), S. 1-128

Littkemann, Jörn (Hrsg., 2006)
Unternehmenscontrolling: Konzepte, Instrumente, praktische Anwendung mit durchgängiger Fallstudie, Herne/Berlin

Littkemann, Jörn (Hrsg., 2009)
Beteiligungscontrolling. Ein Handbuch für die Unternehmens- und Beratungspraxis. Band I: Grundlagen sowie bilanzielle, steuerliche und sonstige rechtliche Aspekte des Beteiligungscontrollings, 2. Auf., Herne

Littkemann, Jörn/Derfuß, Klaus (2009a)
Corporate Governance-Gestaltung mithilfe des Controllings? Eine konflikttheoretische Analyse, in: Wall/Schröder (Hrsg., 2009), S. 61-80

Littkemann, Jörn/Derfuß, Klaus (2009b)
Verhaltensorientierte Ausrichtung des Beteiligungscontrollings, in: Littkemann (Hrsg., 2009), S. 19-51

Litz, Reginald A. (1995)
The family business: Toward definitional clarity, in: Family Business Review, 8. Jg., Nr. 2, S. 71-81

Lo Bue, Robert M. (2008)
Corporate Governance, in: Häberle (Hrsg., 2008a), S. 229-232

Lubatkin, Michael H. (2007)
One more time: What is a realistic theory of corporate governance?, in: Journal of Organizational Behaviour, Vol. 28, S. 59-67

Lubatkin, Michael H. et al. (2005)
The effects of parental altruism on the governance of family-managed firms, in: Journal of Organizational Behavior, 26. Jg., Nr. 3, S. 313-330

Lück, Wolfgang (1998)
Lexikon der Rechnungslegung und Abschlussprüfung, 4. Aufl., München/Wien

Lück, Wolfgang (2000)
Die Zukunft der Internen Revision. Entwicklungstendenzen der unternehmensinternen Überwachung, Berlin

Lücke, Wolfgang (1967)
Betriebs- und Unternehmensgröße, Stuttgart

Lühn, Manfred (2009)
Wirksame Corporate Governance durch das Zusammenspiel von Interner Revision und Compliance mit Controlling, in: Wagenhofer (Hrsg., 2009), S. 231-249

Lühring, Norbert (2006)
Koordination von Innovationsprojekten, Wiesbaden

Lütz, Susanne/Eberle, Dagmar (2009)
Zwischen Anbau und Substitution – das deutsche Corporate Governance-System im Umbruch, in: Botzem et al. (Hrsg., 2009), S. 409-433

Luhmann, Niklas (1968)
Zweckbegriff und Systemrationalität – Über die Funktion von Zwecken in sozialen Systemen, Tübingen

Luo, Yadong (2007)
Global dimensions of corporate governance, Oxford

Lutter, Marcus (1975)
Unternehmensverfassung und Wettbewerbsordnung, in: BetriebsBerater, 14. Jg., S. 613-620

Lutter, Marcus (Hrsg., 2001)
Der Wirtschaftsprüfer als Element der Corporate Governance, Düsseldorf

Macharzina, Klaus/Neubürger, Heinz-Joachim (Hrsg., 2002)
Wertorientierte Unternehmensführung: Strategien – Strukturen – Controlling, Stuttgart

Macharzina, Klaus/Wolf, Joachim (2005)
Unternehmensführung: Das Internationale Managementwissen. Konzepte - Methoden – Praxis, 5. Aufl., Wiesbaden

Macharzina, Klaus/Wolf, Joachim (2008)
Unternehmensführung: Das Internationale Managementwissen. Konzepte - Methoden – Praxis, 6. Aufl., Wiesbaden

Mäder, Olaf B. (2006)
Ein Cockpit für den Aufsichtsrat, Wiesbaden

Mäder, Olaf B./Hirsch, Bernhard (2009)
Controlling – Strategischer Erfolgsfaktor für die Internationalisierung von KMU, in: Keuper/Schunk (Hrsg., 2009), S. 108-137

Maier, Frank (Hrsg., 2004)
Komplexität und Dynamik als Herausforderung für das Management. Festschrift zum 60. Geburtstag von Peter Milling, Wiesbaden

Malhotra, Deepak/Murninghan, J. Keith (2002)
The effects of contracts on interpersonal trust, in: Administrative Science Quarterly, Vol. 47, No. 3, S. 534-559.

Malik, Fredmund (1997)
Wirksame Unternehmensaufsicht – Corporate Governance in Umbruchzeiten, Frankfurt

Malik, Fredmund (1998)
Komplexität - was ist das? (Malik on Management Nr 9/98). St. Gallen

Malik, Fredmund (2001)
Die Rückkehr des Corporate Capitalism – Unternehmensführung im Zeichen der Lebensfähigkeit des Unternehmens, in: new management, o.Jg., Nr. 11, S. 28-37

Malik, Fredmund (2004)
Systemisches Management, Evolution, Selbstorganisation, 4. Aufl., Bern/Stuttgart /Wien

Malik, Fredmund (2006)
Strategie des Managements komplexer Systeme. Ein Beitrag zur Management-Kybernetik evolutionärer Systeme. 9. Aufl., Bern/Stuttgart/Wien

Malik, Fredmund (2008a)
Die richtige Corporate Governance: Mit wirksamer Unternehmensaufsicht Komplexität meistern, Frankfurt/New York

Malik, Fredmund (2008b)
Unternehmenspolitik und Corporate Governance: Wie Unternehmen sich selbst organisieren, Frankfurt/New York

Mandler, Udo (2004)
Der deutsche Mittelstand vor der IAS-Umstellung 2005, Herne

Manegold, Daniel/Steinle, Claus/Krummaker, Stefan (2007)
Controlling in kleinen und mittleren Unternehmen: Konzept und Praxisempfehlungen, Saarbrücken

Mann, Marius E. (2009)
Anwaltliche Verschwiegenheit und Corporate Governance, Lohmar/Köln

Mansfield, Edwin/Yohe, Gary (2000)
Microeconomics: Theory / Applications, 10. Aufl., New York/London

March, James G./Sutton, Robert I. (1997)
Organizational performance as a dependent variable, in: Organization Science, Vol. 8, S. 698-706

Marten, Kai-Uwe/Quick, Reiner/Ruhnke, Klaus (2003)
Wirtschaftsprüfung. Grundlagen des betriebswirtschaftlichen Prüfungswesens nach nationalen und internationalen Normen, 2. Aufl., Stuttgart

Martens, Bernd/Bluhm, Katharina/Wetzel, Dietmar (2006)
Unternehmensführung im industriellen Mittelstand in Zeiten des Shareholder Value, Arbeitspapier Universität Chemnitz

Martens, Bernd/Bluhm, Katharina (2007)
„Shareholder Value" ohne Aktionäre? Diffusion und mögliche Folgen wertorientierter Unternehmenssteuerung im industriellen Mittelstand, Arbeitspapier Universität Chemnitz

Maser, Stefan (2005)
Die Bedeutung des Controlling im Rahmen des Kredit-Rating mittelständischer Unternehmen, in: Jander/Krey (Hrsg., 2005), S. 509-519

Matthews, Charles H./Scott, Susanne G. (1992)
Uncertainty and planning in small and entrepreneurial firms: an empirical assessment, in: Journal of Small Business Management, Vol. 33, S. 34-52.

May, Peter (2006)
Der Unternehmer als Chef, Manager und Privatperson, Frankfurt/New York

May, Peter/Sieger, Gert (2000)
Der Beirat in Familienunternehmen zwischen Beratung, Kontrolle, Ausgleich und Personalfindung, in: Jeschke/Kirchdörfer/Lorz (Hrsg., 2000), S. 245-255

May, Peter/Lehmann-Tolkmitt, Arno (2008)
Good Governance – Familienunternehmen zwischen Wert- und Werte-Orientierung, in: Krüger et al. (Hrsg., 2006), S. 219-231

Mayer, Horst Otto (2008)
Interview und schriftliche Befragung. Entwicklung, Durchführung und Auswertung, 4. Aufl., München/Wien

Mayer, Roger C./Davis, James H./Schoorman, David F. (1995)
An integrative model of organizational trust, in: Academy of Management Review, Vol. 20, No. 3, S. 709-734

Mayring, Philipp (2002)
Einführung in die qualitative Sozialforschung. Eine Anleitung zu qualitativem Denken, 5. Aufl., Weinheim

Mayring, Philipp (2008)
Qualitative Inhaltsanalyse. Grundlagen und Techniken, 10. Aufl., Weinheim/Basel

Mayring, Philipp/Gläser-Zikuda, Michaela (Hrsg., 2008)
Die Praxis der Qualitativen Inhaltsanalyse, 2. Aufl., Weinheim/Basel

McEachern, William A. (1978)
Corporate Control and Growth: An Alternative Approach, in: Journal of Industrial Economics, Vol. 26, No. 3, S. 257–266.

McGrath, Joseph E. (1981)
Dilemmatics. The study of research choices and dilemmas, in: American Behavioral Scientist, Vol. 25, No. 2, S. 179-210

Meffert, Heribert/Burmann, Christoph/Kirchgeorg, Manfred (2008)
Marketing – Grundlagen marktorientierter Unternehmensführung. Konzepte - Instrumente – Praxisbeispiele, 10. Aufl., Wiesbaden

Meinhövel, Harald (1999)
Defizite der Principal-Agent-Theorie, Lohmar/Köln

Mellewigt, Thomas/Decker, Carolin (2006)
Messung des Organisationserfolgs, in: Werder/Stöber/Grundei (Hrsg., 2006), S. 51-82

Mello, Antonio S./Parsons, John E. (1992)
Measuring the agency costs of debt, in: The Journal of Finance, 67. Jg., S. 1887-1904

Merker, Richard (1997)
Organisatorische Erscheinungsformen von Klein- und Mittelbetrieben – Ansätze für eine Or-

ganisationstypologie von KMU, Bochum

Mertens, Christoph (2009)
Herausforderungen für Familienunternehmen im Zeitablauf. Eine empirische Analyse am Beispiel von Nachfolge und Internationalisierung, Lohmar/Köln

Meth, Dirk (2007)
Die IFRS als Grundlage der Rechnungslegung mittelständischer Unternehmen, Lohmar/Köln

Meuser, Michael/Nagel, Ulrike (2005)
ExpertInneninterviews – vielfach erprobt, wenig bedacht. Ein Beitrag zur qualitativen Methodendiskussion, in: Bogner/Littig/Menz (Hrsg., 2005), S. 71-94

Meyer, Anna (2007)
Unternehmerfamilien und Familienunternehmen erfolgreich führen, Wiesbaden

Meyer, Anton/Göbel, Fabian/Blümelhuber, Christian (2009)
Grounded Theory, in: Schwaiger/Meyer (Hrsg., 2009), S. 401-415

Meyer, Friedrich et al. (Hrsg., 2005)
Mittelstand in Lehre und Praxis – Beiträge zur mittelständischen Unternehmensführung und zur Betriebswirtschaftslehre mittelständischer Unternehmen

Meyer, Jörn-Axel (Hrsg., 2006)
Kleine und mittlere Unternehmen in neuen Märkten. Aufbruch und Wachstum, Lohmar/Köln

Meyer, Jörn-Axel (Hrsg., 2007)
Planung in kleinen und mittleren Unternehmen, Lohmar/Köln

Meyer, Jörn-Axel (Hrsg., 2008)
Management-Kompetenz in kleinen und mittleren Unternehmen, Lohmar/Köln

Meyer, Jörn-Axel (Hrsg., 2009)
Management-Instrumente in kleinen und mittleren Unternehmen, Lohmar/Köln

Meyer, Ralf (2007)
Risikomanagement in mittelständischen Unternehmen, in: Freidank/Altes (Hrsg., 2007), S. 321-337

Meynhardt, Timo/Vaut, Simon (2007)
Die Renaissance der Gemeinwohlwerte. In: Berliner Republik, Nr. 6/2007, S. 1-9

Milgrom, Paul /Roberts, John (1992)
Economics, organization and management, Englewood Cliffs/New Jersey

Möller. Hans Peter/Hüfner, Bernd/Kavermann, Markus (2004)
Zur Aktienmarktwirkung „international anerkannter" Rechnungslegung in Deutschland, in: Wildemann (Hrsg., 2004), S. 817-843

Möller, Manuela/Pfaff, Dieter (2007)
Die Prüfung des IKS bei KMU, in: Der Schweizerische Treuhänder, 81. Jg., Nr. 4/5, S. 49-55

Molitor, Bruno (1980)
Mittelstand in unserer Zeit, in: Wirtschaftspolitische Chronik, Nr. 1, S. 57-70

Monks, Robert A.G./Minow, Nell (2008)
Corporate Governance, 4. Aufl., Chichester

Moos, André v. (2003)
Familienunternehmen erfolgreich führen: Corporate Governance als Herausforderung. Zürich

Mruck, Katja/Mey, Günter (2009)
Der Beitrag qualitativer Methodologie und Methodik zur Marktforschung, in: Buber /Holzmüller (Hrsg., 2009), S. 21-45

Müller, Armin (2009)
Grundzüge eines ganzheitlichen Controlling, 2. Aufl., München

Müller, David (2004)
Realoptionsmodelle und Investitionscontrolling im Mittelstand, Wiesbaden

Müller, David (Hrsg., 2009)
Controlling für kleine und mittlere Unternehmen, München

Müller, David (2009)
Zur Rolle von Planung und Improvisation in KMU, in: Controlling – Zeitschrift für erfolgsorientierte Unternehmenssteuerung, 21. Jg., S. 364-370

Müller, David/Krieg, Annekatrin (2008)
Rationalität intuitiver Entscheidungen, in: Brauweiler (Hrsg., 2008), S. 39-60

Müller, Roland (2003a)
Corporate Governance und KMU, www.advocat.ch vom 16. August 2009

Müller, Roland (2003b)
Erfolgreiche Corporate Governance für mittelständische Unternehmen. Ein Abendseminar der Helbling Gruppe, Zürich

Müller-Stewens, Günter/Lechner, Christoph (2002)
GMN Update Corporate Governance, Universität St.Gallen

Mugler, Josef (1998)
Betriebswirtschaftslehre der Klein- und Mittelbetriebe, 3. Aufl., Wien/New York

Mugler, Josef (2008)
Grundlagen der BWL der Klein- und Mittelbetriebe, 2. Aufl., Wien

Mustakallio, Mikko/Autio, Erkko/Zahra, Shaker, A. (2002)
Relational and contractual governance in family firms: Effects on strategic decision making, in: Family Business Review, Vol. 15, No. 3, S. 205-222

Muth, Melinda M./Donaldson, Lex (1998)
Stewardship theory and and board structure: a contingency approach, in: Corporate Governance: an International Review, Vol. 6, S. 5-28

Myers, Stewart C. (2001)
Capital Structure, in: Journal of Economic Perspectives, Vol. 15., No. 2, S. 81-102

Myers, Stewart C./Majluf, Nicholas S. (1984)
Corporate financing and investment decisions when firms have information that investors do not have, in: Journal of Financial Economics, Vol. 13, No. 2, S. 187-221

Nagl, Anna (2008)
Der Businessplan, 4. Aufl., Wiesbaden

Nagy, Ronald (2002)
Corporate Governance in der Unternehmenspraxis: Akteure, Instrumente und Organisation des Aufsichtsrates, Wiesbaden

Naujoks, Wilfried (1975)
Unternehmensgrößenbezogene Strukturpolitik und gewerblicher Mittelstand. Schriften zur Mittelstandsforschung, Nr. 68, Göttingen

Neely, Andy/Gregory, Mike/Platts, Ken (1995)
Performance Measurement System Design. A Literature Review and Research Agenda, in: International Journal of Operations and Production Management, Vol. 4, S. 80-116

Neubauer, Fred/Lank, Alden G. (1998)
The family business: Its governance for sustainability, London

Neubeck, Guido (2003)
Prüfung von Risikomanagementsystemen, Düsseldorf

Neus, Werner (2005)
Einführung in die Betriebswirtschaftslehre aus institutionenökonomischer Sicht, 4. Aufl., Tübingen

Niedermayer, Rita (1994)
Entwicklungsstand des Controlling, Wiesbaden

Niehus, Ulrich/Wilke, Helmuth (2008)
Die Besteuerung der Personengesellschaften, 4. Aufl., Stuttgart

Nippa, Michael/Grigoleit, Jens (2006)
Corporate Governance ohne Vertrauen? Ökonomische Konsequenzen der Agency-Theorie, Freiberg

Nötzli Breinlinger, Ursula (2006)
Situative Corporate Governance: Ein Modell für kleine und mittelgroße Familienunternehmen in der Schweiz, Schaan

Nowak, Erik/Rott, Roland/Mahr, Till G. (2005)
Wer den Kodex nicht einhält, den bestraft der Kapitalmarkt? In: Zeitschrift für Unternehmens- und Gesellschaftsrecht, 34. Jg., S. 252–279

OECD (Hrsg., 1995)
Financial markets and corporate governance, in: Financial Market Trends, Vol. 62, S. 13-35

OECD (1999)
OECD principles of corporate governance, Paris

OECD (2004)
OECD principles of corporate governance, Paris

Oehler, Andreas/Kohlert, Daniel/Linn, Alexander (2009)
Auswirkungen der internationalen Finanzsystemkrise auf KMU, in: Wirtschaftswissenschaftliches Studium, 38. Jg., S. 380-383

Oehler, Karsten (2004)
Trusted Controlling Teil 2: Eignung der Werkzeuge des Controllers für Corporate Governance, in: ControllerNews 3/2004, S. 101-104

Oehler, Ralph (2005)
Auswirkungen einer IAS/IFRS-Umstellung bei KMU, München

Oesterle, Michael-Jörg (2007)
Corporate Governance für Familienunternehmen, in: Zeitschrift für Management, 2. Jg., Nr. 1, S. 28-59

Oppel, Kai (2008)
Corporate Governance: Unbewusst saubere Mittelständler, in: Ftd.de vom 02. Juli 2008, online im Internet abrufbar unter http://www.ftd.de/karriere_management/management/ Corporate%20Governance%20Unbewusst%20Mittelst%E4ndler/379135.html vom 14. Juli 2008

Ordelheide, Dieter/Rudolph, Bernd/Büsselmann, Elke (Hrsg., 1991)
Betriebswirtschaftslehre und ökonomische Theorie, Stuttgart

Ortseifen, Stefan/Hilgert, Heinz (2007)
Eigenkapitallücke im deutschen Mittelstand. Schuld oder Verdienst der Banken? Diagnose und aktuelle Lösungsansätze, Konstanz

Ossadnik, Wolfgang (2009)
Controlling, 4. Aufl., München

Ossadnik, Wolfgang/Barklage, David/Lengerich, Ellen v. (2003a)
Controlling im Mittelstand: Ergebnisse einer empirischen Untersuchung, in: Controlling – Zeitschrift für erfolgsorientierte Unternehmenssteuerung, 16. Jg., S. 621-630

Ossadnik, Wolfgang/Barklage, David/Lengerich, Ellen v. (2003b)
Controlling Mittelständischer Unternehmen in der Region Osnabrück-Emsland: Empirische Bestandsaufnahme, Evaluierung, und Handlungsempfehlungen, Abschlussbericht eines vom IfMOS geförderten Projektes, Osnabrück

Osterloh, Margit (2007)
Psychologische Ökonomik: Integration statt Konfrontation. Die Bedeutung der psychologischen Ökonomik für die BWL, in: Zeitschrift für betriebswirtschaftliche Forschung-Sonderheft 56/07, S. 82-111

Ostrom, Elinor (1990)
Governing the commons. The evolution of institutions for collective action, Cambridge

o.V. (2008)
Corporate Governance, in: Glossar zum Geschäftsbericht 2006/2007 des voestalpine-Konzerns, abrufbar unter http://gb0607.voestalpine.com/ereport.asp?fCompanyID= 10&fAction= SHOWREPORT&freportid=104&fpageid=2964&fLangID=2 vom 08.03.2008

Paetzmann, Karsten (2008)
Corporate Governance. Strategische Marktrisiken, Controlling, Überwachung, Berlin/Heidelberg

Pasalic, Mario (2007)
Der Deutsche Corporate Governance Kodex. Die Akzeptanz und Umsetzung bei börsennotierten Gesellschaften, Saarbrücken

Passardi-Allmendinger, Silvia (2006)
Corporate Governance und Gehaltstransparenz. Eine spieltheoretische Analyse, Wiesbaden

Patton, Michael Quinn (1990)
Qualitative evaluation and research methods, 2. Aufl., Thousand Oaks

Pearson, Allison W./Carr, Jon C./Shaw, John C. (2008)
Toward a theory of familness: A social capital perspective, in: Entrepreneurship: Theory and Practice, November 2008, S. 949-969

Peemöller, Volker H. (2006)
Instrumente der Corporate Governance in Familienunternehmen, in: Zeitschrift für Corporate Governance, 1.Jg., S. 81-87

Peemöller, Volker H. (2008)
Corporate Governance in Familienunternehmen. Notwendigkeit oder Modeerscheinung, in: Kirchhof/Nieskens (Hrsg., 2008), S. 721-736

Pellens, Bernhard/Crasselt, Nils/Sellhorn, Thorsten (2009)
Corporate Governance und Rechnungslegung, in: Zeitschrift für betriebswirtschaftliche Forschung, 61. Jg., S. 102-113

Pellens, Bernhard et al. (2008)
Internationale Rechnungslegung, 7. Aufl., Stuttgart

Pelzmann, Linda (2006)
Wirtschaftspsychologie. Behavioral Economics. Behavioral Finance. Arbeitswelt: Behavioral Economics, Behavioral Finance, Arbeitswelt, 4. Aufl., Wien

Penrose, Edith (1959)
Theory of the growth of the firm, New York

Peräkylä, Anssi (2005)
Analysing talk and text, in: Denzin/Lincoln (Hrsg., 2005), S. 869-886

Pernsteiner, Helmut (2008)
Familienunternehmen und Finanzmanagement, in: Feldbauer-Durstmüller et al. (Hrsg., 2008), S. 53–79.

Perridon, Louis/Steiner, Manfred (2002)
Finanzwirtschaft der Unternehmung, 11. Aufl., München

Perrow, Charles (1970)
Organizational analysis: A sociological view, London

Peters, Sönke/Brühl, Rolf/Stelling, Johannes L. (2005)
Betriebswirtschaftslehre: Einführung, 12. Aufl., München

Pfaff, Dieter/Ruud, Flemming (2007)
Internes Kontrollsystem in Schweizer KMU – Herausforderungen und Lösungsansätze, in: Die Unternehmung, 61. Jg., S. 445-462

Pfeffer, Jeffrey (1972)
Size and composition of corporate boards of directors, in: Administrative Science Quarterly, Vol. 21, S. 218-228

Pfeffer, Jeffrey/Salancik, Gerald R. (1978)
The external control of organizations. A resource dependence perspective, New York

Pfitzer, Thomas/Oser, Peter/Orth, Christian (Hrsg., 2005)
Deutscher Corporate Governance Kodex. Ein Handbuch für Entscheidungsträger, 2. Aufl., Stuttgart

Pfohl, Hans-Christian (2006a)
Abgrenzung der Klein- und Mittelbetriebe von Großbetrieben, in: Pfohl (Hrsg., 2006), S. 1-24

Pfohl, Hans-Christian (2006b)
Unternehmensführung, in: Pfohl (Hrsg., 2006), S. 79-111

Pfohl, Hans-Christian (Hrsg., 1997)
Betriebswirtschaftlehre der Mittel- und Kleinbetriebe: größenspezifische Probleme und Möglichkeiten zu ihrer Lösung, 3. Aufl., Berlin

Pfohl, Hans-Christian (Hrsg., 2006)
Betriebswirtschaftlehre der Mittel- und Kleinbetriebe: größenspezifische Probleme und Möglichkeiten zu ihrer Lösung, 4. Aufl., Berlin

Pfriem, Reinhard (2008)
Corporate Governance. Die Unternehmung als gesellschaftlicher Akteur, in: Freidank/Müller/Wulf (Hrsg., 2008), S. 489-501

Philipps, Holger (2009)
Finanzkrise, Managementpflichten und Wirtschaftsprüfung, Wiesbaden

Picot, Gerhard (Hrsg., 2008)
Handbuch für Familien- und Mittelstandsunternehmen. Strategie, Gestaltung und Zukunftssicherung, Stuttgart

Pillkahn, Ulf (2007)
Trends und Szenarien als Werkzeuge zur Strategieentwicklung, Erlangen

Pine, B. Joseph/Gilmore, James H. (1999)
The experience economy: Work is theater and every business a stage, Boston

Piontkowski, Jan O. (2009)
Wertorientierte Unternehmensführung im Mittelstand. Empirische Hinweise auf Anwendung, in: Controlling – Zeitschrift für erfolgsorientierte Unternehmenssteuerung, 21. Jg., S. 357-363

Piser, Marc (2004)
Strategisches Performance Management, Measurement als Instrument der strategischen Kontrolle, Wiesbaden

Pleier, Nils (2008)
Performance-Measurement-Systeme und der Faktor Mensch. Leistungssteuerung effektiv gestalten, Wiesbaden

Pleitner, Hans-Jürgen (2005)
Unternehmensführung im Mittelstand, in: Corsten/Reiß (Hrsg., 2005), S. 627-639

Plessis, Jean Du (2004)
The German two-tier board and the German corporate governance code, in: European Business Law Review 2004, S. 1139-1164

Pölert, Arnd (2007)
Aktionärsorientierte Unternehmensführung, Wiesbaden

Pössl, Wolfgang (1991)
Controlling und externe Beratung: ein Konzept zur Verbesserung der Führungsqualität in mittelständischen Unternehmen, München

Pohl, Hans Joachim/Rehkugler, Hans (1986)
Mittelständische Unternehmen: durch qualifiziertes Management zum Erfolg, Hochschule Bremen Fachbereich Wirtschaftswissenschaften, Bremen

Polit, Cheryl/Beck, Tatano (2009)
Essentials nursing research, 7. Aufl., Amsterdam

Popper, Karl R. (1994)
Logik der Forschung, 10. Aufl., Tübingen

Poppo Laura/Zenger, Todd (2002)
Do formal contracts and relational governance function as substitutes or complements?, in: Strategic Management Journal, Vol. 23, S. 707-726

Poutziouris, Panikkos/Smyrnios, Kosmas/Klein, Sabine B. (2006)
Handbook of Research on Family Business, Cheltenham

Pottgießer, Gaby (2006)
Einflüsse internationaler Standards auf die handelsrechtliche Rechnungslegung und die steuerrechtliche Gewinnermittlung. Kritische Analyse der Entwicklung des deutschen Bilanzierungssystems unter Berücksichtigung mittelständischer Unternehmen, Wiesbaden

Prätsch, Joachim/Schikorra, Uwe/Ludwig, Eberhard (2007)
Finanzmanagement, 3. Aufl., Heidelberg

Pratt, John W./Zeckenhauser, Richard J. (Hrsg., 1985)
Principals and agents: The structure of business, Boston

Preisendörfer, Peter (2008)
Organisationssoziologie. Grundlagen, Theorien und Problemstellungen, 2. Aufl., Wiesbaden

PricewaterhouseCoopers (2005)
Compliance kann Mehrwert für Unternehmen schaffen, in: pwc, 2005, Heft 5, S. 8-9

PricewaterhouseCoopers (Hrsg., 2008a)
Familienunternehmen 2008, Frankfurt am Main

PricewaterhouseCoopers (Hrsg., 2008b)
Fremdmanager in Familienunternehmen. Gratwanderung zwischen Professionalisierung und Identitätswahrung, Hannover et al.

Pugh, Derek S./Hickson David J. (1976)
Organizational structure in its context. The Aston Programme I, Westmead-Farnborough

Puranam, Phanish/Vanneste, Bart (2009)
Trust and governance: Untangling a tangling web, in: Academy of Management Review, Vol. 34, No. 1, S. 11-31

Quermann, Dirk (2004)
Führungsorganisation in Familienunternehmungen. Eine explorative Studie, Lohmar/Köln

Rabe v. Pappenheim, Jörg (2009)
Das Prinzip Verantwortung. Die 9 Bausteine nachhaltiger Unternehmensführung, Wiesbaden

Raithel, Jürgen (2008)
Quantitative Forschung: Ein Praxiskurs, 2. Aufl., Wiesbaden

Rajan, Raghuram G./Zingales, Luigi (1998)
Power in a theory of the firm, in: Quarterly Journal of Economics, S. 387-432

Randøy, Trond/Goel, Sanjay (2003)
Ownership structure, founder leadership, and performance in Norwegian SMEs: Implications for financing entrepreneurial opportunities, in: Journal of Business Venturing, Vol. 18, No. 5, S. 619-638

Rappaport, Alfred (1994)
Shareholder Value. Wertsteigerung als Maßstab für die Unternehmensführung, Stuttgart

Rappaport, Alfred (1998)
Creating shareholder value – a guide for managers and investors, 2. Aufl., New York/London

Rappaport, Alfred (1999)
Shareholder Value. Wertsteigerung als Maßstab für die Unternehmensführung, 2. Aufl., Stuttgart

Raps, Andreas/Fieber, Christian (2003)
Corporate Governance – State of the Art und Auswirkungen auf den Mittelstand, in: Der Controlling-Berater, 6/2003, S. 69-92

Raps, Andreas/Fieber, Christian (2004)
Corporate Governance im Mittelstand?, in: Praxis des Rechnungswesens, S. 705-722

Raschig, Alexander (2004)
Corporate Governance in nicht börsennotierten Gesellschaften. Gestaltungsmöglichkeiten für AG, GmbH, OHG und KG auf Grundlage des deutschen und des österreichischen Corporate Governance-Kodex, Marburg

Rautenstrauch, Thomas (2006)
Balanced Scorecard in mittelständischen Unternehmen – Empirische Ergebnisse und Implikationen, in: Lingnau (Hrsg., 2006), S. 1-18

Rautenstrauch, Thomas/Müller, Christof (2005)
Verständnis und Organisation des Controlling in kleinen und mittleren Betrieben, in: Zeitschrift für Planung & Unternehmenssteuerung, 16. Jg., Nr. 2, S. 189-209

Reber, Gerhard (Hrsg., 1980)
Macht in Organisationen, Stuttgart

Redlefsen, Matthias (2004)
Der Ausstieg von Gesellschaftern aus großen Familienunternehmen. Eine praxisnahe Untersuchung der Corporate Governance-Faktoren, Wiesbaden

Redlefsen, Matthias/Eiben, Jan (2006)
Finanzierung von Familienunternehmen, Vallendar

Redlefsen, Matthias/Witt, Peter (2006)
Gesellschafterausstieg aus großen Familienunternehmen, in: Zeitschrift für Betriebswirt-

schaft, 76. Jg., Nr. 1, S. 7-27

Regier, Stefanie (2007)
Markterfolg radikaler Innovationen, Wiesbaden

Regierungskommission Deutscher Corporate Governance Kodex (2007)
Deutscher Corporate Governance Kodex, geltende Fassung vom 14. Juni 2007, abrufbar unter http://www.corporate-governancecode.de/ger/download/D_Kodex%202007_final.pdf vom 08.03.2008

Regierungskommission Deutscher Corporate Governance Kodex (2009)
Deutscher Corporate Governance Kodex, geltende Fassung vom 18. Juni 2009, abrufbar unter http://www.corporate-governance-code.de/ger/kodex/1.html vom 24.10.2009

Reichenbach, Hans (1938)
Experience and prediction, Chicago

Reichenbach, Hans (1966)
The rise of scientific philosophy, Berkeley

Reichmann, Thomas (2006)
Controlling mit Kennzahlen und Management-Tools. Die systemgestützte Controlling-Konzeption, 7. Aufl., München

Reid, Gavin C./Smith, Julia A. (2000)
The impact of contingencies on management accounting system development, in: Management Accounting Research, Vol. 11, No. 4, S. 427-450

Reinders, Heinz (2005)
Qualitative Interviews mit Jugendlichen führen: Ein Leitfaden, München

Reinemann, Holger (2008a)
Corporate Governance im Mittelstand, in: Das Wirtschaftsstudium, 37. Jg., Nr. 5, S. 705-711

Reinemann, Holger (2008b)
Corporate Governance – Prinzipien guter Unternehmensführung im Mittelstand, in: Unternehmeredition – Mittelstandsfinanzierung 2008, Nr. 1, S. 78 – 79

Reinemann, Holger/Böschen, Volker (2008)
Corporate Governance im Mittelstand. Begleitstudie zum Axia-Award der Deloitte Wirtschaftsprüfung, München

Reis, Detlef (1999)
Finanzmanagement in internationalen mittelständischen Unternehmen, Wiesbaden

Reitmeyer, Thorsten (1999)
Qualität von Entscheidungsprozessen der Geschäftsleitung: Eine empirische Untersuchung mittelständischer Unternehmen, Wiesbaden

Riahi-Belkaoui, Ahmed (2001)
Behavioral Management Accounting, New York/Westport, Connecticut/London

Richter, Rudolf (1990)
Sichtweise und Fragestellungen der neuen Institutionenökonomik, in: Zeitschrift für Wirtschafts- und Sozialwissenschaften, 110. Jg., S. 571-591

Richter, Rudolf (1991)
Institutionenökonomische Aspekte der Theorie der Unternehmung, in: Ordelheide/Rudolph/Büsselmann (Hrsg., 1991), S. 395-429

Richter, Rudolf/Furubotn, Eirik G. (1996)
Neue Institutionenökonomik. Eine Einführung und kritische Würdigung, Tübingen

Richter, Rudolf/Furubotn, Eirik G. (2003)
Neue Institutionenökonomik. Eine Einführung und kritische Würdigung, 3. Aufl., Tübingen

Ridder, Hans-Gerd/Hoon, Christina/McCandless, Alina (2009)
The theoretical contribution of case study research to the field of strategy and management, in: Bergh/Ketchen (Hrsg., 2009), S. 137-175

Robalo, Antonio da Silva (1992)
Effizienz von Unternehmen. Analyse ausgewahlter Ansatze der Organisationstheorie unter besonderer Beriicksichtigung von Umweltfaktoren, Lissabon

Robbins, Stephen P. (2001)
Organisation der Unternehmung, 9. Aufl., München

Rocholl, Jörg (2009)
Corporate Governance und internationale Kapitalmärkte, in: Zeitschrift für betriebswirtschaftliche Forschung, 61. Jg., S. 114-123

Rödl, Bernd/Zinser, Thomas (2000)
Going Public: Der Gang mittelständischer Unternehmen an die Börse, 2. Aufl., Frankfurt am Main

Rödl, Christian/Scheffler, Wolfram/Winter, Michael (Hrsg., 2008)
Internationale Familienunternehmen, München

Rosen, Rüdiger v. (2004)
Rechnungslegung und Corporate Governance, in: Lange/Löw (Hrsg., 2004), S. 530-545

Rothschild, Michael/Stiglitz, Joseph (1976)
Equilibrium in competitive insurance markets: An essay on the economics of Imperfect information, in: Quarterly Journal of Economics, Vol. 80, S. 629-649

Rudolph, Bernd (1984)
Zum „going public" von Familienunternehmen: Institutionelle Voraussetzungen und Vorteilhaftigkeitskriterien, in: Albach/Held (Hrsg., 1984), S. 275-310

Rübsamen, Dietmar (2004)
Technische Kumulationsanalyse, München

Rüegg-Stürm, Johannes (2004)
Das neue St. Galler Management-Modell, in: Dubs et al. (Hrsg., 2004), S. 65-141

Rüsen, Tom A. (2009)
Krisen und Krisenmanagement in Familienunternehmen. Schwachstellen erkennen, Lösungen erarbeiten, Existenzbedrohungen meistern, Wiesbaden

Rüsen, Tom A./Schlippe, Arist v./Groth, Thorsten (Hrsg., 2009)
Familienunternehmen. Exploration einer Unternehmensform, Lohmar/Köln

Ruter, Rudolf X. (2009)
Aufgaben und Auswahl von Beiratsmitgliedern in Familienunternehmen, in: Zeitschrift für Corporate Governance, 4. Jg., S. 209-214

Ruter, Rudolf X. (2010)
Rechte und Pflichten einer verantwortungsvollen Beiratstätigkeit, in: Zeitschrift für Corporate Governance, 5. Jg., S. 5-9

Ruter, Rudolf X./Thümmel, Roderich C. (2009)
Beiräte in mittelständischen Familienunternehmen, 2. Aufl., Stuttgart et al.

Sandner, Kai J. (2007)
Behavioral contract theory, Berlin

Schachner, Markus/Speckbacher, Gerhard/Wentges, Paul (2006)
Steuerung mittelständischer Unternehmen: Größeneffekte und Einfluss der Eigentums- und Führungsstruktur, in: Zeitschrift für Betriebswirtschaft, 76. Jg., S. 589-614

Schäfer, Hubert/Obermeier, Thomas (Hrsg., 2002)
Basel II – Herausforderung für den Mittelstand. Schriftenreihe der Fachhochschule der Wirtschaft Bergisch Gladbach, Band 2, Aachen

Schaller, Sonja (2006)
Mitarbeiterbeteiligung als Möglichkeit der Konfliktlösung in Familienunternehmen, München

Schanz, Günther (1977)
Grundlagen der verhaltenstheoretischen Betriebswirtschaftslehre, Tübingen

Schanz, Günther (1993)
Verhaltenswissenschaften und Betriebswirtschaftslehre, in: Wittmann et al. (Hrsg., 1993a), Sp. 4521-4532

Schauf, Malcolm (Hrsg., 2006)
Unternehmensführung im Mittelstand: Rollenwandel kleiner und mittlerer Unternehmen in der Globalisierung, München/Mering

Scheer, August W. (Hrsg., 1987)
Rechnungswesen und EDV, Heidelberg

Scheffler, Eberhard (2004)
Controlling als Bindeglied zwischen Vorstand und Aufsichtsrat, in: Freidank (Hrsg., 2004a), S. 97-112

Schein, Edgar H. (1985)
Organizational Culture and Leadership, San Francisco

Schenk, Roland (1998)
Beurteilung des Unternehmenserfolges, in: Frese (Hrsg., 1998), S. 59-82

Schewe, Gerhard (2005)
Unternehmensverfassung: Corporate Governance im Spannungsfeld von Leitung, Kontrolle und Interessensvertretung, Berlin

Schielke, Joachim E. (2009)
Finanzierung von Familienunternehmen, in: Kirchdörfer et al. (Hrsg., 2009), S. 221-240

Schiemenz, Bernd (1993)
Systemtheorie, betriebswirtschaftliche, in: Wittmann et al. (Hrsg. 1993), Sp. 4127-4140

Schleyer, Hans-Eberhard (2008)
IFRS – Chancen und Risiken für den Mittelstand, in: Ballwieser/Grewe (Hrsg., 2008), S. 387-412

Schlippe, Arist v. (2009)
Psychologie der familieninternen Nachfolge, in: Kirchdörfer et al. (Hrsg., 2009), S. 39-55

Schlippe, Arist v./Nischak, Almute/El Hachimi, Mohammed (Hrsg., 2008)
Familienunternehmen verstehen. Gründer, Gesellschafter und Generationen, Göttingen

Schlippe, Arist v./Nischak, Almute/El Hachimi, Mohammed (2008)
Familienunternehmen verstehen, in: von Schlippe/Nischak/El Hachimi (Hrsg., 2008), S. 19-29

Schlömer, Nadine/Kay, Rosemarie (2008)
Familienexterne Nachfolge - Das Zusammenfinden von Übergebern und Übernehmern; in: Institut für Mittelstandsforschung Bonn (Hrsg.): IfM-Materialien Nr. 182, Bonn

Schlotter, Jochen N. (2007)
Das EHUG ist in Kraft getreten: Das Recht der Unternehmenspublizität hat eine neue Grundlage, in: BetriebsBerater 2007, Nr. 1, S. 1-5

Schlüchtermann, Jörg/Pointner, Maria Anna (2004)
Unternehmensplanung und Mittelstand – Strategieumsetzung mit Hilfe der Balanced Scorecard, in: Schlüchtermann/Tebroke (Hrsg., 2004), S. 20-44

Schlüchtermann, Jörg/Tebroke, Hermann-Josef (2004)
Mittelstand im Fokus. 25 Jahre BF/M-Bayreuth, Wiesbaden

Schmidt, Hartmut et al. (1997)
Corporate Governance in Germany, Baden-Baden

Schmidt, Götz (2002)
Einführung in die Organisation, 2. Aufl., Wiesbaden

Schmidt, Ralf-Bodo (1969)
Wirtschaftslehre der Unternehmung (Grundlagen), Stuttgart

Schmidt, Reinhard H. (2006)
Stakeholderorientierung, Systemhaftigkeit und Stabilität der Corporate Governance in Deutschland, in: Working Paper Series: Finance & Accounting, Johann Wolfgang Goethe-Universität Frankfurt am Main, Fachbereich Wirtschaftswissenschaften, Nr. 162

Schmidt-Sudhoff, Ulrich (1967)
Unternehmerziele und unternehmerisches Zielsystem, Wiesbaden

Schneider, Dieter (1984)
Betriebswirtschaftslehre. Band 2: Rechnungswesen, 2. Aufl., München/Wien

Schneider, Dieter (1987)
Allgemeine Betriebswirtschaftslehre, 3. Aufl., München/Wien

Schneider, Dieter (1988)
Grundsätze anreizverträglicher innerbetrieblicher Erfolgsrechnung zur Steuerung und Kontrolle von Fertigungs- und Vertriebsentscheidungen, in: Zeitschrift für Betriebswirtschaft, Jg. 58, S. 1181-1192

Schneider, Dieter (1989)
Agency costs and transaction costs: Flops in the principal-agent-theory of financial markets, in: Bamberg/Spremann (Hrsg., 1989), S. 481-494

Schneider, Dieter (1991)
Versagen des Controlling durch eine überholte Kostenrechnung, in: Der Betrieb, 44. Jg., S. 765-772

Schneider, Dieter (2001)
Betriebswirtschaftslehre. Band 4: Geschichte und Methoden der Wirtschaftswissenschaft, München/Wien

Schneider, Uwe H./Strenger, Christian (2000)
Die „Corporate Governance-Grundsätze" der Grundsatzkommission Corporate Governance (German Panel on Corporate Governance), in: Die Aktiengesellschaft, 45. Jg., S. 106-113

Schnell, Rainer/Hill, Paul B./Esser, Elke (2008)
Methoden der empirischen Sozialforschung, 8. Aufl., München

Schöning, Stephan et al. (Hrsg., 2004)
Mittelstandsforschung. Beiträge zu Strategien, Finanzen und zur Besteuerung von KMU, Frankfurt am Main

Schomaker, Martin/Günther, Thomas (2006)
Wertorientiertes Management für den Mittelstand, in: Schweickart/Töpfer (Hrsg., 2006), S. 215-240

Schreiber, Ottokar et al. (2009)
Revisionshandbuch für den Mittelstand: Die Praxis der internen Revision, Stuttgart

Schreyögg, Georg (1999)
Organisation, 3. Aufl., Wiesbaden

Schreyögg, Georg (2007)
Betriebswirtschaftslehre nur noch als Etikett? Betriebswirtschaftslehre zwischen Übernahme und Zersplitterung, in: Zeitschrift für betriebswirtschaftliche Forschung-Sonderheft 56/07, S. 140-160

Schreyögg, Georg/Sydow, Jörg (Hrsg., 2003)
Strategische Prozesse und Pfade, Wiesbaden 2003

Schreyögg, Georg/Sydow, Jörg/Koch, Jochen (2003)
Organisatorische Pfade – Von der Pfadabhängigkeit zur Pfadkreation?, in: Schreyögg/Sydow (Hrsg., 2003), S. 257-294

Schröder, Regina W. (2009)
Zwischen Stakeholder- und Shareholder-Orientierung: Anforderungen an umfassende Steuerungsinstrumente für das Controlling, in: Wall/Schröder (Hrsg., 2009), S. 365-379

Schütte, Reinhard (1998)
Grundsätze ordnungsmäßiger Referenzmodellierung: Konstruktion konfigurations- und anpassungsorientierter Modelle, Wiesbaden

Schützeichel, Rainer/Brüsemeister, Thomas (2004)
Die beratene Gesellschaft, Wiesbaden

Schulte-Zurhausen, Manfred (2002)
Organisation, 3. Aufl., München

Schumacher, Thilo (2005)
Beteiligungscontrolling in der Management-Holding: Optimierung der Rationalitätssicherung durch Nutzung des Eigenkapitalmarktes, Wiesbaden

Schuster, Peter (1991)
Erfolgsorientierte Steuerung kleiner und mittlerer Unternehmen: Funktionale, instrumentelle und organisatorische Aspekte eines größengerechten Controlling-Systems, Berlin

Schwaiger, Manfred/Meyer, Anton (Hrsg., 2009)
Theorien und Methoden der Betriebswirtschaft. Handbuch für Wissenschaftler und Studierende, München

Schwalbach, Joachim/Schwerk, Anja (2008)
Corporate Governance und Corporate Citizenship, in: Habisch/Schmidpeter/Neureiter (Hrsg., 2008), S. 71-85

Schweickart, Nikolaus/Töpfer, Armin (Hrsg., 2006)
Wertorientiertes Management. Werterhaltung – Wertsteuerung – Wertsteigerung ganzheitlich erhalten, Heidelberg

Schweitzer, Marcell (2004)
Gegenstand und Methoden der Betriebswirtschaftslehre, in: Bea/Friedl/Schweitzer (Hrsg., 2004), S. 23-82

Schweitzer, Marcell/Küpper, Hans-Ulrich (1997)
Produktions- und Kostentheorie. Grundlagen – Anwendungen, 2. Aufl., Wiesbaden

Seal, Will (2006)
Management accounting and corporate governance: An institutional interpretation of the agency problem, in: Management Accounting Research, Vol. 17, S. 389-408

Segbers, Klaus (2007)
Die Geschäftsbeziehung zwischen mittelständischen Unternehmen und ihrer Hausbank: Eine ökonomische und verhaltenswissenschaftliche Analyse, Frankfurt am Main

Segbers, Klaus/Siemes, Andreas (2005)
Mittelständische Unternehmen und ihr Kommunikationsverhalten gegenüber der Bank (Teil I), in: Finanzbetrieb, 7. Jg., S. 229-237

Seitz, Peter J. (2002)
Gestaltung eines spezifischen Controllingsystems für mittelständische Unternehmen: dargestellt am Beispiel eines mittelständischen Schienenfahrzeugherstellers, Hamburg

Seitz, Peter J./Dittrich, Peter N. (2005)
Controllingbedarf und Controllinganforderungen in mittelständischen Unternehmen – ein Be-

richt aus der Praxis, in: Jander/Krey (Hrsg., 2005), S. 449-466

Shen, Wei (2003)
The dynamics of the CEO-board relationship: An evolutionary perspective, in: Academy of Management Review, Vol. 28, S. 466-476

Shleifer, Andrei/Vishny, Robert W. (1997)
A survey of corporate governance, in: Journal of Finance, 52. Jg., S. 737-783

Short, Helen./Keasey, Kevin (1997)
Institutional Shareholders and Corporate Governance, in: Keasey/Wright (Hrsg., 1997), S. 23-60

Siedenbiedel, Georg (2008)
Internationales Management, Stuttgart

Siegwart, Hans (Hrsg., 2000)
Jahrbuch zum Finanz- und Rechnungswesen, Zürich

Siemes, Andreas/Segbers, Klaus (2005)
Mittelständische Unternehmen und ihr Kommunikationsverhalten gegenüber der Bank (Teil II), in: Finanzbetrieb, 7. Jg., Nr. 5, S. 311-320

Sill, Frauke (2009)
Controllerbereichserfolg aus Sicht des Managements. Eine empirische Analyse, Wiesbaden

Simon, Fritz B. (2004)
Die Familie des Familienunternehmens, 2. Aufl., Heidelberg

Simon, Fritz B. (2007)
Einführung in Systemtheorie und Konstruktivismus, 2. Aufl., Heidelberg

Simon, Hermann (1990)
Hidden Champions, in: Zeitschrift für Betriebswirtschaft, 60. Jg., S. 875-890

Simon, Hermann (1996)
Hidden Champions. Die Erfolgsstrategien unbekannter Weltmarktführer, Frankfurt/New York

Simon, Hermann (1992)
Lessons from Germany's midsize giants, in: Havard Business Review, Vol. 70, S. 115-123

Simon, Hermann (2007)
Hidden Champions des 21. Jahrhunderts. Die Erfolgsstrategien unbekannter Weltmarktführer, Frankfurt/New York

Sinn, Peter (2001)
Controlling-Software im Mittelstand – Beispiele für praxisorientierte Umsetzungen, in: Freidank/Mayer (Hrsg., 2001), S. 397-428

Sinn, Peter (2003)
Web-basierte Unternehmenssteuerung im Mittelstand, in: Freidank/Mayer (Hrsg., 2003), S. 363-398

Sjurts, Inja (1995)
Kontrolle, Controlling und Unternehmensführung, Wiesbaden

Sjurts, Inja (1998)
Kontrolle ist gut, Vertrauen ist besser?, in: Die Betriebswirtschaft, 58. Jg., S. 283-298

Skrzipek, Markus (2005)
Shareholder Value versus Stakeholder Value. Ein Vergleich des US-amerikanischen Raums mit Österreich, Wiesbaden

Smith, Adam (1776)
An inquiry into the nature and causes of the wealth of nations, London

Solomon, Jill (2007)
Corporate governance and accountability, 2. Aufl., Chichester

Sorg, Mascha (2007)
Rationalitätssicherung durch Banken in mittelständischen Unternehmen. Eine empirische Untersuchung der Einflussfaktoren und Auswirkungen, Wiesbaden

Spiegelberger, Sebastian (2008)
Die Familienverfassung – Gestaltung von Gesellschaftsverträgen, in: Rödl/Scheffler/Winter (Hrsg., 2008), S. 89-113

Spindler, Gerald/Kepper, Katrin (2005a)
Funktionen, rechtliche Rahmenbedingungen und Gestaltungsmöglichkeiten des GmbH-Beirats (Teil I), in: Deutsches Steuerrecht 2005, S. 1738 – 1743

Spindler, Gerald/Kepper, Katrin (2005b)
Funktionen, rechtliche Rahmenbedingungen und Gestaltungsmöglichkeiten des GmbH-Beirats (Teil II), in: Deutsches Steuerrecht 2005, S. 1775 – 1179

Spinner, Helmut F. (1974)
Pluralismus als Erkenntnismodell, Frankfurt am Main

Spremann, Klaus (1989)
Agent and principal, in: Bamberg/Spremann (Hrsg., 1989), S. 3-37

Spremann, Klaus/Pfeil, Oliver Peter/Weckbach, Stefan (2001)
Lexikon Value-Management, München

Srnka, Katharina J. (2007)
Integration qualitativer und quantitativer Forschungsmethoden. Der Einsatz kombinierter Forschungsdesigns als Möglichkeit zur Förderung der Theorieentwicklung in der Marketingforschung als betriebswirtschaftliche Disziplin, in: Marketing – Zeitschrift für Forschung und Praxis, 29. Jg., S. 247-260

Stachowiak, Herbert (1965)
Gedanken zu einer allgemeinen Modelltheorie, in: Studium Generale, 18. Jg., Nr. 7, S. 432-465

Stachowiak, Herbert (1973)
Allgemeine Modelltheorie, Wien

Staud, Natalie (2009)
Anpassung der Corporate Governance an Unternehmensgröße und -struktur, Marburg

Staehle, Wolfgang H. (1976)
Der situative Ansatz in der Betriebswirtschaftslehre, in: Ulrich (Hrsg., 1976), S. 33-50

Staehle, Wolfgang H. (1999)
Management: Eine verhaltenswissenschaftliche Perspektive, 8. Aufl., München

Stähler, Patrick (2002)
Geschäftsmodelle in der digitalen Ökonomie: Merkmale, Strategien und Auswirkungen, 2. Aufl., Lohmar/Köln

Steger, Thomas (2005)
Corporate governance in small and medium-sized enterprises – A critical review of the situation in Germany. Vortrag an der EURAM-Konferenz in München, 6. Mai

Steger, Thomas (2006)
Corporate Governance in deutschen KMU – Der Schlüssel für Wachstum und Internationalisierung?, in: Meyer (Hrsg., 2006), S. 117-131

Steger, Ulrich/Amann, Wolfgang (2008)
Corporate Governance. How to add value, Chichester

Stegmüller, Wolfgang (2007)
Entscheidungslogik (rationale Entscheidungstheorie), Berlin/Heidelberg/New York

Steier, Lloyd P. (2001)
Family Firms, Plural Forms of Governance, and the Evolving Role of Trust, in: Family Business Review, Vol. 14, No. 4, S. 353-368

Steier, Lloyd P./Chrisman, James J./Chua, Jess H. (2004)
Entrepreneurial Management and governance in family firms: An introduction, in: Entrepreneurship: Theory & Practice, Summer, S. 295-303

Steier, Lloyd P./Chua, Jess H./Chrisman, James J. (2009)
Embeddedness perspectives of economic actions within family firms, in: Entrepreneurship: Theory & Practice, November, S. 1157-1167

Stelzner, Michael A. (2006)
Writing white papers: How to capture readers and keep them engaged, Poway

Steinle, Claus (2005)
Ganzheitliches Management. Eine mehrdimensionale Sichtweise integrierter Unternehmensführung, Wiesbaden

Steinmann, Horst/Schreyögg, Georg (2005)
Management: Grundlagen der Unternehmensführung. Konzepte – Funktionen – Fallstudien, 6. Aufl., Wiesbaden

Stephan, Petra (2002)
Nachfolge in mittelständischen Familienunternehmen. Handlungsempfehlungen aus Sicht der Unternehmensführung, Wiesbaden

Stewart, G. Bennett (1991)
The quest for value, New York

Stiefl, Jürgen (2008)
Finanzmanagement unter besonderer Berücksichtigung von kleinen und mittelständischen Unternehmen, 2. Aufl., München

Stiefl, Jürgen/von Westerholt, Kolja (2008)
Wertorientiertes Management. Wie der Unternehmenswert gesteigert werden kann, München/Wien

Stirtz, Beate (2007)
Der Gläubigerschutz bei der englischen Limited im Vergleich zur GmbH, Wismar

Stoner, James A. (1982)
Management, 2. Aufl., Englewood Cliffs

Strauss, Anselm L./Corbin, Juliet M. (1990)
Basics of qualitative research. Grounded theory procedures and techniques, London

Strenger, Christian (2002)
Corporate Governance und Wertorientierung, in: Macharzina/Neubürger (Hrsg., 2002), S. 117-128

Strenger, Christian (2003a)
Corporate Governance: Braucht der deutsche Mittelstand einen speziellen Kodex, in: BetriebsBerater, Nr. 32, Seite I

Strenger, Christian (2003b)
Corporate Governance – Mehrwert für den Mittelstand, Vortrag im Dialogforum Bremer Initiativkreis und Deutsche Bank AG vom 08. April 2003

Stroeder, Dirk (2008)
Fundamentale Risiken im deutschen Mittelstand und Modelle zu deren Bewältigung. Entwicklung modularer, mittelstandsadäquater Risikobewältigungsstrategien auf Basis einer branchenübergreifenden empirischen Studie unter 421 mittelständischen Unternehmen, Stuttgart

Strübing, Jörg (2008)
Grounded Theory: Zur sozialtheoretischen und epistemologischen Fundierung des Verfahrens der empirisch begründeten Theoriebildung, 2. Aufl., Wiesbaden

Stuhldreier, Jens (2002)
Sicherung der Wettbewerbsfähigkeit klein- und mittelständischer Unternehmen (KMU) durch qualifikatorische Anpassung der Belegschaft in Phasen der Reorganisation. Betrieblicher Wandel und Organisationsentwicklung als wirtschaftspädagogische Aufgabenfelder, Duisburg

Süßmeier, Augustin (2000)
Behavioral Accounting, Wiesbaden

SWX (2008)
Swiss code of best practice for corporate governance, online abrufbar unter http://www.economiesuisse.ch/web/de/PDF%20Download%20Files/pospap_swiss-code_corp-govern_20080221_de.pdf vom 14. März 2010

Szyperski, Norbert (1971)
Das Setzen von Zielen: Primäre Aufgabe der Unternehmensleitung, in: Zeitschrift für Betriebswirtschaft, 41. Jg., S. 639-670

Tagiuri, R./Davis, J. A. (1996)
Bivalent attributes of the family firm, in: Family Business Review, Vol. 9, S. 199-208.

Talaulicar, Till (2002)
Der Deutsche Corporate Governance-Kodex: Zwecksetzungen und Wirkungsprognosen, Berlin 2002

Tappe, Rolf (2009)
Wertorientierte Unternehmensführung im Mittelstand. Eine Überprüfung auf Anwendbarkeit, Frankfurt am Main

Teece, David J./Pisano, Gary/Shuen, Amy (1997)
Dynamic capabilities and strategic management, in: Strategic Management Journal, Vol. 18, S. 509-533

Teich, Irene/Kolbenschlag, Walter/Reiners, Wilfried (2008)
Der richtige Weg zur Softwareauswahl. Lastenheft, Pflichtenheft, Compliance, Erfolgskontrolle, Berlin/Heidelberg

Teichmann, Christoph (2000)
Corporate Governance in Europa, in: Zeitschrift für Unternehmens- und Gesellschaftsrecht, S. 645-679

Theile, Carsten (2009)
Der neue Jahresabschluss nach dem BilMoG, in: Deutsches Steuerrrecht, Beiheft zu Heft 18/2009, S. 21*-36* vom 02.05.2009

Theisen, Manuel R. (1993)
Überwachung der Geschäftsführung, in: Wittmann et al. (Hrsg., 1993b), Sp. 4219-4231

Theisen, Manuel R. (2008)
Der Wirtschaftsprüfer als Element der Corporate Governance, in: Ballwieser/Grewe (Hrsg., 2008), S. 173-188

Töpfer, Armin (2007)
Betriebswirtschaftslehre: Anwendungs- und prozessorientierte Grundlagen, 2. Aufl., Berlin /Heidelberg/New York

Ueberschär, Helko/Walther, Conny (2007)
Behavioral Controlling – Aktuelle Ansätze zu einer verhaltenswissenschaftlichen Fundierung des Controllings, Norderstedt

Ull, Thomas (2006)
IFRS in mittelständischen Unternehmen, Wiesbaden

Ulrich, Hans (1970)
Die Unternehmung als produktives soziales System. Grundlagen einer allgemeinen Unternehmungslehre, 2. Aufl., Bern

Ulrich, Hans (1971)
Der systemorientierte Ansatz in der Betriebswirtschaftslehre, in: von Kortzfleisch (Hrsg., 1971), S. 43-60

Ulrich, Hans (Hrsg., 1976)
Zum Praxisbezug der Betriebswirtschaftslehre, Bern/Stuttgart

Ulrich, Hans (1990)
Unternehmenspolitik, Bern/Stuttgart

Ulrich, Hans (2001)
Systemorientiertes Management. Das Werk von Hans Ulrich, Bern et al.

Ulrich, Hans/Probst, Gilbert (1988)
Anleitung zum ganzheitlichen Denken und Handeln, Bern/Stuttgart

Ulrich, Patrick (2008)
Vor- und Nachteile der Corporate Governance einer Societas Europaea (SE) im Vergleich zu einer auf nationalen Rechtsformen beruhenden Corporate Governance analyisiert anhand der Prinzipal-Agent-Theorie – der fiktive Zusammenschluss der Zefira AG und der Vauxi PLC zur Rapsen SE, München

Ulrich, Patrick (2009)
Entwicklungsperspektiven der Corporate-Governance: Forschung und Praxis in Deutschland, in: Wirtschaftswissenschaftliches Studium, 38. Jg., S. 530-533

Ulrich, Peter/Fluri, Edgar (1995)
Management: Eine konzentrierte Einführung, 7. Aufl., Bern/Stuttgart/Wien

Van de Ven, Andrew/Ring, Peter S. (1992)
Structuring cooperative relationships between organizations, in: Strategic Management Journal, Vol. 13, S. 483-498

Velte, Patrick (2009)
Die Corporate Governance-Berichterstattung des Aufsichtsrats – Eine empirische Untersuchung im deutschen Prime Standard zum Einfluss auf die Unternehmensperformance, in: Zeitschrift für betriebswirtschaftliche Forschung, 61. Jg., S. 702-737

Verhülsdonk & Partner GmbH (Hrsg., 2006)
Unternehmensfinanzierung im Mittelstand. Neue Herausforderungen, neue Chancen, Berlin

Vetter, Eberhard (2008)
Compliance in der Unternehmerpraxis, in: Wecker/van Laak (Hrsg., 2008), S. 29-42
Villalonga, Belen/Amit, Raphael H. (2006)
How are U.S. family firms controlled?, in: Journal of Financial Economics, Vol. 80, S. 385-417

Völker, Harald/Grünert, Lars/Kriegbaum-Kling, Catharina (2007)
Controlling in einem Familienunternehmen – der Einfluss der Unternehmenskultur auf die Controlling-Organisation bei TRUMPF, in: Gleich/Michel (Hrsg., 2007), S. 113-132

Vogler, Markus (1990)
Die Aufgaben des Beirats in Familienunternehmen unter Berücksichtigung rechtlicher Aspekte, Bergisch Gladbach/Köln

Voigt, Kai-Ingo (2008)
Industrielles Management: Industriebetriebslehre aus prozessorientierter Sicht, Berlin/Heidelberg

Voll, Johannes (2007)
Internationalisierung in der Unternehmensentwicklung, Wiesbaden

Vorstius, Sven (2004)
Wertrelevanz von Jahresabschlussdaten, Wiesbaden

Währisch, Michael (1998)
Kostenrechnungspraxis in der deutschen Industrie, Wiesbaden

Wälzholz, Eckhard (2003)
Der Beirat im mittelständischen Unternehmen – Chancen, Grenzen und Problem, in: Gesellschafts- und Wirtschaftsrecht 13/2003, S. 511-517

Wagenhofer, Alfred (Hrsg., 2009)
Controlling und Corporate Governance-Anforderungen, Berlin

Wagenhofer, Alfred (2009)
Corporate Governance und Controlling, in: Wagenhofer (Hrsg., 2009), S. 1-22

Wagenhofer, Alfred/Ewert, Ralf (2002)
Externe Unternehmensrechnung, Berlin

Wagner, Eva (2008)
Besonderheiten der Kapitalstruktur von Familienunternehmen, in: Feldbauer-Durstmüller et al. (Hrsg., 2008), S. 167-199

Wald, Andreas (2009)
Corporate Governance als Erfolgsfaktor, in: Industrielle Beziehungen, 16. Jg., Nr. 1, S. 67-86

Wall, Friederike (1999)
Planungs- und Kontrollsysteme. Informationstechnische Perspektiven für das Controlling. Grundlagen – Instrumente – Konzepte, Wiesbaden

Wall, Friederike (2003)
Management Support Systeme als Komponenten der Corporate Governance, in: Zeitschrift für Planung & Unternehmenssteuerung, 14. Jg., S. 400-417

Wall, Friederike (2004)
Management Support Systeme als Komponenten der Corporate Governance, in: Freidank (Hrsg., 2004a), S. 77-95

Wall, Friederike (2008a)
Controlling zwischen Entscheidungs- und Verhaltenssteuerungsfunktion. Konzeptionelle Gemeinsamkeiten und Unterschiede innerhalb des Fachs, in: Die Betriebswirtschaft, 68. Jg., S. 463-482

Wall, Friederike (2008b)
Funktionen des Controllings im Rahmen der Corporate Governance, in: Zeitschrift für Controlling und Management, 52. Jg., S. 228-233

Wall, Friederike (2009)
Stakeholder-orientiertes Controlling als Koordination bei mehrfacher Zielsetzung, in: Wall/Schröder (Hrsg., 2009), S. 345-363

Wall, Friederike/Schröder, Regina W. (Hrsg., 2009)
Controlling zwischen Shareholder Value und Stakeholder Value. Neue Anforderungen, Konzepte und Instrumente, München

Wallau, Frank (2002)
Mittelstandsfinanzierung im Umbruch, in: Schäfer/Obermeier (Hrsg., 2002), S. 17-44

Wallau, Frank (2005)
Mittelstand in Deutschland: Vielzitiert, aber wenig bekannt, in: Meyer et al. (Hrsg., 2005), S. 1-15

Wallau, Frank (2006)
Mittelständische Unternehmen in Deutschland, in: Schauf (Hrsg., 2006), S. 9-33

Wallau, Frank (2007)
Internationalisierung des deutschen Mittelstands – Bedeutung und Umfang, in: Letmathe et al. (Hrsg., 2007), S. 475-488

Waltert, Michael J. (1999)
Markt- und Prozessorientierung im industriellen Mittelstand, Wiesbaden

Waltz,, Carolyn F./Strickland, Ora L./Lenz, Elizabeth R. (2001)
Measurement in nursing research, 2. Aufl., Philadelphia

Ward, John L. (1998)
The active board with outside directors and the family firm, in: Family Business Review, Vol., 1, No. 3, S. 223-229

Wayland, Robert E./Cole, Paul M. (1997)
Customer connections: New strategies for growth, Boston

Weber, Iris K. (1999)
Das Planungs- und Kontrollsystem der mittelständischen Unternehmung: Gestaltungsmöglichkeiten in Abhängigkeit von der Unternehmensentwicklungsphase, Frankfurt am Main

Weber, Jürgen (2001)
Versagen des Controlling? Ein Beitrag zur Theoriefindung, Erwiderung zu dem Beitrag von D. Schneider, in: Der Betrieb, 44. Jg., S. 1785-1788

Weber, Jürgen (2003)
Controlling in unterschiedlichen Führungskontexten - ein Überblick, in: Zeitschrift für Controlling und Management, 47. Jg., Nr. 3, S. 183 – 192

Weber, Jürgen (2008)
Von Top-Controllern lernen, Weinheim

Weber, Jürgen/Reitmeyer, Thorsten/Frank, Stefan (2000)
Erfolgreich entscheiden. Der Managementleitfaden für den Mittelstand, Frankfurt am Main/Wiesbaden

Weber, Jürgen/Schäffer, Utz (2006)
Einführung in das Controlling, 11. Aufl, Stuttgart

Weber, Jürgen/Schäffer, Utz (2008)
Einführung in das Controlling, 12. Aufl., Stuttgart

Wecker, Gregor/Galla, Stefan (2008)
Pflichten der Geschäftsleitung & Aufbau einer Compliance Organisation, in: Wecker/Laak (Hrsg.), S. 43-64.

Wecker, Gregor/Laak, Hendrik v. (Hrsg., 2008)
Compliance in der Unternehmerpraxis. Grundlage, Organisation und Umsetzung, Wiesbaden

Wegmann, Jürgen (2006)
Betriebswirtschaftslehre mittelständischer Unternehmen, München/Wien

Weichert, Sven (2004)
Anwendung internationaler Rechnungslegungsnormen in mittelständischen Unternehmen. Darstellung und Vergleich von Eigenkapital und Konzernbildung, München

Weichsler, Tobias (2009)
Corporate Governance und Shareholder Value – Eine empirische Untersuchung am Beispiel der Schweiz, Bamberg

Weide, Gonn (2009)
Gestaltung und Erfolg des Management Reporting. Empirische Analyse der Auswirkungen einer Integration des Rechnungswesens, Hamburg

Weigle, Jörn (2007)
Informationsverarbeitung und -verteilung virtualisierter Organisationen, Wiesbaden

Weissenberger-Eibl, Marion A. (2007)
Planung der Führungsnachfolge in KMU durch Family Business Governance, in: Meyer (Hrsg., 2007), S. 293-304

Weißenberger, Barbara E. (2007)
IFRS für Controller: Einführung, Anwendung, Fallbeispiele, Freiburg/Berlin /München

Weissmann, Arnold (2006)
Die großen Strategien für den Mittelstand: Die erfolgreichsten Unternehmer verraten ihre Rezepte, Frankfurt am Main

Weißmann, Fritz (2005)
Unternehmen steuern mit Controlling. Leitfaden und Toolbox für die Praxis, Berlin/Heidelberg/New York

Welge, Martin K. (1988)
Unternehmensführung. Band 3: Controlling, Stuttgart

Welge, Martin K./Al-Laham, Andreas (2008)
Strategisches Management: Grundlagen – Prozesse – Implementierung, 5. Aufl., Wiesbaden

Welsh, John A./White, Jerry F. (1981)
A small business is not a little big business, in: Havard Business Review, Vol. 59, No. 1, S. 18-32

Welter, Friederike (2003)
Strategien, KMU und Umfeld – Handlungsmuster und Strategiegenese in kleinen und mittleren Unternehmen, Berlin

Wentges, Paul (2002)
Corporate Governance und Stakeholder-Ansatz. Implikationen für die betriebliche Finanzwirtschaft, Wiesbaden

Werder, Axel v. (Hrsg., 2001)
German Code of Corporate Governance (GCCG) – Konzeption, Inhalt und Anwendung von Standards der Unternehmensführung, 2. Aufl., Stuttgart

Werder, Axel v. (2003)
Ökonomische Grundfragen der Corporate Governance, in: Hommelhoff/Hopt/Werder (Hrsg., 2003), S. 3-28

Werder, Axel v. (2008)
Führungsorganisation. Grundlagen der Corporate Governance, Spitzen- und Leitungsorganisation, 2. Aufl., Wiesbaden

Werder, Axel v. (2009)
Aktuelle Entwicklungen in der Corporate Governance, in: Wagenhofer (Hrsg., 2009), S. 23-41

Werder, Axel v./Stöber, Harald/Grundei, Jens (Hrsg., 2006)
Organisationscontrolling. Konzepte und Praxisbeispiele, Wiesbaden

Werder, Axel v./Talaulicar, Till (2008)
Kodex Report 2008: Die Akzeptanz der Empfehlungen und Anregungen des Deutschen Corporate Governance Kodex, in: Der Betrieb, 61. Jg., S. 825-832

Werder, Axel v./Talaulicar, Till/Kolat, Georg L. (2005)
Compliance with the German Corporate Governance Code: an empirical analysis of the compliance statements by German listed companies, in: Corporate Governance: An International Review, Vol. 13, S. 178-187

Werner, Jörg-Michael (2006)
Unternehmenspublizität und Corporate Governance im Wandel. Staatliche Steuerungsmodelle im internationalen Vergleich, Frankfurt/New York

Wesel, Markus A. (2010)
Corporate Governance im Mittelstand: Anforderungen, Besonderheiten, Umsetzung, Berlin

Westhead, Paul/Cowling, Marc (1998)
Family firm research: The need for a methodological rethink, in: Entrepreneurship: Theory and Practice, Vol. 23, S. 31-56

Weißenberger, Barbara (2006)
Arbeitskreis „Controller und IFRS" der International Group of Controlling: Controller und IFRS: Konsequenzen einer IFRS – Finanzberichterstattung für die Aufgabenfelder von Controllern, in: Betriebswirtschaftliche Forschung und Praxis, 58. Jg., S. 343-364

Weyer, Helmut/Hermann, Steffen (2009)
IRIS – das integrierte Risikomanagement- und interne Kontrollsystem für den Mittelstand, in: Bilanzen im Mittelstand, 3. Jg., Nr. 2, S. 36-39

Wiechers, Ralph (2005)
Familienmanagement zwischen Unternehmen und Familie, Heidelberg

Wieland, Josef (Hrsg., 2000)
Handbuch Wertemanagement, Hamburg

Wielpütz, Axel Ullrich (1996)
Verhaltensorientiertes Controlling, Lohmar/Köln

Wieselhuber, Norbert (2008)
Der richtige Nachfolger, in: Wirtschaft – Das IHK-Magazin für München und Oberbayern,

07-08-2008, S. 48-49

Wieselhuber, Norbert/Lohner, Andreas M./Thum, Gustl F. (2007)
Gestaltung und Führung von Familienunternehmen, 3. Aufl., Bonn

Wijewardena, Herma/de Zoysa, Anura (2001)
The impact of financial planning and control on performance of SMEs in Australia, in: Journal of Enterprising Culture, Vol. 9., No. 4, S. 353-365

Wild, Jürgen (1973)
Organisation und Hierarchie, in: Zeitschrift für Führung + Organisation, 42. Jg., Nr. 1, S. 45-54

Wild, Jürgen (1975)
Methodenprobleme in der Betriebswirtschaftslehre, in: Grochla/Wittmann (Hrsg., 1975), Sp. 2654-2677

Wildemann, Horst (2004)
Personal und Organisation. Festschrift für Rolf Bühner, München

Williams, Joseph (1987)
Perquisites, risk and capital structure, in: Journal of Finance, Vol. 42, No. 1, S. 29-48

Williamson, Oliver E. (1975)
Markets and hierarchies: Analysis and antitrust implications. A study in the economics of internal organizations, New York

Williamson, Oliver E. (1985)
The economic institutions of capitalism. Firms, markets, relational contracting, New York

Willke, Helmut (2006)
Systemtheorie I: Grundlagen, 7. Aufl., Stuttgart

Wimmer, Rudolf et al. (2005)
Familienunternehmen – Auslaufmodell oder Erfolgstyp?, 2. Aufl., 2005

Wimpenny, Peter/Gass, John (2000)
Interviewing in phenomenology and grounded theory: is there a difference, in: Jorunal of Advanced Nursing, Vol. 31, No. 6., S. 1485-1492

Winkeljohann, Norbert (2007)
Chance oder Widerspruch? Beteiligungskapital in deutschen Familienunternehmen. Ergebnisse einer empirischen Befragung von Gesellschaftern und Entscheidungsträgern, Frankfurt am Main

Winkeljohann, Norbert (2009)
Corporate Governance als Erfolgsschlüssel in Krisenzeiten, in: Zeitschrift für Corporate Governance, 4. Jg., S. 245

Winkeljohann, Norbert/Herzig, Norbert (Hrsg., 2006)
IFRS für den Mittelstand. Perspektiven – Anwendung – Praxisbeispiele, Stuttgart

Winkeljohann, Norbert/Kellersmann, Dietrich (2006)
Corporate Governance im Mittelstand, insbesondere in Familienunternehmen: Spezifische Ansatzpunkte zur Verbesserung der Unternehmensführung in mittelständischen Unternehmen, in: Zeitschrift für Corporate Governance, 1.Jg., S. 8-12

Winkeljohann, Norbert/Kellersmann, Dietrich (2008)
Fremdmanagement in Familienunternehmen – Vor- und Nachteile: Ergebnisse einer empirischen Studie, in: Zeitschrift für Corporate Governance, 3. Jg., S. 253-260

Wirl, Franz/Brändle, Udo C. (2004)
Corporate-Governance-Normen – Ein Weg aus der Krise?, in: Das Wirtschaftsstudium, 33. Jg., Nr. 7, S. 906-910

Wirtz, Bernd W. (2008)
Medien- und Internetmanagement, 6. Aufl., Wiesbaden

Witt, Frank H. (1995)
Theorietraditionen in der betriebswirtschaftlichen Forschung: deutschsprachige Betriebswirtschaftslehre und angloamerikanische Management- und Organisationsforschung, Wiesbaden

Witt, Peter (2001)
Corporate Governance, in: Jost (2001a), S. 85-115

Witt, Peter (2003)
Corporate Governance-Systeme im Wettbewerb, Wiesbaden

Witt, Peter (Hrsg., 2006)
Entrepreneurship. Zeitschrift für Betriebswirtschaft Special Issue 4/2006, Wiesbaden

Witt, Peter (2008)
Corporate Governance in Familienunternehmen, in: Albach/Letmathe (Hrsg., 2008), S. 21-44

Witt, Peter (Hrsg., 2009)
Management von Familienunternehmen. Zeitschrift für Betriebswirtschaft Special Issue 2/2009, Wiesbaden

Witte, Eberhard (1978)
Die Verfassung des Unternehmens als Gegenstand der betriebswirtschaftlichen Forschung, in: Die Betriebswirtschaft, 38. Jg., S. 331-340

Wittenberg, Verena (2006)
Controlling in jungen Unternehmen: Phasenspezifische Controlling-Konzeptionen für Unternehmen in der Gründungs- und Wachstumsphase, Wiesbaden

Wittmann, Stefan (2008)
Shareholder oder Stakeholder Value in der Corporate Governance? Zur Klärung eines schwierigen Verhältnisses, in: Wunderer (Hrsg., 2008), S. 19-22

Wittmann, Waldemar et al. (Hrsg., 1993a)
Handwörterbuch der Betriebswirtschaftslehre, Teilband 2I-Q, 3. Aufl., Stuttgart 1993

Wittmann, Waldemar et. al. (Hrsg., 1993b)
Handwörterbuch der Betriebswirtschaftslehre, Teilband 3R-Z, 5. Aufl., Stuttgart 1993

Witzel, Andreas (1982)
Verfahren der qualitativen Sozialforschung. Überblick und Alternativen. Frankfurt am Main/New York

Witzel, Andreas (1985)
Das problemzentrierte Interview, in: Jüttemann (Hrsg., 1985), S. 227-256

Woeckener, Bernd (2007)
Strategischer Wettbewerb. Marktökonomische Grundlagen, Produktdifferenzierung und Innovation, Berlin/Heidelberg/New York

Wolf, Jens (2004)
Corporate Governance für den Mittelstand, in: AWR 05/04, S. 167-172

Wolf, Joachim (2008)
Organisation, Management, Unternehmensführung. Theorien, Praxisbeispiele und Kritik, 3. Aufl., Wiesbaden

Wolf, Klaus (2004)
Implementierung und Anwendung von Risikomanagement, in: Schlüchtermann/Tebroke (Hrsg., 2004), S. 177-197

Wolf, Klaus/Runzheimer, Bodo (2009)
Risikomanagement und KontraG. Konzeption und Implementierung, Wiesbaden

Wolfenson, James (1999)
A Battle for Corporate Honesty. The World in 1999, in: The Economist Publications vom 19. November 1998

Wolff, Ulrik (2000)
Beteiligungsbesitz und Corporate Governance. Eine Effizienzanalyse institutioneller Finanzierungsbeziehungen, Wiesbaden

Wolfram, Jens (2000)
Corporate Governance in Deutschland (BDI-Drucksache Nr. 322), Hrsg. Vom Bundesverband der Deutschen Industrie e.V. und PwC Deutsche Revision AG, Berlin

Wolke, Thomas (2008)
Risikomanagement, 2. Aufl., München 2008

Wollnik, Michael (1980)
Einflußgrößen der Organisation, in: Grochla (Hrsg., 1980), Sp. 592-613

Wolter, Hans-Jürgen/Hauser, Hans-Eduard (2001)
Die Bedeutung des Eigentümerunternehmens in Deutschland – Eine Auseinandersetzung mit der qualitativen und quantitativen Definition des Mittelstands, Auszug aus: IfM (Hrsg.), Jahrbuch zur Mittelstandsforschung 1/2001, Wiesbaden

Wortmann, André (2001)
Shareholder Value in mittelständischen Wachstumsunternehmen, Wiesbaden

Wossidlo, Peter R. (1993)
Mittelständische Unternehmungen, in: Wittmann et al. (Hrsg., 1993a), Sp. 2888-2898

Wossidlo, Peter R. (1997)
Finanzierung, in: Pfohl (Hrsg., 1997), S. 287-333

Wunderer, Rolf (Hrsg., 2008)
Corporate Governance – zur personalen und sozialen Dimension, Köln

Yin, Robert K. (2003a)
Applications of case study research, 2. Aufl., Thousand Oaks

Yin, Robert K. (2003b)
Case study research: Design and methods, 3. Aufl., Thousand Oaks

Zahra, Shaker A. (2007)
An embeddedness framing of governance and opportunism: towards a cross-nationally accommodating theory of agency – critique and extension, in: Journal of Organizational Behavior, Vol. 28, S. 69-73

Zahra, Shaker A./Neubaum, Donald O./Huse, Morten (2000)
Entrepreneurship in medium-size companies: Exploring the effects of ownership and governance systems, in: Journal of Management, Vol. 26., S. 947-976

Zantow, Roger (2007)
Finanzwirtschaft des Unternehmens. Die Grundlagen des modernen Finanzmanagements, 2. Aufl., München

Zeitzentrum für Insolvenz und Sanierung/Euler Hermes (Hrsg., 2006)
Warum Unternehmen insolvent werden, abrufbar unter www.eulerhermes.com/ger/ger/press/news_20060927_001.html. vom 31.03.2008

Zellweger, Thomas M. (2006)
Risk, return and value in the family firm, Bamberg

Zimmermann, Christian (2001)
Controlling in international tätigen mittelständischen Unternehmen: Einführung - Gestaltung – Performance, Wiesbaden

Zimmermann, Jochen/Goncharov, Igor/Werner, Jörg R. (2004)
Does compliance with the German corporate governance code have an impact on stock valuation? An empirical analysis. Working Paper, Universität Bremen

Zimmermann, Rudolf (2000)
Compliance – Grundlagen der Corporate Governance, in: Wieland (Hrsg., 2000), S. 200-221

Zipser, Daniel (2008)
Wertgenerierung von Buyouts, Wiesbaden

Zloch, Sabine (2007)
Wertorientiertes Management in der pharmazeutischen Produktentwicklung, Wiesbaden

Zöllner, Christine (2007)
Interne Corporate Governance, Wiesbaden

Zülch, Henning/Hofmann, Sebastian (2009)
Aktuelle HGB-Novelle: Herausforderung auch für die Corporate Governance, in: Zeitschrift für Corporate Governance, 4. Jg., S. 97

Zünd, André (1979)
Zum Begriff des Controlling – ein umweltbezogener Erklärungsversuch, in: Goetzke/Sieben (Hrsg., 1979), S. 15-26

9 Anhang

9.1 Kurzprofile der befragten Experten

PD Dr. Thomas Steger am 17.02.2009 in Chemnitz

Herr Steger wurde 1966 in Winterthur (Schweiz) geboren und studierte Wirtschaftswissenschaften an der TU Chemnitz. Nach einer Tätigkeit als Personalchef eines Schweizer Unternehmens promovierte er an der Professur für Organisation und Arbeitswissenschaft der TU Chemnitz (Prof. Dr. Rainhart Lang). Nach dem Doktorat im Jahr 2000 und der Tätigkeit als wissenschaftlicher Assistent an der oben genannten Professur war er von 2002 bis 2008 Inhaber einer Juniorprofessur für Europäisches Management an der TU Chemnitz. Im Jahr 2006-2007 vertrat er den Lehrstuhl für Unternehmensführung, Organisation und Personalwesen an der Universität Hohenheim (ehemaliger Lehrstuhl von Prof. Klaus Macharzina). Zurzeit vertritt Herr Steger den Lehrstuhl für Organisationstheorie und Management an der Universität Erfurt (ehemaliger Lehrstuhl von Prof. Peter Walgenbach). Herr Steger ist Autor zahlreicher Bücher und begutachteter Fachartikel. Seine Arbeitsschwerpunkte liegen insbesondere in den Bereichen Corporate Governance, Personal (z.B. Mitarbeiterkapitalbeteiligung) und Internationalisierungsprozessen. Er engagiert sich in verschiedenen Forscher-Netzwerken in diesem Feld, so im Norefjell-Netzwerk (Koordinator: Prof. Morten Huse, BI Norwegian School of Management), im ICGR-Netzwerk (Koordinator: Prof. Martin Hilb, Universität St. Gallen) und im CG-CEE-Netzwerk, das er selbst leitet.

WP/StB Philipp Karmann am 20.02.2009 in Dresden

Herr Karmann studierte Betriebswirtschaftslehre in Regensburg mit den Schwerpunkten Steuerlehre, Revision und Treuhandwesen sowie Finanzierung. Des Weiteren trieb er ein juristisches Studium parallel voran, welches ihm – obwohl es letztendlich nicht in einem Staatsexamen mündete – einen deutlichen rechtswissenschaftlichen Wissensvorsprung für seine spätere Tätigkeit als Wirtschaftsprüfer ermöglichte. Herr Karmann stieg im Jahr 1987 bei Deloitte als Prüfungsassistent in München ein und ist seit dieser Zeit für das Unternehmen tätig. Er durchlief die übliche Laufbahn (Prüfungsassistent, StB, WP, Prüfungsleiter), bevor er im Jahr 1999 in die Leitung der Prüfung der Niederlassung Dresden wechselte. Die interne Weiterbildungsmaßnahme des Certified Business Advisor (CBA) stellte für Herrn Karmann eine Erfrischung alten theoretischen Wissens sowie eine interessante Erfahrung mit praxisrelevanten Erkenntnissen dar. Die Bandbreite der von Herrn Karmann als Steuerberater und Wirtschaftsprüfer betreuten Unternehmen umfasst sämtliche gängigen Größenklassen und Branchen.

Prof. Dr. Alexander Bassen am 24.02.2009 in Hamburg

Herr Bassen promovierte an der European Business School und war an genannter Hochschule sowie der Technischen Universität München (Lehrstuhl Prof. Dr. Ann-Kristin Achleitner) als wissenschaftlicher Mitarbeiter, Assistent und Privatdozent tätig. Seit 2003 hat er den Lehrstuhl für Investition und Finanzierung an der Universität Hamburg inne, der kürzlich zum Lehrstuhl für Kapitalmärkte und Unternehmensführung umbenannt wurde. Herr Bassen ist Dekan der Fakultät Wirtschafts- und Sozialwissenschaften, der größten ihrer Art in Deutschland, und betreibt neben seiner wissenschaftlichen Tätigkeit zahlreiche ergänzende Tätigkeiten, so unter anderem für das Research Fellow Center for Entrepreneurial and Financial Studies (CEFS), München, und die Deutsche Vereinigung für Finanzanalyse und Asset Management (DVFA). Herr Bassen ist Autor von acht Büchern sowie über 100 wissenschaftlichen Artikeln.

Dr. Christine Zöllner am 24.02.2009 in Hamburg
Frau Zöllner begann nach ihrer Ausbildung zur Bankkauffrau bei der Deutschen Bank AG in Hamburg und zur Bankfachwirtin an der Bankakademie Hamburg mit dem Studium an der Universität Hamburg. Danach absolvierte sie unter anderem ein MBA-Studium der Richtung Entrepreneurship. Frau Zöllner war von 2003 bis zu ihrer Promotion 2007 als wissenschaftliche Mitarbeiterin von Herrn Bassen tätig und ist seitdem als Lehrkraft für besondere Aufgaben / Lecturer an genanntem Lehrstuhl beschäftigt.

Prof. Dr. Egbert Kahle am 04.03.2009 in Lüneburg
Herr Kahle studierte Betriebswirtschaftslehre an den Universitäten Hannover und Göttingen. Er promovierte 1973 und habilitierte sich 1977 für Betriebswirtschaftslehre in Göttingen. Nach einer Lehrstuhlvertretung an der Universität (GHK) Kassel erhielt Herr Kahle einen Ruf auf die Professur für Betriebswirtschaftslehre, insbesondere Entscheidung und Organisation, die er bis heute innehat. Von 1983 bis 2008 war Herr Kahle mit einer Unterbrechung von zwei Jahren Dekan des Fachbereichs Wirtschafts- und Sozialwissenschaften. Er nahm über viele Jahre an den Rencontres de St. Gall, einem internationalen Forschungssymposium zu Mittelstandsfragen mit festem ausgewähltem Teilnehmerkreis teil. Herr Kahle betreute im Jahr 2004 die erste Dissertation zum Thema „Corporate Governance im deutschen Mittelstand" von Frau Kerstin Hausch. In den Jahren 2001 und 2002 war er zudem Vorsitzender der wissenschaftlichen Kommission Organisation des Verbands der Hochschullehrer für Betriebswirtschaftslehre.

Prof. Dr. Uwe Götze am 10.03.2009 in Chemnitz
Herr Götze absolvierte eine Lehre zum Industriekaufmann und studierte Betriebswirtschaftslehre an der Universität Göttingen. Er promovierte 1991 und habilitierte sich 1996 für Betriebswirtschaftslehre in Göttingen. Seit 1997 ist Herr Götze Inhaber des Lehrstuhls BWL III: Unternehmensrechnung und Controlling an der Technischen Universität (TU) Chemnitz. Wei-

tere Aktivitäten von Herrn Götze umfassen die Schriftleitung der Zeitschrift für Planung & Unternehmenssteuerung (ZP) von 1990-1997 sowie seit 2005. Seit 1998 ist Herr Götze zudem Herausgeber der genannten Zeitschrift. Seit 1997 fungiert er als Studienleiter der Welfen-Akademie in Wöltingerode. Die wissenschaftlichen Arbeitsschwerpunkte von Herrn Götze liegen in den Bereichen Unternehmensrechnung, Controlling, Strategisches Management, Investition, Produktion und Logistik.

Dr. Sascha Haghani am 02.06.2009 in Frankfurt am Main

Herr Haghani studierte nach einer pharmazeutischen Industriekaufmannlehre BWL und VWL in Freiburg in Breisgau mit Studienaufenthalten in St. Gallen und Zürich. 1992 stieg er als Freelancer, 1994 dann als Berater bei Roland Berger im Competence Center Restructuring & Corporate Finance ein. 1998 folgte die Promotion in Kassel zum Thema „Subventionseffizienz staatlicher Finanzpolitik". Im Jahr 2000 wurde Herr Haghani bei Roland Berger zum Partner gewählt. Seine Arbeitsschwerpunkte liegen in den Bereichen Restrukturierung, Performancesteigerung und Corporate Finance. Neben den zahlreichen Fachpublikationen zum Thema Mittelstand kann Herr Haghani auf umfangreiche Beratungserfahrung insbesondere bei mittelständischen Familienunternehmen zurückblicken. Das Thema Corporate Governance wird bei Roland Berger momentan in mehreren Studien bearbeitet, welche unter anderem mit der European Business School realisiert werden. Laut Herrn Haghani ist das Thema bei Roland Berger ein Querschnittsthema, das führungs- und auch organisationsrelevant ist.

Volker Böschen am 04.06.2009 in Hannover

Herr Böschen studierte Wirtschaftswissenschaften in Oldenburg und Sunderland (UK). Nach einer vierjährigen Tätigkeit für Andersen Consulting – darunter zweieinhalb Jahre im Ausland – wechselte er nach Hannover zu einem Spin-off von Roland Berger Strategy Consultants. Dort war er in Zusammenarbeit mit der Kreissparkasse Hannover für die Mittelstandsberatung zuständig. Nach einer dreijährigen Tätigkeit als selbstständiger Unternehmerberater – das letzte Jahr als geschäftsführender Gesellschafter – ist Herr Böschen nun seit ca. zwei Jahren als Leiter Mittelstandsberatung bei Deloitte in Hannover zuständig. Seit 2005 ist Herr Böschen zusätzlich Lehrbeauftragter für International Management an der Fachhochschule der Wirtschaft (FHdW) in Hannover. Zusätzlich ist Herr Böschen als zertifizierter Trainer für Projektmanagement freiberuflich tätig. Neben umfangreicher Erfahrung in der Beratung von mittelständischen Familienunternehmen kann Herr Böschen auf mehrere Publikation zu Problemstellungen verweisen. Nicht zuletzt ist zu erwähnen, dass Herr Böschen aus einem Unternehmerhaushalt stammt.

Prof. Dr. Anja Tuschke am 08.06.2009 in München

Frau Tuschke studierte Betriebswirtschaftslehre und die Wirtschaftsfremdsprache Chinesisch an der Universität Passau und der Zhong Shan University in Guangzhou, China. Nach einer Tätigkeit als wissenschaftlicher Mitarbeiterin am Lehrstuhl für Organisation und Personalwesen (Prof. Dr. Rolf Bühner), anschließender Promotion und Habilitation sowie einer zwischenzeitigen Vertretung eines Lehrstuhls für Marketing nahm Frau Tuschke im September 2006 einen Ruf an die Universität Bern an. Dort war sie als Professorin für Betriebswirtschaftslehre und Direktorin am Institut für Organisation und Personal tätig. Seit August 2007 ist Frau Tuschke Inhaberin des Lehrstuhls für Strategische Unternehmensführung und Leiterin des Zentrums für Organisationstheoretische Grundlagenforschung an der LMU München. Frau Tuschke fungierte in den Jahren 2008 und 2009 als wissenschaftliche Leiterin des von der Deloitte & Touche GmbH vergebenen Axia Awards für mittelständische Unternehmen.

Prof. Dr. Martin Hilb am 27.08.2009 (telefonisch)

Herr Hilb ist Managing Director des Institute for Leadership and Human Resource Management (I.FPM-HSG) an der Hochschule St. Gallen sowie Titularprofessor am European Institute for Advanced Studies in Management, Brüssel. Nach einem Studium der Politikwissenschaft an der Uni Genf und der Betriebswirtschaft an der Uni St.Gallen sammelte er Praxiserfahrung bei Nestlé SA, Vevey, Martin & Co, Berlin und Schering-Plough Corporation (USA), zuletzt als Direktor der Essex Chemie AG. Herr Hilb ist als Professor an der Uni St.Gallen, an der Uni Dallas/Texas und am EIASM, Brüssel tätig. Seine Forschungsschwerpunkte sind: Corporate Governance, Integrated-HRM, Multicultural Management.

Prof. Dr. Arist von Schlippe am 08.09.2009 in Witten/Herdecke

Herr von Schlippe ist ausgebildeter Psychologe, systemischer Therapeut und Berater sowie Hochschullehrer für Betriebswirtschaftslehre. Von 1976-1981 war er in der Kinder- und Jugendpsychiatrie tätig, ab 1981 dann in der Klinischen Psychologie der Universität Osnabrück. Seit 2005 hat Herr von Schlippe den Lehrstuhl Führung und Dynamik von Familienunternehmen an der Privaten Universität Witten-Herdecke inne, welcher Teil des Wittener Familieninstituts ist. Von 1999 bis 2005 war er zudem Erster Vorsitzender der Systemischen Gesellschaft. Seit 1986 ist Herr von Schlippe Lehrtherapeut und Lehrender Supervisor am Institut für Familientherapie Weinheim. Der Verband der lettischen Familientherapeuten in Riga ernannte ihn zum Ehrenmitglied. Er fungiert zudem als Mitherausgeber der Fachzeitschrift ‚Familiendynamik' und ist Co-Autor des ‚Lehrbuchs für systemische Therapie und Beratung'. Seine wissenschaftliche Tätigkeit lässt einen starken klinischen Akzent erkennen, der durch Fragestellungen in Bezug auf Familienunternehmen und Organisationen ergänzt wird. Herr von Schlippe bezeichnet sein Fachgebiet selbst als eine Nische, in der nur wenige Hochschullehrer in Deutschland tätig sind. Er hat sich mit unterschiedlichen familientherapeutischen Fragen befasst und sieht den Übergang von Beratung zu therapeutischer Arbeit mit Familien als fließend an. Dies zeigt sich in besonderem Maße dort, wo Familie und Unternehmen ineinander übergehen und Organisationsdynamik von Familiendynamik beeinflusst wird. Herr von Schlippe fertigt schwerpunktmäßig qualitative Studien.

Prof. Dr. Norbert Wieselhuber am 16.09.2009 in München

Herr Wieselhuber ist geschäftsführender Gesellschafter der Dr. Wieselhuber & Partner GmbH Unternehmensberatung mit Standorten in München, Hamburg und Düsseldorf und berät seit über 30 Jahren führende Familienunternehmen. Nach seiner Lehre zum Industriekaufmann in einem führenden Markenartikelkonzern und seiner Tätigkeit im Marketing folgte das Studium der Betriebswirtschaftslehre an der Fachhochschule München (Dipl. Betriebswirt FH) und an der Ludwig Maximilian Universität München (Dipl. Kfm.). Herr Wieselhuber promovierte als externer Doktorand am Lehrstuhl für Absatzwirtschaft der LMU (Dr.oec.publ.). Im Rahmen eines ordentlichen Berufungsverfahrens wurde er zum Honorarprofessor für Unternehmensberatung und Unternehmensführung durch Staatsminister Dr. Thomas Goppel an die Fachhochschule München berufen. Herr Wieselhuber ist Autor und Herausgeber von Management-Literatur, Mitglied in Aufsichts- und Firmenbeiräten sowie Referent bei Top-Management-Veranstaltungen. Sein Standardwerk „Gestaltung und Führung von Familienunternehmen“ erschien im Jahr 2007 in dritter Auflage.

Prof. Dr. Dr. h.c. Brun-Hagen Hennerkes am 08.10.2009 in Stuttgart

Herr Hennerkes (Jahrgang 1939) ist promovierter Volljurist und ein ausgezeichneter Kenner des Rechts auf dem Gebiet der Familienunternehmen. Er studierte von 1960 bis 1964 zunächst alte Sprachen und anschließend Rechtswissenschaften an den Universitäten Saarbrücken, Freiburg und Hamburg. 1966 promovierte er mit einem staatsrechtlichen Thema bei Konrad Hesse. Bereits 1987 wurde er zum Honorarprofessor an der Universität Stuttgart für die Bereiche Wirtschafts- und Unternehmenssteuerrecht berufen. Seine berufliche Laufbahn begann 1968 mit einen Managerlehrgang bei der Wirtschaftsvereinigung Eisen & Stahl in Düsseldorf, an dessen Anschluss er zum jüngsten Mitglied der Direktionsabteilung der Mannesmann AG berufen wurde, wo er als Assistent des Vorstandsvorsitzenden Dr. Egon Overbeck fungierte. Hier arbeitete er, bis er 1971 in die Sozietät von Dr. Conrad Böttcher eintrat, der sich bereits seit der Gründung 1929 ausschließlich mit Familienunternehmen beschäftigte. 1981 wurde Herr Hennerkes alleiniger Seniorpartner der Sozietät, welche mittlerweile den Namen Hennerkes, Kirchdörfer & Lorz trägt. Herr Hennerkes berät bereits seit über fünfunddreißig Jahren ausschließlich Familienunternehmen in Deutschland, Österreich und der Schweiz in konzeptionellen Fragen und beschäftigt sich schwerpunktmäßig mit der Unternehmensnachfolge, der Erstellung von Familienverfassungen sowie der Streitvermeidung in der Unternehmerfamilie. Er ist selbst als Vorsitzender bzw. Mitglied in verschiedenen Kontrollgremien bekannter Familienunternehmen berufen worden. Herr Hennerkes ist ein bekannter Verfasser zahlreicher wissenschaftlicher Veröffentlichungen zum Thema des Familienunternehmens und Autor der Standardwerke: „Die Familie und ihr Unternehmen“, sowie vom „Unternehmenshandbuch Familiengesellschaften“. Herr Hennerkes ist seit 2008 Professor am Lehrstuhl für Privat-, Gesellschafts- und Steuerrecht in Familienunternehmen der Privaten Universität Witten/Herdecke und erhielt im Jahr 2009 die Ehrendoktorwürde der Universität.

Prof. Dr. Sabine B. Klein am 28.10.2009 (telefonisch)

Frau Klein ist akademische Direktorin des im September 2005 offiziell eröffneten ebs European Family Business Center (EFBC). Frau Dr. Klein ist zugleich Gründungsmitglied und Past-Präsidentin von ifera, der internationalen Vereinigung der Forscher im Bereich Familienunternehmen, Visiting Research Fellow am INSEAD in Fontainebleau von 2001 bis 2004 und Stipendiatin der Grand Valley State University (2006), USA. Frau Klein stammt aus einer traditionsreichen Unternehmerfamilie im Landkreis Osnabrück. Nach dem Abitur studierte sie Wirtschaft und Psychologie in Münster und München. Nach einigen Jahren als Seminarmanagerin im Bereich der Managementweiterbildung auf Schloss Gracht wurde sie Beiratsmitglied der elterlichen Firma. Später gründete sie ein eigenes Unternehmen und bot Top-Management-Seminare für Familienunternehmen an. 1993 verkaufte Frau Klein ihre Anteile am familieneigenen Unternehmen an die Familie und konzentrierte sich ganz auf eine wissenschaftliche Laufbahn. Ihre Doktorarbeit schrieb Frau Klein über den Einfluss von Werten auf Organisationen. Zum Thema Familienunternehmen hat sie zahlreiche Artikel sowie das erste deutsche Lehrbuch veröffentlicht. Von 1992 bis 1997 war Frau Klein Mitglied des Kuratoriums der privaten Universität Witten-Herdecke, Deutschland, und dabei an der Konzeption des bis dahin ersten und einzigen Instituts für Familienunternehmen an einer deutschen Universität entscheidend beteiligt. Sie ist bis zum 31.12.2009 Inhaberin der Professur für Strategie und Familienunternehmen an der European Business School und hat von 2007 bis 2009 das Department für Strategie, Organisation und Führung an der EBS geleitet. Ab 2010 übernimmt Frau Klein einen Lehrstuhl für Familienunternehmen an der WHU in Vallendar. Ihren aktuellen Arbeitsschwerpunkt bilden die Wechselwirkungen ökonomischer, psychologischer, rechtlicher und sozialer Aspekte zwischen der Unternehmerfamilie und dem Familienunternehmen.

WP/StB/RA Dr. Bernd Rödl am 27.11.2009 in Nürnberg

Herr Rödl ist Gründer und Geschäftsführender Partner des Prüfungs- und Beratungsunternehmens Rödl & Partner. Der Wirtschaftsprüfer, Steuerberater und Rechtsanwalt legte im Jahre 1977 den Grundstein für die heute führende unabhängige Wirtschaftsprüfungs-, Steuerberatungs- und Rechtsanwaltsgesellschaft deutschen Ursprungs. Herr Rödl hat die Kanzlei von Beginn an als multidisziplinäre Gesellschaft geprägt, die wirtschaftliche, steuerliche und rechtliche Beratung für inhabergeführte, deutsche, international tätige Unternehmen schnittstellenfrei aus einer Hand anbietet. Mit der Eröffnung der ersten Auslandsniederlassung im Jahre 1989 in Prag begann Rödl mit einer gezielten internationalen Expansion. Als erste deutsche Gesellschaft eröffnete Rödl & Partner eigene Niederlassungen in Mittel- und Osteuropa, Asien, Westeuropa, den USA und zuletzt in Lateinamerika und Afrika. Heute ist die Kanzlei mit 3.000 Mitarbeitern in 36 Ländern der Welt mit über 82 eigenen Niederlassungen präsent. In der Kanzlei ist Herr Rödl als Geschäftsführender Partner zuständig für den Bereich der Wirtschaftsprüfung und die prüfungsnahe Beratung. Zu seinen Spezialgebieten gehören darüber hinaus Unternehmensbewertungen, die steuerrechtliche Beratung insbesondere im Bereich der Unternehmensnachfolge und die Mittelstandsfinanzierung. Herr Rödl ist Vizepräsident der IHK Nürnberg, Vorstand des Förderverein innovatives Unternehmertum Nordbayern (F.U.N.) und des Partnerschaftsvereins Charkiv-Nürnberg. Als Mitglied des Universitätsrates der Friedrich-Alexander-Universität Erlangen-Nürnberg und als Kuratoriumsmitglied der Georg-Simon-Ohm-Hochschule bringt er sich intensiv in die Entwicklung der universitären Ausbildung in der Metropolregion Nürnberg ein. Rödl ist Mitglied diverser Aufsichts- und Beiräte. Herr Rödl wurde 2008 mit dem Bayerischen Gründerpreis des Sparkassenverbands Bayern in der Kategorie „Lebenswerk“ ausgezeichnet. Im Jahr 2006 erhielt er das Verdienstkreuz am Bande des Verdienstordens der Bundesrepublik Deutschland. Rödl & Partner wurde von Growth Plus und dem Bayerischen Wirtschaftsministerium mehrfach als eines der dynamischsten und wachstumsstärksten Unternehmen Bayerns bzw. Europas prämiert.

WP/StB Herbert Reiß am 09.12.2009 in Nürnberg

Herr Reiß, Wirtschaftsprüfer und Steuerberater, studierte Betriebswirtschaft in Regensburg. Seit 1973 ist er bei Deloitte & Touche in der Wirtschaftsprüfung und Beratung national sowie international aktiver Unternehmen tätig. In 1992 wurde er zum Partner berufen und 1997 zum geschäftsführenden Partner bestellt. Seinen Fokus richtete er stets auf mittelständische Unternehmen. Der Beratung der Eigentümer in Fragen der Unternehmensstrategie, Unternehmensführung, Finanzierung und Nachfolgeplanung gilt sein besonderes Augenmerk. Seit dem Jahr 2000 ist er in europäischen mittelstandsorientierten Initiativen von Deloitte aktiv. In das Global Mid-Market Comittee von Deloitte & Touche Tohmatsu wurde er 2007 berufen. Unter seiner Leitung wurde das deutsche Mittelstandsprogramm „Partner der Region“ entwickelt mit der Deloitte Mittelstandsakademie, an der erfahrene Mitarbeiter ihr Wissen auf die Zukunft ausrichten (Deloitte Certified Business Advisor), dem Deloitte Mittelstandsinstitut an der Universität Bamberg zur Erfolgsfaktorenforschung im Mittelstand und dem Axia-Award zur Auszeichnung herausragender mittelständischer Unternehmen.

9.2 Interviewleitfaden der Unternehmensgespräche

I. Allgemeine klassifikatorische Angaben zu Unternehmen und Interviewpartner

1. *Name des Unternehmens*

2. *Name und Funktion/Position des Interviewpartners*

3. *Branche*

4. *Gründungsjahr*

5. *Rechtsform und etwaige Veränderungen (Vergangenheit / Zukunft), ggf. Gründe für Veränderung*

6. *Mitarbeiterzahl plus Entwicklung in der jüngsten Vergangenheit / nahen Zukunft*

7. *Umsatz plus Entwicklung in der jüngsten Vergangenheit / nahen Zukunft*

II. Allgemeine Fragen zur Corporate Governance Ihres Unternehmens

1. *Haben sich Ihr Unternehmen und / oder Sie persönlich bereits mit dem Thema Corporate Governance befasst? Existiert eine explizite Darlegung über die Corporate Governance Ihres Unternehmens?*

2. *Planen a) Sie und / oder b) das Unternehmen eine Beschäftigung mit dem Thema Corporate Governance?*

3. *Was verbinden Sie mit dem Thema Corporate Governance?*

4. *Wo sehen Sie die größten Besonderheiten der Corporate Governance in mittelständischen Familienunternehmen? Spiegeln sich diese in Ihrem Unternehmen wider?*

5. *Welche Aspekte sehen Sie als Nutzen / Aufwand der Corporate Governance in Ihrem Unternehmen?*

6. *Wie schätzen Sie die Wirkung der Corporate Governance Ihres Unternehmens auf den Erfolg Ihres Unternehmens ein?*

III. Umwelt des Unternehmens

1. *Wie beurteilen Sie die Komplexität der Beziehung zu den Interessengruppen des Unternehmens?*

2. *Wie beurteilen Sie die Komplexität der Branche / des Wettbewerbsumfelds?*

3. *Wie beurteilen Sie die Komplexität der globalen Unternehmensumwelt (z.B. technologisch)?*

IV. Governance der Familie und des Unternehmens

1. *Unternehmerfamilie (falls vorhanden)*

a) Welcher Verwandtschaftsgrad herrscht zwischen den Mitgliedern (Gründer, Geschwisterpartnerschaft, Cousin-Konsortium)?

b) Wie würden Sie die Entwicklungsphase der Unternehmerfamilie beschreiben?

c) In welchem Umfang ist die Familie an Leitung und Kontrolle des Unternehmens beteiligt?

d) Haben Familien- oder Unternehmensinteressen für die Familie Vorrang?

e) Existiert eine Familienrepräsentanz (z.B. Familienrat, Gesellschafterausschuss)?

2. Exekutivgremium

a) Wie viele Mitglieder umfasst das Gremium? Wie viele sind davon familieneigen / -fremd? Sind Veränderungen geplant? Wie stellen Sie die Gewinnung geeigneten Führungsnachwuchses sicher?

b) Wer hat den Vorsitz im Gremium inne (Familieneigen / -fremd)?

c) Wie beschreiben Sie die Einbeziehung des Exekutivgremiums in wichtige Entscheidungen?

d) Wie viele weitere Management-Hierarchieebenen gibt es und wie ist die Einbindung der Familie in deren jeweilige Entscheidungen?

e) Welche Gründe sehen Sie (gegebenenfalls) für die Einbeziehung eines familienfremden Managements? Wie ist die grundsätzliche Einstellung im Unternehmen gegenüber einem familienfremden Management?

f) Wie sehen Sie den Grad der Unabhängigkeit des Exekutivgremiums von der Familie und die globalen Beziehungen zur Familie?

g) Existiert eine externe Beratung (z.B. Unternehmensberatung), und wenn ja, durch wen?

h) Wie beschreiben Sie den Kontakt zwischen Exekutivgremium und ‚normalen' Mitarbeitern?

3. Aufsichtsgremium

a) Ist ein Aufsichtsgremium vorhanden?

b) Welcher Art ist das Gremium (fakultativ / obligatorisch)?

c) Wie sieht die Besetzung des Gremiums aus, insbes. Anzahl familieneigener / -fremder Mitglieder?

d) Durch wen werden die Mitglieder des Gremiums benannt?

e) Wann wurde das Gremium gegründet und welche Gründe für die Etablierung gab es?

f) Wie ist das Gremium verankert (z.B. durch Satzung oder Gesellschaftsvertrag)?

g) Erfolgt eine Vergütung der Mitglieder, und wenn ja, ist diese fix oder erfolgsabhängig?

h) Welche Aufgaben und Kompetenzen hat das Gremium (z.B. Beratung, Kontrolle, Leitung etc.)?

i) Findet eine Einschätzung / Überprüfung der Wirksamkeit des Gremiums statt? Welche Indikatoren nutzen Sie / halten Sie für geeignet?

4. Unternehmensführung & Controlling

a) Strategie und Zielorientierung/-system

- Wie sind die Unternehmensziele fixiert (nicht fixiert, schriftlich fixiert, Zielsystem)?
- Bitte nennen Sie wichtige Ziele Ihres Unternehmens!
- Wie sehen Sie die Beziehung wertorientierter und werteorientierter Ziele im Unternehmen?

b) Controlling

- Welchen Aufgabenbereich deckt das Controlling ab (z.B. Planung, Information, Steuerung)?
- Wie ist das Controlling organisatorisch angeordnet?
- Wie schätzen sie den Entwicklungsgrad des Controllings im Unternehmen ein?

c) Prüfung

- Nach welchen Kriterien suchen Sie Ihre Wirtschaftsprüfer aus?
- Wie sehen Sie die Zusammenarbeit Ihres Unternehmens mit externen Prüfern?

d) Kontrolle (insbes. Internes Kontrollsystem)

- Beschreiben Sie bitte das Interne Kontrollsystem des Unternehmens!
- Welche Akteure übernehmen in Ihrem Unternehmen Kontrollaufgaben (Bsp. Anteilseigner, Controller)?

e) Interne Revision

- Gibt es in ihrem Unternehmen eine eigene Stelle für die Interne Revision? Wo ist diese angeordnet?
- Beschreiben Sie bitte die Schnittstelle zwischen Interner Revision und Controlling!

f) Compliance (Regelkonformität)

- Gibt es in Ihrem Unternehmen eine eigene Stelle für Compliance-Fragen? Wo ist diese angeordnet?

g) Risikomanagement

- Existiert ein systematisches Risikomanagement im Unternehmen?
- Welche Aufgaben hat das Risikomanagement (Identifikation, Bewertung, Steuerung, Kontrolle, Aggregation)?
- Wo ist das Risikomanagement organisatorisch angeordnet?
- Finden Standards und Richtlinien (Bsp. KonTraG, COSO, ISO) Anwendung

5. Anteilseigner- und Gläubigerstruktur

a) Wie viele Gesellschafter gibt es (Anzahl Gesellschafter gesamt / familienintern sowie Anteile am Unternehmen)? Wurden Regelungen für die Unternehmensnachfolge getroffen?

b) Beschreiben Sie bitte Veränderungen der Anteilseignerstruktur (jüngere Vergangenheit / Zukunft)

c) Wie ist der Standpunkt der Anteilseigner zur Aufnahme neuer Gesellschafter?

d) Wie ist der Standpunkt der Anteilseigner zu einem möglichen Verkauf des Unternehmens?

e) Wie hoch ist die Eigenkapitalquote des Unternehmens?

f) Welche Gläubiger sind für das Unternehmen relevant?

g) Mit wie vielen und welche Kreditinstituten / Hausbanken steht das Unternehmen in Beziehung?

h) Beschreiben Sie bitte die Rolle der Hausbanken sowie die Art der beanspruchten Leistungen!

6. Verfügungsrechte & Macht

a) Welche Finanzierungsinstrumente werden vom Unternehmen bevorzugt?

b) Beschreiben Sie bitte die Art der genutzten Alternativen und den Stellenwert im Unternehmen?

c) Erwägen Sie den Einsatz moderner Finanzinstrumente (z.B. Leasing, Factoring, Mezzanine)?

d) Erwägen Sie – falls noch nicht geschehen – einen Börsengang? Wenn ja, warum? Falls Sie bereits an einer Börse notiert sind: Welche Gründe waren für diesen Schritt ausschlaggebend?

7. Transparenz & Publizität

a) Welche(n) Rechnungslegungsstandard(s) (HGB, IFRS, andere) nutzen Sie?

b) Gab es Veränderungen / Wird es Veränderungen geben? Begründen Sie bitte!

c) Veröffentlichen Sie den Jahresabschluss? Begründen Sie bitte!

d) Für welche Zwecke / Anspruchsgruppen nutzen Sie den Jahresabschluss (Bsp. Information für Mitarbeiter, Dokumentation im Rahmen von Kreditverhandlungen, Grundlage für Unternehmenssteuerung)?

8. Unternehmenskultur

a) Werden die Beziehungen zu verschiedenen Interessengruppen aktiv gesteuert?

b) Existiert eine spezielle Stelle für ein solches Interessenmanagement (Bsp. CSR) im Unternehmen?

c) Welche Rolle spielt die Familie für die Unternehmenskultur?

d) Existiert eine schriftliche Fixierung der Unternehmenskultur (Leitbild, Vision, Mission oder Ähnliches)?

e) Welches Verhältnis zwischen Vertrauen und Kontrolle existiert im Unternehmen?

9 Anreizmechanismen

a) Nutzen Sie in Ihrem Unternehmen eine erfolgsabhängige Vergütung für Führungskräfte und / oder sonstige Mitarbeiter?

b) Welcher Art sind diese Instrumente (Bsp. Bonus in bar, Anteile am Eigenkapital, Option auf Erwerb von Eigenkapital)?

c) Wer legt Art und Höhe der erfolgsabhängigen Vergütung fest?

V. Gegebenenfalls offene Diskussion

9.3 Interviewleitfaden der Expertengespräche

I. Persönliche und fachliche Angaben zum befragten Experten

II. Corporate Governance und die Beziehung zu Unternehmensführung & Controlling

1. Definition

a) Was verstehen Sie unter Corporate Governance?

b) Welche Stakeholder sind aus Ihrer Sicht für die Betrachtung von Corporate Governance besonders wichtig?

c) Welche internen (z.B. Unternehmenskontrolle) und externen (z.B. Überwachung durch den Markt) Mechanismen erscheinen Ihnen im Rahmen der Corporate Governance besonders bedeutsam?

2. Theoretische Basis der Corporate Governance

a) Wie stehen Sie zur Prinzipal-Agent-Theorie als gängige theoretische Basis der Corporate Governance?

b) Gibt es aus Ihrer Sicht weitere Theorien und Beweggründe (z.B. rechtliche Anforderungen, betriebswirtschaftliche Vorteilhaftigkeit), die Corporate Governance erklären können?

3. Situativer Ansatz / Bedeutung der Komplexität

a) Denken Sie, dass die Komplexität der Unternehmenssituation die jeweilige Ausprägung der Corporate Governance determiniert oder determinieren sollte?

b) Wenn ja: Welche Aspekte bestimmen Ihrer Meinung nach die Komplexität der Unternehmenssituation?

c) Welche weiteren internen (z.B. Eigentumsverhältnisse) und / oder externen (z.B. Umweltfeindlichkeit) Faktoren beeinflussen die tatsächliche Ausprägung der Corporate Governance von Unternehmen?

4. Erfolgswirkung der Corporate Governance

a) Sind für Sie die beiden Größen Effizienz und Effektivität geeignete Größen zur Bewertung der Corporate Governance?

b) Wenn nein, welche Erfolgsmaße / welches Erfolgsmaß halten Sie für geeigneter?

c) Wenn ja, wie operationalisieren Sie die Effizienz der Corporate Governance?

d) Wenn ja, wie operationalisieren Sie die Effektivität der Corporate Governance?

5. Bedeutung des Controlling im Rahmen der Corporate Governance

a) Wie sehen Sie den Zusammenhang von Corporate Governance, Unternehmensführung und Controlling?

b) Übernimmt das Controlling im Rahmen der Corporate Governance spezifische Funktionen, und wenn ja, welche sind dies?

c) Hätte eine integrierte Betrachtung von Corporate Governance, Unternehmensführung und Controlling aus Ihrer Sicht Vorteile?

d) Wenn ja, welche Vorteile wären dies konkret?

III. Definition und Spezifika des Mittelstands

1. Wie definieren Sie für sich persönlich mittelständische Unternehmen?

2. Welche Bedeutung haben aus Ihrer Sicht die folgenden Aspekte auf die konkrete Geschäftstätigkeit mittelständischer Unternehmen?

a) Leitungsstruktur (eigentümergeführt vs. managergeführt)

b) Unternehmensgröße

3. Welche Spezifika ergeben sich aus Ihrer Sicht für Unternehmensführung und Controlling in mittelständischen Unternehmen?

4. Sehen Sie eine Notwendigkeit zur Verbesserung der Führungsqualität mittelständischer Unternehmen?

5. *Wenn ja: Welche Möglichkeiten sehen Sie konkret, um die Führungsqualität in mittelständischen Unternehmen zu verbessern (z.B. verstärkte Inanspruchnahme externer Berater)?*

IV. Spezifika von Corporate Governance und Controlling im Mittelstand

1. *Bitte nehmen Sie zu den folgenden drei Thesen Stellung:*

a) Mittelständische Unternehmen haben eine spezifische und deutlich komplexere Zielstruktur als Großunternehmen.

b) Die spezifische Zielstruktur führt zu Effizienz- und Effektivitätsinsuffizienzen in der Unternehmensführung mittelständischer Unternehmen.

c) Eine integrierte Betrachtung von Corporate Governance, Unternehmensführung und Controlling kann das komplexe Zielsystem mittelständischer Unternehmen besser erfüllen.

2. *Würden Sie Corporate Governance für den Mittelstand anders als Ihre allgemeine Sichtweise aus Frage II.1a definieren? Wenn ja, an welchen Stellen sehen Sie die größten Unterschiede im Vergleich zur Betrachtung großer Kapitalgesellschaften?*

3. *Welche der in Frage II.1c von Ihnen genannten Corporate-Governance-Mechanismen halten Sie im Mittelstand für besonders wichtig? Sehen Sie ggf. weitere mittelstandsspezifische Mechanismen?*

4. *Spielt aus Ihrer Sicht die Familientradition (Familienbezug in Eigentum und / oder Leitung) für die Betrachtung der Corporate Governance eine Rolle?*

5. *Welche besonderen internen und externen Herausforderungen sehen Sie für Corporate Governance in mittelständischen Unternehmen?*

6. *Denken Sie, dass die integrierte Betrachtung von Corporate Governance, Unternehmensführung und Controlling im Mittelstand ein geeignetes Instrument ist, um die Effizienz und Effektivität der Unternehmensführung zu erhöhen?*

V. Offene Diskussion zu dem vom Promovenden erstellten situativen Bewertungsmodell